한권으로 끝내기

이치우, 이한나 공저

N4

다락원

저자 이치우 (lcw7639@yahoo.co.jp)

인하대학교 문과대학 일어일문학과 졸업
일본 横浜国立大学 教育学部 研究生 수료
(전) 駐日 한국대사관 한국문화원 근무
(전) 일본 와세다대학 객원 연구원
(전) 한국디지털대학교 외래교수
(현) TAKARA 대표
(현) 일본어 교재 저술가

저서
『(4th EDITION) JLPT [문자·어휘 / 문법 / 한자] 콕콕 찍어주마 N1 / N2 / N3 / N4·5』 (다락원)
『2021 최신개정판 JLPT(일본어능력시험) 한권으로 끝내기 N1 / N2 / N3 / N4 / N5』 (다락원, 공저) 등

이한나

서울대학교 사범대학 교육학과 졸업
고려대학교 대학원 일어학과 수료
(현) 하루 유학원 원장

저서
『2021 최신개정판 JLPT(일본어능력시험) 한권으로 끝내기 N4 / N5』 (다락원, 공저) 등

JLPT 일본어능력시험 한권으로 끝내기 N4

지은이 이치우, 이한나
펴낸이 정규도
펴낸곳 (주)다락원

초판 1쇄 발행 1998년 7월 15일
개정2판 1쇄 발행 2005년 8월 10일
개정3판 1쇄 발행 2010년 8월 19일
개정4판 1쇄 발행 2015년 12월 21일
개정5판 1쇄 발행 2021년 9월 1일
개정5판 8쇄 발행 2024년 9월 25일

책임편집 한누리, 송화록
디자인 장미연, 이승현
일러스트 오경진

다락원 경기도 파주시 문발로 211
내용문의: (02)736-2031 내선 460~465
구입문의: (02)736-2031 내선 250~252
Fax: (02)732-2037
출판등록 1977년 9월 16일 제406-2008-000007호

ISBN 978-89-277-1244-2 14730
978-89-277-1240-4(세트)

http://www.darakwon.co.kr

- 다락원 홈페이지를 방문하시면 상세한 출판 정보와 함께 동영상강좌, MP3 자료 등 다양한 어학 정보를 얻으실 수 있습니다.
- 다락원 홈페이지 또는 표지의 QR코드를 스캔하시면 MP3 파일 및 관련자료를 다운로드 하실 수 있습니다.

머리말

JLPT(일본어능력시험)는 일본어를 모국어로 하지 않는 학습자들의 일본어 능력을 측정하고 인정하는 것을 목적으로 하는 시험으로, 국제교류기금 및 일본국제교육지원협회가 1984년부터 실시하고 있습니다. JLPT는 일본 정부가 공인하는 세계 유일의 일본어 시험인 만큼 그 결과는 일본의 대학, 전문학교, 국내 대학의 일본어과 등의 특차 전형과 기업 인사 및 공무원 선발 등에서 일본어 능력을 평가하는 자료로도 활용되고 있습니다.

JLPT의 수험자층은 초등학생에서 일반인으로 그 폭이 넓어지고 있고 수험의 목적도 실력 측정뿐만 아니라 취직 및 승진, 대학이나 대학원 등의 진학을 위해서 등등 다양해지고 있습니다. 이와 같은 변화에 대응하여 국제교류기금과 일본국제교육지원협회는 시험 개시로부터 20년 넘게 발전해 온 일본어 교육학이나 테스트 이론의 연구 성과와 지금까지 축적해 온 시험 결과의 데이터 등을 활용하여 JLPT의 내용을 개정하여 2010년부터 새로운 JLPT를 실시하고 있습니다.

『JLPT 한권으로 끝내기 N4』는 2015년에 발행된 『JLPT(일본어능력시험) 한권으로 끝내기 N4』의 개정판으로, 실제 시험 문제와 같은 형식인 1교시 언어지식(문자·어휘·문법)·독해, 2교시 청해 순으로 구성되어 있습니다. 이번 개정판에서는 JLPT N4에서 고득점을 받을 수 있도록 문자·어휘, 문법, 독해, 청해의 각 파트별 총정리는 물론, 예상문제와 실전모의테스트까지 준비하였습니다. 또한 2010년부터 현재까지 출제된 어휘와 문법을 보기 쉽게 정리하였고, 새롭게 출제된 문제 유형을 철저히 분석 및 반영하여 JLPT N4의 모든 파트를 종합적으로 마스터할 수 있도록 하였습니다.

이 책을 이용하는 독자 여러분 모두에게 아무쪼록 좋은 결과가 있기를 바랍니다. 끝으로 이 책의 출판에 도움을 주신 (주)다락원의 정규도 사장님과 일본어 편집부 직원분들께 이 자리를 빌어 감사 드립니다.

저자 이치우 · 이한나

JLPT (일본어능력시험)에 대하여

❶ JLPT의 레벨

시험은 N1, N2, N3, N4, N5로 나뉘어져 있어 수험자가 자신에게 맞는 레벨을 선택한다. 각 레벨에 따라 N1~N2는 언어지식(문자·어휘·문법)·독해, 청해의 두 섹션으로, N3~N5는 언어지식(문자·어휘), 언어지식(문법)·독해, 청해의 세 섹션으로 나뉘어져 있다.

시험 과목과 시험 시간 및 인정 기준은 다음과 같으며, 인정 기준을「읽기」,「듣기」의 언어 행동으로 나타낸다. 각 레벨에는 이들 언어행동을 실현하기 위한 언어지식이 필요하다.

레벨	과목별 시간		인정기준
	유형별	시간	
N1	언어지식(문자·어휘·문법) 독해	110분	**폭넓은 장면에서 사용되는 일본어를 이해할 수 있다.** 【읽기】 신문의 논설, 논평 등 논리적으로 약간 복잡한 문장이나 추상도가 높은 문장 등을 읽고, 문장의 구성과 내용을 이해할 수 있으며, 다양한 화제의 글을 읽고 이야기의 흐름이나 상세한 표현의도를 이해할 수 있다. 【듣기】 자연스러운 속도로 체계적 내용의 회화나 뉴스, 강의를 듣고, 내용의 흐름 및 등장인물의 관계나 내용의 논리구성 등을 상세히 이해하거나 요지를 파악할 수 있다.
	청해	55분	
	계	165분	
N2	언어지식(문자·어휘·문법) 독해	105분	**일상적인 장면에서 사용되는 일본어의 이해에 더해, 보다 폭넓은 장면에서 사용되는 일본어를 어느 정도 이해할 수 있다.** 【읽기】 신문이나 잡지의 기사나 해설, 평이한 평론 등, 논지가 명쾌한 문장을 읽고 문장의 내용을 이해할 수 있으며, 일반적인 화제에 관한 글을 읽고 이야기의 흐름이나 표현의도를 이해할 수 있다. 【듣기】 자연스러운 속도로 체계적 내용의 회화나 뉴스를 듣고, 내용의 흐름 및 등장인물의 관계를 이해하거나 요지를 파악할 수 있다.
	청해	50분	
	계	155분	
N3	언어지식(문자·어휘)	30분	**일상적인 장면에서 사용되는 일본어를 어느 정도 이해할 수 있다.** 【읽기】 일상적인 화제에 구체적인 내용을 나타내는 문장을 읽고 이해할 수 있으며, 신문기사 제목 등에서 정보의 개요를 파악할 수 있다. 일상적인 장면에서 난이도가 약간 높은 문장은 대체 표현이 주어지면 요지를 이해할 수 있다. 【듣기】 자연스러운 속도로 체계적 내용의 회화를 듣고, 이야기의 구체적인 내용을 등장인물의 관계 등과 함께 거의 이해할 수 있다.
	언어지식(문법)·독해	70분	
	청해	40분	
	계	140분	
N4	언어지식(문자·어휘)	25분	**기본적인 일본어를 이해할 수 있다.** 【읽기】 기본적인 어휘나 한자로 쓰여진, 일상생활에서 흔하게 일어나는 화제의 문장을 읽고 이해할 수 있다. 【듣기】 일상적인 장면에서 다소 느린 속도의 회화라면 내용을 거의 이해할 수 있다.
	언어지식(문법)·독해	55분	
	청해	35분	
	계	115분	
N5	언어지식(문자·어휘)	20분	**기본적인 일본어를 어느 정도 이해할 수 있다.** 【읽기】 히라가나나 가타카나, 일상생활에서 사용되는 기본적인 한자로 쓰여진 정형화된 어구나 문장을 읽고 이해할 수 있다. 【듣기】 일상생활에서 자주 접하는 장면에서 느리고 짧은 회화라면 필요한 정보를 얻어낼 수 있다.
	언어지식(문법)·독해	40분	
	청해	30분	
	계	90분	

※N3 – N5 의 경우, 1교시에 언어지식(문자·어휘)과 언어지식(문법)·독해가 연결 실시됩니다.

❷ 시험 결과의 표시

레벨	득점 구분	득점 범위
N1	언어지식(문자・어휘・문법)	0 ~ 60
	독해	0 ~ 60
	청해	0 ~ 60
	종합득점	0 ~ 180
N2	언어지식(문자・어휘・문법)	0 ~ 60
	독해	0 ~ 60
	청해	0 ~ 60
	종합득점	0 ~ 180
N3	언어지식(문자・어휘・문법)	0 ~ 60
	독해	0 ~ 60
	청해	0 ~ 60
	종합득점	0 ~ 180
N4	언어지식(문자・어휘・문법)・독해	0 ~ 120
	청해	0 ~ 60
	종합득점	0 ~ 180
N5	언어지식(문자・어휘・문법)・독해	0 ~ 120
	청해	0 ~ 60
	종합득점	0 ~ 180

N1, N2, N3의 득점 구분은 '언어지식(문자・어휘・문법)', '독해', '청해'의 3구분입니다.
N4, N5의 득점 구분은 '언어지식(문자・어휘・문법)・독해'와 '청해'의 2구분입니다.

❸ 시험 결과 통지의 예

다음 예와 같이 ① '득점 구분별 득점'과 득점 구분별 득점을 합계한 ② '종합득점', 앞으로의 일본어 학습을 위한 ③ '참고 정보'를 통지합니다. ③ '참고 정보'는 합격/불합격 판정 대상이 아닙니다.

*예 : N4를 수험한 A씨의 '합격/불합격 통지서'의 일부 성적 정보 (실제 서식은 변경될 수 있습니다.)

① 득점 구분별 득점		② 종합득점
언어지식 (문자・어휘・문법)・독해	청해	
120 / 120	60 / 60	180 / 180

③ 참고 정보		
문자・어휘	문법	독해
A	A	A

A 매우 잘했음 (정답률 67% 이상)
B 잘했음 (정답률 34%이상 67% 미만)
C 그다지 잘하지 못했음 (정답률 34% 미만)

이 책의 구성과 활용

이 책은 JLPT(일본어능력시험) N4에 완벽하게 대응할 수 있도록 출제 경향을 철저히 분석·정리하여 종합적으로 대비할 수 있도록 한 학습서이다. 최신 기출어휘, 문법과 함께 새 문제 유형에 대비한 문제를 실었다. 전체 구성은 본책 〈1교시 끝내기 – 언어지식(문자·어휘·문법) / 독해〉 〈2교시 끝내기 – 청해〉과 별책 부록 〈해석 및 해설집〉 〈실전모의테스트〉 〈스피드 체크북〉으로 이루어져 있다.

1교시 끝내기 언어지식(문자·어휘·문법) / 독해

제1~2장 언어지식 – 문자·어휘 기출 공략편/예상 공략편

제1장은 문자·어휘 기출 공략편으로 JLPT N4에 출제된 기출어휘를 2016~2023, 2000~2015, 1990~1999년으로 각각 나누어 정리하고 확인문제를 실었다. 제2장에서는 출제 가능성이 높은 문자·어휘를 품사별로 나누어 정리하고 확인문제를 통해 학습한 내용을 다시 한 번 복습할 수 있도록 하였다.

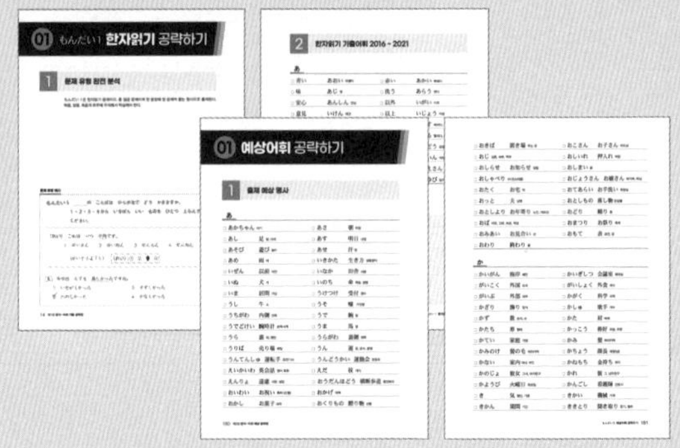

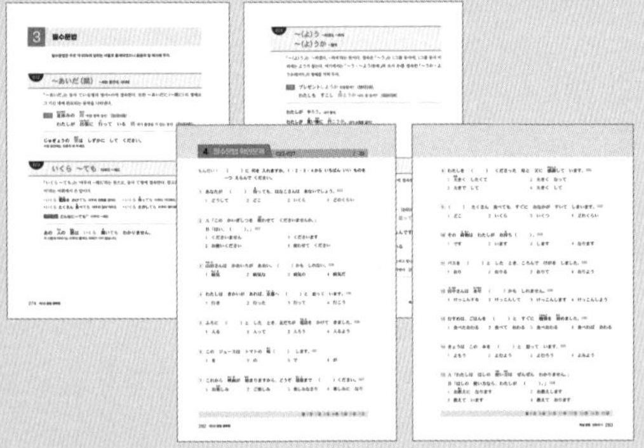

제3장 언어지식 – 문법 공략편

JLPT N4 대비용으로 선정한 접속사·부사 61개, 조사 21개와 출제 가능성이 높은 필수문법 기능어 97개를 정리하였다. 또한 문제 유형에 맞추어 제시한 문법 확인문제로 기능어가 가진 역할과 함께 새로운 문제 패턴을 충분히 이해하고 연습할 수 있게 하였다.

제4장 독해 공략편

JLPT N4 독해 문제의 유형 분석과 함께 독해를 푸는 요령을 정리하였다. 각 문제 유형별로 예제를 통해 실전 감각을 익히고, 확인문제를 통해 실전에 대비할 수 있도록 하였다.

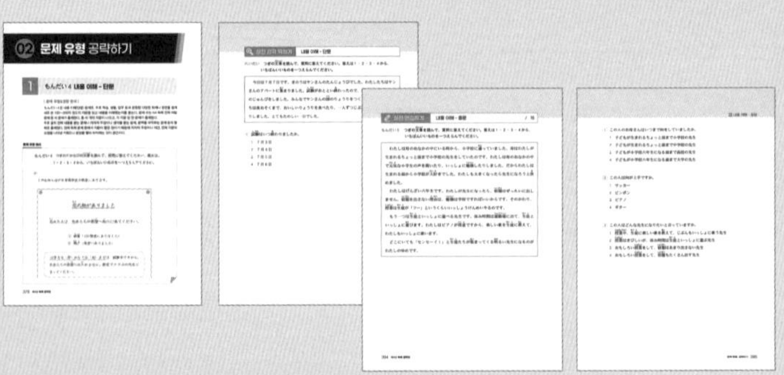

2교시 끝내기 청해

제5장 청해 공략편

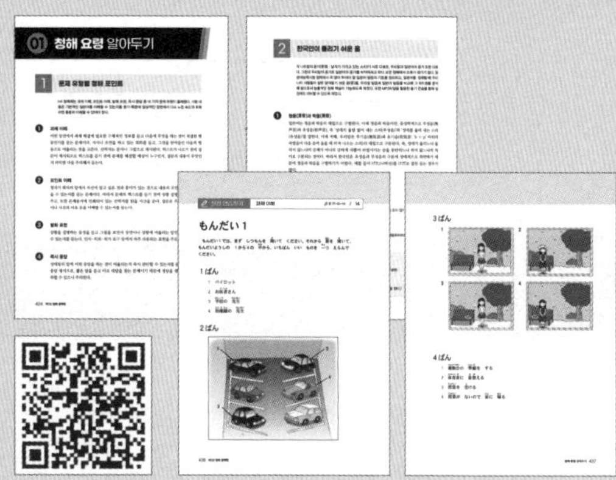

우리나라 사람들이 알아 듣기 힘든 발음을 항목별로 정리하고 원어민 음성을 통해 요령을 터득할 수 있도록 하였다. 또한 각 문제 유형별로 예제를 통해 실전 감각을 익히고, 다양한 확인문제를 통해 실전에 대비할 수 있도록 하였다.

MP3 파일은 다락원 홈페이지에서 다운로드할 수 있으며, QR코드를 촬영하면 쉽게 스마트폰으로 접속하여 음성을 들을 수 있다.

별책 부록

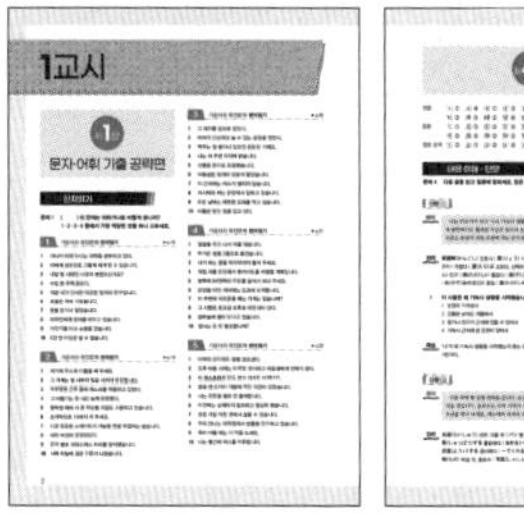

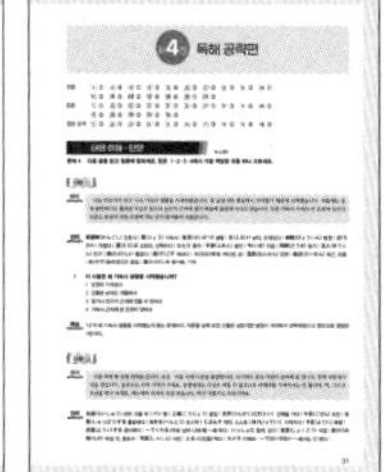

해석 및 해설집

학습의 이해도와 능률을 높이기 위하여 각 단원별로 확인문제의 해석, 독해 지문의 해석 및 정답과 해설, 청해 스크립트 및 정답과 해설을 실었다. 문제를 풀고 확인하기 편리하게끔 별책으로 제공한다.

실전모의테스트 문제집

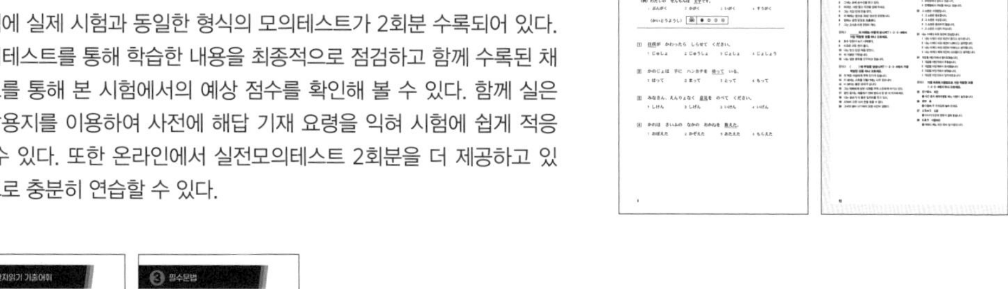

별책에 실제 시험과 동일한 형식의 모의테스트가 2회분 수록되어 있다. 모의테스트를 통해 학습한 내용을 최종적으로 점검하고 함께 수록된 채점표를 통해 본 시험에서의 예상 점수를 확인해 볼 수 있다. 함께 실은 해답용지를 이용하여 사전에 해답 기재 요령을 익혀 시험에 쉽게 적응할 수 있다. 또한 온라인에서 실전모의테스트 2회분을 더 제공하고 있으므로 충분히 연습할 수 있다.

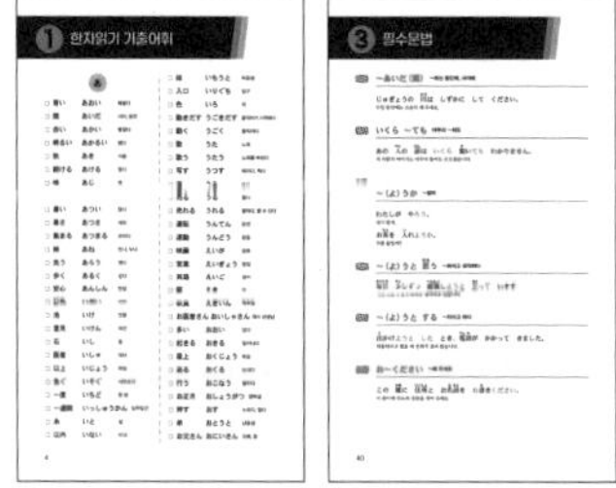

스피드 체크북

문자·어휘 파트의 기출어휘를 각 문제 유형별로 나누고 아이우에오 순으로 정리하였다. 문법 파트에서는 N4에서 출제되는 접속사·부사, 조사, 필수문법을 보기 쉽게 정리하였다. 평소 자투리 시간을 이용하여 복습용으로 공부할 수 있으며, 시험 당일 최종 점검용으로도 활용할 수 있다.

목차

1교시 끝내기 언어지식(문자·어휘·문법) / 독해

제 1 장

제 2 장

제 3 장

2교시 끝내기 청해

1교시 끝내기

언어지식(문자·어휘·문법) / 독해

N4

제 1 장

문자·어휘
기출 공략편

01 もんだい1 한자읽기 공략하기

1 문제 유형 완전 분석

もんだい 1은 한자읽기 문제이다. 총 일곱 문제이며 한 문장에 한 문제씩 묻는 형식으로 출제된다. 탁음, 장음, 촉음의 유무에 주의해서 학습해야 한다.

문제 유형 예시

もんだい1 ＿＿＿の ことばは ひらがなで どう かきますか。 1・2・3・4から いちばん いい ものを ひとつ えらんで ください。

（れい） これは 一つ 千円です。

1 せいえん　2 せいねん　3 せんえん　4 せんねん

（かいとうようし） | （れい） | ① ② ● ④ |

1 今日は とても 楽しかったですね。

1 いそがしかった　2 すずしかった

3 たのしかった　4 かなしかった

2 한자읽기 기출어휘 2016 ~ 2023

あ

□ 青い	あおい 파랗다	□ 赤い	あかい 빨갛다
□ 味	あじ 맛	□ 洗う	あらう 씻다
□ 安心	あんしん 안심	□ 以外	いがい 이외
□ 意見	いけん 의견	□ 以上	いじょう 이상
□ 糸	いと 실	□ 色	いろ 색
□ 歌	うた 노래	□ 写す	うつす 베끼다, 찍다
□ 売る	うる 팔다	□ 売れる	うれる 팔리다, 팔 수 있다
□ 運転	うんてん 운전	□ 運動	うんどう 운동
□ 営業	えいぎょう 영업	□ 駅員	えきいん 역무원
□ 行う	おこなう 행하다	□ 押す	おす 누르다, 밀다
□ お姉さん	おねえさん 언니, 누나	□ 重い	おもい 무겁다
□ 親指	おやゆび 엄지 손가락		

memo

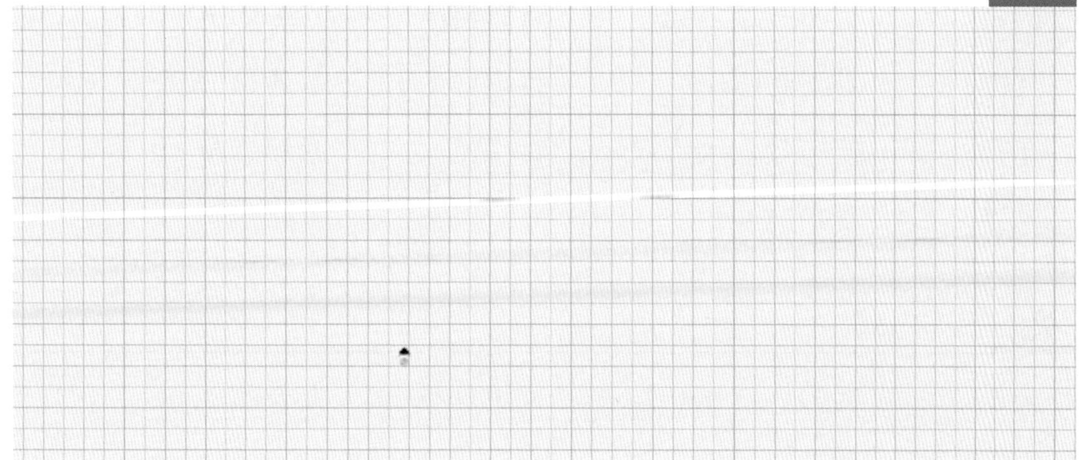

か

□ 会場	かいじょう 회장	□ 顔	かお 얼굴
□ 数える	かぞえる 세다	□ 紙	かみ 종이
□ 軽い	かるい 가볍다	□ 考える	かんがえる 생각하다
□ 切手	きって 우표	□ 決まる	きまる 결정되다
□ 急行	きゅうこう 급행	□ 銀色	ぎんいろ 은색
□ 近所	きんじょ 근처	□ 区	く 구
□ 空港	くうこう 공항	□ 薬	くすり 약
□ 雲	くも 구름	□ 暗い	くらい 어둡다
□ 研究	けんきゅう 연구	□ 工事	こうじ 공사
□ 氷	こおり 얼음	□ 工場	こうじょう 공장
□ 心	こころ 마음	□ 答える	こたえる 대답하다
□ 今度	こんど 이번, 다음		

さ

□ 最近	さいきん 최근	□ 最後	さいご 최후, 마지막
□ 寒い	さむい 춥다	□ 皿	さら 접시
□ 自転車	じてんしゃ 자전거	□ 住所	じゅうしょ 주소
□ 出発	しゅっぱつ 출발	□ 食料品	しょくりょうひん 식료품
□ 女性	じょせい 여성	□ 白い	しろい 하얗다, 희다
□ 進む	すすむ 나아가다, 진행되다	□ 生産	せいさん 생산
□ 世界	せかい 세계		

た

□ 楽しい	たのしい 즐겁다	□ 足りる	たりる 충분하다

□ 近い	ちかい 가깝다	□ 地理	ちり 지리
□ 使う	つかう 사용하다	□ 着く	つく 도착하다
□ 机	つくえ 책상	□ 都合	つごう 사정, 형편
□ 強い	つよい 강하다	□ 遠い	とおい 멀다
□ 通る	とおる 지나다	□ 都会	とかい 도시
□ 特別だ	とくべつだ 특별하다		

な

□ 夏	なつ 여름	□ 習う	ならう 배우다
□ 何枚	なんまい 몇 매, 몇 장	□ 二台	にだい 두 대
□ 眠い	ねむい 졸리다	□ 眠る	ねむる 자다
□ 乗る	のる 타다		

は

□ 春	はる 봄	□ 反対	はんたい 반대
□ 光る	ひかる 빛나다	□ 引く	ひく 당기다
□ 太い	ふとい 굵다	□ 船	ふね 배
□ 冬	ふゆ 겨울	□ 不便だ	ふべんだ 불편하다

や

□ 野菜	やさい 채소	□ 用事	ようじ 볼일, 용무
□ 予習	よしゅう 예습	□ 予定	よてい 예정
□ 弱い	よわい 약하다		

ら

□ 利用	りよう 이용

1 기출어휘 확인문제 한자읽기 / 10

もんだい１ ＿＿＿＿の ことばは ひらがなで どう かきますか。１・２・３・４から いちばん いい ものを ひとつ えらんで ください。

1 田中(たなか)さんの お姉さんは 医学(いがく)を べんきょうして いる。

1 おねさん　2 おにさん　3 おねえさん　4 おにいさん

2 高(たか)く 買ったんだから、そんなに 安(やす)く 売れません。

1 うれません　2 おれません　3 のれません　4 はれません

3 あすの 何時なら 都合が いいですか。

1 とこう　2 とごう　3 つこう　4 つごう

4 じゅぎょうちゅう とても 眠かった。

1 あつかった　2 ねむかった　3 いたかった　4 さむかった

5 いま わたしが あいさつした 女性は ははの 友だちです。

1 たんせい　2 だんせい　3 じょせい　4 じょうせい

6 ホテルは 駅に 近いです。

1 とおい　2 ちかい　3 はやい　4 おそい

7 ドアを 引いて 開けました。

1 ひいて　2 さいて　3 はいて　4 ついて

8 アメリカ人に 英語(えいご)を 習って います。

1 あらって　2 もらって　3 わらって　4 ならって

9 自転車で 買(か)い物(もの)に 行きました。

1 じとうしゃ　2 じどうしゃ　3 じてんしゃ　4 じでんしゃ

10 ６万円以上は 出せません。

1 いか　2 いじょう　3 いがい　4 いない

답 1③ 2① 3④ 4② 5③ 6② 7① 8④ 9③ 10②

もんだい１ ＿＿＿＿の ことばは ひらがなで どう かきますか。１・２・３・４から いちばん いい ものを ひとつ えらんで ください。

1 ここに 住所と 名前(なまえ)を 書いて ください。

1 しゅうしょ　2 じゅうしょ　3 しゅうそ　4 じゅうそ

2 その 店(みせ)は 10時から 7時まで 営業して います。

1 えいぎょう　2 えいご　3 えんぎょう　4 えんご

3 駅員は きんむ中に マスクを 着用(ちゃくよう)して いた。

1 やくにん　2 やくいん　3 えきにん　4 えきいん

4 その ひこうきは 1時間(じかん) おくれて 出発した。

1 でっぱつ　2 でっはつ　3 しゅっぱつ　4 しゅうはつ

5 中学生(ちゅうがくせい)の ときに 買って もらった 机を 今(いま)も 使(つか)って います。

1 つくえ　2 つぐえ　3 かく　4 かぐ

6 指で 10まで 数えて ください。

1 おしえて　2 つたえて　3 かぞえて　4 こたえて

7 ここの 氷は スケートが できるほど あつくは ありません。

1 こおり　2 かおり　3 こうり　4 かうり

8 大学(だいがく)の 移転(いてん)が 決まった。

1 たまった　2 しまった　3 とまった　4 きまった

9 銀色の 星で クリスマスツリーを かざりました。

1 きんいろ　2 ぎんいろ　3 ちゃいろ　4 しゃいろ

10 西(にし)の そらに 黒(くろ)い 雲が 出て います。

1 はし　2 にわ　3 かべ　4 くも

답 1② 2① 3④ 4③ 5① 6③ 7① 8④ 9② 10④

3 기출어휘 확인문제 한자읽기 / 10

もんだい１ ＿＿＿＿の ことばは ひらがなで どう かきますか。１・２・３・４から いちばん いい ものを ひとつ えらんで ください。

1 その いすを まえへ 押した。
1 さした　2 おした　3 けした　4 かした

2 子どもが 安心して 遊(あそ)べる 公園(こうえん)が ほしい。
1 あんでい　2 あんてい　3 あんじん　4 あんしん

3 ビールは １０本も あれば じゅうぶん 足りるでしょう。
1 たりる　2 おりる　3 そりる　4 ありる

4 わたしは この へんの 地理に 明(あか)るいです。
1 じり　2 じいり　3 ちり　4 ちいり

5 プレゼントを 紙に つつみました。
1 かみ　2 いろ　3 あじ　4 あと

6 妹は 母に 顔が にて います。
1 かお　2 がお　3 かん　4 がん

7 この 近所には バスが 走(はし)って いません。
1 きんしょ　2 きんじょ　3 きんしょう　4 きんじょう

8 いしはらさんは 工場で はたらいて います。
1 こうしょ　2 こうしょう　3 こうじょ　4 こうじょう

9 寒い 日は あたたかい りょうりが 食べたいです。
1 かたい　2 ぬるい　3 さむい　4 あつい

10 むすこは 赤い ふくを きて いる。
1 すずしい　2 あたたかい　3 さむい　4 あかい

답 1② 2④ 3① 4③ 5① 6① 7② 8④ 9③ 10④

4 기출어휘 확인문제

한자읽기 / 10

もんだい1 ＿＿＿＿の ことばは ひらがなで どう かきますか。1・2・3・4から いちばん いい ものを ひとつ えらんで ください。

1 かおを 洗ってから はを みがきます。

1 はらって 2 かえって 3 もどって 4 あらって

2 重い にもつを 2かいに 運(はこ)びました。

1 かるい 2 おもい 3 あつい 4 うすい

3 わたしの 言(い)う ことを 最後まで 聞(き)いて ください。

1 さいぞ 2 さいしょ 3 さいご 4 さいごう

4 自分(じぶん)で 車を 運転して、ほっかいどうを 旅行(りょこう)する 計画(けいかく)です。

1 うんでん 2 うんてん 3 うんどん 4 うんとん

5 ふうとうに 84円 切手を はって、送って ください。

1 きりて 2 きるて 3 きって 4 きいて

6 急行に のれば、夕方(ゆうがた)には 東京(とうきょう)に 着(つ)きます。

1 きゅこ 2 きゅうこ 3 きゅこう 4 きゅうこう

7 この へんに 食料品を 売(う)って いる 店は ありませんか。

1 しょくりょうひん 2 しょっりょうひん 3 しょくりょうぴん 4 しょっりょうぴん

8 その 試合(しあい)は 土曜日(どようび)の 午後(ごご)に 予定されて いる。

1 しじょう 2 よじょう 3 してい 4 よてい

9 夜空(よぞら)に 星(ほし)が 光って います。

1 ひかって 2 さがって 3 ならって 4 かよって

10 お皿(さら)は 何枚 ひつようですか。

1 なんばい 2 なんまい 3 なんぼん 4 なんさつ

답 1④ 2② 3③ 4② 5③ 6④ 7① 8④ 9① 10②

5 기출어휘 확인문제

한자읽기 / 10

もんだい1　＿＿＿の ことばは ひらがなで どう かきますか。1・2・3・4から いちばん いい ものを ひとつ えらんで ください。

1 いくら 考えても 答(こた)えが わからなかった。

1 おぼえても　2 かんがえても　3 つたえても　4 まちがえても

2 午後 9時には 着くだろうと 妹から 電話(でんわ)が あった。

1 うく　2 すく　3 つく　4 おく

3 この レストランは 味も わるいし、ねだんも たかいですね。

1 あじ　2 いろ　3 かたち　4 におい

4 さきほど、東海地方(とうかいちほう)に 弱い じしんが ありました。

1 ふかい　2 よわい　3 あさい　4 わるい

5 わたしは 運動が あまり 好きでは ありません。

1 うんてん　2 うんでん　3 うんとう　4 うんどう

6 今度は しっぱいしないように がんばりました。

1 こんどう　2 こんど　3 いまどう　4 いまど

7 糸は いちばん 弱(よわ)い ところで 切(き)れます。

1 いけ　2 かわ　3 とち　4 いと

8 わたしの 姉は 大学院(だいがくいん)で ほうりつを 研究して います。

1 けんきゅ　2 けんぎゅ　3 けんきゅう　4 けんぎゅう

9 のどが いたい ときは この 薬を 飲(の)んで ください。

1 くせり　2 くし　3 くすり　4 くさ

10 わたしは 通勤(つうきん)に バスを 利用して います。

1 りよう　2 いよう　3 りよ　4 いよ

답 1② 2③ 3① 4② 5④ 6② 7④ 8③ 9③ 10①

6 기출어휘 확인문제 한자읽기 / 10

もんだい1 ＿＿＿＿の ことばは ひらがなで どう かきますか。1・2・3・4から いちばん いい ものを ひとつ えらんで ください。

1 インターネットは 世界を 小(ちい)さな ものに 変(か)えた。

1 せがい　2 せかい　3 せいがい　4 せいかい

2 きのうの パーティーは 友だちが おおぜい あつまって とても 楽しかった。

1 うれしかった　2 すばらしかった　3 たのしかった　4 よろこばしかった

3 これは、先生から 借(か)りた 特別な 本です。

1 ときべち　2 とくべち　3 とくべつ　4 ときべつ

4 電車(でんしゃ)が 通ると この 家は ゆれます。

1 わたる　2 おりる　3 すぎる　4 とおる

5 右手(みぎて)の 親指で ボタンを 押した。

1 おやあし　2 しんあし　3 おやゆび　4 しんゆび

6 へやの なかは 暗くて なにも 見えませんでした。

1 くらくて　2 あふなくて　3 あぶなくて　4 ぐらくて

7 それでは わたしたちは 空港で 会いましょう。

1 こうく　2 こうくう　3 くこう　4 くうこう

8 わたしは さかなと たまご 以外は 食べられます。

1 いがい　2 いそと　3 にがい　4 にそと

9 来週(らいしゅう)の 土曜日(どようび)なら 都合が いいです。

1 つあい　2 つごう　3 とあい　4 とごう

10 去年(きょねん)の 春、そつぎょうしきが 終(お)わってから 日本へ 来ました。

1 ふゆ　2 あき　3 なつ　4 はる

답 1② 2③ 3③ 4④ 5③ 6① 7④ 8① 9② 10④

3 한자읽기 기출어휘 2000 ~ 2015

あ

□ 青い	あおい 파랗다	□ 明るい	あかるい 밝다
□ 秋	あき 가을	□ 開ける	あける 열다
□ 味	あじ 맛	□ 頭	あたま 머리
□ 暑い	あつい 덥다	□ 暑さ	あつさ 더위
□ 集まる	あつまる 모이다	□ 姉	あね 언니, 누나
□ 歩く	あるく 걷다	□ 安心	あんしん 안심
□ 以外	いがい 이외	□ 池	いけ 연못
□ 意見	いけん 의견	□ 石	いし 돌
□ 医者	いしゃ 의사	□ 急ぐ	いそぐ 서두르다
□ 一度	いちど 한 번	□ 妹	いもうと 여동생
□ 色	いろ 색	□ 動く	うごく 움직이다
□ 歌	うた 노래	□ 歌う	うたう 노래를 부르다
□ 写す	うつす 베끼다, 찍다	□ 海	うみ 바다
□ 売る	うる 팔다	□ 運動	うんどう 운동
□ 営業	えいぎょう 영업	□ 英語	えいご 영어
□ 起きる	おきる 일어나다	□ 送る	おくる 보내다
□ お正月	おしょうがつ 양력설	□ 重い	おもい 무겁다
□ 泳ぐ	およぐ 헤엄치다	□ 終わる	おわる 끝나다
□ 音楽	おんがく 음악		

か

□ 会場	かいじょう 회장	□ 帰る	かえる 돌아가다
□ 火事	かじ 화재	□ 貸す	かす 빌려주다
□ 風	かぜ 바람	□ 家族	かぞく 가족
□ 方	かた 분	□ 通う	かよう 다니다
□ 体	からだ 몸	□ 軽い	かるい 가볍다
□ 代わり	かわり 대신	□ 考える	かんがえる 생각하다
□ 北区	きたく 기타구(지명)	□ 気分	きぶん 기분
□ 決まる	きまる 결정되다	□ 着物	きもの 옷, 일본 옷
□ 急に	きゅうに 급히, 갑자기	□ 教室	きょうしつ 교실
□ 去年	きょねん 작년	□ 銀行	ぎんこう 은행
□ 近所	きんじょ 근처	□ 薬	くすり 약
□ 首	くび 목	□ 暗い	くらい 어둡다
□ 黒い	くろい 검다	□ 計画	けいかく 계획
□ 経験	けいけん 경험	□ 県	けん 현(일본의 행정구역)
□ 研究	けんきゅう 연구	□ 公園	こうえん 공원
□ 工場	こうじょう 공장	□ 氷	こおり 얼음
□ 声	こえ (목)소리	□ 答える	こたえる 대답하다
□ 今度	こんど 이번, 다음		

さ

□ 産業	さんぎょう 산업	□ 試合	しあい 시합
□ 仕事	しごと 일	□ 質問	しつもん 질문
□ 自転車	じてんしゃ 자전거	□ 品物	しなもの 물건
□ 死ぬ	しぬ 죽다	□ 市民	しみん 시민

□ 知る	しる 알다	□ 社会	しゃかい 사회
□ 出発	しゅっぱつ 출발	□ 小説	しょうせつ 소설
□ 食堂	しょくどう 식당	□ 食料品	しょくりょうひん 식료품
□ 人口	じんこう 인구	□ 親切だ	しんせつだ 친절하다
□ 新聞社	しんぶんしゃ 신문사	□ 水道	すいどう 수도
□ 好きだ	すきだ 좋아하다	□ 少し	すこし 조금
□ 進む	すすむ 진행되다	□ 西洋	せいよう 서양
□ 世界	せかい 세계	□ 説明	せつめい 설명
□ 世話	せわ 도와줌, 보살핌	□ 祖母	そぼ 조모, 할머니

た

□ 大使館	たいしかん 대사관	□ 台所	だいどころ 부엌
□ 建物	たてもの 건물	□ 楽しい	たのしい 즐겁다
□ 足りる	たりる 충분하다	□ 力	ちから 힘
□ 茶色	ちゃいろ 갈색	□ 注意	ちゅうい 주의
□ 中止	ちゅうし 중지	□ 地理	ちり 지리
□ 着く	つく 도착하다	□ 都合	つごう 사정
□ 強い	つよい 강하다	□ 手紙	てがみ 편지
□ 店員	てんいん 점원	□ 遠い	とおい 멀다
□ 遠く	とおく 멀리	□ 通る	とおる 지나다
□ 都会	とかい 도시	□ 特別だ	とくべつだ 특별하다
□ 図書館	としょかん 도서관	□ 特急	とっきゅう 특급
□ 止まる	とまる 멈추다	□ 鳥	とり 새

な

□ 夏	なつ 여름	□ 二台	にだい 2대, 두 대
□ 日記	にっき 일기	□ 乗る	のる 타다

は

□ 運ぶ	はこぶ 운반하다, 옮기다	□ 始める	はじめる 시작하다
□ 場所	ばしょ 장소	□ 走る	はしる 달리다
□ 働く	はたらく 일하다	□ 発音	はつおん 발음
□ 花	はな 꽃	□ 春	はる 봄
□ 早く	はやく 일찍, 빨리	□ 光	ひかり 빛
□ 光る	ひかる 빛나다	□ 低い	ひくい 낮다
□ 病院	びょういん 병원	□ 昼	ひる 낮
□ 広い	ひろい 넓다	□ 服	ふく 옷
□ 不便だ	ふべんだ 불편하다	□ 冬	ふゆ 겨울
□ 古い	ふるい 오래되다, 낡다	□ 文	ぶん 문장
□ 文学	ぶんがく 문학	□ 勉強	べんきょう 공부

ま

□ 毎朝	まいあさ 매일 아침	□ 町	まち 시내, 도시
□ 待つ	まつ 기다리다	□ 間に合う	まにあう 시간에 맞추다
□ 短い	みじかい 짧다	□ 港	みなと 항구
□ 村	むら 마을	□ 目	め 눈
□ 持てる	もてる 들 수 있다	□ 森	もり 숲
□ 門	もん 문		

や

□ 野菜	やさい 채소	□ 夕方	ゆうがた 저녁때
□ 有名だ	ゆうめいだ 유명하다	□ 洋服	ようふく 양복, 옷
□ 予定	よてい 예정	□ 夜	よる 밤
□ 弱い	よわい 약하다		

ら・わ

□ 旅行	りょこう 여행	□ 別れる	わかれる 헤어지다
□ 悪い	わるい 나쁘다		

memo

もんだい１ ＿＿＿＿の ことばは ひらがなで どう かきますか。１・２・３・４から いちばん いい ものを ひとつ えらんで ください。

1 ハワイの 海(うみ)は 青くて きれいです。

1 ひろくて　2 しろくて　3 あおくて　4 ふかくて

2 子どもたちは 公園で あそんで います。

1 こういん　2 こうえん　3 こうにん　4 こうねん

3 いなかの 生活(せいかつ)は 車が ないと 不便です。

1 へんり　2 べんり　3 ふへん　4 ふべん

4 この 問題(もんだい)に ついて 鈴木(すずき)さんの 意見を 聞(き)かせて ください。

1 いけん　2 いし　3 いか　4 いみ

5 けがを した 人は 病院へ 運(はこ)ばれた。

1 びょうえん　2 びょういん　3 びょえん　4 びょいん

6 仕事を 急いで やって ください。

1 きゅういで　2 はやいで　3 すぐいで　4 いそいで

7 山本(やまもと)さんは 歌が へたです。

1 うた　2 おと　3 うそ　4 おん

8 おんがくの 教室は どこですか。

1 ぎょうしつ　2 ぎょしつ　3 きょうしつ　4 きょしつ

9 ハンカチは どこで 売って いますか。

1 まって　2 うって　3 かって　4 とって

10 きのう 図書館で ほんを 借りました。

1 とうしょっかん　2 とうしょこあん　3 としょっかん　4 としょかん

답 1③ 2② 3④ 4① 5② 6④ 7① 8③ 9② 10④

8 기출어휘 확인문제 한자읽기 / 10

もんだい１ ＿＿＿の ことばは ひらがなで どう かきますか。１・２・３・４から いちばん いい ものを ひとつ えらんで ください。

1 試験(しけん)は 都内(とない)の 5かしょの 会場で 行われます。

1 かいしょ　2 かいしょう　3 かいじょ　4 かいじょう

2 その ことは もう一度 考えて みましょう。

1 かんがえて　2 おぼえて　3 こたえて　4 おしえて

3 すみませんが、わたしを 写して くれませんか。

1 かえして　2 とりして　3 うつして　4 しゃして

4 これは なんの 薬ですか。

1 くすり　2 くせり　3 くし　4 くさ

5 そらが きゅうに 暗く なりました。

1 くろく　2 くらく　3 あかく　4 あおく

6 教科書(きょうかしょ)の 12ページを 開けて ください。

1 うけて　2 さけて　3 つけて　4 あけて

7 わたしは 仕事を 探(さが)して います。

1 じこと　2 じけん　3 しごと　4 しじ

8 午後(ごご) 医者へ 行きます。

1 いし　2 いしゃ　3 いじ　4 いじゃ

9 ちゅうしゃする 場所が ありません。

1 ばしょ　2 ばしょう　3 じょうしょ　4 じょうしょう

10 こんな 寒(さむ)さは いままで 経験した ことが ありません。

1 きょうけん　2 きょうきょう　3 けいけん　4 けいきょう

답 1④ 2① 3③ 4① 5② 6④ 7③ 8② 9① 10③

9 기출어휘 확인문제 한자읽기 / 10

もんだい１ ＿＿＿＿の ことばは ひらがなで どう かきますか。１・２・３・４から いちばん いい ものを ひとつ えらんで ください。

1 この 石(いし)は 重くて 運(はこ)べません。

1 かるくて　2 おもくて　3 うすくて　4 ほそくて

2 頭が いたいなら この くすりを のんで ください。

1 がお　2 あだま　3 かお　4 あたま

3 まいあさ 家の まわりを 走ります。

1 はしります　2 とおります　3 とまります　4 おわります

4 遠い ところまで 歩(ある)いたので、足(あし)が いたいです。

1 ちかい　2 はやい　3 おそい　4 とおい

5 子どもは 魚(さかな)が 泳いで いるのを 見て います。

1 えいで　2 かいで　3 およいで　4 さわいで

6 この 問題(もんだい)に 答えられる 人は 手を あげて ください。

1 こたえられる　2 おぼえられる　3 かんがえられる　4 おしえられる

7 れんしゅうすれば だれでも 自転車に のれます。

1 ちてんしゃ　2 じてんしゃ　3 ちどうしゃ　4 じどうしゃ

8 １週間後(しゅうかんご)に 返(かえ)すから ３万円 貸して くれない？

1 かして　2 さして　3 わたして　4 おして

9 きょうとには 午後(ごご) ９時ごろ 着きます。

1 いさます　2 ききます　3 すきます　4 つきます

10 旅行(りょこう)の 計画を 立(た)てるのが 楽しいです。

1 けいか　2 げいか　3 けいかく　4 げいかく

답 1② 2④ 3① 4④ 5③ 6① 7② 8① 9④ 10③

10 기출어휘 확인문제 　한자읽기　　/ 10

もんだい１　＿＿＿＿の　ことばは　ひらがなで　どう　かきますか。１・２・３・４から　いちばん　いい　ものを　ひとつ　えらんで　ください。

1 町の　生活(せいかつ)は　便利(べんり)だが、人や　車が　多いから　きらいだ。

1 まち　2 ちょう　3 ところ　4 みち

2 この　小説は　読(よ)みましたか。

1 きょせつ　2 きょうせつ　3 しょせつ　4 しょうせつ

3 その　黒い　カメラで　写(うつ)して　ください。

1 しろい　2 くろい　3 あおい　4 あかい

4 こどもは　氷の　うえで　すべって　ころびました。

1 こめ　2 まめ　3 かおり　4 こおり

5 事故(じこ)が　どのように　して　起こったのか　けいさつに　説明した。

1 せちめ　2 せちめい　3 せつめ　4 せつめい

6 ちちが　台所で　朝ごはんの　用意(ようい)を　して　います。

1 だいどころ　2 だいところ　3 たいどころ　4 たいところ

7 ５月には　気持(きも)ちの　いい　風が　ふきます。

1 あめ　2 くも　3 かぜ　4 ゆき

8 かいがんには　きれいな　石が　いっぱいです。

1 いし　2 あし　3 いわ　4 あわ

9 よく、ひとりで　旅行に　でかけます。

1 りょうごう　2 りょうこう　3 りょこう　4 りょごう

10 この　スーツケースは　軽いから　わたしが　持(も)って　いきます。

1 うすい　2 かるい　3 ほそい　4 こまかい

답 1① 2④ 3② 4④ 5④ 6① 7③ 8① 9③ 10②

11 기출어휘 확인문제 한자읽기 / 10

もんだい1 ＿＿＿＿の ことばは ひらがなで どう かきますか。1・2・3・4から いちばん いい ものを ひとつ えらんで ください。

1 きのうの 夜 すずきさんが あそびに きました。

1 ばん　　2 よる　　3 ぱん　　4 や

2 へやの なかは 人が おおぜい いて 動く ことが できなかった。

1 はたらく　　2 おどろく　　3 ひらく　　4 うごく

3 あの みせは 安いし、店員も しんせつです。

1 ていいん　　2 ていにん　　3 てんいん　　4 てんにん

4 かれは 体(からだ)は 大きいが、力は 強く ありません。

1 つよく　　2 やさしく　　3 つめたく　　4 すごく

5 気分(きぶん)が 悪(わる)く なったら、運動(うんどう)を 中止して ください。

1 じゅうし　　2 じゅうと　　3 ちゅうし　　4 ちゅうと

6 けがは 首 以外(いがい)には ありません。

1 せなか　　2 くび　　3 うで　　4 おなか

7 じゅぎょう中(ちゅう)に 化粧(けしょう)を して いたら 先生に 注意された。

1 しゅうい　　2 しゅい　　3 ちゅうい　　4 ちゅい

8 明(あか)るい 音楽を 聞くと 気持ちも 明るく なる。

1 おとがく　　2 おとかく　　3 おんかく　　4 おんがく

9 この まちの 人口(じんこう)は 去年より 少(すく)なく なりました。

1 さくねん　　2 さっねん　　3 きょねん　　4 きょうねん

10 高い 山は むりだけれど、低い 山なら のぼれる。

1 あさい　　2 ひくい　　3 まるい　　4 かたい

답 1② 2④ 3③ 4① 5③ 6② 7③ 8④ 9③ 10②

12 기출어휘 확인문제 한자읽기 / 10

もんだい1 ＿＿＿の ことばは ひらがなで どう かきますか。1・2・3・4から いちばん いい ものを ひとつ えらんで ください。

1 かれは、公園で 友だちを 待って います。

1 たって　2 とって　3 まって　4 もって

2 世界(せかい)の いろいろな 食堂に 行って みたいです。

1 しゅくとう　2 しゅくどう　3 しょくとう　4 しょくどう

3 わたしは 古い きってを あつめて います。

1 うつくしい　2 すごい　3 ふるい　4 めずらしい

4 海から つよい かぜが ふいて きました。

1 いけ　2 うみ　3 はし　4 まち

5 ここは 冬も あたたかいです。

1 あき　2 はる　3 なつ　4 ふゆ

6 仕事が 終わったら ビールを 飲みに いきましょう。

1 おわったら　2 まわったら　3 かわったら　4 さわったら

7 きみの 代わりに ぼくが 行きます。

1 かわり　2 おわり　3 おかわり　4 かかわり

8 日本語で 手紙を 書くのは むずかしいです。

1 しゅがみ　2 しゅかみ　3 てがみ　4 てかみ

9 学生たちは 先生の まわりに 集まった。

1 きまった　2 あつまった　3 とまった　4 はじまった

10 日本の 古い 建物に ついて 研究(けんきゅう)を 始めました。

1 はじめました　2 ほめました　3 とめました　4 あつめました

답 1③ 2④ 3③ 4② 5④ 6① 7① 8③ 9② 10①

もんだい１ ＿＿＿＿の ことばは ひらがなで どう かきますか。１・２・３・４から いちばん いい ものを ひとつ えらんで ください。

1 じゅぎょうの あとで 生徒(せいと)たちから 質問を 受(う)けた。
1 しすもん　2 しつもん　3 ひすもん　4 ひつもん

2 あの 建物は 何ですか。
1 おくりもの　2 たてもの　3 しなもの　4 くだもの

3 学校では あそんでばかりいて、ぜんぜん 勉強しませんでした。
1 べんきゅ　2 べんきゅう　3 べんきょ　4 べんきょう

4 この シャツは わたしの 体に 合いません。
1 かたら　2 かだら　3 からた　4 からだ

5 今からでも ６時の 電車に 間に合うでしょうか。
1 まにあう　2 まにやう　3 まにおう　4 まによう

6 わたしは 毎日 地下鉄(ちかてつ)で 大学に 通って います。
1 かゆって　2 かよって　3 とうって　4 とおって

7 となりの へやから 人の 声が 聞こえます。
1 おと　2 おん　3 こえ　4 せい

8 子どもの 試合は ぜひ 見たいです。
1 しあい　2 じあい　3 じやい　4 しやい

9 日曜日(にちようび)は 家族で カラオケに 行きます。
1 かずく　2 かずこ　3 かぞく　4 かぞこ

10 妹は 外国(がいこく)に 行きたがって います。
1 あに　2 あね　3 いもと　4 いもうと

답 1② 2② 3④ 4④ 5① 6② 7③ 8① 9③ 10④

もんだい１ ＿＿＿＿の ことばは ひらがなで どう かきますか。１・２・３・４から いちばん いい ものを ひとつ えらんで ください。

1 わたしが 子どもの 世話を しますから 安心(あんしん)して ください。

1 せいはなし　2 せはなし　3 せわ　4 せいわ

2 きのうの 夜、うちの 近所(きんじょ)で 火事が ありました。

1 かじ　2 かち　3 ひじ　4 ひち

3 夏(なつ)は ４時には 東(ひがし)の そらが 明るく なります。

1 ぬるく　2 ふるく　3 まるく　4 あかるく

4 産業は 地理(ちり)と ふかい かんけいが ある。

1 さんきょう　2 さんぎょう　3 ざんきょう　4 ざんぎょう

5 この むしは 光(ひかり)の ほうに 進みます。

1 すすみます　2 ふみます　3 たのみます　4 こみます

6 かれは 有名な 先生だが、じゅぎょうは あまり おもしろく ない。

1 ゆうめ　2 ゆめい　3 ゆうめい　4 ゆめ

7 今度の 試合(しあい)は ぜひ 勝(か)ちたいです。

1 まいど　2 なんど　3 さんど　4 こんど

8 日本語は よく 知って いるが フランス語は 知らない。

1 きまらない　2 しらない　3 ちらない　4 わからない

9 強(つよ)い 風に 木が ゆれて います。

1 ねつ　2 くも　3 かぜ　4 なみ

10 急いで 帰らなければ なりません。

1 かえらなければ　2 まがらなければ　3 もどらなければ　4 わたらなければ

답 1③ 2① 3④ 4② 5① 6③ 7④ 8② 9③ 10①

15 기출어휘 확인문제 한자읽기 / 10

もんだい１　＿＿＿＿の　ことばは　ひらがなで　どう　かきますか。１・２・３・４から　いちばん　いい　ものを　ひとつ　えらんで　ください。

1 あの　ふたりは　楽しそうに　会話(かいわ)を　して　います。

1 かなしそうに　2 たのしそうに　3 うれしそうに　4 らくしそうに

2 毎朝　シャワーを　あびてから　食事(しょくじ)を　します。

1 まいあさ　2 まいしゅう　3 まいつき　4 まいばん

3 山田(やまだ)さんは、病院で　くすりを　もらって　家へ　帰って　きた。

1 びゅういん　2 びゆういん　3 びょういん　4 びよういん

4 林(はやし)先生は　世界の　地理に　ついて　研究(けんきゅう)して　います。

1 せかい　2 せいかい　3 せっかい　4 せいか

5 今日は　近所の　公園で　なつを　楽(たの)しむ　よていです。

1 きんしょ　2 きんじょう　3 きんしょう　4 きんじょ

6 かれは　急(いそ)いで　洋服を　着ました。

1 よもの　2 よふく　3 ようもの　4 ようふく

7 発音しにくい　なまえですね。

1 ぱっおん　2 はっおん　3 はつおん　4 ぱつおん

8 田中(たなか)さんの　せんもんは　日本の　文学です。

1 かがく　2 ぶんがく　3 おんがく　4 いがく

9 午前(ごぜん)　９時から　午後(ごご)　６時まで　働きます。

1 はたらきます　2 つづきます　3 うごきます　4 かわきます

10 大学を　そつぎょうして　社会に　出た。

1 しゃがい　2 かいしゃ　3 しゃかい　4 がいしゃ

답 1② 2① 3③ 4① 5④ 6④ 7③ 8② 9① 10③

16 기출어휘 확인문제 한자읽기 / 10

もんだい1 ＿＿＿＿の ことばは ひらがなで どう かきますか。1・2・3・4から いちばん いい ものを ひとつ えらんで ください。

1 親切な タクシーの 運転手(うんてんしゅ)が 忘れ物(わすれもの)を 家まで とどけて くれた。

1 しんせつ　2 てきとう　3 ていねい　4 しんぱい

2 しりょうを メールで 送って ください。

1 とって　2 やって　3 おくって　4 おこって

3 半年(はんとし)に 一度 かのじょは 長野(ながの)の りょうしんに 会いに 行きます。

1 いちど　2 いちと　3 いちがい　4 いちかい

4 土曜日も 日曜日も 天気(てんき)が 悪くて どこへも 行けなかった。

1 いたくて　2 ひどくて　3 わるくて　4 おかしくて

5 味が うすかったので、しおを たしました。

1 いろ　2 におい　3 かたち　4 あじ

6 わたしは 夏より 秋の ほうが 好きです。

1 ふゆ　2 あき　3 なつ　4 はる

7 まいにち 日記を 書いて ください。

1 にき　2 にちき　3 につき　4 にっき

8 頭(あたま)が いたいので 気分が 悪(わる)いです。

1 きふん　2 きぶん　3 きもち　4 ぎもち

9 かれは 港で はたらいて います。

1 みなと　2 やま　3 はたけ　4 うみ

10 この 池の まわりには きれいな 色の 花が 多いです。

1 におい　2 いろ　3 あじ　4 かたち

답 1① 2③ 3① 4③ 5④ 6② 7④ 8② 9① 10②

もんだい１ ＿＿＿＿の ことばは ひらがなで どう かきますか。1・2・3・4から いちばん いい ものを ひとつ えらんで ください。

1 早く かえして ください。

1 なるべく　2 はやく　3 しばらく　4 おそく

2 もりの なかを 歩くのが 好きです。

1 あるく　2 つづく　3 いく　4 つく

3 夕方、みちで かのじょに 会いました。

1 ゆうかた　2 ゆうがた　3 ゆうほう　4 ゆうぼう

4 英語が 話せれば 世界(せかい)じゅう どこへ 行っても こまりません。

1 えいご　2 ええご　3 えんご　4 えご

5 あの 店では いろいろな 品物を 売(う)って います。

1 ひんもの　2 しなぶつ　3 ひんぶつ　4 しなもの

6 どこで タクシーに 乗れますか。

1 のれ　2 とれ　3 しれ　4 なれ

7 そぼは いぬと 鳥が 好きでした。

1 もり　2 うま　3 とり　4 しま

8 うかがうのは いつが ご都合 よろしいでしょうか。

1 つあい　2 つごう　3 とあい　4 とごう

9 この まちは さいきん 人口が ふえました。

1 にんこ　2 じんこ　3 にんこう　4 じんこう

10 くるまを 買うために 銀行から 300万円を 借(か)りた。

1 きんこう　2 きんごう　3 ぎんこう　4 ぎんごう

답 1② 2① 3② 4① 5④ 6① 7③ 8② 9④ 10③

4 한자읽기 기출어휘 1990 ~ 1999

あ

□ 間	あいだ 사이, 동안	□ 赤い	あかい 빨갛다
□ 秋	あき 가을	□ 開ける	あける 열다
□ 味	あじ 맛	□ 姉	あね 언니, 누나
□ 以外	いがい 이외	□ 意見	いけん 의견
□ 医者	いしゃ 의사	□ 以上	いじょう 이상
□ 急ぐ	いそぐ 서두르다	□ 一週間	いっしゅうかん 일주일간
□ 以内	いない 이내	□ 入口	いりぐち 입구
□ 動きだす	うごきだす 움직이기 시작하다	□ 歌	うた 노래
□ 写す	うつす 베끼다, 찍다	□ 海	うみ 바다
□ 運転	うんてん 운전	□ 運動	うんどう 운동
□ 映画	えいが 영화	□ 駅	えき 역
□ お医者さん	おいしゃさん 의사 선생님	□ 多い	おおい 많다
□ 屋上	おくじょう 옥상	□ 送る	おくる 보내다
□ 行う	おこなう 행하다	□ 弟	おとうと 남동생
□ お兄さん	おにいさん 형, 오빠	□ 思い出す	おもいだす 떠오르다, 생각해 내다
□ 泳ぐ	およぐ 헤엄치다	□ 終わる	おわる 끝나다
□ 音楽	おんがく 음악		

か

□ 会社	かいしゃ 회사	□ 会話	かいわ 회화
□ 返す	かえす 반환하다	□ 帰る	かえる 돌아가다
□ 貸す	かす 빌려주다	□ 風	かぜ 바람
□ 家族	かぞく 가족	□ 通う	かよう 다니다
□ 体	からだ 몸	□ 借りる	かりる 빌리다
□ 考える	かんがえる 생각하다	□ 切手	きって 우표
□ 気分	きぶん 기분	□ 着物	きもの 옷, 일본 옷
□ 急に	きゅうに 갑자기	□ 教室	きょうしつ 교실
□ 去年	きょねん 작년	□ 着る	きる 입다
□ 銀行	ぎんこう 은행	□ 近所	きんじょ 근처
□ 空気	くうき 공기	□ 黒い	くろい 검다
□ 計画	けいかく 계획	□ 研究	けんきゅう 연구
□ 見物	けんぶつ 구경	□ 公園	こうえん 공원
□ 工業	こうぎょう 공업	□ 工場	こうじょう 공장
□ 午後	ごご 오후	□ 答える	こたえる 대답하다
□ 今年	ことし 올해	□ 米	こめ 쌀
□ 今度	こんど 이번		

さ

□ 魚	さかな 물고기, 생선	□ 仕事	しごと 일
□ 時代	じだい 시대	□ 質問	しつもん 질문
□ 自転車	じてんしゃ 자전거	□ 自分	じぶん 자기, 자신
□ 品物	しなもの 물건	□ 死ぬ	しぬ 죽다
□ 閉める	しめる 닫다	□ 写真	しゃしん 사진

□ 写真家	しゃしんか 사진가	□ 社長	しゃちょう 사장
□ 住所	じゅうしょ 주소	□ 十分	じゅうぶん 충분히
□ 主人	しゅじん 남편, 주인	□ 出発	しゅっぱつ 출발
□ 食事	しょくじ 식사	□ 食堂	しょくどう 식당
□ 食料品	しょくりょうひん 식료품	□ 人口	じんこう 인구
□ 親切だ	しんせつだ 친절하다	□ 住む	すむ 살다
□ 世界	せかい 세계	□ 世話	せわ 도와줌, 보살핌
□ 祖母	そぼ 조모, 할머니	□ 空	そら 하늘

た

□ 大使	たいし 대사	□ 大切だ	たいせつだ 중요하다
□ 台所	だいどころ 부엌	□ 台風	たいふう 태풍
□ 建物	たてもの 건물	□ 楽しい	たのしい 즐겁다
□ 足りない	たりない 모자르다, 부족하다	□ 足りる	たりる 충분하다
□ 近い	ちかい 가깝다	□ 地下鉄	ちかてつ 지하철
□ 力	ちから 힘	□ 地図	ちず 지도
□ 茶色	ちゃいろ 갈색	□ 注意	ちゅうい 주의
□ 使う	つかう 사용하다	□ 強い	つよい 강하다
□ 出口	でぐち 출구	□ 店員	てんいん 점원
□ 電話代	でんわだい 전화 요금	□ 動物	どうぶつ 동물
□ 特に	とくに 특히	□ 特別だ	とくべつだ 특별하다
□ 図書館	としょかん 도서관	□ 止まる	とまる 멈추다
□ 鳥	とり 새		

な

□ 夏	なつ 여름	□ 習う	ならう 배우다
□ 何度も	なんども 몇 번이고	□ 西	にし 서쪽

は

□ 走る	はしる 달리다	□ 働く	はたらく 일하다
□ 母親	ははおや 모친	□ 早く	はやく 일찍, 빨리
□ 春	はる 봄	□ 病院	びょういん 병원
□ 広い	ひろい 넓다	□ 服	ふく 옷
□ 古い	ふるい 낡다, 오래되다	□ 部屋	へや 방
□ 便利だ	べんりだ 편리하다		

ま

□ 毎朝	まいあさ 매일 아침	□ 町	まち 도시, 마을
□ 待つ	まつ 기다리다	□ 店	みせ 가게

や

□ 野菜	やさい 채소	□ 安い	やすい 싸다, 저렴하다
□ 夕飯	ゆうはん 저녁밥	□ 用意	ようい 준비
□ 洋服	ようふく 양복, 옷	□ 予定	よてい 예정
□ 夜	よる 밤		

ら・わ

□ 来週	らいしゅう 다음주	□ 料理	りょうり 요리
□ 旅行	りょこう 여행	□ 悪い	わるい 나쁘다

18 기출어휘 확인문제 한자읽기 / 10

もんだい１　＿＿＿＿の　ことばは　ひらがなで　どう　かきますか。１・２・３・４から　いちばん　いい　ものを　ひとつ　えらんで　ください。

1 こばやしさんは　運転が　じょうずです。

1　うんでん　　2　うんてん　　3　うんどう　　4　うんとう

2 むすめは　銀行に　ちょきんしました。

1　きんこ　　2　ぎんこ　　3　きんこう　　4　ぎんこう

3 近所に　大きな　スーパーが　できました。

1　きんじょう　　2　きんじょ　　3　きんしょう　　4　きんしょ

4 赤い　ネクタイを　しめて　います。

1　あかい　　2　ふかい　　3　せまい　　4　ひろい

5 ここで　写真を　とりましょうよ。

1　さしん　　2　さっしん　　3　しゃしん　　4　しゃっしん

6 母は　病院に　にゅういんして　います。

1　びょき　　2　びょうき　　3　びょいん　　4　びょういん

7 特別に　申告(しんこく)する　ものは　ありますか。

1　とっべす　　2　とっべつ　　3　とくべつ　　4　とくべす

8 学校の　図書館から　本を　借りました。

1　としょかん　　2　としょっかん　　3　とうしょかん　　4　とうしょっかん

9 わたしは　毎朝　７時に　起きます。

1　まいしゅう　　2　まいつき　　3　まいばん　　4　まいあさ

10 死(し)んだと　おもって　いた　むしが　きゅうに　動きだしました。

1　なき　　2　うごき　　3　あるき　　4　はたらき

답 1② 2④ 3② 4① 5③ 6④ 7③ 8① 9④ 10②

19 기출어휘 확인문제 한자읽기 / 10

もんだい１　＿＿＿＿の　ことばは　ひらがなで　どう　かきますか。１・２・３・４から　いちばん　いい　ものを　ひとつ　えらんで　ください。

1 今年は　毎日　日記(にっき)を　書こう。

1　こんど　　2　まいど　　3　まいとし　　4　ことし

2 パスポートを　なくさない　ように　注意して　ください。

1　ちゅうい　　2　しゅうい　　3　しゅい　　4　ちゅい

3 夕飯の　時間ですよ。

1　ゆうしょく　　2　あさしょく　　3　ゆうはん　　4　あさはん

4 運動は　体に　いいです。

1　うんとう　　2　うんどう　　3　うんてん　　4　うんでん

5 わたしは　バスで　学校に　通って　います。

1　とおって　　2　かよって　　3　かえって　　4　いって

6 来週から　あたらしい　教室で　べんきょうします。

1　きしょう　　2　きしゅう　　3　らいしょう　　4　らいしゅう

7 大学に　行って　いる　むすめに　毎月　10万円ずつ　送って　います。

1　かえって　　2　つかって　　3　とおって　　4　おくって

8 ３年前に　この　会社に　入りました。

1　しゃかい　　2　しゃがい　　3　かいしゃ　　4　がいしゃ

9 きのう　図書館から　本を　２さつ　借りた。

1　おりた　　2　かりた　　3　こりた　　4　たりた

10 家具(かぐ)には　特別(とくべつ)な　木が　使って　あります。

1　つかって　　2　つくって　　3　とって　　4　もって

답 1④ 2① 3③ 4② 5② 6④ 7④ 8③ 9② 10①

もんだい１ ＿＿＿＿の ことばは ひらがなで どう かきますか。１・２・３・４から いちばん いい ものを ひとつ えらんで ください。

1 父が ごはんを 用意して くれました。

1 ようい 2 よい 3 よいい 4 よんい

2 おとうとと いっしょに スーパーへ 米を 買いに 行きます。

1 しお 2 めし 3 こめ 4 まめ

3 時間(じかん)が 足りなかったので、食堂(しょくどう)へは 行きませんでした。

1 たりなかった 2 かりなかった 3 おりなかった 4 こりなかった

4 わたしたちの 高校(こうこう)は 地図に 出て います。

1 ちと 2 ちず 3 じと 4 じず

5 母親は だいどころで りょうりを して います。

1 ふしん 2 ぼしん 3 ちちおや 4 ははおや

6 友だちと いっしょに 写真家の てんらんかいを 見ました。

1 さしんか 2 しゃしんか 3 さしんや 4 しゃしんや

7 世界で いちばん 高い やまは なにか 知って いますか。

1 よかい 2 よけい 3 せかい 4 せけい

8 アメリカの 会社に 注文(ちゅうもん)して あった 品物が 届(とど)いた。

1 しなぶつ 2 しなもの 3 ひんぶつ 4 ひんもの

9 雨(あめ)が ふりそうな 天気ですから、急いで 帰りましょう。

1 いそいで 2 およいで 3 さわいで 4 はやいで

10 ここに 自分の なまえを 書いて ください。

1 じんふん 2 じんぶん 3 じふん 4 じぶん

답 1① 2③ 3① 4② 5④ 6② 7③ 8② 9① 10④

21 기출어휘 확인문제 한자읽기 / 10

もんだい１ ＿＿＿＿の ことばは ひらがなで どう かきますか。１・２・３・４から いちばん いい ものを ひとつ えらんで ください。

1 やくそくに おくれない ことは とても 大切です。

1 だいじ　2 たいじ　3 だいせつ　4 たいせつ

2 かのじょは 食事の あとで いつも コーヒーを 飲む。

1 そくじ　2 そうじ　3 しょくじ　4 しょうじ

3 台風10ごうが 発生(はっせい)しました。

1 たいふう　2 たいふん　3 だいふう　4 だいふん

4 友だちは 銀行の そばに 住んで います。

1 こんで　2 すんで　3 つんで　4 やんで

5 西の そらが あかく なって います。

1 ひがし　2 にし　3 みなみ　4 きた

6 こんど サッカーの 試合を 見物に 行きましょう。

1 みるもの　2 けんもの　3 みぶつ　4 けんぶつ

7 うちの テレビは 古いので、よく こしょうします。

1 くろい　2 ひろい　3 ふるい　4 やすい

8 12時から 1時までの 間は 昼休(ひるやす)みです。

1 うち　2 もん　3 かん　4 あいだ

9 先生の ケータイは 何度も こわれたそうです。

1 なにど　2 なんど　3 なにと　4 なんと

10 どれが あなたが 使って いる 自転車ですか。

1 じとうしゃ　2 じどうしゃ　3 じてんしゃ　4 じでんしゃ

답 1④ 2③ 3① 4② 5② 6④ 7③ 8④ 9② 10③

もんだい１ ＿＿＿＿の ことばは ひらがなで どう かきますか。１・２・３・４から いちばん いい ものを ひとつ えらんで ください。

1 にもつが 予定より １日 早く とどきました。

1 よてい　　2 よでい　　3 よしょう　　4 よじょう

2 日本人の 目の 色は 茶色が 多いです。

1 さいろ　　2 ちゃいろ　　3 しゃいろ　　4 じゃいろ

3 弟が りんごを いつつも 食べました。

1 おとうとう　　2 おととう　　3 おとと　　4 おとうと

4 この まちは 工場が 多くて、空気(くうき)が きたないです。

1 おおくて　　2 たかくて　　3 ふかくて　　4 ひくくて

5 ことしの 秋から この 大学で はたらいて います。

1 はる　　2 なつ　　3 あき　　4 ふゆ

6 とても かんたんな 料理だから、３分で できますよ。

1 りょり　　2 りゅり　　3 りょうり　　4 りゅうり

7 その 店(みせ)の 主人は だれですか。

1 しゅじん　　2 しゅうじん　　3 しゅにん　　4 しゅうにん

8 さむいので、まどを 閉めて ください。

1 やめて　　2 きめて　　3 しめて　　4 とめて

9 この 工場では 特別(とくべつ)な きかいを つくって います。

1 こんじょ　　2 こんじょう　　3 こうじょ　　4 こうじょう

10 やまださんは 日本の しょうせつを 研究して います。

1 けんきょう　　2 けんきゅう　　3 けんしょう　　4 けんしゅう

답 1① 2② 3④ 4① 5③ 6③ 7① 8③ 9④ 10②

もんだい１ ＿＿＿＿の ことばは ひらがなで どう かきますか。１・２・３・４から いちばん いい ものを ひとつ えらんで ください。

1 田中さんの お父さんは 会社の 社長です。

1 しちょう　2 しゃちょう　3 しちょ　4 しゃちょ

2 かれは 試験の ために 勉強の 計画を 立てた。

1 けいがく　2 けいかく　3 けいが　4 けいか

3 ひるは 会社の 近くの 食堂で 食べます。

1 しょくば　2 しょくじょ　3 しょくどう　4 しょくじょう

4 この アパートの 台所は ひろいですね。

1 たいどころ　2 たいところ　3 だいところ　4 だいどころ

5 としを とっても 元気なら 働こうと 思います。

1 みがこう　2 うごこう　3 はたらこう　4 いただこう

6 山田くんは 学校まで ずっと 走って いきました。

1 はしって　2 かよって　3 わたって　4 のぼって

7 この ジュースは やさいの 味が します。

1 あじ　2 はし　3 にわ　4 かべ

8 雨の日は 姉が 駅まで むかえに きて くれた。

1 いもうと　2 おとうと　3 あね　4 あに

9 ここに なまえと 住所を 書いて ください。

1 じゅうしょ　2 じゅうしょう　3 じゅしょ　4 じゅしょう

10 わたしの 祖母は 車の 運転が できません。

1 そば　2 そふ　3 そほ　4 そぼ

답 1② 2② 3③ 4④ 5③ 6① 7① 8③ 9① 10④

24 기출어휘 확인문제 한자읽기 / 10

もんだい1 ＿＿＿＿の ことばは ひらがなで どう かきますか。1・2・3・4から いちばん いい ものを ひとつ えらんで ください。

1 気分が 悪いなら、病院（びょういん）へ 行った ほうが いいです。

1 あおい　2 いたい　3 こわい　4 わるい

2 友だちと いっしょに 写真（しゃしん）を 写して もらいました。

1 うつして　2 おとして　3 しゃして　4 とりして

3 かれは いま フランスへ 旅行に でかけて います。

1 りゅうこ　2 りょうこ　3 りょこう　4 りゅこう

4 この 部屋は あかるくて ひろいので、仕事が しやすいです。

1 へんや　2 ぶんや　3 へや　4 ぶや

5 夜、くらい 道（みち）を ひとりで 歩くのは こわいです。

1 ひる　2 よる　3 あさ　4 ばん

6 道の 両側（りょうがわ）に りっぱな 建物が ならんで います。

1 けんぶつ　2 たてもの　3 たてぶつ　4 けんもの

7 走って（はし） 行けば 出発の 時間に じゅうぶん 間に合うでしょう。

1 ではつ　2 でっぱつ　3 しゅはつ　4 しゅっぱつ

8 この 病院の お医者さんは とても 親切（しんせつ）ですよ。

1 おいしゃさん　2 おいじゃさん　3 おいささん　4 おいしさん

9 もう すこし ひくい いすを 貸して ください。

1 けして　2 かして　3 だして　4 おして

10 火（ひ）を 見ると おさない ころの 火事（かじ）を 思い出す。

1 おいだす　2 おいです　3 おもいだす　4 おもいです

답 1④ 2① 3③ 4③ 5② 6② 7④ 8① 9② 10③

25 기출어휘 확인문제 한자읽기 / 10

もんだい１ ＿＿＿の　ことばは　ひらがなで　どう　かきますか。１・２・３・４から　いちばん　いい　ものを　ひとつ　えらんで　ください。

1 きょうは　空が　とても　きれいです。
1 くも　2 うみ　3 ゆき　4 そら

2 わたしは　午後　銀行に　行く　よていです。
1 きんこ　2 ぎんこ　3 きんこう　4 ぎんこう

3 屋上の　プールへの　行き方を　教(おし)えて　ください。
1 やねうえ　2 おくじょう　3 おくうえ　4 やじょう

4 この　スーパーでは　さかなが　安いです。
1 やすい　2 たかい　3 ひろい　4 おおい

5 習った　ことを　すぐ　忘(わす)れて　しまいます。
1 あらった　2 わらった　3 ならった　4 もらった

6 大使の　くるまは　学校の　まえに　とまって　います。
1 だいし　2 だいじ　3 たいじ　4 たいし

7 かれは　借(か)りた　ものを　なかなか　返さない。
1 かえさない　2 もどさない　3 はなさない　4 わたさない

8 わたしは　よく　映画を　見に　行きます。
1 えいが　2 えが　3 えいご　4 えご

9 近くの　こうえんで　うんどうを　します。
1 とおく　2 ちかく　3 はやく　4 おそく

10 かれは　少年(しょうねん)時代を　いなかで　すごしました。
1 したい　2 じたい　3 じだい　4 しだい

답 1④ 2④ 3② 4① 5③ 6④ 7① 8① 9② 10③

02 もんだい2 한자표기 공략하기

1 문제 유형 완전 분석

もんだい 2는 한자표기 문제이다. 총 다섯 문제가 출제되며 한자 읽기와 마찬가지로 한 문장에 한 문제씩 묻는 형식으로 출제된다.

문제 유형 예시

もんだい2 ＿＿＿の ことばは どう かきますか。1・2・3・4から いちばん いい ものを ひとつ えらんで ください。

（れい） ちょっと くちを あけて ください。

1 口　　2 自　　3 目　　4 回

（かいとうようし） | （れい） | ● ② ③ ④ |

10 くろい くつしたが ほしいです。

1 白い　　2 黒い　　3 赤い　　4 青い

2 한자표기 기출어휘 2016 ~ 2023

あ

□ あかい	赤い 빨갛다	□ あつまる	集まる 모이다
□ あに	兄 형, 오빠	□ あね	姉 언니, 누나
□ いしゃ	医者 의사	□ いもうと	妹 여동생
□ うごく	動く 움직이다	□ うる	売る 팔다
□ うんどう	運動 운동	□ えいが	映画 영화
□ えいぎょう	営業 영업	□ おくじょう	屋上 옥상
□ おとうと	弟 남동생	□ おもい	重い 무겁다

か

□ かえる	帰る 돌아가다	□ かす	貸す 빌려주다
□ かるい	軽い 가볍다	□ きこく	帰国 귀국
□ きまる	決まる 결정되다	□ くらい	暗い 어둡다
□ くろい	黒い 검다	□ けいかく	計画 계획
□ けいけん	経験 경험	□ こうじょう	工場 공장
□ こえ	声 (목)소리	□ こおり	氷 얼음
□ こうつう	交通 교통		

さ

□ さむい	寒い 춥다	□ しあい	試合 시합
□ しつもん	質問 질문	□ じどうしゃ	自動車 자동차
□ しめる	閉める 닫다	□ しゅっぱつ	出発 출발
□ しょくどう	食堂 식당	□ しょくりょうひん	食料品 식료품
□ じょせい	女性 여성	□ しらべる	調べる 조사하다
□ しろい	白い 하얗다, 희다	□ しんせつだ	親切だ 친절하다
□ すきだ	好きだ 좋아하다	□ すすむ	進む 나아가다
□ せつめい	説明 설명		

た

□ たてる	建てる 세우다	□ ちゅうい	注意 주의
□ つくる	作る 만들다	□ とおい	遠い 멀다
□ とくべつだ	特別だ 특별하다	□ とり	鳥 새
□ とじる	閉じる 닫다		

memo

な

□ なつ 夏 여름

□ ならう 習う 배우다

□ にっき 日記 일기

□ にゅういん 入院 입원

は

□ はこぶ 運ぶ 운반하다, 옮기다

□ はつおん 発音 발음

□ はやし 林 숲

□ ひるごはん 昼ご飯 점심밥

□ ふね 船 배

□ ふゆ 冬 겨울

ま

□ まつ 待つ 기다리다

や

□ やさい 野菜 채소

□ よてい 予定 예정

□ よる 夜 밤

□ よわい 弱い 약하다

ら

□ りょうり 料理 요리

□ りょかん 旅館 여관

memo

26 기출어휘 확인문제 한자표기 / 10

もんだい2 ＿＿＿の ことばは どう かきますか。1・2・3・4から いちばん いい ものを ひとつ えらんで ください。

1 しろい 紙(かみ)と えんぴつを 持って きて ください。

1 青い　2 赤い　3 黒い　4 白い

2 その まどを しめて ください。

1 関めて　2 開めて　3 閉めて　4 問めて

3 かぜを ひかないように ちゅういして ください。

1 駐異　2 駐意　3 注異　4 注意

4 りょうの しょくどうで ごはんを 食べます。

1 食堂　2 飲蛍　3 食蛍　4 飲堂

5 2人の 子どもは 手を つないで もりの おくへと すすんで いった。

1 行んで　2 進んで　3 押んで　4 包んで

6 あすの よる かぞくと でかけます。

1 昼　2 夕　3 夜　4 晩

7 あめが ふって そらは くらかった。

1 朝かった　2 明かった　3 暗かった　4 倍かった

8 かのじょは たずねて くる 人は だれでも しんせつに むかえる。

1 親接　2 親切　3 新接　4 新切

9 きょう 見た 映画の ことを にっきに 書きました。

1 日紅　2 日己　3 日紀　4 日記

10 新しい ことばは こえを だして 読むと おぼえやすいです。

1 声　2 売　3 音　4 昔

답 1④ 2③ 3④ 4① 5② 6③ 7③ 8② 9④ 10①

27 기출어휘 확인문제

한자표기　　　/ 10

もんだい2　＿＿＿＿の　ことばは　どう　かきますか。１・２・３・４から　いちばん　いい　ものを　ひとつ　えらんで　ください。

1 その　ビルは　45かいだてと　なる　けいかくです。

1 討田　　2 討画　　3 計田　　4 計画

2 まいとし　なつに　キャンプを　します。

1 春　　2 夏　　3 秋　　4 冬

3 グラスに　こおりを　4つ　入れました。

1 氷　　2 水　　3 永　　4 木

4 あした　かんこくに　きこくします。

1 帰宝　　2 帰玉　　3 帰国　　4 帰園

5 その　ホテルの　工事(こうじ)は　10月に　おわる　よていです。

1 予定　　2 子定　　3 予正　　4 子正

6 その　びじゅつかんは　こうつうの　びんが　わるいです。

1 交痛　　2 父通　　3 交通　　4 笑痛

7 しつもんが　あれば、てを　あげて　ください。

1 質問　　2 質門　　3 質聞　　4 質間

8 あの　みせの　りょうりは　おいしいです。

1 科理　　2 料理　　3 科利　　4 料利

9 その　たんごの　はつおんを　インターネットで　しらべた。

1 調べた　　2 比べた　　3 食べた　　4 並べた

10 あの　スーパーは　しょくりょうひんが　安い。

1 飲料品　　2 食科品　　3 飲科品　　4 食料品

답 1④ 2② 3① 4③ 5① 6③ 7① 8② 9① 10④

28 기출어휘 확인문제

한자표기　/ 10

もんだい2　＿＿＿＿の　ことばは　どう　かきますか。1・2・3・4から　いちばん　いい　ものを　ひとつ　えらんで　ください。

1 この　コンピューターの　つかいかたを　せつめいします。

1 語明　2 説明　3 語名　4 説名

2 ここから　びょういんまでは　とおい。

1 遠い　2 近い　3 広い　4 狭い

3 おくじょうから　ふじさんが　見えます。

1 屋下　2 室下　3 屋上　4 室上

4 とりが　木に　とまって　います。

1 烏　2 鳴　3 島　4 鳥

5 わたしは　のうぎょうの　けいけんが　ほとんど　ありません。

1 経験　2 径験　3 経検　4 径検

6 そふは　にゅういんさせる　ひつようが　あります。

1 退院　2 出院　3 入院　4 人院

7 あさって　しゅっぱつする　ことに　して　います。

1 山登　2 出登　3 山発　4 出発

8 目を　とじて　おんがくを　きいて　います。

1 閉じて　2 門じて　3 問じて　4 聞じて

9 ふゆに　なると　スキーや　スケートが　できます。

1 夏　2 冬　3 春　4 秋

10 子どもたちは　テレビが　すきだ。

1 妨き　2 好き　3 奸き　4 奴き

답 1② 2① 3③ 4④ 5① 6③ 7④ 8① 9② 10②

29 기출어휘 확인문제 한자표기 / 10

もんだい２　＿＿＿＿の　ことばは　どう　かきますか。１・２・３・４から　いちばん　いい　ものを　ひとつ　えらんで　ください。

1 あすは　わたしに　とって　<u>とくべつな</u>　日です。
1 特別　2 得別　3 特捌　4 得捌

2 先生に　すべて　話したら　きもちが　<u>かるく</u>　なった。
1 重く　2 径く　3 黒く　4 軽く

3 ちちは　にわで　<u>やさいを</u>　つくって　います。
1 理采　2 理菜　3 野采　4 野菜

4 この　きかいは　２４時間　<u>うごいて</u>　います。
1 働いて　2 重いて　3 動いて　4 車いて

5 あしたは　M高校(こうこう)と　バスケットの　<u>しあいが</u>　あります。
1 具合　2 試合　3 場合　4 見合

6 <u>あかい</u>　トマトが　おいしそうです。
1 赤い　2 亦い　3 変い　4 青い

7 山田(やまだ)さんは　英語の　<u>はつおんが</u>　いいです。
1 登音　2 登青　3 発音　4 発青

8 兄から　自動車の　うんてんを　<u>ならって</u>　います。
1 学って　2 勉って　3 練って　4 習って

9 <u>あねに</u>　あかい　かさを　貸して　もらいました。
1 妹　2 姉　3 娘　4 姑

10 シーツが　<u>くろく</u>　なったから　とりかえましょう。
1 黒く　2 白く　3 青く　4 赤く

답 1① 2④ 3④ 4③ 5② 6① 7③ 8④ 9② 10①

30 기출어휘 확인문제 한자표기 / 10

もんだい２ ＿＿＿＿の ことばは どう かきますか。１・２・３・４から いちばん いい ものを ひとつ えらんで ください。

1 あの レストランは えいぎょうを やめたらしいです。

1 学業　2 営業　3 栄業　4 労業

2 あした 午前 9時に 駅(えき)に あつまって ください。

1 集つまって　2 隼つまって　3 隼まって　4 集まって

3 あした あねが かして くれた 服を 着て でかけます。

1 貨して　2 貸して　3 借して　4 惜して

4 わたしたちは 海(うみ)の 見える りょかんに とまりました。

1 旅館　2 旅官　3 施館　4 施官

5 やまださんは はやしの なかで みちに まよいました。

1 森　2 林　3 山　4 木

6 おさけを 飲んで じどうしゃを うんてんしては いけません。

1 自勤車　2 自道車　3 自動車　4 自働車

7 その てらは 今から 千年以上(せんねんいじょう)も まえに たてられた。

1 建てられた　2 健てられた　3 津てられた　4 聿てられた

8 いしゃから たばこを やめるように 言われて います。

1 囷院　2 医院　3 囷者　4 医者

9 じぶんで つくった やさいを うりました。

1 売りました　2 売りました　3 売りました　4 兊りました

10 朝、食べるのが おそかったので ひるごはんは いりません。

1 夕ごはん　2 夜ごはん　3 昼ごはん　4 朝ごはん

답 1② 2④ 3② 4① 5② 6③ 7① 8④ 9① 10③

3 한자표기 기출어휘 2000 ~ 2015

あ

□ あう	会う 만나다	□ あおい	青い 파랗다
□ あかるい	明るい 밝다	□ あき	秋 가을
□ あける	開ける 열다	□ あし	足 발
□ あつい	暑い 덥다	□ あつまる	集まる 모이다
□ あね	姉 언니, 누나	□ あらう	洗う 씻다
□ あるく	歩く 걷다	□ いう	言う 말하다
□ いきかた	行き方 가는 방법	□ いけ	池 연못
□ いしゃ	医者 의사	□ いじょう	以上 이상
□ いぬ	犬 개	□ いみ	意味 의미, 뜻
□ うた	歌 노래	□ うみ	海 바다
□ うる	売る 팔다	□ うんてん	運転 운전
□ えいがかん	映画館 영화관	□ えいご	英語 영어
□ おくじょう	屋上 옥상	□ おくる	送る 보내다
□ おしえる	教える 가르치다	□ おと	音 소리
□ おとうと	弟 남동생	□ おなじだ	同じだ 같다
□ おもいだす	思い出す 떠올리다, 생각해 내다	□ おもう	思う 생각하다
□ おわる	終わる 끝나다		

か

- □ かう　買う 사다
- □ かえる　帰る 돌아가다
- □ かお　顔 얼굴
- □ かきかた　書き方 쓰는 법
- □ かす　貸す 빌려주다
- □ かぜ　風 바람
- □ かぞく　家族 가족
- □ かりる　借りる 빌리다
- □ かわり　代わり 대신
- □ かんがえる　考える 생각하다
- □ かんじ　漢字 한자
- □ ぎゅうにく　牛肉 소고기
- □ きょうしつ　教室 교실
- □ くすり　薬 약
- □ くらい　暗い 어둡다
- □ けいけん　経験 경험
- □ けんきゅう　研究 연구
- □ こうつう　交通 교통
- □ こたえる　答える 대답하다
- □ ことり　小鳥 작은 새

さ

- □ さむい　寒い 춥다
- □ じてんしゃ　自転車 자전거
- □ じどうしゃ　自動車 자동차
- □ しぬ　死ぬ 죽다
- □ しみん　市民 시민
- □ しる　知る 알다
- □ しゃしん　写真 사진
- □ じゅうしょ　住所 주소
- □ じゅぎょう　授業 수업
- □ しょくどう　食堂 식당
- □ しらべる　調べる 조사하다
- □ しんせつだ　親切だ 친절하다
- □ すきだ　好きだ 좋아하다
- □ すむ　住む 살다
- □ せんしゅう　先週 지난주

た

□ だいどころ	台所 부엌	□ たいふう	台風 태풍
□ ただしい	正しい 바르다, 옳다	□ たてる	建てる 세우다
□ ちかく	近く 근처	□ ちず	地図 지도
□ つかう	使う 사용하다	□ つくる	作る 만들다
□ てんいん	店員 점원	□ ～ど	～度 ~번
□ とおく	遠く 멀리	□ とけい	時計 시계
□ どようび	土曜日 토요일		

な

□ なつ	夏 여름	□ ならう	習う 배우다
□ ねむい	眠い 졸리다	□ のれる	乗れる 탈 수 있다

は

□ はじめる	始める 시작하다	□ ばしょ	場所 장소
□ はしる	走る 달리다	□ はたらく	働く 일하다
□ はなし	話 이야기	□ はやく	早く 일찍, 빨리
□ はやし	林 숲	□ ひかり	光 빛
□ ひく	引く 끌다, 찾다	□ びょういん	病院 병원
□ ひらく	開く 열리다	□ ひるやすみ	昼休み 점심시간
□ ひろい	広い 넓다	□ ふく	服 옷
□ ふゆ	冬 겨울	□ ふるい	古い 낡다, 오래되다
□ ぶん	文 문장, 글	□ べんり	便利 편리함
□ ほんや	本屋 서점		

ま

- □ まいあさ　毎朝 매일 아침
- □ まち　町 시내, 도시
- □ まつ　待つ 기다리다
- □ もり　森 숲
- □ もんだい　問題 문제

や

- □ やさい　野菜 채소
- □ ゆうがた　夕方 저녁때
- □ ゆうはん　夕飯 저녁밥
- □ ゆうめいだ　有名だ 유명하다
- □ ゆき　雪 눈
- □ ようじ　用事 볼일, 용무
- □ よる　夜 밤

ら・わ

- □ りょうり　料理 요리
- □ りょこう　旅行 여행
- □ わたくし　私 저

memo

もんだい２ ＿＿＿＿の ことばは どう かきますか。１・２・３・４から いちばん いい ものを ひとつ えらんで ください。

1 わたしは 大阪(おおさか)の 友だちに プレゼントを おくった。

1 返った　　2 送った　　3 後った　　4 遅った

2 かのじょは 学校で 日本語を おしえて います。

1 教えて　　2 教えて　　3 都えて　　4 教えて

3 あの てんいんは とても しんせつです。

1 親功　　2 親切　　3 新切　　4 新功

4 わたしは りょうしんと いっしょに すんで います。

1 従んで　　2 往んで　　3 任んで　　4 住んで

5 夏休みには かならず いなかへ かえります。

1 仮ります　　2 返ります　　3 帰ります　　4 掃ります

6 この 研究は とても いいと おもいます。

1 恵います　　2 恩います　　3 思います　　4 志います

7 わたしは 自転車に のれます。

1 垂れます　　2 乗れます　　3 秉れます　　4 乖れます

8 あの あおい ドアの みせで 花を 売って います。

1 肯い　　2 育い　　3 青い　　4 背い

9 そとは さむいから コートを 着て 行って ください。

1 氷い　　2 冷い　　3 凍い　　4 寒い

10 かのじょは なにも かんがえないで 会社を やめて しまった。

1 考えないで　　2 孝えないで　　3 考えないで　　4 老えないで

답 1② 2① 3② 4④ 5③ 6③ 7② 8③ 9④ 10③

32 기출어휘 확인문제 한자표기 / 10

もんだい２ ＿＿＿＿の ことばは どう かきますか。１・２・３・４から いちばん いい ものを ひとつ えらんで ください。

1 どようびに しごとが あると ２ばい つかれます。

1 土曜日　2 土曙日　3 土濯日　4 土滑日

2 ちちの かわりに わたしが まいりました。

1 残わり　2 代わり　3 伐わり　4 式わり

3 あしたの 朝 ６時に ひろばに あつまって ください。

1 来まって　2 集まって　3 案まって　4 東まって

4 いすを ひいて くれないと 後ろの 人が 通れません。

1 引いて　2 引いて　3 引いて　4 引いて

5 わたしの 質問に こたえて ください。

1 合えて　2 笑えて　3 笛えて　4 答えて

6 こうちょうせんせいの はなしは 長いです。

1 言　2 詰　3 話　4 語

7 いもうとと いっしょに 海まで はしって 行きました。

1 歩って　2 足って　3 徒って　4 走って

8 あつい 日に いけで さかなが 死んで いました。

1 暑い　2 暑い　3 署い　4 暑い

9 ちちは かぞくを とても 大切に します。

1 家旅　2 家庭　3 家族　4 家底

10 いもうとは 学校の ちかくに 住んで います。

1 近く　2 送く　3 辺く　4 速く

답 1① 2② 3② 4① 5④ 6③ 7④ 8④ 9③ 10①

33 기출어휘 확인문제 한자표기 / 10

もんだい２　＿＿＿の　ことばは　どう　かきますか。１・２・３・４から　いちばん　いい　ものを　ひとつ　えらんで　ください。

1 あめが　ふって　いるので　かさを　かして　ください。

1　貸して　　2　資して　　3　貨して　　4　質して

2 買い物に　車を　つかう　ことは　あまり　ありません。

1　住う　　2　仕う　　3　使う　　4　作う

3 いけを　作(つく)れるほど　大きな　庭が　ほしいです。

1　河　　2　沼　　3　洗　　4　池

4 教室で　日本の　ゆうめいな　うたを　うたいました。

1　夕名　　2　右名　　3　有名　　4　友名

5 弟は　やさいを　料理して　ゆうはんを　つくりました。

1　夕飲　　2　夕飯　　3　夜飲　　4　夜飯

6 デパートで　あたらしい　くつを　かう　つもりです。

1　質う　　2　貸う　　3　貨う　　4　買う

7 その　ドアは　ひくと　ひらきます。

1　開きます　　2　関きます　　3　閑きます　　4　閉きます

8 じてんしゃで　もりの　中を　通りました。

1　材　　2　森　　3　林　　4　禁

9 兄は　工場に　じてんしゃで　かよって　います。

1　自軸車　　2　自輌車　　3　自輪車　　4　自転車

10 かおは　ひとりずつ　みんな　ちがいます。

1　顏　　2　頦　　3　顔　　4　顔

답 1① 2③ 3④ 4③ 5② 6④ 7① 8② 9④ 10③

もんだい2　＿＿＿の　ことばは　どう　かきますか。1・2・3・4から　いちばん　いい　ものを　ひとつ　えらんで　ください。

1 あの　店で　売って　いる　ぎゅうにくは　高いです。
1 牛内　2 午内　3 牛肉　4 午肉

2 かれらは　コンサートが　はじまるのを　まって　いました。
1 特って　2 待って　3 侍って　4 持って

3 いしはらさんは　うたが　うまいです。
1 哥　2 歌　3 欽　4 款

4 うちの　部長(ぶちょう)は　ひとを　はたらかせるのが　うまいです。
1 勤かせる　2 倒かせる　3 僅かせる　4 働かせる

5 どこの　まちにも　えいがかんは　あります。
1 映写館　2 英写館　3 映画館　4 英画館

6 さいきんは　びょういんで　なくなる　人が　多いです。
1 症院　2 症員　3 病員　4 病院

7 わたしは　そんなに　とおくまでは　行けません。
1 逺く　2 逺く　3 遠く　4 遠く

8 ようじが　あって　りょこうに　行けません。
1 予事　2 予時　3 用時　4 用事

9 1トンは　1,000キログラムと　おなじ　重さです。
1 同じ　2 回じ　3 洞じ　4 向じ

10 きのうの　夜、食堂で　友だちと　あいました。
1 会いました　2 合いました　3 令いました　4 余いました

답 1③ 2② 3② 4④ 5③ 6④ 7③ 8④ 9① 10①

35 기출어휘 확인문제 한자표기 / 10

もんだい2 ＿＿＿＿の ことばは どう かきますか。1・2・3・4から いちばん いい ものを ひとつ えらんで ください。

1 うみから あたたかい 風が ふいて きます。
1 海　2 波　3 湖　4 洋

2 かりた お金を やくそくどおり かえしました。
1 貸りた　2 変りた　3 借りた　4 買りた

3 テレビの おとが 聞(き)こえます。
1 音　2 声　3 色　4 香

4 かのじょは ことりを かって いる。
1 小鳥　2 小島　3 子鳥　4 子島

5 その 村(むら)を ちずで さがしたが、なかなか 見つからなかった。
1 他区　2 他図　3 地区　4 地図

6 ひるやすみに まちへ 行って 本を 買いました。
1 昼休み　2 昼体み　3 昼休み　4 昼体み

7 この へやには 20人いじょう いると おもいます。
1 比上　2 以上　3 似上　4 批上

8 おなかが いたい ときは この くすりが いいですよ。
1 薬　2 菜　3 茶　4 草

9 かれが 来なければ かいぎを する いみが ありません。
1 意見　2 竟見　3 意味　4 竟味

10 その 用事(ようじ)が おわったら、だいどころに 来て ください。
1 怠所　2 大所　3 太所　4 台所

답 1① 2③ 3① 4② 5④ 6① 7② 8① 9③ 10④

もんだい２ ＿＿＿＿の ことばは どう かきますか。１・２・３・４から いちばん いい ものを ひとつ えらんで ください。

1 きのうから レストランで アルバイトを はじめました。

1 初めました　2 発めました　3 始めました　4 新めました

2 ゆうがたに なったから 電気を つけて ください。

1 夕方　2 夕万　3 多万　4 多方

3 ひるやすみに まちへ 行って しゃしんを とりました。

1 写直　2 写真　3 㝍直　4 㝍真

4 夏休みは おきなわを りょこうする つもりです。

1 族行　2 旋行　3 旅行　4 施行

5 先生が 来るまで きょうしつで しずかに まちましょう。

1 教客　2 教室　3 数客　4 数室

6 かれらは １日に ２どしか 食事を しません。

1 ２度　2 ２席　3 ２庄　4 ２度

7 ちちは こうこうで えいごを 教(おし)えて います。

1 笑語　2 映語　3 芙語　4 英語

8 ふくを 着(き)ないで 外(そと)へ 出ては いけません。

1 服　2 眼　3 肢　4 眩

9 いま、車の うんてんを 習いはじめた ばかりです。

1 連転　2 運転　3 連軽　4 運軽

10 遠くに あおい ひかりが 見えました。

1 日　2 火　3 光　4 電

답 1③ 2① 3② 4③ 5② 6④ 7④ 8① 9② 10③

37 기출어휘 확인문제

한자표기 / 10

もんだい２ ＿＿＿＿の ことばは どう かきますか。１・２・３・４から いちばん いい ものを ひとつ えらんで ください。

1 会社の おくじょうから まちの けしきが よく 見えます。

1 市　2 村　3 町　4 都

2 いぬが あしで ドアを あけました。

1 開けました　2 関けました　3 閑けました　4 閉けました

3 日本語の 住所(じゅうしょ)の かきかたを おしえて ください。

1 書き力　2 書き方　3 書き万　4 書き刃

4 みなさん、しょくどうに 集まって ください。

1 食道　2 食通　3 食党　4 食堂

5 夏休み(なつやすみ)が おわると 学校が いそがしく なります。

1 絵わる　2 終わる　3 経わる　4 続わる

6 この 山には、あきに はが あかく なる 木(き)が 多いです。

1 杪　2 秋　3 秒　4 秌

7 とけいが こしょうしたので、かった 店で なおして もらいました。

1 時訂　2 時計　3 時討　4 時記

8 山田(やまだ)さんは、せんしゅう デパートで とけいを 買ったと いいました。

1 舌いました　2 告いました　3 言いました　4 話いました

9 かぜが やんで、くもの 間(あいだ)から 月(つき)が 見(み)えて きました。

1 雨　2 雪　3 雲　4 風

10 その えいがが 見られたのは せんしゅうまででした。

1 先週　2 先連　3 先通　4 先遠

답 1③ 2① 3② 4④ 5② 6④ 7② 8③ 9④ 10①

38 기출어휘 확인문제 한자표기 / 10

もんだい２ ＿＿＿＿の ことばは どう かきますか。１・２・３・４から いちばん いい ものを ひとつ えらんで ください。

1 この 古い おてらは 500年前に たてられました。

1 建てられました 2 健てられました 3 進てられました 4 律てられました

2 たいふうが くるから、いそいで うちへ 帰りましょう。

1 大風 2 強風 3 雨風 4 台風

3 かいぎしつは とても くらいです。

1 悪い 2 黒い 3 暗い 4 強い

4 弟は 祖父が つくった 会社で はたらいて います。

1 作った 2 狂った 3 昨った 4 旺った

5 おなかが いっぱいに なったら ねむく なって きた。

1 寝く 2 眠く 3 苦く 4 若く

6 その もんだいを 30ぷんも 考え(かんが)たが、答え(こた)を 出(だ)せなかった。

1 門題 2 問題 3 門顕 4 問顕

7 こんやは ゆきに なりそうです。

1 需 2 雲 3 雨 4 雪

8 しょくじの 前には 手を あらいなさい。

1 習い 2 洗い 3 早い 4 速い

9 日本(にほん)は 韓国(かんこく)や 中国(ちゅうごく)から やさいを ゆにゅうして います。

1 理采 2 理菜 3 野采 4 野菜

10 パソコンは ただしく 使わないと うごきません。

1 止しく 2 王しく 3 正しく 4 王しく

답 1① 2④ 3③ 4① 5② 6② 7④ 8② 9④ 10③

もんだい２　＿＿＿＿の　ことばは　どう　かきますか。１・２・３・４から　いちばん　いい　ものを　ひとつ　えらんで　ください。

1 じゅうしょが　かわった　場合(ばあい)は　お知(し)らせください。

1 王所　　2 住所　　3 主所　　4 往所

2 かべが　くらいので　あかるい　えを　かざりました。

1 赤るい　　2 朋るい　　3 明るい　　4 朝るい

3 わたしは　なにか　書く　ものが　ないか　ひきだしを　しらべた。

1 調べた　　2 語べた　　3 訴べた　　4 話べた

4 おふろに　はいって　からだを　あらった。

1 水った　　2 泳った　　3 洗った　　4 先った

5 10キロを　3時間で　あるいた。

1 来いた　　2 行いた　　3 走いた　　4 歩いた

6 いしゃの　いけんを　聞きました。

1 矢者　　2 医者　　3 矢偖　　4 医偖

7 きょうは　えいごの　じゅぎょうが　ありません。

1 授業　　2 受業　　3 授美　　4 受美

8 わたしの　じどうしゃは　ぎんいろです。

1 白動車　　2 白働車　　3 自動車　　4 自働車

9 アルバイトの　けいけんは　ありますか。

1 径権　　2 経権　　3 径験　　4 経験

10 あねは　ネコの　けんきゅうを　して　います。

1 研究　　2 研九　　3 枅究　　4 枅九

답 1② 2③ 3① 4③ 5④ 6② 7① 8③ 9④ 10①

40 기출어휘 확인문제

한자표기 / 10

もんだい２ ＿＿＿の ことばは どう かきますか。１・２・３・４から いちばん いい ものを ひとつ えらんで ください。

1 この へんは とくに こうつうが はげしいです。

1 郊通　2 郊涌　3 交通　4 交涌

2 ことしの ふゆは ゆきが 少(すく)なかったです。

1 春　2 夏　3 秋　4 冬

3 わたしは ギターを ならいたいです。

1 習い　2 堅い　3 学い　4 買い

4 ちかてつは まんいんで すわる ばしょが なかった。

1 揚処　2 場処　3 揚所　4 場所

5 きのう ほんやで ざっしを 買いました。

1 本室　2 本屋　3 木室　4 木屋

6 その ソフトを 使って みたら すごく べんりだった。

1 便利　2 便科　3 更利　4 更科

7 その へやは 入り口は せまいが 中は ひろい。

1 重い　2 軽い　3 広い　4 狭い

8 わたしは まいあさ さんぽを します。

1 梅晩　2 毎晩　3 梅朝　4 毎朝

9 すみません、りょうりが まだ 来ないのですが。

1 料理　2 科理　3 料果　4 科果

10 今朝(けさ)の しんぶんで その 事件を しった。

1 言った　2 知った　3 結った　4 智った

답 1③ 2④ 3① 4④ 5② 6① 7③ 8④ 9① 10②

4 한자표기 기출어휘 1990 ~ 1999

あ

□ あう	会う 만나다	□ あおい	青い 파랗다
□ あかい	赤い 빨갛다	□ あかるい	明るい 밝다
□ あき	秋 가을	□ あく	空く 비다
□ あく	開く 열리다	□ あさ	朝 아침
□ あたらしい	新しい 새롭다	□ あつまる	集まる 모이다
□ あに	兄 형, 오빠	□ あね	姉 언니, 누나
□ あるく	歩く 걷다	□ あんしん	安心 안심
□ いう	言う 말하다	□ いそぐ	急ぐ 서두르다
□ いがく	医学 의학	□ いけん	意見 의견
□ いもうと	妹 여동생	□ いみ	意味 의미
□ いりぐち	入り口 입구	□ いろ	色 색
□ うつす	写す 베끼다, (사진을) 찍다	□ うまれる	生まれる 태어나다
□ うる	売る 팔다	□ えいが	映画 영화
□ えき	駅 역	□ おおい	多い 많다
□ おきる	起きる 일어나다	□ おくる	送る 보내다
□ おしえる	教える 가르치다	□ おちゃ	お茶 차
□ おなじだ	同じだ 같다	□ おねえさん	お姉さん 언니, 누나, 누님
□ おもい	重い 무겁다	□ おもいだす	思い出す 생각해 내다, 떠올리다
□ おわる	終わる 끝나다	□ おんがく	音楽 음악

か

□ かう	買う 사다	□ かえり	帰り 귀갓길
□ かえる	帰る 돌아가다	□ かす	貸す 빌려 주다
□ かぞく	家族 가족	□ かみ	紙 종이
□ かりる	借りる 빌리다	□ かんがえかた	考え方 사고방식
□ きゅうこう	急行 급행	□ きゅうに	急に 갑자기
□ きょねん	去年 작년	□ ぎんこう	銀行 은행
□ くらい	暗い 어둡다	□ くる	来る 오다
□ くろい	黒い 검다	□ けさ	今朝 오늘 아침
□ げつようび	月曜日 월요일	□ けんきゅうかい	研究会 연구회
□ こうぎょう	工業 공업	□ こうじょう	工場 공장
□ こうちょう	校長 교장(선생님)		

さ

□ さくぶん	作文 작문	□ じゅうぶん	十分 충분히
□ しごと	仕事 일	□ じしょ	辞書 사전
□ しなもの	品物 물건	□ しぬ	死ぬ 죽다
□ しゅっせき	出席 출석	□ しる	知る 알다
□ しんせつだ	親切だ 친절하다	□ せかい	世界 세계
□ せき	席 자리	□ せわ	世話 도와줌, 보살핌

た

□ たいしかん	大使館 대사관	□ だいじだ	大事だ 소중하다, 중요하다
□ たいふう	台風 태풍	□ ただしい	正しい 바르다
□ たつ	立つ 서다	□ たりる	足りる 충분하다
□ ちかい	近い 가깝다	□ ちから	力 힘
□ ちず	地図 지도	□ ちゅうい	注意 주의
□ つく	着く 도착하다	□ つくる	作る 만들다
□ でる	出る 나가다	□ てんいん	店員 점원
□ とおり	通り 길	□ とけい	時計 시계
□ とり	鳥 새		

な

□ にもつ	荷物 짐	□ のむ	飲む 마시다

は

□ ばいてん	売店 매점	□ はこぶ	運ぶ 운반하다, 옮기다
□ はじまる	始まる 시작되다	□ はたらく	働く 일하다
□ はつおん	発音 발음	□ はな	花 꽃
□ はやく	早く 일찍, 빨리	□ はる	春 봄
□ びょういん	病院 병원	□ ひるごはん	昼ご飯 점심밥
□ ひるごろ	昼ごろ 정오 무렵	□ ひろい	広い 넓다
□ ひろば	広場 광장	□ ふゆ	冬 겨울
□ ふるい	古い 오래되다, 낡다	□ へや	部屋 방
□ べんきょう	勉強 공부		

ま

□ まにあう	間に合う 시간에 맞추다	□ もつ	持つ 들다, 지니다

や

□ やく	役 역할, 구실	□ やまみち	山道 산길
□ ゆうめいだ	有名だ 유명하다	□ ようじ	用事 볼일, 용무
□ ようふく	洋服 양복, 옷	□ よる	夜 밤

ら

□ りょこう	旅行 여행

わ

□ わかれる	別れる 헤어지다

memo

もんだい2 ＿＿＿＿の　ことばは　どう　かきますか。1・2・3・4から　いちばん　いい　ものを　ひとつ　えらんで　ください。

1 えきの　にしがわの　ひろばに　あつまって　ください。

1 狭場　2 広場　3 狭揚　4 広揚

2 きょう　ふねが　みなとに　かえって　きました。

1 帚って　2 帰って　3 帰って　4 掃って

3 森(もり)さんの　おねえさんは　いがくを　べんきょうして　います。

1 医学　2 矢学　3 周学　4 国学

4 ほっかいどうの　ふゆは　早く、11月には　雪(ゆき)が　ふりはじめる。

1 秋　2 夏　3 春　4 冬

5 その　かびんは　大事(だいじ)なので、気を　つけて　はこんで　ください。

1 送んで　2 運んで　3 週んで　4 達んで

6 えきの　ばいてんで　しんぶんを　買いました。

1 買店　2 購店　3 売店　4 飯店

7 いもうとは　カメラを　ほしがって　います。

1 始　2 姉　3 好　4 妹

8 それほど　遠く　ないから　あるいて　行きましょう。

1 歩いて　2 徒いて　3 走いて　4 渉いて

9 鈴木(すずき)さんは、こうじょうで　はたらいて　います。

1 工場　2 工陽　3 工揚　4 工傷

10 この　にもつは　重くて　ひとりで　もてません。

1 侍てません　2 持てません　3 待てません　4 特てません

답 1② 2③ 3① 4④ 5② 6③ 7④ 8① 9① 10②

もんだい２　＿＿＿＿の　ことばは　どう　かきますか。１・２・３・４から　いちばん　いい　ものを　ひとつ　えらんで　ください。

1 あの　日本語の　本は　<u>はやく</u>　かえして　ください。

1　早く　　2　早く　　3　速く　　4　連く

2 こどもの　ころの　ことを　<u>おもいだして</u>、作文を　書いて　ください。

1　恩い出して　　2　思い出して　　3　恵い出して　　4　感い出して

3 ふゆが　おわって、たくさんの　<u>とり</u>が　北へ　戻って　いきました。

1　鳥　　2　鳥　　3　島　　4　島

4 <u>とけい</u>を　作(つく)って　いる　会社(かいしゃ)で　はたらいて　います。

1　時形　　2　時経　　3　時型　　4　時計

5 日本の　６月は　ほかの　月(つき)に　くらべて　雨が　<u>おおい</u>。

1　大い　　2　多い　　3　各い　　4　太い

6 春には、きれいな　色の　<u>はな</u>が　たくさん　さきます。

1　仏　　2　化　　3　花　　4　芲

7 まちがった　字(じ)を　<u>あかい</u>　インクで　なおしました。

1　赤い　　2　明い　　3　青い　　4　黄い

8 熱が　さがったから　あしたは　<u>おきて</u>　仕事が　できるだろう。

1　赴きて　　2　越きて　　3　超きて　　4　起きて

9 バイオリンで　<u>ただしい</u>　音を　出すのは　むずかしいです。

1　正しい　　2　王しい　　3　企しい　　4　全しい

10 そちらに　お金が　<u>ついたら</u>　れんらくを　ください。

1　者いたら　　2　者いたら　　3　着いたら　　4　着いたら

답 1① 2② 3② 4④ 5② 6③ 7① 8④ 9① 10③

43 기출어휘 확인문제 한자표기 / 10

もんだい２ ＿＿＿＿の　ことばは　どう　かきますか。１・２・３・４から　いちばん　いい　ものを　ひとつ　えらんで　ください。

1 ぎんこうは　朝９時から　午後３時まで　あいて　います。
1 銅行　2 銭行　3 銀行　4 鍋行

2 その　しごとは　８時に　始まります。
1 止事　2 仕事　3 知事　4 私事

3 あの　店では　ケーキを　安く　うって　います。
1 売って　2 完って　3 貸って　4 買って

4 いもうとは　あかるい　いろの　洋服を　ほしがって　います。
1 巴　2 免　3 句　4 色

5 おもい　にもつを　持って　かいだんを　のぼるのは　たいへんです。
1 貨物　2 何物　3 荷物　4 品物

6 いぬの　せわを　かのじょに　たのみました。
1 世詰　2 世語　3 世言　4 世話

7 きょう　あたらしい　かばんを　買う　つもりです。
1 祈しい　2 新しい　3 親しい　4 規しい

8 死(し)んだ　ちちに　もういちど　あいたいです。
1 会いたい　2 合いたい　3 令いたい　4 舎いたい

9 ひきだしの　中を　かたづけて　いたら　ふるい　手紙が　出て　きた。
1 占い　2 吉い　3 舌い　4 杏い

10 日本で　いちばん　ゆうめいな　山は　ふじさんです。
1 反名　2 友名　3 有名　4 夕名

답 1③ 2② 3① 4④ 5③ 6④ 7② 8① 9① 10③

44 기출어휘 확인문제 한자표기 / 10

もんだい２ ＿＿＿＿の　ことばは　どう　かきますか。１・２・３・４から　いちばん　いい　ものを　ひとつ　えらんで　ください。

1 もっと　ゆっくり　<u>いって</u>　ください。

1 言って　　2 立って　　3 有って　　4 写って

2 この　くろい　かばんは　<u>おもくて</u>、ひとりで　持(も)てません。

1 太くて　　2 重くて　　3 多くて　　4 軽くて

3 夏休みの　おもいでを　<u>さくぶん</u>に　書きました。

1 代文　　2 借文　　3 使文　　4 作文

4 いつか　世界(せかい)じゅうを　<u>りょこう</u>して　みたい。

1 旅行　　2 留行　　3 流行　　4 料行

5 かいぎには　30人ほど　<u>しゅっせき</u>して　いました。

1 出座　　2 出度　　3 出席　　4 出圧

6 交通事故(こうつうじこ)で　けがを　した　男の人が　<u>びょういん</u>に　はこばれた。

1 丙完　　2 病完　　3 丙院　　4 病院

7 去年の　お正月に　母に　<u>ようふく</u>と　手紙を　送りました。

1 洋販　　2 洋服　　3 絆販　　4 絆服

8 朝５時から　６時までが　わたしの　<u>べんきょう</u>の　時間です。

1 強勉　　2 強晩　　3 勉強　　4 晩強

9 あには　日本の　<u>こうぎょう</u>に　ついて　よく　知って　います。

1 工業　　2 工場　　3 広業　　4 広場

10 <u>あさ</u>　早く　さんぽするのが　すきなんです。

1 夕　　2 朝　　3 今　　4 昨

답 1① 2② 3④ 4① 5③ 6④ 7② 8③ 9① 10②

もんだい2 ＿＿＿＿の ことばは どう かきますか。1・2・3・4から いちばん いい ものを ひとつ えらんで ください。

1 げつようびの あさは いつもより はやく おきます。
1 月暒日　2 月曜日　3 月暑日　4 月曜日

2 つぎの えきで おりて、バスに のりかえて ください。
1 駄　2 駅　3 駅　4 駐

3 おねえさんが わたしに あう セーターを えらんで くれました。
1 お兄さん　2 お弟さん　3 お姉さん　4 お妹さん

4 ゆうべ うしの こどもが うまれました。
1 生まれました　2 去まれました　3 先まれました　4 元まれました

5 じゅぎょうの はじまる ベルが なって います。
1 始まる　2 進まる　3 初まる　4 発まる

6 おもしろい えいがだと 聞いたので、ぜひ 見たいです。
1 影画　2 影図　3 映画　4 映図

7 かれと わたしは 高校(こうこう)は おなじだったが、大学は ちがう。
1 向じ　2 司じ　3 回じ　4 同じ

8 コンサートは 7時からなので、今 家を でれば 十分(じゅうぶん) まにあうでしょう。
1 発れば　2 出れば　3 去れば　4 転れば

9 この とおりを まっすぐ 行くと、こうえんが あります。
1 運り　2 送り　3 道り　4 通り

10 やましたさんと ひるごろ えきで わかれました。
1 分れました　2 別れました　3 歩れました　4 転れました

답 1④ 2② 3③ 4① 5① 6③ 7④ 8② 9④ 10②

46 기출어휘 확인문제

한자표기 / 10

もんだい２　＿＿＿＿の　ことばは　どう　かきますか。1・2・3・4から　いちばん　いい　ものを　ひとつ　えらんで　ください。

1 急がないと　かいぎに　まにあわない。

1　目に合わない　2　前に合わない　3　間に合わない　4　真に合わない

2 この　食事は　２人には　じゅうぶんです。

1　十分　2　十文　3　重分　4　重文

3 この　へやは　あかるくて　ひろいです。

1　戸屋　2　部屋　3　戸室　4　部室

4 ぜひ　時間を　つくって　あそびに　来て　ください。

1　代って　2　使って　3　作って　4　仕って

5 しあいは　たいふうで　中止に　なりました。

1　台凪　2　台同　3　台風　4　台月

6 かのじょは、この　びょういんで　医者(いしゃ)として　はたらいて　います。

1　助いて　2　働いて　3　動いて　4　勤いて

7 よるに　なって　きゅうに　さむく　なりました。

1　夜　2　夕　3　朝　4　明

8 わたしは　前から　社長(しゃちょう)を　しって　いました。

1　加って　2　如って　3　和って　4　知って

9 ６時に　起きて、コーヒーを　のんでから、べんきょうしました。

1　食んで　2　飯んで　3　館んで　4　飲んで

10 きのう　ならった　ことばの　いみが　思(おも)い出(だ)せない。

1　意味　2　意実　3　意未　4　意見

답 1③ 2① 3② 4③ 5③ 6② 7① 8④ 9④ 10①

03 もんだい 3 문맥규정 공략하기

1 문제 유형 완전 분석

もんだい 3은 주어진 단문의 밑줄 친 빈칸에 가장 적당한 어휘를 선택지 네 개 중 고르는 문제로, 여덟 문제가 출제된다. 품사별로 명사·동사·い형용사·부사·な형용사·외래어·인사말순으로 출제 빈도가 높다. 그리고 한자 표기가 있는 한자숙어 어휘는 대부분 히라가나 표기로 출제된다. 책에는 학습을 위하여 한자를 병기해 두었다. 최근에는 パートタイム(파트타임)같은 가타카나 표기 어휘도 출제되고 있다.

문제 유형 예시

もんだい3　（　　　）に　なにを　いれますか。１・２・３・４から　いちばん　いい　ものを　ひとつ　えらんで　ください。

（れい）　ざっしが　２（　　　）　あります。
　１　さつ　　２　まい　　３　だい　　４　ひき

（かいとうようし）　| （れい） | ● ② ③ ④ |

16 さとうさんが　けがを　したと　聞いて、みんな（　　　）しました。
　１　しんぱい　　２　けいけん　　３　しつれい　　４　おじぎ

2 문맥규정 기출어휘 2016 ~ 2023

あ

- □ あさい　浅い 얕다
- □ アンケート 앙케트, 설문 조사
- □ あんない　案内 안내
- □ あんぜんだ　安全だ 안전하다
- □ いけん　意見 의견
- □ いじょう　以上 이상
- □ いっしょうけんめい 열심히
- □ うけつけ　受付 접수, 접수처
- □ うすい　薄い 얇다
- □ うつる 찍히다
- □ うむ 낳다
- □ えいぎょう　営業 영업
- □ おうふく 왕복
- □ おとす　落とす 떨어뜨리다
- □ おぼえる　覚える 외우다, 기억하다
- □ おみやげ　お土産 여행지에서 사 온 선물
- □ おもいで　思い出 추억
- □ おれい　お礼 사례, 감사 인사

か

- □ かたい 딱딱하다
- □ かたち　形 형태, 모양
- □ かたづける　片付ける 정리하다
- □ カッター 커터칼
- □ かよう　通う 다니다
- □ きゅうこう　急行 급행
- □ ぐあい　具合 상태
- □ くらべる　比べる 비교하다
- □ けいけん　経験 경험
- □ けっか　結果 결과
- □ こしょう　故障 고장
- □ こまかい　細かい 잘다
- □ こむ 붐비다

さ

□ さがす 찾다	□ さそう 권하다
□ さびしい 寂しい 쓸쓸하다	□ ざんねんだ 残念だ 유감이다, 아쉽다
□ しかる 야단치다	□ しゅうかん 習慣 습관
□ じゆうに 自由に 자유롭게	□ じゅうぶん 十分 충분함, 충분히
□ しょうかい 紹介 소개	□ しょうたい 招待 초대
□ しょうらい 将来 장래, 미래	□ しんぱい 心配 걱정
□ スイッチ 스위치	□ すぎる 過ぎる 지나다, 통과하다
□ すすむ 進む 나아가다, 진행되다	□ すてる 捨てる 버리다
□ せつめい 説明 설명	□ ぜひ 꼭
□ せわ 世話 도와줌, 보살핌	□ センチ 센티미터
□ そだてる 育てる 키우다	

た

□ だいじだ 大事だ 소중하다, 중요하다	□ たのむ 頼む 부탁하다
□ チェック 체크	□ ちこく 遅刻 지각
□ ちゅうい 注意 주의	□ ちゅうし 中止 중지
□ ちょきん 貯金 저금	□ つつむ 包む 싸다, 포장하다
□ つたえる 伝える 전하다	□ ていねいだ 정중하다
□ てつだう 手伝う 돕다	□ とうとう 드디어
□ とどく 届く 도달하다, 도착하다	□ とまる 멈추다, 멎다, 묵다
□ とりかえる 바꾸다	□ どんどん 부쩍, 자꾸

な

□ なおる 회복되다, 복구되다		□ なれる	慣れる 익숙해지다
□ にがい	苦い 쓰다	□ におい 냄새	
□ にんき	人気 인기	□ ねだん	値段 가격
□ ねぼう	寝坊 늦잠	□ ねむい	眠い 졸리다
□ のこる	残る 남다	□ のど 목	
□ のりかえる	乗り換える 갈아타다, 환승하다		

は

□ はさみ 가위		□ はっきり 똑똑히, 명확히	
□ はる 붙이다		□ ひっこし 이사	
□ ひつようだ	必要だ 필요하다	□ ふかい	深い 깊다
□ ポスター 포스터		□ ほんやく 번역	

memo

ま

□ まける　負ける 지다
□ みつかる　見つかる 발견되다
□ めずらしい 희귀하다, 드물다

や

□ やくそく　約束 약속
□ やちん 집세
□ ゆめ　夢 꿈
□ よやく　予約 예약
□ よろこぶ　喜ぶ 기뻐하다, 즐거워하다

ら

□ りゆう　理由 이유
□ りよう　利用 이용
□ るす　留守 집을 비움, 부재중
□ れいぼう　冷房 냉방
□ レジ 금전 출납계, 레지스터트
□ レンジ (전자)레인지

わ

□ われる　割れる 깨지다

memo

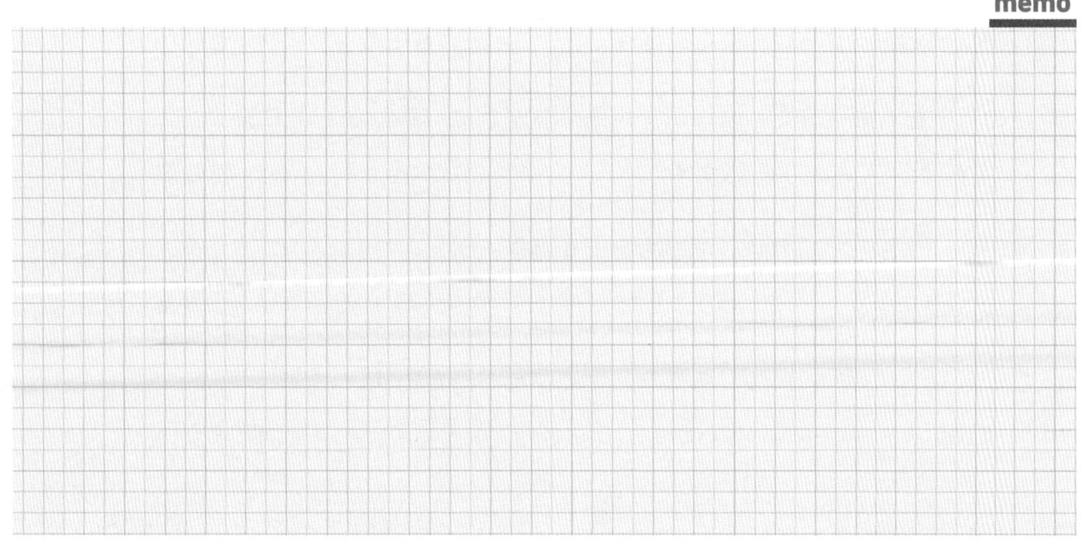

47 기출어휘 확인문제 문맥규정 / 10

もんだい3　（　　）に　なにを　いれますか。1・2・3・4から　いちばん　いい　ものを　ひとつ　えらんで　ください。

1 その　問題(もんだい)に　ついて　みんなの　（　　）を　聞きました。

1　きもち　2　えんりょ　3　いけん　4　かっこう

2 スマートフォンは　（　　）に　なった　ときに　買って　あげます。

1　しんぱい　2　ざんねん　3　しんせつ　4　ひつよう

3 きってを　（　　）　のを　わすれて　手紙(てがみ)を　出して　しまった。

1　よる　2　はる　3　しらべる　4　みつける

4 折(お)り紙(がみ)を　ハサミや　（　　）で　切ると　きれいに　切れない　ことって　ありませんか。

1　スイッチ　2　カッター　3　レジ　4　ゲーム

5 この　かわは　とても　（　　）から　あぶないです。

1　あさい　2　たかい　3　ひくい　4　ふかい

6 いつも　カバンの　中に　（　　）　本を　2、3さつ　入れて　あります。

1　うすい　2　かたい　3　にがい　4　こまかい

7 その　新しい　レストランは　来週から　（　　）を　開始(かいし)します。

1　きょうみ　2　れんしゅう　3　えいぎょう　4　せいかつ

8 この　道(みち)を　まっすぐ　（　　）と、左(ひだり)がわに　銀行(ぎんこう)が　あります。

1　すすむ　2　さがす　3　くらべる　4　はこぶ

9 きのう　うちの　いぬが　子どもを　4ひき　（　　）。

1　つつみました　2　よびました　3　かよいました　4　うみました

10 しけんの　（　　）は　あまり　よく　なかったです。

1　ぐあい　2　けっか　3　れんらく　4　ようい

답 1③ 2④ 3② 4② 5④ 6① 7③ 8① 9④ 10②

48 기출어휘 확인문제 문맥규정 / 10

もんだい3　（　　）に　なにを　いれますか。1・2・3・4から　いちばん　いい　ものを　ひとつ　えらんで　ください。

1 その　少年(しょうねん)は　もらった　おとしだまを　ぜんぶ　銀行(ぎんこう)に　（　　）しました。

1　きょうみ　　2　ぼうえき　　3　ちょきん　　4　けいけん

2 わたしたちの　チームは　5点差で　（　　）。

1　すてた　　2　つつんだ　　3　はこんだ　　4　まけた

3 れいぞうこの　（　　）が　わるいので、そろそろ　買いかえないと　いけません。

1　ぐあい　　2　ようい　　3　かんけい　　4　けしき

4 大学に　行きたいなら　（　　）　勉強(べんきょう)しなければ　だめです。

1　そんなに　　2　たとえば　　3　いったい　　4　いっしょうけんめい

5 毎朝(まいあさ)　さんぽを　するのが　ははの　（　　）です。

1　せいかつ　　2　しゅうかん　　3　れんしゅう　　4　きょうみ

6 おもちゃを　買って　あげると　言うと、むすこは　（　　）　買い物に　ついて　きた。

1　そだてて　　2　むかえて　　3　わすれて　　4　よろこんで

7 学生は　だれでも　この　コンピューターを　（　　）できます。

1　りよう　　2　やくそく　　3　せつめい　　4　よてい

8 わたしは　友だちから　なかむらさんの　家族(かぞく)と　いっしょに　スキーに　行かないかと　（　　）。

1　ぬすまれた　　2　はずされた　　3　さそわれた　　4　おこられた

9 この　近くで　どこか　いい　レストランを　（　　）して　くれませんか。

1　けいけん　　2　しょうかい　　3　けんぶつ　　4　しょうたい

10 父は　わたしに　（　　）の　夢(ゆめ)に　ついて　たずねました。

1　しょうち　　2　よほう　　3　しょうらい　　4　あんない

답 1③ 2④ 3① 4④ 5② 6④ 7① 8③ 9② 10③

49 기출어휘 확인문제 문맥규정 / 10

もんだい３　（　　　）に　なにを　いれますか。１・２・３・４から　いちばん　いい　ものを　ひとつ　えらんで　ください。

1 その　しごとは　（　　　）　わたしに　やらせて　ください。

1 たぶん　　2 そんなに　　3 ぜひ　　4 きゅうに

2 わたしは　きょう　5時に　友だちと　あう　（　　　）が　あります。

1 やくそく　　2 よほう　　3 よしゅう　　4 よやく

3 （　　　）　して　いた　本を　なくして　しまいました。

1 だいじに　　2 ひつよう而　　3 しんせつに　　4 ねっしんに

4 わたしは　あまり　泳(およ)げないので、いつも　プールの　（　　　）方(ほう)で　泳いで　います。

1 すっぱい　　2 せまい　　3 あさい　　4 すくない

5 先生(せんせい)の　けっこんしきに　（　　　）を　うけて　います。

1 しょうらい　　2 しょうち　　3 しょうかい　　4 しょうたい

6 大切(たいせつ)な　書類(しょるい)は　（　　　）な　ところに　しまって　います。

1 りっぱ　　2 にがて　　3 ふくざつ　　4 あんぜん

7 わたしが　日本に　行った　とき、やまださんが　（　　　）して　くれた。

1 うんどう　　2 あんない　　3 けんぶつ　　4 よてい

8 へやの　（　　　）を　つけて、すずしく　します。

1 でんとう　　2 どうぐ　　3 れいぼう　　4 だんぼう

9 この　教室(きょうしつ)には　楽しい　（　　　）が　たくさん　あります。

1 うけつけ　　2 ききとり　　3 おしいれ　　4 おもいで

10 あにと　せの　たかさを　（　　　）。

1 まけました　　2 くらべました　　3 わかれました　　4 つかまえました

답 1③ 2① 3① 4③ 5④ 6④ 7② 8③ 9④ 10②

もんだい3 （　　）に なにを いれますか。1・2・3・4から いちばん いい ものを ひとつ えらんで ください。

1 かのじょは さっきから ずっと 泣(な)いて いるが、（　　）が 分(わ)からない。

1 ばあい　2 きかい　3 しゅみ　4 りゆう

2 けさ 上野(うえの)さんは （　　） して 会社に おくれました。

1 ねぼう　2 はんたい　3 しょうたい　4 ごちそう

3 この いしは （　　）ので なかなか われない。

1 めずらしい　2 うつくしい　3 かたい　4 あまい

4 鈴木(すずき)さんから ハワイ旅行(りょこう)の （　　）に Tシャツを もらった。

1 おみやげ　2 おしゃべり　3 おみあい　4 おしらせ

5 わたしは アメリカで 5年間 日本語を 教(おし)えた （　　）が あります。

1 いなか　2 おもて　3 たのしみ　4 けいけん

6 レストランの （　　）で 5,000円 はらいました。

1 スクリーン　2 ワープロ　3 レジ　4 レポート

7 その パソコンは どこか （　　）して いるのですか。

1 もんだい　2 にゅういん　3 こしょう　4 びょうき

8 わたしの おとした コンタクトレンズを そこに いた 全員(ぜんいん)で （　　） くれました。

1 えらんで　2 さがして　3 ひらいて　4 まよって

9 この たまねぎは （　　） きって ください。

1 こまかく　2 ぬるく　3 せまく　4 きびしく

10 ゆうべ おそくまで おきて いたので、けさは （　　）。

1 うるさい　2 ねむい　3 さびしい　4 すごい

답 1④ 2① 3③ 4① 5④ 6③ 7③ 8② 9① 10②

もんだい3　（　　）に　なにを　いれますか。1・2・3・4から　いちばん　いい　ものを　ひとつ　えらんで　ください。

1 外国語(がいこくご)の　本を　日本語に　（　　）しました。

1　あんない　　2　えんりょ　　3　ほんやく　　4　はんたい

2 あの　人は　いつも　（　　）　ことばを　つかいます。

1　ふべんな　　2　ざんねんな　　3　ねっしんな　　4　ていねいな

3 わたしたちは　まつりが　行われた　公園を　きれいに　（　　）。

1　うかがいました　　2　かたづけました　　3　がまんしました　　4　いらっしゃいました

4 この　コーヒーは　とても　（　　）　飲めません。

1　うまくて　　2　こわくて　　3　にがくて　　4　よわくて

5 あたらしい　しごとに　だんだん　（　　）　きました。

1　なれて　　2　おぼえて　　3　はじまって　　4　すんで

6 あの　人に　しんせつに　して　もらったので、（　　）を　言いました。

1　おいわい　　2　おかげ　　3　おれい　　4　おだいじに

7 ゆうべは　こわい　（　　）を　みて、よく　ねられませんでした。

1　うそ　　2　かがみ　　3　はなし　　4　ゆめ

8 （　　）　コップを　はやく　かたづけて　ください。

1　おれた　　2　われた　　3　ふんだ　　4　よごれた

9 父は　大地震(おおじしん)が　起きるのではないかと　（　　）して　います。

1　しんぱい　　2　おもいで　　3　しゅうかん　　4　しょうらい

10 ごみを　（　　）　まえに　分別(ぶんべつ)しなければ　なりません。

1　なおる　　2　まける　　3　さそう　　4　すてる

답 1③　2④　3②　4③　5①　6③　7④　8②　9①　10④

52 기출어휘 확인문제 문맥규정 / 10

もんだい３　（　　　）に　なにを　いれますか。１・２・３・４から　いちばん　いい　ものを　ひとつ　えらんで　ください。

1 店員(てんいん)は　わたしに　スマートフォンの　使(つか)い方(かた)を　（　　　）しました。

1　やくそく　　2　せつめい　　3　れんらく　　4　えんりょ

2 わたしの　せの　高さは　１メートル80（　　　）です。

1　キロ　　2　オーバー　　3　センチ　　4　グラム

3 たかはしさんは　あかちゃんを　（　　　）のに　毎日　いそがしいです。

1　そだてる　　2　てつだう　　3　しらせる　　4　みつける

4 ゆうべは　メールを　（　　　）するのを　忘(わす)れて　しまいました。

1　メニュー　　2　テキスト　　3　サイン　　4　チェック

5 きょう　電車(でんしゃ)が　おくれて　じゅぎょうに　10分　（　　　）しました。

1　そうたい　　2　ちこく　　3　よしゅう　　4　よやく

6 車を　運転(うんてん)する　ときには　いくら　（　　　）しても　しすぎる　ことは　ない。

1　せんもん　　2　せんこう　　3　ちゅうい　　4　ちゅうもん

7 息子(むすこ)は　友だちの　ところへ　行って　（　　　）　くると　言って　いました。

1　とまって　　2　わたって　　3　くらして　　4　さがして

8 買った　時計が　不良品(ふりょうひん)だったので、よくじつ　（　　　）　もらった。

1　まちがえて　　2　めしあがって　　3　とりかえて　　4　つかまえて

9 修理工場(しゅうりこうじょう)へ　行ったら　うちの　車は　もう　（　　　）　いた。

1　がんばって　　2　なおって　　3　ぬれて　　4　まもって

10 この　洗剤(せんざい)は　衣類(いるい)に　ついた　いやな　（　　　）を　消(け)して　くれます。

1　おかし　　2　きかい　　3　さいふ　　4　におい

답 1② 2③ 3① 4④ 5② 6③ 7① 8③ 9② 10④

53 기출어휘 확인문제

문맥규정　/ 10

もんだい３　（　　　）に　なにを　いれますか。１・２・３・４から　いちばん　いい　ものを　ひとつ　えらんで　ください。

1 ここの　店では　この　ケーキが　いちばん　（　　　）が　あります。

　1 にんき　　2 こんかい　　3 しけん　　4 こうじ

2 つぎの　えきで　快速電車(かいそく)に　（　　　）と　高尾駅(たかおえき)に　早(はや)く　着(つ)けます。

　1 とりかえる　　2 のりかえる　　3 めしあがる　　4 もうしあげる

3 山田(やまだ)さんは　テープを　（　　　）で　チョキンと　半分(はんぶん)に　切(き)りました。

　1 じゅうどう　　2 さとう　　3 おもて　　4 はさみ

4 さとうさんを　ちょっと　見ただけで、（　　　）　病気(びょうき)だと　分(わ)かった。

　1 ぜんぜん　　2 はっきり　　3 ただいま　　4 うっかり

5 こばやしさんは　10年間(ねんかん)に　6回　（　　　）を　したそうです。

　1 こしょう　　2 おまつり　　3 ひっこし　　4 うけつけ

6 その　店に　行けば　日常(にちじょう)生活に　（　　　）な　ものは　すべて　そろいます。

　1 ひつよう　　2 じょうず　　3 にがて　　4 ふくざつ

7 ゆうべ　弟は　花びんを　（　　　）　わって　しまいました。

　1 たずねて　　2 くらして　　3 ならんで　　4 おとして

8 たのしかった　夏休みが　あしたで　（　　　）　おわります。

　1 だんだん　　2 とうとう　　3 どんどん　　4 いろいろ

9 姉(あね)は　いま　（　　　）です。

　1 かっこう　　2 ごちそう　　3 るす　　4 くさ

10 わたしは　でかけるので　せんたくを　（　　　）。

　1 ぬれます　　2 ひやします　　3 よごれます　　4 たのみます

답 1① 2② 3④ 4② 5③ 6① 7④ 8② 9③ 10④

3 문맥규정 기출어휘 2000 ~ 2015

あ

□ アルバイト 아르바이트	□ あんない　案内 안내
□ あんぜんだ　安全だ 안전하다	□ いか　以下 이하
□ いくら ～ても 아무리 ~해도	□ いじょう　以上 이상
□ いっけん 한 채	□ いって まいります 다녀오겠습니다
□ うえる　植える 심다	□ うつ 치다, 부딪다
□ うで 팔	□ うるさい 시끄럽다
□ おいわい　お祝い 축하 선물	□ おくじょう　屋上 옥상
□ おくれる　遅れる 늦다	□ おだいじに 몸조리 잘하세요
□ おつり 거스름돈	□ おみやげ　お土産 여행지에서 사 온 선물
□ おもちゃ 장난감	□ おや 이런, 아니
□ おれる 부러지다	

か

□ かいじょう　会場 회장	□ かがみ 거울
□ かざる 장식하다	□ かたい 딱딱하다
□ かべ 벽	□ かまいません 상관없습니다
□ かむ 씹다	□ かわく 마르다
□ かんけい　関係 관계	□ きかい　機会 기회
□ きけんだ　危険だ 위험하다	□ ぎじゅつ　技術 기술
□ きぶん　気分 기분	□ きょうそう　競争 경쟁
□ きょうみ　興味 흥미	□ くらべる　比べる 비교하다

- □ ゲーム 게임
- □ けんか 싸움
- □ こうがい 郊外 교외
- □ こころ 心 마음
- □ こまかい 細かい 잘다
- □ こわい 무섭다

さ

- □ さか 언덕
- □ さがす 찾다
- □ さす (우산을) 쓰다
- □ さっき 조금 전
- □ さわる 만지다
- □ ざんねんだ 残念だ 유감이다, 아쉽다
- □ しかられる 야단을 맞다
- □ しっぱい 失敗 실패
- □ しつれいだ 失礼だ 무례하다
- □ しらべる 調べる 조사하다
- □ じゃま 방해
- □ じゃまに なる 방해가 되다
- □ しゅうかん 習慣 습관
- □ じゅうぶんだ 충분하다
- □ じゅんび 準備 준비
- □ しょうたい 招待 초대
- □ しょうらい 将来 장래, 미래
- □ スイッチ 스위치
- □ ～せい ～제
- □ せいさん 生産 생산
- □ そうだんする 상담하다, 의논하다
- □ それに 게다가
- □ そろそろ 슬슬

た

- □ だいじだ 大事だ 소중하다, 중요하다
- □ たかい 高い 비싸다
- □ だから 그러니까, 그래서
- □ たしかだ 確かだ 분명하다
- □ たす 足す 더하다
- □ だす 出す 내다, 제출하다
- □ たりない 足りない 모자르다, 부족하다
- □ だんぼう 暖房 난방
- □ チケット 티켓
- □ チャンス 찬스, 기회
- □ ちゅうし 中止 중지
- □ ちょきん 貯金 저금

□ つたえる　伝える 전하다
□ とうとう 드디어
□ とめる 멈추다, 세우다

な

□ なおす 고치다
□ なるべく 가급적, 되도록
□ にがい　苦い 쓰다
□ におい 냄새
□ ねっしんだ 열심이다
□ ねぼう　寝坊 늦잠
□ ねむい　眠い 졸리다
□ のど 목, 목구멍

は

□ はこぶ　運ぶ 운반하다, 옮기다
□ はずかしい 부끄럽다
□ パソコン 퍼스널 컴퓨터
□ ばんぐみ　番組 프로그램
□ パートタイム 파트타임
□ ひきだし 서랍
□ ひえる 차가워지다, 식다
□ ひろう　拾う 줍다
□ ふかい　深い 깊다
□ ふまれる　踏まれる 밟히다
□ ぼうえき　貿易 무역
□ ほうそう　放送 방송
□ ほんやく 번역

ま

□ または 또는
□ まっすぐ 똑바로, 곧장
□ みつかる　見つかる 발견되다
□ むかえる　迎える 맞이하다
□ めずらしい 희귀하다

や

- □ やくに たつ 도움이 되다
- □ やくそく 約束 약속
- □ やっと 겨우
- □ やっぱり 역시
- □ やわらかい 부드럽다
- □ ようい 用意 준비
- □ よやく 予約 예약
- □ よる 들르다

ら

- □ らいしゅう 来週 다음 주
- □ りよう 利用 이용
- □ りゆう 理由 이유
- □ ルール 룰, 규칙
- □ レジ 금전 출납계, 레지스터
- □ レポート 리포트
- □ れんらく 連絡 연락

memo

54 기출어휘 확인문제 문맥규정 / 10

もんだい3 （　　）に　なにを　いれますか。1・2・3・4から　いちばん　いい　ものを　ひとつ　えらんで　ください。

1 山田(やまだ)さんは　週2回　家庭教師(かていきょうし)の　（　　）を　して　います。

1 テキスト　2 アルバイト　3 チェック　4 スイッチ

2 （　　）　気を　つけて　いたが、けいかくは　ばれて　しまった。

1 ぜひ　2 たぶん　3 じゅうぶん　4 きゅうに

3 日本では　食べ物や　家の　ねだんが　（　　）　生活が　たいへんです。

1 あさくて　2 ふかくて　3 ひくくて　4 たかくて

4 わたしが　着(つ)いた　ことを　お父さんに　お（　　）ください。

1 つたえ　2 むかえ　3 のりかえ　4 かえり

5 本田(ほんだ)さんが　パーティーに　来られないのは　ほんとうに　（　　）です。

1 べんり　2 ざんねん　3 むり　4 あんぜん

6 内田(うちだ)さんは　つまらない　ことで　友だちと　（　　）しました。

1 じゃま　2 したく　3 けんか　4 しょうせつ

7 お客さんが　7人だと　したら、コップが　いっこ　（　　）。

1 たりない　2 もたない　3 かりない　4 うらない

8 子どもたちは　かいがんの　ごみを　（　　）　きれいに　しました。

1 さわって　2 のこして　3 すてて　4 ひろって

9 インターネットで　ひこうきの　じかんを　（　　）。

1 おしえた　2 しらべた　3 わすれた　4 おぼえた

10 こばやしさんは　毎月　3万円ずつ　（　　）して　います。

1 けっか　2 げんいん　3 ちょきん　4 そうだん

답 1② 2③ 3④ 4① 5② 6③ 7① 8④ 9② 10③

もんだい３　（　　）に　なにを　いれますか。１・２・３・４から　いちばん　いい　ものを　ひとつ　えらんで　ください。

1 かれは　となりの　ピアノの　音が　（　　）と　ぶつぶつと　言って　いました。

1 つまらない　2 うるさい　3 めずらしい　4 はずかしい

2 その　木は　いわの　ように　（　　）　けずる　ことが　できませんでした。

1 よわくて　2 くろくて　3 うすくて　4 かたくて

3 かのじょは　のどが　（　　）　それ以上　歩く　ことが　できませんでした。

1 はたらいて　2 なおして　3 かわいて　4 つつんで

4 けっせきした　ほんとうの　（　　）は　なんですか。

1 りゆう　2 うそ　3 きもち　4 ねだん

5 ようちえんに　むすこを　車で　（　　）　いく　時間です。

1 とどけに　2 むかえに　3 つかまえに　4 わすれに

6 この　メモは　（　　）　字で　書いて　あったので　読みにくかったです。

1 うつくしい　2 あまい　3 やわらかい　4 こまかい

7 来週の　土曜日に　友だちを　家に　（　　）して、パーティーを　やる　ことに　しました。

1 あんない　2 けんぶつ　3 しょうたい　4 はんたい

8 わたしの　うちでは　食事中でも　テレビを　見る　（　　）に　なって　います。

1 しゅうかん　2 うけつけ　3 ぼうえき　4 はいけん

9 夕食(ゆうしょく)の　（　　）が　ありますので、これで　帰ります。

1 ぎじゅつ　2 ゆしゅつ　3 せつめい　4 じゅんび

10 やましたさんは　成功(せいこう)するまでに　何度も　（　　）を　かさねました。

1 しっぱい　2 りよう　3 いじょう　4 ちゅうい

답 1② 2④ 3③ 4① 5② 6④ 7③ 8① 9④ 10①

56 기출어휘 확인문제 문맥규정 / 10

もんだい３　（　　　）に　なにを　いれますか。１・２・３・４から　いちばん　いい　ものを　ひとつ　えらんで　ください。

1 けさ　えいがの　（　　　）を　２まい　かいました。

1 イベント　2 サービス　3 ステレオ　4 チケット

2 せかいで　いちばん　（　　　）　うみは　どこですか。

1 しろい　2 ふかい　3 はやい　4 ねむい

3 この　へんは　（　　　）で　すみやすいですよ。

1 あんぜん　2 ふくざつ　3 しんぱい　4 ひつよう

4 むずかしい　もんだいでしたが、（　　　）　こたえが　わかりました。

1 もうすぐ　2 なかなか　3 ちっとも　4 やっと

5 わたしは　日本の　えいがに　（　　　）　が　あります。

1 けいざい　2 きょうみ　3 ねっしん　4 せいじ

6 さむく　なったので　そろそろ　（　　　）が　ほしいですね。

1 ゆしゅつ　2 れいぼう　3 ゆにゅう　4 だんぼう

7 むすこが　（　　　）を　こわして　しまいました。

1 ぐあい　2 やくそく　3 おもちゃ　4 ぶどう

8 じこで　あたまを　（　　　）ので、びょういんに　はこばれた。

1 つつんだ　2 うった　3 おこした　4 やめた

9 その　ドラマは　毎週（まいしゅう）　日曜日（にちようび）に　（　　　）されて　います。

1 させつ　2 ほうりつ　3 ほうそう　4 きそく

10 きのう　あたらしい　（　　　）を　１だい　かいました。

1 パソコン　2 ガソリン　3 ステーキ　4 オーバー

답 1④ 2② 3① 4④ 5② 6④ 7③ 8② 9③ 10①

57 기출어휘 확인문제

문맥규정 / 10

もんだい3 （　　）に なにを いれますか。1・2・3・4から いちばん いい ものを ひとつ えらんで ください。

1 4に 5を （　　）と 9に なります。

1 たす　　2 ひく　　3 けす　　4 やく

2 日本の ぶんがくに ついて （　　）を 書きました。

1 ワープロ　　2 チェック　　3 サービス　　4 レポート

3 この としょかんは ごご 9時まで （　　）する ことが できます。

1 したく　　2 せいかつ　　3 しょうち　　4 りよう

4 この くにでは 車の （　　）が ふえて います。

1 たいいん　　2 けんぶつ　　3 せいさん　　4 はつおん

5 わたしは ともだちに りょこうの （　　）を もらった。

1 おみまい　　2 おみやげ　　3 おまつり　　4 おいわい

6 わたしは （　　） パンが すきです。

1 おそい　　2 ふかい　　3 やさしい　　4 やわらかい

7 とうきょうの （　　）に ちいさな いえを かいました。

1 こうがい　　2 こうこう　　3 こうどう　　4 こくさい

8 おもい ピアノを はこんで （　　）が いたく なった。

1 のど　　2 うで　　3 ひげ　　4 みみ

9 600円の かいものを して 1,000円 出すと、（　　）は 400円です。

1 おかね　　2 おさつ　　3 おつり　　4 おさいふ

10 1か月 30,000円 （　　）の へやを かりたいです。

1 いか　　2 いがい　　3 いぜん　　4 いっぱい

답 1① 2④ 3④ 4③ 5② 6④ 7① 8② 9③ 10①

58 기출어휘 확인문제 문맥규정 / 10

もんだい3　（　　）に　なにを　いれますか。1・2・3・4から　いちばん　いい　ものを　ひとつ　えらんで　ください。

1 テニスの　しあいは　雨の　ため　（　　）します。
1 ちゅうし　2 しょうかい　3 ちゅうしゃ　4 しょうち

2 むすこは　そとで　あそぶより、ひとりで　（　　）を　するのが　すきです。
1 プール　2 ゲーム　3 スーツ　4 ルール

3 もし　カナダに　行く　（　　）が　あれば、ぜひ　行って　ください。
1 ニュース　2 メニュー　3 チャンス　4 サイン

4 せいじは　国民(こくみん)の　せいかつに　ふかい　（　　）を　もって　いる。
1 はいけん　2 けいけん　3 そんけい　4 かんけい

5 ビルの　（　　）に　出ると　ふじさんが　見える　ことが　あります。
1 かいがん　2 おくじょう　3 じゅうしょ　4 くうこう

6 たいふうで　おおきな　木の　えだが　（　　）　しまった。
1 おれて　2 こわれて　3 たおれて　4 やぶれて

7 （　　）、へんだなあ。コンピューターが　うごかない。
1 こう　2 おや　3 そう　4 はい

8 友だちに　にっきを　見られて　とても　（　　）。
1 にがかった　2 ねむかった　3 はずかしかった　4 よろしかった

9 にわに　きれいな　花を　（　　）。
1 うえましょう　2 かえましょう　3 きりましょう　4 とりましょう

10 車が　ゆっくり　（　　）を　上がって　きました。
1 かべ　2 いし　3 えだ　4 さか

답 1① 2② 3③ 4④ 5② 6① 7② 8③ 9① 10④

もんだい3　（　　）に　なにを　いれますか。1・2・3・4から　いちばん　いい　ものを　ひとつ　えらんで　ください。

1 （　　）でんわが　ありましたよ。

1 さっき　2 ちっとも　3 もうすぐ　4 ほとんど

2 （　　）しょくじの　よういが　できる　ころです。

1 だんだん　2 そろそろ　3 なかなか　4 とうとう

3 子どもの　しゃしんを　つくえの　うえに　（　　）。

1 かたづけました　2 おくりました　3 かけました　4 かざりました

4 つかって　いた　コンピューターが　こわれて　しまいました。（　　）、とても　お金が　かかりました。

1 かえしたら　2 すてたら　3 なおしたら　4 見つけたら

5 いえを　出る　ときは　「（　　）」と　言います。

1 おはようございます　2 いって　まいります

3 おかえりなさい　4 ただいま

6 つくえの　（　　）に　たいせつな　ものを　入れて　おきます。

1 おしいれ　2 ひきだし　3 カーテン　4 ベル

7 この　試験（しけん）で　80てん　（　　）　とると、そつぎょうできます。

1 なか　2 いがい　3 いない　4 いじょう

8 やすむ　人は　でんわで　わたしに　（　　）して　ください。

1 あんない　2 れんらく　3 しょうかい　4 よしゅう

9 あたらしい　じしょを　つかって　みたが、あまり　（　　）。

1 かたづけなかった　2 とりかえなかった

3 やくに　たたなかった　4 きを　つけなかった

10 いい　（　　）を　もった　人は、どこへ　行っても　しごとが　あります。

1 ぎじゅつ　2 せつめい　3 ぼうえき　4 ゆしゅつ

답 1① 2② 3④ 4③ 5② 6② 7④ 8② 9③ 10①

60 기출어휘 확인문제 문맥규정 / 10

もんだい３　（　　　）に　なにを　いれますか。１・２・３・４から　いちばん　いい　ものを　ひとつ　えらんで　ください。

1 テレビの　（　　　）で　なにが　いちばん　すきですか。

1 よやく　2 ばんぐみ　3 タイプ　4 スクリーン

2 （　　　）が　あって　その　あつまりに　さんかする　ことが　できました。

1 きかい　2 きそく　3 きぶん　4 きんじょ

3 アパートの　かぎは　きのう　（　　　）　ここに　ありました。

1 きゅうに　2 じょうぶに　3 じゅうに　4 たしかに

4 あしたは　テストが　ありますから、（　　　）　はやく　来て　ください。

1 なるほど　2 なるべく　3 それほど　4 そんなに

5 山田(やまだ)さんの　車は　日本（　　　）です。

1 いん　2 がわ　3 せい　4 だい

6 出かける　まえに　ちょっと　（　　　）を　見て、かみを　なおします。

1 ふとん　2 たたみ　3 かがみ　4 すいどう

7 しごとの　ことは　りょうしんと　（　　　）　きめます。

1 いけんして　2 おこなって　3 くらべて　4 そうだんして

8 かいぎは　よていより　30分（　　　）　はじまりました。

1 おくれて　2 おわって　3 いそいで　4 まにあって

9 きょうは　あめだし、（　　　）　かぜも　つよい。

1 だから　2 それに　3 すると　4 じゃあ

10 A「今、まどを　開(あ)けても　いいですか。」

B「ええ、（　　　）。」

1 おだいじに　2 こちらこそ　3 かまいません　4 しつれいします

답 1② 2① 3④ 4② 5③ 6③ 7④ 8① 9② 10③

61 기출어휘 확인문제 문맥규정 / 10

もんだい３　（　　）に　なにを　いれますか。１・２・３・４から　いちばん　いい
ものを　ひとつ　えらんで　ください。

1 かぜを　ひいたので　（　　）が　いたいです。

1　かみ　　2　こえ　　3　ひげ　　4　のど

2 先生、いま　レポートを　（　　）　いいですか。

1　あげても　　2　くれても　　3　だしても　　4　とっても

3 ちょっと　いえに　（　　）　いきませんか。

1　よって　　2　よんで　　3　やんで　　4　やって

4 へやの　（　　）には　いろいろな　えや　カレンダーが　かけて　あります。

1　かべ　　2　もん　　3　たたみ　　4　おくじょう

5 ６時に　あう　（　　）を　したのに、かのじょは　来ませんでした。

1　よしゅう　　2　よやく　　3　やくそく　　4　よほう

6 （　　）　おそくても　山田(やまだ)さんは　７時には　着(つ)くだろう。

1　いくら　　2　いかが　　3　どうして　　4　どんな

7 かれは　スーパーで　（　　）の　しごとを　して　います。

1　ステレオ　　2　テキスト　　3　アクセサリー　　4　パートタイム

8 あなたは　英語　（　　）　日本語が　話せますか。

1　けれど　　2　または　　3　それで　　4　すると

9 あした　しけんが　あります。（　　）、きょうは　あそばないで　勉強(べんきょう)します。

1　けれども　　2　だから　　3　それから　　4　しかし

10 おきゃくさまが　見えますから、（　　）　ことを　しないように　気を　つけて
くださいよ。

1　しつれいな　　2　しんせつな　　3　しんぱいな　　4　ていねいな

답 1④　2③　3①　4①　5③　6①　7④　8②　9②　10①

62 기출어휘 확인문제 문맥규정 / 10

もんだい３　（　　　）に　なにを　いれますか。１・２・３・４から　いちばん　いい　ものを　ひとつ　えらんで　ください。

1 おなかが　いっぱいに　なったら、（　　　）　なって　しまいました。

1 すごく　2 さびしく　3 うるさく　4 ねむく

2 コーヒーに　さとうを　入れないと　（　　　）です。

1 からい　2 こわい　3 にがい　4 よわい

3 この　方(かた)を　職員室(しょくいんしつ)へ　ご（　　　）して　ください。

1 あんない　2 よてい　3 うんどう　4 けんぶつ

4 手で　しなものに　（　　　）　ください。

1 うつらないで　2 さわらないで　3 のこらないで　4 まわらないで

5 力(ちから)を　出(だ)し切れなかった　生徒(せいと)が　いた　ことを　（　　　）　思います。

1 しつれいに　2 とくべつに　3 ふくざつに　4 ざんねんに

6 きみは　自分の　（　　　）の　ことを　もっと　まじめに　考えるべきです。

1 しょうらい　2 れんらく　3 しょうかい　4 よしゅう

7 むすこが　入試前(にゅうしまえ)の　（　　　）　ときなので、うちは　りょこうに　行かない　ことに　した。

1 しんぱいな　2 ひつような　3 だいじな　4 あんぜんな

8 なかむらさんは　はたらきすぎて　（　　　）　病気(びょうき)に　なって　しまいました。

1 もうすぐ　2 ちっとも　3 なかなか　4 とうとう

9 あの　人は　よく　（　　　）して　学校に　おくれます。

1 けいざい　2 ねぼう　3 せいじ　4 きょうみ

10 この　香水(こうすい)は　せっけんの　ような　（　　　）が　します。

1 じゃま　2 おしいれ　3 におい　4 けんか

답 1④　2③　3①　4②　5④　6①　7③　8④　9②　10③

63 기출어휘 확인문제 문맥규정 / 10

もんだい3 （　　）に　なにを　いれますか。1・2・3・4から　いちばん　いい　ものを　ひとつ　えらんで　ください。

1 その　会社は　いろいろな　国と　食料品(しょくりょうひん)の　（　　）を　行(おこな)って　います。

1 ぼうえき　2 れいぼう　3 おもちゃ　4 だんぼう

2 コンピューターの　ことは　わからないと　いう　人は　ますます　（　　）なって　います。

1 こわく　2 ねむく　3 すごく　4 めずらしく

3 ひこうきの　（　　）が　取(と)れなかったので、しんかんせんを　利用(りよう)しました。

1 ぐあい　2 よやく　3 やくそく　4 ゆにゅう

4 その　りょかんに　着(つ)いた　とき、すでに　おふろの　（　　）が　して　ありました。

1 ほうそう　2 きそく　3 ようい　4 きせつ

5 きみが　（　　）　そう　言うから、ひとばん　よく　考えて　みるよ。

1 ひつように　2 ねっしんに　3 だいじに　4 しんせつに

6 その　子どもは　ゲームソフトを　ぬすもうと　して　いる　ところを　（　　）。

1 おちた　2 つけた　3 おとした　4 みつかった

7 終業時(しゅうぎょうじ)に　データの　バックアップを　とる　ことを　社内(しゃない)で　（　　）化(か)して　いる。

1 ルール　2 チケット　3 ステレオ　4 イベント

8 その　ガソリンスタンドでは　アルバイトの　学生を　（　　）　います。

1 はらって　2 とどけて　3 さがして　4 でかけて

9 きみが　ひとりで　そこに　行くのは　（　　）だ。

1 さかん　2 きれい　3 ふくざつ　4 きけん

10 やまもとさんは　みせの　まえで　くるまを　（　　）。

1 とめた　2 さげた　3 おこなった　4 つくった

답 1① 2④ 3② 4③ 5② 6④ 7① 8③ 9④ 10①

4 문맥규정 기출어휘 1990 ~ 1999

あ

□ あいさつ 인사

□ あまい　甘い 달다

□ あやまる 사과하다

□ アルバイト 아르바이트

□ いちど　一度 한번

□ いのる 빌다, 기원하다

□ うける (시험을) 치다

□ うち 중, 범위, 내

□ うれしい 기쁘다

□ エスカレーター 에스컬레이터

□ エレベーター 엘리베이터

□ おかえりなさい 다녀오셨어요

□ おかげさまで 덕분에요

□ おしえる　教える 가르치다

□ おみまい 병문안

□ おみやげ　お土産 여행지에서 온 선물

□ おれい　お礼 사례, 감사 인사

か

□ かける 걸다

□ ガソリンスタンド 주유소

□ かなしい　悲しい 슬프다

□ かならず　必ず 반드시

□ かりる　借りる 빌리다

□ かんごふ 간호사

□ きかい　機会 기회

□ きけんだ　危険だ 위험하다

□ きせつ　季節 계절

□ きそく　規則 규칙

□ きびしい　厳しい 엄하다, 엄격하다

□ くださる 주시다

□ けっこうだ 괜찮다

□ こえ　声 (목)소리

□ こしょうする 고장 나다

□ こられる 올 수 있다

□ こわい 무섭다

さ

□ さかんだ 성행하다, 번창하다	□ サンダル 샌들
□ ざんねんだ 残念だ 유감이다, 아쉽다	□ したい 하고 싶다
□ しばらく 잠시	□ じゅうぶんだ 충분하다
□ しゅっせき 出席 출석, 참석	□ しんぱいだ 心配だ 걱정스럽다
□ すっかり 죄다, 모두	□ ずっと 쭉, 줄곧
□ すべる 미끄러지다	□ すみ 구석
□ ぜひ 꼭	□ それほどでも ない 그렇지도 않다
□ そろそろ 슬슬	

た

□ だいじだ 大事だ 소중하다, 중요하다	□ だいじょうぶだ 괜찮다
□ たまに 이따금	□ ちいさい 小さい 작다, 어리다
□ ちから 力 힘	□ ていねいだ 정중하다
□ とくに 특히	

な

□ なおす 고치다	□ ならう 習う 배우다
□ なれる 慣れる 익숙해지다	□ なる 鳴る 울리다
□ なるべく 가급적, 되도록	□ にけん 두 채
□ にだい 두 대	□ にる 似る 닮다
□ ぬぐ 脱ぐ 벗다	□ ねむい 眠い 졸리다
□ のりかえる 乗り換える 갈아타다, 환승하다	

は

□ はきやすい 신기 편하다
□ はずかしい　恥ずかしい 부끄럽다
□ はたち 스무 살
□ はたらく　働く 일하다
□ はらう　払う 지불하다
□ はる　貼る 붙이다
□ はんたいする　反対する 반대하다
□ バレーボール 배구
□ ひろう　拾う 줍다
□ ビル 빌딩
□ ふかい　深い 깊다
□ ホテル 호텔

ま

□ まじめだ 착실하다, 성실하다
□ メートル 미터
□ もらう 받다

や

□ やすい　安い 싸다, 저렴하다
□ やっと 겨우
□ やむ 그치다, 멎다
□ やめる 끊다, 그만두다
□ ゆっくり 천천히
□ ゆめ　夢 꿈
□ ゆれる 흔들리다
□ よく 곧잘, 자주
□ よしゅう　予習 예습

ら・わ

□ れんしゅう　練習 연습
□ わく 끓다
□ わすれる　忘れる 잊다, 두고 오다
□ われる　割れる 깨지다
□ わるい　悪い 나쁘다

64 기출어휘 확인문제 문맥규정 / 10

もんだい３　（　　　）に　なにを　いれますか。１・２・３・４から　いちばん　いい　ものを　ひとつ　えらんで　ください。

1 もう　すこし　さとうを　いれて　（　　　）　して　ください。

1 あまく　2 にがく　3 からく　4 すっぱく

2 じゅぎょうが　おわってから、みんなで　うたの　（　　　）を　します。

1 しゅみ　2 うんどう　3 れんしゅう　4 しゅうかん

3 こんげつの　電気代(でんきだい)は　まだ　（　　　）　いません。

1 はらって　2 おしえて　3 ふまれて　4 すべって

4 からだに　よく　ないから、おさけも　たばこも　（　　　）。

1 おわりました　2 しめました　3 とまりました　4 やめました

5 英語(えいご)の　（　　　）を　してから　夜ごはんを　食べました。

1 よほう　2 よしゅう　3 よやく　4 よてい

6 へやの　かべに　きれいな　えが　（　　　）　あります。

1 のせて　2 おいて　3 かけて　4 つけて

7 もっと　（　　　）　べんきょうした　ほうが　いいですよ。

1 まじめに　2 そんなに　3 だいじに　4 たいせつに

8 わたしの　父と　母は　たいへん　（　　　）です。

1 すずしい　2 みじかい　3 ただしい　4 きびしい

9 けさから　からだの　ぐあいが　（　　　）です。

1 いや　2 いたい　3 きらい　4 わるい

10 あめが　やっと　（　　　）。

1 とまりました　2 やみました　3 しまりました　4 あきました

답 1① 2③ 3① 4④ 5② 6③ 7① 8④ 9④ 10②

65 기출어휘 확인문제 문맥규정 / 10

もんだい３　（　　　）に　なにを　いれますか。１・２・３・４から　いちばん　いい　ものを　ひとつ　えらんで　ください。

1　この　とけいは　みずに　ぬれても　（　　　）。

1　すみません　　2　できません　　3　まにあいます　　4　だいじょうぶです

2　やまださんの　しゅみは　（　　　）を　する　ことです。

1　バレーボール　　2　カメラ　　3　タクシー　　4　ニュース

3　わたしは　かぶって　いた　ぼうしを　（　　　）　あいさつを　しました。

1　はずして　　2　むいて　　3　すてて　　4　ぬいで

4　（　　　）で　オートバイに　ガソリンを　いれました。

1　ガソリンコート　　2　ガソリンプール　　3　ガソリンスタンド　　4　ガソリンテーブル

5　今年、大学に　入学できたので、とても　（　　　）です。

1　おいしかった　　2　たのしかった　　3　ただしかった　　4　うれしかった

6　あには　父に　かおが　よく　（　　　）　います。

1　あって　　2　にて　　3　うつして　　4　つたえて

7　おいしかったので、（　　　）　食べて　しまいました。

1　すっかり　　2　びっくり　　3　ぐっすり　　4　はっきり

8　かれは　きのう　Ｓだいがくの　にゅうがくしけんを　（　　　）。

1　とった　　2　もった　　3　うけた　　4　ひろった

9　みちこさんは　くろい　（　　　）を　はいて　います。

1　セーター　　2　ハンカチ　　3　サンダル　　4　シャツ

10　アメリカの　友だちから　メールを　（　　　）。

1　おいた　　2　もらった　　3　つたえた　　4　いれた

답 1④ 2① 3④ 4③ 5④ 6② 7① 8③ 9③ 10②

66 기출어휘 확인문제 문맥규정 / 10

もんだい3 （　　）に なにを いれますか。1・2・3・4から いちばん いい ものを ひとつ えらんで ください。

1 みちで さいふを （　　）ので、こうばんに とどけました。
1 すてた　2 とった　3 ひろった　4 つかまえた

2 わたしは くだものは なんでも すきですが、（　　） りんごが だいすきです。
1 とくに　2 はっきり　3 すっかり　4 ほとんど

3 この サンダルは あの サンダルより （　　）です。
1 はきわるい　2 はきやさしい　3 はきやすい　4 はきほしい

4 その 先生は とても （　　）です。
1 やすい　2 こわい　3 ほしい　4 すくない

5 A「おねえさんの びょうきは よく なりましたか。」
B「はい、（　　）。」
1 おげんきで　2 おかげさまで　3 ごめんなさい　4 ごめんください

6 大学で 日本語を ならいましたが、もう （　　） しまいました。
1 わすれて　2 すてて　3 なくして　4 とって

7 あの いえには （　　） こどもが おおぜい います。
1 ひくい　2 わかい　3 ほそい　4 ちいさい

8 おかあさんの びょうきが なおるように （　　） います。
1 あやまって　2 こまって　3 みつかって　4 いのって

9 やまださんは （　　）を しながら 学校に かよって います。
1 オートバイ　2 デパート　3 アルバイト　4 カレンダー

10 くうこうから ここまで でんしゃで いちじかんで （　　）。
1 できます　2 かかります　3 とおれます　4 こられます

답 1③ 2① 3③ 4② 5② 6① 7④ 8④ 9③ 10④

67 기출어휘 확인문제 문맥규정 / 10

もんだい3 （　　）に なにを いれますか。1・2・3・4から いちばん いい ものを ひとつ えらんで ください。

1 おゆが （　　）ので、おちゃに しましょう。

1 あいた　　2 わいた　　3 できた　　4 やけた

2 くらく なったから、（　　） かえりましょう。

1 そろそろ　　2 だんだん　　3 ときどき　　4 とうとう

3 山田(やまだ)せんせいは いま どこの （　　）に とまって いますか。

1 ビル　　2 デパート　　3 レストラン　　4 ホテル

4 日本では やきゅうが （　　）です。

1 ねっしん　　2 さかん　　3 じゅうぶん　　4 じょうぶ

5 父は 外国へ 行くと、いつも （　　）を 買って かえります。

1 おまつり　　2 おれい　　3 おみやげ　　4 おいわい

6 わたしは 日本に 来てから （　　） この アパートに すんで います。

1 もっと　　2 きっと　　3 ずっと　　4 やっと

7 「おはようございます」と たなかせんせいに （　　）しました。

1 しょうかい　　2 あいさつ　　3 はいけん　　4 れんらく

8 この 学校の （　　）では、せいとは 6時 すぎてから 学校に いては いけません。

1 りゆう　　2 しゅうかん　　3 ほうりつ　　4 きそく

9 友だちが にゅういんしたので、（　　）に 行きました。

1 おみまい　　2 おいわい　　3 おまつり　　4 あいさつ

10 いけださんは 週(しゅう)に 2日(ふつか) すいえいを （　　） います。

1 ならって　　2 さわって　　3 えらんで　　4 ひらいて

답 1② 2① 3④ 4② 5③ 6③ 7② 8④ 9① 10①

68 기출어휘 확인문제 문맥규정 / 10

もんだい3　（　　）に　なにを　いれますか。1・2・3・4から　いちばん　いい　ものを　ひとつ　えらんで　ください。

1　A「コーヒーを　もう　いっぱい　いかがですか。」
B「いいえ、もう　（　　）。」
1　じょうぶです　2　ざんねんです　3　けっこうです　4　しつれいです

2　バスの　なかに　さいふを　（　　）　しまいました。
1　かって　2　かぶって　3　とって　4　わすれて

3　どの　コンピューターが　いちばん　ねだんが　（　　）。
1　ひくいですか　2　すくないですか　3　ちいさいですか　4　やすいですか

4　じかんが　ある　とき　（　　）　あそびに　きて　ください。
1　いちど　2　いっこ　3　いちばん　4　いっけん

5　あたらしく　入った　しゃいんに　仕事(しごと)の　やりかたを　（　　）。
1　むかえた　2　おしえた　3　あけた　4　みつけた

6　うちの　いぬは　知らない　人を　見ると　（　　）　ほえます。
1　なかなか　2　もうすぐ　3　かならず　4　やっと

7　すずきさんが　ほかの　まちへ　ひっこすと　聞いて　とても　（　　）。
1　ねむかった　2　すずしかった　3　あまかった　4　かなしかった

8　この　問題(もんだい)に　ついては　（　　）　ようすを　見ましょう。
1　しばらく　2　けっして　3　ほんとう　4　ぜんぜん

9　あの　人は　まだ　仕事(しごと)に　（　　）　いないので　作業(さぎょう)が　おそい。
1　われて　2　なれて　3　よごれて　4　おれて

10　いい　けしきだから　（　　）　運転(うんてん)して　いきましょう。
1　ほとんど　2　かならず　3　ゆっくり　4　なるほど

답 1③ 2④ 3④ 4① 5② 6③ 7④ 8① 9② 10③

04 もんだい 4 유의표현 공략하기

1 문제 유형 완전 분석

もんだい 4는 제시된 단문과 가장 가까운 뜻으로 쓰인 단문을 선택지 네 개 중에서 고르는 문제로, 네 문제가 출제된다. 단문을 제대로 이해했는지를 측정하는 문제이므로 대개 비슷한 의미를 갖는 어휘를 암기해 두면 좋다. 예를 들면 チェックする(체크하다) ≒しらべる(조사하다), おっしゃる(말씀하시다)≒いう(말하다), うかがう(여쭙다)≒きく(묻다), だいたい(대개)≒ほとんど(거의), ひつようだ(필요하다)≒いる(필요하다) 등이다.

문제 유형 예시

もんだい 4 ＿＿＿の ぶんと だいたい おなじ いみの ぶんが あります。
1・2・3・4から いちばん いい ものを ひとつ えらんで ください。

（れい） にねんまえに きょうとへ 行きました。

1 きのう きょうとへ 行きました。
2 おととい きょうとへ 行きました。
3 きょねん きょうとへ 行きました。
4 おととし きょうとへ 行きました。

（かいとうようし）

（れい）	① ② ③ ●

---

26 おとうとは あの きっさてんで アルバイトを して います。

1 おとうとは あの きっさてんで まって います。
2 おとうとは あの きっさてんで はたらいて います。
3 おとうとは あの きっさてんで コーヒーを 飲んで います。
4 おとうとは あの きっさてんで 友だちと 話して います。

2 유의표현 기출어휘 2016 ~ 2023

あ

□ あぶないです 위험합니다 ≒ きけんです 위험합니다

□ あぶなく　ないです 위험하지 않습니다 ≒ あんぜんです 안전합니다

□ 雨(あめ)が　ざあざあ　降(ふ)って　います 비가 억수로 내리고 있습니다
≒ 雨(あめ)が　つよく　降(ふ)って　います 비가 세차게 내리고 있습니다

□ あやまりました 사과했습니다
≒「ごめんなさい」と　言(い)いました '미안합니다'라고 말했습니다

□ アルバイトを　します 아르바이트를 합니다 ≒ はたらきます 일합니다

□ 意見(いけん)が　いいと　思(おも)います 의견이 좋다고 생각합니다
≒ 意見(いけん)に　さんせいします 의견에 찬성합니다

□ いります 필요합니다 ≒ ひつようです 필요합니다

□ うしろ 뒤 ≒ うら 뒤

□ うそでした 거짓말이었습니다
≒ ほんとうじゃ　ありませんでした 사실이 아니었습니다

□ うつくしい 아름답다 ≒ きれいだ 예쁘다

□ うれしそう 기뻐 보이는 ≒ よろこんで 기뻐하고

□ えいがに　さそいました 영화를 보러 가자고 권했습니다
≒ えいがを　見(み)に　いきませんかと　言(い)いました 영화를 보러 가지 않겠냐고 말했습니다

□ 多(おお)く　なりました 많아졌습니다 ≒ ふえました 늘었습니다

□ おきゃくさんが　多(おお)いです 손님이 많습니다 ≒ こんで　います 붐빕니다

□ おきゃくさんが　すくないです 손님이 적습니다
≒ すいて　います 비어 있습니다

□ おとした 떨어뜨렸다 ≒ なくした 잃어버렸다

□ おどって　います 춤을 추고 있습니다
≒ダンスを　して　います 댄스를 하고 있습니다

□ おとしたんですが 떨어뜨렸는데 ≒ なくしたんですが 잃어버렸는데

□ おどろきました 놀랐습니다 ≒ びっくりしました 놀랐습니다

□ おねがいしました 부탁했습니다 ≒ たのみました 부탁했습니다

□ おみせを　はじめた　りゆう 가게를 시작한 이유
≒ なぜ　おみせを　はじめたか 왜 가게를 시작했는지

□ おれいを　言(い)う 감사 인사를 하다 ≒「ありがとう」と 言(い)う '고맙다'라고 말하다

□ およぐのが　好(す)きです 헤엄치는 것을 좋아합니다 ≒ すいえいが　好(す)きです 수영을 좋아합니다

か

□ かぐ 가구 ≒ テーブルや　ベッド 탁자나 침대

□ きく 묻다 ≒ たずねる 묻다

□ きそく 규칙 ≒ ルール 규칙

□ 禁煙(きんえん)です 금연입니다 ≒ たばこを　すっては　いけません 담배를 피우면 안 됩니다

□ きんじょに　住(す)んで　います 근처에 살고 있습니다
≒ ちかくに　住(す)んで　います 가까이 살고 있습니다

□ ぐあいは　よく　なりましたか 몸 상태는 좋아졌나요?
≒ 元気(げんき)に　なりましたか 건강해졌나요?

□ くうこう 공항 ≒ ひこうきに　のる　ところ 비행기를 타는 곳

□ くるまの　こうじょう 자동차 공장 ≒ くるまを　つくる　ところ 자동차를 만드는 곳

□ こまかく 잘게 ≒ ちいさく 작게

□ こしょうしました 고장 났습니다 ≒ こわれて　います 고장 났습니다

□ この　いぬは　おとなしい 이 개는 얌전하다
≒ この　いぬは　しずかだ 이 개는 조용하다

□ これからの　こと 앞으로의 일 ≒ しょうらい 장래

さ

□ さいきん　いそがしくて　うんどうできません 요즘 바빠서 운동할 수 없습니다

≒ さいきん　いそがしくて　スポーツして　いません

요즘 바빠서 운동하고 있지 않습니다

□ さいごに　帰(かえ)りました 마지막으로 집에 갔습니다.

≒ みんなが　帰(かえ)った　あとで　帰(かえ)りました。 모두 돌아간 후에 집에 갔습니다.

□ さいしょに　水(みず)を　入(い)れて　ください 처음에 물을 넣어 주세요

≒ はじめに　水(みず)を　入(い)れて　ください 먼저 물을 넣어 주세요

□ サインを　して　ください 사인을 해 주세요

≒ 名前(なまえ)を　書(か)いて　ください 이름을 써 주세요

□ じゅうしょ 주소

≒ すんで　いる　ばしょ 살고 있는 곳

□ じゅぎょうに　おくれる 수업에 늦다

≒ じゅぎょうが　はじまってから　来(く)る 수업이 시작되고 나서 오다

□ じゅぎょうの　前(まえ)に　べんきょうしました 수업 전에 공부했습니다

≒ よしゅうしました 예습했습니다

□ じゅんびします 준비합니다 ≒ よういします 준비합니다

□ 食事(しょくじ)する　時間(じかん) 식사하는 시간 ≒ ご飯(はん)を　食(た)べる　時間(じかん) 밥을 먹는 시간

memo

た

□ 大事(だいじ)だ 중요하다 ≒ 大切(たいせつ)だ 소중하다

□ ダンスを　おそわりました 춤을 배웠습니다
≒ ダンスを　ならいました 춤을 배웠습니다

□ ちこくしないで　ください 지각하지 마세요
≒ はじまる　じかんに　おくれないで　ください 시작하는 시간에 늦지 마세요

□ 父(ちち)に　おこられる 아빠에게 야단을 맞다
≒ 父(ちち)に　しかられる 아빠에게 혼이 나다

□ ちゅうしゃじょう 주차장 ≒ くるまを　とめる　ばしょ 차를 세우는 곳

□ つかう 사용하다 ≒ りようする 이용하다

□ どくしんです 독신입니다 ≒ けっこんして　いません。 결혼하지 않았습니다

な

□ にこにこして　いました 싱글벙글하고 있었습니다 ≒ わらって　いました 웃고 있었습니다

は

□ はこびましょう 옮깁시다 ≒ わたしましょう 건넵시다

□ はこんで 옮기고 ≒ もって　いって 가지고 가고

□ ひっこします 이사합니다 ≒ 新(あたら)しい　家(いえ)に　住(す)みます 새 집에 삽니다

□ ひみつです 비밀입니다
≒ この　話(はなし)は　だれにも　言(い)わないで　ください。 이 이야기는 아무에게도 말하지 마세요.

□ ほかの　国(くに)から　買(か)って　いる 다른 나라에서 산다
≒ ゆにゅうする 수입한다

や

□ やわらかいですね 부드럽네요 ≒ かたくないですね 딱딱하지 않네요

69 기출어휘 확인문제 유의표현 / 5

もんだい４ ＿＿＿＿の ぶんと だいたい おなじ いみの ぶんが あります。
1・2・3・4から いちばん いい ものを ひとつ えらんで ください。

1 あめが ざあざあ ふって います。

1 あめが いちにちじゅう ふって います。
2 あめが ときどき ふって います。
3 あめが よわく ふって います。
4 あめが つよく ふって います。

2 くうこうは ここから 少し とおいです。

1 ひこうきに のる ところは ここから 少し とおいです。
2 すばらしい えを 見せる ところは ここから 少し とおいです。
3 こうぎを 聞く ところは ここから 少し とおいです。
4 ふねに のる ところは ここから 少し とおいです。

3 このごろ いそがしくて うんどうできません。

1 このごろ いそがしくて アルバイトを して いません。
2 このごろ いそがしくて スポーツを して いません。
3 このごろ いそがしくて れんらくを して いません。
4 このごろ いそがしくて せわを して いません。

4 いしはらさんに たのみました。

1 いしはらさんに お知(し)らせしました。
2 いしはらさんに お返(かえ)ししました。
3 いしはらさんに お願(ねが)いしました。
4 いしはらさんに お伝(つた)えしました。

5 その はなしは うそでした。

1 その はなしは たいせつでした。
2 その はなしは ほんとうでした。
3 その はなしは たいせつじゃ ありませんでした。
4 その はなしは ほんとうじゃ ありませんでした。

답 1④ 2① 3② 4③ 5④

もんだい4 ＿＿＿＿の ぶんと だいたい おなじ いみの ぶんが あります。
1・2・3・4から いちばん いい ものを ひとつ えらんで ください。

1 その 店で かぐを 買いました。

1 その 店で はがきや きってを 買いました。
2 その 店で バナナや りんごを 買いました。
3 その 店で ねぎや にんじんを 買いました。
4 その 店で テーブルや ベッドを 買いました。

2 やまださんは たなかさんに ダンスを おそわりました。

1 やまださんは たなかさんに ダンスを 見せました。
2 やまださんは たなかさんに ダンスを ならいました。
3 たなかさんは やまださんに ダンスを ならいました。
4 たなかさんは やまださんに ダンスを 見せました。

3 だい3かを じゅぎょうの まえに べんきょうしました。

1 だい3かを じゅぎょうの まえに よやくしました。
2 だい3かを じゅぎょうの まえに よういしました。
3 だい3かを じゅぎょうの まえに よしゅうしました。
4 だい3かを じゅぎょうの まえに よていしました。

4 ここは くるまを つくる ところです。

1 ここは くるまの ちゅうしゃじょうです。
2 ここは くるまの こうじょうです。
3 ここは くるまの いりぐちです。
4 ここは くるまの でぐちです。

5 その 国は こめを ほかの 国から 買って います。

1 その 国は こめを ゆにゅうして います。
2 その 国は こめを ゆしゅつして います。
3 その 国は こめを ちゅうもんして います。
4 その 国は こめを せいさんして います。

답 1④ 2② 3③ 4② 5①

71 기출어휘 확인문제 유의표현 / 5

もんだい４　＿＿＿＿の　ぶんと　だいたい　おなじ　いみの　ぶんが　あります。
1・2・3・4から　いちばん　いい　ものを　ひとつ　えらんで　ください。

1 <u>この　たまねぎは　こまかく　きって　ください。</u>

1　この　たまねぎは　ちいさく　きって　ください。
2　この　たまねぎは　ながく　きって　ください。
3　この　たまねぎは　ふとく　きって　ください。
4　この　たまねぎは　おおきく　きって　ください。

2 <u>わたしは　プールで　およぐのが　好きです。</u>

1　わたしは　うんどうが　好きです。
2　わたしは　さんぽが　好きです。
3　わたしは　けんがくが　好きです。
4　わたしは　すいえいが　好きです。

3 <u>くらい　道を　ひとりで　歩くのは　あぶないです。</u>

1　くらい　道を　ひとりで　歩くのは　はんたいです。
2　くらい　道を　ひとりで　歩くのは　はんたいでは　ありません。
3　くらい　道を　ひとりで　歩くのは　きけんです。
4　くらい　道を　ひとりで　歩くのは　きけんでは　ありません。

4 <u>たなかさんは　この　けいかくに　さんせいですか。</u>

1　たなかさんは　この　けいかくは　はやく　おわると　思いますか。
2　たなかさんは　この　けいかくは　おそく　おわると　思いますか。
3　たなかさんは　この　けいかくが　いいと　思いますか。
4　たなかさんは　この　けいかくが　わるいと　思いますか。

5 <u>その　かいぎに　ちこくしないで　ください。</u>

1　その　かいぎの　おわる　時間に　おくれないで　ください。
2　その　かいぎの　はじまる　時間に　おくれないで　ください。
3　その　かいぎの　つづける　時間に　おくれないで　ください。
4　その　かいぎの　あつまる　時間に　おくれないで　ください。

답 1① 2④ 3③ 4③ 5②

72 기출어휘 확인문제 유의표현 / 5

もんだい４　＿＿＿＿の　ぶんと　だいたい　おなじ　いみの　ぶんが　あります。
１・２・３・４から　いちばん　いい　ものを　ひとつ　えらんで　ください。

1 しょうらいの　けいかくを　みんなで　はなしました。

1 さいごの　けいかくを　みんなで　はなしました。
2 いままでの　けいかくを　みんなで　はなしました。
3 さいしょの　けいかくを　みんなで　はなしました。
4 これからの　けいかくを　みんなで　はなしました。

2 すずきさんの　かいた　えは　うつくしいです。

1 すずきさんの　かいた　えは　きれいです。
2 すずきさんの　かいた　えは　きれいでは　ありません。
3 すずきさんの　かいた　えは　きらいです。
4 すずきさんの　かいた　えは　きらいでは　ありません。

3 いきる　ためには　みずが　ひつようです。

1 いきる　ためには　みずが　はじまります。
2 いきる　ためには　みずが　かわります。
3 いきる　ためには　みずが　いります。
4 いきる　ためには　みずが　こまります。

4 わたしは　たなかさんに　おれいを　言いました。

1 わたしは　たなかさんに　「ごめんください」と　言いました。
2 わたしは　たなかさんに　「ありがとうございます」と　言いました。
3 わたしは　たなかさんに　「おまたせしました」と　言いました。
4 わたしは　たなかさんに　「おめでとうございます」と　言いました。

5 子どもは　おかあさんに　しかられました。

1 子どもは　おかあさんに　はめられました。
2 子どもは　おかあさんに　わらわれました。
3 子どもは　おかあさんに　そだてられました。
4 子どもは　おかあさんに　おこられました。

답 1④　2①　3③　4②　5④

73 기출어휘 확인문제 유의표현 / 5

もんだい4 ＿＿＿＿の ぶんと だいたい おなじ いみの ぶんが あります。1・2・3・4から いちばん いい ものを ひとつ えらんで ください。

1 車(くるま)が あまり たくさん はしって いるので びっくりしました。

1 車が あまり たくさん はしって いるので おこりました。
2 車が あまり たくさん はしって いるので おどろきました。
3 車が あまり たくさん はしって いるので こまりました。
4 車が あまり たくさん はしって いるので なきました。

2 からだを だいじに して ください。

1 からだを りっぱに して ください。
2 からだを たいせつに して ください。
3 からだを じょうぶに して ください。
4 からだを ふるく して ください。

3 やまださんの じゅうしょを おしえて ください。

1 やまださんの おしえて いる ばしょを おしえて ください。
2 やまださんの いって いる ばしょを おしえて ください。
3 やまださんの すんで いる ばしょを おしえて ください。
4 やまださんの はたらいて いる ばしょを おしえて ください。

4 ゆうべ さいふを おとしました。

1 ゆうべ さいふを かりました。
2 ゆうべ さいふを ひろいました。
3 ゆうべ さいふを かいました。
4 ゆうべ さいふを なくしました。

5 この あたりに カラスが ふえました。

1 この あたりに カラスが おおく なりました。
2 この あたりに カラスが すくなく なりました。
3 この あたりに カラスが おおきく なりました。
4 この あたりに カラスが ちいさく なりました。

답 1② 2② 3③ 4④ 5①

3 유의표현 기출어휘 2000 ~ 2015

あ

□ あいさつした 인사했다

≒「おはようございます」と　言(い)った ‘안녕하세요’라고 말했다

≒「こんにちは」と　言(い)った ‘안녕하세요’라고 말했다

□ A「あした　しょくじに　行(い)きませんか」 A “내일 식사하러 가지 않겠습니까?”

B「あしたは　ちょっと」 B “내일은 좀.”

≒ B「あしたは　だめです」 B “내일은 안됩니다.”

□ あぶないです 위험합니다. ≒ きけんです 위험합니다

□ あやまった 사과했다

≒「ごめんなさい」と　言(い)った ‘미안합니다’라고 말했다

□ いい　おもいだと　思(おも)います 좋은 생각이라고 생각합니다

≒ さんせいします 찬성합니다

□ いしゃと　かんごふ　いがいは　入(はい)らないで　ください

의사와 간호사 이외는 들어가지 마세요

≒ いしゃと　かんごふは　入(はい)っても　いいです 의사와 간호사는 들어가도 됩니다

□ 1ばんの　へや、または　2ばんの　へやに 1번 방, 또는 2번 방에

≒ 1ばんの　へやか　2ばんの　へやに 1번 방이나 2번 방에

□ いっしょうけんめい　この　こうぎを　聞(き)いて　います

열심히 이 강의를 듣고 있습니다

≒ ねっしんに　この　こうぎを　聞(き)いて　います 열심히 이 강의를 듣고 있습니다

□ うそです 거짓말입니다 ≒ ほんとうじゃ　ありません 사실이 아닙니다

□ うるさく　しないで　ください 시끄럽게 하지 마세요

≒ さわがないで　ください 떠들지 마세요

□ うまいです 잘합니다 ≒ じょうずです 잘합니다

□ うんどうが　好(す)きです 운동을 좋아합니다

≒ スポーツが　好(す)きです 스포츠를 좋아합니다

□ 多(おお)く　なる 많아지다 ≒ ふえる 늘어나다

□ 起(お)きるのが　おそく　なって　しまいました 일어나는 것이 늦어지고 말았습니다

≒ ねぼうしました 늦잠 잤습니다

□ おとうさんに　おこられた 아버지에게 야단을 맞았다

≒ おとうさんに　しかられた 아버지에게 혼났다

□ おれいを　言(い)った 감사 인사를 했다

≒ 「ありがとうございます」と　言(い)った '고맙습니다'라고 말했다

□ おどろきました 놀랐습니다. ≒ びっくりしました 놀랐습니다

か

□ かならず　来(く)ると　思(おも)う 반드시 올 거라고 생각한다.

≒ きっと　来(く)る 꼭 올 것이다.

□ きこくする 귀국하다 ≒ 国(くに)へ　帰(かえ)る 고국에 돌아가다

□ きたない 더럽다

≒ よごれて　いる 더러워진 상태이다

□ きびしい　じだいは　もう　すぎました 혹독한 시대는 이미 지났습니다.

≒ たいへんな　じだいでした 힘든 시대였습니다.

□ きゃくが　少(すく)ない 손님이 적다 ≒ すいて　いる 비어 있다.

□ きゃくが　たくさん　いる 손님이 많이 있다 ≒ こんで　いる 붐빈다

□ きょういくを　うけられる　人(ひと)は　多(おお)く　なかった

교육을 받을 수 있는 사람은 많지 않았다

≒ 多(おお)くの　人(ひと)が　がっこうへ　行(い)けなかった 많은 사람이 학교에 갈 수 없었다

□ きんじょの　こうえん 근처 공원

≒ ちかくの　こうえん 가까운 공원

□ けしきの　いい　ところで　おべんとうを　食(た)べた 경치 좋은 곳에서 도시락을 먹었다

≒ きれいな　山(やま)や　もりが　見(み)える　こうえんで　食(た)べた

예쁜 산과 숲이 보이는 공원에서 먹었다

□ こうぎに　しゅっせきします 강의에 출석합니다.

≒ だいがくで　先生(せんせい)の　話(はなし)を　聞(き)きます 대학에서 선생님 이야기를 듣습니다

□ こうつうが　べんりだ 교통이 편리하다

≒ バスや　ちかてつが　たくさん　はしって　いる 버스나 지하철이 많이 달린다

□ 5時(じ)に　来(く)るのは　むりだ 다섯 시에 오는 것은 무리다

≒ 5時(じ)に　来(こ)られない 다섯 시에 올 수 없다

□ ここは　すべりやすいので　気(き)を　つけて　ください

여기는 미끄러지기 쉬우니까 조심하세요

≒ ここは　あるきにくいです 여기는 걷기 어렵습니다

□ この　もんだいは　まちがえやすい 이 문제는 틀리기 쉽다

≒ この　もんだいは　まちがえる　人(ひと)が　多(おお)い 이 문제는 틀리는 사람이 많다

□ ごはんを　食(た)べましょう 밥을 먹읍시다

≒ しょくじに　しましょう 식사하도록 합시다

□ これからの　けいかくを　話(はな)す 앞으로의 계획을 이야기하다

≒ しょうらいの　けいかくを　話(はな)す 장래의 계획을 이야기하다

さ

□ サッカーが　さかんに　なりました 축구가 성행해졌습니다

≒ サッカーを　する　人(ひと)が　ふえました 축구를 하는 사람이 늘었습니다

□ 時間(じかん)に　おくれた 시간에 늦었다

≒ 時間(じかん)に　まにあわなかった 시간에 맞추지 못했다

□ しゃちょうの　かわりに　田中(たなか)さんが　パーティーに　出(で)ました

사장님 대신에 다나카 씨가 파티에 나왔습니다

≒ しゃちょうは　パーティーに　出(で)ませんでした 사장님은 파티에 나오지 않았습니다

□ じを　ていねいに　書(か)きなさい 글씨를 정성껏 쓰시오
≒ じを　きれいに　書(か)きなさい 글씨를 예쁘게 쓰시오

□ じゅぎょうに　おくれる 수업에 늦다
≒ じゅぎょうが　はじまってから　来(く)る 수업이 시작되고 나서 오다

□ しゅくだいは　かんたんだった 숙제는 간단했다
≒ しゅくだいは　やさしかった 숙제는 쉬웠다

□ すずきさん、ちょっと　やせましたね 스즈키 씨, 살이 좀 빠졌네요
≒ すずきさんは　ちょっと　ほそく　なりました 스즈키 씨는 좀 날씬해졌습니다

□ ずっと　そとに　いたので、からだが　ひえて　しまいました
쭉 밖에 있었기 때문에 몸이 차가워졌습니다
≒ そとは　さむかったです 밖은 추웠습니다

□ 先生(せんせい)の　おたくに　うかがいます 선생님 댁을 찾아뵙겠습니다
≒ 先生(せんせい)の　おたくに　まいります 선생님 댁에 가겠습니다

□ 先生(せんせい)は　クラスに　来(こ)なかった　わけを　聞(き)きました
선생님은 수업에 오지 않은 이유를 물었습니다
≒ 先生(せんせい)は　どうして　クラスに　来(こ)なかったのか　たずねました
선생님은 왜 수업에 오지 않았는지 물었습니다

た

□ たいいんします 퇴원합니다
≒ びょういんから　帰(かえ)って　きます 병원에서 돌아옵니다

□ 出(で)かけて いる 외출하였다 ≒ るすだ 부재중이다

□ でんしゃは　こんで　います 전철은 붐빕니다
≒ でんしゃには　人(ひと)が　たくさん　います 전철에는 사람이 많이 있습니다

□ どうぶつを　いじめては　いけません 동물을 괴롭혀서는 안 됩니다
≒ どうぶつを　大切(たいせつ)に　して　ください 동물을 소중히 해 주세요

□ 友(とも)だちを　むかえに　くうこうに　行(い)きました 친구를 마중하러 공항에 갔습니다
≒ くうこうで　友(とも)だちに　会(あ)いました 공항에서 친구를 만났습니다

な

□ 日本語(にほんご)は　ほとんど　わすれて　しまいました 일본어는 거의 잊어버렸습니다

≒ 日本語(にほんご)は　すこししか　おぼえて　いません 일본어는 조금밖에 기억하고 있지 않습니다

□ のりものが　大好(だいす)きだ 탈것을 매우 좋아한다

≒ ひこうきや　ふねが　大好(だいす)きだ 비행기나 배를 매우 좋아한다

は

□ はじめに　これを　やって　ください 먼저 이것을 해 주세요

≒ まず　これを　やって　ください 우선 이것을 해 주세요

□ 日(ひ)が　くれた 날이 저물었다

≒ 空(そら)が　くらく　なった 하늘이 어두워졌다

□ ひさしぶりに　山田(やまだ)さんに　あいました 오랜만에 야마다 씨를 만났습니다

≒ 何年(なんねん)も　山田(やまだ)さんに　あって　いませんでした 몇 년이나 야마다 씨를 만나지 못했습니다

□ びよういんに　行(い)った 미용실에 갔다

≒ かみのけを　切(き)りに　行(い)った 머리를 자르러 갔다

□ ほかの　人(ひと)の　意見(いけん)を　聞(き)いて　みましょう 다른 사람의 의견을 들어 봅시다

≒ ほかの　人(ひと)が　何(なに)を　かんがえて　いるか　聞(き)いて　みましょう
다른 사람이 무엇을 생각하고 있는지 들어 봅시다

ま

□ むすめが　大学生(だいがくせい)に　なりました 딸이 대학생이 되었습니다

≒ むすめの　にゅうがくしきが　ありました 딸 입학식이 있었습니다

□ もういちど　チェックして　ください 다시 한 번 체크해 주세요

≒ もういちど　しらべて　ください 다시 한 번 점검해 주세요

や

□ やまもとさんを　たずねた 야마모토 씨를 방문했다

≒ やまもとさんの　いえに　行(い)った 야마모토 씨의 집에 갔다

ら

□ りゅうがくの　けいけんが　あります 유학 경험이 있습니다

≒ りゅうがくを　した　ことが　あります 유학을 한 적이 있습니다

memo

74 기출어휘 확인문제 유의표현 / 5

もんだい 4 ＿＿＿＿の　ぶんと　だいたい　おなじ　いみの　ぶんが　あります。
1・2・3・4から　いちばん　いい　ものを　ひとつ　えらんで　ください。

1 わたしは　かちょうに　あいさつしました。

1 わたしは　かちょうに　「いくらですか」と　言いました。
2 わたしは　かちょうに　「こんにちは」と　言いました。
3 わたしは　かちょうに　「どうぞ　おすわり　ください」と　言いました。
4 わたしは　かちょうに　「もう　いっぱい　いかがですか」と　言いました。

2 ゆびが　インクで　よごれて　います。

1 ゆびが　インクで　あかいです。
2 ゆびが　インクで　きれいです。
3 ゆびが　インクで　きたないです。
4 ゆびが　インクで　あぶないです。

3 母は　るすです。

1 母は　いそがしいです。
2 母は　ねて　います。
3 母は　いえに　います。
4 母は　でかけて　います。

4 すずきさんは　先月(せんげつ)　帰国(きこく)しました。

1 すずきさんは　先月　国へ　帰りました。
2 すずきさんは　先月　家へ　帰りました。
3 すずきさんは　先月　外国に　行きました。
4 すずきさんは　先月　旅行に　行きました。

5 あさの　バスは　こんで　います。

1 あさの　バスは　すぐに　きます。
2 あさの　バスは　なかなか　きません。
3 あさの　バスには　人が　あまり　いません。
4 あさの　バスには　人が　たくさん　います。

답 1② 2③ 3④ 4① 5④

75 기출어휘 확인문제 유의표현 / 5

もんだい４ ＿＿＿＿の ぶんと だいたい おなじ いみの ぶんが あります。
1・2・3・4から いちばん いい ものを ひとつ えらんで ください。

1 あした　6時に　来るのは　むりです。

1 あした　6時に　来るように　します。
2 あした　6時に　来る　ことに　します。
3 あした　6時に　来られません。
4 あした　6時に　来なければ　なりません。

2 やまださんは　かならず　来ると　おもいます。

1 やまださんは　きっと　来ます。
2 やまださんは　たまに　来ます。
3 やまださんは　まっすぐ　来ます。
4 やまださんは　ゆっくり　来ます。

3 わたしは　すずきさんに　あやまりました。

1 わたしは　すずきさんに　「おかげさまで」と　言いました。
2 わたしは　すずきさんに　「それは　いけませんね」と　言いました。
3 わたしは　すずきさんに　「おめでとうございます」と　言いました。
4 わたしは　すずきさんに　「ごめんなさい」と　言いました。

4 この　レストランは　いつも　すいて　います。

1 この　レストランは　いつも　ねだんが　たかいです。
2 この　レストランは　いつも　きゃくが　すくないです。
3 この　レストランは　いつも　たべものが　おいしいです。
4 この　レストランは　いつも　てんいんが　しんせつです。

5 そろそろ　しょくじに　しましょう。

1 そろそろ　おふろに　はいりましょう。
2 そろそろ　ごはんを　たべましょう。
3 そろそろ　しつれいしましょう。
4 そろそろ　ねましょう。

답 1③ 2① 3④ 4② 5②

76 기출어휘 확인문제 유의표현 / 5

もんだい４　＿＿＿＿の　ぶんと　だいたい　おなじ　いみの　ぶんが　あります。
１・２・３・４から　いちばん　いい　ものを　ひとつ　えらんで　ください。

1 日が　くれました。
1　そらが　はれました。
2　そらが　くもりました。
3　そらが　くらく　なりました。
4　そらが　あかるく　なりました。

2 むかしは　きょういくを　うけられる　人は　多く　ありませんでした。
1　むかしは　多くの　人が　学校へ　行けませんでした。
2　むかしは　多くの　人が　会社へ　行けませんでした。
3　むかしは　多くの　人が　おいわいを　もらえませんでした。
4　むかしは　多くの　人が　おみまいを　もらえませんでした。

3 きのうの　しゅくだいは　かんたんでした。
1　きのうの　しゅくだいは　ふくざつでした。
2　きのうの　しゅくだいは　たいへんでした。
3　きのうの　しゅくだいは　やさしかったです。
4　きのうの　しゅくだいは　むずかしかったです。

4 ちかてつの　なかで　さわがないで　ください。
1　ちかてつの　なかで　きたなく　しないで　ください。
2　ちかてつの　なかで　うるさく　しないで　ください。
3　ちかてつの　なかで　たばこを　すわないで　ください。
4　ちかてつの　なかで　ものを　たべないで　ください。

5 この　字は　まちがえやすい。
1　この　字は　まちがえる　人が　少ししか　いない。
2　この　字は　まちがえる　人が　ぜんぜん　いない。
3　この　字は　まちがえる　人が　少ない。
4　この　字は　まちがえる　人が　多い。

답 1③　2①　3③　4②　5④

77 기출어휘 확인문제 유의표현 / 5

もんだい４ ＿＿＿＿の ぶんと だいたい おなじ いみの ぶんが あります。
１・２・３・４から いちばん いい ものを ひとつ えらんで ください。

1 まず この しごとを して ください。

1 なるべく この しごとを して ください。
2 はじめに この しごとを して ください。
3 しっかり この しごとを して ください。
4 いっしょうけんめい この しごとを して ください。

2 この かいだんは すべりやすいので きを つけて ください。

1 この かいだんは ゆれにくいです。
2 この かいだんは みえにくいです。
3 この かいだんは あるきにくいです。
4 この かいだんは きこえにくいです。

3 あには らいしゅう たいいんします。

1 あには らいしゅう がいこくに いきます。
2 あには らいしゅう がいこくから かえって きます。
3 あには らいしゅう びょういんに いきます。
4 あには らいしゅう びょういんから かえって きます。

4 あした 先生の おたくに うかがいます。

1 あした 先生の おたくに みえます。
2 あした 先生の おたくに いらっしゃいます。
3 あした 先生の おたくに かえります。
4 あした 先生の おたくに まいります。

5 すいようびから こうぎに しゅっせきします。

1 すいようびから 大学で 先生の 話を 聞きます。
2 すいようびから 大学で 先生と かいぎを します。
3 すいようびから 会社で 社長と かいぎを します。
4 すいようびから 会社で 社長の 話を 聞きます。

답 1② 2③ 3④ 4④ 5①

もんだい4 ＿＿＿＿の　ぶんと　だいたい　おなじ　いみの　ぶんが　あります。
1・2・3・4から　いちばん　いい　ものを　ひとつ　えらんで　ください。

1 あの　きかいに　さわると　あぶないです。

1 あの　きかいに　さわると　かわいいです。
2 あの　きかいに　さわると　げんきです。
3 あの　きかいに　さわると　きびしいです。
4 あの　きかいに　さわると　きけんです。

2 たなかさんは　じゅぎょうに　おくれました。

1 たなかさんは　じゅぎょうが　はじまる　まえに　来ました。
2 たなかさんは　じゅぎょうが　おわった　あとで　来ました。
3 たなかさんは　じゅぎょうが　はじまってから　来ました。
4 たなかさんは　じゅぎょうが　おわってから　来ました。

3 いぬを　いじめては　いけません。

1 いぬを　たいせつに　して　ください。
2 いぬを　げんきに　して　ください。
3 いぬを　じょうぶに　して　ください。
4 いぬを　きれいに　して　ください。

4 むすめは　ピアノが　じょうずです。

1 むすめは　ピアノが　きらいです。
2 むすめは　ピアノが　へたです。
3 むすめは　ピアノが　すきです。
4 むすめは　ピアノが　うまいです。

5 その　みせは　すいて　います。

1 その　みせは　きゃくが　おおいです。
2 その　みせは　きゃくが　すくないです。
3 その　みせは　きゃくが　たくさん　います。
4 その　みせには　しなものが　たくさん　あります。

답 1④ 2③ 3① 4④ 5②

79 기출어휘 확인문제 유의표현 / 5

もんだい４ ＿＿＿＿の　ぶんと　だいたい　おなじ　いみの　ぶんが　あります。
1・2・3・4から　いちばん　いい　ものを　ひとつ　えらんで　ください。

1 むすこを　むかえに　くうこうへ　行きました。

1　くうこうで　むすこを　おくりました。
2　くうこうで　むすこに　あいました。
3　くうこうで　むすこと　あそびました。
4　くうこうで　むすこと　わかれました。

2 山田(やまだ)さんは　いっしょうけんめい　べんきょうしました。

1　山田さんは　はっきりと　べんきょうしました。
2　山田さんは　てきとうに　べんきょうしました。
3　山田さんは　ねっしんに　べんきょうしました。
4　山田さんは　ゆっくりと　べんきょうしました。

3 むすこの　にゅうがくしきが　ありました。

1　むすこが　けっこんしました。
2　むすこが　そつぎょうしました。
3　むすこが　大学生(だいがくせい)に　なりました。
4　むすこが　社会人(しゃかいじん)に　なりました。

4 この　へやには　しゃちょうと　ぶちょう　いがいは　入らないで　ください。

1　この　へやには　だれが　入っても　いいです。
2　この　へやには　だれも　入っては　いけません。
3　この　へやに　しゃちょうと　ぶちょうは　入っては　いけません。
4　この　へやに　しゃちょうと　ぶちょうは　入っても　いいです。

5 おとうとは　スポーツが　すきです。

1　おとうとは　うんどうが　すきです。
2　おとうとは　かいものが　すきです。
3　おとうとは　のりものが　すきです。
4　おとうとは　べんきょうが　すきです。

답 1② 2③ 3③ 4④ 5①

80 기출어휘 확인문제 유의표현 / 5

もんだい4 ＿＿＿＿の ぶんと だいたい おなじ いみの ぶんが あります。
1・2・3・4から いちばん いい ものを ひとつ えらんで ください。

1 この へんは こうつうが べんりです。

1 この へんは スーパーや デパートが たくさん あります。
2 この へんは 駅の そばに たくさんの アパートが あります。
3 この へんは バスや ちかてつが たくさん はしって います。
4 この へんは たくさんの 国の 人が せいかつして います。

2 ともだちは パーティーに 来なかった わけを 聞きました。

1 ともだちは パーティーに いつ 来なかったのか たずねました。
2 ともだちは パーティーに だれが 来なかったのか たずねました。
3 ともだちは パーティーに どのくらい 来なかったのか たずねました。
4 ともだちは パーティーに どうして 来なかったのか たずねました。

3 けさは ねぼうしました。

1 けさは おきるのが おそく なって しまいました。
2 けさは ねるのが おそく なって しまいました。
3 けさは はやく ねて しまいました。
4 けさは はやく おきて しまいました。

4 いもうとは のりものが だいすきです。

1 いもうとは おかしや ケーキが だいすきです。
2 いもうとは いちごや ももが だいすきです。
3 いもうとは ひこうきや ふねが だいすきです。
4 いもうとは ミルクや ジュースが だいすきです。

5 わたしは りゅうがくの けいけんが あります。

1 わたしは りゅうがくを したいです。
2 わたしは りゅうがくを した ことが あります。
3 わたしは りゅうがくを する つもりです。
4 わたしは りゅうがくを する ことに なって います。

답 1③ 2④ 3① 4③ 5②

4 유의표현 기출어휘 1990 ~ 1999

あ

□ あしたは　さむく　なるでしょう 내일은 추워지겠습니다
≒ あしたは　ひえる　そうです 내일은 쌀쌀해진다고 합니다

□ あの　たてものには　いつも　けいかんが　います 저 건물에는 항상 경찰관이 있습니다
≒ あの　たてものは　こうばんです 저 건물은 파출소입니다

□ あの　みせは　おきゃくが　あまり　いません 저 가게는 손님이 별로 없습니다
≒ あの　みせは　すいて　います 저 가게는 비어 있습니다

□ あぶないです 위험합니다 ≒ きけんです 위험합니다

□ アルバイトの　けいけんが　あります 아르바이트 경험이 있습니다
≒ アルバイトを　しました 아르바이트를 했습니다

□ あんぜんです 안전합니다
≒ あぶなく　ありません 위험하지 않습니다

□ いえが　かわりました 집이 바뀌었습니다
≒ ひっこしました 이사했습니다

□ 「いただきます」と　言いました '잘 먹겠습니다'라고 말했습니다
≒ いまから　ごはんを　食べます 지금부터 밥을 먹습니다

□ いっしゅうかんおきに　はいしゃに　かよって　います
일주일 걸러 치과에 다니고 있습니다
≒ こんしゅう　はいしゃに　行きます。つぎは　さらいしゅう　行きます 이번 주 치과에 갑니다. 다음은 다다음 주에 갑니다

□ いっしょうけんめいに　べんきょうを　して　います 열심히 공부를 하고 있습니다
≒ まじめに　べんきょうを　して　います 성실하게 공부를 하고 있습니다

□ いろいろな　ことを　うかがいました 여러 가지를 여쭈었습니다
≒ いろいろな　ことを　ききました 여러 가지를 물었습니다

□ うけつけで　「お名前と　ごじゅうしょを　書いて　ください」と言われました 접수처에서 '성함과 주소를 써 주세요'라는 말을 들었습니다

≒ うけつけで　名前と　住んで　いる　ところを　書きました
접수처에서 이름과 사는 곳을 적었습니다

□ うちに　いません 집에 없습니다

≒ るすです 부재중입니다

□ えいがを　見に　いくのは　むりです 영화를 보러 가는 것은 무리입니다

≒ えいがを　見に　いけません 영화를 보러 갈 수 없습니다

□ Aさんの　かわりに　Bさんが　来ました A씨 대신에 B씨가 왔습니다

≒ Bさんは　来ましたが、Aさんは　来ませんでした
B씨는 왔지만 A씨는 오지 않았습니다

□ Aさんの　おじょうさん A씨의 따님

≒ Aさんの　むすめさん A씨의 따님

□ Aさんは　たいいんしたそうです A씨는 퇴원했다고 합니다

≒ Aさんは　びょうきが　なおって、びょういんから　うちへもどったそうです A씨는 병이 나아서 병원에서 집으로 돌아왔다고 합니다

□ Aさんは　小さい　じが　見えない　ようすです
A씨는 작은 글씨가 보이지 않는 모양입니다

≒ Aさんは　めがねを　わすれて　しまいました
A씨는 안경을 잊고 가져오지 않았습니다

□ Aさんは　日本の　しょうせつを　けんきゅうして　います
A씨는 일본 소설을 연구하고 있습니다

≒ Aさんの　せんもんは　日本の　ぶんがくです A씨의 전문은 일본 문학입니다

□ Aさんは　ひっこしが　しゅみだそうです A씨는 이사가 취미라고 합니다

≒ Aさんは　いろいろな　ところに　住むのが　好きです
A씨는 나양한 곳에 사는 것을 좋아합니다

□ Aさんは　Bさんと　けっこんしました A씨는 B씨와 결혼했습니다

≒ Aさんは　Bさんの　おくさんに　なりました A씨는 B씨의 부인이 되었습니다

□ Aさんは　Bさんに　あやまりました A씨는 B씨에게 사과했습니다

≒ Aさんは　Bさんに　「ごめんなさい」と　言(い)いました

A씨는 B씨에게 '미안합니다'라고 말했습니다

□ Aさんは　Bさんに　「ひさしぶりですね」と　言(い)いました

A씨는 B씨에게 '오랜만이네요'라고 말했습니다

≒ Aさんは　Bさんに　きょねん　会(あ)いました A씨는 B씨를 작년에 만났습니다

□ Aさんは　Bさんに　「よく　いらっしゃいました」と　言(い)いました

A씨는 B씨에게 '잘 오셨습니다'라고 말했습니다

≒ Bさんは　Aさんを　たずねました B씨는 A씨를 방문했습니다

□ えの　てんらんかいに　行(い)きます 그림 전시회에 갑니다

≒ えを　見(み)に　行(い)きます 그림을 보러 갑니다

□ おかしは　ひとつも　のこって　いません 과자는 하나도 남아 있지 않습니다

≒ おかしは　ぜんぶ　食(た)べて　しまいました 과자는 전부 먹어 버렸습니다

□ おじいさんも　おばあさんも　元気(げんき)だそうです

할아버지도 할머니도 건강하다고 합니다

≒ 「そふも　そぼも　元気(げんき)です」と　言(い)いました

'할아버지도 할머니도 건강합니다'라고 말했습니다

□ おてがみを　はいけんしました 편지를 삼가 봤습니다

≒ おてがみを　読(よ)みました 편지를 읽었습니다

□ おれいを　言(い)いました 감사 인사를 했습니다

≒ 「どうも　ありがとう」と　言(い)いました '정말 고마워'라고 말했습니다

か

□ 外国(がいこく)から　しなものを　かったり、外国(がいこく)へ　しなものを　うったり　します 외국에서 물건을 사거나 외국에 물건을 팔거나 합니다.

≒ 外国(がいこく)と　ぼうえきを　します 외국과 무역을 합니다

□ かいものに　ふべんです 쇼핑하기에 불편합니다

≒ みせが　あまり　ありません 가게가 별로 없습니다

□ 帰りに　友だちの　うちに　よって、話を　しました
귀갓길에 친구 집에 들러 이야기를 했습니다

≒ うちへ　帰る　まえに、友だちの　うちで　話を　しました
집에 돌아가기 전에 친구 집에서 이야기를 했습니다

□ がくせいが　きょうしつに　のこって　います 학생이 교실에 남아 있습니다

≒ きょうしつには、がくせいが　まだ　います 교실에는 학생이 아직 있습니다

□ かばんを　ぬすまれました 가방을 도둑맞았습니다

≒ かばんを　とられました 가방을 빼앗겼습니다

≒ かばんを　とって　いきました 가방을 빼앗아 갔습니다

□ かみを　切って　きました 머리를 자르고 왔습니다

≒ かみを　切って　もらいに　行きました 머리를 자르러 갔습니다

≒ とこやへ　行きました 이발소에 갔습니다

□ きのう　コンサートに　行きました 어제 콘서트에 갔습니다

≒ きのう　おんがくを　聞きに　行きました 어제 음악을 들으러 갔습니다

□ きょう　しけんに　まにあいませんでした 오늘 시험 시간에 맞추지 못했습니다

≒ きょう　しけんに　おくれました 오늘 시험에 늦었습니다

□ きのうは　風も　つよかったし、雨も　たくさん　降りました
어제는 바람도 강했고 비도 많이 내렸습니다.

≒ きのうは　ひどい　天気でした 어제는 지독한 날씨였습니다

□ くうこう 공항

≒ ひこうきに　のったり　おりたり　する　ところ 비행기를 타거나 내리거나 하는 곳

□ 車の　しゅうりを　して　います 자동차 수리를 하고 있습니다

≒ 車を　なおして　います 자동차를 고치고 있습니다

□ 車の　うんてんの　しかたが　わかりません 자동차 운전하는 법을 모릅니다

≒ どうやって　車を　うんてんするか　わかりません
어떻게 자동차를 운전하는지 모릅니다

□ こうじょう 공장

≒ ものを　つくる　ところ 물건을 만드는 곳

□ こうつうが　べんりです 교통이 편리합니다

≒ バスや　でんしゃが　たくさん　はしって　います
버스와 전철이 많이 달리고 있습니다

□ この　きかいは　子(こ)どもには　ふくざつすぎます 이 기계는 어린이에게는 너무 복잡합니다

≒ この　きかいは　むずかしくて　子(こ)どもには　つかえません
이 기계는 어려워서 어린이는 사용할 수 없습니다

□ この　車(くるま)は　にほんせいです 이 자동차는 일본제입니다

≒ この　車(くるま)は　にほんで　つくられました 이 자동차는 일본에서 만들어졌습니다

□ この　つくえは　ひきだしが　小(ちい)さいので　つかいにくいです
이 책상은 서랍이 작아서 사용하기 어렵습니다

≒ この　つくえは　ふべんです 이 책상은 불편합니다

□ この　へやには　20人(にん)　いじょう　いると　思(おも)います
이 방에는 스무 명 이상 있다고 생각합니다

≒ この　へやに　いるのは　20人(にん)より　多(おお)いと　思(おも)います
이 방에 있는 사람은 스무 명보다 많다고 생각합니다

□ これは　たいへん　めずらしい　しなものです 이것은 매우 신기한 물건입니다

≒ これは　あまり　見(み)ない　しなものです 이것은 별로 보지 못하는 물건입니다

□ こわれやすいです 고장 나기 쉽습니다

≒ よく　こしょうします 자주 고장 납니다

さ

□ さかなと　たまご　いがいは　食(た)べられます 생선과 달걀 이외는 먹을 수 있습니다

≒ さかなも　たまごも　食(た)べません 생선도 달걀도 먹지 않습니다

□ しごとを　しながら 일을 하면서

≒ しごとを　やめないで 일을 그만두지 않고

□ じしょを　ひいて　ください 사전을 찾아 주세요

≒ じしょで　しらべて　ください 사전으로 조사해 주세요

□ しゅくだいは　だいたい　すみました 숙제는 대략 끝났습니다

≒ しゅくだいは　ほとんど　すみました 숙제는 거의 끝났습니다

□ しゅみは　なんですか 취미는 무엇입니까?

≒ どんな　ことを　するのが　好(す)きですか 어떤 것을 하는 것을 좋아합니까?

□ しょくじが　すんだら　話(はなし)を　しましょう 식사가 끝나면 이야기를 합시다

≒ しょくじの　あとで　話(はなし)を　しましょう 식사 후에 이야기를 합시다

□ しょくりょうひんの　うりばで　かいものを　しました 식료품 매장에서 쇼핑을 했습니다

≒ にくや　くだものを　買(か)いました 고기랑 과일을 샀습니다

□ じろうは　あかんぼうです 지로는 갓난아이입니다

≒ じろうは　生(う)まれて　3か月(げつ)です 지로는 태어난지 3개월입니다

□ じんこうが　ふえました 인구가 늘었습니다

≒ 人(ひと)が　たくさん　すむ　ように　なりました 사람이 많이 살게 되었습니다

□ スーツケース 슈트 케이스

≒ りょこうを　する　ときに　つかう　もの 여행을 할 때 사용하는 것

□ すいて　いる　でんしゃ 비어 있는 전철

≒ のって　いる　人(ひと)が　少(すく)ない　でんしゃ 타고 있는 사람이 적은 전철

□ 先生(せんせい)に　「この　あいだの　テストは　よく　できましたね」と　言(い)われました 선생님에게 '요전의 테스트는 참 잘했어요'라는 말을 들었습니다

≒ 先生(せんせい)に　ほめられました 선생님에게 칭찬받았습니다

□ その　ニュースを　聞(き)いて　びっくりしました 그 뉴스를 듣고 깜짝 놀랐습니다

≒ その　ニュースを　聞(き)いて　おどろきました 그 뉴스를 듣고 놀랐습니다

た

□ たいいんしました 퇴원했습니다

≒ びょうきが　なおりました 병이 나았습니다

□ 大事(だいじ)な　もの 중요한 것 ≒ 大切(たいせつ)な　もの 소중한 것

□ たまに　うんどうします 이따금 운동합니다

≒ うんどうは　ほとんど　して　いません 운동은 거의 하지 않고 있습니다

□ たまに　としょかんを　りようします 이따금 도서관을 이용합니다

≒ あまり　としょかんを　りようしません 별로 도서관을 이용하지 않습니다

□ ちちも　ははも　元気(げんき)です 아버지도 어머니도 건강합니다

≒ りょうしんは　元気(げんき)です 부모님은 건강합니다

□ ちゅうしゃじょう 주차장

≒ じどうしゃを　とめる　ところ 자동차를 세우는 곳

□ つたえて　ください 전해 주세요

≒ れんらくして　ください 연락해 주세요

□ つめたく　して　飲(の)んで　ください 차게 해서 드세요

≒ ひやして　飲(の)んで　ください 식혀서 드세요

□ できるだけ　来(き)て　ください 가능한 한 와 주세요

≒ なるべく　来(き)て　ください 되도록 와 주세요

□ どうぞ　えんりょなく　めしあがって　ください 부디 사양하지 말고 드세요

≒ どうぞ　たくさん　めしあがって　ください 부디 많이 드세요

□ としょかんへ　行(い)った　わけを　たずねました 도서관에 간 이유를 물었습니다

≒ なぜ　としょかんへ　行(い)ったか　たずねました 왜 도서관에 갔는지 물었습니다

□ 友(とも)だちに　たんじょうびの　プレゼントを　あげる　つもりです
친구에게 생일 선물을 줄 생각입니다

≒ 友(とも)だちに　おくりものを　する　つもりです 친구에게 선물을 할 생각입니다

□ どんな　ことを　いやがりますか 어떤 것을 싫어합니까?

≒ どんな　ことが　きらいですか 어떤 것을 싫어합니까?

な

□ なにか　飲(の)みたいです 무언가 마시고 싶습니다.

≒ のどが　かわいて　います 목이 마릅니다.

□ なにが　ひつようですか 무엇이 필요합니까?

≒ なにが　いりますか 무엇이 필요합니까?

□「なにを　めしあがりますか」と　聞きました ‘무엇을 드시겠어요?’라고 물었습니다

≒なにを　食べるか　聞きました 무엇을 먹을지 물었습니다

□なんでも　おっしゃって　ください 뭐든지 말씀해 주세요

≒なんでも　言って　ください 뭐든지 말해 주세요

□日本語を　べんきょうする　つもり 일본어를 공부할 생각

≒日本語の　べんきょうを　する　よてい 일본어 공부를 할 예정

は

□びじゅつかん 미술관

≒すばらしい　えを　見せる　ところ 멋진 그림을 보여주는 곳

≒えを　見る　ところ 그림을 보는 곳

□ひとりで　ぜんぶ　食べられません 혼자서 전부 먹을 수 없습니다

≒ひとりで　ぜんぶ　食べるのは　むりです 혼자서 전부 먹는 것은 무리입니다

□びょういんで　さわいでは　いけません 병원에서 떠들어서는 안 됩니다

≒びょういんで　うるさく　しては　いけません 병원에서 시끄럽게 해서는 안 됩니다

□へやの　でんきを　つけました 방의 불을 켰습니다

≒へやを　あかるく　しました 방을 밝게 했습니다

ま

□毎日　かみを　あらいます 매일 머리를 감습니다

≒毎日　あたまを　あらいます 매일 머리를 감습니다

□みなと 항구

≒ふねに　のったり　おりたり　する　ところ 배를 타거나 내리거나 하는 곳

□もうすぐ　日が　くれます 이제 곧 날이 저뭅니다

≒もうすぐ　夜に　なります 이제 곧 밤이 됩니다

や

□ ゆうべの　コンサートは　すばらしかったです 어젯밤 콘서트는 훌륭했습니다

≒ゆうべは　とても　うつくしい　おんがくを　聞(き)きました

어젯밤에는 매우 아름다운 음악을 들었습니다

□ ゆうべ　なくなったそうです 어젯밤에 돌아가셨다고 합니다

≒ゆうべ　しんだそうです 어젯밤에 죽었다고 합니다

□ ゆうべ　友(とも)だちから　電話(でんわ)が　ありました 어젯밤 친구에게 전화가 왔습니다

≒ゆうべ　友(とも)だちは　わたしに　電話(でんわ)を　かけました

어젯밤 친구는 나에게 전화를 걸었습니다

ら

□ りょうしんに　しょうらいの　ことを　話(はな)しました

부모님께 장래에 대해 이야기했습니다

≒りょうしんに　これから　なにを　するか　話(はな)しました

부모님께 앞으로 무엇을 할지 이야기했습니다

わ

□ わたしは　Aさんに　「おだいじに」と　言(い)いました

나는 A씨에게 '몸조리 잘하세요'라고 말했습니다

≒Aさんは　いま　びょうきです A씨는 지금 아픕니다

□ わたしは　おもい　びょうきを　して　りょうしんに　しんぱいを　かけました 나는 중병에 걸려 부모님에게 걱정을 끼쳤습니다

≒わたしが　びょうきに　なったので　りょうしんは　しんぱいしました 내가 병에 걸렸기 때문에 부모님은 걱정했습니다

□ わたしの　大学(だいがく)の　せんぱいです 내 대학교 선배입니다

≒わたしが　にゅうがくする　まえに　おなじ　大学(だいがく)に　にゅうがくしました 내가 입학하기 전에 같은 대학교에 입학했습니다

81 기출어휘 확인문제 유의표현 / 5

もんだい４ ＿＿＿＿の ぶんと だいたい おなじ いみの ぶんが あります。
1・2・3・4から いちばん いい ものを ひとつ えらんで ください。

1 わたしは やまださんに 「おだいじに」と 言いました。

1 やまださんは これから 学校へ 行きます。
2 やまださんは あした けっこんします。
3 やまださんは きょう はたちに なります。
4 やまださんは いま びょうきです。

2 この ばしょは あんぜんです。

1 この ばしょは あんないが いりません。
2 この ばしょは きけんが おおいです。
3 この ばしょは あぶなく ありません。
4 この ばしょは あんしんできません。

3 わたしは ぎゅうにくと ぶたにく いがいは 食べられます。

1 わたしは ぎゅうにくと ぶたにくしか 食べません。
2 わたしは ぎゅうにくも ぶたにくも 食べません。
3 わたしは ぎゅうにくも ぶたにくも 食べます。
4 わたしは ぎゅうにくや ぶたにくなどを 食べます。

4 きのう えの てんらんかいに 行きました。

1 きのう えを 見に 行きました。
2 きのう えを ならいに 行きました。
3 きのう えを なおしに 行きました。
4 きのう えを かきに 行きました。

5 わたしは きのう パーティーに まにあいませんでした。

1 わたしは きのう パーティーが よく できませんでした。
2 わたしは きのう パーティーが ありませんでした。
3 わたしは きのう パーティーに おくれました。
4 わたしは きのう パーティーに おちました。

답 1④ 2③ 3② 4① 5③

82 기출어휘 확인문제 유의표현 / 5

もんだい４ ＿＿＿＿の ぶんと だいたい おなじ いみの ぶんが あります。
1・2・3・4から いちばん いい ものを ひとつ えらんで ください。

1 おとうとは まじめに べんきょうを して います。

1 おとうとは あんぜんに べんきょうを して います。
2 おとうとは いっしょうけんめいに べんきょうを して います。
3 おとうとは げんきに べんきょうを して います。
4 おとうとは にぎやかに べんきょうを して います。

2 この コンピューターは よく こしょうします。

1 この コンピューターは こわれやすいです。
2 この コンピューターは きれいに みえません。
3 この コンピューターは あんぜんでは ありません。
4 この コンピューターは たしかです。

3 テレビで ニュースを 見て びっくりしました。

1 テレビで ニュースを 見て よろこびました。
2 テレビで ニュースを 見て おどろきました。
3 テレビで ニュースを 見て おもいだしました。
4 テレビで ニュースを 見て わかりました。

4 ケーキは ひとつも のこって いません。

1 ケーキは すこししか ありません。
2 ケーキは ぜんぶ おいて あります。
3 ケーキは すこしだけ おいて あります。
4 ケーキは ぜんぶ たべて しまいました。

5 あそこは ちゅうしゃじょうです。

1 あそこは 車を かう ところです。
2 あそこは 車を うる ところです。
3 あそこは 車を とめる ところです。
4 あそこは 車を しゅうりする ところです。

답 1② 2① 3② 4④ 5③

83 기출어휘 확인문제 유의표현 / 5

もんだい４　＿＿＿＿の　ぶんと　だいたい　おなじ　いみの　ぶんが　あります。
１・２・３・４から　いちばん　いい　ものを　ひとつ　えらんで　ください。

1 やまださんの　しゅみは　何ですか。

1　やまださんは　どんな　しごとを　して　いますか。
2　やまださんは　どんな　ところに　すんで　いますか。
3　やまださんは　どんな　ことを　するのが　すきですか。
4　やまださんは　どんな　おくりものを　もらいましたか。

2 あしたは　ひえるそうです。

1　あしたは　はれるでしょう。
2　あしたは　くもるでしょう。
3　あしたは　さむく　なるでしょう。
4　あしたは　あつく　なるでしょう。

3 いっしゅうかんおきに　びょういんに　かよって　います。

1　こんしゅう　びょういんに　行きます。つぎは　らいしゅう　行きます。
2　こんしゅう　びょういんに　行きます。つぎは　さらいしゅう　行きます。
3　こんしゅうは　まいにち　びょういんに　行きます。
4　いっしゅうかんに　いっかい　びょういんに　行きます。

4 あしたの　けっこんしきには、なるべく　しゅっせきして　ください。

1　あしたの　けっこんしきには、かならず　しゅっせきして　ください。
2　あしたの　けっこんしきには、やはり　しゅっせきして　ください。
3　あしたの　けっこんしきには、きっと　しゅっせきして　ください。
4　あしたの　けっこんしきには、できるだけ　しゅっせきして　ください。

5 ゆうべ　先生から　電話が　ありました。

1　ゆうべ　先生は　わたしに　電話を　かけました。
2　ゆうべ　わたしは　先生に　電話を　かけました。
3　ゆうべ　先生は　わたしに　電話を　かしました。
4　ゆうべ　わたしは　先生に　電話を　かしました。

답 1③　2③　3②　4④　5①

もんだい４ ＿＿＿＿の　ぶんと　だいたい　おなじ　いみの　ぶんが　あります。
１・２・３・４から　いちばん　いい　ものを　ひとつ　えらんで　ください。

1 しごとが　すんだら　話を　しましょう。

1 しごとを　しながら　話を　しましょう。
2 しごとの　あとで　話を　しましょう。
3 しごとの　まえに　話を　しましょう。
4 しごとを　しないで　話を　しましょう。

2 あには　いま　るすです。

1 あには　いま　うちに　いません。
2 あには　いま　ねて　います。
3 あには　いま　いそがしいです。
4 あには　いま　へやに　いません。

3 わたしは　きのう　ひっこしました。

1 わたしは　きのう　いえが　かわりました。
2 わたしは　きのう　しごとが　かわりました。
3 わたしは　きのう　がっこうが　かわりました。
4 わたしは　きのう　かいしゃが　かわりました。

4 わたしは　たまに　オートバイを　りようします。

1 わたしは　毎日　オートバイを　りようします。
2 わたしは　けっして　オートバイを　りようしません。
3 わたしは　あまり　オートバイを　りようしません。
4 わたしは　いつも　オートバイを　りようします。

5 いもうとは　もう　たいいんしました。

1 いもうとは　もう　がっこうを　やめました。
2 いもうとは　もう　だいがくに　はいりました。
3 いもうとは　もう　はたちに　なりました。
4 いもうとは　もう　びょうきが　なおりました。

답 1② 2① 3① 4③ 5④

85 기출어휘 확인문제

유의표현 / 5

もんだい４ ＿＿＿＿の ぶんと だいたい おなじ いみの ぶんが あります。
1・2・3・4から いちばん いい ものを ひとつ えらんで ください。

1 しごとは だいたい すみました。

1 しごとは ぜんぶ すみました。

2 しごとは ほとんど すみました。

3 しごとは だんだん すみました。

4 しごとは きっと すみました。

2 これを ぜんぶ 食べるのは むりです。

1 これを ぜんぶ 食べたいです。

2 これを ぜんぶ 食べては いけません。

3 これは ぜんぶ 食べる つもりです。

4 これは ぜんぶ 食べられません。

3 おてがみを はいけんしました。

1 おてがみを 読みました。

2 おてがみを 書きました。

3 おてがみを おくりました。

4 おてがみを 見せました。

4 のみものは ひやして おいて ください。

1 のみものは あつく して おいて ください。

2 のみものは あたたかく して おいて ください。

3 のみものは つめたく して おいて ください。

4 のみものは さむく して おいて ください。

5 いもうとは 毎日 かみを あらいます。

1 いもうとは 毎日 あたまを あらいます。

2 いもうとは 毎日 せなかを あらいます。

3 いもうとは 毎日 かおを あらいます。

4 いもうとは 毎日 おなかを あらいます。

답 1② 2④ 3① 4③ 5①

05 もんだい5 용법 공략하기

1 문제 유형 완전 분석

もんだい5는 말의 쓰임새가 가장 적당한 것을 고르는 문제이다. 네 문제가 출제된다.「おかげさまで(덕분에), かしこまりました(알겠습니다), いくら~ても(아무리 ~해도), てきとう(적당함)」등의 인사말, 문법(표현 의도), 형용동사 등 다방면의 어휘가 출제되고 있으므로, 평소에 그 단어가 지닌 정확한 쓰임을 공부해 두어야 득점으로 연결된다.

문제 유형 예시

もんだい5　つぎの　ことばの　つかいかたで　いちばん　いい　ものを　1・2・3・4から　ひとつ　えらんで　ください。

(れい)　すてる

1　へやを　ぜんぶ　すてて　ください。

2　ひどい　ことを　するのは　すてて　ください。

3　ここに　いらない　ものを　すてて　ください。

4　学校の　本を　かばんに　すてて　ください。

(かいとうようし)

(れい)	① ② ● ④

31　さいきん

1　さいきん　りょうりが　できたので、いっしょに　食べましょう。

2　さいきん　しゅくだいを　出して　ください。

3　きむらさんは　さいきん　けっこんした　そうです。

4　さいきん　電車が　来ますから、いそいで　えきに　行きましょう。

2 용법 기출어휘 2016 ~ 2023

あ

□ あさい 얕다	□ あんない　案内 안내
□ いそぐ　急ぐ 서두르다	□ おおぜい 많은 사람
□ おと　音 소리	□ おみまい 병문안
□ おもいで　思い出 추억	□ おれい　お礼 사례, 감사 인사

か

□ かう　飼う 기르다, 키우다, 사육하다	□ かざる　飾る 장식하다
□ かわく 마르다	□ きびしい　厳しい 엄격하다
□ きんじょ　近所 근처	□ けいかく　計画 계획
□ けが 상처	□ けしき　景色 경치
□ げんいん　原因 원인	□ けんがく　見学 견학
□ こうじ　工事 공사	□ こしょう　故障 고장
□ こむ 붐비다	□ こわれる 망가지다

memo

さ

□ さいきん 最近 최근	□ しょうかい 紹介 소개
□ しょうたい 招待 초대	□ じんこう 人口 인구
□ しんぱい 心配 걱정	□ せいさん 生産 생산
□ ぜひ 꼭	□ せまい 狭い 좁다
□ せんたく 洗濯 세탁	□ そうだん 相談 의논, 상담
□ そだてる 育てる 키우다, 기르다	

た

□ たおれる 倒れる 쓰러지다	□ たす 足す 더하다
□ つごう 都合 사정, 형편	□ つつむ 包む 싸다, 포장하다
□ ていねい 공손함, 정중함	□ とうとう 드디어
□ とちゅう 途中 도중	

な

□ にあう 似合う 어울리다	□ にんき 人気 인기
□ ねつ 熱 열	□ ねっしん 熱心 열심임

memo

は

□ はっきり 분명히

□ ふとる　太る 살찌다

□ ふべん　不便 불편함

ま

□ まじめ 진지함, 성실함

□ むしあつい 무덥다

や

□ やくそく　約束 약속

□ やむ 그치다, 멎다

□ ゆしゅつ　輸出 수출

□ よやく　予約 예약

ら

□ れんらく　連絡 연락

わ

□ わかす 끓이다

memo

もんだい5　つぎの　ことばの　つかいかたで　いちばん　いい　ものを　1・2・3・4　から　ひとつ　えらんで　ください。

1 たおれる

1 たなかさんは　えきまえで　タクシーを　たおれました。
2 古い　ゆきが　たおれて　新しい　ゆきが　ふりました。
3 つよい　かぜで　木が　なんぼんか　たおれました。
4 あついですから　まどを　たおれて　ください。

2 しんぱい

1 かのじょが　さんかできないのは　しんぱいです。
2 この　カメラは　大きすぎて、もちはこぶには　しんぱいです。
3 あの　人には　なにを　言っても　しんぱいです。
4 ははおやの　からだが　しんぱいです。

3 こしょう

1 わたしは　むすめが　ひとりで　そこへ　行く　ことに　こしょうした。
2 バスが　こしょうして　うごかなく　なりました。
3 友だちは　ビジネスに　こしょうして　家を　売(う)った。
4 この　どうろは　こしょうを　して　いるので、とおれません。

4 せまい

1 その　店は　いりぐちが　とても　せまいです。
2 ホテルの　へやから　見る　けしきは、えの　ように　せまかったです。
3 その　レストランは　せまい　じょせいで　いっぱいだった。
4 わたしたちの　先生って　せまそうだけど、かわいい　ところが　あるのよ。

5 そうだん

1 なんど　メールを　しても、かのじょから　そうだんが　こない。
2 あの　店の　しゅじんは　いつも　ていねいな　そうだんを　します。
3 かのじょの　りょうしんは　かのじょが　りゅうがくする　ことに　そうだんした。
4 妹と　そうだんして　ははに　あげる　プレゼントを　えらんだ。

답 1③　2④　3②　4①　5④

87 기출어휘 확인문제 용법 / 5

もんだい５ つぎの ことばの つかいかたで いちばん いい ものを １・２・３・４ から ひとつ えらんで ください。

1 そだてる

1 たいせつに そだてて いた 花が さきました。
2 なんかいも なおして さくぶんを そだてました。
3 じが 小さくて 見えないので、もう すこし そだてて ください。
4 この りょうりは おいしく なるまで、よく そだてました。

2 せんたく

1 ねる まえに、はを せんたくします。
2 けさ シャツを ３まい せんたくしました。
3 一日おきに へやを せんたくします。
4 まいにち かみを せんたくします。

3 おみまい

1 お花の おみまいに たくさんの 人が 来ました。
2 きょうの たいいくの じゅぎょうは おみまいを しました。
3 きのう 先生の おみまいに びょういんへ 行きました。
4 ホテルの 人は おきゃくさんに おみまいを しました。

4 ていねい

1 コンビニは 何でも 買えるので とても ていねいです。
2 この デパートの しなものは とても ていねいです。
3 ちちの つくった りょうりは からだに とても ていねいですよ。
4 駅への 道を 聞いたら、その 人は ていねいに おしえて くれた。

5 とうとう

1 とうとう あすは ゆきが ふるでしょう。
2 とうとう 天気が よかったら パーティーは 庭で やりましょう。
3 とうとう 雨が ふって きました。
4 こんや とうとう ゆうしょくを 食べに いらっしゃい。

답 1① 2② 3③ 4④ 5③

もんだい5　つぎの　ことばの　つかいかたで　いちばん　いい　ものを　1・2・3・4　から　ひとつ　えらんで　ください。

1 おもいで

1　わたしの　おもいでは、山田(やまだ)さんの　答(こた)えは　正しいです。

2　じしょが　ある　はずの　ところに　ないと　おもいでが　わるいです。

3　山下(やました)さんは　かていの　おもいでで　会社を　やめました。

4　ロンドンは　わたしたち　2人には　おもいでの　多い　ばしょです。

2 ねっしん

1　かぜが　ねっしんに　よく　なりました。

2　ゆきが　ねっしんに　ふって　いました。

3　学生は　ねっしんに　かいわの　れんしゅうを　しました。

4　つかれて　いるので、ねっしんに　ねました。

3 こわれる

1　はしの　うえから　しずかに　こわれる　川を　見て　いた。

2　パソコンが　こわれて　大事(だいじ)な　データが　消(き)えて　しまった。

3　だれにも　こわれずに　へやを　出る　ことが　できた。

4　登山客(とざんきゃく)が　すてる　ごみで　山が　こわれて　しまった。

4 いそぐ

1　別(べつ)に　いそいで　いないから、ゆっくり　やって　ください。

2　男(おとこ)の子(こ)は　ちゅうしゃを　見て　いそいで　なきました。

3　けんこうの　ため、まいにち　千(せん)メートルは　いそぎます。

4　まちがって　パソコンの　データを　いそいで　しまいました。

5 とちゅう

1　わたしには　いえを　買う　とちゅう　おかねは　ありません。

2　会社へ　行く　とちゅう　この　てがみを　だして　ください。

3　わたしは　小学生(しょうがくせい)の　とちゅう　やせて　いました。

4　この　歌(うた)は　はじめて　聞いた　とちょう　大好きに　なりました。

답 1④　2③　3②　4①　5②

89 기출어휘 확인문제

용법 / 5

もんだい5　つぎの　ことばの　つかいかたで　いちばん　いい　ものを　1・2・3・4　から　ひとつ　えらんで　ください。

1 にあう

1 パソコンで　しごとを　すると　目が　とても　にあいます。
2 やまださんは　とても　じょうずに　英語(えいご)の　ぶんしょうを　にあいます。
3 きのう　どうぶつえんで　はじめて　コアラを　にあいました。
4 その　セーターは　むすめに　よく　にあいます。

2 あさい

1 そんなに　あさく　ならないで、らくに　しなさい。
2 きのうは　からだの　ちょうしが　わるかったので、家(いえ)で　あさく　して　いました。
3 この　かわは　とても　あさいので　あるいて　わたれます。
4 その　子を　あさく　しからないで、まだ　子どもなんだから。

3 ふとる

1 さいきん　すこし　ふとって　います。
2 春には　いろいろな　花が　ふとります。
3 きってを　はるのを　ふとって　てがみを　だしました。
4 きょうは　一日じゅう　ふとったり　やんだりでしょう。

4 つごう

1 ゆうべは　つごうを　つけたまま　ねて　しまいました。
2 あすの　日本語の　つごうを　して　おきました。
3 来週の　土曜日(どようび)なら　つごうが　いいです。
4 つごうが　かわりやすいから　かぜを　ひかないように　気を　つけて　ください。

5 ぜひ

1 ぜひ　やまださんは　こんやも　カラオケに　行くでしょう。
2 あしたの　パーティーには　ぜひ　来て　ください。
3 学校の　しゅくだいは　ぜひ　おわりました。
4 その　ぼうし、とても　ぜひ　にあいますね。

답 1④　2③　3①　4③　5②

90 기출어휘 확인문제 용법 / 5

もんだい5　つぎの　ことばの　つかいかたで　いちばん　いい　ものを　1・2・3・4　から　ひとつ　えらんで　ください。

1 ゆしゅつ

1 日本は　おおくの　国に　車を　ゆしゅつして　います。
2 すこしでも　おさけを　飲んだら　ゆしゅつしては　いけません。
3 わたしは　まいあさ　いぬを　ゆしゅつさせます。
4 この　いけんに　ゆしゅつの　人は　手を　あげて　ください。

2 こうじ

1 この　くつしたは　古いですが、こうじを　して　ずっと　はいて　います。
2 あしが　いたかったので、びょういんで　こうじを　して　もらいました。
3 あの　はしは　いま　こうじを　して　いるので、とおれません。
4 つくえが　こわれて　しまったので、こうじを　しました。

3 しょうかい

1 やまださんは　先生の　しょうかいで　入社しました。
2 あすは　友だちの　けっこんしきに　しょうかいされて　います。
3 ここで　先生に　会うのは　ちょっと　しょうかいが　わるいです。
4 わたしは　家の　しょうかいで　会社を　やめました。

4 じんこう

1 たなかさんの　家は　まちの　じんこうに　あります。
2 わたしの　母は　かいものに　でかけて　じんこうです。
3 はが　いたかったので、はいしゃに　2時の　じんこうを　しました。
4 東京は　せかいで　いちばん　じんこうの　多い　としの　ひとつです。

5 せいさん

1 おとうとは　せいさんを　してから　よるごはんを　食べました
2 その　工場では　コンピューターの　せいさんを　ちゅうししました。
3 ひこうきは　せいさんより　20分　おくれて　着きました。
4 きょうの　せいさんは　会社の　おくじょうで　食べました。

답 1① 2③ 3① 4④ 5②

もんだい５　つぎの　ことばの　つかいかたで　いちばん　いい　ものを　１・２・３・４　から　ひとつ　えらんで　ください。

1 つつむ

1　この　みせには　ながく　つつみたく　ありません。
2　わたしは　でかけるので、せんたくを　つつみます。
3　わたしは　テレビを　つつんだまま　ねて　しまいました。
4　プレゼントは　きれいな　紙(かみ)で　つつんで　ありました。

2 かざる

1　やまださんは　きれいな　花で　へやを　かざりました。
2　そっちの　エアコンは、こどもの　へやの　かべに　かざって　ください。
3　天気が　よく　ないので、せんたくものは　いえの　中に　かざります。
4　先生は　テストの　おしらせを　きょうしつに　かざりました。

3 かわく

1　ずっと　ゆきが　ふって　いましたが、やっと　かわきましたね。
2　人が　おおぜい　あつまる　ところに　ポスターを　かわきましょう。
3　１時間　あるいて　きたので、のどが　かわいて　います。
4　ちいさな　時は　めがねを　かわかないと　よめません。

4 まじめ

1　さとうを　入れないで、まじめな　こうちゃを　飲みました。
2　銀行(ぎんこう)は　この　道を　まじめに　いった　ところに　あります。
3　きょうは　まじめな　天気で　空が　きれいです。
4　さいきん　たなかさんは　まじめに　はたらいて　います。

5 よやく

1　毎日　にっきを　つけると　母に　よやくしました。
2　コンサートの　きっぷを　２まい　よやくしました。
3　月(つき)へ　行く　ことは　あにの　よやくの　ゆめです。
4　土曜日(どようび)は　パーティーに　行く　よやくです。

답 1④　2①　3③　4④　5②

3 용법 기출어휘 2000 ~ 2015

あ

□ あやまる 사과하다	□ あんぜん 安全 안전
□ いけん 意見 의견	□ いくら ～ても 아무리 ~해도
□ いそぐ 急ぐ 서두르다	□ いたす 하다(する의 겸양어)
□ いただく 받다(もらう의 겸양어)	□ うまい 솜씨가 뛰어나다, 맛있다
□ おおい 多い 많다	□ おおぜい 많은 사람
□ おかげさまで 덕분에요	□ おどろく 驚く 놀라다
□ おれい お礼 사례, 감사 인사	□ おもいで 思い出 추억

か

□ かしこまりました 알겠습니다	□ かたづける 片付ける 정리하다
□ かまいません 상관없습니다	□ きかい 機会 기회
□ きびしい 厳しい 엄하다	□ けっか 結果 결과
□ げんいん 原因 원인	□ げんき 元気 건강함
□ こしょう 故障 고장	□ こわれる 망가지다

さ

□ さしあげる 드리다	□ さびしい 寂しい 쓸쓸하다
□ さむい 寒い 춥다	□ しかる 야단치다
□ したく 준비, 채비	□ しっかり 견실함, 야무짐, 확실히
□ しんせつ 親切 친절함	□ しめる 閉める 닫다
□ じゅんび 準備 준비	□ すてる 捨てる 버리다

□ すると 그러자
□ せわ 世話 보살핌, 돌봄
□ せんたく 洗濯 세탁, 빨래
□ そうだん 相談 의논, 상담
□ そだてる 育てる 키우다

た

□ たいてい 대부분, 대개, 대체로
□ だめ 안 됨, 불가능함
□ ちこく 遅刻 지각
□ ちゅうし 中止 중지
□ つごうが 悪い(わる) 형편이 좋지 않다
□ てきとう 適当 적당함
□ とうとう 드디어
□ どんどん 점차, 계속

な

□ にがい 苦い 쓰다
□ にげる 逃げる 도망가다, 달아나다
□ にる 似る 닮다
□ ねつ 熱 열
□ ねっしん 熱心 열심임
□ ねる 寝る 자다

memo

は

- □ はずかしい　恥ずかしい 부끄럽다
- □ ひっこす　引っ越す 이사하다
- □ プレゼント 선물
- □ ふべん　不便 불편함
- □ へんじ　返事 대답, 답장

ま

- □ まじめ 진지함, 성실함
- □ むかえる　迎える 마중하다

や

- □ ゆっくり 천천히
- □ よやく　予約 예약
- □ よろこぶ　喜ぶ 기뻐하다, 즐거워하다

ら・わ

- □ るす　留守 집을 비움, 부재중
- □ わかす 끓이다

memo

92 기출어휘 확인문제 용법 / 5

もんだい５　つぎの　ことばの　つかいかたで　いちばん　いい　ものを　１・２・３・４　から　ひとつ　えらんで　ください。

1 プレゼント

1 にゅういんして　いる　おっとに　あんぜんを　プレゼントした。

2 つまの　たんじょうびに　ゆびわを　プレゼントした。

3 そつぎょうしきの　日に　先生に　あいさつを　プレゼントした。

4 あねが　けっこんしたので、しんせつを　プレゼントした。

2 すてる

1 ひどい　ことを　いうのは　すてて　ください。

2 ここに　いらない　ものを　すてて　ください。

3 じゅぎょうで　つかう　ノートを　かばんに　すてて　ください。

4 おきゃくさんが　来るので、へやを　きれいに　すてて　ください。

3 きびしい

1 この　コーヒーは　きびしくて　おいしいです。

2 わたしは　きびしい　ペンを　つかって　います。

3 この　ケーキは　きびしくて　食べられません。

4 ぶちょうは　きびしい　人です。

4 せわ

1 るすちゅうは　こどもの　せわを　よろしく　おねがいします。

2 ジーンズで　パーティーに　行くのは　せわが　悪(わる)いでしょう。

3 わたしに　せわしなくて　いいから　思(おも)って　いる　ことを　言って　ください。

4 先日(せんじつ)　東京旅行中、田中(たなか)さんが　都内(とない)を　せわして　くれた。

5 ねつ

1 しゅくだいの　ねつが　多くて　日曜日も　休(やす)めません。

2 ねつが　あったので　せんたくものが　早く　かわきました。

3 ねつが　でたら　この　くすりを　飲んで　ください。

4 たばこの　ねつを　ちゃんと　けして　ください。

답 1② 2② 3④ 4① 5③

93 기출어휘 확인문제 용법 / 5

もんだい５　つぎの　ことばの　つかいかたで　いちばん　いい　ものを　１・２・３・４　から　ひとつ　えらんで　ください。

1 にる

1 この　ビルでは　テレビが　よく　にない。
2 あねは　言い方(いいかた)が　ははに　よく　にて　いる。
3 テーブルに　おいしそうな　りょうりが　にて　いる。
4 今週は　休みの　日が　一日おきに　にて　いる。

2 けっか

1 その　事故(じこ)の　けっか、かれは　耳(みみ)が　聞こえなく　なった。
2 この　マニュアルの　文章(ぶんしょう)は　ぼくには　けっかが　わからない。
3 その　しょうせつを　はじめから　けっかまで　２時間で　読んだ。
4 ぼくが　りょうりを　するのは　これが　最初(さいしょ)で　けっかだ。

3 しめる

1 テキストを　しめて　ください。
2 しばらく　めを　しめて　ください。
3 テレビを　しめて　ください。
4 まどを　しめて　ください。

4 つごうが　悪(わる)い

1 先生は　きゅうに　つごうが　悪(わる)く　なって　パーティーには　来られないそうだ。
2 おとといからの　雨で　つごうが　悪(わる)いから　気を　つけて　行きなさい。
3 れいぞうこに　入れなかったら　一日で　つごうが　悪(わる)く　なって　しまった。
4 長い　時間　バスに　乗って　いたので　つごうが　悪(わる)く　なった。

5 おおぜい

1 一度(いちど)に　おおぜい　言われても　わかりません。
2 いなかの　母から　おおぜい　電話が　かかって　来ます。
3 その　店には　おおぜい　ならんで　いました。
4 春に　なると　おおぜい　あたたかく　なります。

답 1② 2① 3④ 4① 5③

94 기출어휘 확인문제　용법　　/ 5

もんだい5　**つぎの　ことばの　つかいかたで　いちばん　いい　ものを　1・2・3・4　から　ひとつ　えらんで　ください。**

1 すると

1 なんども　聞きました。すると、わかりませんでした。

2 きのうは　天気が　よくなかったです。すると、わたしは　さんぽを　しませんでした。

3 ボタンを　おしました。すると、ドアが　あきました。

4 あした　テストを　します。すると、よく　べんきょうして　ください。

2 たいてい

1 土曜日(どようび)は　たいてい　テニスを　して　います。

2 きょうは　たいてい　天気が　よかったです。

3 日本語が　たいてい　じょうずに　なりましたね。

4 このごろ　やまださんに　たいてい　会って　いません。

3 いけん

1 この　ことばの　いけんを　しらべて　みました。

2 みんなの　まえで　わたしの　いけんを　言いました。

3 かれから　「ありがとう」と　いけんを　言われました。

4 つかいかたが　よく　わかるように、いけんを　して　ください。

4 こしょう

1 わたしの　パソコンは　こしょうして　います。

2 この　ふとんは　こしょうして　います。

3 きょう　あの　レストランは　こしょうして　います。

4 山田(やまだ)さんは　せきが　出て　こしょうして　います。

5 しかる

1 「いっしょに　しらべましょう」と　しかられました。

2 「よく　がんばりましたね」と　しかられました。

3 「もう　だいじょうぶですか」と　しかられました。

4 「もっと　まじめに　やりなさい」と　しかられました。

답 1③　2①　3②　4①　5④

もんだい 5　つぎの　ことばの　つかいかたで　いちばん　いい　ものを　1・2・3・4 から　ひとつ　えらんで　ください。

1 どんどん

1　えいがを　見て　どんどんと　わらいました。
2　日曜日(にちようび)は　どんどん　ねて　います。
3　その　しなものは　どんどん　うれて　います。
4　エスカレーターが　どんどん　はやいです。

2 かたづける

1　まいにち　かおを　かたづけなさい。
2　まいにち　へやを　かたづけなさい。
3　まいにち　カーテンを　かたづけなさい。
4　まいにち　きょうみを　かたづけなさい。

3 したく

1　ゆうはんの　したくは　もう　できました。
2　さくぶんの　しゅくだいは　ぜんぶ　したくしました。
3　この　えいがかんには　よやくの　したくが　あります。
4　この　車には　いろいろな　したくが　して　あります。

4 さびしい

1　ねぼうして　しまって　さびしかったです。
2　きょうは　さびしいから　オーバーを　きます。
3　わたしは　ときどき　ひとの　いない　さびしい　みちを　あるきます。
4　この　かいぎしつは　そうじを　して　いないので、さびしいです。

5 さむい

1　さむい　みずで　かおを　あらいました。
2　なつは　さむい　コーヒーが　おいしいですね。
3　かのじょが　どうして　わたしに　さむいのか　わかりません。
4　この　ふゆは　さむいですね。

답 1③　2②　3①　4③　5④

96 기출어휘 확인문제 용법 / 5

もんだい５　つぎの　ことばの　つかいかたで　いちばん　いい　ものを　１・２・３・４　から　ひとつ　えらんで　ください。

1 あやまる

1 こまった　ときには　すぐに　あやまって　ください。

2 山田(やまだ)さんに　おくりものを　もらったので、あやまりました。

3 おしえて　もらった　ときには　かならず　あやまって　ください。

4 かれは　「ごめんなさい」と　言って　あやまりました。

2 ゆっくり

1 いなかの　バスは　ゆっくりを　はしります。

2 いなかの　バスは　ゆっくりに　はしります。

3 いなかの　バスは　ゆっくりと　はしります。

4 いなかの　バスは　ゆっくりで　はしります。

3 しっかり

1 この　カメラは　しっかり　ふるいです。

2 あの　人は　しっかりして　いる　人です。

3 しけんの　ために　しっかりに　じゅんびしました。

4 あの　人は　時間に　しっかりと　して　います。

4 おどろく

1 げんかんに　大きな　いぬが　いたので、おどろいて　しまいました。

2 日本の　けいざいが　おどろいて　こめの　ねだんが　高く　なりました。

3 わたしには　おどろいて　いる　しゅみが　あります。

4 そらが　おどろいて　雨が　ふりました。

5 おれい

1 やましたさんに　そつぎょうの　おれいを　あげました。

2 プレゼントを　もらったので、おれいを　言いました。

3 先生が　いらっしゃったので、ばんごはんに　おれいを　つくりました。

4 先生が　にゅういんなさったので、おれいを　もって　いきました。

답 1④　2③　3②　4①　5②

もんだい5　つぎの　ことばの　つかいかたで　いちばん　いい　ものを　1・2・3・4　から　ひとつ　えらんで　ください。

1 いただく

1　こうちょうに　ほんを　いただきました。
2　母からは　まんねんひつを　いただきませんでした。
3　子どもから　ハンカチを　いただきました。
4　あつい　うちに　スープを　いただいて　ください。

2 むかえる

1　ひるが　よるを　むかえました。
2　くうこうから　タクシーを　むかえました。
3　りょうしんを　むかえに　くうこうへ　行きました。
4　コンピューターを　むかえて　メールを　書いて　います。

3 はずかしい

1　見たい　えいがが　なくて、はずかしいです。
2　ギターが　ひけるように　なって、はずかしいです。
3　かぞくに　会えなくて、はずかしいです。
4　やさしい　もんだいを　まちがえて、はずかしいです。

4 あんぜん

1　この　アパートは　じしんにも　あんぜんです。
2　土曜日(どようび)は　いつも　いえで　あんぜんに　して　います。
3　この　ナイフは　あんぜんてきに　つかって　ください。
4　きみは　ごうかくするから、あんぜんして　ください。

5 じゅんび

1　くうきが　かわいて　いるので、家事(かじ)の　じゅんびを　します。
2　きょう　ならった　かんじの　じゅんびを　もう　いちど　いえで　します。
3　かいぎの　じゅんびが　できました。
4　テレビの　こしょうの　じゅんびが　まだ　できません。

답 1① 2③ 3④ 4① 5③

98 기출어휘 확인문제 용법 / 5

もんだい5　つぎの　ことばの　つかいかたで　いちばん　いい　ものを　1・2・3・4　から　ひとつ　えらんで　ください。

1 うまい

1　バスは　あまり　うまく　ありません。
2　わたしは　すいえいが　うまく　ありません。
3　わたしの　コンピューターは　いつも　うまいです。
4　日本の　いなかは　けしきが　うまいです。

2 おかげさまで

1　A「おげんきですか。」　B「ええ、おかげさまで。」
2　A「それは　いけませんね。」　B「ええ、おかげさまで。」
3　A「ありがとうございました。」　B「いいえ、おかげさまで。」
4　A「ごめんなさい。」　B「いいえ、おかげさまで。」

3 よろこぶ

1　あなたに　おあいできて　ほんとうに　よろこびます。
2　この　さんぽは　ほんとうに　よろこんで　いますね。
3　いっしょに　山へ　行った　ことは、よろこぶ　おもいでです。
4　こどもは　おもちゃを　もらって、とても　よろこんで　います。

4 いくら

1　いくら　せつめいしても　わかって　くれません。
2　いくら　せつめいしたら　わかって　くれましたか。
3　せつめいしても　いくら　わかって　くれません。
4　せつめいしたら　いくら　わかって　くれました。

5 いたす

1　わたしは　らいしゅう　アメリカへ　いたします。
2　先生は　なつやすみに　けんきゅうを　いたしますか。
3　ホテルの　よやくは　わたしが　いたします。
4　もう　少し　べんきょうを　いたして　ください。

답 1② 2① 3④ 4① 5③

99 기출어휘 확인문제 용법 / 5

もんだい5　つぎの　ことばの　つかいかたで　いちばん　いい　ものを　1・2・3・4 から　ひとつ　えらんで　ください。

1 かしこまりました

1 A「すみませんが、それは　そこに　おいて　ください。」
  B「はい、かしこまりました。」

2 A「さむいので、まどを　しめても　いいですか。」B「はい、かしこまりました。」

3 A「先生、もう　いちど　いって　ください。」B「はい、かしこまりました。」

4 A「せつめいが　わかりましたか。」B「はい、かしこまりました。」

2 おもいで

1 食べおわったら　おさらを　おもいでに　もって　いきなさい。

2 わたしの　おもいでに　やまださんに　しゅっせきして　もらいました。

3 この　りょこうは　いい　おもいでに　なります。

4 きょうしつを　そうじするので　つくえを　ぜんぶ　おもいでに　うごかしました。

3 ちゅうし

1 けんこうに　わるいので　おさけを　飲むのは　ちゅうしします。

2 バスが　ちゅうしして　会社に　おくれました。

3 やまださんは　会社を　ちゅうしして　大学に　行くらしい。

4 しあいは　雨なので　ちゅうしに　なりました。

4 だめ

1 わたしの　だめが　やっと　なおりました。

2 きょうの　よるは　だめです。やくそくが　あります。

3 おかねを　だめに　つかって　しまいました。

4 カメラを　買おうと　したら、あと　4,000円　だめだった。

5 るす

1 友だちの　いえに　行ったら　るすでした。

2 とても　いそがしくて、しごとが　るすに　なりません。

3 その　しんかんせんには　るすの　せきが　ありません。

4 あの　としょかんは　きょうは　るすです。

답 1① 2③ 3④ 4② 5①

もんだい5　つぎの　ことばの　つかいかたで　いちばん　いい　ものを　1・2・3・4　から　ひとつ　えらんで　ください。

1 よやく

1　水曜日(すいようび)は　かいものに　行く　よやくです。

2　みんなで　しょくじを　するので、レストランを　よやくしました。

3　毎日　2時間　べんきょうすると　母に　よやくしました。

4　月へ　行く　ことは　わたしの　よやくの　ゆめです。

2 まじめ

1　あの　人の　えは　とても　まじめです。

2　こうえんに　はなが　まじめに　さいて　います。

3　子どもたちは　先生の　話を　まじめに　聞いて　います。

4　さとうを　入れて、まじめな　コーヒーを　飲みました。

3 とうとう

1　とうとう　しけんの　日が　来ました。

2　わからなかったら、とうとう　じしょを　見て　ください。

3　テキストの　じは　とうとう　こまかいです。

4　しょくじの　あとで　とうとう　コーヒーを　おねがいします。

4 そうだん

1　しごとの　ことで　りょうしんに　そうだんしました。

2　いみが　わからないので、じしょに　そうだんしました。

3　つぎの　かいぎが　いつか　ぶちょうに　そうだんしました。

4　好きな　どうぶつに　ついて　先生に　そうだんしました。

5 げんいん

1　12さいいじょうの　子どもが　この　クラスの　げんいんに　なれます。

2　父の　かいしゃで　しごとの　げんいんを　おしえて　もらいました。

3　この　木を　げんいんに　して　つくえを　つくりましょう。

4　けいさつは　じこの　げんいんを　しらべて　います。

답 1② 2③ 3① 4① 5④

101 기출어휘 확인문제 용법 / 5

もんだい5　つぎの　ことばの　つかいかたで　いちばん　いい　ものを　1・2・3・4　から　ひとつ　えらんで　ください。

1 わかす

1　へやが　あたたかく　なったから　ストーブを　わかしても　いいですよ。

2　まず　なべに　おゆを　わかし、つぎに　肉(にく)を　入(い)れます。

3　はが　いたく　なるから　あまい　ものを　こどもに　わかさないで　ください。

4　休(やす)みの　日は　10時ごろまで　わかして　います。

2 ふべん

1　やまださんは　ふべんに　びじゅつかんを　あんないして　くれました。

2　もう　すこし　ふべんな　ことばを　つかって　ください。

3　その　学校は　駅から　とおいので、ふべんです。

4　わたしたちの　いちばんの　ふべんは　むすこの　びょうきです。

3 にげる

1　しつもんから　にげないで　こたえて　ください。

2　この　じしょを　にげるのに　10年　かかりました。

3　10年　つとめた　ぎんこうを　らいげつ　にげる　ことに　なりました。

4　あおい　花と　きいろい　花を　にげて　うえました。

4 へんじ

1　家の　まえで　タクシーが　とまる　へんじが　しました。

2　すずきさんに　メールを　おくったが、まだ　へんじが　ありません。

3　日本に　りゅうがくして　いる　むすめの　へんじが　しんぱいです。

4　へんじを　つかった　おかしを　食べすぎると　はを　わるく　します。

5 げんき

1　げんきに　きを　つけて　ください。

2　もうすこし　げんきな　つくえを　ください。

3　げんきな　かみで　つつんで　ください。

4　ふつか　休んだら　げんきに　なりました。

답 1② 2③ 3① 4② 5④

제2장

문자·어휘
예상 공략편

01 예상어휘 공략하기

1 출제 예상 명사

あ

□ あかちゃん 아기		□ あさ	朝 아침
□ あし	足 발, 다리	□ あす	明日 내일
□ あそび	遊び 놀이	□ あせ	汗 땀
□ あめ	雨 비	□ いきかた	生き方 생활방식
□ いぜん	以前 이전	□ いなか	田舎 시골
□ いぬ	犬 개	□ いのち	命 목숨, 생명
□ いま	居間 거실	□ うけつけ	受付 접수
□ うし	牛 소	□ うそ	嘘 거짓말
□ うちがわ	内側 안쪽	□ うで	腕 팔
□ うでどけい	腕時計 손목시계	□ うま	馬 말
□ うら	裏 뒤, 뒷면	□ うらがわ	裏側 뒤쪽
□ うりば	売り場 매장	□ うん	運 운, 운수, 운명
□ うんてんしゅ	運転手 운전기사	□ うんどうかい	運動会 운동회
□ えいかいわ	英会話 영어 회화	□ えだ	枝 가지
□ えんりょ	遠慮 사양, 삼감	□ おうだんほどう	横断歩道 횡단보도
□ おいわい	お祝い 축하 (선물)	□ おかげ 덕택	
□ おかし	お菓子 과자	□ おくりもの	贈り物 선물

□ おきば　置き場 두는 곳
□ おこさん　お子さん 아드님
□ おじ 삼촌, 숙부, 백부
□ おしいれ　押入れ 벽장
□ おしらせ　お知らせ 알림
□ おしまい 끝
□ おしゃべり 수다(스러움)
□ おじょうさん　お嬢さん 아가씨, 따님
□ おたく　お宅 댁
□ おてあらい　お手洗い 화장실
□ おっと　夫 남편
□ おとしもの　落し物 분실물
□ おとしより　お年寄り 노인, 어르신
□ おどり　踊り 춤
□ おば 이모, 고모, 숙모, 백모
□ おまつり　お祭り 축제
□ おみあい　お見合い 선
□ おもて　表 표면, 겉
□ おわり　終わり 끝

か

□ かいがん　海岸 해안
□ かいぎしつ　会議室 회의실
□ がいこく　外国 외국
□ がいしょく　外食 외식
□ がいぶ　外部 외부
□ かがく　科学 과학
□ かざり　飾り 장식
□ かしゅ　歌手 가수
□ かず　数 숫자, 수
□ かた　肩 어깨
□ かたち　形 형태
□ かっこう　格好 모습, 모양
□ かてい　家庭 가정
□ かみ　髪 머리카락
□ かみのけ　髪の毛 머리카락
□ かちょう　課長 과장(님)
□ かない　家内 아내, 부인
□ かねもち　金持ち 부자
□ かのじょ　彼女 그녀, 여자친구
□ かれ　彼 그, 남자친구
□ かようび　火曜日 화요일
□ かんごし　看護師 간호사
□ き　気 정신, 기운
□ きかい　機械 기계
□ きかん　期間 기간
□ ききとり　聞き取り 듣기, 청취

□ きしゃ 記者 기자
□ きみ 君 자네, 너
□ きょういく 教育 교육
□ きょうだい 兄弟 형제
□ ぐんじん 軍人 군인
□ けいかん 警官 경찰관
□ けいさつ 警察 경찰
□ けっこんしき 結婚式 결혼식
□ けいたい 携帯 휴대(전화)
□ げんかん 玄関 현관
□ こいぬ 子犬 강아지
□ こうかい 後悔 후회
□ こうこう 高校 고등학교
□ こうさてん 交差点 교차로
□ こうどう 講堂 강당
□ こうむいん 公務員 공무원
□ こくさい 国際 국제
□ こくない 国内 국내
□ こくりつ 国立 국립
□ ごちそう 대접함, 맛있는 요리
□ こたえ 答え 대답, 해답
□ このへん この辺 이 주변, 이 근방
□ こんかい 今回 이번

□ きもち 気持ち 기분, 마음
□ きゃく 客 손님
□ きょうかい 教会 교회
□ くさ 草 풀
□ け 毛 털
□ けいざい 経済 경제
□ けっこん 結婚 결혼
□ けっせき 欠席 결석
□ げしゅく 下宿 하숙
□ けんきゅうしつ 研究室 연구실
□ こうかい 公開 공개
□ こうぎ 講義 강의
□ こうこうせい 高校生 고등학생
□ こうじ 工事 공사
□ こうはい 後輩 후배
□ こくご 国語 국어
□ こくさん 国産 국산
□ こくばん 黒板 칠판
□ こじん 個人 개인
□ ことば 言葉 말, 언어
□ こねこ 子猫 새끼 고양이
□ ごみ 쓰레기
□ こんや 今夜 오늘 밤

さ

□ さいしょ	最初 최초	□ さいふ	財布 지갑
□ さかみち	坂道 언덕길, 비탈길	□ さくひん	作品 작품
□ さとう	砂糖 설탕	□ さらいげつ	再来月 다음다음 달
□ さらいしゅう	再来週 다음다음 주	□ さんせい	賛成 찬성
□ さんぽ	散歩 산책	□ し	市 시
□ じ	字 글자	□ しかた	仕方 방법
□ じかん	時間 시간	□ しけん	試験 시험
□ じけん	事件 사건	□ じこ	事故 사고
□ じしん	地震 지진	□ じだい	時代 시대
□ したぎ	下着 속옷, 내의	□ しつれい	失礼 실례
□ じっけん	実験 실험	□ してい	姉弟 남매, 누나와 남동생
□ しはらい	支払い 지불	□ じびき	字引 사전
□ しま	島 섬	□ しまい	姉妹 자매
□ じむしょ	事務所 사무실	□ じゅうどう	柔道 유도
□ しゅみ	趣味 취미	□ しょうがっこう	小学校 초등학교
□ しょうち	承知 승낙, 동의	□ しりょう	資料 자료
□ じんじゃ	神社 신사	□ しんぶん	新聞 신문
□ すいえい	水泳 수영	□ すいか 수박	
□ すいようび	水曜日 수요일	□ すうがく	数学 수학
□ すな	砂 모래	□ すり 소매치기	
□ せいかつ	生活 생활	□ せいじ	政治 정치
□ せなか	背中 등	□ せん	線 선, 줄
□ ぜんこく	全国 전국	□ せんしゅ	選手 선수
□ せんそう	戦争 전쟁	□ ぜんたい	全体 전체

□ せんぱい　先輩 선배　□ せんもん　専門 전문
□ そうじ　掃除 청소　□ そうたい　早退 조퇴
□ そつぎょう　卒業 졸업　□ そふ　祖父 할아버지

た

□ たいいく　体育 체육　□ たいいん　退院 퇴원
□ だいがく　大学 대학　□ だいがくいん　大学院 대학원
□ だいがくせい　大学生 대학생　□ たたみ　畳 다다미
□ たな　棚 선반　□ たのしみ　楽しみ 즐거움, 낙
□ たんご　単語 단어　□ たんじょうび　誕生日 생일
□ だんせい　男性 남성　□ ち　血 피
□ ちちおや　父親 부친, 아버지　□ ちゅうがっこう　中学校 중학교
□ ちゅうしゃ　注射 주사　□ ちゅうしゃ　駐車 주차
□ ちゅうしゃじょう　駐車場 주차장　□ つき　月 달
□ つま　妻 처, 아내　□ つめ　爪 손톱
□ つゆ　梅雨 장마(ばいう라고도 읽음)　□ でいりぐち　出入口 출입구
□ てぶくろ　手袋 장갑　□ てら　寺 절
□ てん　点 점　□ てんき　天気 날씨
□ でんき　電気 전기, 전깃불　□ でんきだい　電気代 전기 요금
□ てんきよほう　天気予報 날씨 예보, 일기예보　□ でんしゃ　電車 전철
□ でんとう　電灯 전등　□ でんぽう　電報 전보
□ てんらんかい　展覧会 전람회, 전시회　□ と　都 도
□ どうぐ　道具 도구　□ どうぶつえん　動物園 동물원
□ とおり　通り 길, 내왕　□ とこや　床屋 이발소
□ とちゅう　途中 도중　□ どろぼう 도둑

な

□ なまビール	生ビール 생맥주	□ なんど	何度 몇 번
□ にちようび	日曜日 일요일	□ にゅうがく	入学 입학
□ にゅうしゃ	入社 입사	□ にんぎょう	人形 인형
□ にんじん	당근	□ ねだん	値段 가격
□ のりもの	乗り物 탈것, 교통수단		

は

□ は	葉 잎	□ は	歯 이, 치아
□ ばあい	場合 경우	□ はいけん	拝見 삼가 봄
□ はいしゃ	歯医者 치과의사	□ はこ	箱 상자
□ はし	橋 다리	□ はなみ	花見 꽃구경, 꽃놀이
□ ひ	日 날, 해	□ ひ	火 불
□ ひげ 수염		□ ひこうき	飛行機 비행기
□ びじゅつ	美術 미술	□ びじゅつかん	美術館 미술관
□ びょう	秒 초	□ びょうき	病気 병
□ ひるま	昼間 점심, 낮	□ ふくしゅう	復習 복습
□ ぶちょう	部長 부장(님)	□ ぶどう 포도	
□ ふとん 이불		□ ふね	船 배
□ ぶんか	文化 문화	□ ぶんしょう	文章 문장, 글
□ ぶんぽう	文法 문법	□ ほうりつ	法律 법률
□ ぼく	僕 나	□ ほし	星 별
□ ほんとう	本当 정말, 사실, 진짜, 진실		

ま

□ まご	孫 손주	□ まどぐち	窓口 창구
□ まめ	豆 콩	□ まんが 만화	
□ まわり	周り 주변	□ まんなか	真ん中 한가운데
□ みずうみ	湖 호수	□ みそ 된장	
□ むかし	昔 옛날, 예전	□ むし	虫 벌레
□ むすこ	息子 아들	□ むすこさん	息子さん 아드님
□ むすめ	娘 딸	□ むすめさん	娘さん 따님
□ むり	無理 무리	□ もくようび	木曜日 목요일
□ もちかえり	持ち帰り 포장 판매	□ もめん	木綿 무명(실), 면직물
□ もんだい	問題 문제		

や

□ やかん	夜間 야간	□ やきゅう	野球 야구
□ やまのぼり	山登り 등산	□ やりかた	やり方 방법, 방식
□ ゆ	湯 뜨거운 물	□ ゆうしょく	夕食 저녁 식사
□ ゆうびんきょく	郵便局 우체국	□ ゆにゅう	輸入 수입
□ ゆび	指 손가락	□ ゆびわ	指輪 반지
□ よう	用 용무, 용건, 볼일	□ よほう	予報 예보
□ よみかた	読み方 읽는 법		

ら

□ りょうしん　両親 부모

□ りょうほう　両方 쌍방, 양방

□ れいぞうこ　冷蔵庫 냉장고

□ れきし　歴史 역사

□ れっしゃ　列車 열차

わ

□ わけ 이유, 이치, 까닭, 사정

□ わすれもの　忘れ物 분실물, 잊은 물건

□ わたくし　私 저

□ わりあい　割合 비율

memo

2 출제 예상 동사

あ

- □ あう　合う 맞다, 일치하다
- □ あく　開く 열리다
- □ あげる　上げる 올리다
- □ いきる　生きる 살다
- □ いじめる 괴롭히다
- □ いらっしゃる 계시다
- □ いれる　入れる 넣다
- □ いわう　祝う 축하하다
- □ うかがう 방문하다, 여쭙다
- □ うける 받다, (시험을) 보다
- □ うつる　移る 옮기다, 이동하다
- □ えらぶ　選ぶ 고르다, 선택하다
- □ えんりょする 사양하다, 삼가다
- □ おいでになる 오시다, 가시다, 계시다
- □ おく　置く 놓다, 두다
- □ おこす　起こす 일으키다
- □ おこる　起こる 일어나다
- □ おこる　怒る 화내다
- □ おっしゃる 말씀하시다
- □ おちる　落ちる 떨어지다
- □ おどる　踊る 춤추다
- □ おぼえる　覚える 외우다
- □ おりる　降りる 내리다
- □ おりる　下りる 내려오(가)다
- □ おる 있다(いる의 겸양어)
- □ おる　折る 접다, 꺾다

か

- □ かう　飼う 기르다, 키우다, 사육하다
- □ かえる　変える 바꾸다
- □ かかる 걸리다, 들다
- □ かく　書く 쓰다
- □ かつ　勝つ 이기다
- □ かぶる (모자를) 쓰다
- □ かまう 상관하다
- □ がまんする　我慢する 참다
- □ かわる　変わる 바뀌다
- □ がんばる　頑張る 분발하다, 열심히 하다
- □ きえる　消える 꺼지다
- □ きく　聞く 듣다, 묻다

□ きこえる　聞こえる 들리다	□ きにいる　気に入る 마음에 들다
□ きめる　決める 결정하다	□ くらす　暮らす 생활하다
□ くれる (남이 나에게) 주다	□ くれる　暮れる (날이) 저물다
□ こまる　困る 곤란하다	□ くもる　曇る 흐리다
□ ごらんになる 보시다	□ ころぶ　転ぶ 구르다, 넘어지다
□ こわす　壊す 부수다, 파괴하다	

さ

□ さがる　下がる 내려가(오)다	□ さげる　下げる 내리다
□ さわぐ 떠들다, 소란을 피우다	□ しまう 끝내다, 정리하다, 치우다
□ しまる　閉まる 닫히다	□ しらせる　知らせる 알리다
□ すぎる　過ぎる 지나다, 통과하다	□ すく (속이) 비다
□ すむ　済む 끝나다	

た

□ たおれる　倒れる 쓰러지다	□ たずねる　訪ねる 방문하다
□ たてる　建てる 세우다, 짓다	□ たりる　足りる 족하다, 충분하다
□ ちがう　違う 다르다	□ つかまえる　捕まえる 잡다
□ つかれる　疲れる 피로하다, 지치다	□ つく 켜지다
□ つける　付ける 붙이다, 켜다	□ つづく　続く 계속되다
□ つづける　続ける 계속하다	□ つとめる　勤める 근무하다
□ つる　釣る 낚다	□ つれる　連れる 데리고 가다
□ でかける　出かける 외출하다	□ できる 할 수 있다, 가능하다, 생기다
□ てつだう　手伝う 돕다	□ とどく　届く 도달하다, 도착하다
□ とどける　届ける 보내다, 신고하다	□ とぶ　飛ぶ 날다

□ とまる 泊まる 숙박하다, 묵다
□ とりかえる 取り替える 바꾸다, 교체하다
□ とる 取る 집다
□ とる 撮る (사진을) 찍다

な

□ なおる 治る 치료되다
□ ながれる 流れる 흐르다
□ なく 泣く 울다
□ なくす 잃다
□ なくなる 없어지다, 죽다
□ なげる 投げる 던지다
□ なさる 하시다(する의 높임말)
□ ならぶ 並ぶ 늘어서다, 줄을 서다
□ なる 鳴る 울리다
□ にげる 逃げる 달아나다
□ ぬぐ 脱ぐ 벗다
□ ぬすむ 盗む 훔치다
□ ぬる 塗る 칠하다
□ ぬれる 濡れる 젖다
□ のこる 残る 남다
□ のぼる 登る (산에) 오르다
□ のむ 飲む 마시다
□ のる 乗る 타다

は

□ はく (바지·치마를) 입다, (신발·양말을) 신다
□ はずす 벗다, (자리를) 뜨다
□ はれる 晴れる 날씨가 개다
□ ひらく 開く 열다
□ ひやす 冷やす 차게 하다, 식히다
□ はじまる 始まる 시작되다
□ ふえる 増える 늘다, 증가하다
□ ふく 吹く 불다
□ ぶつかる 부딪치다
□ ふむ 踏む 밟다
□ ふる 降る (눈·비 등이) 내리다
□ ほめる 칭찬하다

ま

□ まいる 가다, 오다 (行く・来る의 겸양어)
□ まちがえる 間違える 잘못하다, 착각을 하다
□ まもる 守る 지키다
□ まよう 迷う 헤매다
□ まわる 回る 돌다, 돌아다니다
□ みえる 見える 보이다

□ みつける　見つける 발견하다, 찾다
□ むかう　向かう 향하다
□ めしあがる　召し上がる 드시다
□ もうしあげる　申し上げる 말씀 드리다
□ もうす　申す 말하다(言う의 겸양어)
□ もどす　戻す 되돌리다, 돌려놓다
□ もどる　戻る 되돌아오다, 되돌아가다

や

□ やく　焼く 굽다, 태우다
□ やける　焼ける (불)타다, 구워지다
□ やせる 여위다, 살이 빠지다
□ やる 주다, 하다
□ よごれる　汚れる 더러워지다
□ よぶ　呼ぶ 부르다
□ よむ　読む 읽다

わ

□ わたす　渡す 건네다
□ わたる　渡る 건너다
□ わらう　笑う 웃다
□ わる　割る 쪼개다, 깨뜨리다
□ われる　割れる 깨지다, 갈라지다

memo

3 출제 예상 い형용사

あ

- □ あたたかい　暖かい 따뜻하다
- □ あつい　熱い 뜨겁다
- □ あつい　厚い 두껍다, 두텁다
- □ あぶない　危ない 위험하다
- □ いそがしい　忙しい 바쁘다
- □ いたい　痛い 아프다
- □ うすい　薄い 얇다
- □ おいしい 맛있다
- □ おかしい 이상하다, 우습다
- □ おとなしい 얌전하다

か

- □ からい　辛い 맵다
- □ きたない　汚い 더럽다

さ

- □ しかたない　仕方ない 하는 수 없다, 어쩔 수 없다
- □ したしい　親しい 친하다, 가깝다
- □ すくない　少ない 적다
- □ すごい 굉장하다
- □ すずしい　涼しい 시원하다
- □ すっぱい 시큼하다
- □ すばらしい 멋지다

た

- □ つまらない 재미없다
- □ つめたい　冷たい 차갑다

な

□ ねむたい　眠たい 졸리다

は

□ はやい　早い 이르다(시간)

□ はやい　速い 빠르다(속도)

□ ひどい 심하다

□ ほしい 갖고 싶다

□ ほそい　細い 가늘다

や

□ やさしい　易しい 쉽다

□ やさしい　優しい 상냥하다, 마음씨가 곱다

□ よろしい 괜찮다, 좋다

わ

□ わかい　若い 젊다

memo

4 출제 예상 な형용사

あ

□ いやだ　嫌だ 싫다

か

□ きらいだ　嫌いだ 싫어하다
□ きれいだ 깨끗하다, 예쁘다

さ

□ しずかだ　静かだ 조용하다
□ じゆうだ　自由だ 자유롭다
□ じょうずだ　上手だ 잘하다, 능숙하다
□ じょうぶだ　丈夫だ 튼튼하다

た・な

□ とくいだ　得意だ 잘하다, 자신 있다
□ にがてだ　苦手だ 못하다, 자신 없다

は

□ ふくざつだ　複雑だ 복잡하다
□ へただ　下手だ 못하다, 서투르다
□ へんだ　変だ 이상하다

ま

□ むりだ　無理だ 무리이다

ら

□ りっぱだ　立派だ 멋지다, 훌륭하다

5 출제 예상 부사

あ

□ あまり 별로
□ いかが 어떻게
□ いちばん　一番 가장, 제일
□ いつか 언젠가
□ いったい 도대체
□ いつでも 언제라도
□ いっぱい 가득
□ いつも 항상, 늘
□ うっかり 깜빡, 무심코

か

□ かなり 꽤, 상당히
□ きっと 틀림없이
□ ぐっすり 푹(깊은 잠을 자는 모양)
□ けっこう 꽤, 상당히
□ けっして　決して 결코

さ

□ しっかり 확실히, 단단히
□ じゅうぶん　十分 충분히
□ ずいぶん 상당히, 몹시, 아주
□ ぜんぜん　全然 전혀
□ そんなに 그렇게

た

□ だいたい 대체(로), 대강
□ たいへん　大変 매우, 무척
□ だいぶ 상당히, 어지간히, 꽤
□ たしか 아마도
□ ただいま 지금 막, 곧, 바로
□ たとえば 예를 들면
□ たぶん 아마
□ たまに 이따금, 어쩌다가
□ だんだん 점점
□ ちっとも 조금도, 전혀

□ ちょうど 마침, 꼭

□ できるだけ 가능한 한, 가급적, 되도록

□ とおく 遠く 멀리

□ ときどき 때때로, 가끔

□ とくべつに 特別に 특별히

□ どんどん 부쩍부쩍, 자꾸

な

□ なかなか 좀처럼, 제법

□ なるほど 과연

は

□ はじめて 처음으로

□ はじめに 먼저, 우선

□ はっきり 분명히

□ はやく 早く 일찍, 빨리

□ ひじょうに 非常に 매우, 몹시

□ びっくり 깜짝 (놀람)

□ ふつう 普通 보통

□ べつに 別に 별로, 딱히

□ ほとんど 거의, 대부분

□ ほんとうに 本当に 정말로

ま・や

□ まず 먼저, 우선

□ もう 이미, 벌써

□ もうすぐ 이제 곧

□ もし 만일, 만약

□ もちろん 물론

□ もっと 좀 더

□ やはり・やっぱり 역시

6 출제 예상 외래어

- □ アイデア・アイディア 아이디어
- □ アジア 아시아
- □ アフリカ 아프리카
- □ アルコール 알코올
- □ オーバー 오버
- □ カーテン 커튼
- □ ガソリン 가솔린, 휘발유
- □ ガラス 유리
- □ カレンダー 달력, 캘린더
- □ ケーキ 케이크
- □ コンピュータ(ー) 컴퓨터
- □ サッカー 축구
- □ サラダ 샐러드
- □ サンドイッチ 샌드위치
- □ ジョギング 조깅
- □ スーツケース 슈트 케이스, 여행용 가방
- □ スーパーマーケット 슈퍼마켓
- □ スピード 스피드
- □ ステーキ 스테이크
- □ スマートフォン 스마트폰
- □ セーター 스웨터
- □ ソフト 소프트웨어
- □ アクセサリー 액세서리
- □ アナウンサー 아나운서
- □ アメリカ 미국
- □ オートバイ 오토바이
- □ オープン 오픈
- □ ガス 가스
- □ カフェ 카페
- □ カレー 카레
- □ キッチン 키친, 부엌
- □ コンサート 콘서트
- □ サイン 사인, 서명
- □ サービス 서비스
- □ サンダル 샌들
- □ ジャム 잼
- □ スーツ 슈트, 정장
- □ スーパー 슈퍼
- □ スピーカー 스피커, 확성기
- □ スクリーン 스크린
- □ ステレオ 스테레오 오디오
- □ スマホ 스마트폰(줄임말)
- □ ソファー 소파
- □ タイプ 타입

□ タオル 타월

□ ダンス 댄스

□ チーズ 치즈

□ デート 데이트

□ テーブル 테이블, 탁자

□ テキスト 텍스트, 교재

□ テニス 테니스

□ デパート 백화점

□ ドア 도어, 문

□ ドライブ 드라이브

□ ドラマ 드라마

□ ニュース 뉴스

□ パート 파트 타임, 아르바이트

□ バイク 오토바이

□ バスケット 농구

□ バスてい 버스 정류장

□ パパ 아빠

□ パン 빵

□ パン屋 빵집

□ ハンバーグ 햄버그 스테이크

□ ビール 맥주

□ ピアノ 피아노

□ プール 수영장

□ ベル 벨, 종

□ ボール 공

□ メニュー 메뉴

□ レシート 영수증

□ レストラン 레스토랑

7 출제 예상 인사말

□ おげんきで 건강하시기를

□ おはようございます 안녕하십니까(아침 인사)

□ おじゃまします 실례하겠습니다

□ おめでとう 축하합니다

□ こちらこそ 저야말로

□ ごめんください 실례합니다(남의 집 방문시)

□ ごめんなさい 죄송해요

□ こんにちは 안녕하십니까(낮 인사)

□ こんばんは 안녕하십니까(저녁 인사)

□ しつれいします 실례합니다

□ すみません 미안합니다

□ ただいま 다녀왔습니다

□ どういたしまして 천만에요

8 기타

□ いかがですか 어떻습니까?

□ けれども 그렇지만

□ しかし 그러나

□ それから 그러고 나서

□ どんなに ～ても 아무리 ~해도

□ ～けん ~채

□ ～だい ~대

□ ～だて ~층 건물

□ ～つづける 계속 ~하다

□ ～はじめる ~하기 시작하다

1 예상어휘 확인문제 한자읽기 / 10

もんだい１ ＿＿＿＿の ことばは ひらがなで どう かきますか。１・２・３・４から いちばん いい ものを ひとつ えらんで ください。

1 今夜は 星が とても きれいです。

1 まいや 2 なんや 3 こんや 4 さんや

2 この 飛行機は こんばん バンコクを 出(で)て、あした 着(つ)きます。

1 ひこうき 2 ひこき 3 ひきょうき 4 ひくき

3 火事(かじ)の げんいんは なにが 一番 おおいですか。

1 いばん 2 いちばん 3 いぼん 4 いちぼん

4 晴れて いるので さんぽに 行きたい きぶんです。

1 あれて 2 かれて 3 なれて 4 はれて

5 表へ 出る ときは ぼうしを かぶって ください。

1 そと 2 おく 3 おもて 4 うら

6 その 薬(くすり)の おかげで 痛(いた)みが 消えた。

1 みえた 2 きえた 3 かえた 4 ふえた

7 きみなら この かびんに いくらの 値段を つける？

1 ねだん 2 ねたん 3 かがく 4 かかく

8 その 電話は とても 変(か)わった 形でした。

1 かだな 2 かたな 3 かだち 4 かたち

9 ステーキは 非常に かたくて、かみきれなかった。

1 ひじょに 2 ひじょうに 3 ひぞに 4 ひぞうに

10 東京(とうきょう)の 生活は いかがですか。

1 せいかつ 2 しょうかつ 3 しょうかっつ 4 ぜっかつ

답 1③ 2① 3② 4④ 5③ 6② 7① 8④ 9② 10①

2 예상어휘 확인문제 한자읽기 / 10

もんだい１　＿＿＿＿の　ことばは　ひらがなで　どう　かきますか。１・２・３・４から　いちばん　いい　ものを　ひとつ　えらんで　ください。

1　わたしの　祖父は　らいねん　70さいに　なります。

1　そば　　2　そふ　　3　そぼ　　4　そぶ

2　あには　大学院で　敬語(けいご)の　けんきゅうかいに　入って　います。

1　たいがくいん　　2　たいがくえん　　3　だいがくいん　　4　だいがくえん

3　いちばん　親しい　友だちが　卒業記念(そつぎょうきねん)に　この　時計(とけい)を　くれた。

1　したしい　　2　うれしい　　3　やさしい　　4　たのしい

4　まいあさ　８時までに　事務所に　行きます。

1　しむしつ　　2　しむしょ　　3　じむしつ　　4　じむしょ

5　きみだけに　特別に　おしえて　あげるよ。

1　とくへつに　　2　とくべつに　　3　どくへつに　　4　どくべつに

6　おとうとは　動物園で　しごとを　して　います。

1　とうふつえん　　2　とうぶつえん　　3　どうぶつえん　　4　どうぶついん

7　新政府(しんせいふ)は、わずか　２年で　経済を　安定(あんてい)させました。

1　けいざい　　2　けいさい　　3　きょうざい　　4　きょうさい

8　わたしは　普通　11時には　寝(ね)る　ように　して　います。

1　ふづう　　2　ふつう　　3　ほづう　　4　ほつう

9　インターネットで　えいごの　ただしい　はつおんを　聞きます。

1　いきます　　2　さきます　　3　はきます　　4　ききます

10　木(き)の　枝を　折(お)っては　いけません。

1　みぎ　　2　みき　　3　えだ　　4　えた

답 1② 2③ 3① 4④ 5② 6③ 7① 8② 9④ 10③

3 예상어휘 확인문제 한자읽기 / 10

もんだい１　＿＿＿＿の　ことばは　ひらがなで　どう　かきますか。１・２・３・４から　いちばん　いい　ものを　ひとつ　えらんで　ください。

1 夜空（よぞら）に　星が　ひかって　います。

1 ほし　2 あし　3 はし　4 もし

2 きゅうに　雨が　降（ふ）りだしました。

1 ゆき　2 あめ　3 つゆ　4 くも

3 むすめは　大学で　アメリカ文学（ぶんがく）を　ならって　います。

1 たいかく　2 たいがく　3 だいかく　4 だいがく

4 ドアは　静かに　閉（し）めて　ください。

1 あずかに　2 しずかに　3 かずかに　4 ひそかに

5 ちちは　わたしの　一人旅（ひとりたび）に　賛成して　くれないだろう。

1 さんしょう　2 さんじょう　3 さんせい　4 さんぜい

6 わたしは　辛い　ものは　食べられません。

1 からい　2 わかい　3 あつい　4 ひどい

7 けいさつかんが　交差点で　交通（こうつう）せいりを　して　いました。

1 こさてん　2 こさいてん　3 こうさてん　4 こうさいてん

8 予習（よしゅう）を　しないで　授業（じゅぎょう）に　出ても、ただの　時間の　むだです。

1 しかん　2 じかん　3 しがん　4 じがん

9 きょねんの　ふゆは　暖かかったが、ことしは　とても　さむい。

1 あつかかった　2 あたかかった　3 あいたかかった　4 あたたかかった

10 がっこうで　インフルエンザの　予防（よぼう）注射を　して　もらいました。

1 ちゅうしゃ　2 ちゅうさ　3 ちゅしゃ　4 ちゅさ

답 1① 2② 3④ 4② 5③ 6① 7③ 8② 9④ 10①

もんだい1 ＿＿＿＿の ことばは ひらがなで どう かきますか。1・2・3・4から いちばん いい ものを ひとつ えらんで ください。

1 とりの ように そらを 飛んで とおくへ 行きたい。
1 ひんで　2 とんで　3 ふんで　4 もんで

2 日曜日に かいしゃの 門(もん)は しまって います。
1 にちようび　2 げつようび　3 もくようび　4 きんようび

3 予定(よてい)より 30分 早く 着きました。
1 ふるく　2 ひろく　3 はやく　4 おそく

4 その 件(けん)に 関(かん)しての 資料が たりません。
1 しいりょ　2 しいりょう　3 しりょ　4 しりょう

5 タクシーの 運転手を して いて よかった ことを 教(おし)えて ください。
1 うんでんしゅ　2 うんてんしゅ　3 うんどんしゅ　4 うんとんしゅ

6 ここのところ しごとに 追(お)われて 自由な じかんが ない。
1 しゆな　2 しゅうな　3 じゆな　4 じゆうな

7 かぜを ひかない ように あたたかい 格好を して いて ください。
1 かっこう　2 かっごう　3 がっこう　4 がっごう

8 ここでは 2月に 雪(ゆき)が たくさん 降ります。
1 うります　2 すります　3 ふります　4 ぶります

9 しけんの 途中で 消(け)しゴムが ない ことに 気(き)が つきました。
1 とちゅ　2 とうちゅ　3 とちゅう　4 とうちゅう

10 ぼくは 12がつが いちばん 忙しいです。
1 いそがしい　2 すずしい　3 うれしい　4 はずかしい

답 1② 2① 3③ 4④ 5② 6④ 7① 8③ 9③ 10①

5 예상어휘 확인문제 한자읽기 / 10

もんだい１ ＿＿＿＿の ことばは ひらがなで どう かきますか。１・２・３・４から いちばん いい ものを ひとつ えらんで ください。

1 たのんだ ものと 違うので、品物(しなもの)を みせに 返(かえ)しました。

1 つかう　2 みまう　3 ちがう　4 ねがう

2 火曜日の あさは いつもより 早(はや)く 起(お)きます。

1 げつようび　2 かようび　3 にちようび　4 すいようび

3 かばんに 入れて 持(も)ち運(はこ)ぶのに 便利な 大きさです。

1 かれて　2 でれて　3 はれて　4 いれて

4 学校から 帰ると いつも 父の しごとを 手伝いました。

1 てつだいました　2 ていいました　3 てつごいました　4 てつていました

5 田中(たなか)先生は しょうせつの 読み方を 教(おし)えて くださいました。

1 あみかた　2 かみかた　3 よみかた　4 ふみかた

6 肉(にく)を 厚く 切(き)って ください。

1 ふとく　2 うまく　3 うすく　4 あつく

7 わたしは ニューヨークの 父に 国際電話を しました。

1 こくざい　2 こくさい　3 ごくざい　4 ごくさい

8 うちの 周りには 本屋(ほんや)が １軒(けん)も ないので、いつも インターネットを 使(つか)って いる。

1 のこり　2 いかり　3 まわり　4 あたり

9 警官は ふたり 一組(ひとくみ)で 町(まち)を パトロールします。

1 けいざつ　2 けいさつ　3 けいかん　4 かいけん

10 わたしは あさ 起きると まず 最初に ぎゅうにゅうを 飲みます。

1 さいしょ　2 さいしょう　3 ざいしょ　4 ざいしょう

답 1③ 2② 3④ 4① 5③ 6④ 7② 8③ 9③ 10①

もんだい１　＿＿＿＿の　ことばは　ひらがなで　どう　かきますか。１・２・３・４から　いちばん　いい　ものを　ひとつ　えらんで　ください。

1 李(イ)さんは　日本の　<u>政治</u>を　研究(けんきゅう)して　います。

1　せじ　　2　せいじ　　3　せじい　　4　せいじい

2 わたしは　まいにち　いけの　まわりを　<u>散歩</u>します。

1　さんぽ　　2　さんぼ　　3　さんさく　　4　さんぷ

3 わたしは　しょうらい　<u>記者</u>に　なりたいです。

1　きさ　　2　ぎさ　　3　ぎしゃ　　4　きしゃ

4 <u>部長</u>は　あした　アメリカに　行く　予定(よてい)です。

1　ふちょう　　2　ぶちょう　　3　ふちょ　　4　ぶちょ

5 もりの　なかに　家(いえ)を　建(た)てて　ひとりで　<u>暮らす</u>のが　ゆめです。

1　うらす　　2　からす　　3　くらす　　4　むらす

6 かのじょの　きょうみは　ロックから　ジャズに　<u>移った</u>。

1　ひろった　　2　しまった　　3　こまった　　4　うつった

7 高校(こうこう)を　<u>卒業</u>したのは　いつですか。

1　そつぎょう　　2　そつきょう　　3　そつごう　　4　そつこう

8 <u>通り</u>を　歩いて　いると　知らない　人に　バス停(てい)に　行く　道(みち)を　聞(き)かれた。

1　とうり　　2　とおり　　3　どうり　　4　どおり

9 熱(ねつ)っぽいよ。<u>無理</u>を　しないで　医者に　行ったら？

1　げり　　2　ぶり　　3　むり　　4　ふり

10 山本(やまもと)さんは　<u>看護師</u>を　めざして　べんきょうして　います。

1　かんこふ　　2　かんごふ　　3　かんこし　　4　かんごし

답 1② 2① 3④ 4② 5③ 6④ 7① 8② 9③ 10④

もんだい1 ＿＿＿＿の ことばは ひらがなで どう かきますか。1・2・3・4から いちばん いい ものを ひとつ えらんで ください。

1 わたしたちは 音楽(おんがく)に あわせて 踊りました。

1 あおりました　2 たよりました　3 もどりました　4 おどりました

2 ここは 暑(あつ)いから どこか 涼しい ばしょを さがしましょう。

1 すずしい　2 かなしい　3 ただしい　4 たのしい

3 ここに 駐車しては いけません。

1 ちゅうさ　2 ちゅさ　3 ちゅうしゃ　4 ちゅしゃ

4 田舎の りょうしんに てがみを 出(だ)しました。

1 いねか　2 いなか　3 たねか　4 たなか

5 困った ことが あったら いつでも 電話(でんわ)して ください。

1 あつまった　2 つかった　3 のこった　4 こまった

6 この みせは ゆにゅう食料品(しょくりょうひん)を 専門に あつかって います。

1 せんもん　2 そんもん　3 せんこう　4 そんこう

7 でんしゃの せきが 空(あ)いて いなかったので、立ったまま 本(ほん)を 読みました。

1 かみました　2 よみました　3 ふみました　4 つみました

8 その 海岸には 大(おお)きな ボウリング場(じょう)が ありました。

1 かいげん　2 かいけん　3 かいがん　4 かいかん

9 インターネットは なくては ならない コミュニケーションの 道具である。

1 どうく　2 どうぐ　3 とうく　4 とうぐ

10 遠くに 島(しま)が 見(み)えて きました。

1 とおく　2 とうく　3 どおく　4 どうく

답 1④ 2① 3③ 4② 5④ 6① 7② 8③ 9② 10①

8 예상어휘 확인문제 한자표기 / 10

もんだい２ ＿＿＿＿の　ことばは　どう　かきますか。１・２・３・４から　いちばん　いい　ものを　ひとつ　えらんで　ください。

1 わたしは　あつい　おちゃが　すきです。

1 暑い　　2 厚い　　3 熱い　　4 寒い

2 にほんごの　べんきょうを　つづけて　います。

1 紘けて　　2 続けて　　3 紅けて　　4 売けて

3 あしが　わるいので　いしゃを　よんで　ください。

1 呼んで　　2 読んで　　3 盛んで　　4 編んで

4 子どもの　ころの　ことを　おもいだして、さくぶんを　かいて　ください。

1 言いて　　2 書いて　　3 沸いて　　4 咲いて

5 こうこうで　ならった　先生から　メールが　来ました。

1 小校　　2 中校　　3 高校　　4 大校

6 あしたの　あさ、7時に　ひろばに　集まって　ください。

1 夜　　2 夕　　3 昼　　4 朝

7 わたしは　父とは　かんがえかたが　ちがいます。

1 韋います　　2 違います　　3 幸います　　4 迅います

8 けさから　雪が　ふって　います。

1 止って　　2 阪って　　3 吹って　　4 降って

9 こいぬが　はしって　きた。

1 了犬　　2 于猫　　3 子大　　4 子人

10 妹が　電話で　父が　入院したと　しらせて　くれた。

1 利らせて　　2 短らせて　　3 知らせて　　4 和らせて

답 1③ 2② 3① 4② 5③ 6④ 7② 8④ 9① 10③

9 예상어휘 확인문제 한자표기 / 10

もんだい２　＿＿＿＿の　ことばは　どう　かきますか。１・２・３・４から　いちばん　いい　ものを　ひとつ　えらんで　ください。

1 じっけんは　けいかくどおりに　進んで　います。

1 実験　2 試験　3 事件　4 失件

2 きみたちに　心が　やさしい　ひとに　なって　ほしい。

1 正しい　2 涼しい　3 優しい　4 憂しい

3 おんがくを　ききながら　べんきょうしました。

1 間きながら　2 関きながら　3 問きながら　4 聞きながら

4 わたしは、小学校の　ときから　さくぶんが　じょうずでした。

1 上手でした　2 中手でした　3 下手でした　4 完手でした。

5 ふくが　きたないので　洗(あら)いました。

1 与い　2 汚い　3 津い　4 洗い

6 あにの　ゆびは　ふとくて　かたいです。

1 首　2 頭　3 指　4 足

7 われわれは　その　きかいを　じゅうぶん　りようしました。

1 機戒　2 機械　3 期戒　4 期械

8 わたくしは　すずきと　もうします。どうぞ　よろしく　おねがいいたします。

1 私　2 利　3 称　4 和

9 えきの　ばいてんで　しんぶんを　買(か)いました。

1 真聞　2 真門　3 新聞　4 新門

10 ぼくは　ふたりの　きょうだいを　持(も)って　います。

1 兄弟　2 兄第　3 第兄　4 弟兄

답 1① 2③ 3④ 4① 5② 6③ 7② 8① 9③ 10①

10 예상어휘 확인문제

한자표기 / 10

もんだい 2 ＿＿＿＿の ことばは どう かきますか。1・2・3・4から いちばん いい ものを ひとつ えらんで ください。

1 おぼえた たんごが しけんの ときに 思い出せない。

1 覚えた　2 学えた　3 見えた　4 聞えた

2 いちど がいこくに すんで みたいです。

1 家国　2 街国　3 外国　4 内国

3 やまださんに あうと かならず おかしの 話が 出ます。

1 お果子　2 お菓子　3 お果市　4 お菓市

4 家を 出てから さいふを わすれた ことに 気が つきました。

1 財不　2 材不　3 財布　4 材布

5 山田(やまだ)先生は いま けんきゅうしつに いらっしゃいます。

1 研求所　2 研発室　3 研求所　4 研究室

6 明るい おんがくを 聞くと、きもちも 明るく なります。

1 気待ち　2 記待ち　3 気持ち　4 記待ち

7 この たんごは どういう いみだろう。

1 単語　2 短語　3 単言　4 短言

8 いい 席が とれる ように 早く でかけましょう。

1 撮れる　2 耳れる　3 双れる　4 取れる

9 家の うらがわに はやしが あります。

1 内側　2 裏側　3 東側　4 西側

10 ケーキには さとうを たくさん つかって います。

1 砂糖　2 砂唐　3 少糖　4 少唐

답 1① 2③ 3② 4③ 5④ 6③ 7① 8④ 9② 10①

もんだい2 ＿＿＿＿の ことばは どう かきますか。1・2・3・4から いちばん いい ものを ひとつ えらんで ください。

1 冬休みが おわると がっこうが いそがしく なります。

1 亡しく　2 忙しく　3 親しく　4 悲しく

2 きのう うしの 子どもが 生まれました。

1 午　2 牛　3 平　4 半

3 この 試合(しあい)、おわりまで 見て いく つもりですか。

1 冬わり　2 糸わり　3 終わり　4 始わり

4 つくえの 上に あしを あげては いけません。

1 足　2 手　3 首　4 頭

5 わたしが おきた ときは、あねは もう でかけて いました。

1 入かけて　2 山かけて　3 人かけて　4 出かけて

6 となりの ひとが ズボンが よごれて いると おしえて くれた。

1 倒れて　2 流れて　3 汚れて　4 割れて

7 やまに のぼる ときは かならず みずを もって いきましょう。

1 降る　2 来る　3 帰る　4 登る

8 これは 家を 建てるのに 使う どうぐです。

1 逕具　2 逕貝　3 道具　4 道貝

9 えいごで レポートを 書くのは むずかしいです。

1 難しい　2 優しい　3 易しい　4 新しい

10 いまごろの でんしゃは 空(あ)いて いる 席(せき)が 多いです。

1 電話　2 電気　3 電池　4 電車

답 1② 2② 3③ 4① 5④ 6③ 7④ 8③ 9① 10④

12 예상어휘 확인문제 한자표기 / 10

もんだい2 ＿＿＿＿の ことばは どう かきますか。1・2・3・4から いちばん いい ものを ひとつ えらんで ください。

1 ゆうしょくの あとで ともだちと さんぽしました。

1 昼食　2 朝食　3 夜食　4 夕食

2 その でんしゃは じかんどおりに 着（つ）きました。

1 時門　2 時間　3 時聞　4 時問

3 たんじょうびの プレゼントに むすめが ネクタイを 買（か）って くれました。

1 延生日　2 延生月　3 誕生日　4 誕生月

4 かぞくは こんどの じけんの ふたりを 知（し）って あんしんしました。

1 時件　2 事件　3 時牛　4 事牛

5 ぎんこうは この とおりを ずっと 行くと 右（みぎ）がわに あります。

1 運り　2 送り　3 道り　4 通り

6 あさ、しっかり ごはんを 食べないと 体（からだ）に 悪（わる）いです。

1 明　2 朝　3 夜　4 昼

7 それは うすい かみで 包（つつ）みました。

1 薄い　2 長い　3 低い　4 厚い

8 だんだん あたたかく なって きました。

1 寒かく　2 冷かく　3 暑かく　4 暖かく

9 すいようびなら じかんが 作（つく）れます。

1 月曜日　2 火曜日　3 水曜日　4 木曜日

10 くもが ないから きょうは はれると おもいます。

1 晴れる　2 曇れる　3 青れる　4 清れる

답 1④ 2② 3③ 4② 5④ 6② 7① 8④ 9③ 10①

13 예상어휘 확인문제 문맥규정 / 10

もんだい３　（　　　）に　なにを　いれますか。１・２・３・４から　いちばん　いい　ものを　ひとつ　えらんで　ください。

1 らいしゅうの　つぎは　（　　　）です。

1 こんしゅう　2 さらいしゅう　3 せんしゅう　4 せんせんしゅう

2 ほんとうに　きみが　好きだよ。（　　　）じゃ　ないよ。

1 うそ　2 わけ　3 ふね　4 ゆめ

3 この　花は　（　　　）の　ような　かたちを　して　います。

1 すり　2 たたみ　3 ほし　4 きゃく

4 ちちの　たんじょうびの　（　　　）に　ネクタイを　あげました。

1 おみまい　2 おかげ　3 おいわい　4 おだいじ

5 あねは　（　　　）に　なって、びょういんで　はたらいて　います。

1 かんごし　2 こうちょう　3 かいしゃいん　4 けいかん

6 にわから　へやの　なかに　（　　　）　かぜが　はいって　きます。

1 みじかい　2 すずしい　3 きびしい　4 ただしい

7 A「にもつを　持(も)って　いただいて　ありがとうございます。」

B「（　　　）。」

1 ごめんください　2 しつれいします　3 おじゃまします　4 どういたしまして

8 わたしは　あまい　（　　　）は　あまり　好きでは　ありません。

1 おしゃべり　2 おかし　3 おくりもの　4 のりもの

9 （　　　）　たくさん　食べても、すぐに　おなかが　すいて　しまいます。

1 どんな　2 どうして　3 いかが　4 どんなに

10 （　　　）を　みると、なにを　買ったか　わかります。

1 レシート　2 パン　3 レジャー　4 パンダ

답 1② 2① 3③ 4③ 5① 6② 7④ 8② 9④ 10①

14 예상어휘 확인문제 문맥규정 / 10

もんだい３　（　　）に　なにを　いれますか。１・２・３・４から　いちばん　いい　ものを　ひとつ　えらんで　ください。

1 しおを　入れなくては　いけないのに、まちがえて　（　　）を　入れて　しまった。

1 くさ　　2 さとう　　3 つめ　　4 ごちそう

2 これほど　サービスの　（　　）　ホテルは　はじめてです。

1 ねむい　　2 ほそい　　3 こわい　　4 ひどい

3 よく　きこえないので、（　　）　大きい　こえで　話して　ください。

1 できるだけ　　2 そんなに　　3 なかなか　　4 ずいぶん

4 A「（　　）　すみませんが、あした　1時の　やくそくを　2時に　かえて　くださいませんか。」

B「ええ、だいじょうぶです。」

1 けっして　　2 たいへん　　3 もっと　　4 いったい

5 あつければ　（　　）を　ぬいで、うすい　シャツに　きがえたら　どうですか。

1 タオル　　2 サンダル　　3 セーター　　4 アクセサリー

6 わたしたちの　学校では　スポーツが　（　　）です。

1 ねっしん　　2 さかん　　3 じゅうぶん　　4 じょうぶ

7 やまもとさんは　（　　）に　たいせつな　ゆびわを　ぬすまれました。

1 どろぼう　　2 はなみ　　3 とちゅう　　4 わりあい

8 わたしの　いもうとは　さくらホテルの　（　　）で　はたらいて　います。

1 おみつり　　2 おいわい　　3 うけつけ　　4 いなか

9 こんな　たくさんの　りょうりを　ひとりで　食べるのは　（　　）です。

1 ふべん　　2 むり　　3 じゃま　　4 ひじょう

10 おばあさんは　まごに　うそを　ついては　いけないと　（　　）　おしえた。

1 おいしく　　2 すっぱく　　3 きたなく　　4 やさしく

답 1② 2④ 3① 4② 5③ 6② 7① 8③ 9② 10④

15 예상어휘 확인문제 문맥규정 / 10

もんだい３　（　　）に　なにを　いれますか。1・2・3・4から　いちばん　いい
ものを　ひとつ　えらんで　ください。

1 （　　）　買いたかった　いろの　セーターが　売れて　しまいました。

1　なるほど　　2　ちょうど　　3　もうすぐ　　4　ほとんど

2 A「こちらに　コーヒーを　用意(ようい)して　ありますので、どうぞ　ご（　　）なく。」
B「ありがとう。」

1　えんりょ　　2　ぐあい　　3　あんない　　4　きもち

3 あつまった　ひとに　くらべて　いすの　（　　）が　たりません。

1　えだ　　2　すな　　3　かず　　4　うで

4 あす　ならう　かんじを　（　　）　して　おいて　ください。

1　はんたい　　2　よしゅう　　3　けいけん　　4　ふくしゅう

5 その　ドレスには　100万円の　（　　）が　ついて　いた。

1　ゆびわ　　2　うりば　　3　しかた　　4　ねだん

6 このごろ　いそがしくて　（　　）　映画にも　行けません。

1　だんだん　　2　ちょうど　　3　できるだけ　　4　なかなか

7 なるべく　むずかしい　（　　）を　つかわないで　話しましょう。

1　ことば　　2　かたち　　3　こたえ　　4　こくご

8 きょうは　先生が　きます。（　　）　ことを　しない　ように、気(き)を　つけて　ください。

1　ていねいな　　2　しつれいな　　3　しんせつな　　4　しんぱいな

9 わたしたちは　学生なので　まだ　（　　）は　考(かんが)えて　いません。

1　そうたい　　2　たいいん　　3　けっこん　　4　げしゅく

10 あたらしい　（　　）を　2だい　買いました。

1　ステーキ　　2　ガソリン　　3　オーバー　　4　コンピューター

답 1② 2① 3③ 4② 5④ 6④ 7① 8② 9③ 10④

16 예상어휘 확인문제 문맥규정 / 10

もんだい３　（　　）に　なにを　いれますか。１・２・３・４から　いちばん　いい　ものを　ひとつ　えらんで　ください。

1 よるは　おそくても　11時までに　ねる　ことに　（　　）　います。
1 よんで　2 きめて　3 しらべて　4 くらべて

2 おそい　じかんに　かえった　ときは　（　　）から　いえに　はいります。
1 うら　2 あと　3 あいだ　4 すみ

3 （　　）よりも　うみで　およぐ　ほうが　好きです。
1 アパート　2 ホテル　3 プール　4 ビル

4 さいきん　とても　（　　）、うんどうは　して　いません。
1 ふかくて　2 わかくて　3 やさしくて　4 いそがしくて

5 その　おんなの　こに　ないて　いる　（　　）を　たずねました。
1 わけ　2 まめ　3 むし　4 たな

6 月(つき)に　一度(いちど)　かぞく　みんなで　（　　）で　食事(しょくじ)を　するのが　たのしみです。
1 ハンバーグ　2 スクリーン　3 レストラン　4 ドライブ

7 これは　よごれて　いるので　きれいな　ものと　（　　）　ください。
1 めしあがって　2 とりかえて　3 つかまえて　4 まちがえて

8 この　（　　）は　まだ　読んで　ないから　すてないでね。
1 うちがわ　2 おみまい　3 ごちそう　4 しんぶん

9 みせの　まえに　おおぜいの　人が　（　　）　いますね。なにを　売(う)って　いるん　でしょう？
1 ならんで　2 ぬすんで　3 くらして　4 たずねて

10 だいがくを　そつぎょうしても、日本語の　べんきょうを　（　　）　つもりです。
1 とどける　2 ねむる　3 つづける　4 すてる

답 1② 2① 3③ 4④ 5① 6③ 7② 8④ 9① 10③

17 예상어휘 확인문제 문맥규정 / 10

もんだい3 （　　）に なにを いれますか。1・2・3・4から いちばん いい ものを ひとつ えらんで ください。

1 あの 人は （　　）に こまって いるのに はたらこうと しません。

1 しゅうかん　2 れんしゅう　3 せいかつ　4 きょうみ

2 学生の ときは 東京(とうきょう)の （　　）の 家から 大学に かよって いました。

1 おば　2 げんかん　3 おまわり　4 うま

3 A「お話できて うれしかったです。」

B「（　　）。」

1 おげんきで　2 こちらこそ　3 ごめんなさい　4 ただいま

4 しみんセンターでは 週(しゅう)に 一回 （　　）の そうだんを おこなって います。

1 りゆう　2 きそく　3 ほうりつ　4 しゅうかん

5 A「ごはんの おかわりは （　　）。」

B「もう じゅうぶん いただきました。」

1 いかがですか　2 いくらですか　3 どちらですか　4 どなたですか

6 あつかったら、どうぞ うわぎを （　　） ください。

1 すてて　2 むいて　3 はずして　4 ぬいで

7 たかはしさんは （　　） じどうしゃの スピードを あげました。

1 そろそろ　2 とうとう　3 どんどん　4 いろいろ

8 A「こんどの 土曜日(どようび) 京都(きょうと)に 行くんです。」

B「それは （　　）ですね。」

1 たのしみ　2 もちかえり　3 おしいれ　4 おとしもの

9 （　　）は 目(め)に 見えないけれど、せいかつに ひつような たいせつな はたらきを します。

1 うわさ　2 でんき　3 ことば　4 いぜん

답 1③ 2① 3② 4③ 5① 6④ 7③ 8① 9②

もんだい３　（　　　）に　なにを　いれますか。１・２・３・４から　いちばん　いい　ものを　ひとつ　えらんで　ください。

1 だいがくの　（　　　）が　この　かいしゃに　つとめて　います。

1 てんいん　2 しゃちょう　3 しゃいん　4 せんぱい

2 その　みせは　ごぜん　10時に　（　　　）します。

1 サービス　2 スイッチ　3 オープン　4 チェック

3 A「（　　　）。わたしの　せいです。」
B「気に　しないで　ください。」

1 おげんきで　2 おかげさまで　3 ごめんなさい　4 ごめんください

4 A「（　　　）の　かぎは　かけましたか。」
B「ええ、ちゃんと　かけましたよ。」

1 サイン　2 ドア　3 ベル　4 ソファー

5 その　人は　かいだんから　（　　　）　けがを　しました。

1 ころんで　2 かぶって　3 とって　4 わすれて

6 れいぞうこに　入(い)れないと、なつばには　ぎゅうにゅうは　すぐに　（　　　）なって　しまう。

1 あまく　2 にがく　3 からく　4 すっぱく

7 めずらしい　なまえですねえ。いちど　（　　　）　わすれませんね。

1 ならったら　2 つくったら　3 おぼえたら　4 べんきょうしたら

8 あなたの　むずかしい　たちばは　よく　（　　　）して　おります。

1 ちゅうし　2 しょうかい　3 ちゅうしゃ　4 しょうち

9 こんな　（　　　）　ものを　いただいて　ほんとうに　ありがとうございます。

1 きらいな　2 りっぱな　3 むりな　4 じょうずな

10 パーティーが　（　　　）　はじまりますから、みなさん　あつまって　ください。

1 もうすぐ　2 いつか　3 なかなか　4 ずっと

답 1④ 2③ 3③ 4② 5① 6④ 7③ 8④ 9② 10①

19 예상어휘 확인문제

문맥규정 / 10

もんだい３　（　　　）に　なにを　いれますか。１・２・３・４から　いちばん　いい　ものを　ひとつ　えらんで　ください。

1 A「（　　　）めずらしい　カメラを　見せて　あげたよね。」
B「うん、あれは　おととしの　なつだった。」
1　いつか　2　だんだん　3　いつも　4　うっかり

2 すみません。あしを　（　　　）　しまいました。
1　やいて　2　ぬすんで　3　ふんで　4　われて

3 けさ　（　　　）して　かばんを　ちかてつに　忘れて　きました。
1　すっかり　2　ゆっくり　3　はっきり　4　うっかり

4 （　　　）を　ひいて　へやを　くらく　しました。
1　ページ　2　カーテン　3　メートル　4　テーブル

5 こばやしさんの　しゅみは　（　　　）を　する　ことです。
1　バスケット　2　タクシー　3　ニュース　4　カメラ

6 じゅぎょうの　はじまる　ベルが　（　　　）　います。
1　いって　2　なって　3　きいて　4　よんで

7 山本(やまもと)さんが　なぜ　きゅうに　かいしゃを　やめたのか　（　　　）　しません。
1　びっくり　2　ぐっすり　3　はっきり　4　あげました

8 かのじょは　きょうは　来ないと　言って　いましたが、（　　　）　来ませんでした。
1　やっぱり　2　びっくり　3　すっかり　4　はっきり

9 みんなで　かんがえれば　いい　（　　　）が　出(で)るかも　しれません。
1　レシート　2　サービス　3　アイディア　4　ニュース

10 その　週(しゅう)の　仕事(しごと)が　片付(かたづ)いたので、週末(しゅうまつ)には　（　　　）　楽(たの)しむ　ことに　しました。
1　とくに　2　もちろん　3　なかなか　4　ほとんど

답 1① 2③ 3④ 4② 5① 6② 7③ 8① 9③ 10②

もんだい4 ＿＿＿＿＿の ぶんと だいたい おなじ いみの ぶんが あります。
1・2・3・4から いちばん いい ものを ひとつ えらんで ください。

1 わたしは あまり てがみを だしません。

1 わたしは まいにち てがみを だします。
2 わたしは たまに てがみを だします。
3 わたしは いつも てがみを だします。
4 わたしは けっして てがみを だしません。

2 日本には いままで 3かい 行きました。

1 日本には 3かい 行かなければ なりません。
2 日本には 3かい 行ったか どうか わかりません。
3 日本には 3かい 行く つもりです。
4 日本には 3かい 行った ことが あります。

3 わたしは ともだちに てがみを よまれました。

1 ともだちは わたしの てがみを よみました。
2 わたしは ともだちの てがみを よみました。
3 わたしは ともだちに てがみを よんで あげました。
4 ともだちは わたしに てがみを よまれました。

4 かいぎしつは いつも きれいに して おきましょう。

1 かいぎしつは いつも そうじして おきましょう。
2 かいぎしつは いつも したくして おきましょう。
3 かいぎしつは いつも せんたくして おきましょう
4 かいぎしつは いつも せわして おきましょう

5 やまださんは 小さい じが 見えないようです。

1 やまださんは じてんを わすれて しまいました。
2 やまださんは でんとうを わすれて しまいました。
3 やまださんは めがねを わすれて しまいました。
4 やまださんは かがみを わすれて しまいました。

답 1② 2④ 3① 4① 5③

21 예상어휘 확인문제 유의표현 / 5

もんだい4 ＿＿＿＿の　ぶんと　だいたい　おなじ　いみの　ぶんが　あります。
1・2・3・4から　いちばん　いい　ものを　ひとつ　えらんで　ください。

1 きのうの　よるの　コンサートは　すばらしかったです。

1 きのうの　よるは　とても　りっぱな　きょうかいを　見ました。
2 きのうの　よるは　とても　たのしい　えいがを　見ました。
3 きのうの　よるは　とても　うつくしい　おんがくを　聞きました。
4 きのうの　よるは　とても　おもしろい　ほうそうを　聞きました。

2 いもうとが　ほしいと　言うので、買って　かえります。

1 いもうとが　泣いて　いるので、買って　かえります。
2 いもうとが　待って　いるので、買って　かえります。
3 いもうとが　持って　いるので、買って　かえります。
4 いもうとが　ほしがって　いるので、買って　かえります。

3 テレビを　見たい　人は　見ても　いいです。

1 テレビを　見ても　かまいません。
2 テレビを　見なくては　いけません。
3 テレビを　見なくても　かまいません。
4 テレビを　見なければ　なりません。

4 ぶちょうの　かわりに　わたしが　かいぎに　出ました。

1 ぶちょうは　かいぎに　出ました。
2 ぶちょうは　かいぎに　出ませんでした。
3 ぶちょうも　わたしも　かいぎに　出ました。
4 ぶちょうも　わたしも　かいぎに　出ませんでした。

5 どろぼうに　おかねと　ゆびわを　ぬすまれました。

1 どろぼうが　おかねと　ゆびわを　ひろって　くれました。
2 どろぼうが　おかねと　ゆびわを　とって　いきました。
3 どろぼうが　おかねと　ゆびわを　もらって　くれました。
4 どろぼうが　おかねと　ゆびわを　とりかえて　いきました。

답 1③ 2④ 3① 4② 5②

22 예상어휘 확인문제 유의표현 / 5

もんだい4 ＿＿＿＿ の ぶんと だいたい おなじ いみの ぶんが あります。
1・2・3・4から いちばん いい ものを ひとつ えらんで ください。

1 英語(えいご)は ほとんど わすれて しまいました。

1 英語は ぜんぶ わすれて しまいました。
2 英語は なにも おぼえて いません。
3 英語は すっかり わすれて しまいました。
4 英語は すこししか おぼえて いません。

2 けさ、おおさかで じしんが ありました。

1 きのうの あさ、おおさかで じしんが ありました。
2 きょうの あさ、おおさかで じしんが ありました。
3 きのうの よる、おおさかで じしんが ありました。
4 ゆうべ、おおさかで じしんが ありました。

3 なまえを ていねいに 書(か)いて ください。

1 なまえを きれいに 書いて ください。
2 なまえを まんなかに 書いて ください。
3 なまえを おおきく 書いて ください。
4 なまえを いそいで 書いて ください。

4 せんせいが その ように おはなしに なりましたか。

1 せんせいが その ように はなさせましたか。
2 せんせいが その ように おはなしくださいましたか。
3 せんせいが その ように はなされましたか。
4 せんせいが その ように おはなししましたか。

5 にちようびは 学校へ 行かなくても いいです。

1 にちようびは 学校へ 行った ほうが いいです。
2 にちようびは 学校へ 行かなくても かまいません。
3 にちようびは 学校へ 行かなければ なりません。
4 にちようびは 学校へ 行っても だいじょうぶです。

답 1④ 2② 3① 4③ 5②

23 예상어휘 확인문제 유의표현 / 5

もんだい４ ＿＿＿＿の　ぶんと　だいたい　おなじ　いみの　ぶんが　あります。
1・2・3・4から　いちばん　いい　ものを　ひとつ　えらんで　ください。

1 この　しょうせつは　おもしろいです。

1 この　しょうせつは　むずかしく　ありません。
2 この　しょうせつは　やすく　ありません。
3 この　しょうせつは　つまらなく　ありません。
4 この　しょうせつは　やさしく　ありません。

2 ごはんを　食べます。それから　さんぽを　します。

1 さんぽを　する　まえに　ごはんを　食べます。
2 さんぽを　してから　ごはんを　食べます。
3 ごはんを　食べながら　さんぽを　します。
4 ごはんを　食べる　まえに　さんぽを　します。

3 はなこは　あかんぼうです。

1 はなこは　今年　大学を　そつぎょうします。
2 はなこは　今年　中学校に　入ります。
3 はなこは　生まれて　3か月です。
4 はなこは　来年　小学校に　入ります。

4 たなかさんは　かぜです。だから　来ないでしょう。

1 たなかさんは　かぜなので、がっこうに　いるでしょう。
2 たなかさんは　かぜを　ひいた　ことが　ありません。
3 たなかさんは　かぜを　ひいたかも　しれません。
4 たなかさんは　かぜなので、来ないでしょう。

5 ひさしぶりに　たなかさんに　会いました。

1 何時間か　たなかさんに　会って　いませんでした。
2 何年も　たなかさんに　会って　いませんでした。
3 ときどき　たなかさんに　会って　いました。
4 よく　たなかさんに　会って　いました。

답 1③ 2① 3③ 4④ 5②

24 예상어휘 확인문제 유의표현 / 5

もんだい4 ＿＿＿＿の ぶんと だいたい おなじ いみの ぶんが あります。
1・2・3・4から いちばん いい ものを ひとつ えらんで ください。

1 しゅくだいが ある ことを、すずきさんに つたえて ください。

1 しゅくだいが ある ことを、すずきさんに やくそくして ください。
2 しゅくだいが ある ことを、すずきさんに ほうそうして ください。
3 しゅくだいが ある ことを、すずきさんに れんらくして ください。
4 しゅくだいが ある ことを、すずきさんに はんたいして ください。

2 友だちに にゅうがくの プレゼントを あげる つもりです。

1 友だちに おれいを 言う つもりです。
2 友だちに おくりものを する つもりです。
3 友だちに プレゼントを 売る つもりです。
4 友だちに おみやげを 買う つもりです。

3 あの ひとは わたしの ちちの おとうとです。

1 わたしの あにです。
2 わたしの おばです。
3 わたしの あねです。
4 わたしの おじです。

4 ここは すばらしい えを 見せる ところです。

1 ここは びじゅつかんです。
2 ここは どうぶつえんです。
3 ここは たいしかんです。
4 ここは としょかんです。

5 すずきさんは ひっこしが しゅみだそうです。

1 すずきさんは いろいろな ところに 出かけるのが 好きです。
2 すずきさんは いろいろな ところに いえが あります。
3 すずきさんは いろいろな ところに 行った ことが あります。
4 すずきさんは いろいろな ところに 住むのが 好きです。

답 1③ 2② 3④ 4① 5④

もんだい4　＿＿＿＿の　ぶんと　だいたい　おなじ　いみの　ぶんが　あります。
1・2・3・4から　いちばん　いい　ものを　ひとつ　えらんで　ください。

1 たなかさんは　せんせいに　きらわれて　います。

1　せんせいは　たなかさんが　きらいです。
2　たなかさんは　せんせいが　きらいです。
3　せんせいは　たなかさんが　好きです。
4　たなかさんは　せんせいが　好きです。

2 A「あした　えいがに　行きませんか。」
B「あしたは　ちょっと。」

1　あしたは　行けます。
2　あしたは　かまいません。
3　あしたは　だいじょうぶです。
4　あしたは　だめです。

3 わたしの　あには　だいがくに　かよって　います。

1　あには　だいがくを　そつぎょうしました。
2　あには　だいがくに　まだ　行って　います。
3　あには　だいがくに　行った　ことが　ありません。
4　あにの　だいがくの　じゅぎょうは　もう　おわりました。

4 にほんごを　おしえた　けいけんが　ありません。

1　にほんごを　おしえた　ことが　ありません。
2　にほんごを　おしえる　ことが　ありません。
3　にほんごを　おしえた　ほうが　いいです。
4　にほんごを　おしえる　ことが　できません。

5 わたしは　母に　一日じゅう　はたらかされました。

1　母は　わたしに　一日じゅう　やすまれました。
2　わたしは　母を　一日じゅう　はたらかせました。
3　母は　わたしを　一日じゅう　はたらかせました。
4　わたしは　母を　一日じゅう　やすませました。

답 1① 2④ 3② 4① 5③

26 예상어휘 확인문제

용법 / 5

もんだい5　つぎの　ことばの　つかいかたで　いちばん　いい　ものを　1・2・3・4　から　ひとつ　えらんで　ください。

1 なかなか

1 バスの　じかんに　なかなか　まにあいました。
2 この　もんだいは　むずかしくて　なかなか　とけます。
3 この　本は　なかなか　おもしろいですよ。
4 おかしを　なかなか　ください。

2 ニュース

1 じこの　ニュースを　けさの　新聞で　知りました。
2 この　カフェは　ニュースが　多いです。
3 つまは　土曜日の　午前中は　ニュースに　出て　います。
4 やまださんから　ニュースに　しょうたいされました。

3 しゅみ

1 土曜日は　しゅみが　あるので、いっしょには　行けないよ。
2 わたしは　しゅみで　アクセサリーを　つくって　います。
3 あそこの　レストランは　なかなか　しゅみが　とれません。
4 あの　人は　しゅみに　こまって　いるのに　働こうと　しません。

4 すくない

1 すくない　にわですが、いろいろな　きや　はなが　うえて　あります。
2 なにも　味(あじ)が　ないより、ちょっと　すくない　ほうが　たくさん　食べられます。
3 おじいさんと　おばあさんに　家の　中で　いちばん　すくない　へやを　あげた。
4 この　レストランは　料理(りょうり)の　かずは　すくないが、どれも　みんな　おいしい。

5 やさしい

1 わたしたちが　やさしかった　ころは　テレビも　でんわも　なかった。
2 やさしい　じの　かける　まんねんひつを　さがして　います。
3 この　ほんは　やさしい　ことばで　書かれて　います。
4 学生の　とき、レスリングを　して　いたので、うでも　あしも　やさしいです。

답 1③　2①　3②　4④　5③

もんだい５ つぎの ことばの つかいかたで いちばん いい ものを １・２・３・４ から ひとつ えらんで ください。

1 うける

1 これは いもうとが りょこうの おみやげに うけたのです。
2 きのう ともだちへ てがみを うけました。
3 ことし テストを うける つもりです。
4 えきへ にもつを うけに いって きます。

2 にがて

1 こどもの ころから おおぜいの 前で はなすのが にがてでした。
2 やまの 中は でんしゃや じどうしゃの 音が 聞こえなくて にがてです。
3 はじめは へたでも れんしゅうすれば にがてに なります。
4 にがてな 医者に なって びょうきで くるしんで いる 人を たすけたい。

3 まず

1 どうぞ まず 来て ください。
2 わたしは まだ しごとが ありますから、まず 帰って ください。
3 10時に なっても まず 帰って きません。
4 まず あなたから 読んで ください。

4 つめたい

1 ことしの ふゆは つめたいです。
2 なにか つめたい ものを 飲みましょう。
3 くすりの つめたい においが しました。
4 やまの かぜは つめたくて きもちが いいです。

5 わたる

1 いそがしい ときは やまださんに たのめば きっと わたって くれます。
2 漢字(かんじ)は むかし、中国から 日本に わたって きた ものです。
3 へやに 日が わたらないので、ふゆは とても さむいです。
4 つよい かぜで 木の えだが でんせんを わたって しまった。

답 1③ 2① 3④ 4② 5②

28 예상어휘 확인문제 용법 / 5

もんだい5　つぎの　ことばの　つかいかたで　いちばん　いい　ものを　1・2・3・4　から　ひとつ　えらんで　ください。

1 ふくざつ

1　あの　きかいは　ふくざつです。
2　ふくざつの　りょうりを　つくります。
3　あの　ひとは　ふくざつの　人です。
4　いま　かぜが　ふくざつです。

2 いったい

1　いったい　だれが　そんな　うわさを　ひろめたのか。
2　この　報告書(ほうこくしょ)を　まとめるのには　いったい　時間が　かかった。
3　30分前に　食べたばかりだから、今は　いったい　おなかが　すいて　いません。
4　駅(えき)までは　いったい　あるから　タクシーで　行った　ほうが　いい。

3 ただいま

1　A「ただいま。」　B「どうも　ありがとうございます。」
2　A「ただいま。」　B「どういたしまして。」
3　A「ただいま。」　B「おかえり、たろう、学校は　どうだった？」
4　A「ただいま。」　B「新しい　学校でも　元気でね。」

4 ひらく

1　あつくて　シャワーを　ひらきました。
2　げつようびから　てんらんかいを　ひらきます。
3　かぜで　ハンカチが　ひらきました。
4　この　ボタンを　ひらくと　ベルが　なります。

5 まんなか

1　学校に　行く　まんなかで　雨が　ふりはじめました。
2　家の　まんなかと　そとでは　あたたかさが　ずいぶん　ちがいます。
3　子どもたちが　大きく　なったので、まんなかが　せまく　なりました。
4　川(かわ)の　まんなかに　小さな　しまが　2つ　あります。

답 1① 2① 3③ 4② 5④

29 예상어휘 확인문제 용법 / 5

もんだい５　つぎの　ことばの　つかいかたで　いちばん　いい　ものを　１・２・３・４から　ひとつ　えらんで　ください。

1 あせ

1 しょうゆを　すこし　たすと　いい　あせに　なります。

2 からい　ものを　食べると　あせが　出ます。

3 この　せっけんは　あまい　あせが　します。

4 ふくに　タバコの　あせが　ついて　しまいました。

2 じょうぶ

1 むかしは　じょうぶだったが、すっかり　よわく　なった。

2 日本語を　じょうぶに　話せる　ように　なりたいです。

3 にわに　ゆきが　ふって　とても　じょうぶな　けしきでした。

4 にくは　じょうぶだけれど、さかなは　好きです。

3 あげる

1 ひきだしを　あげたら、あかなく　なりました。

2 その　スーツを　あげるなら、この　ネクタイが　ありますよ。

3 長く　あるいた　あとは　横(よこ)に　なって　足を　あげると　疲れが　とれますよ。

4 前は　アパートに　すんで　いましたが、きょねん　じぶんの　家を　あげました。

4 だいたい

1 わたしは　すこし　休みますので、だいたい　さきに　行って　ください。

2 きゅうに　あつく　なったので、だいたい　からだの　ぐあいが　おかしい。

3 日曜日の　午後は　だいたい　ピアノの　れんしゅうを　して　すごします。

4 もう　30ぷんも　たつのに　つぎの　バスが　だいたい　来ない。

5 あつい

1 この　パン屋さんは　あついから　いつも　こんで　います。

2 しごとが　あつくて　家に　かえるのは　まいばん　11時ごろです。

3 おばあさんが　道路(どうろ)を　渡(わた)ろうと　して　いるけど、あつくて　見て　いられない。

4 あつい　コーヒーを　1ぱい　飲めば　からだが　あたたまりますよ。

답 1② 2① 3③ 4③ 5④

30 예상어휘 확인문제 용법 / 5

もんだい5　つぎの　ことばの　つかいかたで　いちばん　いい　ものを　1・2・3・4　から　ひとつ　えらんで　ください。

1 あまり

1　かれは　あまり　りっぱな　人です。

2　これは　あまり　おいしく　ありませんね。

3　あまり　そんな　ことは　できないでしょう。

4　あまり　さむいですか。

2 しまる

1　さらや　ちゃわんを　しまった　あとは、手に　クリームを　ぬります。

2　「おはよう！」と　言ったのに　だれも　しまって　くれませんでした。

3　しゃしんを　とりますから　あごを　しまって　せなかを　のばして　ください。

4　近くの　本屋(ほんや)が　しまって　いたので、となりの　まちの　本屋(ほんや)へ　行きました。

3 じょうず

1　じょうずな　からだを　つくります。

2　あの　おかしを　じょうずに　たべて　ください。

3　この　りんごは　じょうずです。

4　あの　おくさんは　りょうりが　じょうずです。

4 わかい

1　もういちど　わかく　なりたいです。

2　わたしは　すうがくに　わかいんです。

3　えんぴつは　ペンより　すこし　わかいです。

4　わたしは　わかい　にくが　すきです。

5 きれい

1　わたしは　学生たちが　きれいです。

2　かれは　りょうりが　きれいです。

3　あの　ひとは　きれいな　ドレスを　きて　います。

4　あの　人は　べんきょうが　きれいです。

답 1② 2④ 3④ 4① 5③

제3장

문법 공략편

01 문제 유형 공략하기
02 핵심 문법 공략하기

01 문제 유형 공략하기

1 もんだい 1 문법형식

| 문제 유형 & 경향 분석 |

もんだい 1은 문법형식(기능어 넣기)으로, (　　) 안에 알맞은 표현을 넣어 문장을 완성하는 문제이다. 회화체로 되어 있는 문제가 많아지고 있는 추세이다. 총 열세 문제가 나온다.

문제 유형 예시

もんだい1　(　　　)に　何を　入れますか。1・2・3・4から　いちばん　いい　ものを　一つ　えらんで　ください。

(例) 私は　毎朝　新聞　(　　　)　読みます。

1　が　　　2　の　　　3　を　　　4　で

(解答用紙)　(例)　①　②　●　④

1　きのうの　しゅくだいは　少なかったので、(　　　)　終わりました。

1　20分　　　2　20分しか　　　3　20分で　　　4　20分を

2 もんだい 2 문장 만들기

| 문제 유형 & 경향 분석 |

もんだい 2는 문장 만들기 문제로, 빈칸에 들어가는 말을 순서에 맞게 배열하여 문장을 구성하는 문제이다. 주로 두 번째나 세 번째에 들어가는 표현(★표시)을 묻는다. 기능어의 조합뿐 아니라 문장의 구성까지 신경써야 한다. 네 문제가 출제된다.

문제 유형 예시

もんだい 2　＿★＿に　入る　ものは　どれですか。1・2・3・4から　いちばん　いい　ものを　一つ　えらんで　ください。

（問題例（もんだいれい））

つくえの　＿＿　＿＿　＿★＿　＿＿　あります。

1　が　　2　に　　3　上　　4　ペン

（答（こた）え方（かた））

1．正（ただ）しい　文（ぶん）を　作（つく）ります。

つくえの　＿＿　＿＿　＿★＿　＿＿　あります。
3　上　2　に　4　ペン　1　が

2．＿★＿に　入（はい）る　番号（ばんごう）を　黒（くろ）く　塗（ぬ）ります。

（解答用紙（かいとうようし））　（例（れい））　① ② ③ ●

16　先月まで　花屋（はなや）が　あった　＿＿　＿★＿　＿＿　＿＿　おいしいです。

✓ できた　　2　りんごの　ケーキが
3　きっさてんは　　4　場所（ばしょ）に

3 もんだい 3 글의 문법

| 문제 유형 & 경향 분석 |

もんだい 3은 글의 문법 문제로 네 문제가 출제된다. 제시된 장문 안의 빈칸에 들어갈 가장 좋은 것을 고르는 문제이다. 문맥상 알맞은 어휘 고르기, 접속사, 부사, 기능어 문제 등이 등장한다. 단순히 문법 자체가 아닌 글의 흐름을 파악하는 것으로 종합적인 독해력이 요구된다. もんだい 3에서는 반드시 N4 기능어만 사용되는 것은 아니며, 글의 흐름에 맞는 문법 요소나 어휘 등이 많이 나온다고 보면 된다.

문제 유형 예시

もんだい 3　21 から 25 に 何を 入れますか。文章の 意味を 考えて、1・2・3・4から いちばん いい ものを 一つ えらんで ください。

下の 文章は、留学生の 作文です。

水泳

チン　メイキ

私の しゅみは 水泳です。毎週 プールで 泳いで います。 21 、半年前までは 泳ぐことが できませんでした。日本に 来る 前に 住んでいた 所には 海も プールも なかったのです。

半年前、夏休みに 日本人の ともだちと 海に 行きました。ともだちは 遠くまで 泳いで いきました。けれども、私 22 泳げませんでした。

21

1　それに　　2　だから　　3　しかし　　4　たとえば

22

1　は　　2　なら　　3　でも　　4　より

02 핵심 문법 정복하기

1 접속사·부사

N4 문법에서 접속사나 부사 등의 단어가 해마다 두세 문제씩 출제되고 있다. 지금까지 출제된 단어와 확인 문제를 준비해 두었다. 문자·어휘나 독해, 청해 분야에서도 활용할 수 있으므로 잘 익혀 두자.

접속사

□ けれど(も) 그렇지만, 하지만	□ こうして 이렇게, 이와 같이
□ しかし 그러나, 하지만	□ じゃ(あ) 그럼
□ すると 그러자, 그러면	□ そうして 그리고, 그러고 나서
□ そこで 그래서	□ そして 그리고
□ それから 그리고, 그러고 나서	□ それで 그래서

- 旅行(りょこう)は　楽(たの)しかったです。しかし　疲(つか)れましたね。
  여행은 즐거웠습니다. 그러나 지쳤습니다.
- わたしは　その　くすりを　飲(の)みました。すると　ねむく　なって　きました。
  나는 그 약을 먹었습니다. 그러자 졸렸습니다.
- A わたしは　外出(がいしゅつ)して　いました。
  나는 외출하였습니다.
  B すると　家(いえ)には　だれも　いなかったわけですね。
  그렇다면 집에는 아무도 없었던 셈이군요.
- たろうは　ゆうしょくを　食(た)べて、それから　しゅくだいを　しました。
  다로는 저녁밥을 먹고 그러고 나서 숙제를 했습니다.
- 電車(でんしゃ)が　おくれました。それで　今朝(けさ)は　ちこくしました。
  전철이 늦게 왔습니다. 그래서 오늘 아침에는 지각했습니다.

접속사

- □ それでは 그럼
- □ それなら 그렇다면
- □ だから・ですから 그래서
- □ たとえば 예를 들면
- □ では 그럼
- □ または 또는, 혹은
- □ それとも 그렇지 않으면
- □ それに 게다가, 그리고
- □ だが 하지만
- □ でも 그래도, 하지만
- □ なぜなら 왜냐하면

● 来週(らいしゅう)に　しましょうか。それとも　再来週(さらいしゅう)の　ほうが　いいですか。
다음 주로 할까요? 그렇지 않으면 다다음 주가 좋나요?

● ニンジンと　トマト、それに　リンゴを　ください。
당근과 토마토, 그리고 사과를 주세요.

● もう　子(こ)どもじゃ　ないんだよ。だから　ひとりで　やりなさい。
이제 어린애가 아니야. 그러니까 혼자서 하렴.

● さむい　日(ひ)が　つづきました。ですから　かぜを　ひきました。
추운 날이 계속되었습니다. 그래서 감기에 걸렸습니다.

● その　日(ひ)は　雨(あめ)だった。だが　サッカーの　試合(しあい)は　行(おこな)われた。
그 날은 비였다. 하지만 축구 시합은 행해졌다.

● 日本語(にほんご)には　米(こめ)を　言(い)いあらわす　方法(ほうほう)が　たくさん　ある。
たとえば、イネ、お米(こめ)、ご飯(はん)、メシなどだ。
일본어에는 쌀을 표현하는 방법이 많이 있다. 예를 들면 벼, 쌀, 밥, 밥 등이다.

● わたしは　その　パーティーに　行(い)きたいのです。でも　行けません。
나는 그 파티에 가고 싶습니다. 하지만 갈 수 없습니다.

● あの　ふたりは　姉妹(しまい)かも　しれません。
なぜなら　とても　よく　にて　いるからです。
저 두 사람은 자매일지도 모릅니다. 왜냐하면 무척 닮았기 때문입니다.

● そこへは　バス　または　電車(でんしゃ)で　行(い)けます。
거기에는 버스 또는 전철로 갈 수 있습니다.

부사

□ いっしょうけんめい 열심히	□ 必(かなら)ず 꼭, 반드시
□ きっと 꼭, 분명	□ けっして 결코
□ しっかり 꽉, 단단히	□ ずいぶん 상당히, 꽤
□ すっかり 죄다, 완전히	□ ずっと 쭉
□ ぜひ 꼭	□ ぜんぜん 전혀
□ そろそろ 슬슬	□ だいたい 대개, 대체로
□ どうぞ 부디, 아무쪼록, ~하세요	□ どうも 참으로, 좋아요, 고마워요

- 来週(らいしゅう)　試験(しけん)が　あるので、みんな　いっしょうけんめい　勉強(べんきょう)して　います。
  다음 주에 시험이 있기 때문에 모두 열심히 공부하고 있습니다.
- 母(はは)は　朝(あさ)ごはんの　前(まえ)に　かならず　散歩(さんぽ)を　する。
  엄마는 아침식사 전에 반드시 산책을 한다.
- しまった！デートの　こと　すっかり　忘(わす)れて　いた。
  맙소사! 데이트를 완전히 잊고 있었네.
- たろうは　ごご　ずっと　テレビゲームを　して　すごしました。
  다로는 오후에 쭉 텔레비전게임을 하면서 보냈습니다.
- 山田(やまだ)さんも　ぜひ　パーティに　いらしてね。
  야마다 씨도 꼭 파티에 오세요.
- あの　人(ひと)の　言(い)って　いる　ことは　ぜんぜん　分(わ)かりません。
  저 사람이 하는 말은 전혀 이해할 수 없습니다.
- A ここに　すわっても　いいですか。
  여기에 앉아도 됩니까?
  B どうぞ。
  앉으세요.
- A うちの　パーティーに　いらっしゃいませんか。
  우리집 파티에 오시지 않겠습니까?
  B それは　どうも。よろこんで　おうかがいします。
  그것 참 좋아요. 기꺼이 가겠습니다.

부사

- □ とくに 특히
- □ なるほど 과연
- □ なんでも 무엇이든
- □ はっきり 분명하게
- □ ひじょうに 상당히, 매우
- □ ほんとうに 정말로
- □ まず 먼저
- □ なかなか 좀처럼(부정), 상당히(긍정)
- □ なにも 아무것도
- □ ねっしんに 열심히
- □ 早(はや)く 일찍
- □ ほとんど 거의
- □ まさか 설마

- くだものが 大好(だいす)きです。とくに いちごが 好(す)きです。
  과일을 무척 좋아합니다. 특히 딸기를 좋아합니다.

- バスが なかなか 来(こ)なかったので、タクシーで 行(い)きました。
  버스가 좀체 오지 않았기 때문에 택시로 갔습니다 .

- きみが るすの あいだ なにも 変(か)わった ことは なかった。
  자네가 부재 중일 때 변한 것은 아무것도 없다.

- 山田(やまだ)さんは サッカーの ことなら なんでも 知(し)って います。
  야마다 씨는 축구에 관한 것이라면 뭐든지 알고 있습니다.

- 高木(たかぎ)さんは いつも ねっしんに 勉強(べんきょう)して います。
  다카기 씨는 항상 열심히 공부합니다.

- 中田(なかだ)さんに 会(あ)った 日(ひ)の ことは はっきり 覚(おぼ)えて います。
  나카다 씨를 만난 날의 일은 분명히 기억하고 있습니다.

- きょうは 当番(とうばん)なので いつもより 30分(ぷん) 早(はや)く 登校(とうこう)しました。
  오늘은 당번이라서 평소보다 30분 빨리 등교했습니다.

- まさか かのじょが あんな いい モデルに なるとは 思(おも)わなかったよ。
  설마 그녀가 저렇게 좋은 모델이 되리라고는 생각하지 않았어.

- A 夏休(なつやす)みには どこに 行(い)ったの？
  여름휴가에는 어디에 갔니?
  B まず はこねに 行って、それから しもだに 行ったよ。
  먼저 하코네에 갔다가 그러고 나서 시모다에 갔어.

부사

□ また 또	□ まだ 아직
□ まっすぐ 곧바로, 쭉	□ もう 이미, 벌써, 더
□ もうすぐ 이제 곧	□ もし 만약
□ もっと 좀 더	□ もっとも 가장
□ やっと 겨우, 가까스로	□ やはり・やっぱり 역시
□ ゆっくり 천천히	□ よく 자주, 종종

- その　子(こ)は　字(じ)が　読(よ)めないし、また　書(か)く　ことも　できません。
  그 아이는 글자를 못 읽고 또 쓸 수도 없습니다.

- この　みちを　まっすぐ　行(い)くと　デパートが　あります。
  이 길을 쭉 가면 백화점이 있습니다.

- 会場(かいじょう)に　着(つ)いた　ときには　もう　コンサートが　はじまって　いた。
  회장에 도착했을 때에는 이미 콘서트가 시작되었다.

- もう　1週間(しゅうかん)　にゅういんしなくては　いけません。
  일주일 더 입원해야만 합니다.

- さとう先生(せんせい)は　もうすぐ　ここに　来(く)るでしょう。
  사토 선생님은 이제 곧 여기에 올 거예요.

- A　きみは　ほんとうに　せが　高(たか)いですね。
  너는 정말로 키가 크네.
  B　ぼくも　かなり　高いけど、兄(あに)は　もっと　せが　高いよ。
  나도 꽤 크지만 형은 키가 더 커.

- これは　わたしが　読(よ)んだ　中(なか)で　もっとも　おもしろい　本(ほん)です。
  이것은 제가 읽은 것 중에 가장 재미있는 책입니다.

- やっと　5時(じ)までに　しごとを　終(お)える　ことが　できました。
  겨우 다섯 시까지 일을 마칠 수 있었습니다.

- わたしは　鈴木(すずき)さんは　来(こ)ないだろうと　思(おも)ったが　やはり　来(こ)なかった。
  나는 스즈키 씨는 오지 않을 것이라고 생각했는데 역시 오지 않았다.

- いそがないで、ゆっくり　やって　ください。
  서두르지 말고 천천히 하세요.

- 花子(はなこ)さんは　よく　土曜日(どようび)の　夜(よる)は　外食(がいしょく)します。
  하나코 씨는 토요일 밤에는 종종 외식합니다.

1 접속사·부사 확인문제

/ 37

もんだい 1　（　　）に 何を 入れますか。1・2・3・4から いちばん いい ものを 一つ えらんで ください。

1 あしたは 花火大会です。（　　）、妹は 天気ばかり 気に して います。

1 しかし　2 それで　3 たとえば　4 それから

2 わたしは （　　） スーパーへ 行き、次に ほんやへ 行きました。

1 まず　2 よく　3 ぜひ　4 もし

3 きのうの 運動会は 延期に なりました。（　　）、朝から 雨が 降って いたからです。

1 たとえば　2 それに　3 なぜなら　4 だから

4 A「しょうゆを 取って ください。」

B「はい、（　　）。」

1 どうぞ　2 やっぱり　3 だいたい　4 まさか

5 この 家には （　　） 食べる ものが ありません。

1 なんで　2 なにで　3 なんでも　4 なにも

6 A「こんばん おうかがいしても いいですか。」

B「（　　） どうぞ。」

1 ひじょうに　2 ぜひ　3 じゅうぶん　4 いつも

답 1② 2① 3③ 4① 5④ 6②

7 A「もう　(　　　)　しゅっぱつの　じゅんびは　できましたか。」
B「いつでも　でられますよ。」

1 すっかり　　2 やっぱり　　3 もっとも　　4 なかなか

8 カーペットを　きれいに　する　(　　　)　よい　方法(ほうほう)は　なんですか。

1 けっして　　2 それなら　　3 しっかり　　4 もっとも

9 A「6時(じ)から　パーティーが　あるから、(　　　)　出(で)かけましょうか。」
B「そうですね。」

1 だんだん　　2 だいたい　　3 そろそろ　　4 なかなか

10 山田(やまだ)先生は　やすみです。(　　　)　今日は　数学(すうがく)の　授業(じゅぎょう)は　ありません。

1 でも　　2 それでも　　3 ですから　　4 すると

11 午前(ごぜん)　7時の　新大阪行(しんおおさかゆ)き　のぞみ号(ごう)に　(　　　)　間(ま)に合(あ)いました。

1 やっと　　2 どうぞ　　3 もっと　　4 どうも

12 みなさん、(　　　)　コンサートが　始(はじ)まりますから、会場(かいじょう)に　入(はい)って　ください。

1 ずっと　　2 なかなか　　3 いつか　　4 もうすぐ

13 風(かぜ)が　強(つよ)かったし、(　　　)　雨も　降って　いました。

1 だから　　2 それに　　3 それなら　　4 たとえば

답 7① 8④ 9③ 10③ 11① 12④ 13②

14 子ども「パパ、わたし　（　　　）　ママの　おてつだいして　いたのよ。」

父「それは　いい　子だね。」

1　なぜなら　　2　なかなか　　3　しかし　　4　ずっと

15 A「コーヒーを　どうぞ。」

B「あ、（　　　）。」

1　ずっと　　2　どうも　　3　そろそろ　　4　早く

16 花子(はなこ)を　デートに　さそって　いるが、（　　　）　うんと　言って　くれない。

1　きっと　　2　やっと　　3　なかなか　　4　いつか

17 A「おさけは　なにが　いいですか。」

B「ワインなら　（　　　）　いいですよ。」

1　なんで　　2　なんでも　　3　なにが　　4　なにで

18 わたしは　ケーキと　クッキー、（　　　）　アイスクリームも　食べました。

1　なぜなら　　2　それとも　　3　けれども　　4　それから

19 A「クラシック音楽(おんがく)は　好きですか。」

B「（　　　）　好きでは　ありません。」

1　とくに　　2　やっと　　3　まさか　　4　ぜひ

답 14④　15②　16③　17②　18④　19①

20 遊園地(ゆうえんち)に　行きたいが　お金が　ない。（　　　）、遊びに　行く　ひまも　ない。

1　また　　2　きっと　　3　よく　　4　もっと

21 田中(たなか)さんは　あちこちの　国(くに)、（　　　）、アメリカ、中国(ちゅうごく)、フランスなどで　生活(せいかつ)した。

1　または　　2　それで　　3　しかし　　4　たとえば

22 おとしよりに　ざせきを　ゆずりました。（　　　）、たいへん　よろこんで　くれました。

1　だが　　2　すると　　3　でも　　4　なぜなら

23 A「あの　人の　スピーチを　どう　思(おも)いましたか。」

B「（　　　）　理解(りかい)できませんでした。」

1　そろそろ　　2　だんだん　　3　ぜんぜん　　4　かならず

24 うめは　すでに　咲(さ)いた。（　　　）　さくらは　まだ　咲いて　いない。

1　または　　2　だが　　3　それに　　4　だから

25 ピアノの　れんしゅうに　（　　　）に　なりすぎて　はいしゃの　よやくを　わすれて　しまいました。

1　なかなか　　2　すっかり

3　はっきり　　4　いっしょうけんめい

답 20 ①　21 ④　22 ②　23 ③　24 ②　25 ④

26 わたしたちは　よていより　1時間　（　　）　駅(えき)に　着きました。

1　何も　　2　ぜひ　　3　早く　　4　かならず

27 先生、わたしは　この　くすりを　飲むと　（　　）　ねむく　なるんです。

1　もっとも　　2　ちっとも　　3　けっして　　4　かならず

28 じゅぎょうは　もっと　（　　）　聞いて　ください。

1　もうすぐに　　2　とくに　　3　ねっしんに　　4　まっすぐに

29 図書館(としょかん)で　しらべるか、（　　）　インターネットを　使って　しらべよう。

1　たとえば　　2　だから　　3　それで　　4　または

30 子どもの　ころは　（　　）　家族で　旅行に　行きました。

1　なかなか　　2　よく　　3　ぜんぜん　　4　あまり

31 A「わたしの　こえが　聞(き)こえますか。」

B「（　　）　聞こえます。」

1　はっきり　　2　ぜひ　　3　もっと　　4　もっとも

32 デジカメを　買おうと　思ったが、（　　）　やめる　ことに　した。

1　やっぱり　　2　どうぞ　　3　だいたい　　4　まさか

답 26 ③　27 ④　28 ③　29 ④　30 ②　31 ①　32 ①

33 A「この　バンドは　解散(かいさん)するらしいよ。」

B「（　　　）。」

1 ぜひ　　2 やっと　　3 それで　　4 まさか

34 A「ちょっと　待って　ください。すぐ　行きますから。」

B「ご（　　　）　どうぞ。」

1 ゆっくり　　2 どんどん　　3 はっきり　　4 すっかり

35 （ファーストフード店で）

店員(てんいん)「ここで　めしあがりですか、（　　　）　お持(も)ち帰(かえ)りですか。

1 けれども　　2 それとも　　3 なぜなら　　4 それから

36 客「この　セーターを　（　　　）　小さいのと　取(と)り替(か)えたいのですが。」

店員(てんいん)「はい、わかりました。」

1 やっと　　2 どうぞ　　3 もっと　　4 きっと

37 この　みちを　100メートルほど　（　　　）　すすむと、右手(みぎて)に　ゆうびんきょくが　あります。

1 すっかり　　2 まっすぐ　　3 なかなか　　4 はっきり

답 33 ④　34 ①　35 ②　36 ③　37 ②

2 조사

시험에서 조사가 차지하는 비율은 약 35%에 달하니 잘 알아둘 필요가 있다.
* 각 기능어 앞의 숫자는 학습 편의상 저자가 임의로 부여한 고유번호로, 예상 문제 풀이시 이해하기 어려운 부분은 해당 번호의 내용을 참조하기 바란다.

001 ～か ～인가, ～인지, ～이나 ～か～ないか ～할지 ～하지 않을지

「～か」는 우리말의 '～인가, ～인지'에 해당하는 조사로, 뒷부분에는 주로 知(し)って いますか(알고 있습니까?), わかりますか(압니까?), 教(おし)えて ください(가르쳐 주십시오) 등이 온다. 또한 どちらか(어느 쪽인지), だれか(누군가)와 같이 「의문사+か」의 형태로도 많이 쓰인다. 그리고 선택의 뜻인 '～이나'로도 자주 쓰이니 함께 알아두자.

기출 図書館(としょかん)は 何時(なんじ)まで 開(あ)いて いるか 도서관은 몇 시까지 열려 있는지 2010-2회

あしたか あさって 내일이나 모레 2016-2회

かぎを どこに 置(お)いたか 열쇠를 어디에 두었는지 2016-2회

何時(なんじ)に 始(はじ)まるか 몇 시에 시작하는지 2018-1회

だれの ペンか 知(し)って いますか 누구 펜인지 압니까? 2019-2회

今(いま) どこに いるか 지금 어디에 있는지 2021-2회

何人(なんにん) 来(く)るか 몇 명 올지 2022-2회

コーヒーか こうちゃか 選(えら)べるよ
커피를 마실지 홍차를 마실지 고를 수 있어 2017-2회

自転車(じてんしゃ)で 行(い)くか バスで 行(い)くか 決めます
자전거로 갈지 버스로 갈지 정합니다 2021-1회

ぼうしを かぶるか かぶらないか 모자를 쓸지 안 쓸지 2010-2회

パーティーは 何時(なんじ)に 始(はじ)まるか 知(し)って いますか。
파티는 몇 시에 시작되는지 알고 있습니까?

だれか ドアを あけて ください。 누군가 문을 열어 주세요.

大学に 行くか しゅうしょくするか 迷って います。
대학에 갈지 취직할지 망설이고 있습니다.

家を 出るか 出ないかという ときに 雨が 降り出した。
집을 나설까 말까 하고 있을 때 비가 내리기 시작했다.

002 ～が ～이(가)

「～が」는 '～이/가'라는 뜻으로, 주어를 나타낸다. 간혹 '～을/를'이라는 뜻의 목적격 조사로 쓰여 희망이나 능력, 기호를 나타내기도 한다. 또한 どれが(어느 것이), だれが(누가)와 같이 「의문사+が」의 형태로도 자주 쓰인다. 참고로 연체수식절에서 주어에 붙는 ～が는 ～の로 바꾸어 쓰기도 한다.

희망, 능력, 기호의 대상

- ～が すきです ～을 좋아합니다
- ～が きらいです ～을 싫어합니다
- ～が ほしいです ～을 갖고 싶습니다
- ～が じょうずです ～을 잘합니다

응용 표현 ～が する[031] ～가 나다, ～이 든다
～ことが ある[039] ～할 때가 있다
～た ことが ある[052] ～한 적이 있다
～ほうが いい[103] ～하는 것이 낫다

기출 りんごの ケーキが おいしい 사과 케이크가 맛있다 2016-2회
ピアノを ひく のが 好きですが 피아노 치는 것을 좋아하지만 2016-2회
わたしが つくる ケーキ 내가 만들 케이크 2017-2회
つまが よろこぶだろうと 思って 아내가 기뻐할 것이라고 생각하여 2019-1회
カレーが 食べたいです 카레라이스를 먹고 싶어요 2019-2회
果物は 形が ほしみたいでした 과일은 모양이 별과 같았습니다 2020

友だちが 日本の おもちゃを おくって くれた。 주어
친구가 일본 장난감을 보내 주었다.

朝 早く さんぽするのが すきなんです。 희망·능력·기호의 대상
아침 일찍 산책하는 것을 좋아합니다.

どれが あなたの かさですか。 의문사 + が
어느 것이 당신의 우산입니까?

003 ～から ～하기 때문에, ～으로, ～로부터

「～から」는 주로 '～하기 때문에(이유), ～으로(재료)'라는 뜻이다. 그 밖에도 '～로부터, ～에게서'라는 뜻으로 동작주를 나타내는 의미로 출제되기도 한다.

이유
- きょうは つかれたから 오늘은 피곤하기 때문에
- あぶないから 위험하니까
- じしんで 電車(でんしゃ)が 止(と)まったからです 지진 때문에 전철이 멈췄기 때문입니다

재료
- この おさけは こめから 이 술은 쌀로
- ぎゅうにゅうから 作る 우유로 만든다

동작주
- 校長先生から 교장 선생님으로부터
- わたしは 姉(あね)から 나는 언니에게서

유시 표현 ～ので[015] ～이므로, ～하기 때문에

기출

チーズは　ぎゅうにゅうから　作(つく)られます
치즈는 우유로 만들어집니다 2010-2회 2022-2회

田中(たなか)さんからは 다나카 씨로부터는 2010-2회

友(とも)だちから　借(か)りて　きた　DVD 친구에게 빌려 온 DVD 2017-1회

友だちから　誕生日(たんじょうび)の　プレゼントが　とどいた
친구가 보낸 생일 선물이 도착했다 2017-2회

レポートがあるから 보고서가 있어서 2017-2회

国(くに)から　来る　ことに　なった 고향에서 오게 되었다 2018-1회

国に　帰(かえ)る　先輩(せんぱい)から 귀국하는 선배로부터 2018-2회

レストランからも　見えるそうですよ
레스토랑에서도 보인다고 합니다 2018-2회

友だちから　聞(き)いた 친구에게 들었다 2019-1회

バターは　ぎゅうにゅうから　作られます
버터는 우유로 만들어집니다 2021-1회

だいぶ　つかれたから、ちょっと　休(やす)みましょう。 이유
몹시 피곤하니까 잠시 쉽시다.

バターや　チーズは　牛乳(ぎゅうにゅう)から　作(つく)ります。 재료
버터랑 치즈는 우유로 만듭니다.

校長先生(こうちょうせんせい)から　学生(がくせい)に　本(ほん)と　ノートが　わたされました。 동작주
교장 선생님으로부터 학생에게 책과 노트가 전달되었습니다.

004 ～ぐらい ～정도, ～쯤

「～ぐらい」는 '～정도, ～쯤'이라는 뜻으로, 대략의 수량을 나타낼 때 사용된다. 「～くらい」라고 써도 무방하다.

- 毎年 2かいぐらい 매년 2회 정도
- まんがの 本を 10さつぐらい 만화책을 열 권 정도
- あの へやに 人が 三十人ぐらい 저 방에 사람이 서른 명 정도

기출 だいたい 5分ぐらい 대강 5분 정도 2022-2회

日本語の 本を 50さつぐらい 持って います。
일본어 책을 50권 정도 갖고 있습니다.

005 ～けれど(も)・～けど ～하지만, ～할 텐데

「～けれど(も)・～けど」는 '～하지만, ～할 텐데'라는 뜻으로, 주로 사실과 반대의 일을 원하는 기분을 나타낼 때, 완곡한 기분을 나타낼 때 사용한다.

기출 行きたいけれど 가고 싶지만 2011-1회
あしたは 都合が 悪いけど 내일은 사정이 나쁜데 2016-2회
大変だけど 힘들지만 2017-1회
夏休みに なると 旅行に 行きたいけど
여름 방학이 되면 여행을 가고 싶지만 2018-1회
途中まで 勝てそうだったけど 도중까지 이길 수 있을 것 같았는데 2018-2회
あしたの れんしゅうの ことだけど 내일 연습 말인데 2019-1회
ちょっと 駅から 遠いけど 역에서 좀 멀어도 2021-1회

前に 読んだ ことは あるけれど よく 覚えて いませんね。
전에 읽은 적은 있지만 잘 기억이 안 나는군요.

あしたも 今日ぐらい すずしいと 楽なんだけど。
내일도 오늘만큼 시원하면 편할 텐데.

006 ～しか ～밖에

「～しか」는 '~밖에'라는 뜻으로, 한정을 나타낼 때 사용된다.

기출 チケットを　買(か)った　人(ひと)しか　入(はい)れません
티켓을 산 사람밖에 못 들어갑니다 2010-1회

３ぼんしか　もって　いない 세 개밖에 안 가지고 있다 2018-1회

きのう　２時間(じかん)しか　寝(ね)られなかったので
어제 두 시간밖에 못 잤기 때문에 2019-2회

一週間(いっしゅうかん)しか　いられません 일주일밖에 못 있습니다 2021-2회

今(いま)　持(も)って　いる　おかねは　千円(せんえん)くらいしか　ない。
지금 갖고 있는 돈은 천 엔 정도밖에 없다.

かのじょには　一度(いちど)しか　会(あ)った　ことが　ない。
그녀는 한 번밖에 만난 적이 없다.

007 ～だけ ～만, ～뿐

「～だけ」는 '~만, ~뿐'이라는 뜻으로, 한정·최저 한도를 나타낼 때 사용된다.

기출 静(しず)かなのは　食事(しょくじ)の　ときだけだ 조용한 것은 식사때만이다 2011-1회

男(おとこ)は　家族(かぞく)の　中(なか)で　私(わたし)だけです 남자는 가족 중 저뿐입니다 2017-1회

A ぜんぶ　おぼえましたか。
전부 외웠습니까?

B いいえ、やさしい　ことばだけ　覚(おぼ)えました。
아니요, 쉬운 단어만 외웠습니다.

008 ～で ~으로, ~때문에

「～で」는 '~으로, ~때문에'라는 뜻으로 N4 문법에서는 주로 이유를 나타내는 것으로 출제되지만, 간혹 방법·도구·재료 등의 표현과 특수 표현이 출제되기도 하므로 다 잘 알아두는 편이 좋다.

이유
- 毎年(まいとし) 交通事故(こうつうじこ)で 매년 교통사고로, 매년 교통사고 때문에
- 台風(たいふう)で 태풍으로, 태풍 때문에

방법·도구·재료
- その 店(みせ)は 買(か)い物(もの)きゃくで 그 가게는 쇼핑객으로
- 韓国語(かんこくご)で 話しました 한국어로 말했습니다
- 日本(にほん)の 友(とも)だちと 電話(でんわ)で 일본 친구와 전화로

특수 표현
- 3分で できます 3분이면 할 수 있습니다
- 10分で 終(お)わりました 10분만에 끝났습니다

기출
5、6分(ぷん)で 5, 6분이면 2010-2회
米(こめ)で 作(つく)った パン 쌀로 만든 빵 2011-1회
タクシーで 行(い)こう 택시로 가자 2011-1회
ラジオか 何(なに)かで 라디오 아니면 다른 데서 2012-1회
じしんで 지진 때문에 2014-1회
20分で 終(お)わりました 20분만에 끝났습니다 2016-2회
大雨(おおあめ)で 폭우 때문에 2017-1회
木(き)で できた おもちゃ 나무로 만들어진 장난감 2017-1회
車(くるま)で 자동차로 2017-2회
先週(せんしゅう) 買(か)い物(もの)の とちゅうで 지난주에 쇼핑 도중에 2020
風邪(かぜ)で 仕事(しごと)を 休(やす)みました 감기 때문에 일을 쉬었습니다 2021-1회

じしんで 建物(たてもの)が たおれました。 이유
지진 때문에 건물이 무너졌습니다.

わたしは 日本語(にほんご)が わからないので 英語(えいご)で 話(はな)しました。 방법·도구·재료
나는 일본어를 모르기 때문에 영어로 말했습니다.

ゆうびんきょくまで 歩(ある)いて 5分(ふん)で 行(い)けます。 특수 표현
우체국까지 걸어서 5분이면 갈 수 있습니다.

009 ～でも ~(이)라도

「～でも」는 '~(이)라도'라는 뜻으로, 크게 예시와 전면적 긍정을 나타낼 때 사용된다.

예시
- 水(みず)でも 물이라도
- この へんは 冬(ふゆ)でも 이 근처는 겨울이라도
- この 問題(もんだい)は 先生(せんせい)でも 이 문제는 선생님이라도
- そこに ある ざっしでも 거기에 있는 잡지라도

전면적 긍정
- 今週中(こんしゅうちゅう)なら、いつでも 이번 주 안이라면 언제라도
- わたしは 何(なん)でも 나는 무엇이든지
- わたしは どこででも 나는 어디서라도
- 妹(いもうと)は どんな スポーツでも 여동생은 어떤 운동이라도

기출
これから　食事(しょくじ)でも　どうですか 지금부터 식사라도 어떤가요? 2011-1회
子(こ)どもでも　そんな　ことは　わかる 어린애라도 그런 건 알지 2015-1회
だれでも　使(つか)えますが 누구라도 쓸 수 있는데 2016-2회
どちらでも　大丈夫(だいじょうぶ)です 어느 쪽이든 괜찮습니다 2017-1회

つかれたから、コーヒーでも　飲(の)みましょう。 예시 피곤하니까 커피라도 마십시다.

あなたの　ためなら、どんな　ことでも　します。 전면적 긍정
당신을 위해서라면 어떤 일이라도 하겠습니다.

010 ～と ~와/과
～と・～って ~라고
～と いう・～って いう ~라고 말하다, ~라는

「～と」는 '~와/과'라는 뜻으로 명사의 대등 접속, 동작의 공동, 상대를 필요로 하는 동작 등을 나타낼 때 사용된다. 또한「～と」는 '~라고'라는 뜻으로, 인용을 나타낼 때 사용된다. 「～って」는「～と」의 회화체이다. 「～という(~라는)」의 형태로 명사를 수식한다.

기출
花子(はなこ)さんと　デートする？ 하나코 씨와 데이트해? 2015-1회
人(ひと)と　会話(かいわ)する 사람과 대화하다 2016-2회
花子さんと　クラスメートです 하나코 씨와 학급 친구입니다 2017-1회
この　スーツケースと　同(おな)じぐらいの　大(おお)きさ
이 슈트 케이스와 같은 정도의 크기 2021-1회
大学の　こうはいと　結婚しました 대학 후배와 결혼했습니다 2022-1회

日本と　違って 일본과 다르게 2022-2회
友だちが　結婚すると　聞いたので 친구가 결혼한다고 들어서 2021-1회
雨が　降ると　聞いたので 비가 온다고 들었기 때문에 2021-2회
「さくら」という　和食の　お店 '사쿠라'라는 일식집 2013-1회
「リナ」という　名前で '리나'라는 이름으로 2017-1회
小学生の　とき、ピアニストに　なるという　夢が　あった
초등학생 때 피아니스트가 된다는 꿈이 있었다 2018-1회
うでどけいと　いいます 손목시계라고 합니다 2019-2회
夕方　雨が　降ると　言って　いたから 저녁에 비가 내린다고 했기 때문에 2020

あそこに　「入り口」と　書いて　あります。
저기에 '입구'라고 적혀 있습니다.

レストランは　花子と　いう　名前で　予約しました。
레스토랑은 하나코라는 이름으로 예약했습니다.

山田さんと　いう　方が　いらっしゃいました。
야마다 씨라는 분이 오셨습니다.

中村さんが　書いたのは　なんと　いう　本ですか。
나카무라 씨가 쓴 것은 뭐라는 책입니까?

わたしは　南さんに　「おはよう」と　言いました。
나는 미나미 씨에게 '안녕하세요'라고 말했습니다.

鈴木さんは　すぐ　来るって　言って　いましたよ。
스즈키 씨는 금방 오겠다고 말했어요.

011 ～とか ~이나, ~든지

「～とか」는 '~이나, ~든지'라는 뜻으로, 비슷한 사물·동작에 대해 두 개 정도 예를 들어 말할 때 사용된다.

- ひきだしには スプーンとか ナイフとかが 서랍에는 스푼이나 칼이
- シャツとか くつ下とか 셔츠라든지 양말이라든지
- つくえの うえに 本とか ノートとかが 책상 위에 책이라든가 노트라든가

病気の　おみまいには　くだものとか　お花とかが　いいです。
병문안에는 과일이나 꽃 같은 게 좋습니다.

012 ～な ～지 마라

「～な」는 '～지 마라'라는 뜻으로 강한 금지를 나타낸다. 동사 사전형에 접속하며, 주로 군대나 스포츠 훈련 등에서 상사나 감독이 지시할 때, 안내 표지판 등에 사용된다.

そんな　きたない　くつ下(した)、はくなよ。그런 더러운 양말 신지 마라.

ここに　ごみを　捨(す)てるな。이곳에 쓰레기를 버리지 마라.

ぜったいに　うんてんは　するな。절대로 운전은 하지 마라.

あの　部屋(へや)には　入(はい)るな。저 방에는 들어가지 마라.

013 ～に ～에, ～에게

「～に」는 '～에, ～에게'라는 뜻으로, N4 문법에서도 사역문과 수동문의 동작주, 대상·출처를 나타내는 용법이 자주 출제된다.

사역문의 동작주

- 学生(がくせい)に 研究室(けんきゅうしつ)の そうじを てつだわせました 학생에게 연구실 청소를 거들게 했습니다
- お母(かあ)さんは こどもに コップを あらわせました 어머니는 아이에게 컵을 씻게 했습니다

수동문의 동작주

- わたしは 友(とも)だちに 名前(なまえ)を よばれました 친구가 내 이름을 불렀습니다
- きのうの 夜(よる) 11時に 友だちに 来(こ)られて 어젯밤 열한 시에 친구가 와서

대상·출처

- わたしは、ヤンさんに 나는 양 씨에게
- その 花(はな)は だれに 그 꽃은 누구한테
- にわの 花(はな)に 水(みず)を やります 정원에 있는 꽃에 물을 줍니다

기타

- 病気(びょうき)の おみまいに 병문안으로
- 1日(にち)に 3回(かい) 하루에 세 번

기출

外国人(がいこくじん)に　聞(き)かれたので 외국인이 물어 봐서 2010-2회

母親(ははおや)に　にると　いう　話(はなし) 엄마를 닮았다는 이야기 2011-1회

つうきんに　べんりな　マンション 통근에 편리한 맨션 2014-1회

かぎを　どこに　置(お)いたか 열쇠를 어디에 두었는지 2016-2회

花屋(はなや)が　あった　場所(ばしょ)に　できた　きっさてん
꽃집이 있던 장소에 생긴 찻집 2016-2회

先生(せんせい)に　しかられた 선생님에게 야단을 맞았다 2017-1회

やくそくの　時間(じかん)に　遅(おく)れて　しまった 약속 시간에 늦어 버렸다 2018-2회
夕食(ゆうしょく)に　使(つか)う　にんじん 저녁식사에 쓸 당근 2019-1회
名前(なまえ)を　呼(よ)んだ　ことに　気(き)が　つかなかった
이름을 부른 것을 눈치채지 못했다 2019-1회
課長(かちょう)に　たのまれました 과장님에게 부탁받았습니다 2022-1회
よやくの　時間に　遅れて 예약 시간에 늦어서 2022-2회

その　仕事(しごと)、わたしに　させて　ください。 사역문의 동작주
그 일 저한테 시켜 주세요.

わたしは　子(こ)どもの　ころ、よく　母(はは)に　おこられました。 수동문의 동작주
나는 어렸을 적 종종 어머니에게 야단맞았습니다.

本(ほん)を　わすれたので、友(とも)だちに　貸(か)して　もらった。 대상·출처
책을 안 가져 왔기 때문에 친구에게 빌렸다.

その　店(みせ)では　生活(せいかつ)に　べんりな　いろいろな　ものを　売(う)って　います。 기타
그 가게에서는 생활에 편리한 여러 가지 것을 팔고 있습니다.

1週間(しゅうかん)に　2かいぐらい　スーパーに　行(い)きます。 기타
일주일에 두 번 정도 슈퍼에 갑니다.

014 ～の ~것, 거야?

「～の」는 '~것, ~거야?'라는 뜻으로, N4 문법에서는 주로 문장의 명사화 용법이 출제되고 있다. 또한 종조사로 쓰여 가벼운 질문 등을 나타낸다. 참고로 형식명사는 문법적으로 명사와 같은 성질을 갖지만 단독으로 사용할 수 없기 때문에 반드시 연체수식어가 앞에 오게 된다. こと와 の는 가장 일반적으로 쓰이는 형식명사로, 추상적이고 개념적일수록 こと, 구체적이고 오감으로 다루어지는 대상일수록 の를 사용한다.

문장의 명사화

- ～のが　見(み)えます ~것이 보입니다
- ～のが　聞(き)こえます ~것이 들립니다
- ～のを　見(み)ました ~것을 봤습니다

종조사

- どうして　おくれたの 왜 늦었어?
- どうしたの 어떻게 된 일이야?
- あなたも　いっしょに　行(い)くの 당신도 같이 갈 거야?

기출 だれかが　言(い)って　いるのを　聞(き)きました
누군가가 말하는 것을 들었습니다 2010-2회

すこし　むずかしいですから、ほかのに　して　ほしいです
조금 어려우니까 다른 것으로 해 주길 바랍니다 2011-1회

ピアノを　ひくのが　好(す)きですが 피아노 치는 것을 좋아하지만 2016-2회

写真(しゃしん)を　とりません。とられるのも　きらいです
사진을 찍지 않습니다. 찍히는 것도 싫어합니다 2017-1회

まいあさ　乗(の)るのは　15番(ばん)バスです
매일 아침 타는 것은 15번 버스입니다 2017-2회

じしょを　もって　くるのを 사전을 가지고 오는 것을 2017-2회

買(か)って　きて　食(た)べるのと　店(みせ)に　食べに　いく　のと　どちら
사 와서 먹는 것과 가게에 가서 먹는 것 중 어느 쪽 2018-1회

子(こ)どもたちが　歌(うた)って　いるのが　聞(き)こえます
아이들이 노래하는 것이 들립니다 2018-2회

映画館(えいがかん)で　見(み)るのと　家(うち)で　見るのと　どちら
영화관에서 보는 것과 집에서 보는 것 중 어느 쪽 2018-2회

電車(でんしゃ)が　遅(おく)れて　いるのかも　しれません
전철이 늦는 걸지도 몰라요 2021-1회

持(も)って　くるのを　忘(わす)れない　ように　して　ください。
가지고 오는 것을 잊지 마세요. 2021-2회

大阪(おおさか)に　来(き)たのは 오사카에 온 것은 2022-2회

山田(やまだ)さんが　歌(うた)って　いるのが　聞(き)こえます。 문장의 명사화
야마다 씨가 노래를 부르고 있는 것이 들립니다.

どうして　きのうは　かいしゃを　休(やす)んだの？ 종조사
어제는 왜 회사를 쉰 거야?

A わたしの　新(あたら)しい　レインコート　いいと　おもう？
내 새 우비 괜찮은 거 같아?

B ええ、わたしも　その　ようなのを　持(も)ってるわ。
응, 나도 그런 거 가지고 있어.

015 ～ので ～이므로, ～하기 때문에

「～ので」는 '～이므로, ～하기 때문에, ～라서'라는 뜻으로, 주로 접속을 묻는 문제가 출제된다. N4에서는 な형용사와 명사의 연체형에 접속하는 것이 자주 출제되며 「～なので」의 형태를 취한다.

- きれいなので 깨끗하기 때문에
- かんたんなので 간단하기 때문에
- べんりなので 편리하기 때문에
- しけんなので 시험이기 때문에

응용 표현 ～から[003] ～기 때문에

기출 見(み)に 行(い)った ことが ないので 보러 간 적이 없기 때문에 2016-2회
コーヒーが おいしかったので 커피가 맛있었기 때문에 2020
友(とも)だちが 結婚(けっこん)すると 聞(き)いたので 친구가 결혼한다고 들어서 2021-1회

その 公園(こうえん)は しずかで きれいなので、よく さんぽに 行(い)きます。
그 공원은 조용하고 깨끗하기 때문에 자주 산책하러 갑니다.

～ので와 ～から의 차이점

❶ 「～ので」 앞에는 な형용사와 명사 등의 연체형이 오고, 「～から」앞에는 な형용사와 명사 등의 종지형이 온다.

	な형용사	명사
～ので	きれいなので 깨끗하기 때문에	しけんなので 시험이기 때문에
～から	きれいだから 깨끗하기 때문에	しけんだから 시험이기 때문에

❷ 「～ので＋だ」라고는 하지 않는다. 「～から＋だ」 또는 「～から＋なのだ」라고 해야 한다.

❸ 「～ので」는 객관적인 이유, 즉 누가 봐도 인정할 수 있는 명백한 이유를 말할 때 쓰지만, 「～から」는 주관적인 판단에 따른 의지나 추측을 나타낼 때 또는 정당한 이유에 근거한 요구·명령·금지·권유·의뢰 등을 나타낼 때 쓴다.

016 ～のに ～인데도, ～하는 데에

「～のに」는 '~인데도(역설), ~하는 데에(특수 표현)'라는 뜻으로, 다양한 접속 형태를 보인다. N4에서는 주로 명사와 な형용사의 연체형에 접속하는 형태로 출제되며, 「～なのに」의 형태를 취한다.

역설
- 田中さんは かぜを ひいて いるのに 다나카 씨는 감기에 걸렸는데도
- 気を つけて いたのに 조심하고 있었는데도
- 田中さんは 病気なのに 다나카 씨는 아픈데도

특수 표현
- この ビルを たてるのに 이 빌딩을 짓는 데에
- 会社へ 行くのに 회사에 가는 데에
- この どうぐは ガラスを 切るのに 이 도구는 유리를 자르는 데에

기출
何回も 電話したのに 몇 번이나 전화했는데도 2010-2회
来週 試合なのに 다음 주 시합인데도 2011-1회
全部 切るのに 전부 자르는 데에 2016-2회
学校に 行く 前に 図書館に よりたかったのに
학교 가기 전에 도서관에 들르고 싶었는데 2019-2회
がんばって しゅくだいを やったのに 열심히 숙제를 했는데 2020
作るのに 時間が かかる 만드는 데에 시간이 걸린다 2022-1회

あの 子は、子どもなのに タバコを すって います。역설
저 아이는 어린이인데도 담배를 피우고 있습니다.

この はしを つくるのに 4年 かかりました。특수 표현
이 다리를 만드는 데에 4년 걸렸습니다.

017 ～は ～은/는

「～は」는 '~은/는'이라는 뜻으로 서술상의 주제 등 다양한 용법이 있다.

기출
わたしの さいふは つくえの うえに あります
내 지갑은 책상 위에 있습니다 2015-2회
わたしは 泳げませんでした 나는 헤엄칠 수 없었습니다 2016-2회

わたしは おさけは 飲みません。나는 술은 안 마십니다.

018 ～ばかり ～만, ～뿐

「～ばかり」는 '～만, ～뿐'이라는 뜻으로, 명사와 동사 て형에 접속한다. 명사의 경우「こと+ばかり」의 형태가 주로 쓰인다.

- この 本(ほん)には 知(し)らない ことばかり 이 책에는 모르는 것만
- 学校(がっこう)で 習(なら)う ことは たいせつな ことばかり 학교에서 배우는 것은 중요한 것뿐
- うちの 子(こ)は まんがばかり 우리 집 아이는 만화만

응용 표현 ～だけ[007] ～만

お父(とう)さんは はたらいてばかりで、むすこと あそぶ 時間(じかん)が ない。
아버지는 일만 해서 아들과 놀 시간이 없다.

かれは 大学(だいがく)に 入(はい)ってから あそんでばかり います。
그는 대학에 들어간 후 놀고만 있습니다.

019 ～までに ～까지

「～までに」는 '～까지'이라는 뜻으로, 기한이 되기 전의 어느 한 시점에서 동작이 행해지는 것을 나타낸다. 기한이 되는 시점까지 쭉 동작이 이어질 때 쓰는「～まで(～까지)」와 구별해서 알아두자.

- 7時(じ)までに 일곱 시까지
- あさってまでに 모레까지
- 来週(らいしゅう)までに 다음 주까지
- ゆうがたまでに 저녁때까지

기출 次(つぎ)に 海(うみ)に 行(い)くまでに たくさん 練習(れんしゅう)したい
다음에 바다에 갈 때까지 많이 연습하고 싶다 2016-2회

あしたまでに 書(か)かないと いけない レポートが あるから
내일까지 써야만 하는 보고서가 있으니까 2017-2회

7時半(じはん)までに 일곱 시 반까지 2017-2회

去年(きょねん)までは 会社員(かいしゃいん)でした 작년까지는 회사원이었습니다 2018-1회

わたしが 帰(かえ)るまで ずっと 내가 집에 갈 때까지 쭉 2019-2회

あしたは あさ 9時(じ)までに わたしの ところに 来(き)て ください。
내일은 아침 아홉 시까지 나한테 와 주세요.

10時(じ)までに かいぎしつに あつまって ください。
열 시까지 회의실로 모여 주세요.

～までに와 ～まで의 차이점

❶ 둘 다 사용 가능한 예

きょうは 11時まで しゅくだいを しなさい。 (○) 오늘은 열한 시까지 숙제를 해라.
숙제를 쉬지 말고 열한 시까지 쭉 하라는 의미를 나타낸다. 그러므로 문장 성립이 된다.

きょうは 11時までに しゅくだいを しなさい。 (○) 오늘은 열한 시까지 숙제를 해라.
숙제를 하되 열한 시 이전에 끝나도 된다는 뜻을 나타낸다. 즉 아홉 시에 끝내도 되고 열 시에 끝내도 된다는 의미이다.

❷ ～まで는 사용할 수 없는 예

あしたは 9時まで この 教室に 来て ください。 (×)
～まで는 동작이 계속되는 것을 나타내므로 이 문장은 성립되지 않는다.

あしたは 9時までに この 教室に 来て ください。 (○) 내일은 아홉 시까지 이 교실로 오세요.
～までに를 쓰면, 내일 아홉 시 이전에 이 교실로 오면 되므로 문장이 성립된다.

020 ～も ～도, ~(이)나 / ～も～も ~도 ~도

「～も」는 '~도, ~(이)나'라는 뜻으로, N4 문법에서는 주로 생각한 것보다 더, 그 이상을 의미하는 '~(이)나'가 출제되고 있다.

- ゆうべは 手紙を 20まいも 어젯밤에는 편지를 스무 장이나
- この せまい へやに きゃくが 20人も 이 좁은 방에 손님이 스무 명이나
- 3時間も 歩いたので 세 시간이나 걸었기 때문에

기출
やっつも 食べました 여덟 개나 먹었습니다 2016-2회
わたしも 母みたいに 나도 엄마처럼 2019-1회
ビデオを 200本も 持って います 비디오를 200편이나 갖고 있어요 2021-1회
2時間も 早く 두 시간이나 빨리 2022-1회
中国語も 英語も 話せます 중국어도 영어도 할 줄 압니다 2011-1회

駅から 学校まで あるいて 20分も かかります。
역에서 학교까지 걸어서 20분이나 걸립니다.

大阪から 東京まで 500キロも あります。
오사카에서 도쿄까지 500킬로미터나 됩니다.

わたしの 父は 英語も 日本語も 話せます。
우리 아빠는 영어도 일본어도 할 줄 압니다.

021 ～を ～을/를

「～を」는 '～을/를'이라는 뜻으로, N4 문법에서는 주로 수동문과 사역문의 대상, 기점·경로·경유지를 나타내는 용법이 출제되고 있다.

수동·사역문의 대상

- 足(あし)を ふまれました 발을 밟혔습니다
- 弟(おとうと)に スマホを こわされた 남동생이 스마트폰을 망가뜨렸다

기점·경로·경유지

- その かどを まがると 그 모퉁이를 돌면
- ゆうびんきょくの 前(まえ)を 通(とお)りますか 우체국 앞을 지나갑니까?
- その 道(みち)を 右(みぎ)へ 行(い)くと 그 길을 오른쪽으로 가면
- その はしを わたると 그 다리를 건너면

기출 両親(りょうしん)を 心配(しんぱい)させました 부모님을 걱정시켰습니다 2016-2회
カメラを 大切(たいせつ)に 使(つか)って います 카메라를 소중히 사용하고 있습니다 2016-2회
公園(こうえん)の 前(まえ)を 通(とお)って 공원 앞을 지나서 2018-1회
両親(りょうしん)を 安心(あんしん)させる 부모님을 안심시키다 2021-1회

けさ、電車(でんしゃ)の 中(なか)で 足(あし)を ふまれました。 수동문의 대상
오늘 아침 전철 안에서 발을 밟혔습니다.

その バスは としょかんの 前(まえ)を 通(とお)りますか。 기점·경로·경유지
그 버스는 도서관 앞을 지나갑니까?

父(ちち)は 私(わたし)を 車(くるま)に のせて、駅(えき)まで 送(おく)って くれた。 기타
아버지는 나를 차에 태워 역까지 바래다 주셨다.

2 조사 확인문제 001~021 / 33

もんだい 1 （　　）に 何を 入れますか。1・2・3・4から いちばん いい ものを 一つ えらんで ください。

1 あしたは　行けるけれど、今日（　　）　むりです。017

1 が　　2 は　　3 で　　4 も

2 台風(たいふう)（　　）　にわの　木(き)が　たおれて　しまいました。008

1 に　　2 の　　3 で　　4 と

3 その　プレゼントは　だれ（　　）　もらいましたか。013

1 で　　2 を　　3 の　　4 に

4 どんな　人（　　）　できますよ。かんたんですから。009

1 か　　2 でも　　3 では　　4 ほど

5 田中(たなか)さんが　歌(うた)って　いる　（　　）　聞(き)こえます。002, 014

1 のが　　2 のを　　3 が　　4 を

6 ゆうべは　はがきを　20まい（　　）　書いて、つかれました。020

1 を　　2 が　　3 と　　4 も

7 やくそくが　あった　（　　）を、すっかり　わすれて　いた。014

1 に　　2 が　　3 は　　4 の

답 1② 2③ 3④ 4② 5① 6④ 7④

8 いそいで　いる（　　　）、すぐ　帰(かえ)ります。015

1　でも　　2　にも　　3　ので　　4　まで

9 A「ぜんぶ　おぼえなければ　なりませんか。」

B「いいえ、1ばんと　4ばん（　　　）　おぼえて　ください。」007

1　だけ　　2　しか　　3　ごろ　　4　にも

10 この　へんは　冬(ふゆ)（　　　）　あたたかい　ところです。009

1　ので　　2　でも　　3　では　　4　のに

11 わたしは　いま　じてんしゃ（　　　）　ほしいです。002

1　が　　2　に　　3　と　　4　で

12 なくなった　祖父(そふ)の　こと（　　　）　思(おも)い出(だ)して　います。018

1　ながら　　2　ばかり　　3　しか　　4　までに

13 にほんの　さけは　こめ（　　　）　つくられます。003

1　ほど　　2　まで　　3　から　　4　にも

14 妹(いもうと)に　カメラ（　　　）　こわされて　本当(ほんとう)に　心(こころ)が　いたむ。021

1　を　　2　に　　3　へ　　4　と

15 ひきだしには　フィルム（　　　）　しゃしん（　　　）　が　入(はい)って　います。011

1　し / し　　2　や / や　　3　など / など　　4　とか / とか

답 8③　9①　10②　11①　12②　13③　14①　15④

16 山田(やまだ)さんから　病気(びょうき)の　おみまい（　　　）　花を　もらいました。013

1　が　　2　に　　3　を　　4　へ

17 新(あたら)しい　じしょを　買わないで、わたしのを　使(つか)えば　よかった（　　　）。016

1　まで　　2　でも　　3　のに　　4　だけ

18 わたしは　できませんから、むすめ（　　　）　やらせて　みましょう。013

1　を　　2　が　　3　に　　4　で

19 みちで　お金を　ひろった（　　　）、こうばんに　とどけました。015

1　ので　　2　に　　3　と　　4　まで

20 だいぶ　（　　　）、ちょっと　休みましょう。003

1　つかれたのに　　2　つかれたから　　3　つかれると　　4　つかれようとした

21 あの　人の　話は　知って　いる　こと（　　　）で、おもしろくなかったです。018

1　しか　　2　より　　3　ほど　　4　ばかり

22 父は　わたし（　　　）　車(くるま)に　のせて、駅(えき)まで　送(おく)って　くれた。021

1　で　　2　を　　3　が　　4　に

23 母は　かぜを　ひいて　ねつが　ある（　　　）、しごとを　休もうと　しません。016

1　より　　2　ほど　　3　でも　　4　のに

답 16② 17③ 18③ 19① 20② 21④ 22② 23④

もんだい2　＿★＿に 入る ものは どれですか。1・2・3・4から いちばん いい ものを 一つ えらんで ください。

24 じこで ＿＿ ＿★＿ ＿＿ ＿＿ けさ じゅぎょうに おくれました。015

1 うごかなかった　2 わたしは　3 電車が　4 ので

25 この 本は 来週(らいしゅう)の ＿＿ ＿＿ ＿★＿ ＿＿ ください。019

1 水曜日(すいようび)　2 かえして　3 までに　4 かならず

26 となりの きょうしつ ＿＿ ＿＿ ＿★＿ ＿＿ まどを しめて ください。003, 015

1 うたが　2 きこえる　3 から　4 ので

27 わたしは いそがしく ＿＿ ＿＿ ＿★＿ ＿＿ 中止(ちゅうし)しました。014, 015

1 ので　2 なった　3 外国へ 行く　4 のを

28 じゅぎょうは ＿＿ ＿★＿ ＿＿ ＿＿ 教(おし)えて ください。001, 003

1 から　2 始(はじ)まる　3 何時　4 か

답 24 ①(3142)　25 ④(1342)　26 ②(3124)　27 ③(2134)　28 ①(3124)

もんだい３　［29］から［33］に　何を　入れますか。文章の　意味を　考えて、１・２・３・４から　いちばん　いい　ものを　一つ　えらんで　ください。

わたし［29］うまれた　ところは、人口の　少ない　小さな　さびしい　むらです。むら［30］はたらく　ところが　ないので、わかい　人たちは、高校を　そつぎょうすると、たいてい　東京や　大阪などへ　はたらきに［31］。

この　むらは、ゆきの　おおい　ことで　有名な　ところです。毎年、［32］、おおぜいの　人が　スキーを　しに　くるので、むらは　かなり　にぎやかに　なります。［33］、むらの　人たちに　とって　いちばん　たのしい　ときは、わかい　人たちが　帰って　くる　お正月です。

29

1 に　　2 か　　3 は　　4 の

30

1 には　　2 まで　　3 でも　　4 から

31

1 いきましょうか　　2 いきます
3 いって　ください　　4 いって　みませんか

32

1 冬(ふゆ)に　なったり　　2 冬(ふゆ)に　なっても
3 冬(ふゆ)に　なると　　4 冬(ふゆ)に　なりながら

33

1 それでは　　2 ですから　　3 たとえば　　4 けれども

핵심 문법 다시 보기

~ので 015 ~하기 때문에, ~이므로　はたらく　ところが　ないので 일할 곳이 없기 때문에(02行)
おおぜいの 人が スキーを しに くるので 많은 사람이 스키를 타러 오기 때문에(05行)

~と 082 ~하면, ~하니까　高校を そつぎょうすると 고등학교를 졸업하면(03行) / 冬(ふゆ)に なると 겨울이 되면(04行)

~に なる 037 ~해지다　にぎやかに なります 떠들썩해집니다(05行)

답 29 ④　30 ①　31 ②　32 ③　33 ④

3 조사 확인문제 001~021 / 31

もんだい1 （　　）に 何を 入れますか。1・2・3・4から いちばん いい ものを 一つ えらんで ください。

1 まいあさ　8時半（じはん）（　　）　教室（きょうしつ）に　入ります。019

1 までで　2 まで　3 にまで　4 までに

2 毎年（まいとし）　2かい（　　）　海外旅行（かいがいりょこう）を　して　います。004

1 ぐらい　2 しか　3 ごろ　4 など

3 わたしは　人（ひと）（　　）　泣（な）かせる　ような　ことは　したく　ない。021

1 へ　2 を　3 に　4 の

4 うつくしい　おんがく（　　）　聞こえます。002

1 を　2 に　3 が　4 で

5 おさけを　飲んだら、ぜったいに　うんてんは　する（　　）。012

1 だよ　2 なよ　3 だか　4 ないか

6 先生が　どこに　いる（　　）　わかりません。001

1 か　2 は　3 の　4 を

7 ふうとう（　　）　切手（きって）を　はって、おくって　ください。013

1 が　2 で　3 に　4 を

답 1④ 2① 3② 4③ 5② 6① 7③

8 母は　いつも　（　　　）ので、病気(びょうき)など　しません。015

1　げんき　　2　げんきだ　　3　げんきに　　4　げんきな

9 えきから　ここまで　バスで　10分（　　　）　こられます。008

1　に　　2　で　　3　ほど　　4　ぐらい

10 A「へやの　なかに　（　　　）　いますか。」

B「いいえ、だれも　いません。」001

1　だれか　　2　だれが　　3　だれは　　4　だれも

11 もっと　買い物（　　　）　べんりな　ところに　ひっこしましょう。002

1　と　　2　が　　3　を　　4　へ

12 きのう　まんがを　20さつ（　　　）　読みました。020

1　も　　2　が　　3　に　　4　で

13 あしたは　あさ　9時（　　　）　わたしの　ところに　来て　ください。019

1　まで　　2　までが　　3　までも　　4　までに

14 田中(たなか)さんは　きょう　（　　　）のに、会社へ　行きました。016

1　病気(びょうき)　　2　病気の　　3　病気な　　4　病気だ

15 この　本には　知(し)らない　こと（　　　）　書いて　あります。018

1　ばかり　　2　までに　　3　しか　　4　にも

답 8 ④　9 ②　10 ①　11 ②　12 ①　13 ④　14 ③　15 ①

16 母は　むすこ（　　　）　へやの　そうじを　てつだわせました。013

1 で　　2 を　　3 に　　4 しか

17 わたし（　　　）　つくった　歌を　聞いて　ください。002

1 は　　2 の　　3 で　　4 に

18 まいとし　交通事故（こうつうじこ）（　　　）　多くの　人が　死（し）にます。008

1 で　　2 を　　3 に　　4 と

19 今夜（こんや）は　たかはしさん（　　　）　デートします。010

1 で　　2 と　　3 の　　4 を

20 すずきさんは　だれと　（　　　）　友だちに　なれます。009, 010

1 をも　　2 へも　　3 でも　　4 にも

21 その　ことは　まだ　山田（やまだ）先生（　　　）　話して　ないのよ。006, 013

1 からも　　2 にしか　　3 とまで　　4 へでも

22 今、信じて　ほしいか　（　　　）　それだけ　言って　ください。001

1 信じたく　なっても　いいか　　2 信じた　ほうが　いいか

3 信じて　ほしく　なるか　　4 信じて　ほしく　ないか

답 16③ 17② 18① 19② 20③ 21② 22④

もんだい 2　＿★＿ に　入る　ものは　どれですか。1・2・3・4から　いちばん　いい　ものを　一つ　えらんで　ください。

23 きのうは　父の ＿＿ ＿＿ ＿★＿ ＿＿ に　くつを　あげました。015

1　だった　　2　たんじょうび　　3　ので　　4　おいわい

24 ＿＿ ＿★＿ ＿＿ ＿＿ ゆうびんきょくが　あります。021

1　みぎへ　　2　まがれば　　3　その　　4　かどを

25 これは　小さくて ＿＿ ＿＿ ＿★＿ ＿＿ ノートパソコンです。016

1　持って　　2　べんりな　　3　あるく　　4　のに

26 ＿＿ ＿＿ ＿★＿ ＿＿ ときで　けっこうです。009

1　いつでも　　2　ごつごうの　　3　いい　　4　あなたの

27 わたしは、ケーキ ＿＿ ＿＿ ＿★＿ ＿＿ は　あまり　すきでは　ありません。011

1　とか　　2　あまい　もの　　3　とかの　　4　チョコレート

답 23 ③(2134)　24 ④(3412)　25 ④(1342)　26 ②(1423)　27 ③(1432)

もんだい3　[28] から [31] に　何を　入れますか。文章の　意味を　考えて、1・2・3・4から　いちばん　いい　ものを　一つ　えらんで　ください。

スミスさんは　アメリカ人の　留学生です。おととしの　4月に　日本に　来ました。スミスさんの　せんこうは　けいざいがくでしたが、げんざいは　大学院　[28]　日本の　ぶんがくを　けんきゅうして　います。アメリカに　いる　ときから　日本の　ぶんがくに　きょうみが　あって、日本で　べんきょうしたかったのです。スミスさんは、アメリカで　7年間も　日本語を　[29]。きょねんから、大学院の　友だちと　いっしょに　日本の　しょうせつを　[30]。来年の　3月まで　日本に　いる　よていですが、[31]　日本語を　おしえたいと　思って　います。

28

1 で　　2 へ　　3 と　　4 に

29

1 べんきょうしたいです
2 べんきょうしました
3 べんきょうしましょうか
4 べんきょうしませんか

30

1 よんで　います
2 よむはずです
3 よんで　あります
4 よむところです

31

1 アメリカに　かえりながら
2 アメリカに　かえりたくて
3 アメリカに　かえったら
4 アメリカに　かえったまま

핵심 문법 다시 보기

～も 020 ～(이)나	7年間(ねんかん)も 7년 동안이나(05行)
～たら 057 ～하면, ～하니까, 하였더니	アメリカに かえったら 미국에 돌아가면(07行)

답 28 ① 29 ② 30 ① 31 ③

3 필수문법

필수문법은 주로 약 65%에 달하는 비율로 출제되었으니 꼼꼼히 잘 체크해 두자.

022 ～あいだ(間) ～하는 동안에, 사이에

「～あいだ」는 동사 ている형과 명사+の에 접속한다. 또한 ～あいだに(～間に)의 형태로 그 기간 내에 완료되는 동작을 나타낸다.

기출 夏休(なつやす)みの 間(あいだ) 여름 방학 동안 2016-2회
わたしが 出張(しゅっちょう)に 行(い)って いる 間 내가 출장을 가 있는 동안 2018-2회

じゅぎょうの 間(あいだ)は しずかに して ください。
수업 동안에는 조용히 해 주세요.

023 いくら ～ても 아무리 ～해도

「いくら ～ても」는 '아무리 ~해도'라는 뜻으로, 동사 て형에 접속한다. 참고로 いくら는 '얼마'라는 어휘에서 온 말이다.

- いくら 電話(でんわ)を かけても 아무리 전화를 걸어도
- いくら 待(ま)っても 아무리 기다려도
- いくら たくさん 食(た)べても 아무리 많이 먹어도
- いくら さがしても 아무리 찾아봐도

유사 표현 どんなに～ても[087] 아무리 ~해도

あの 人(ひと)の 話(はなし)は いくら 聞(き)いても わかりません。
저 사람의 이야기는 아무리 들어도 이해가 가지 않습니다.

024 ～(よ)う ～하겠다, ～하자 ～(よ)うか ～할까

「～(よ)う」는 '～하겠다, ～하자'라는 뜻이다. 접속은 「～う」는 1그룹 동사에, 1그룹 동사 이외에는 よう가 붙는다. 여기에서는 「～う・～よう(할게)」와 조사 か를 접속한 「～うか・ようか(할까?)」의 형태를 익혀 두자.

기출 プレゼントしようか 선물할까? 2017-1회
わたしも すこし 持(も)とうか 나도 좀 들까? 2018-1회

わたしが やろう。 내가 할게.

わたしが 買(か)い物(もの)に 行(い)こうか。 내가 쇼핑을 갈까?

もう 悩(なや)むのは やめよう。 이제 고민은 하지 말자.

お茶(ちゃ)を 入(い)れようか。 차를 끓일까?

025 ～(よ)うと 思(おも)う ～하려고 생각하다

「～(よ)うと 思(おも)う」는 '～하려고 생각하다'라는 뜻으로, 동사 의지형에 접속한다.

- いますぐ 書こうと 思います 지금 바로 쓰려고 생각합니다
- スケートを おぼえようと 思います 스케이트를 배우려고 생각합니다

기출 カレーを 作(つく)ろうと 思(おも)います 카레를 만들려고 합니다 2010-2회
家族(かぞく)に 日本(にほん)の 料理(りょうり)を 作って あげようと 思って います
가족에게 일본 요리를 만들어 주려고 합니다 2010-2회
野球(やきゅう)の 試合(しあい)を 見(み)に 行(い)こうと 思って いるんですが
야구 시합을 보러 가려고 생각하고 있는데 2016-2회
さくらランドに 連(つ)れて いこうと 思って いる
사쿠라랜드에 데려 가려고 생각하고 있다 2019-1회
本(ほん)を たくさん 読(よ)もうと 思います 책을 많이 읽으려고 합니다 2019-2회
プレゼントを おくろうと 思う 선물을 보내려고 생각한다 2021-1회

毎日(まいにち) 少(すこ)しずつ 勉強(べんきょう)しようと 思(おも)って います。
매일 조금씩 공부하려고 생각하고 있습니다.

026 ～(よ)うと する ～하려고 하다

「～(よ)うと する」는 '～하려고 하다'라는 뜻으로, 동사 의지형에 접속한다.

- 家を 出ようと した とき 집을 나가려고 했을 때
- にわに 来た とりを 見ようと したが 뜰에 온 새를 보려고 했는데
- ふろに 入ろうと した とき 목욕을 하려고 했을 때
- 電車を 降りようと した とき 전철에서 내리려고 했을 때

기출 冷静に 話そうと しても 냉정하게 이야기하려고 해도 2010-2회

出かけようと した とき、電話が かかって きました。
외출하려고 했을 때 전화가 걸려 왔습니다.

027 お～ください ～해 주세요

「お～ください」는 '～해 주세요'라는 뜻으로, 동사 ます형에 접속한다. 같은 의미인 「～てください(～해 주세요)」보다 더 정중하게 의뢰할 때 사용된다.

- すわる 앉다 → おすわりください ≒ すわって ください 앉으세요
- 使う 쓰다, 사용하다 → お使いください ≒ 使って ください 쓰세요
- 飲む 마시다 → お飲みください ≒ 飲んで ください 드세요
- 楽しむ 즐기다 → お楽しみください ≒ 楽しんで ください 좋은 시간 되세요
- 待つ 기다리다 → お待ちください ≒ 待って ください 기다려 주세요

この 紙に 住所と お名前を お書きください。
이 종이에 주소와 성함을 적어 주세요.

わたしが 作った やさいジュースです。どうぞ、お飲みください。
제가 만든 야채주스입니다. 자, 드세요.

028 お～する ～하다

「お～する」는 '～하다'라는 뜻으로, 동사 ます형에 접속한다. 이것은 「～ます(～하겠습니다)」보다 자기를 낮추는 표현으로, 우리말의 '～해 드리다'와 비슷하다고 보면 된다. 참고로 「お～する」보다 좀 더 자신을 낮추는 표현은 「お～いたす」이다.

- 持つ 들다 → 持ちます 들겠습니다 → お持ちします 들어 드리겠습니다
- 貸す 빌려 주다 → 貸します 빌려 주겠습니다 → お貸しします 빌려 드리겠습니다
- 会う 만나다 → 会います 만나겠습니다 → お会いします 만나뵙겠습니다
- わたす 건네다 → わたします 건네겠습니다 → おわたしします 건네 드리겠습니다
- 待つ 기다리다 → 待ちます 기다리겠습니다 → お待ちします 기다리겠습니다

この品物は、きれいな　かみで　おつつみしましょう。
이 상품은 예쁜 종이로 포장해 드리겠습니다.

わたしは　山田先生を　6時まで　ここで　お待ちいたします。
저는 야마다 선생님을 여섯 시까지 여기서 기다리겠습니다.

029 お～に なる ～하시다

「お～に なる」는 '~하시다'라는 뜻으로, 동사 ます형에 접속한다. 이것은 「~ます(~합니다)」보다 더 정중하게 표현하고 싶을 때 사용된다.

- お帰りに なりますか 돌아가십니까?
- おもどりに なりますか 되돌아오십니까?
- お飲みに なりますか 마시겠습니까?
- お答えに なりますか 대답하십니까?

社長は、いま　新聞を　お読みに　なって　います。
사장님은 지금 신문을 읽고 계십니다.

先生は　すぐ　おもどりに　なりますか。
선생님은 바로 (되)돌아오십니까?

A **そろそろ　帰らなくては　いけません。**
슬슬 집에 가야만 합니다.

B **あら、お急ぎに　ならなくても　いいでしょう。**
어머, 서두르시지 않아도 될 텐데요.

030 ～おわる 다 ~하다

「~おわる」는 '다 ~하다'라는 뜻으로, 동사 ます형에 접속한다.

- お金を あつめおわった 돈을 다 모았다
- 読みおわったら 다 읽으면
- ご飯を 食べおわると 밥을 다 먹었더니
- ベルが なりおわってから 종이 다 울리고 나서

晩(ばん)ご飯(はん)を　食(た)べおわってから、みんなで　ゲームを　した。
저녁밥을 다 먹고 나서 모두 함께 게임을 했다.

みんなから　パーティーの　お金(かね)を　あつめおわった　ところです。
모두에게서 파티 회비를 다 걷은 참입니다.

031 ～が する ~이 나다, ~이 든다

「～が する」는 '~이 나다, ~이 든다'라는 뜻으로, 동사 する(하다)는 일반적으로 타동사의 역할을 하므로 조사 を가 오지만, 여기서는 が가 오기 때문에 시험에 자주 출제된다. 이 표현은 자주 연결되는 단어, 즉 味(あじ)(맛)・におい(냄새)・声(こえ)(목소리)・音(おと)(소리)・気(き)(기분) 등과 함께 알아두는 것이 좋다.

- たまごの 味(あじ)が します 계란 맛이 납니다
- いい においが します 좋은 향기가 납니다

기출 何(なに)かが　焼(や)けて　いる　ような　においが　しますね
뭔가 타고 있는 듯한 냄새가 나네요 2012-1회

音(おと)が　する 소리가 나다 2017-1회

だれかが　話(はな)す　声(こえ)が　したので
누군가가 이야기하는 소리가 들렸기 때문에 2018-1회

げんかんで　「ごめんください」と　いう　声(こえ)が　しました。
현관에서 '실례합니다'라는 소리가 났습니다.

この　へんは　よる　おそくまで　車(くるま)の　音(おと)が　します。
이 주변은 밤늦게까지 차 소리가 납니다.

032 ～方(かた) ~하는 방법

「～方 (かた) 」는 '~하는 방법'이라는 뜻으로, 동사 ます형에 접속한다. 이 표현은 문장을 명사로 만들기 때문에 대부분 앞의 목적격 조사 を가 の로 바뀐다는 것에 주의해야 한다.

- インターネットを 使(つか)います 인터넷을 사용합니다 → インターネットの 使いかた 인터넷 사용법
- 料理(りょうり)を 作(つく)ります 요리를 만듭니다 → 料理の 作りかた 요리 만드는 법
- メールを 書(か)きます 메일을 씁니다 → メールの 書きかた 메일 쓰는 법
- あいさつを します 인사를 합니다 → あいさつの しかた 인사하는 법

기출 友だちに 泳ぎ方を 教えて もらった
친구가 헤엄치는 방법을 가르쳐 주었다 2016-2회
料理を はしを 使って 食べたくて 使い方の れんしゅうを
요리를 젓가락을 써서 먹고 싶어서 사용법 연습을 2021-1회

この 字の 読み方を 教えて ください。
이 글자의 읽는 법을 가르쳐 주세요.

033 ~がって いる ~워하고 있다

「~がって いる」는 '~워하고 있다'라는 뜻으로, 일반적으로 い형용사와 な형용사의 어간에 접속하여 '그렇게 느끼다, 그런 모습을 보이다'라는 의미를 나타낸다. N4 시험에서는 기본형인 「~がる(~워하다)」보다 현재 진행형인 「~がって いる」가 많이 출제되고 있다. 참고로 「~が ほしい(~을 갖고 싶다)」는 「~を ほしがって いる(~을 갖고 싶어하고 있다)」와 같이, ほしい가 ほしがる로 바뀜과 동시에 조사 が가 を로 바뀐다는 점도 잘 익혀 두자.

- さむい 〈나〉 춥다 → さむがって いる 〈제삼자〉 추워하고 있다

참고 はずかしい 부끄럽다 〈い형용사〉 → はずかしがる 부끄러워하다 〈い형용사의 동사화〉
→ はずかしがらないで 부끄러워하지 말고 〈동사화된 형태의 부정형〉

走った あとで、子どもたちが つめたい 水を ほしがって いる。
달린 뒤에 아이들이 차가운 물을 마시고 싶어하고 있다.

だんぼうが ないので、みんな 寒がって います。
난방이 없어서 모두 추워하고 있습니다.

034 ~か どうか ~인지 아닌지, ~할지 어떨지

「~か どうか」는 '~인지 아닌지, ~할지 어떨지'라는 뜻으로, 동사와 い형용사의 여러 형태에 접속한다. 이 표현은 두 가지의 가능성 중 어느 쪽인지 확실히 알 수가 없을 때 사용한다.

- 大学を そつぎょうできたか どうか 대학을 졸업할 수 있었는지 없었는지
- こんばん パーティーが あるか どうか 오늘 밤 파티가 있을지 없을지
- その 友だちが あした ここに 来るか どうか 그 친구가 내일 여기에 올지 어떨지

기출 できるか　どうか 할 수 있을지 어떨지 2018-2회
歩きやすいか　どうか 걷기 편한지 어떤지 2022-1회

むすめが　この　プレゼントを　よろこぶか　どうか　わかりません。
딸이 이 선물을 기뻐할지 어떨지 모르겠습니다.

035 ～かも しれない ~지도 모른다

「～かも しれない」는 '~지도 모른다'라는 뜻으로, 명사는 직접, 동사는 사전형에, な형용사는 어간에 접속한다. 이는 추측을 나타내는 표현 중 하나로, 공손한 표현으로는 「～かも しれません(~할지도 모르겠습니다)」이 된다. 참고로 비슷한 뜻의 「～だろう(~일 것이다) / ～でしょう(~일 것입니다)」는 어떤 근거에 의한 화자의 추측을 나타내는데, 단정은 할 수 없으나 그것이 사실이라고 생각하는 화자의 기분이 강한 표현이다. 이에 반해 「～かも しれない」는 하나의 가능성으로서 그렇게 생각할 수 있다는 기분으로 말하는 표현이다.

- 病気かも しれない 병일지도 모른다 〈명사 접속〉
- 雨が ふるかも しれない 비가 올지도 모른다 〈동사 접속〉
- しずかかも しれません 조용할지도 모릅니다 〈な형용사 접속〉

유사 표현 ～だろう 058 ~일 것이다

기출 間い合うかも　しれないから 시간에 맞출지도 모르니까 2011-1회
遅れるかも　しれません 늦을지도 모릅니다 2016-2회
帰りは　荷物が　増えるかも　しれないし
집에 오는 길에는 짐이 늘어날지도 모르고 2017-2회
車で　行くより　歩いて　行くほうが　速いかも　しれません
자동차로 가는 것보다 걸어서 가는 편이 빠를지도 모릅니다 2018-1회
家族たちが　知ったら　おどろくかも　しれません
가족들이 알면 놀랄지도 모릅니다 2018-1회
電車が　遅れて　いるのかも　しれません
전철이 늦는 걸지도 몰라요 2021-1회

こんどの　日曜日は　ひまかも　しれません。 이번 일요일에는 시간이 있을지도 모르겠습니다.

先生に　いくら　たのんでも　だめかも　しれません。
선생님에게 아무리 부탁해도 안 될지도 모릅니다.

036 ～く する／～に する ～하게 하다

각 い형용사와 な형용사에 붙어 '～하게 하다'라는 뜻을 나타낸다. 형용사가 부사 역할로 쓰이는「い형용사+く+동사」와「な형용사+に+동사」 역시 종종 출제되므로 같이 알아두자.

기출 大切(たいせつ)に　します 소중히 여기겠습니다 2011-1회

おもちゃを　大切に　して　いる 장난감을 소중히 간직하고 있다 2017-1회

部屋(へや)を　きれいに　した 방을 깨끗하게 했다 2018-2회

そふが　くれた　カメラを　大切に　使(つか)って　います
할아버지가 준 카메라를 소중히 사용하고 있습니다 2016-2회

へやを　明(あか)るく　しました。방을 밝게 했습니다.

公園(こうえん)を　きれいに　しました。공원을 깨끗하게 했습니다.

037 ～く なる／～に なる ～해지다

「～に　なる」는 명사와 な형용사,「～く　なる」는 い형용사에 접속하여 '～이 되다, ~해지다'라는 뜻으로 쓰인다.

기출 ポチを　かってからは　さびしく　なく　なりました
포치를 기르고 나서는 외로움이 없어졌습니다 2011-1회

見(み)えなく　なりました 보이지 않게 되었습니다 2019-1회

おおぜいの　人(ひと)に　教(おし)えたく　なりました
많은 사람에게 알려주고 싶어졌습니다 2019-2회

旅行(りょこう)したく　なりました 여행하고 싶어졌습니다 2021-2회

乗(の)らなく　なりました 타지 않게 되었습니다 2022-1회

へやが　明(あか)るく　なりました。방이 밝아졌습니다.

公園(こうえん)が　きれいに　なりました。공원이 깨끗해졌습니다.

4 필수문법 확인문제 022~037 / 33

もんだい１　（　　）に 何を 入れますか。１・２・３・４から いちばん いい ものを 一つ えらんで ください。

1 あなたが　（　　）　待って(ま)も、はなこさんは　来ないでしょう。023

1 どうして　2 どこ　3 いくら　4 どのくらい

2 A「この　かいぎしつを　使(つか)わせて　くださいませんか。」

B「はい、（　　）。」027

1 くださいません　2 くださいます

3 お使いください　4 使わせて　ください

3 山田(やまだ)さんは　かおいろが　あおい。（　　）かも　しれない。035

1 病気(びょうき)　2 病気な　3 病気の　4 病気だ

4 わたしは　きかいが　あれば、京都(きょうと)へ　（　　）と　思って　います。025

1 行き　2 行った　3 行って　4 行こう

5 ふろに　（　　）と　した　とき、友だちが　電話(でんわ)を　かけて　きました。026

1 入る　2 入って　3 入ろう　4 入るよう

6 この　ジュースは　トマトの　味(あじ)（　　）　します。031

1 を　2 の　3 で　4 が

7 これから　映画(えいが)が　始(はじ)まりますから、どうぞ　最後(さいご)まで　（　　）ください。027

1 お楽(たの)しみ　2 ご楽しみ　3 楽しみなさり　4 楽しみに　なり

답 1③ 2③ 3① 4④ 5③ 6④ 7①

8 わたしを　（　　　）　くださった　母と　父に　感謝(かんしゃ)して　います。036

1　大(おお)きく　したくて　　2　大きく　なって

3　大きで　して　　4　大きく　して

9 （　　　）　たくさん　食べても、すぐに　おなかが　すいて　しまいます。023

1　どこ　　2　いくら　　3　いくつ　　4　どれくらい

10 その　荷物(にもつ)は　わたしが　お持(も)ち（　　　）。028

1　です　　2　います　　3　します　　4　なります

11 バスを　（　　　）と　した　とき、ころんで　けがを　しました。026

1　おり　　2　おりる　　3　おりて　　4　おりよう

12 田中(たなか)さんは　来年(らいねん)　（　　　）かも　しれません。035

1　けっこんする　　2　けっこんして　　3　けっこんします　　4　けっこんしよう

13 むすめは、ごはんを　（　　　）と　すぐに　勉強(べんきょう)を　始(はじ)めました。030

1　食べたおわる　　2　食べて　おわる　　3　食べおわる　　4　食べれば　おわる

14 きょうは　この　本を　（　　　）と　思って　います。025

1　よもう　　2　よむよう　　3　よむろう　　4　よみよう

15 A「わたしは　はしの　使(つか)い方(かた)は　ぜんぜん　わかりません。」

B「はしの　使い方なら、わたしが　（　　　）。」028

1　お教(おし)えに　なります　　2　お教えします

3　教えて　います　　4　教えて　おります

답 8④　9②　10③　11④　12①　13③　14①　15②

16 この　料理(りょうり)の　（　　　）かたを　教(おし)えて　ください。032

1　作り　　2　作る　　3　作って　　4　作ろう

17 かれは　もう　帰国(きこく)した（　　　）　知(し)って　いますか。034

1　ように　　2　か　どうか　　3　だろうを　　4　ことが

18 歩(ある)く　人の　（　　　）から　出入(でい)り口(ぐち)に　ものを　置(お)いては　いけません。037

1　じゃまで　なる　　2　じゃまを　なる　　3　じゃまが　なる　　4　じゃまに　なる

19 兄(あに)は　あかるい　いろの　ようふくを　（　　　）　います。033

1　ほしがって　　2　ほしくて　　3　ほしいって　　4　ほしくって

20 この　りんごは　おいしい　（　　　）　食べて　みましょう。034

1　ように　　2　ことが　　3　か　どうか　　4　だろうを

21 このごろの　わかい　人は　あいさつの　（　　　）かたも　知りません。032

1　して　　2　し　　3　する　　4　するの

22 A「その　ざっし、（　　　）おわったら　貸(か)して　くださいませんか。」
B「ええ、いいですよ。」030

1　読む　　2　読み　　3　読め　　4　読んだ

23 社長(しゃちょう)は　もう　（　　　）。029

1　お帰(かえ)りいたしました　　2　お帰りに　しました
3　お帰りされました　　4　お帰りに　なりました

답 16 ①　17 ②　18 ④　19 ①　20 ③　21 ②　22 ②　23 ④

もんだい２　＿★＿に 入る ものは どれですか。1・2・3・4から いちばん いい ものを 一つ えらんで ください。

24 友だちは じぶんで ペンを 持って ＿＿ ＿＿ ＿★＿ ＿＿ と します。026

1 いつも　2 こないで　3 わたしのを　4 つかおう

25 国(くに)に おかえりに なったら ＿＿ ＿★＿ ＿＿ ＿＿ ください。027

1 に　2 おつたえ　3 ごりょうしん　4 よろしく

26 いくら ＿＿ ＿＿ ＿★＿ ＿＿ 買う ことは できません。023

1 お金を　2 この　3 出しても　4 しなものを

27 かいぎに ＿＿ ＿＿ ＿★＿ ＿＿ ください。034

1 しゅっせきする　2 か　3 知(し)らせて　4 どうか

28 そらが だいぶ くらく なって きたから ＿＿ ＿＿ ＿★＿ ＿＿ しれません。035

1 ふって　2 くる　3 かも　4 雨が

답 24 ③(2134) 25 ①(3142) 26 ②(1324) 27 ④(1243) 28 ②(4123)

もんだい３　[29] から [33] に　何を　入れますか。文章の　意味を　考えて、
1・2・3・4から　いちばん　いい　ものを　一つ　えらんで　ください。

下の　文章は　山下さんの　作文です。

山下太郎

みなさん、[29]。わたしは　山下太郎と　いいます。

わたしは　子どもの　ころから　絵を　かくのが　大好きでした。こくばんの字を　写す　ふりを　して　ノートに　えんぴつで　絵ばかり　かいて　いたので、先生に　よく　[30]。「先生の　話を　聞きなさい」と。

その　ころ　かいて　いたのは　まどの　外の　風景であったり、先生や　友だちの　かおだったり　しました。中学校の　ころ　[31]　画家に　なりたいと思って　いたのです。画家に　なるのは　むずかしいと　わかって　いたので、[32]　しゅみとして　絵を　続けて　いこうと　思って　いました。

高校生に　なってから　字を　書く　ことにも　きょうみを　[33]。ふでやペンで　書く　字、手や　ブラシで　書く　字など、いろいろな　書き方を　ためして　遊んで　いました。

29

1　こちらこそ　　2　おだいじに　　3　こんにちは　　4　さようなら

30

1　注意(ちゅうい)しました　　2　注意(ちゅうい)されました
3　注意(ちゅうい)させました　　4　注意(ちゅうい)して　ください

31

1　までは　　2　だけは　　3　などは　　4　ばかりは

32

1　しかしながら　　2　なれはじめれば　　3　できるだけ　　4　なれなければ

33

1　持(も)って　いる　ところです　　2　持(も)つ　ように　なりました
3　持(も)って　みませんか　　4　持(も)つ　ことに　なって　います

핵심 문법 다시 보기

~ばかり 018 ~만	絵ばかり かいて 그림만 그리고(04行)
~ので 015 ~이므로, ~때문에	かいて いたので 그리고 있었기 때문에(04行)
~(ら)れる 112 ~함을 당하다	先生に よく 注意されました 선생님에게 자주 주의를 받았습니다(05行)
~なさい 091 ~해라	先生の 話を 聞きなさい 선생님 이야기를 들어라(05行)
~(よ)うと 思う 025 ~하려고 생각하다	絵を 続けて いこうと 思って いました 그림을 계속해 가려고 생각하고 있었습니다(09行)
~ように なる 109 ~하게 되다	きょうみを 持つ ように なりました 흥미를 가지게 되었습니다(10行)
~方 032 ~하는 방법	いろいろな 書き方を ためして 여러 가지 쓰는 법을 시험하면서(11行)

답 29 ③　30 ②　31 ①　32 ④　33 ②

038 ～こと ～일, ～것

「～こと」는 '～일, ～것'이라는 뜻으로 형식명사 중의 하나이다. 형식명사란 문법적으로 명사와 같은 성질을 갖는 것을 말하는데, 단독으로는 사용할 수 없기 때문에 반드시 앞에 연체수식어가 온다. こと와 の가 가장 많이 쓰이는 형식명사로, 주로 추상적이고 개념적일수록 こと, 구체적이고 오감으로 다루어지는 대상일수록 の를 사용한다.

- 入院(にゅういん)した ことを 입원한 것을
- 会議(かいぎ)が ある ことを 회의가 있다는 것을
- どんな ことを 어떤 일을
- きのう ならった ことを 어제 배운 것을

관련 표현 ～の[014] ～것

わたしが ここに いる ことを だれから 聞(き)きましたか。
내가 여기에 있는 것을 누구에게 들었습니까?

A 土曜日(どようび)には どんな ことを しますか。 토요일에는 어떤 일을 합니까?
B テレビを 見(み)たり、本(ほん)を 読(よ)んだり します。 TV를 보거나 책을 읽거나 합니다.

039 ～ことが ある ～할 때가 있다, ～할 경우가 있다

「～ことが ある」는 '～할 때가 있다, ～할 경우가 있다'라는 뜻으로, 동사 사전형과 동사 ない형에 접속한다. 주로 「～ことが ときどき あります」와 같이 ときどき(때때로, 간혹)라는 부사를 중간에 넣어 출제되는 경향이 많다.

- 名前(なまえ)が 思(おも)い出(だ)せない ことが ときどき ある 이름이 생각나지 않을 때가 간혹 있다
- だんぼうを 使(つか)わない ことが ときどき ある 난방을 사용하지 않을 때가 때때로 있다
- ここから とおくの 山(やま)が 見(み)える ことが ある 여기서 먼 산이 보일 때가 있다
- 雨(あめ)が ふる ことが ときどき ある 비가 내릴 때가 간혹 있다

관련 표현 ～た ことが ある[052] ～한 적이 있다 〈경험〉

あの 学生(がくせい)は ときどき 学校(がっこう)を 休(やす)む ことが あります。
저 학생은 가끔 학교를 쉴 때가 있습니다.

田中(たなか)さんは 朝(あさ)ごはんを 食(た)べない ことが ときどき あります。
다나카 씨는 아침을 먹지 않을 때가 간혹 있습니다.

040 ～ことが できる ~할 수 있다

「～ことが できる」는 '~할 수(가) 있다'라는 뜻으로, 동사 사전형이나 사역형 등에 접속한다.

- 見(み)る ことが できます 볼 수 있습니다 ＝ 見られます 볼 수 있습니다
- しらべる ことが できます 조사할 수 있습니다 ＝ しらべられます 조사할 수 있습니다
- 切(き)る ことが できます 자를 수 있습니다 ＝ 切れます 자를 수 있습니다
- ねる ことが できません 잘 수 없습니다 ＝ ねられません 잘 수 없습니다

유사 표현 ～(ら)れる[113] ~할 수 있다(가능동사)

기출 ペットと いっしょに とまる ことが できます
반려동물과 함께 머물 수 있습니다 2017-2회
登(のぼ)る ことが できて うれしかった 오를 수 있어서 기뻤다 2019-2회
安心(あんしん)させる ことが できました 안심시킬 수 있었습니다 2021-1회
ギターを ひく ことが できる 기타를 칠 수 있다 2023-2회

あなたは 日本語(にほんご)で 手紙(てがみ)を 書(か)く ことが できますか。
당신은 일본어로 편지를 쓸 수 있습니까?

しゅくだいが あるため、こんやは 寝(ね)る ことが できない。
숙제가 있어서 오늘밤에는 잘 수 없다.

041 ～ことに する ~하기로 하다

「～ことに する」는 '~하기로 하다'라는 뜻으로, 동사 사전형과 동사 ない형에 접속한다. 참고로 「～ことに する」는 자신의 의지로 결정하는 것에 사용하고, 「～ことに なる(~하게 되다)」는 자신의 의지와는 관계없이 집단이나 조직의 결정 또는 자연의 섭리를 나타낼 때 사용한다.

- 国(くに)へ 帰(かえ)る ことに しました 고향에 돌아가기로 했습니다
- タバコを やめる ことに しました 담배를 끊기로 했습니다
- カメラは 買(か)わない ことに しました 카메라는 사지 않기로 했습니다
- アルコールは もう 飲(の)まない ことに する 술은 이제 마시지 않기로 하다

관련 표현 ～ことに なる[042] ~하게 되다

기출 ひっこしを する ことに しました
이사를 하기로 했습니다 2013-1회

ピアノを 習う(なら) ことに しました 피아노를 배우기로 했습니다 2021-2회
帰らない(かえ) ことに しました 집에 가지 않기로 했습니다 2023-1회

わたしは 毎日(まいにち) ジョギングを する ことに しました。
나는 매일 조깅을 하기로 했습니다.

わたしは 今日(きょう)から タバコを すわない ことに しました。
나는 오늘부터 담배를 피우지 않기로 했습니다.

042 ～ことに なる/～ことに なって いる

~하게 되다 / ~하기로 되어 있다

「～ことに なる/～ことに なって いる」는 '~하게 되다/~하기로 되어 있다'라는 뜻으로, 동사 사전형에 접속한다. 「～ことに なる」는 자신의 의지와는 관계없이 집단이나 조직의 결정 또는 자연의 섭리를 나타내는데, 「～ことに なった(~하게 되었다)」라는 확정의 표현으로 자주 출제되고 있다. 「～ことに なって いる」는 규칙이나 규정과 같이 의사결정을 통해서 정해진 기정 사실을 나타낸다.

확정

- 東京(とうきょう)に 行(い)く ことに なりました 도쿄에 가게 되었습니다
- 来週(らいしゅう) パーティーを する ことに なった 다음 주에 파티를 하게 되었다
- ぼうえき会社(がいしゃ)で はたらく ことに なりました 무역회사에서 일하게 되었습니다

기정 사실

- ここに あつまる ことに なって いる 이곳에 모이기로 되어 있다
- お金(かね)を はらう ことに なって います 돈을 지불하기로 되어 있습니다
- 一週間(いっしゅうかん) いないに かえす ことに なって います 일주일 이내에 돌려주기로 되어 있습니다

관련 표현 ～ことに する[041] ~하기로 하다

기출 国(くに)から 来(く)る ことに なった 고향에서 오게 되었다 2018-1회
うちに とまりに 来(く)る ことに なりました
우리집에 머물러 오게 되었습니다 2021-2회

わたしは 来年(らいねん)、日本(にほん)へ 行(い)く ことに なりました。 확정
나는 내년에 일본에 가게 되었습니다.

この 学校(がっこう)では 2か月(げつ)に いちど 試験(しけん)を する ことに なって います。
이 학교에서는 두 달에 한 번 시험을 치게 되어 있습니다. 기정 사실

043 ～さ ～함

「～さ」는 '～함'이라는 뜻으로, い형용사와 な형용사의 어간에 접속한다. 이것은 い형용사와 な형용사를 명사화하는데, 간혹 한국어로는 해석이 잘 안 되는 경우가 있다.

- かるい 가볍다 → かるさ 가벼움
- 高(たか)い 높다 → 高さ 높이
- 重(おも)い 무겁다 → 重さ 무게
- 広(ひろ)い 넓다 → 広さ 넓이
- 長(なが)い 길다 → 長さ 길이
- にぎやかだ 번화하다 → にぎやかさ 번화함

この　いけは、ふかさが　2メートルぐらい　ありそうです。
이 연못은 깊이가 2미터 정도 되는 듯합니다.

044 ～し ～하고, ～하니까

「～し」는 '～하고, ～하니까'라는 뜻으로, 일반적으로 い형용사 사전형, な형용사+だ에 접속하는 접속조사이다. N4 시험에서는 주로 조사를 고르는 문제로 자주 출제되고 있으며, 사물을 열거할 때, 이유를 열거할 때 등 다양하게 사용할 수 있는 아주 편리한 접속조사이다.

- 味(あじ)も　わるいし、ねだんも　高(たか)いです 맛도 나쁘고 값도 비쌉니다
- あたまも　いいし、スポーツも　よく　できます 머리도 좋고 운동도 아주 잘합니다
- ギターも　ひけるし　歌(うた)も　じょうずです 기타도 칠 수 있고 노래도 잘합니다
- もう　おそいし、つかれたから 이미 늦었고 피곤하니까

기출 風(かぜ)が　強(つよ)いし 바람이 세고 2011-1회
帰(かえ)りは　荷物(にもつ)が　増(ふ)えるかも　しれないし
돌아오는 길에는 짐이 늘지도 모르니까 2017-2회

ばらの　花(はな)は　色(いろ)も　きれいだし、においも　いいです。
장미꽃은 색깔도 예쁘고 향기도 좋습니다.

あたまが　いたいし、ねつが　あるから、きょうは　休(やす)みます。
머리가 아프고 열이 있으니 오늘은 쉬겠습니다.

045 ~すぎる 너무 ~하다

「~すぎる」는 '너무 ~하다, 지나치게 ~하다'라는 뜻으로, 동사 ます형, い형용사·な형용사의 어간에 접속한다. 이것은 어떤 동작이나 상태가 도에 지나쳐 바람직하지 못한 상황을 표현할 때 주로 쓰인다.

- ごちそうを 食(た)べすぎて 맛있는 것을 너무 먹어서
- おさけを 飲(の)みすぎました 술을 과음했습니다
- 買(か)い物(もの)を しすぎて 쇼핑을 너무 해서
- コピーの 字(じ)が うすすぎて 복사한 글씨가 너무 흐려서

기출 すいかは 大(おお)きすぎて、れいぞうこに 入(はい)らない
수박은 너무 커서 냉장고에 안 들어간다 2011-1회

さとうを 入(い)れすぎると、とても あまい 味(あじ)に なります。
설탕을 너무 많이 넣으면 아주 단맛이 됩니다.

この かばんは 大(おお)きすぎて ふべんです。
이 가방은 너무 커서 불편합니다.

046 ~ずに・~ないで ~하지 않고, ~하지 말고

「~ずに・~ないで」는 '~하지 않고, ~하지 말고'라는 뜻으로, 동사 ない형에 접속한다.

- ご飯(はん)を 食(た)べずに 밥을 먹지 않고
- テキストを 見(み)ずに 교재를 보지 말고
- どこへも 行(い)かないで 아무데도 가지 않고
- 何(なに)も 買(か)わないで 아무것도 사지 않고

기출 さとうを 入(い)れないで 飲(の)みます 설탕을 넣지 않고 마십니다 2017-2회
コーヒーは さとうを 入(い)れないで 飲(の)むが
커피는 설탕을 넣지 않고 마시지만 2021-2회
朝(あさ)ご飯(はん)を 食(た)べないで 出(で)かける 아침밥을 먹지 않고 외출한다 2022-1회

本(ほん)を 見(み)ずに 答(こた)えて ください。
책을 보지 말고 대답해 주세요.

兄(あに)は かばんも 持(も)たずに 家(いえ)を 出(で)ました。
형은 가방도 안 들고 집을 나갔습니다.

わたしは けさ ご飯を 食べないで 来(き)ました。
나는 오늘 아침에 밥을 먹지 않고 왔습니다.

047 ~(さ)せて ください ~하게 해 주세요

「~(さ)せて ください」는 '~하게 해 주세요'라는 뜻으로, 동사 ない형에 접속한다. 이것은 사역형+의뢰 표현의 형태로 상대방에게 허가를 구할 때 많이 쓰이는 표현이다.

- じゅぎょうを 休(やす)ませて ください 수업을 쉬게 해 주세요
- 先(さき)に 帰(かえ)らせて ください 먼저 돌아가게 해 주세요
- ぜひ、わたしに やらせて ください 꼭 저한테 시켜 주세요

기출 ぜひ 撮(と)らせて ください 꼭 찍게 해 주세요 2018-1회

今(いま)から アルバイトに 行(い)くので、先(さき)に 帰(かえ)らせて ください。
지금부터 아르바이트하러 가야 하기 때문에 먼저 돌아가게 해 주세요 .

ねつが あるので、今日(きょう)は 体育(たいいく)の じゅぎょうを 休(やす)ませて ください。
열이 있으니 오늘은 체육 수업을 쉬게 해 주세요.

048 ~(さ)せられる 억지로 ~하다

「~(さ)せられる」는 '억지로 ~하다'라는 뜻으로, 동사 ない형에 접속한다. 이것은 사역수동형으로 자신의 의지와는 상관없이 남의 요구에 의하여, 또는 어쩔 수 없는 상황에 의해 행동하는 경우에 사용된다.

- 母(はは)に 買(か)い物(もの)に 行(い)かせられました 어머니는 억지로 쇼핑을 가게 했습니다
- 医者(いしゃ)に すぐ 入院(にゅういん)させられました 의사는 바로 입원을 시켰습니다
- よく 母(はは)に 家(いえ)の そうじを させられました 종종 어머니는 억지로 집 청소를 시켰습니다
- 彼女(かのじょ)は おそくまで しごとを させられて いるらしい 그녀는 늦게까지 억지로 일을 하고 있는 것 같다

かのじょは 子(こ)どもの ころ、お母(かあ)さんに いろいろな 野菜(やさい)を 食(た)べさせられました。 어렸을 적에 어머니는 그녀에게 억지로 여러 채소를 먹였습니다.

わるい ことばかり して いると、学校(がっこう)を やめさせられるよ。
나쁜 짓만 하고 있으면, 학교를 잘리게 될거야.

049 ～(さ)せる ～하게 하다

「～(さ)せる」는 '~하게 하다'라는 뜻의 사역 표현으로, 동사 ない형에 접속한다. 이것은 상대방으로 하여금 어떠한 행동을 하도록 시키는 것으로, 허용, 방임, 유발 등 그 의미의 폭이 넓게 쓰인다.

- わたしに あいさつを させました 나에게 인사를 시켰습니다
- 生徒(せいと)を 家(いえ)に 帰(かえ)らせました 학생을 집에 돌아가게 했습니다
- 長(なが)く 待(ま)たせるのは 오래 기다리게 하는 것은
- 山(やま)の 上(うえ)まで 歩(ある)かせるのは 산 위까지 걷게 하는 것은

기출 両親(りょうしん)を 安心(あんしん)させる 부모님을 안심시키다 2021-1회
ピアノ教室(きょうしつ)に 通(かよ)わせます 피아노 교실에 다니게 합니다 2022-2회

大(おお)きな しごとだから、新入社員(しんにゅうしゃいん)に 行(い)かせるのは しんぱいだ。
큰 업무이기 때문에 신입사원에게 가게 하는 것은 걱정이다.

さんぽに 行(い)くので、かれは 子(こ)どもに くつを はかせた。
산책하러 가기 때문에 그는 아이에게 신발을 신게 했다.

もんだい１ （　　）に 何を 入れますか。１・２・３・４から いちばん いい ものを 一つ えらんで ください。

1 きのう 山田(やまだ)さんが 入院(にゅういん)した （　　）を 聞きましたか。038

1 もの　2 はず　3 ため　4 こと

2 今週(こんしゅう)の 土曜日 パーティーを する こと（　　） なったんです。042

1 が　2 に　3 を　4 で

3 その コンピューターの （　　）に おどろいた。043

1 かるい　2 かるく　3 かるさ　4 かるくて

4 天気(てんき)が いい 日は、おくじょうから とおくの 山が （　　）。039

1 見る ことを できます　2 見える ことが できます

3 見る ことが あります　4 見える ことが あります

5 図書館(としょかん)で 日本の れきしを （　　） ことが できます。040

1 しらべた　2 しらべられる　3 しらべる　4 しらべて

6 この みせは 味(あじ)も わるい（　　）、ねだんも 高いですね。044

1 に　2 で　3 と　4 し

7 今度の 冬休(ふゆやす)みは アメリカへ 行く （　　）に しました。041

1 こと　2 もの　3 わけ　4 ところ

답 1④ 2② 3③ 4④ 5③ 6④ 7①

8 きょう　じゅぎょうが　ある　（　　　）を　知(し)りませんでした。038

1　ため　2　もの　3　こと　4　はず

9 山田(やまだ)さんは　勉強(べんきょう)も　できる　（　　　）、スポーツも　できます。044

1　と　2　で　3　に　4　し

10 来月(らいげつ)から　ゆうびんきょくで　はたらく　（　　　）に　なりました。042

1　もの　2　こと　3　の　4　ころ

11 きょうの　べんきょうは、これで　やめる　（　　　）。041

1　ことでしょう　2　ことが　あります

3　ことに　しましょう　4　ことが　います

12 顔(かお)は　思(おも)い出(だ)しても、名前(なまえ)が　思い出せない　ことが　ときどき　（　　　）。039

1　います　2　します　3　あります　4　なります

13 わたしの　へやの　（　　　）は　この　へやと　だいたい　同(おな)じです。043

1　広(ひろ)さ　2　広い　3　広く　4　広くて

14 子どもの　とき、わたしは　せんたくが　きらいでしたが、よく　母に　かぞくの　せんたくを　（　　　）。048

1　しました　2　されさせました　3　できました　4　させられました

15 森(もり)さんは　買(か)い物(もの)を　（　　　）すぎて、お金が　なくなった。045

1　せ　2　し　3　して　4　する

답 8 ③　9 ④　10 ②　11 ③　12 ③　13 ①　14 ④　15 ②

16 楽しい 音楽を あかちゃんに たくさん （　　）。049

1 聞かせます　2 聞かれます　3 聞けます　4 聞こえます

17 わたしは、きょう 朝ご飯を （　　） 学校へ 来ました。046

1 食べずで　2 食べずに　3 食べなくて　4 食べなしで

18 わたしは かぜを ひいて しまいました。あした 学校を （　　） ください。047

1 休んで　2 休ませて　3 休まれて　4 休んで みて

19 この もんだいは （　　）すぎて、こたえられません。045

1 むずかし　2 むずかしく　3 むずかしい　4 むずかしくて

20 田中さんは 病気が とても 重かったので、医者に すぐ 入院 （　　）ました。048

1 さし　2 させ　3 され　4 させられ

21 先生は 病気の 学生を 家に （　　）。049

1 帰りました　2 帰られました　3 帰らせました　4 帰って いました

22 この ことは 林さんに （　　） おきましょう。046

1 知らせたくて　2 知らせなくて　3 知らせないで　4 知らせたがって

답 16 ① 17 ② 18 ② 19 ① 20 ④ 21 ③ 22 ③

もんだい2　＿★＿に 入る ものは どれですか。1・2・3・4から いちばん いい ものを 一つ えらんで ください。

23 あそびながら ＿＿ ＿＿ ＿★＿ ＿＿ ソフトが あります。040

1 ことが　　2 漢字(かんじ)を　　3 できる　　4 おぼえる

24 図書館(としょかん)では 本を かしますが、一週間 ＿＿ ＿＿ ＿★＿ ＿＿ います。042

1 いないに　　2 ことに　　3 なって　　4 かえす

25 わたしの アパートは ＿＿ ＿＿ ＿★＿ ＿＿ ところに あります。044

1 買(か)い物(もの)にも　　2 ちかいし　　3 駅(えき)に　　4 べんりな

26 A「夏(なつ)は ＿＿ ＿＿ ＿★＿ ＿＿ です。」

B「それは いいですねえ。日本の 夏は とても あついですからねえ。」041

1 ネクタイを　　2 したい　　3 しない　　4 ことに

27 山田(やまだ)さんは ＿＿ ＿＿ ＿★＿ ＿＿。049

1 言って　　2 わらわせる

3 よく みんなを　　4 おもしろい ことを

답 23 ①(2413) 24 ②(1423) 25 ①(3214) 26 ④(1342) 27 ③(4132)

もんだい３　[28] から [32] に　何を　入れますか。文章の　意味を　考えて、
１・２・３・４から　いちばん　いい　ものを　一つ　えらんで　ください。

下の　文章は　留学生の　作文です。

日本語の　勉強

グエン　バン　チュン

わたしは、６カ月前に　日本に　来ました。日本に　来た　とき、わたしは　日本語が　「ありがとう」と　「さようなら」[28]　わかりませんでした。日本語を　おぼえる　ために　わたしは　毎日　仕事で　使う　ことばや　日常生活の　ことばを　いつつずつ [29] 。わからない　ことば [30]　先輩に　聞いたり、スマートフォンで　しらべたり　します。

休みの　日は　日本語教室へ　行って　います。ボランティアの　先生たちが　とても [31]　おもしろいです。たくさん　会話の　練習を　したり　わからない　ことを　質問したり　します。日本に　いる　あいだ、もっと　日本語を　勉強して　日本語が [32]　です。

28

1 だけ　　2 しか　　3 ほど　　4 まで

29

1 おぼえた　ことが　あります　　2 おぼえる　ことが　できました
3 おぼえる　ことに　しました　　4 おぼえた　ほうが　いいです

30

1 が　　2 に　　3 は　　4 で

31

1 親切(しんせつ)から　　2 親切(しんせつ)ので　　3 親切(しんせつ)の　　4 親切(しんせつ)で

32

1 上手(じょうず)に　なりたい　　2 仕事(しごと)で　使(つか)いたい
3 いっしょうけんめいに　したい　　4 便利(べんり)に　したい

핵심 문법 다시 보기

～ために 056 ~하기 위하여	日本語を おぼえる ために 일본어를 익히기 위하여(04行)
～ことに する 041 ~하기로 하다	おぼえる ことに しました 외우기로 했습니다(06行)
～あいだ 022 ~하는 동안에	日本に いる あいだ 일본에 있는 동안(10行)

답 28 ② 29 ③ 30 ③ 31 ④ 32 ①

050 ～そうだ ～한 듯하다, ～라고 한다

「～そうだ」는 '～한 듯하다, ～라고 한다'라는 뜻으로, 양태와 전문 표현을 나타낸다. N4 시험에서는 양태 표현이 더 많이 출제되고 있다. 먼저 양태 표현은 동사 ます형, い형용사·な형용사의 어간에 접속하고, 주관적으로 판단하는 모양과 상태를 나타낸다. 그리고 전문 표현은 동사·い형용사의 종지형, 명사·な형용사의 어간+だ에 접속하고, 일반적으로 본인이 직접 들은 것을 상대방에게 전달할 때 사용한다.

양태
- ない 없다 → なさそうだ 없는 것 같다
- よい 좋다 → よさそうだ 좋은 것 같다
- たのしそうに あそんで います 즐거운 듯이 놀고 있습니다
- おそく なりそうだけど 늦어질 듯한데
- はずかしそうな かおを して います 부끄러운 듯한 표정을 짓고 있습니다
- むずかしそうな 本(ほん) 어려울 것 같은 책
- さいふが おちそうだ 지갑이 떨어질 듯하다

전문
- 新(あたら)しい スマホは とても いいそうです 새로 나온 스마트폰은 매우 좋다고 합니다
- 試験(しけん)は かんたんだったそうです 시험은 쉬웠다고 합니다
- 電車(でんしゃ)の じこだそうです 전철 사고라고 합니다

기출 寒(さむ)そうだから 出(で)かけたくない 추울 것 같으니까 외출하고 싶지 않다 2011-1회

「さくら」という 和食(わしょく)の 店(みせ)も 有名(ゆうめい)だそうです
사쿠라라는 일식집도 유명하다고 합니다 2013-2회

席(せき)が 空(あ)きそうです 자리가 날 것 같습니다 2016-2회

途中(とちゅう)まで 勝(か)てそうだったけれども
도중까지 이길 수 있을 것 같았는데 2018-2회

鈴木(すずき)さんは ビールを おいしそうに 飲(の)んで います。 양태
스즈키 씨는 맥주를 맛있어 보이게 마시고 있습니다.

ニュースに よると、きのう 神戸(こうべ)で じしんが あったそうです。 전문
뉴스에 따르면 어제 고베에서 지진이 있었다고 합니다.

051 ～たい/～たがる ～하고 싶다/～하고 싶어하다

「～たい」는 '~하고 싶다'라는 뜻이고, 「～たがる」는 '~하고 싶어하다'라는 뜻으로 쓰인다. 둘 다 동사 ます형에 접속한다.

- **行き**たい 〈나〉 가고 싶다 → **行き**たがって いる 〈제삼자〉 가고 싶어하고 있다
- **読み**たい 〈나〉 읽고 싶다 → **読み**たがって いる 〈제삼자〉 읽고 싶어하고 있다
- **住み**たい 〈나〉 살고 싶다 → **住み**たがって いる 〈제삼자〉 살고 싶어하고 있다

기출 ぜひ 行(い)きたいです 꼭 가고 싶습니다 2016-2회

たくさん 練習(れんしゅう)したいです 많이 연습하고 싶습니다 2016-2회

部屋(へや)を 片付(かたづ)けたいと 思(おも)っても 방을 정리하고 싶어도 2017-1회

夏休(なつやす)みに なると 旅行(りょこう)に 行きたいけど
여름 방학이 되면 여행을 가고 싶은데 2018-1회

娘(むすめ)が ずっと 行きたいと 言(い)って いた
딸이 계속 가고 싶다고 말했던 2019-1회

母(はは)みたいに 料理(りょうり)が 上手(じょうず)に なりたい
엄마처럼 요리를 잘하고 싶다 2019-1회

図書館(としょかん)に よりたかった 도서관에 들르고 싶었다 2019-2회

ふじさんには ずっと 登(のぼ)りたかったから
후지산에는 줄곧 오르고 싶었기 때문에 2019-2회

教(おし)えたく なりました 가르치고 싶어졌습니다 2019-2회

日本(にほん)の 料理(りょうり)を はしを 使(つか)って 食(た)べたくて
일본 요리를 젓가락을 써서 먹고 싶어서 2021-1회

いつか 試合(しあい)に 出(で)て みたいです 언젠가 시합에 나가 보고 싶습니다 2021-1회

タクシーを 一台(いちだい) お願(ねが)いしたいんですが
택시를 한 대 부탁하고 싶은데요 2021-1회

わたしは 先生(せんせい)に なりたいです。
나는 선생님이 되고 싶습니다.

あんな あつい 所(ところ)へは だれも 行きたがらないだろう。
저런 더운 곳에는 아무도 가고 싶어하지 않을 것이다.

052 ～た ことが ある ～한 적이 있다

「～た ことが ある」는 '～한 적이 있다'라는 뜻으로 동사 과거형에 접속한다. 이것은 주로 과거 경험의 유무를 나타낸다.

- 入院(にゅういん)した ことが あります 입원한 적이 있습니다
- ひっこした ことが あります 이사한 적이 있습니다
- けいけんした ことが ありません 경험한 적이 없습니다

관련 표현 ～ことが ある[039] ～할 때가 있다

기출 ラジオか 何(なに)かで 聞(き)いた ことが あります
라디오 아니면 다른 데서 들은 적이 있습니다 2012-1회
見(み)に 行(い)った ことが ないので 보러 간 적이 없어서 2016-2회
行った ことが ない 간 적이 없다 2019-1회
京都(きょうと)に 行った ことが ありますか 교토에 간 적이 있습니까? 2022-1회

わたしは ひこうきに 乗(の)った ことが あります。
나는 비행기를 탄 적이 있습니다.

わたしは 外国(がいこく)で せいかつした ことが ありません。
나는 외국에서 생활한 적이 없습니다.

日本(にほん)の 映画(えいが)は まだ みた ことが ありません。
일본 영화는 아직 본 적이 없습니다.

053 ～だす ～하기 시작하다

「～だす」는 '～하기 시작하다'라는 뜻으로 동사 ます형에 접속한다. 이것은 동작·작용의 개시를 나타내는 표현으로, 주로 돌발성이 강한 자연 현상에 대해 사용되므로 「急に ～だす(갑자기 ~하기 시작하다)」의 형태로 알아 두자.

- 急に 雨(あめ)が ふりだした 갑자기 비가 내리기 시작했다
- あちこち 花(はな)が さきだした 여기저기 꽃이 피기 시작했다

유사 표현 ～はじめる[099] ～하기 시작하다

今(いま)まで ねて いた 赤(あか)ちゃんが 急(きゅう)に なきだした。
지금까지 자고 있던 갓난아이가 갑자기 울기 시작했다.

とまって いた バスが 動(うご)きだした。 멈춰 있던 버스가 움직이기 시작했다.

054 ～た ところだ 막 ~한 참이다

「～た ところだ」는 '막 ~한 참이다'라는 뜻으로, 동사 과거형에 접속한다. 이 표현은 앞부분에 今(지금), 今 ちょうど(지금 마침)와 호응하는 경우가 많다.

- 今 ちょうど 帰って きた ところです 지금 마침 돌아온 참입니다

기출 ちょうど 今(いま) 食(た)べた ところなんです 마침 지금 막 먹은 참입니다 2018-1회
来(き)た ところです 막 온 참입니다 2018-1회
やっと 日本(にほん)の 生活(せいかつ)に なれた ところです
가까스로 일본 생활에 익숙해진 참입니다 2022-1회

かいぎは 今 終(お)わった ところなんです。 회의는 지금 막 끝난 참입니다.

むすこは 今 でかけた ところです。 아들은 지금 막 외출한 참입니다.

055 ～たまま ~한 채로

「～たまま」는 '~한 채로'라는 뜻으로, 동사 과거형에 접속한다. 이것은 상태의 방치 표현으로, '~의 상태를 바꾸지 않고'라는 의미를 나타낸다.

- くつを はいたまま 신발을 신은 채로
- かさを かりたまま 우산을 빌린 채로
- まどを あけたまま 창문을 연 채로
- 車(くるま)が とまったまま 자동차가 멈춘 채로

기출 買(か)ったまま 구입한 채로 2011-1회
エアコンを つけたまま 에어컨을 켠 채로 2022-2회

きのうは めがねを かけたまま 寝(ね)て しまいました。
어제는 안경을 쓴 채로 자고 말았습니다.

電車(でんしゃ)が とまったまま、動(うご)かない。 전철이 멈춘 채로 움직이지 않는다.

056 ～ため(に) ~하기 위해서, ~때문에

「～ため(に)」는 '~하기 위해서'라는 동작의 목적과 '~때문에'라는 이유를 나타내는 표현이다. 동작의 목적은 명사+の, 동사 사전형에 접속하고, 이유는 일반적으로 명사+の, 동사 과거형에 접속한다.

동작의 목적

- 家を 建てる ために 집을 짓기 위해서
- 試合に 勝つ ために 시합에 이기기 위해서

이유

- あつさの ため 더위 때문에
- 事故が あった ために 사고가 있었기 때문에

기출 ジョギングを する ために 조깅을 하기 위해서 2018-1회

かれは 大学に 入る ために いっしょうけんめい 勉強して います。 동작의 목적
그는 대학에 들어가기 위해서 열심히 공부하고 있습니다.

病気の ため、タバコを やめます。 이유
병 때문에 담배를 끊습니다.

057 ～たら ～하면 , ～하니까 , ～하였더니

「～たら」는 '~하면, ~하니까, ~하였더니'라는 뜻으로, 과거형에 접속한다. 이것은 어떤 사실이 성립된 시점에서, 그 사실을 조건으로 제시하는데, 「～たら」 뒤에는 주로 명령·의지·추량·의뢰·희망·제안 등의 문장이 온다. 「～たら どうですか(~하면 어떻습니까?)」라는 관용적인 표현도 같이 알아두자.

- この 仕事が 終わったら 이 일이 끝나면
- さびしかったら 외로우면
- やりかたが わからなかったら 하는 법을 모르면
- よろしかったら 좋으시다면

기출 医者に なったら 의사가 되면 2017-1회

家族たちが 知ったら おどろくかも しれません
가족들이 알면 놀랄지도 모릅니다 2018-1회

わからない ことばが あったら 모르는 단어가 있으면 2019-1회

先生に なったら 선생이 되면 2019-1회

晴れたら 友だちと テニスを しようと 思って いる
날이 개면 친구와 테니스를 하려고 생각하고 있다 2021-1회

もし 雨だったら、お祭りは 中止だ 만약 비라면 축제는 중지다 2023-2회

山田さんに 道を 聞いたら、しんせつに ちずを かいて くれました。
야마다 씨에게 길을 물었더니 친절하게 지도를 그려 주었습니다.

東京に 着いたら、電話を して ください。
도쿄에 도착하면 전화를 해 주세요.

058 ～だろう ～일 것이다

「～だろう」는 '～일 것이다'라는 뜻으로, 명사는 직접, い형용사·동사는 사전형에 접속한다. 이것은 추측을 나타내는 표현으로 가능성은 상당히 높다고 볼 수 있다. たぶん(아마)이라는 부사와 호응하는 경우가 많다. 일기예보 등에서 자주 들을 수 있는 말이다.

- たぶん、雨(あめ)が ふるだろう 아마 비가 올 것이다
- たぶん あしたも 風(かぜ)が 強(つよ)いだろう 아마 내일도 바람이 강할 것이다
- いまごろ だれだろう 이 시간에 누굴까?

유사 표현 ～かも しれない[035] ～지도 모른다

あしたは たぶん いい 天気(てんき)だろう。
내일은 아마 날씨가 좋을 것이다.

059 ～ちゃ ～해서는, ～하면 / ～なくちゃ・～なきゃ ～하지 않으면

「～ちゃ」는 '～해서는, ～하면'이라는 뜻으로, 동사 て형에 접속한다. 이것은 「～ては」의 축약형이다.

「～なくちゃ・なきゃ」는 '～하지 않으면'이라는 뜻으로, 동사 ない형에 접속한다. 「～なくちゃ」는 「～なくては」의 축약형이고, 「～なきゃ」는 「～なければ」의 축약형이다.

- 教室(きょうしつ)へ 入(はい)っちゃ だめだよ 교실에 들어가면 안 돼
- 写真(しゃしん)を とっちゃ だめだよ 사진을 찍으면 안 돼
- そんな ことを しちゃ 그런 짓을 해서는

ここで たばこを すっちゃ だめだよ。
여기서 담배를 피워서는 안 돼.

できるか どうかは やって みなきゃ わからない。
할 수 있을지 없을지는 해 보지 않으면 모른다.

もう 行(い)かなくちゃ。
もう 行かなきゃ。
이제 가야 한다.

060 ～ちゅう・じゅう(中) ～하는 중, ～내내

「～ちゅう・じゅう(中)」는 명사에 접속하여 '~하는 중, ~내내'라는 뜻을 나타낸다.

기출 しりょうを　今週中(こんしゅうちゅう)に　つくって　みて　ください
자료를 이번 주 중으로 만들어 보세요 2017-2회
一日中(いちにちじゅう)　家(いえ)に　いました 하루 종일 집에 있었습니다 2021-1회

一日(いちにち)じゅう　しごとを　して、つかれました。
하루 종일 일을 해서 지쳤습니다.

イさんは　いま　べんきょうちゅうです。
이 씨는 지금 공부 중입니다.

061 ～つづける 계속 ～하다

「～つづける」는 '계속 ~하다'라는 뜻으로, 동사 ます형에 접속한다. 이것은 동작·작용의 계속을 나타낸다.

- 小(ちい)さい 字(じ)を 書(か)きつづけて 작은 글자를 계속 써서
- 長(なが)い 時間(じかん) テレビを 見(み)つづけると 오랜 시간 텔레비전을 계속 보면
- 本(ほん)を 読(よ)みつづける 책을 계속 읽다
- じこが 起(お)こりつづける 사고가 계속 일어나다

2時間(じかん)も　歩(ある)きつづけたので、たいへん　つかれました。
두 시간이나 계속 걸었기 때문에 몹시 지쳤습니다.

062 ～つもりだ ～할 생각이다

「～つもりだ」는 '~할 생각이다, ~할 작정이다'라는 뜻으로, 동사 사전형과 동사 ない형에 접속한다. 이것은 의지·의향을 나타내며, 상대방이 그것을 인정해 주길 바라는 마음이 비교적 강하게 느껴지기 때문에 면접 시험이나 공식적인 장소에서는 거의 쓰이지 않는다. 일본인들은 의지 표현보다는「～たいと 思(おも)って います(~하고 싶습니다)」와 같은 희망 표현으로 사용하는 경우가 많다. 또한 응용 표현으로「～つもりは ない(~할 생각은 없다)」도 같이 알아 두자.

- 父(ちち)の 仕事(しごと)を てつだう つもりです 아버지 일을 도울 생각입니다

• しょうらい 医者(いしゃ)に なる つもりです 장래에 의사가 될 생각입니다
• 私(わたし)は 仕事を やめない つもりです 저는 일을 그만두지 않을 생각입니다
• けっこんする つもりは ない 결혼할 생각은 없다

기출 東京(とうきょう)で 勉強(べんきょう)する つもりです 도쿄에서 공부할 생각입니다 2011-1회

こんしゅう、わたしは 京都(きょうと)へ 行(い)く つもりです。
이번 주에 나는 교토에 갈 생각입니다.

あしたは どこへも 行かない つもりです。
내일은 아무데도 가지 않을 생각입니다.

063 ～て・で ~하고, ~해서

「～て・で」는 '~하고, ~해서'라는 뜻으로, 동사의 て형, な형용사의 어간에 접속한다. い형용사는 「～くて」의 형태로 사용된다.

기출 最近(さいきん) 忙(いそが)しくて 요즘 바빠서 2016-2회
町(まち)は うみが きれいで 마을은 바다가 깨끗하고 2017-2회
かるくて 歩(ある)きやすい くつ 가볍고 걷기 편한 신발 2017-2회
大(おお)きくて すわりやすい ソファ 크고 앉기 편한 소파 2018-2회
いつも 歩(ある)いて 大学(だいがく)に 行(い)きます 항상 걸어서 대학에 갑니다 2019-2회
日本(にほん)の 料理(りょうり)を はしを 使(つか)って 食(た)べたくて
일본 요리를 젓가락을 써서 먹고 싶어서 2021-1회
静(しず)かで いい ところ 조용하고 좋은 곳 2021-1회
弟(おとうと)は 映画(えいが)が 好(す)きで 남동생은 영화를 좋아해서 2021-1회

あさ 起(お)きて、しんぶんを 読(よ)みます。 아침에 일어나서 신문을 읽습니다.

6 필수문법 확인문제 050~063　　/ 33

もんだい 1　（　　）に 何を 入れますか。1・2・3・4から いちばん いい ものを 一つ えらんで ください。

1 テーブルの　上に　（　　）そうな　りんごが　あります。050

1 おいしい　　2 おいしく　　3 おいしくて　　4 おいし

2 日本の　音楽(おんがく)は　まだ　聞いた　こと（　　）　ありません。052

1 を　　2 に　　3 で　　4 が

3 ショッピングを　して　いたら、急(きゅう)に　雨が　降り（　　）。053

1 つづけました　　2 だしました　　3 でました　　4 きました

4 今、お茶(ちゃ)を　入(い)れた　（　　）なんです。054

1 ところ　　2 までに　　3 はじめ　　4 おわり

5 もし、ことばの　意味(いみ)が　（　　）、じしょを　ひいて　ください。057

1 わからないで　　2 わからなくて　　3 わからないと　　4 わからなかったら

6 山田(やまだ)さん、いつも　本を　読んで　いますが、何か　しけんを　（　　）勉強(べんきょう)しているんですか。056

1 うけるように　　2 うけさせるために

3 うけるために　　4 うけさせるように

7 ゆうべ　まどを　（　　）まま、ねて　しまいました。055

1 あけた　　2 あける　　3 あく　　4 あいた

답 1④ 2④ 3② 4① 5④ 6③ 7①

8 今まで　5かい　（　　　）　ことが　あります。052

1 ひっこす　　2 ひっこし　　3 ひっこした　　4 ひっこして

9 友だちの　話では　新しい　カメラは　とても　（　　　）そうです。050

1 よく　　2 いい　　3 よくて　　4 よさ

10 A「その　ざっし、かりても　いいですか。」

B「どうぞ。わたし、今　ちょうど　読みおわった　（　　　）ですから。」054

1 らしい　　2 ところ　　3 かた　　4 はず

11 じこが　あった　（　　　）に、道が　こんで　います。056

1 より　　2 そう　　3 から　　4 ため

12 会議の　時間に　おそく　（　　　）だけど、だいじょうぶですか。050

1 なりそう　　2 なるような　　3 なりそうな　　4 なるだろう

13 げんかんの　ベルが　なったけれど　いまごろ　だれ　（　　　）。058

1 らしい　　2 ようだ　　3 みたい　　4 だろう

14 国へ　帰ったら、家を　建てる　（　　　）です。062

1 らしく　　2 だろう　　3 つもり　　4 ほしい

15 はがきを　20まいも　（　　　）つづけて、手が　つかれました。061

1 書いて　　2 書き　　3 書く　　4 書いた

답 8③　9②　10②　11④　12①　13④　14③　15②

16 山田(やまだ)さん、きょうは　（　　　）だけど、どうしたんですか。050

1　ねむそう　　2　ねむくて　　3　ねむって　　4　ねむそうな

17 妹(いもうと)は　うちに　つくと　急(きゅう)に　なき（　　　）。053

1　でた　　2　だした　　3　すぎた　　4　いれた

18 せんぱいに　よると、去年(きょねん)の　試験(しけん)は　（　　　）そうです。050

1　かんたんな　　2　かんたんに　　3　かんたんだった　　4　かんたんでした

19 おふろが　（　　　）、水を　入れて　ください。057

1　あつだったら　　2　あつかったら　　3　あついかったら　　4　あついだったら

20 この　国では　くつを　（　　　）まま　へやへ　入(はい)っては　いけません。055

1　はく　　2　はいた　　3　はいて　　4　はき

21 たぶん　あしたも　風(かぜ)が　（　　　）だろう。058

1　強い　　2　強く　　3　強くて　　4　強いと

22 まだ　そうじが　終(お)わってないから　へやに　（　　　）　だめだよ。059

1　入(はい)って　　2　入った　　3　入るは　　4　入っちゃ

23 わたしは　会社を　やめたら　いなかに　（　　　）。051

1　住(す)みたいです　　2　住(す)みたがりません

3　住(す)んで　います　　4　住(す)みで　いきます

답 16① 17② 18③ 19② 20② 21① 22④ 23①

もんだい2　＿★＿に 入る ものは どれですか。1・2・3・4から いちばん いい ものを 一つ えらんで ください。

24 死(し)んだと おもって ＿＿ ＿★＿ ＿＿ ＿＿ だした。053

1 動(うご)き　2 いた　3 むしが　4 急(きゅう)に

25 おまわりさんに ＿＿ ＿★＿ ＿＿ ＿＿ くれました。057

1 聞いたら　2 教(おし)えて　3 しんせつに　4 道(みち)を

26 かれは ＿＿ ＿＿ ＿★＿ ＿＿ して います。056

1 大学に 入る　2 勉強(べんきょう)

3 ために　4 いっしょうけんめい

27 ＿＿ ＿＿ ＿★＿ ＿＿ かぜを ひきますよ。055

1 つけた　2 まま　3 クーラーを　4 ねると

28 わたしは ＿＿ ＿★＿ ＿＿ ＿＿ です。062

1 しょうらい　2 つもり　3 なる　4 けいかんに

답 24 ③(2341) 25 ①(4132) 26 ④(1342) 27 ②(3124) 28 ④(1432)

もんだい３　[29] から [33] に　何を　入れますか。文章の　意味を　考えて、1・2・3・4から　いちばん　いい　ものを　一つ　えらんで　ください。

下の　文章は　留学生の　作文です。

長所と　短所

リ　メイリン

わたしの　長所は　困って　いる　人に [29] ところです。日本に　来た　とき、わたしは　日本語が　わからなくて　とても　こまりました。学校の　先輩や　先生たちに　たくさん　たすけて　もらいました。こまって　いる　人を　見ると、その　ときの　ことを　おもいだして [30] なります。この　前は　重い　にもつを　もって　かいだんを　のぼる　おばあさんの　にもつを　もって　あげました。おばあさん [31] とても　よろこびました。

わたしの　短所は　わすれものが　多い　ところです。よく　学校の　しゅくだいを　わすれて　先生 [32] しかられます。バスや　電車の　中に　かさを　わすれます。今まで　高い　ものは　あまり　わすれものを [33] 、これから　注意したいです。

29

1 親切(しんせつ)で　なった　　2 親切(しんせつ)で　する
3 親切(しんせつ)に　なった　　4 親切(しんせつ)に　する

30

1 たすけて　もらいたく　　2 たすけて　くれたく
3 たすけて　あげたく　　4 たすけて　いたく

31

1 で　　2 が　　3 へ　　4 と

32

1 に　　2 へ　　3 で　　4 が

33

1 する　ことが　できませんが　　2 した　ことが　ありませんが
3 する　ことが　できますが　　4 した　ことが　ありますが

핵심 문법 다시 보기

～て もらう 080 ~해 받다	たくさん たすけて もらいました 많은 도움을 받았습니다(05行)
～く なる 037 ~해지다	たすけて あげたく なります 도와주고 싶어집니다(06行)
～て あげる 064 ~해 주다, 해 드리다	にもつを もって あげました 짐을 들어 드렸습니다(07行)
～(ら)れる 112 ~되다, ~함을 당하다	先生に しかられます 선생님께 혼이 납니다(10行)

답 29 ④　30 ③　31 ②　32 ①　33 ②

064 ～て あげる ~해 주다, ~해 드리다

「～て あげる」는 '~해 주다'라는 뜻으로, 동사 て형에 접속한다. 본동사 あげる(주다)에서 온 표현으로, 자기 혹은 제삼자가 다른 사람에게 뭔가를 해줄 때 사용한다. 참고로 더 정중한 표현으로는 さしあげる(드리다)에서 온 「～て さしあげる(~해 드리다)」가 있다.

- くうこうまで むかえに 行って あげますから 공항까지 마중 나가 드릴 테니
- 子どもに 草花に ついて 教えて あげられる 本 자녀에게 화초에 대해 가르쳐 줄 수 있는 책

기출 料理を つくって あげようと 思って います
요리를 만들어 주려고 생각하고 있습니다 2010-2회
田中さんに 見せて あげて ください 다나카 씨에게 보여 주세요 2022-1회

わたしは 友だちに しゃしんを おくって あげた。
나는 친구에게 사진을 보내 주었다.

子どもには チャンスや 機会を 与えて あげられるだけ 与えたい。
자녀에게는 찬스나 기회를 부여해 줄 수 있는데까지 부여하고 싶다.

おばあさんの かばんを もって あげたら、おばあさんは とても よろこびました。 할머니의 가방을 들어 드렸더니, 할머니는 매우 기뻐했습니다.

수급 표현을 나타내는 표현

고유번호	조건의 종류	해석
064	～て あげる	~해 주다, ~해 드리다
	あげる	드리다(やる보다 정중한 표현)
064	～て さしあげる	~해 드리다
	さしあげる	드리다(あげる보다 정중한 표현)
066	～て いただく	~해 받다
	いただく	받다(もらう보다 정중한 표현)
071	～て くださる	~해 주시다
	くださる	(남이 나에게) 주시다
073	～て くれる	~해 주다
	くれる	(남이 나에게) 주다
080	～て もらう	~해 받다(남이 ~해 주다와 같음)
	もらう	받다
081	～て やる	~해 주다
	やる	(자기가 다른 사람에게) 주다

065 ～て いく ~하고 가다, ~해 나가다

「～て いく」는 '~하고 가다, ~해 나가다'라는 뜻으로, 동사 て형에 접속한다. 이것은 화자가 직면한 시점이 현재에서 미래로 변화하거나 계속될 때 주로 사용한다. 보통 これから(지금부터), これからも(앞으로도), だんだん(점점)과 호응하는 경우가 많다.

- だんだん 木のはの 色が かわって いく 점점 나뭇잎 색이 변해 간다
- これから いろいろな ことを けいけんして いくだろう 앞으로 여러 가지 일을 경험해 나갈 것이다
- これからも 世界の 人口は ふえて いくでしょう 앞으로도 세계 인구는 늘어갈 것입니다
- これからも 本を たくさん 読んで いこうと 思って います 앞으로도 책을 많이 읽어 가려고 생각합니다

기출 友だちの けっこんしきに 着て いく 服を 買った
친구 결혼식에 입고 갈 옷을 샀다 2017-2회

かさを 持って いった ほうが いい 우산을 가지고 가는 편이 좋다 2020

山田さんは こうばんまで 走って いきました。 기본 뜻
야마다 씨는 파출소까지 달려 갔습니다.

けっこんしてからも 仕事は つづけて いく つもりです。 변화·계속
결혼하고 나서도 일은 계속해 나갈 생각입니다.

066 ～て いただく ~해 받다

「～て いただく」는 '~해 받다'라는 뜻으로, 동사 て형에 접속한다. 본동사 いただく(받다, 먹다, 마시다)에서 온 표현으로, 손윗사람으로부터 뭔가를 받을 때 사용한다.

わたしは 高校の とき、田中先生に 英語を 教えて いただきました。
나는 고등학교 때 다나카 선생님께 영어를 배웠습니다.

ここに お名前を 書いて いただけますか。
여기에 이름을 써 주실 수 있으신가요?

A 写真を 撮って いただけませんか。
사진을 찍어 주시지 않겠습니까?

B いいですよ。 좋아요.

067 ～て いる ～하고 있다, ～되어 있다
～て ある ～해져 있다

「～て いる」는 '～하고 있다, ～되어 있다'라는 뜻으로 동사 て형에 접속한다. 축약형으로는 「～てる」가 된다.

한편 「～て ある」는 '～해져 있다'라는 뜻으로, 동사 て형에 접속한다. 이것은 「타동사+て ある」의 꼴로 인위적 행위의 결과를 나타내는 보조동사이다. 이때 조사 を는 조사 が로 바뀐다는 점에 주의하자.

- さとうを いれて いる 설탕을 넣고 있다 → さとうが いれて ある 설탕이 넣어져 있다
- 名前(なまえ)を 書(か)いて いる 이름을 쓰고 있다 → 名前が 書いて ある 이름이 쓰여 있다
- かぎを かけて いる 열쇠를 잠그고 있다 → かぎが かけて ある 열쇠가 잠겨 있다

축약형(～ている→～てる)

- して いる→してる 하고 있다

기출 ポチを 家(いえ)の 中(なか)で かって います 포치를 집 안에서 키우고 있습니다 2011-1회

まどが あいて います 창문이 열려 있습니다 2017-1회

れいぞうこに 入(はい)って いる おすし 냉장고에 들어 있는 초밥 2018-1회

出張(しゅっちょう)に 行(い)って いる 間(あいだ) 출장을 가 있는 동안 2018-2회

かって いる ねこ 키우고 있는 고양이 2018-2회

先週(せんしゅう)から 書(か)いて いるんですが、まだ 終(お)わって いません
지난주부터 쓰고 있지만 아직 끝나지 않았습니다 2019-1회

雨(あめ)が 降(ふ)ると 言(い)って いたから 비가 내린다고 말하고 있었기 때문에 2020

教室(きょうしつ)に 試験(しけん)の 時間割(じかんわ)りが はって あります
교실에 시험 시간표가 붙어 있습니다 2010-2회

わたしは 今(いま) 本(ほん)を 読(よ)んで います。 나는 지금 책을 읽고 있습니다.

まどが しまって います。 창문이 닫혀 있습니다.

テーブルの うえに スプーンと はしが ならべて あります。
탁자 위에 숟가락과 젓가락이 가지런히 놓여져 있습니다.

けさは 教室が そうじして ありませんでした。
오늘 아침에는 교실이 청소되어 있지 않았습니다.

보조동사를 나타내는 표현

고유번호	조건의 종류	해석
067	～て ある	～해져 있다
065	～て いく	～해 나가다
067	～て いる	～하고 있다
072	～て くる	～하고 오다, ～해지다
074	～て しまう	～해 버리다, ～하고 말다
076	～て みる	(시험삼아) ～해 보다
069	～て おく	～해 놓다, ～해 두다

068 ～て いる ところだ ～하고 있는 중이다

「～て いる ところだ」는 '~하고 있는 중이다'라는 뜻으로, 동사 て형에 접속한다. 주로 今(지금)와 호응하는 경우가 많다. 또한 「～て いた ところだ(~하고 있던 중이다)」의 형태로 쓰이는 경우도 있으니 함께 알아 두자.

- 今 書(か)いて いる ところです 지금 쓰고 있는 중입니다
- 今 出(で)かける したくを して いる ところです 지금 외출할 준비를 하고 있는 중입니다
- 今 じこの げんいんを しらべて いる ところです 지금 사고 원인을 조사하고 있는 중입니다
- 今 読んで いた ところです 지금 읽고 있던 중이에요

기출 今(いま) 食(た)べて いた ところです 지금 먹고 있던 중이에요 2018-2회
今 さがして いる ところです 지금 찾고 있는 중이에요 2022-2회

わたしは 今 れきしの 本(ほん)を 読(よ)んで いる ところです。
나는 지금 역사책을 읽고 있는 중입니다.

ちょうど 電話(でんわ)しようと 思(おも)って いた ところです。
마침 전화하려고 생각하고 있던 참입니다.

069 ～て おく ~해 놓다, ~해 두다

「～て おく」는 '~해 놓다, ~해 두다'라는 뜻으로, 동사 て형에 접속한다. 이것은 어떤 목적을 위한 사전 동작·준비와 상태 유지·보존·방치 등을 나타낼 때 사용되며, 일반적으로 타동사와 결합한다. 축약형인 「～とく」도 같이 알아 두자.

- いろいろ じゅんびを して おきました 여러 가지 준비를 해 두었습니다
- けさ かぞくには 言(い)って おいたから 오늘 아침 가족에게는 말해 놓았으니까
- そのままに して おいて いいよ 그 상태로 놔 두어도 돼
- テーブルの 上(うえ)に おさらを ならべて おきます 테이블 위에 접시를 늘어 놓아 둡니다

축약형(～ておく→～とく)

- やって おく→やっとく 해 두다
- しらべて おく→しらべとく 알아봐 두다

기출 サラダを 出(だ)して おいて 샐러드를 꺼내 놓고 2018-1회
意味(いみ)を 調(しら)べて おいて ください 뜻을 찾아 놓으세요 2019-2회

この ことばは だいじですから、よく 覚(おぼ)えて おいて ください。
이 말은 중요하니까 잘 기억해 두세요.

テープは あとで 使(つか)いますから、ここに ならべて おいて ください。
테이프는 나중에 사용할 테니까 여기에 진열해 놓아 주세요.

070 ～てから ~하고 나서 / ～た あとで ~한 후에 / ～前(まえ)に ~하기 전에

「～てから」는 '~하고 나서'라는 뜻으로 동사 て형에 접속한다.
「～た あとで」는 '~한 후에'라는 뜻으로 동사 た형에 접속한다.
「～前に」는 '~하기 전에'라는 뜻으로 동사 사전형에 접속한다.

기출 ポチを かってからは 포치를 기르고 나서는 2011-1회
しゅくだいを した あとでね 숙제를 한 후에 2011-1회
学校(がっこう)に 行(い)く 前(まえ)に 학교에 가기 전에 2019-1회

ご飯(はん)を　食(た)べてから　おふろに　入(はい)ります。 밥을 먹고 나서 목욕을 합니다.

ご飯を　食べた　あとで　おふろに　入ります。 밥을 먹은 후에 목욕을 합니다.

おふろに　入る　前(まえ)に　ご飯を　食べます。 목욕을 하기 전에 밥을 먹습니다.

071 ～て　くださる ~해 주시다 ／ ～て　くださいませんか ~해 주시지 않겠습니까?

「～て　くださる」는 '~해 주시다'라는 뜻이고, 「～て　くださいませんか」는 '~해 주시지 않겠습니까?'라는 뜻이다. 동사 て형에 접속한다. 본동사 くださる(주시다)에서 온 표현으로, 손윗사람이 나에게 뭔가를 해줄 때 사용한다.

기출 図書館(としょかん)は　何時(なんじ)まで　開(あ)いて　いるか　教(おし)えて　くださいませんか
도서관은 몇 시까지 열려 있는지 가르쳐 주시지 않겠습니까? 2010-2회

これは　田中(たなか)さんが　くださった　ほんです。
이것은 다나카 씨가 주신 책입니다.

きのうは　山田(やまだ)さんが　東京(とうきょう)を　あんないして　くださいました。
어제는 야마다 씨가 도쿄를 안내해 주셨습니다.

美術館(びじゅつかん)へ　行(い)く　道(みち)を　教(おし)えて　くださいませんか。
미술관에 가는 길을 가르쳐 주시지 않겠습니까?

072 ～て　くる ~하고 오다, ~해지다

「～て　くる」는 '~하고 오다, ~해지다'라는 뜻으로, 동사 て형에 접속한다. 이것은 화자가 직면한 시점이 과거에서 현재로 변화되거나 계속될 때 사용하며, このごろ(요즈음) 등과 호응하는 경우가 많다.

- **このごろ　さむく　なって　きましたね** 요즘 추워지기 시작했네요
- **急(きゅう)に　おなかが　いたく　なって　きました** 갑자기 배가 아프기 시작했습니다

기출 家(いえ)に　忘(わす)れて　きて　しまいました 집에 두고 와 버렸습니다 2020
今(いま)　せんせいに　出(だ)して　きました 지금 선생님에게 내고 왔습니다 2021-1회

ちょっと　手紙を　出して　きます。
잠시 편지를 부치고 오겠습니다.

あたらしい　家に　だんだん　なれて　きました。
새 집에 점점 익숙해졌습니다.

このごろ　肉を　食べない　人が　ふえて　きました。
요즘 고기를 먹지 않는 사람이 늘어났습니다.

073 ～て くれる ~해 주다

「～て くれる」는 '~해 주다'라는 뜻으로, 동사 て형에 접속한다. 본동사 くれる(주다)에서 온 표현으로, 다른 사람이 자기에게 뭔가를 해줄 때 사용한다.

- りょうしんが たくさん 本を 買って くれた 부모님이 책을 많이 사 주었다
- 父が たんじょうびに 買って くれた 아버지가 생일 선물로 사 주었다
- わたしたちを そだてて くれた (어머니가) 우리를 키워 주었다
- わたしに 名前を つけて くれたのは 나한테 이름을 붙여 준 것은

기출 母が　いつも　作って　くれたから
엄마가 항상 만들어 주었기 때문에 2010-2회

ひっこしを　手伝って　くれて 이사를 도와 줘서 2011-1회

どうして　出て　くれなかったんですか。
왜 (전화를) 받아 주지 않았습니까? 2016-2회

じゃあ、ぎゅうにゅうを　買って　きて　くれる？
그럼 우유를 사다 줄래? 2017-2회

サラダを　テーブルに　出して　おいて　くれる？
샐러드를 탁자에 꺼내놔 줄래? 2018-1회

やさしく　教えて　くれました 친절하게 가르쳐 주었습니다 2021-1회

けいたい電話の　ばんごうを　教えて　くれませんか
휴대전화 번호를 가르쳐 주지 않겠습니까? 2021-2회

わたしが　東京に　行った　とき、山田さんが　あんないして　くれた。
네가 도쿄에 갔을 때, 야마다 씨가 안내해 주었다.

鈴木さんが　弟に　たんじょうびの　おいわいを　くれました。
스즈키 씨가 남동생에게 생일 선물을 주었습니다.

074 ～て しまう ～해 버리다, ～하고 말다

「～て しまう」는 '～해 버리다, ～하고 말다'라는 뜻으로, 동사 て형에 접속한다. 축약형으로는「～ちゃう」가 된다.

- かぜを ひいて しまいました 감기에 걸려 버렸습니다
- 帰りが おそくなって しまいました 귀가가 늦어지고 말았습니다
- しょくじの 時間を わすれて しまう ことも あります 식사 시간을 잊어버릴 때도 있습니다
- かばんを わすれて しまいました 가방을 두고 와 버렸습니다
- 急いで 来たから さいふを わすれちゃった 급하게 오느라 지갑을 두고 와 버렸다

축약형(～てしまう→～ちゃう、～でしまう→～じゃう)

- 行って しまう＝行っちゃう 가 버리다
- 忘れて しまう＝忘れちゃう 잊어 버리다
- 死んで しまう＝死んじゃう 죽어 버리다
- 読んで しまう＝読んじゃう 읽어 버리다

기출 けいたいでんわを　こわして　しまったから
휴대전화를 망가트려 버렸기 때문에 2010-2회

ジュースを　弟に　全部　飲まれて　しまいました
주스를 남동생이 전부 마셔 버렸습니다 2011-1회

最後は　まけて　しまった 마지막에는 지고 말았다 2018-2회

家に　忘れて　きて　しまいました 집에 두고 와 버렸습니다 2020

ゆうべ　おそく　ねたから、けさは　あさねぼうを　して　しまいました。
어젯밤 늦게 잤기 때문에 오늘 아침에는 늦잠을 자고 말았습니다.

ずっと　外に　いたので、からだが　ひえて　しまいました。
계속 밖에 있었기 때문에 몸이 차가워져 버렸습니다.

075 ～ては いけない ～하면 안 된다

「～ては いけない」는 '～하면 안 된다'라는 뜻으로, 동사 て형에 접속한다. 이것은 강한 금지를 나타내는 표현으로, 법률·규정·사회 규범 등의 범주내에서 허용되지 않는 금지를 나타내는 경우가 대부분이다. 그러므로 강한 명령조가 되기 때문에 손윗사람은 물론 손아랫사람에게도 심하게 야단칠 경우를 제외하고는 잘 쓰지 않는다. 또한 いけない는 단독으로 쓰일 때도 있는데 '안 된다'라는 의미이다.

- タバコを すっては いけません 담배를 피우면 안 됩니다
- ほかの 人の 手紙を 読んでは いけません 다른 사람의 편지를 읽으면 안 됩니다

• 人の しっぱいを わらっては いけません 남의 실패를 비웃으면 안 됩니다

관련 표현 ～なくては いけない[088] ~하지 않으면 안 된다

기출 中(なか)に 入(い)れては いけません 안에 넣어서는 안 됩니다 2011-1회
次(つぎ)の ことを しては いけません 다음 사항을 해서는 안 됩니다 2011-1회
そんな くつでは いけません 그런 신발로는 안 됩니다 2011-1회

ここは きけんだから、ここで およいでは いけません。
이곳은 위험하니까 여기에서 수영하면 안 됩니다.

あぶないから、とおくへ あそびに 行(い)っては いけません。
위험하니까 먼 곳에 놀러가면 안 됩니다.

学生 オートバイで 登校(とうこう)しても いいですか。 오토바이로 등교해도 됩니까?
先生 いけません。 안 됩니다.

076 ～て みる (시험삼아) ~해 보다

「～て みる」는 '(시험삼아) ~해 보다'라는 뜻으로, 동사 て형에 접속한다.

• 買(か)う 前(まえ)に 一度(いちど) はいて みます 사기 전에 한번 신어 보겠습니다
• あたらしい レストランへ 行(い)って みました 새로 생긴 레스토랑에 가 보았습니다
• ちょっと たべて みたら 조금 먹어 봤더니

기출 わたしに できるか どうか やって みないと わかりませんが、やって みます
내가 할 수 있을지 없을지 해 보지 않으면 모르겠지만 해 보겠습니다 2012-1회
しりょうを 今週中(こんしゅうちゅう)に つくって みて ください
자료를 이번 주 중으로 만들어 봐 주세요 2017-2회
いつか 試合(しあい)に 出(で)て みたいです 언젠가 시합에 나가 보고 싶습니다 2021-1회
行(い)って みて ください 가 보세요 2021-2회

わたしは 日本人(にほんじん)と はじめて 日本語(にほんご)で 話(はな)して みました。
나는 일본인과 처음 일본어로 이야기해 보았습니다.

ほかの 人(ひと)の いけんを 聞(き)いて みましょう。
다른 사람의 의견을 들어 봅시다.

7 필수문법 확인문제 064~076 / 28

もんだい1 (　　)に 何を 入れますか。1・2・3・4から いちばん いい ものを 一つ えらんで ください。

1 家まで むかえに (　　) あげますから しんぱい いりませんよ。064

1 行く　2 行き　3 行って　4 行った

2 A「山田(やまだ)さん、図書館(としょかん)から 借(か)りた 本は もう 返(かえ)しましたか。」
B「いいえ、今 (　　)。」068

1 読んで いる ところです　2 読んで いる つもりです
3 読んで いる ようです　4 読んで いる はずです

3 コップは あとで 使いますから、ここに (　　) おいて ください。069, 071

1 ならんで　2 ならべて　3 ならべる　4 ならんだ

4 A「目(め)の 下に くまが できてるよ。」
B「ワールドカップを 見てて ずっと (　　)んだ。」067

1 おきなかった　2 おきない　3 おきて みる　4 おきて いた

5 これからも しょうせつを たくさん 読んで (　　)と 思って います。065

1 いく　2 いこう　3 くる　4 きて

6 雨が ふって、川(かわ)の 水が ふえて (　　)。072

1 いきます　2 いきました　3 きます　4 きました

7 コップに みずが (　　) あります。067

1 いれて　2 いれた　3 はいって　4 はいった

답 1③ 2① 3② 4④ 5② 6④ 7①

8 わたしは　テストの　前の　日に、ならった　ところを　ふくしゅう　（　　　）おきます。069

1　する　2　した　3　して　4　し

9 ほかの　人の　日記(にっき)を　（　　　）は　いけません。075

1　読み　2　読む　3　読んだ　4　読んで

10 この　作文(さくぶん)は　山田(やまだ)先生に　直(なお)して　（　　　）のです。066

1　いただいた　2　やった　3　さしあげた　4　くれた

11 この　セーターを　買って　（　　　）のは　下の　むすめです。073

1　いただいた　2　くれた　3　さしあげた　4　あげた

12 車が　こしょうして、うごかなく　なって　（　　　）。074

1　いきました　2　きました　3　しまいました　4　くれました

13 A「写真(しゃしん)を　とっても　いいですか。」
B「いいえ、ここでは　（　　　）。」075

1　とらないと　だめです　2　とらなければ　なりません
3　とらないと　おもいます　4　とっては　いけません

14 ケーキを　ちょっと　たべて　（　　　）、とても　おいしかったです。076

1　したら　2　みたら　3　おいたら　4　あったら

15 きょうは　さむいので、かぜを　ひいて　（　　　）そうです。074

1　しまい　2　み　3　いき　4　おき

답 8③ 9④ 10① 11② 12③ 13④ 14② 15①

16 A「まだ　寝(ね)ないの？」

B「はを　（　　）　寝ます。」070

1　みがいたのに　　2　みがかなくて　　3　みがきながら　　4　みがいてから

17 （　　）　言わなければ　よかったと　思っても　おそい。070

1　言うから　　2　言った　あとで　　3　言う　前に　　4　言うのに

18 会社(かいしゃ)を　（　　）　終(お)わらせたい　仕事(しごと)が　あります。070

1　やめだして　　2　やめつづけて　　3　やめる　前に　　4　やめた　あとで

19 手(て)を　貸(か)して　（　　）　非常(ひじょう)に　ありがたいのですが。071

1　くださると　　2　くださっては　　3　しまうと　　4　しまっては

답 16④ 17② 18③ 19①

もんだい2 ＿★＿ に 入る ものは どれですか。1・2・3・4から いちばん いい ものを 一つ えらんで ください。

20 これから ますます さむく なって ＿＿ ＿★＿ ＿＿ ＿＿ ように 気を つけて ください。065

1 ひかない　2 いきます　3 から　4 かぜを

21 わたしは 今 ＿＿ ＿★＿ ＿＿ ＿＿ です。068

1 出かける　2 ところ　3 して いる　4 したくを

22 この ことに ついては ＿＿ ＿＿ ＿★＿ ＿＿ と 思います。073

1 おしえて　2 きけば　3 山田(やまだ)さんに　4 くれる

23 あの かわは ＿＿ ＿＿ ＿★＿ ＿＿ は いけません。075

1 およいで　2 あそこで　3 から　4 きけんだ

24 わたしが ＿＿ ＿＿ ＿★＿ ＿＿ ください。076

1 食べて　2 この 料理(りょうり)を　3 作(つく)った　4 みて

답 20 ③(2341) 21 ④(1432) 22 ①(3214) 23 ②(4321) 24 ①(3214)

もんだい3　[25] から [28] に 何を 入れますか。文章の 意味を 考えて、1・2・3・4から いちばん いい ものを 一つ えらんで ください。

下の 文章は 留学生の 作文です。

韓国の ドラマ

キム ミンス

わたしは 韓国の ドラマが 大好きです。日本に 来る 前から 韓国で 母 [25] 毎日 みて いました。日本に 来てからは 日本の ドラマも みて いますが、それでも 韓国の ドラマの ほうを [26] みて います。

最近は 日本の 友だちも 韓国の ドラマを みはじめました。 [27] わたしは 友だちに わたしが 見て おもしろかった 韓国の ドラマを 教えて あげました。友だちは ドラマに 出る セリフや 歌にも 興味が [28] 。

25

1 に　　2 が　　3 と　　4 は

26

1 もっと　　2 すぐに　　3 ゆっくり　　4 もうすぐ

27

1 たとえば　　2 それで　　3 しかし　　4 すると

28

1 あっても　いいです　　2 ないかも　しれません
3 あるみたいです　　4 なかったと　おもいます

핵심 문법 다시 보기

~てから 070 ~하고 나서　日本(にほん)に　来てからは 일본에 오고 나서는(04行)

~はじめる 099 ~하기 시작하다　韓国(かんこく)の　ドラマを　みはじめました 한국 드라마를 보기 시작했습니다(06行)

~て　あげる 064 ~해 주다　韓国(かんこく)の　ドラマを　おしえて　あげました 한국 드라마를 가르쳐 주었습니다(07行)

~みたいだ 105 ~같다　セリフや　歌(うた)にも　興味(きょうみ)が　あるみたいです
대사와 노래에도 흥미가 있는 것 같습니다(08行)

답 25 ③　26 ①　27 ②　28 ③

077 ～ても ～하더라도

「～ても」는 '~하더라도, ~해도'라는 뜻으로, て형에 접속한다. 이것은 역설 표현으로 양보를 나타낸다.

- あの 人(ひと)の 話(はなし)は 何回(なんかい) 聞(き)いても 저 사람의 이야기는 몇 번 들어도
- あの 人は 病気(びょうき)に なっても 저 사람은 병에 걸리더라도
- もし 雨(あめ)が ふっても 만일 비가 오더라도
- 何度(なんど) しっぱいしても 몇 번 실패하더라도

기출 だれが 勝(か)っても おかしく ない 누가 이겨도 이상하지 않다 2018-2회
なんかい なおしても また すぐ こわれる
몇 번 고쳐도 금방 또 고장 난다 2021-2회

この ような ことばは じしょを ひいても わかりません。
이런 말은 사전을 찾아도 모르겠습니다.

何度(なんど) しっぱいしても、やめずに がんばります。
몇 번 실패하더라도 그만두지 않고 열심히 하겠습니다.

078 ～ても いい ～해도 좋다

「～ても いい」는 '~해도 좋다, ~해도 된다'라는 뜻으로, 동사 て형에 접속한다. 이것은 허가나 동의를 나타내는 표현이다. 간혹 「～て いい」의 형태로 사용하는 경우도 있다.

- はい、しても いいです 예, 해도 좋습니다
- ええ、使(つか)っても いいです 네, 사용해도 좋습니다
- これ、着(き)て みても いいですか 이거 입어 봐도 됩니까?
- 今(いま) だしても いいですか 지금 제출해도 됩니까?

유사 표현 ～ても かまわない[079] ~해도 상관없다
관련 표현 ～なくても いい[089] ~하지 않아도 좋다

기출 みかんを 食(た)べても いい 귤을 먹어도 돼? 2019-2회
ぺんを 借(か)りても いいですか 펜을 빌려도 됩니까? 2022-2회

試験(しけん)が 終(お)わった 人(ひと)は 帰(かえ)っても いいです。
시험이 끝난 사람은 집에 가도 됩니다.

A 今(いま)、ファックスを おくっても いいですか。 지금 팩스를 보내도 됩니까?
B ええ、かまいませんよ。 네, 상관없어요.

079 ～ても かまわない ～해도 상관없다

「～ても かまわない」는 '~해도 상관없다(괜찮다)'라는 뜻으로, 주로 동사 て형에 접속하나, 간혹 い형용의 て형에도 접속한다. 이것은 허가나 동의를 나타내는 표현이다.

- よごれても かまいません 더러워져도 상관없습니다
- あとで やっても かまいません 나중에 해도 상관없습니다
- 見(み)たい 人(ひと)は 見ても かまいません 보고 싶은 사람은 봐도 상관없습니다
- おそくても かまわないので 늦어도 상관없으므로

유사 표현 ～ても いい[078] ~해도 좋다

관련 표현 ～なくても かまわない[090] ~하지 않아도 상관없다

今(いま) 使(つか)って いないから、使っても かまいません。
지금 사용하지 않으니까 사용해도 상관없습니다.

ここでは なにを 話(はな)しても かまいません。
여기에서는 무엇을 이야기해도 괜찮습니다.

080 ～て もらう ～해 받다

「～て もらう는」'~해 받다, ~해 주다'라는 뜻으로, 동사 て형에 접속한다. 본동사 もらう(받다)에서 온 표현으로, 자기가 혹은 다른 사람이 남으로부터 뭔가를 받을 때 사용한다. 우리말에 없는 표현 형식으로 해석에는 주의해야 한다. 「～に ～て もらう(~에게 ~해 받다)」는 「～が ～て くれる(~가 ~해 주다)」로 바꿔 쓸 수 있다. 시험에서는 もらう가 가능형으로 쓰여 「～て もらえますか(~해 줄 수 있습니까?)」를 묻는 문제도 나온다.

- 友(とも)だちに つれて 行(い)って もらいます 친구가 데려가 줍니다
- あねに あかい かさを かして もらった 누나가 (내게) 빨간 우산을 빌려 주었다

기출 ほかの 人(ひと)に 聞(き)いて もらえますか
다른 사람에게 물어 주시겠습니까? 2010-2회

ときどき 日本人(にほんじん)の 友(とも)だちに 教(おし)えて もらいます
가끔 일본인 친구가 가르쳐 줍니다. 2010-2회

となりの 人(ひと)に 貸(か)して もらった 옆사람이 빌려 주었다 2011-1회

持(も)って きて もらえますか 가지고 와 주실 수 있어요? 2016-2회

泳(およ)ぎ方(かた)を 教(おし)えて もらいました 헤엄치는 법을 배웠습니다 2016-2회

すみませんが、そこの　しおを　取って　もらえますか
죄송하지만 거기에 있는 소금을 집어 줄 수 있을까요? 2017-1회

課長に　見て　もらわなければ　ならない　しりょう
과장님이 봐 주셔야만 하는 자료 2017-1회

トマトを　切って　もらえる？ 토마토를 잘라줄 수 있어? 2023-1회

おもちゃが　こわれて　しまったので、父に　なおして　もらった。
(＝父が　なおして　くれた)
장난감이 고장나 버렸기 때문에 아버지가 고쳐 주셨다.

081 ～て やる ～해 주다

「～て やる」는 '～해 주다'라는 뜻으로, 동사 て형에 접속한다. 본동사 やる(주다)에서 온 표현으로, 자기가 혹은 다른 사람이 남에게 뭔가를 해줄 때 사용한다.

- すいえいは ぼくが 教えて やるよ 수영은 내가 가르쳐 줄게
- わたしが 妹の シャツを 洗って やった 내가 여동생 셔츠를 빨아 주었다

子どもを　どうぶつえんへ　連れて　いって　やった。
아이를 동물원에 데려가 주었다.

A アイスクリーム　落としちゃった。 아이스크림을 떨어뜨려 버렸어
B 泣かないで。また　買って　やるから。 울지 마. 또 사 줄 테니까.

082 ～と ～하면 , ～하니까

「～と」는 '～하면, ～하니까'라는 뜻으로, 거의 대부분 동사 사전형에 접속한다. 간혹 명사+だ의 형태로 접속하기도 하는데, 이 때는 필연의 결과·확정 사실, 가정, 동시 발생(소위 발견의 と라고 함)의 뜻을 나타낸다. 즉 어떤 사건이나 사항이 습관적·필연적으로 일어나는 경우에 쓰이기 때문에, 문말에 「～て ください(～해 주세요)」와 같은 의뢰 표현이나 의무· 권고·희망 등의 표현을 사용할 수가 없다. 참고로 네 가지 조건형 「～ば, ～たら, ～なら, ～と」 중에서 「～と」가 가장 많이 출제되고 있다.

습관적·필연적

- あまり たくさん 飲むと 너무 많이 마시면
- お金を いれて ボタンを おすと 돈을 넣고 버튼을 누르면

• あそこの かどを 右(みぎ)へ まがると 저기 모퉁이를 오른쪽으로 돌면
• いつも 使(つか)って いる 自動車(じどうしゃ)が こしょうすると 늘 사용하는 자동차가 고장 나면

가정

• おばあさんが 元気(げんき)だと いいんだけどね 할머니가 건강하면 좋을 텐데 말야
• あつい ときには クーラーが あると いいね 더울 때에는 에어컨이 있으면 좋겠어

동시 발생

• 朝(あさ) 起(お)きて 外(そと)を 見(み)ると 雪(ゆき)が ふって いました 아침에 일어나 밖을 보니 눈이 내리고 있었습니다
• まどを 開(あ)けると へやが すずしく なった 창문을 열자 방이 시원해졌다
• 外(そと)に 出(で)ると ゆきが ふって いました 밖에 나가니까 눈이 내리고 있었습니다

기출 この 音楽(おんがく)を 聞(き)くと 必(かなら)ず 眠(ねむ)く なります
이 음악을 들으면 반드시 졸립니다 2010-2회

この 道(みち)を まっすぐ 行(い)くと、右(みぎ)がわに ほんやが あります。 습관적·필연적
이 길을 곧장 가면 오른쪽에 서점이 있습니다.

あした いい 天気(てんき)だと いいね。 가정
내일 날씨가 좋으면 좋겠어.

カーテンを 開(あ)けると、海(うみ)が 見(み)えました。 동시 발생
커튼을 걷으니 바다가 보였습니다.

083 ～と ～と どちら ～와 ～중 어느 쪽

「～と ～と どちら」는 '～와 ～중 어느 쪽'이라는 뜻으로, 명사에 직접 접속한다. 이것은 비교를 나타내며, 답변으로는 「～の ほうが ～です(~쪽이 ~합니다)」라는 표현을 쓴다.

• この 大学(だいがく)と あの 大学と どちらが 이 대학과 저 대학 중 어느 쪽이
• バイオリンと ギターと どちらが 바이올린과 기타 중 어느 쪽이
• さかなと にくと どちらが 생선과 고기 중 어느 쪽이
• りんごと バナナと どちらが 好(す)きですか 사과와 바나나 중 어느 쪽을 좋아합니까?

기출 買(か)って きて 食(た)べるのと 店(みせ)に 食べに いくのと どちらが
사 와서 먹는 것과 가게로 먹으러 가는 것 중 어느 쪽이 2018-2회
映画館(えいがかん)で 見(み)るのと 家(いえ)で 見るのと どちらが
영화관에서 보는 것과 집에서 보는 것 중 어느 쪽이 2019-2회

コーラと ジュースと どちらが 好(す)きですか。
콜라와 주스 중 어느 쪽을 좋아합니까?

084 ～とき ～때

「～とき(時)」는 '~때'라는 뜻으로, 동사 현재형, 부정형, 과거형, い형용사, 명사+の 등에 접속한다.

기출 宿題(しゅくだい)で 答(こた)えが 分(わ)からない とき 숙제에서 답을 모를 때 2018-2회

はじめて この 携帯電話(けいたいでんわ)を 持(も)った とき

처음 이 휴대전화를 들었을 때 2019-2회

ちちは 本(ほん)を 読(よ)む とき、いつも めがねを かけます。

아빠는 책을 읽을 때 항상 안경을 씁니다.

085 ～ところだ ～하려는 참이다

「～ところだ」는 '~하려는 참이다'라는 뜻으로, 동사 사전형에 접속한다. これから(이제부터)나 今から(지금부터)와 호응하는 경우가 많다.

- ごはんを 食(た)べる ところだ 밥을 먹으려는 참이다
- これから 学校(がっこう)へ 行(い)く ところだ 이제부터 학교에 가려는 참이다

기출 今(いま)から する ところです 지금부터 하려는 참입니다 2019-2회

今(いま)から、図書館(としょかん)へ 本(ほん)を かえしに 行(い)く ところです。

지금부터 도서관에 책을 반납하러 가려는 참입니다.

今(いま)から 母(はは)に 電話(でんわ)を かける ところです。

지금부터 어머니에게 전화를 걸려는 참입니다.

これから パンを やく ところです。

이제부터 빵을 구우려는 참입니다

086 ～とちゅう(途中)で ～도중에

「～とちゅうで」는 '~도중에'라는 뜻이다. 「동사 사전형 + とちゅうで / とちゅうに(~하는 도중에), 명사 사전형＋の＋とちゅうで(~도중에)」로 접속한다.

기출 大事(だいじ)な 話(はなし)の とちゅうで 중요한 이야기 도중에 2018-2회 2022-1회

買い物の　とちゅうで 쇼핑 도중에 2020

学校に　来る　とちゅうで　さいふを　忘れたのに　気づいた。
학교에 오는 도중에 지갑을 두고 온 것을 깨달았다.

彼は　式典の　途中で　退席した。
그는 식전 도중에 자리를 떴다.

087 どんなに ～ても 아무리 ~해도

どんなに ～ても는 '아무리 ~해도'라는 뜻으로, 동사나 い형용사의 て형에 접속한다.

- どんなに　いそがしくても 아무리 바빠도
- どんなに　勉強しても 아무리 공부해도
- どんなに　さがしても 아무리 찾아도
- どんなに　かんがえても 아무리 생각해도

유사 표현 いくら ～ても[023] 아무리 ~해도

どんなに　練習しても、ピアノが　うまく　なりません。
아무리 연습해도 피아노가 능숙해지지 않습니다.

088 ～なくては いけない・～なければ ならない
~하지 않으면 안 된다, ~해야 한다

「～なくては　いけない」는 '~하지 않으면 안 된다, ~해야 한다'라는 뜻으로, 동사 ない형에 접속한다. 이것은 의무·당연의 대표적인 문법으로, 실질적인 명령에 가깝기 때문에 손윗사람에게는 쓰지 않는다. 이 표현과 거의 비슷한 것으로 「～なければ　ならない」가 있다. 이 두 가지 형식 외에도 「～なくては　ならない, ～なければ　いけない, ～ないと　いけない」도 있다. 이들 형식간에 의미의 차이는 있지만 いけない보다 ならない가 문어체로 더 딱딱한 표현이다. 또한 「～なくては」는 「～なくちゃ」, 「～なければ」는 「～なきゃ」로 축약하여 사용된다.

- いやでも　テストは　うけなくては　いけない 싫더라도 테스트는 치르지 않으면 안 된다
- しゅくだいは　かならず　しなくては　いけない 숙제는 반드시 해야 한다
- かならず　はを　みがかなくては　いけない 반드시 이를 닦아야 한다

참고 早く　帰らなくては　いけません = 早く　帰らなければ　なりません 일찍 귀가해야 합니다

관련 표현 ～ては　いけない[075] ~하면 안 된다

기출 会議(かいぎ)に 出(で)なければ ならなく なりました
회의에 참석하지 않으면 안 되게 되었습니다 2011-1회

出(だ)さないと いけない レポート 제출해야만 하는 리포트 2013-2회

課長(かちょう)に 見(み)て もらわなければ ならない しりょう
과장님이 봐야만 하는 자료 2017-1회

あしたまでに 書(か)かないと いけない レポート
내일까지 써야만 하는 리포트 2017-2회

覚(おぼ)えなくては いけない 외워야 한다 2018-2회

こたえは かならず ボールペンで 書(か)かなくては いけません。
답은 반드시 볼펜으로 써야 합니다.

3時(じ)までに、会社(かいしゃ)に もどらなければ ならない。
세 시까지 회사에 돌아가야 한다.

かならず 手(て)を 洗(あら)わなければ なりません。
반드시 손을 씻어야 합니다.

あしたは 朝(あさ) 6時(じ)に 起(お)きないと いけない。
내일은 아침 여섯 시에 일어나야만 한다.

この レポートは きょうまでに 終(お)えて いなくては ならない はずだ。
이 리포트는 오늘까지 끝내야 할 것이다.

つぎの 金曜日(きんようび)までに この レポートを 仕上(しあ)げなくちゃ いけない。
다음 금요일까지 이 리포트를 완성해야 해.

A あした ひまか？ 내일 한가해?
B いや、うちの 犬(いぬ)を 動物病院(どうぶつびょういん)へ 連(つ)れて 行(い)かなきゃ いけないんだ。
아니, 우리집 강아지 동물병원에 데려가야 해.

089 ～なくても いい ～하지 않아도 좋다

「～なくても いい」는 '~하지 않아도 좋다'라는 뜻으로, 동사 ない형에 접속한다. 이것은 어떤 동작이나 행위의 불필요함을 나타낸다.

- その 本(ほん)は きょう かえさなくても いいです 그 책은 오늘 돌려주지 않아도 됩니다
- しゅくだいを したく なければ、しなくても いいです 숙제를 하고 싶지 않으면 하지 않아도 좋습니다

유사 표현 ～なくても かまわない[090] ～하지 않아도 상관없다

관련 표현 ～ても いい[078] ～해도 좋다

기출 時間(じかん)が　あるから　いそがなくても　いいです
시간이 있으니까 서두르지 않아도 괜찮아요 2017-1회

わからなければ　書(か)かなくても　いいです。
모르면 쓰지 않아도 됩니다.

かぜが　なおったので、もう　病院(びょういん)へ　行(い)かなくても　いい。
감기가 나았기 때문에 이제 병원에 가지 않아도 된다.

あしたは　テキストを　持(も)って　こなくても　いいです。
내일은 교재를 안 가져와도 됩니다.

090 ～なくても　かまわない ～하지 않아도 상관없다

「～なくても　かまわない」는 '～하지 않아도 상관없다(괜찮다)'라는 뜻으로, 주로 동사 ない형에 접속하나 간혹 な형용사에도 접속한다. 이것 역시 어떤 동작이나 행위의 불필요함을 나타낸다.

- あしたは　手(て)つだいに　こなくても　かまわない 내일은 도와주러 오지 않아도 괜찮다
- この　へやは　そうじを　しなくても　かまわない 이 방은 청소를 하지 않아도 상관없다

유사 표현 ～なくても　いい[089] ～하지 않아도 좋다

관련 표현 ～ても　かまわない[079] ～해도 상관없다

飲(の)めないのなら、むりに　飲まなくても　かまいません。
마실 수 없으면 억지로 마시지 않아도 괜찮습니다.

あした、買(か)い物(もの)に　行(い)かなくても　かまいませんか。
내일 쇼핑하러 가지 않아도 상관없습니까?

この　仕事(しごと)は　日本語(にほんご)が　上手(じょうず)でなくても　かまいません。
이 일은 일본어를 잘하지 않아도 괜찮습니다.

来週(らいしゅう)の　かいぎには　出(で)なくても　かまいませんか。
다음 주 회의에는 참석하지 않아도 괜찮습니까?

8 필수문법 확인문제 077~090 / 33

もんだい1　（　　）に 何を 入れますか。1・2・3・4から いちばん いい ものを 一つ えらんで ください。

1 山田(やまだ)さんは 病気(びょうき)に （　　） 会社を 休みませんでした。077

1 なれば　2 なると　3 なっても　4 なっては

2 この ボタンを （　　）と、ドアが ひらきます。082

1 おす　2 おして　3 おした　4 おそう

3 ごごの かいぎには （　　） かまいませんか。090

1 出ない　2 出なく　3 出なくては　4 出なくても

4 A「先生、これ 使(つか)っても かまいませんか。」
B「（　　）。」078, 079

1 ええ、使っては いけません　2 ええ、使っても いいです
3 いいえ、使っても いいです　4 いいえ、使っても かまいません

5 この くつは もう 古いですから、よごれても （　　）。079

1 かまいます　2 かまいました
3 かまいません　4 かまって いません

6 わたしは でんきやで ドライヤーを （　　）。080

1 なおして くれた　2 なおして もらった
3 なおして なった　4 なおして くださった

7 A「電話番号(でんわばんごう)は （　　） いいですか。」
B「いいえ、おねがいします。」089

1 書かない　2 書かないでは　3 書かなくては　4 書かなくても

답 1③ 2① 3④ 4② 5③ 6② 7④

8 ちょっと　見る（　　　）　かんたんそうだけれども、ほんとうは　むずかしい。082

1　と　　2　ば　　3　が　　4　は

9 りょうしんが　（　　　）と　いいんですが。082

1　元気(げんき)な　　2　元気で　　3　元気　　4　元気だ

10 あしたは　テニスの　しあいです。もし　雨が　（　　　）　しあいを　します。
がんばって　ください。077

1　ふるのに　　2　ふるので　　3　ふって　　4　ふっても

11 ピアノ（　　　）　バイオリン（　　　）　どちらが　やさしいですか。083

1　や / や　　2　と / と　　3　が / が　　4　も / も

12 今から　パンを　（　　　）　ところです。085

1　やいて　いる　　2　やけて　いる　　3　やく　　4　やける

13 （　　　）　いそいでも、バスには　まに　あいません。087

1　どれ　　2　どんなに　　3　どちら　　4　どのくらい

14 A「ごみの　日は　金曜日(きんようび)です。それ　以外(いがい)の　日には　出(だ)さないように　して
ください。」
B「はい、ごみは　金曜日に　（　　　）。」088

1　出しては　いけないんですね　　2　出さなくては　いけないんですね
3　出さないように　するんですね　　4　出さないで　くださいね

15 数学(すうがく)は　ぼくが　教えて　（　　　）よ。081

1　やる　　2　いたす　　3　くれる　　4　なさる

답 8① 9④ 10④ 11② 12③ 13② 14② 15①

16 A「ここで　サッカーを　しても　いいですか。」

B「ええ、（　　　）。」078, 079

1　そうですよ　　2　いけませんよ　　3　つかいますよ　　4　かまいませんよ

17 買い物に　行く　（　　　）　財布(さいふ)を　わすれた　ことに　気づきました。086

1　あいだに　　2　うちに　　3　とちゅうで　　4　なかで

18 わからない　ことが　ある　ときは、先生に　教(おし)えて　（　　　）。080

1　あげます　　2　くれます　　3　もらいます　　4　やります

19 この　急(きゅう)カーブでは　いつ　事故(じこ)が　（　　　）。077

1　起きても　おかしく　ない　　2　起きやすいと　いえない

3　起きたかも　しれない　　4　起きる　ように　なりにくい

20 この　くすりを　（　　　）、ねつが　さがるでしょう。082

1　飲んで　　2　飲むと　　3　飲むなら　　4　飲みながら

21 わからなければ　べつに　（　　　）　いいです。089

1　書かなくては　　2　書かないなら　　3　書かないでは　　4　書かなくても

22 （　　　）　勉強(べんきょう)しても、なかなか　カタカナが　おぼえられない。087

1　どのくらい　　2　どちら　　3　どれ　　4　どんなに

23 仕事(しごと)が　いそがしかったら　あしたは　手(て)つだいに　（　　　）と　言われました。090

1　来ないでは　ない　　2　来なくても　かまわない

3　来ないほども　ない　　4　来なくては　かまわない

답 16④　17③　18③　19①　20②　21④　22④　23②

もんだい2　＿★＿に 入る ものは どれですか。1・2・3・4から いちばん いい ものを 一つ えらんで ください。

24 わたしは どんな ＿＿ ＿＿ ＿★＿ ＿＿ わすれません。077

1 あなたの　　2 あっても　　3 ことが　　4 ことは

25 テレビと れいぞうこは おもいので ＿＿ ＿＿ ＿★＿ ＿＿ した。080

1 うちまで　　2 ことに　　3 もらう　　4 はこんで

26 その ＿＿ ＿＿ ＿★＿ ＿＿ こうばんが あります。082

1 右へ　　2 かどを　　3 と　　4 まがる

27 これから 先生 ＿＿ ＿★＿ ＿＿ ＿＿ です。085

1 かける　　2 電話(でんわ)を　　3 ところ　　4 に

28 あしたは ＿＿ ＿★＿ ＿＿ ＿＿ です。089

1 テキストを　　2 こなくても　　3 持って　　4 いい

답 24 ①(3214) 25 ③(1432) 26 ④(2143) 27 ②(4213) 28 ③(1324)

もんだい３　［29］ から ［33］ に 何を 入れますか。文章の 意味を 考えて、1・2・3・4から いちばん いい ものを 一つ えらんで ください。

下の 文章は 「家族」に ついての 作文です。

「トトロ」

李 ハンナ

わたしの 家 ［29］ 「トトロ」と いう 名前の ネコが います。３か月前に 母が ［30］ 。トトロが わたしたちの 家族に なってから 最初の 方は とても ひとみしりを しましたが、［31］ あまえんぼうの すえっこです。

わたしは 兄弟が いないので トトロが 家族に ［32］ とても うれしいです。わたしが 学校に 行く ときや 学校から 帰って くる とき、トトロは いつも げんかんまで 出て きます。トトロ ［33］ わたしたちの 大切な 家族の 一員です。

29

1 には　2 とは　3 へも　4 なら

30

1 ひろって　いました　2 ひろいたかったです
3 ひろったかも　しれません　4 ひろって　きました

31

1 これまで　2 今から　3 今では　4 これでは

32

1 なって　あげて　2 なって　くれて
3 して　おいて　4 して　しまって

33

1 は　2 で　3 が　4 と

핵심 문법 다시 보기

～と いう 010 ~라는	「トトロ」と いう 名前(なまえ) '토토로'라는 이름(03行)
～が 002 ~이, ~가	3か月前に 母が 세 달 전에 엄마가(04行)
～ので 015 ~하기 때문에	わたしは 兄弟(きょうだい)が いないので 나는 형제가 없어서(07行)
～まで 019 ~까지	げんかんまで 현관까지(09行)

답 29 ① 30 ④ 31 ③ 32 ② 33 ①

091 ～なさい ～하라, ～하시오

「～なさい」는 '～하라, ～하시오'라는 뜻으로, 동사 ます형에 접속한다. 이것은 일종의 명령 표현이므로 사용에 많은 제한이 있다. 즉 어머니가 자녀에게 쓰는 정도라고 보면 된다. 참고로 おやすみなさい(안녕히 주무십시오)나 おかえりなさい(다녀오셨어요) 등과 같은 관용 표현도 있다.

- ゆっくり 考(かんが)えなさい 천천히 생각해라
- 早(はや)く ここに 来(き)なさい 빨리 여기로 와라

この 本(ほん)を 読(よ)みなさい。
이 책을 읽어라.

つぎの しつもんに 答(こた)えなさい。
다음 질문에 답하시오.

ごはんを 食(た)べた あとで この くすりを 飲(の)みなさい。
밥을 먹은 후에 이 약을 먹어라.

092 ～なら ～라면, ～한다면, ～하려거든

「～なら」는 '～라면 , ～한다면 , ～하려거든'이라는 뜻으로, 명사에는 직접, 동사에는 사전형에 접속한다. 이것은 가정, 토픽 등을 나타내며 다른 조건형「～ば・～と・～たら」와는 조금 다른 가정 표현을 만든다. 회화에서 가장 흔히 볼 수 있는 용법은 상대방으로부터 들은 내용이나, 상대방의 모습을 보고 안 사실 등 이미 알고 있는 사실을 조건으로 하는 것이다. 또 하나는 주로「동사 사전형 또는 동사 과거형＋なら」의 형태로 쓰여 앞의 조건이 성립되기 이전의 사실도, 동시에 성립하는 사실도 뒷부분에 나타낼 수 있다. 뒷부분에 사전 동작을 표현할 때도 사용된다.

- みちこなら 미치코라면
- とけいなら 시계라면
- ハイキングに 行くなら 하이킹을 가려거든
- 中野(なかの)に 行ったなら 나카노에 가면
- 今度(こんど)の 土曜日(どようび) ひまなら 이번 토요일 시간이 있다면
- へやを かりるなら 방을 빌린다면
- カメラを 買(か)うなら 카메라를 사려면
- この 店(みせ)に 来たなら 이 가게에 오면

기출 パソコンの ことなら 컴퓨터에 관한 것이라면 2010-2회
日本料理(にほんりょうり)なら 일본 요리라면 2012-1회 2022-2회
あさってなら 大丈夫だよ 내일 모레라면 괜찮아 2016-2회
さくら病院(びょういん)なら 사쿠라 병원이라면 2018-2회

来週(らいしゅう)なら　いつでも　大丈夫(だいじょうぶ)だよ 다음 주라면 언제라도 괜찮아 2019-2회

タクシーなら、ここから　15分(ふん)ぐらいで　行(い)けると　思(おも)います。
택시라면 여기서 15분 정도면 갈 수 있을 거라고 생각합니다.

雨(あめ)が　降(ふ)りそうだから、出(で)かけるなら　かさを　持(も)って　いった　方(ほう)が　いいよ。
비가 올 것 같으니까 외출하려거든 우산을 가져가는 게 좋아.

093 ～にくい ~하기 어렵다

「～にくい」는 '~하기 어렵다'라는 뜻으로, 동사 ます형에 접속한다. 이 표현은 좋은 평가와 나쁜 평가에 모두 사용된다.

- この　かさは　重(おも)くて　さしにくい 이 우산은 무거워서 쓰기 어렵다
- ずいぶん　わかりにくい　ちず 무척 이해하기 어려운 지도
- この　くすりは　とても　にがくて　飲(の)みにくい 이 약은 몹시 써서 먹기 어렵다

관련 표현 ～やすい[106] ~하기 쉽다

この　つくえは、ひきだしが　小(ちい)さいので　つかいにくいです。
이 책상은 서랍이 작기 때문에 사용하기 어렵습니다.

単語(たんご)は　例文(れいぶん)と　いっしょに　覚(おぼ)えれば　忘(わす)れにくいです。
단어는 예문과 함께 외우면 잘 안 잊어버립니다.

094 ～に する ~로 (정)하다

「～に する」는 '~로 (정)하다'라는 뜻으로, 명사에 직접 접속한다. 이것은 뭔가를 선택하거나 결정해야 하는 상황에서 '~로 하기로 마음 먹었다'는 의미로 사용한다. 특히 쇼핑을 하거나 주문을 할 때 자주 쓰이는 표현이다.

- 朝(あさ)ごはんは、パンと　ぎゅうにゅうに　しました 아침은 빵과 우유로 했습니다
- わたしは　ジュースに　します 나는 주스로 할래요
- きょうは　もう　ここで　終(お)わりに　しよう 오늘은 이제 여기서 끝내기로 하자

기출 どっちに　する？ 어느 쪽으로 할래? 2017-2회

プレゼントは　ネクタイに　しましょう。
선물은 넥타이로 합시다.

095 ～に ついて ～에 관해서

「～に ついて」는 '~에 관해서'라는 뜻으로, 명사에 직접 접속한다. 주로 「～について(~에 관해서)」, 「～ついての + 명사 (~에 관한 ~)」의 형태로 사용된다.

기출 冬休み(ふゆやす)みの 旅行(りょこう)に ついて 相談(そうだん)しました
겨울 방학 여행에 대해 의논했습니다 2018-2회

新聞(しんぶん)は その 地震(じしん)に ついて 長(なが)い 記事(きじ)を 載(の)せた。
신문은 그 지진에 관해 긴 기사를 실었다.

池田(いけだ)さんは 鳥(とり)に ついての 講演(こうえん)を しました。
이케다 씨는 새에 관한 강연을 했습니다.

096 ～に よって ～에 의해서, ~에 따라서

「～によって」는 '~에 의해, ~에 따라'라는 뜻으로 명사에 직접 접속하여 쓰인다. 주로 「～によって(~에 의해)」, 「～により(~에 의해)」, 「～による + 명사(~에 의한~)」, 「～によると(~에 의하면)」 등의 형태로 쓰인다.

기출 外国人(がいこくじん)に よって 외국인에 의해서 2016-2회
村(むら)の 人(ひと)たちに よって 마을 사람들에 의해서 2022-2회

この 橋(はし)は 外国人(がいこくじん)に よって 作(つく)られました。
이 다리는 외국인에 의해서 만들어졌습니다.

天気予報(てんきよほう)に よると 今日(きょう)は 雷雨(らいう)が あるそうだ。
일기예보에 의하면 오늘은 뇌우가 있다고 한다.

皆(みな)さまの ご協力(きょうりょく)に より この 会(かい)を 成功(せいこう)させる ことが できました。
여러분의 협력에 의해 이 모임을 성공시킬 수 있었습니다.

097 ～のだ ～인 것이다

「～のだ」는 '~인 것이다, ~이다'라는 뜻으로, 명사·な형용사·조사 から + な의 형태가 된다. 구체적인 사정, 이유, 해석, 귀결, 발견, 설명, 단정, 결의, 명령 등을 설명할 때 쓰인다. 회화에서는 축약형인 「～んだ」로도 많이 쓴다.

• じこが あったのだ 사고가 있었던 것이다
• じこが 多いのだ 사고가 많은 것이다
• 電車の じこなのだ 전철 사고다
• そうなのです 그렇습니다

기출 ちょうど 今 食べた ところなんです 마침 지금 막 먹은 참입니다 2011-1회

よやくを したいんですが 예약을 하고 싶은데요 2017-2회

帰ったんですね 집에 돌아가셨군요 2018-1회

都合が 悪いんです 형편이 좋지 않은데요 2019-1회

先週から 書いて いるんですが 지난주부터 쓰고 있습니다만 2019-1회

タクシーを 一台 お願いしたいんですが
택시를 한 대 부탁하고 싶은데요 2021-1회

だから 最近 いそいで 帰って いるんですね
그래서 요즘 서둘러 집에 가는 거로군요 2021-2회

電車の じこが あったんです。それで、おくれて しまいました。
전철 사고가 있었습니다. 그래서 늦고 말았습니다.

山田さんは ほんとうに 学生なのですか。
야마다 씨는 정말로 학생입니까?

098 ～ば ～하면

「～ば」는 '～하면'이라는 뜻으로, 동사·い형용사 등의 가정형에 접속한다. 이것은 가정한 사항을 조건으로 하여 말하거나 뒤에 오는 내용이 어떤 전제 하에 일어났는지를 말해 주는 표현이다. 또한 「～と」와 마찬가지로 습관적으로 되풀이되는 사실에도 쓸 수 있다. 문말에는 완료형(た형)이 오지 않는다.

• どう 行けば いいですか 어떻게 가면 됩니까?
• 毎日 れんしゅうを すれば 매일 연습을 하면
• もう少し 待てば 조금 더 기다리면
• 明日じゃ なければ いつでも いいです 내일이 아니라면 언제든지 좋습니다

기출 この 料理は 電子レンジを 使えば
이 요리는 전자레인지를 사용하면 2010-2회

今すぐ タクシーに 乗れば 지금 바로 택시를 타면 2011-1회

この くすりを 飲めば すぐ なおりますよ。
이 약을 먹으면 바로 나을 겁니다.

あなたが　行かなければ、わたしも　行きません。
당신이 안 가면 저도 가지 않겠습니다.

조건을 나타내는 표현		
고유번호	조건의 종류	해석
057	～たら	～하면 , ～하니까, ～하였더니
082	～と	～하면 , ～하니까
092	～なら	～라면, ～한다면, ～하려거든
098	～ば	～하면

099 ～はじめる ～하기 시작하다

「～はじめる」는 '～하기 시작하다'라는 뜻으로, 동사 ます형에 접속한다. 이것은 동작·작용의 개시를 나타내는 표현으로 일반적인 경우에 쓰여, 한자 표기로는 ～始める라고 쓴다.

- 雨が　降りはじめました 비가 내리기 시작했습니다
- ふとりはじめました 살찌기 시작했습니다
- 風が　ふきはじめた 바람이 불기 시작했다
- 小学校に　通いはじめる 초등학교에 다니기 시작하다

유사 표현 ～だす[053] ～하기 시작하다

妹は　料理に　きょうみを　持ちはじめました。
여동생은 요리에 흥미를 가지기 시작했습니다.

ベルが　なると、学生たちは　答えを　書きはじめました。
벨이 울리자 학생들은 답을 적기 시작했습니다.

100 ～はずが ない ～할 리가 없다

「～はずが ない」는 '～할 리가 없다'라는 뜻으로, 다양하게 접속한다. 이것은 추측 표현 중의 하나로 특히 동사 가능형에도 접속한다.

- こんな　ひどい　ことを　する　はずが　ない 이런 심한 짓을 할 리가 없다
- こんな　ところに　いる　はずが　ない 이런 곳에 있을 리가 없다
- わかる　はずが　ありません 알 리가 없습니다

子どもが　そんな　重い　物が　持てる　はずが　ありません。
어린이가 그렇게 무거운 것을 들 수 있을 리가 없습니다.

佐藤(さとう)さんが　ここへ　来(く)る　はずが　ありません。
사토 씨가 여기에 올 리가 없습니다.

101 ～はずだ ~할 것이다, ~일 터이다

「～はずだ」는 '~일 터이다, ~할 것이다'라는 뜻으로, 일반적으로 명사/な형용사의 어간+の, い형용사·동사 사전형에 접속한다. 이것은 필연·추측·납득 등을 서술하는 표현으로 일이 그러해야 함을 나타내기도 하고, 약속·예정이 되어 있는 것을 나타내기도 한다.

- あの 人(ひと)は 来(く)る はずです 그 사람은 올 것입니다
- るすの はずです 집에 없을 것입니다
- きょうは とても ねむい はずだ 오늘은 무척 졸릴 것이다
- その こたえは すぐに わかる はずです 그 답은 바로 알 수 있을 것입니다

ここに　くつが　あるから、　山田(やまだ)さんは　まだ　学校(がっこう)に　いる　はずです。
여기에 신발이 있으니까 야마다 씨는 아직 학교에 있을 것입니다.

けいかくに　よると、この　仕事(しごと)は　こんどの　春(はる)までに　終(お)わる　はずです。
계획에 따르면 이 일은 이번 봄까지 끝날 것입니다.

102 ～は ～より ~은 ~보다

「～は ～より」는 '~은 ~보다'라는 뜻으로, 대표적인 비교 표현이다.

- けさは きのうの 朝(あさ)より さむい 오늘 아침은 어제 아침보다 춥다
- きょうは きのうより あたたかい 오늘은 어제보다 따뜻하다
- この くつは あの くつより あるきやすい 이 신발은 저 신발보다 걷기 편하다

기출 男(おとこ)の子(こ)の　顔(かお)は　父親(ちちおや)より 남자아이의 얼굴은 아빠보다 2011-1회

この　町(まち)の　じんこうは　きょねんより　多(おお)く　なりました。
이 도시의 인구는 작년보다 많아졌습니다.

103 ～ほうが いい ～하는 것이 낫다

「～ほうが いい」는 '～하는 것이 낫다'라는 뜻으로, 동사 과거형과 동사 현재형에 접속한다. 이것은 주로 권고 표현으로 많이 쓰이는데, 구체적인 장면에서 듣는 이에게 행위를 촉구할 때에는 반드시 동사 과거형(た형)을 써야만 한다. 그리고 종조사 よ가 붙는 것이 일본어답다. 그렇지만 '～하지 않는 것이 낫다'라는 표현에는 동사 ない형(현재형)에 접속한다는 점을 잘 익혀 두자. 참고로 권고나 충고표현으로 사용되지 않고 본인의 선택을 나타내는 표현일 때에는 동사 현재형을 사용한다.

- 少(すこ)し 休(やす)んだ ほうが いいですよ 좀 쉬는 것이 좋겠어요
- タバコは やめた ほうが いいですよ 담배는 끊는 것이 좋겠어요
- おさけを 飲(の)まない ほうが いいですよ 술을 마시지 않는 것이 좋아요

기출 かさを 持(も)って いった ほうが いい 우산을 가지고 가는 편이 좋다 2020

今日(きょう)は 早(はや)く うちへ 帰(かえ)った ほうが いいですよ。 권고·충고
오늘은 일찍 집에 돌아가는 것이 좋아요.

あの 人(ひと)は 口(くち)が かるいから、大事(だいじ)な ことは 話(はな)さない ほうが いいですよ。 권고·충고
저 사람은 입이 가볍기 때문에 중요한 것은 말하지 않는 것이 좋아요.

山田(やまだ)さん、どっちの 仕事(しごと)が いいですか。わたしは つつむ ほうが いいんだけど。 선택
야마다 씨, 어느 쪽 일이 좋아요? 나는 포장하는 쪽이 좋은데요.

104 ～ほど ～ない ～만큼 ～하지 않다

「～ほど ～ない」는 '～만큼 ～하지 않다'라는 뜻으로, 대부분 앞에는 명사, 뒤에는 い형용사 부정형에 접속한다. 이것은 비교 표현으로 두 가지를 비교해서 부정으로 대답한다.

- あの くろい くつほど 高(たか)く ない 저 검은 신발만큼 비싸지 않다
- 鈴木(すずき)さんの ところほどは 広(ひろ)く ない 스즈키 씨가 사는 곳만큼은 넓지 않다
- 去年(きょねん)の 試験(しけん)ほど むずかしく ないと 思(おも)います 작년 시험만큼 어렵지 않다고 생각합니다
- おおさかは 東京(とうきょう)ほど 大(おお)きく ありません 오사카는 도쿄만큼 크지 않습니다

응용 표현 ～ほどでは ありません ～정도는 아니에요, それほどでも ありません 그렇지도 않아요

弟は、わたしほど　走るのが　はやく　ない。
남동생은 나만큼 달리는 것이 빠르지 않다.

今日は　さむいですが、きのうほどでは　ありません。
오늘은 춥습니다만 어제만큼은 아니에요.

105 ～みたいに (마치) ~처럼
～みたいだ ~같다

「～みたいに」와 「～みたいだ」는 각 '(마치) ~처럼', '~같다'라는 뜻으로, 주로 활용어의 중지형과 명사에 접속한다. 「～ように」와 「～ようだ」의 회화체이다. 「～みたいな(~인 것 같은), ～みたい(~같다)」 등 다양한 형태로 사용된다.

기출　わたしも　母みたいに 나도 엄마처럼 2019-1회

高木さんは　まるで　コンピューターみたいに　計算が　速い。
다카기 씨는 마치 컴퓨터처럼 계산이 빠르다.

子どもみたいな　まねを　するのは　やめなさい。
어린애 같은 흉내를 내는 것은 그만두어라.

あの　人形は　まるで　生きて　いるみたいだ。
저 인형은 마치 살아 있는 것 같다.

9 필수문법 확인문제 091~105 / 29

もんだい1 （　　）に 何を 入れますか。1・2・3・4から いちばん いい ものを 一つ えらんで ください。

1 これから　どう　するのか　ゆっくり　（　　）。091

1 考(かんが)えみたい　2 考えようだ　3 考えなさい　4 考えところだ

2 山田(やまだ)さんが　（　　）、わたしも　行きます。092

1 行って　2 行くと　3 行くなら　4 行っても

3 あした　ひま（　　）　パーティーに　行きませんか。092

1 から　2 には　3 とき　4 なら

4 この　くろい　かさは　重(おも)くて　（　　）にくいです。093

1 さし　2 さす　3 ささ　4 さして

5 つかれたので、きょうは　もう　ここで　終(お)わり（　　）。094

1 に　なろう　2 に　しよう　3 の　ことだ　4 の　ものだ

6 A「どう　したんですか。」
B「じつは、子どもが　病気(びょうき)（　　）。」097

1 から　2 からです　3 なんです　4 なんですから

7 あしたは　いそがしくて　だめですが、（　　）　いつでも　いいです。098

1 あしたじゃ　なければ　2 あしたじゃ　なく
3 あしたなら　4 あしただったら

답 1③ 2③ 3④ 4① 5② 6③ 7①

8 きのう　やくそくしたから、山田(やまだ)さんは　来る（　　　）です。101

1 こと　　2 もの　　3 ため　　4 はず

9 A「彼の　話を　聞くと　ちゃんと　わかって　いる　（　　　）　どうだろう。」

B「わかって　ないんじゃない？」105

1 ばかりなのに　　2 だけなのに　　3 はずだけど　　4 みたいだけど

10 やさしい　田中(たなか)さんが　こんな　ひどい　ことを　（　　　）。100

1 する　ためだ　　2 しない　ままだ

3 する　はずが　ない　　4 しない　ところだ

11 高木(たかぎ)さんは　きょう　出かけると　言って　いたから、るすの　（　　　）です。101

1 はず　　2 こと　　3 ため　　4 つもり

12 ゆうべ　8時ごろから　雨が　（　　　）はじめました。099

1 ふる　　2 ふって　　3 ふり　　4 ふったり

13 お金を　かりる　ときは、じゅうぶん　考えた　ほう（　　　）　いい。103

1 が　　2 は　　3 と　　4 に

14 ことしは　きょねん（　　　）　さむく　ありません。104

1 ほど　　2 だけ　　3 しか　　4 でも

15 わたしの　車は　山田(やまだ)さんの　車（　　　）　高く　ない。102

1 だけ　　2 より　　3 しか　　4 でも

답 8④ 9④ 10③ 11① 12③ 13① 14① 15②

16 こんどの　計画（　　　）　知って　いるのは　鈴木さんだけです。095

1　に　よって　　2　に　ついて　　3　ばかりに　　4　ところに

17 新型インフルエンザへの　対応は　国（　　　）　異なります。096

1　ばかり　　2　じゅう　　3　に　よって　　4　に　ついて

18 彼は　スペインに　行った　ことが　（　　　）　話すから　ほんとうに　そうかと思った。105

1　あるみたいに　　2　あるだけで

3　あって　いいのに　　4　あればと

19 こんやは　くすりを　飲んで　早く　寝た　（　　　）。103

1　ように　して　ください　　2　ほうが　いいですよ

3　のが　いいですよ　　4　ように　しましょう

답 16② 17③ 18① 19②

もんだい2　＿★＿に　入る　ものは　どれですか。1・2・3・4から　いちばん　いい　ものを　一つ　えらんで　ください。

20 バス ＿＿ ＿＿ ＿★＿ ＿＿ 行けると　思います。092

1　30分　　2　ぐらいで　　3　ここから　　4　なら

21 コックは　きゃくの ＿＿ ＿＿ ＿★＿ ＿＿ はじめました。099

1　作り　　2　りょうりを　　3　注文(ちゅうもん)を　　4　うけて

22 かれは　あたまが　いいから、その ＿＿ ＿＿ ＿★＿ ＿＿ です。101

1　はず　　2　すぐに　　3　わかる　　4　こたえは

23 この　町の ＿＿ ＿＿ ＿★＿ ＿＿ なりました。102

1　じんこうは　　2　多く　　3　きょねん　　4　より

24 あんな　きけんな　ところへは ＿＿ ＿＿ ＿★＿ ＿＿ ですよ。103

1　行かない　　2　あまり　　3　いい　　4　ほうが

답 20 ①(4312)　21 ②(3421)　22 ③(4231)　23 ④(1342)　24 ④(2143)

もんだい３　[25] から [29] に　何を　入れますか。文章の　意味を　考えて、
１・２・３・４から　いちばん　いい　ものを　一つ　えらんで　ください。

下の　文章は　留学生の　作文です。

リ　リー

山田さんと　林くんと　あきはばらの　でんきやへ　行きました。わたしは　テレビを　買い、山田さんは　小さな　カメラと　でんちを、林くんは　ステレオを [25] 。テレビと　ステレオは　おもいので、うちまで [26] ことに　しました。

つぎの　日、わたしが　うちで　待って　いると、でんきやから　ステレオが　来ました。みせの　人が　まちがえたのです。テレビ [27] 林くんの　ところへ　行って　しまいました。そこから　わたしの [28] もう　３日　待たなければなりません。[29] は　あやまって　いました。

25

1 買ったようです　2 買ったそうです　3 買いました　4 買うでしょう

26

1 はこんで　やる　2 はこんで　あげる
3 はこんで　しまう　4 はこんで　もらう

27

1 は　2 や　3 の　4 も

28

1 家に　着いてから　2 家に　行くまで
3 家に　行ってから　4 家に　来るまで

29

1 わたし　2 でんきや　3 林(はやし)くん　4 山田(やまだ)くん

핵심 문법 다시 보기

～ので015 ~하기 때문에, ~이므로	テレビと ステレオは おもいので 텔레비전과 스테레오(오디오)는 무겁기 때문에(04行)
～て もらう080 ~해 받다	うちまで はこんで もらう 집까지 배달하여 받다(04行)
～ことに する041 ~하기로 하다	はこんで もらう ことに しました 배달하여 받기로 했습니다(04行)
～と082 ~하면, ~하니(까)	わたしが うちで 待って いると 내가 집에서 기다리고 있으니(06行)
～て しまう074 ~해 버리다, ~하고 말다	林(はやし)くんの ところへ 行って しまいました 하야시 군한테 가고 말았습니다(07行)
～のだ097 ~인 것이다	みせの 人が まちがえたのです 가게 직원이 실수한 것입니다(07行)
～なければ ならない088 ~하지 않으면 안 된다, ~해야 한다	もう 3日 待(ま)たなければ なりません 사흘 더 기다려야 합니다(08行)

답 25 ③　26 ④　27 ①　28 ④　29 ②

106 ～やすい ～하기 쉽다, ～하기 편하다

「～やすい」는 '～하기 쉽다, ～하기 편하다'라는 뜻으로, 동사 ます형에 접속한다. 이 표현은 좋은 평가와 나쁜 평가에 모두 사용된다.

- 雨(あめ)で 道(みち)が すべりやすいから 비 때문에 길이 미끄러지기 쉬우니까
- 東京(とうきょう)は せいかつしやすい ところだ 도쿄는 생활하기 편한 곳이다
- この ペンは 書(か)きやすいですね 이 펜은 쓰기 편하네요
- かぜを ひきやすく なりました 감기에 걸리기 쉬워졌습니다

관련 표현 ～にくい[093] ～하기 어렵다

기출 かるくて 歩(ある)きやすい くつ 가볍고 걷기 편한 신발 2017-2회
大(おお)きくて 座(すわ)りやすい ソファー 크고 앉기 편한 소파 2018-2회

これは かるくて はきやすい くつです。
이것은 가볍고 신기 편한 신발입니다.

107 ～ようだ ～인 것 같다

「～ようだ」는 '～인 것 같다'라는 뜻으로, 크게 두 가지 용법이 있다. 먼저 추량 또는 불확실한 단정의 용법으로, 오감이나 감촉을 통한 직감적인 판단을 나타내다. 명사＋の, 동사·い형용사 사전형에 접속하며, 비슷한 표현으로는 「～らしい」가 있다. 또 하나는 비유와 예시의 용법으로, 명사＋の, 동사 사전형, 과거형, ている형에 접속한다. 비유 표현은 주로 まるで(마치)와 호응하는 경우가 많고, 예시 표현은 「たとえば ～の ような(예를 들면 ～와 같은)」와 같은 형태를 취하는 경우가 많다.

추량·불확실한 단정
- これは ずいぶん 古(ふる)い ものの ようだ 이것은 무척 낡은 물건 같다
- ちょっと からい ようですね 좀 매운 것 같군요
- あの 人(ひと)は、お医者(いしゃ)さんの ようですね 저 사람은 의사 선생님인 것 같군요
- どうも ぜんぶ うその ようだ 아무래도 전부 거짓말인 것 같다

비유·예시
- そんな ゆめの ような 話(はなし)は 그런 꿈 같은 이야기는
- 死(し)んだ ように ねて いる 죽은 듯이 자고 있다
- まるで おさけを 飲(の)んだ ような かお 마치 술을 마신 것 같은 얼굴
- 夜(よる)でも 昼間(ひるま)の ように あかるい 밤이라도 낮과 같이 밝다

유사 표현 ～らしい[111] ～인 것 같다

기출 何(なに)かが　焼(や)けて　いる　ような　においが　しますね
뭔가 타고 있는 듯한 냄새가 나네요 2012-1회

アニメに　きょうみが　ある　ように　見(み)える
애니메이션에 흥미가 있는 것처럼 보인다 2019-2회

習(なら)う　ことが　楽(たの)しかった　ようです 배우는 게 즐거웠던 것 같습니다 2019-2회

人気(にんき)が　ある　ようで 인기가 있는 듯 2022-2회

風(かぜ)が　つめたいです。今日(きょう)は　きのうより　さむい　ようです。 추량
바람이 찹니다. 오늘은 어제보다 추운 것 같습니다.

この　ホテルの　おふろは、広(ひろ)くて　プールの　ようだ。 비유
이 호텔의 욕조는 넓어서 수영장 같다.

鳥(とり)の　ように　空(そら)が　とべたら　いいと　思(おも)います。 비유
새처럼 하늘을 날 수 있으면 좋겠다고 생각합니다.

外国人(がいこくじん)なのに、かのじょは　日本人(にほんじん)の　ように　日本語(にほんご)を　話(はな)します。 비유
외국인인데도 그녀는 일본인처럼 일본어를 말합니다.

108 ～よう(に) ～하도록
～ように 言(い)う ～하도록 말하다

「～ように」는 '～하도록'이라는 뜻이다. 소원, 원망, 목적 등을 나타낸다. 또한 「～よう」의 형태로 に를 생략하고 쓰기도 한다. 「～ように 言う」는 '～하도록 말하다'라는 뜻이다.

기출 歩(ある)く　ときは　すべらない　ように
걸을 때는 미끄러지지 않도록 2013-1회

お父(とう)さんの　びょうきが　早(はや)く　よく　なります　ように。 소원이나 명령
아버님의 병이 빨리 쾌차하시기를.

交通事故(こうつうじこ)を　起(お)こさない　ように　気(き)を　つけてね。 목적
교통사고를 내지 않게 조심해.

山田(やまだ)さんに　すぐ　本(ほん)を　かえす　ように　言(い)って　ください。
야마다 씨에게 바로 책을 돌려 달라고 말해 주세요.

わたしの　部屋(へや)へ　来(く)る　ように　言って　ください。
내 방으로 오라고 말해 주세요.

あまり　お酒(さけ)を　飲(の)まない　ように　言って　ください。
술을 너무 많이 마시지 말라고 말해 주세요.

鈴木さんに　あまり　心配しない　ように　言って　ください。
스즈키 씨에게 너무 걱정하지 말라고 말해 주세요.

学生たちに　ものを　たいせつに　する　ように　いつも　言って　います。
학생들에게 물건을 소중히 여기라고 언제나 말하고 있습니다.

109 ～ように する ～하도록 하다 / ～ように なる ～하게(끔) 되다

「～ように する」는 '～하도록 하다'라는 뜻으로 주로 동사 사전형(가능형)과 동사 ない형에 접속한다.「～ように なる」는 '～하게(끔)되다'라는 뜻으로, 대부분 동사 가능형에 접속한다. 이것은 상태나 습성 등의 변화를 나타낼 때 사용한다.

기출 日本に　来てから　料理を　する　ように　なりました
일본에 오고 나서 요리를 하게 되었습니다 2010-2회

少しずつ　泳げる　ように　なりました
조금씩 헤엄칠 수 있게 되었습니다 2016-2회

じしょを　持って　くる　のを　わすれない　ように　して　ください
사전을 가지고 오는 것을 잊지 않도록 하세요 2017-2회

あしたは　ねぼうしない　ように　します。
내일은 늦잠 안 자도록 할게요.

子どもの　ころ　きらいだった　ぶたにくが、さいきん　食べられる　ように　なりました。
어렸을 때 싫어했던 돼지고기를 최근 먹을 수 있게 되었습니다.

先生の　おかげで　ずいぶん　日本語が　話せる　ように　なりました。
선생님 덕분에 제법 일본어를 말할 수 있게 되었습니다.

さいきん　運転できる　ように　なりました。
최근에 운전할 수 있게 되었습니다.

110 ～より ～ほうが ～보다 ～쪽이(～가)

「～より ～ほうが」는 '～보다 ～쪽이(～가)'라는 뜻의 비교 표현이다. 「～ほうが～より(～쪽이 ～보다)」나 단독으로 「～より(も)(～보다(도))」등의 형태로도 쓰인다.

- さとうより 塩(しお)の ほうが 설탕보다 소금 쪽이(소금이)
- ごはんより うどんの ほうが 밥보다 우동 쪽이(우동이)
- ぎゅうにくより ぶたにくの ほうが 쇠고기보다 돼지고기 쪽이(돼지고기가)
- みかんより りんごの ほうが 귤보다 사과 쪽이(사과가)

기출 いつもより 早(はや)く 会社(かいしゃ)に 行(い)きます 평소보다 일찍 회사에 갑니다 2010-2회

自分(じぶん)で つくるより レストランで 食(た)べる ことの ほうが 多(おお)い
직접 만드는 것보다 레스토랑에서 먹는 편이 많다 2017-2회

車(くるま)で 行くより 歩(ある)いて 行く ほうが
자동차로 가는 것보다 걸어가는 쪽이 2019-1회

あの 店(みせ)より この 店の ほうが いいです。
저 가게보다 이 가게 쪽이(가게가) 좋아요.

兄(あに)より 弟(おとうと)の ほうが せが 高(たか)いです。
형보다 동생 쪽이(동생이) 키가 큽니다.

かのじょは いつもより 早(はや)く 家(いえ)を 出(で)た。
그녀는 평소보다 일찍 집을 나섰다.

山田(やまだ)さんは クラスの だれよりも 上手(じょうず)に ピアノが ひける。
야마다 씨는 학급 누구보다도 능숙하게 피아노를 칠 수 있다.

ふつう 新幹線(しんかんせん)の ほうが 飛行機(ひこうき)より 安(やす)いです。
보통 신칸센이 비행기보다 쌉니다.

111 ～らしい ～인 것 같다

「～らしい」는 '～인 것 같다'라는 뜻으로, 명사, 동사·い형용사 사전형, な형용사 어간에 접속한다. 이것은 외부 정보(들은 것, 본 것 등)에 근거를 둔 추량 표현으로, 객관적으로 판단할 때 사용한다. 참고로 「～らしい」는 '～답다'라는 접미사로 쓰이는 경우도 있다.

유사 표현 ～ようだ[107] ～인 것 같다

あしたは 雪(ゆき)が ふるらしいです。 추량
내일은 눈이 내릴 것 같습니다.

あしたは、いい　天気らしい。 추량
내일은 날씨가 좋을 것 같다.

田中さんは　中国語が　できるらしいです。 추량
다나카 씨는 중국어를 할 줄 아는 것 같습니다.

鈴木さんは　きのう　外国へ　行ったらしいです。 추량
스즈키 씨는 어제 외국에 간 것 같아요.

あの　人は　ほんとうに　男らしい　人だと　思います。 접미사
저 사람은 정말로 남자다운 사람이라고 생각합니다.

112 ～(ら)れる ～되다, ～함을 당하다

「～(ら)れる」는 '~되다, ~함을 당하다'라는 뜻으로, 동사 ない형에 접속한다. 단 する는 される가 된다. 일본어의 수동 표현은 일반적으로 타인에게서 어떤 영향을 받았을 때와, 그로 인한 피해의 심리를 나타낼 때 쓰인다. 특히 자동사 구문의 수동태는 피해의 감정을 강하게 호소하는 것으로, 대부분 피해를 입은 화자(=나)를 주어로 해서「～は ～に ～(ら)れる」의 수동문을 만든다. 그리고 무생물 주어의 수동태는 신문 보도와 같이 사실의 객관적 서술에 많이 쓰이고 있다. 참고로「～(ら)れる」는 존경의 뜻을 나타내기도 한다.

수동
- 注意されて　しまいました 주의를 받고 말았습니다
- かぞくに　けっこんを　はんたいされて 가족이 결혼을 반대해서
- けさ　わたしは　母に　起こされました 오늘 아침에 어머니가 나를 깨웠습니다
- まわりの　人に　いつも　くらべられて　しまう 주위 사람에게 항상 비교당하고 만다

존경
- おきゃくさまは　どこに　すわられますか 손님께서는 어디에 앉으시겠어요?
- あの　本、もう　読まれましたか 그 책 벌써 읽으셨어요?

기출
売られて　います 팔리고 있습니다 2010-2회

ジュースを　弟に　ぜんぶ　飲まれて　しまいました。
남동생이 주스를 전부 마셔 버렸습니다. 2010-2회

外国人に　聞かれたので 외국인에게 질문을 받았기 때문에 2010-2회

両親に　反対されても 부모님이 반대하더라도 2011-1회

撮られる　のも　きらいです (사진을) 찍히는 것도 싫어합니다 2017-1회

部屋が　人形で　飾られて　います 방이 인형으로 꾸며져 있습니다 2018-2회

先生に　作文を　ほめられて 선생님에게 작문을 칭찬 받아서 2021-2회

パーティーが　今週　土曜日に　開かれます
파티가 이번 주 토요일에 열립니다 2021-2회

とられるのも　きらいです 찍히는 것도 싫어합니다 2022-1회
花(はな)が　かざられて　います 꽃이 장식되어 있습니다 2023-1회
卒業式(そつぎょうしき)が　行(おこな)われます 졸업식이 열립니다 2023-2회

いろいろな　ところから　仕事(しごと)を　たのまれるのですが、ぜんぶは　できません。 수동 여러 곳에서 일을 부탁받지만, 전부 할 수는 없습니다.

この　ざっしは　毎月(まいつき)　はっこうされて　います。 수동
이 잡지는 매달 발행되고 있습니다.

社長(しゃちょう)は　何時(なんじ)に　帰(かえ)られましたか。 존경
사장님은 몇 시에 귀가하셨습니까?

113 가능형 ~할 수 있다

「～(ら)れる」는 '~할 수 있다'라는 뜻으로, 2그룹 동사에 붙어서 가능동사를 만든다. 단 する·くる는 できる·こられる가 된다. 나머지 1그룹 동사의 경우, 어미 う를 え단으로 바꾸고 る를 붙이면 가능동사가 되는데, 이렇게 해서 바뀐 가능동사는 전부 2그룹 동사의 형태로 된다. 가능 표현의 기본형은 「～は　～が＋가능동사」의 형태인데, 이때 주의할 점은 목적격 조사를 を가 아니라 が를 써야 한다는 것이다.

- はしを　使(つか)う 젓가락을 사용하다 → はしが　使えますか 젓가락을 사용할 수 있습니까?
- 電話(でんわ)を　かける 전화를 걸다 → 電話が　かけられますか 전화를 걸 수 있습니까?
- 行(い)く 가다 → 行けます 갈 수 있습니다

유사 표현 ～ことが　できる 040 ~할 수 있다

기출 少(すこ)しずつ　泳(およ)げる　ように　なりました
조금씩 헤엄칠 수 있게 되었습니다 2016-2회
ギターが　ひけますか 기타를 칠 줄 압니까? 2019-2회
いそがしくて、なかなか　友(とも)だちと　会(あ)えない
바빠서 좀처럼 친구와 못 만난다 2022-1회

きのうは　よく　ねむれましたか。 어제는 잠을 잘 잤습니까?

あまり　お金(かね)が　ないので、きょうは　買(か)えません。
돈이 별로 없기 때문에 오늘은 살 수 없습니다.

妹(いもうと)は　どんな　スポーツでも　できます。 여동생은 어떤 운동이라도 할 수 있습니다.

114 명령형 ~해라

우리말과 달리 일본어에서는 실제 회화에서 명령형은 거의 찾아볼 수가 없다. 이는 직접적인 표현을 꺼리는 일본인들의 언어 습관에 기인하는 것으로 우리가 특히 주의해야 할 점이다. 명령형은 인용문이나 안내 표지 등에서 종종 볼 수 있다.

- **する** 하다 → しろ 해라
- **くる** 오다 → こい 와라
- **みる** 보다 → みろ 봐라
- **いく** 가다 → いけ 가라
- **いる** 있다 → いろ 있어라
- **~て いる(~てる)** ~하고 있다 → **~て** いろ(~てろ) 하고 있어라

早(はや)く 起(お)きろ。会社(かいしゃ)に おくれるよ。 빨리 일어나. 회사에 늦겠어.

待(ま)ってろよ、すぐ 戻(もど)るから。 기다리고 있어. 곧 돌아올 테니까

115 지시어 및 연체사

N4 문법에서 출제되는 것은 あんな(저런), そんな(그런), どんな(어떤), こう(이렇게), そう(그렇게), どう(어떻게, 아무리), こっち(이쪽) 등이다.

기출
- どういう **意味(いみ)ですか** 어떤 뜻입니까? 2011-2회 2022-1회
- どうやって **れんらくしますか** 어떻게 연락합니까? 2016-2회
- そんな **くつでは** 그런 신발로는 2016-2회
- **かぎを** どこに **おいたか** 열쇠를 어디에 두었는지 2016-2회
- あの **レストラン** 그 레스토랑(대화 중 둘 다 아는 곳) 2017-1회
- そんな **話(はなし)は はじめて 聞(き)きます** 그런 이야기는 처음 듣습니다 2017-2회
- どういう **ソファーですか** 어떤 소파입니까? 2019-1회
- その **話** 그 이야기 2019-2회
- こっちに **来(き)てから** 이쪽에 오고 나서 2021-1회
- そっちに **行(い)くよ** 그쪽으로 갈게 2022-1회

わたしも あんな アパートに 住(す)みたいです。
나도 저런 아파트에 살고 싶습니다.

どんな コンピューターでも 使(つか)えますよ。
어떤 컴퓨터라도 사용할 수 있어요.

山田(やまだ)さんは　ゴルフが　じょうずですが、そうは　見(み)えません。
야마다 씨는 골프를 잘 치는데, 그렇게는 보이지 않습니다.

こう　すれば、きれいに　ケーキが　切(き)れるんです。
이렇게 하면 예쁘게 케이크를 자를 수 있어요.

「みなみ」と　いう　漢字(かんじ)は　どう　書(か)きますか。
'미나미'라는 한자는 어떻게 씁니까?

いつも　どうやって　国(くに)の　かぞくに　れんらくしますか。
늘 어떻게 고향에 계신 가족에게 연락합니까?

つぎの　日曜日(にちようび)　いっしょに　海(うみ)に　行(い)くってのは　どうだろう。
다음 일요일 함께 바다에 가는 것은 어떨까?

お母(かあ)さんの　体(からだ)の　具合(ぐあい)は　どうですか（どうでしょうか）。
어머니 몸 상 태는 어떠신지요?

そんな　話(はなし)、かれから　一度(いちど)も　聞(き)いて　いませんよ。
그런 이야기 그에게 한 번도 들은 적 없어요.

先日(せんじつ)の　あの　話(はなし)は　どう　なりましたか。
지난 번의 그 일은 어떻게 되었습니까? (서로 알고 있는 사항)

A かれは　定刻(ていこく)に　来(き)ますか。그는 정각에 올까요?
B さあ、どうでしょうかね。글쎄요, 어떨까요?

A きょう　お誘(さそ)いしたのは　わたしなので、わたしが　払(はら)います。
오늘 제가 초대했으므로 제가 내겠습니다.
B そんなに　おっしゃるのなら。그렇게 말씀하신다면야.

A あおい　スーツを　着(き)た　あの　男(おとこ)の人(ひと)は　だれですか。
파란 수트를 입은 저 남성은 누구입니까?
B わたしの　おじです。제 삼촌이에요.

こそあど 정리

こ	そ	あ	ど
この 이	その 그	あの 저	どの 어느
こんな 이런	そんな 그런	あんな 저런	どんな 어떤
こう 이렇게	そう 그렇게	ああ 저렇게	どう 어떻게
こちら・こっち 이쪽	そちら・そっち 그쪽	あちら・あっち 저쪽	どちら・どっち 어느쪽

116 い형용사의 음편

「い형용사 사전형＋です」보다 최상급의 겸양을 나타내기 위해서는 い형용사의 음편을 활용해야 한다. 즉 お+い형용사의 음편+ございます의 형태가 되는데, 현대 일본어에서는 거의 사용되지 않는 표현이다. 다만 백화점 등에서 간혹 쓰이는 경우는 있다. 또한 우리가 아주 잘 아는 관용적인 표현이 있다.

- **ありがたい** 고맙다 → ありがとうございます 고맙습니다
- **めでたい** 경사스럽다 → おめでとうございます 축하드립니다

こちらの　ネクタイの　ほうが　少し(すこ) お高(たこ)うございます。
이쪽의 넥타이가 조금 비쌉니다.

こちらの　ほうが お安(やす)うございます。
이쪽이 저렴합니다.

117 인사말

인사말 중에는 쌍을 이루는 것이 있으므로 같이 외워 두는 것이 좋다.

A いって　きます。다녀오겠습니다.
B いって　(い)らっしゃい。다녀오십시오.

A ただいま。다녀왔습니다.
B おかえりなさい。잘 다녀오셨어요?

A **おたんじょうび** おめでとうございます。생일 축하합니다.
B ありがとうございます。감사합니다.

A **かぜは　なおりましたか。** 감기는 나았습니까?
B **ええ、** おかげさまで。네, 덕분에요.

A **けさから　少し(すこ)　ねつが　あって　あたまが　いたいです。**
오늘 아침부터 열이 좀 있고 머리가 아픕니다.
B それは　いけませんね。그거 안됐군요.

인사말을 나타내는 표현

번호	인사말	해석
01	いって (い)らっしゃい	다녀오십시오
02	いって まいります	다녀오겠습니다
03	おかえりなさい	잘 다녀오셨습니까?
04	おかげさまで	덕분에
05	おだいじに	몸조심하세요
06	おまたせしました	오래 기다렸습니다
07	おめでとうございます	축하합니다
08	かしこまりました	분부대로 하겠습니다
09	それは いけませんね	그거 안됐군요
10	ただいま	다녀왔습니다
11	よく、いらっしゃいました	잘 오셨습니다

118 경어

경어는 존경어, 겸양어, 정중어 세 가지 분야로 나뉜다.

あの 方(かた)を ごぞんじですか。 존경어
저 분을 아십니까?

田中(たなか)さんが かいた えを ごらんに なりましたか。 존경어
다나카 씨가 그린 그림을 보셨습니까?

部長(ぶちょう)は 今(いま) 電話(でんわ)に 出(で)て おりますので、 しばらく お待(ま)ちください。 겸양어
부장님은 지금 전화를 받고 있으므로 잠시 기다려 주세요.

A きみ、ぼくの しょるいは どこに あるの?
자네, 내 서류는 어디에 있나?

B 部長の しょるいは あそこに ございます。 정중어
부장님 서류는 저기에 있습니다.

A 社長(しゃちょう)は 今(いま) どちらですか。
사장님은 지금 어디에 계십니까?

B 社長は かいぎしつに いらっしゃいます。 존경어
사장님은 회의실에 계십니다.

경어를 나타내는 표현

번호	경어의 분류	경어 단어	해석
01	존경어	いらっしゃる	가시다·오시다·계시다
02	존경어	～て いらっしゃる	～하고 계시다
03	존경어	おいでになる	가시다·오시다·계시다
04	존경어	おっしゃる	말씀하시다
05	존경어	ごぞんじですか	알고 계십니까?
06	존경어	ごらんに なる	보시다
07	존경어	なさる	하시다
08	존경어	～なさる	～하시다
09	존경어	みえる	오시다
10	존경어	めしあがる	드시다
11	겸양어	いたす	하다
12	겸양어	～いたす	～하다
13	겸양어	うかがう	여쭙다·방문하다
14	겸양어	おる	있다
15	겸양어	～ておる	～하고 있다
16	겸양어	はいけんする	(삼가) 보다
17	겸양어	まいる	가다·오다
18	겸양어	もうす	말하다
19	겸양어	もうしあげる	말씀드리다
20	정중어	ございます	있습니다

もんだい1 （　　）に 何を 入れますか。1・2・3・4から いちばん いい ものを 一つ えらんで ください。

1 母は　年を　とって　かぜを　（　　）やすく　なりました。106

1 ひか　2 ひき　3 ひく　4 ひいて

2 一人で　テストを　（　　）ように　先生に　言われました。108

1 うける　2 うけて　3 うけろ　4 うけた

3 この　まちは　夜(よる)でも　昼間(ひるま)の　（　　）　あかるいですね。107

1 よう　2 ような　3 ように　4 ようだ

4 むすめは　ひとりで　くつが　（　　）ように　なりました。109

1 はけた　2 はける　3 はいた　4 はかない

5 わたしは　まわりの　人たちに　（　　）、とても　はずかしかったです。112

1 わらって　2 わらえて　3 わらわせて　4 わらわれて

6 どこかへ　（　　）、かぎが　かかって　います。111

1 出かけたそうに　2 出かけたそうで　3 出かけたらしく　4 出かけたのに

7 まちがい電話(でんわ)に　（　　）、その　あと　なかなか　ねむれなかった。112

1 起こされて　2 起きさせて　3 起こして　4 起きて

8 山田(やまだ)さんは　きのう　アメリカへ　（　　）らしいですよ。111

1 行き　2 行く　3 行って　4 行った

답 1② 2① 3③ 4② 5④ 6③ 7① 8④

9 わたしは、2年前には　ぜんぜん　英語(えいご)が　話せませんでしたが、先生の　おかげで　ずいぶん　話せる　（　　　）。109

1　このに　しました　　　2　ように　しました

3　ことに　なりました　　4　ように　なりました

10 社長(しゃちょう)は　何時に　（　　　）。112

1　帰りしましたか　　　2　帰られましたか

3　帰りに　なりましたか　　4　帰りに　なられましたか

11 かいだんが　ぬれて　います。（　　　）ので、ちゅういして　ください。106

1　すべりらしい　　2　すべりようだ　　3　すべりやすい　　4　すべりたがる

12 そんな　ゆめの　（　　　）　話は　うそだと　思います。107

1　ようで　　2　ような　　3　ように　　4　ようの

13 あとで　電話を　かける（　　　）　言って　ください。108

1　はずに　　2　ことに　　3　そうに　　4　ように

14 A「かぜは　なおりましたか。」

B「（　　　）。」117

1　ええ、おかげさまで　　　2　いいえ、どういたしまして

3　ええ、かしこまりました　　4　いいえ、ありがとう

15 部屋(へや)の　ドアを　あけて　だれでも　（　　　）。109

1　入れる　ように　しました　　　2　入りたがって　います

3　入れる　ことに　したいです　　4　入りにくく　なって　います

답 9④ 10② 11③ 12② 13④ 14① 15①

16 あなたは　はしが　（　　　）か。113

1　使います　　2　使えます　　3　使わせます　　4　使わされます

17 早く　（　　　）。学校に　おくれるよ。114

1　起きろ　　2　起きず　　3　起きるな　　4　起きいて

18 道(みち)が　こんで　いるから　車で　（　　　）　歩いて　行った　ほうが　早いかもしれません。110

1　行くより　　2　行った　あと　　3　行っても　　4　行ったけれど

19 きのう、やくそくの　時間に　おくれて　みんなに　（　　　）。112

1　おこらせられました　　2　おこらせました

3　おこって　います　　4　おこられました

20 「いけ」と　いう　漢字(かんじ)は　（　　　）　書きますか。115

1　どんな　　2　どこ　　3　どの　　4　どう

21 あの　方(かた)を　（　　　）か。118

1　ごぞんじます　　2　ごぞんじです　　3　ごぞんじします　　4　ぞんじなさいます

22 A「（　　　）。どうぞ　お上(あ)がり　ください。」
B「しつれいします。」117, 118

1　いって　まいります　　2　ごめん　ください

3　いってらっしゃい　　4　よく　いらっしゃいました

23 A「すみません。少し　ねつが　あって　あたまが　いたいので　先に　帰ります。」
B「そうですか。（　　　）。」117

1　お元気で　　2　おだいじに　　3　こちらこそ　　4　おかえさまで

답 16② 17① 18① 19④ 20④ 21② 22④ 23②

もんだい2　＿★＿ に 入る ものは どれですか。1・2・3・4から いちばん いい ものを 一つ えらんで ください。

24 あの 人は ＿＿ ＿★＿ ＿＿ ＿＿ を 話します。108

1 じょうずに　2 日本人　3 のように　4 日本語

25 これからは 外国(がいこく)の 品物(しなもの)が ＿＿ ＿＿ ＿★＿ ＿＿ ですよ。111

1 らしい　2 くる　3 入って　4 もっと

26 ＿＿ ＿★＿ ＿＿ ＿＿ しまいました。113

1 雨に　2 すっかり　3 ぬれて　4 ふられて

27 子どもが 大きく なったので やっと ＿＿ ＿＿ ＿★＿ ＿＿ なりました。109

1 つまと　2 ふたりで　3 旅行できる　4 ように

28 この 問題(もんだい)は とても ＿＿ ＿＿ ＿★＿ ＿＿。115

1 むずかしくて　2 かんがえても　3 わかりません　4 どう

답 24 ③(2314) 25 ②(4321) 26 ④(1423) 27 ③(1234) 28 ②(1423)

もんだい３　29　から　33　に　何を　入れますか。文章の　意味を　考えて、1・2・3・4から　いちばん　いい　ものを　一つ　えらんで　ください。

わたしの　しゅみ　29　きってを　あつめる　ことです。まだ　わたしが　中学生の　ころ、外国に　いる　おじさんから　もらった　手紙に　めずらしい　きってが　多かったので、きってを　あつめる　ことが　30　。

わたしは、日本の　めずらしい　きって　31　外国の　きっての　ほうが　好きですが、まだ　日本の　きってに　くらべると、外国の　きっての　ほうが　少ないです。

兄も　このごろ　きってを　あつめて　いますが、「日本の　きってより　外国の　きっての　ほうを　たくさん　もって　いる」と　32　。兄は　いま、外国の　高校生と　友だちに　なって　いますから、まもなく　外国の　きってが　わたしより　33　。

29

1 が　　2 は　　3 も　　4 や

30

1 好きでしょうか　　2 好きだったそうです
3 好きだったからです　　4 好きに　なりました

31

1 とでは　　2 からは　　3 よりも　　4 までも

32

1 言って　います　　2 言ったようです
3 言うそうです　　4 言って　しまいます

33

1 多く　するでしょう　　2 多く　しました
3 多く　なるでしょう　　4 多く　なりました

핵심 문법 다시 보기

～より～ほう 110 ~보다 ~쪽	日本(にほん)の めずらしい きってよりも 外国(がいこく)の きっての ほうが 好きです 일본의 희귀한 우표보다도 외국 우표를 좋아합니다(05行)
	日本の きってより 外国の きっての ほうを 일본 우표보다 외국 우표를(08行)
～ので 015 ~이므로, ~하기 때문에	めずらしい きってが 多かったので 희귀한 우표가 많았기 때문에(03行)
～に なる 037 ~해지다	きってを あつめる ことが 好きに なりました 우표를 모으는 것이 좋아졌습니다(04行)
～と 082 ~하면, ~하니까	日本の きってに くらべると 일본 우표에 비하면(06行)

답 29 ② 30 ④ 31 ③ 32 ① 33 ③

제4장

독해 공략편

01 독해 요령 알아두기
02 문제 유형 공략하기

01 독해 요령 알아두기

1 문제 유형별 독해 포인트

일본어능력시험 N4 독해는 내용 이해(단문), 내용 이해(중문), 정보 검색 총 세 가지 문제 유형이 출제된다.

❶ 내용 이해(단문)

주로 학습, 생활, 업무 등과 관련된 다양한 화제나 장면을 쉽게 새로 쓴 100~200자 정도의 지문을 읽고 내용을 이해했는지를 묻는다. 주로 글의 전체 내용을 묻는 문제, 저자의 주장이나 생각을 묻는 문제, 문맥을 파악하는 문제 등의 형태로 출제된다.

❷ 내용 이해(중문)

일상적인 화제나 장면을 소재로 쉽게 새로 쓴 450자 정도의 지문을 읽고 내용을 이해했는지를 묻는다. 주로 문장의 개요나 필자의 생각, 인과관계나 이유, 문맥 파악 등의 문제가 출제되기 때문에, 지문의 각 단락이 말하고자 하는 내용이 무엇인지를 파악하는 것이 중요하다.

❸ 정보 검색

새롭게 추가된 문제 유형으로, 안내나 통지 등의 400자 정도의 정보를 다룬 지문에서 자신에게 필요한 정보를 찾아낼 수 있는지를 묻는다. 정보를 주는 문장의 경우, 읽는 목적에 따라 필요한 부분만을 찾아서 읽으면 된다. 따라서 먼저 문제지의 질문과 선택지를 읽고 필요한 정보가 무엇인지 파악하는 것이 중요하다.

2 질문 유형별 독해 포인트

일본어능력시험 N4 독해에서 출제되는 세 가지 문제 유형에는 전체 지문의 내용을 묻는 문제, 필자의 생각이나 주장을 묻는 문제, 밑줄 친 부분의 의미를 찾는 문제, 문맥을 파악하는 문제 등의 다양한 형태가 있다.

❶ 내용 파악 문제

지문의 전체적인 내용을 파악하는 문제로, 내용 이해(단문·중문), 정보 검색 등 모든 문제 유형에서 출제된다. 문제 유형별로 문제 푸는 요령이 조금씩 다른데, 내용 이해의 경우는 먼저 선택지를 읽고 본문의 내용과 비교해 가면서 선택지를 지워나가도록 한다. 그리고 정보 검색의 경우는 질문이 먼저 나오고 지문이 나오므로, 질문을 읽은 후에 질문에서 요구하는 정보를 지문에서 파악해야 한다.

❷ 필자 관련 문제

필자의 생각이나 주장을 묻는 문제로, 주로 내용 이해(단문·중문)의 문제 유형에서 출제된다. 필자의 주장은 단락이 하나일 경우는 첫 문장과 마지막 문장, 단락이 두 개 이상일 경우는 마지막 단락을 주의해서 읽는다. 필자가 가장 말하려고 하는 주장, 의견, 요점을 나타낸 키워드를 찾는다.

❸ 의미 파악 문제

밑줄 친 부분에 대한 의미를 찾는 문제와 문맥을 파악하는 문제로, 주로 내용 이해(단문·중문)의 문제 유형에서 출제된다. 밑줄 친 부분의 말의 의미를 확실히 이해한 다음, 앞뒤 문맥을 잘 살펴본다.

02 문제 유형 공략하기

もんだい 4 내용 이해 - 단문

| 문제 유형&경향 분석 |

もんだい 4은 내용 이해(단문) 문제로, 주로 학습, 생활, 업무 등과 관련된 다양한 화제나 장면을 쉽게 새로 쓴 100~200자 정도의 지문을 읽고 내용을 이해했는지를 묻는다. 문제 수는 N4 독해 전체 여덟 문제 중 세 문제가 출제된다. 총 세 개의 지문이 나오고, 각 지문 당 한 문제가 출제된다.
주로 글의 전체 내용을 묻는 문제나 저자의 주장이나 생각을 묻는 문제, 문맥을 파악하는 문제 등의 형태로 출제된다. 전체 독해 문제 중에서 지문이 짧은 편이기 때문에 저자의 주장이나 의견, 전체 지문의 요점을 나타낸 키워드나 문장을 빨리 파악하는 것이 관건이다.

문제 유형 예시

もんだい 4　つぎの(1)から(3)の文章(ぶんしょう)を読んで、質問に答えてください。答えは、1・2・3・4から、いちばんいいものを一つえらんでください。

(1)

このお知らせが日本語学校の教室にあります。

忘(わす)れ物がありました

忘(わす)れた人は、先生たちの部屋(へや)へ取(と)りに来てください。

① 辞書(じしょ)（103教室にありました）
② 帽子(ぼうし)（食堂にありました）

12月5日（月）から7日（水）までは、試験中ですから、先生たちの部屋(へや)には入(はい)れません。教室でクラスの先生に言ってください。

실전 감각 익히기 　내용 이해 - 단문

れいだい　つぎの文章（ぶんしょう）を読んで、質問に答えてください。答えは１・２・３・４から、いちばんいいものを一つえらんでください。

今日は７月７日です。きのうはヤンさんのたんじょうびでした。わたしたちはヤンさんのアパートに集（あつ）まりました。試験（しけん）がおととい終（お）わったので、たのしくパーティーのじゅんびをしました。みんなでヤンさんの国（くに）のりょうりをつくりました。わたしたちは夜おそくまで、おいしいりょうりを食べたり、一人ずつじぶんの国（くに）の歌を歌ったりしました。とてもたのしい一日でした。

1　試験（しけん）はいつ終（お）わりましたか。

1　７月３日
2　７月４日
3　７月５日
4　７月６日

해석 및 해설

해석

오늘은 7월 7일입니다. 어제는 양 씨의 생일이었습니다. 우리는 양 씨의 아파트에 모였습니다. 시험이 그저께 끝났기 때문에 즐겁게 파티 준비를 했습니다. 다 같이 양 씨의 고향 요리를 만들었습니다. 우리는 밤늦게까지 맛있는 요리를 먹기도 하고 한 사람씩 자신의 나라 노래를 부르기도 했습니다. 매우 즐거운 하루였습니다.

1 **시험은 언제 끝났습니까?**

1 7월 3일
2 7월 4일
3 7월 5일
4 7월 6일

해설

질문은 '시험이 언제 끝났는지'를 묻고 있다. 지문에서 오늘은 7월 7일이고, 시험은 그저께 끝났다고 했다. 오늘이 7월 7일이면, 어제는 7월 6일, 그저께는 7월 5일이 되므로 선택지 3번 '7월 5일'이 정답이다.

もんだい4 つぎの文章を読んで、質問に答えてください。答えは1・2・3・4から、いちばんいいものを一つえらんでください。

私は看護師になってから寮生活を始めました。ちょっと古いですが、病院から近かったため選びました。最初はひとりで不安もありましたが、今は同期や友人が近くにいるので楽しく過ごしています。また、寮の近くに大きな温泉があって、最近は休みの日になるとその温泉に行くのが楽しみになりました。

1 この人はどうして寮生活を始めましたか。

1 病院が近いから
2 建物は古いけど安いから
3 同期や友だちの近くにいれるから
4 寮の近くに大きな温泉があるから

来週、パン工場の見学に行きます。午前9時にここを出発します。お弁当は、工場の人が用意してくれます。いっしょに食堂で食べます。飲み物は、じぶんで持っていってください。工場では、写真はとれないので、カメラは持っていってはいけません。あ、それから、かさをわすれないでください。バスをおりてから、少し歩きます。雨がふるかもしれませんからね。

2 パン工場の見学に行くとき、何を持っていかなければなりませんか。

1 お弁当とカメラ
2 お弁当と飲み物
3 かさとカメラ
4 かさと飲み物

この航空会社は、国際線のビジネスクラスで７日前までに往復きっぷを買えば、料金を35パーセント安くするサービスを始めます。

このような割引サービスをおこなうのは国内の航空会社としてははじめてです。ほかの航空会社も同様の割引を始める予定です。

3 ハワイに５月20日に行きたいです。５月10日に往復20万円のきっぷをビジネスクラスで買いたいです。いくらになりますか。

1 130,000円
2 140,000円
3 150,000円
4 160,000円

冷たいタピオカミルクティーは、夏に飲むととてもおいしいですが、私は冬にも冷たいタピオカミルクティーを飲みます。あたたかいタピオカミルクティーもありますが、私は冷たいほうが好きです。でも冬は寒いので、外ではあまり飲みません。タピオカミルクティーを買ってきて、あたたかい自分の部屋で飲むのが、最近の私の楽しみなのです。

4 最近の私の楽しみは何ですか。

1 自分の部屋であたたかいタピオカミルクティーを飲むこと
2 自分の部屋で冷たいタピオカミルクティーを飲むこと
3 外であたたかいタピオカミルクティーを飲むこと
4 外で冷たいタピオカミルクティーを飲むこと

あしたはみんなで自動車工場へ見学に行きます。バスは１時に学校を出発しますから、それまでにひるごはんを食べて集まってください。バスの中では、食べ物を食べてはいけません。工場で食べる時間もありません。おなかがすきますから、かならず食べてきてくださいね。

5 あした、ひるごはんはいつ食べますか。

1 工場に着いてから食べます。
2 工場を見学しながら食べます。
3 バスに乗ってから食べます。
4 バスに乗る前に食べます。

スミスさんは、いい時計を買いたいと思って、どこで買ったらいいか、田中さんに相談しました。田中さんは、いい店を山下さんから教えてもらったことがあるので、そこへつれていってあげようと言いました。スミスさんは試験が終わったらひまになるので、日曜日に二人で買いに行くことにしました。

6 文章の内容と合っているものはどれですか。

1 スミスさんは、試験が終わったのでひまになりました。
2 スミスさんは、田中さんに時計屋へつれていってもらいました。
3 田中さんは、時計についてスミスさんから相談されました。
4 田中さんは山下さんにいい時計屋を教えてあげたことがあります。

わたしの町には、大きいみなとがあります。むかしはさかながおいしいことでたいへん有名でしたが、最近は、そばに自動車の工場ができたため、さかなより車のほうが有名なみなとになりました。でも、この町でもっと知られているのはぎゅうにくです。ビールを飲ませるので、やわらかくておいしい肉になります。ねだんは高いのですが、遠くからたくさんの人が買いにきます。

7 この人の町でいちばん有名なものは何ですか。

1 ビール
2 ぎゅうにく
3 さかな
4 自動車の工場

それでは、あしたの試験について説明します。試験は10時半から12時までです。おくれた場合20分まではだいじょうぶですが、それよりあとは教室に入ることができませんので注意してください。試験が早く終わった人は、はじめの30分は教室から出ることはできませんが、そのあとなら、いつ出てもかまいません。

8 教室から出てもいいのは何時からですか。

1 10時半から
2 10時50分から
3 11時から
4 11時半から

夏休みにハワイに行くので、ホテルをいくつかしらべました。レインボーホテルはうみが近くて大きなプールがあります。サンライズホテルはプールは小さいですが、いろいろなレストランがあります。グリーンホテルはまちの中にあって、移動(いどう)するのに便利(べんり)です。スターホテルは有名なレストランやショッピングモールのあるホテルです。大きなプールのあるレインボーホテルにしたかったのですが、高かったのでサンライズホテルに決めました。スターホテルは買い物しに行ってみようと思います。

9 この人はどのホテルにしましたか。

1 レインボーホテル
2 サンライズホテル
3 グリーンホテル
4 スターホテル

わたしと姉はおやつを買いにコンビニへ行きました。二人合わせて1000円持っていました。110円のパンを二つと120円のオレンジジュース、250円のチョコレートフラッペ、320円のチーズケーキを二つ選びました。そしたらお金が足りなくなってしまいました。なので、チーズケーキを一つにして半分ずつ食べることにしました。

10 残(のこ)ったお金はいくらですか。

1 90円
2 100円
3 190円
4 200円

山下さんは、みどり幼稚園で働いています。子どもたちと遊んだり、子どもたちが楽しめる遊びを考えたりします。それから、子どもたちが帰ってからは、幼稚園でピアノの練習をしたり、教室の中を掃除したりします。

11 山下さんの仕事でないものはどれですか。

1 幼稚園に来る子どもたちと遊びます。
2 いろんな遊びを考えたりします。
3 ピアノの教室に通います。
4 幼稚園の中を掃除します。

わたしは毎日自転車で大学へ行きます。家から大学まで自転車で20分ぐらいです。ときどき、バスで行きます。バスのほうがはやいですが、たかいです。きのう、大学で自転車がこわれたので、あるいて帰らなければなりませんでした。雨もふっていましたから、たいへんでした。友だちにかさをかしてもらいました。

12 この人はどうしてきのうあるいて帰りましたか。

1 バスがなかったから
2 雨がふっていたから
3 自転車がこわれたから
4 友だちにかさをかしてもらったから

わたしはりゅうがくせいのりょうに住(す)んでいます。わたしの部屋(へや)は５かいにあります。部屋(へや)はせまいですが、きれいです。部屋(へや)にはベッドやつくえや本だななどがありますが、テレビはありません。部屋(へや)にはテレビをおくところがありません。それで、テレビを見たいときは１かいのしょくどうへ行きます。

13 この人の部屋(へや)にテレビがないのはどうしてですか。

1 テレビを見ないから
2 部屋(へや)がせまいから
3 テレビがきらいだから
4 部屋(へや)が５かいにあるから

わたしは町(まち)の会社ではたらいています。いつもバスで会社へ行きます。家(うち)から会社までバスで20分ぐらいかかります。ときどき会社まで自転車(じてんしゃ)で行くこともあります。自転車(じてんしゃ)だと30分かかります。ふつうは自転車(じてんしゃ)よりバスで行ったほうがはやいです。きのうはバスで行きましたが、みちがこんでいたので、いつもより15分もながくかかりました。

14 きのうこの人は会社へ行くとき、何分(なんぷん)かかりましたか。

1 15分
2 20分
3 30分
4 35分

小池先生の机の上に、吉田先生からのメモがあります。

> 小池先生
>
> ラーメン工場の岡崎さんから電話がありました。
>
> 来月に工場が見学できるのは、毎週月曜日と、毎週木曜日の午後１時からか、午後３時からだそうです。
>
> 見学する日にちと時間が決まったら、電話してほしいと言っていました。
>
> それから、何人で来るのかも教えてもらいたいそうです。
>
> よろしくお願いします。
>
> 吉田

15 このメモを読んで、小池先生は岡崎さんに何を知らせなければなりませんか。

1 見学に行く人の数だけ

2 見学に行く人の数と日にち

3 見学に行く人の数と時間

4 見学に行く人の数と日にちと時間

> わたしは、郵便局ではたらいています。車に乗って荷物を運んだり、手紙や葉書を届けたりします。12月は、クリスマスカードを送る人や、1月1日のお正月の葉書を送る人が多いので、いつもより忙しいです。まだまだ寒いですが、がんばります。

16 文章の内容と、合っているものはどれですか。

1 わたしは車で荷物を運びます。

2 １月はいつもより忙しいです。

3 クリスマスカードを12月に書きます。

4 お正月の葉書は12月１日に届けます。

図書館の入り口に、このお知らせがあります。

> **図書館のお知らせ**
>
> ・図書館が開いている時間は、午前７時から午後８時です。
> これ以外の時間は、中に入れません。
>
> ・図書館の中では、大きな声で話をしないでください。
>
> ・図書館の中では、食べ物を食べないでください。
>
> ・本を読んだら、もとの場所に置いてください。
>
> ・今月から、図書館の閉まる時間が午後９時から午後８時に変わりました。
> ご注意ください。

17 このお知らせから、図書館について正しいものは何ですか。

1 午後９時に図書館は閉まります。

2 図書館は、何時に行っても開いています。

3 図書館の中では大きな声で話してはいけません。

4 本は読んでから、テーブルの上に置きます。

2 もんだい 5 내용 이해 - 중문

| 문제 유형&경향 분석 |

もんだい 5는 내용 이해(중문) 문제로, 일상적인 화제나 장면을 소재로 쉽게 쓴 450자 정도의 지문을 읽고 내용을 이해했는지를 묻는다. 문제 수는 N4 독해 전체 여덟 문제 중 세 문제가 출제되며, 지문 한 개가 나온다. 주로 문장의 개요나 필자의 생각, 인과관계나 이유, 문맥 등을 파악하는 문제가 출제되기 때문에, 지문의 각 단락이 말하고자 하는 내용이 무엇인지를 파악하는 것이 중요하다. 문장의 주제나 저자의 생각은 주로 마지막 단락에서 정리되므로 주의 깊게 파악한다. 인과관계나 이유, 문맥의 의미를 묻는 문제의 경우는 주로 밑줄 친 부분의 앞뒤 문장을 잘 살펴서 문제를 풀어야 한다.

문제 유형 예시

もんだい 5　つぎの文章を読んで、質問に答えてください。答えは、1・2・3・4から、いちばんいいものを一つえらんでください。

これはケイティさんが書いた作文です。

東京駅で会った人

ケイティ・ワン

先週、私は友達の家に遊びに行きました。行くときに、東京駅で電車を乗り換えなければならなかったのですが、東京駅は広すぎて、乗り換える電車の場所がわかりませんでした。それで、メモを持って駅の中を行ったり来たりしていました。

「どうしよう。」①と思って困っていたとき、山田さんという女の人が声をかけてくれました。山田さんは駅の中にある喫茶店でお茶を飲みながら、私が行ったり来たりしているのを見ていたそうです。「どうしたんですか。」と聞かれたので、「電車の場所がわからないんです。」と答えました。山田さんは私が乗る電車のところまで一緒に行ってくれました。

실전 감각 익히기 | 내용 이해 - 중문

れいだい　つぎの文章を読んで、質問に答えてください。答えは１・２・３・４から、いちばんいいものを一つえらんでください。

わたしは18歳の高校生です。来年、大学に行きたいと思っています。

わたしのしゅみは写真をとることです。わたしの住んでいる町は山の中にあってきれいなみずうみがあります。学校が休みのときはいつも山やみずうみに行って写真をとっています。去年の夏休みには友だちといっしょに京都へ行きました。京都には有名なおてらや古いたてものがたくさんあります。わたしがいちばんきれいだと思ったのは「桂離宮」です。そこで写真をたくさんとりました。

学校のべんきょうはれきしが好きです。大学ではれきしのべんきょうをしようと思っています。れきしの時間にべんきょうした場所を旅行して写真をたくさんとるのがゆめです。

わたしはこんな女の子です。おなじしゅみの人、わたしと友だちになってください。下の住所に手紙をください。おなじぐらいの年齢の人がいいです。よろしくおねがいします。

住所：〒165－0026
東京都中野区新井２－47－１－307
中野景子

1 この人はどうしてこの文章(ぶんしょう)を書きましたか。

1 大学に行きたいから

2 同じしゅみの友だちをつくりたいから

3 旅行がしたいから

4 写真がとりたいから

2 この人はどんなところに住(す)んでいますか。

1 古(ふる)い町(まち)

2 有名(ゆうめい)な町(まち)

3 都会(とかい)

4 いなか

3 この人はどんな人ですか。

1 大学に行っている人

2 友だちがたくさんいる人

3 よく写真をとっている人

4 写真のべんきょうをしている人

해석 및 해설

해석

저는 18살 고등학생입니다. 내년에 대학에 가고 싶습니다.

제 취미는 사진을 찍는 것입니다. 제가 살고 있는 마을은 산속에 있고 예쁜 호수가 있습니다. 학교가 쉬는 날에는 항상 산이나 호수에 가서 사진을 찍습니다. 작년 여름방학에는 친구와 함께 교토에 갔습니다. 교토에는 유명한 절이나 오래된 건물이 많이 있습니다. 제가 가장 아름답다고 생각한 것은 '가쓰라이궁'입니다. 그곳에서 사진을 많이 찍었습니다.

학교 공부는 역사를 좋아합니다. 대학에서는 역사 공부를 하려고 생각하고 있습니다. 역사 시간에 공부했던 장소를 여행해서 사진을 많이 찍는 것이 꿈입니다.

저는 이런 여자아이입니다. 같은 취미를 가진 사람은 저와 친구가 되어 주세요. 아래의 주소로 편지를 주세요. 같은 정도의 연령인 사람이 좋습니다. 잘 부탁합니다.

주소: 〒 165-0026
도쿄도 나카노구 아라이 2-47-1-307
나카노 게이코

1 이 사람은 왜 이 글을 썼습니까?

1 대학에 가고 싶기 때문에
2 같은 취미를 가진 친구를 만들고 싶기 때문에
3 여행이 하고 싶기 때문에
4 사진을 찍고 싶기 때문에

2 이 사람은 어떤 곳에 살고 있습니까?

1 오래된 마을
2 유명한 마을
3 도시
4 시골

3 이 사람은 어떤 사람입니까?

1 대학에 간 사람
2 친구가 많이 있는 사람
3 자주 사진을 찍는 사람
4 사진 공부를 하는 사람

해설

〈질문 1〉은 '이 사람이 글을 쓴 이유'를 묻고 있다. 글 마지막 단락에서 같은 취미를 가진 사람은 자신과 친구가 되어 달라고 말하고 있으므로, 정답은 선택지 2번 '같은 취미를 가진 친구를 만들고 싶기 때문에'이다.

〈질문 2〉는 '이 사람이 어디에 살고 있는지'를 묻고 있다. 글 두 번째 단락에서 자신이 살고 있는 곳이 산속에 있고 아름다운 호수가 있다고 했으므로, 정답은 선택지 4번 '시골'이다.

〈질문 3〉는 '이 사람이 어떤 사람인지'를 묻고 있다. 전체 글을 살펴보면 이 사람은 내년에 대학에 가고 싶은 18세의 여고생으로, 취미는 사진을 찍는 것이고 역시를 좋아해서 대학에서 역사를 공부하고 싶어 하며, 역사 시간에 공부한 장소를 여행해서 사진을 찍는 것이 꿈인 사람이다. 그리고 현재 같은 취미를 가진 친구를 찾고 있다. 따라서 이것과 관련이 있는 선택지는 3번 '자주 사진을 찍는 사람'이 정답이다.

실전 연습하기 | 내용 이해 - 중문 / 15

もんだい5　つぎの文章を読んで、質問に答えてください。答えは1・2・3・4から、いちばんいいものを一つえらんでください。

わたしは母のおなかの中にいる時から、小学校に通っていました。母はわたしが生まれるちょっと前まで小学校の先生をしていたのです。わたしは母のおなかの中で元気な小学生の声を聞いたり、いっしょに勉強したりしました。だからわたしは生まれる前から小学校が大好きでした。わたしも大きくなったら先生になろうと決めました。

わたしはげんざい六年生です。わたしが先生になったら、宿題はぜったいに出しません。宿題を出さない理由は、勉強は学校ですればいいからです。そのかわり、授業は生徒が「フー」というくらいいっしょうけんめいやるのです。

もう一つは生徒といっしょに遊べる先生です。休み時間は運動場に出て、生徒といっしょに遊びます。わたしはピアノが得意ですから、楽しい歌を生徒に教えて、わたしもいっしょに歌います。

どこにいても「センセーイ！」と生徒たちが集まってくる明るい先生になるのがわたしのゆめです。

1 この人のお母さんはいつまで何をしていましたか。

1 子どもが生まれるちょっと前まで小学校の先生
2 子どもが生まれるちょっと前まで中学校の先生
3 子どもが小学校六年生になる前まで高校の先生
4 子どもが小学校六年生になる前まで大学の先生

2 この人は何が上手ですか。

1 サッカー
2 ピンポン
3 ピアノ
4 ギター

3 この人はどんな先生になりたいと言っていますか。

1 授業中、生徒に楽しい歌を教えて、じぶんもいっしょに歌う先生
2 授業はきびしいが、休み時間は生徒といっしょに遊ぶ先生
3 おもしろい授業をして、宿題はあまり出さない先生
4 おもしろい授業をして、宿題もたくさん出す先生

わたしはフランスに留学しているあいだ、フランス人の家に下宿していました。その家のおばさんは、むかし、女子校の校長先生をしていた人でした。

ときどきおばさんはわたしにフランス語を教えてくれましたが、いつも教えるのは中学ぐらいのやさしいフランス語でした。わたしはやさしい文法がつまらなくなって、少しむずかしいことを覚えようとしました。けれども、おばさんは「基礎がたいせつです」と言って、何度も何度も初級の教科書をくりかえし勉強させました。

フランス語には、ていねいな言い方の「あなた」と学生や親しい人たちのあいだで使う「きみ」という二つの言い方があります。相手を見て、この二つを使いますが、おばさんは「ていねいな言い方だけ使いなさい」とわたしに言いました。あなたはフランス語が下手なのだから、フランス人のように使うことはできない。ていねいなことばなら、どんな場合でも使うことができるというのが、おばさんの考え方でした。

4 おばさんは、むかし何をしていましたか。

1 会社の社長
2 生活指導（せいかつしどう）の先生
3 フランス語の先生
4 学校の校長（こうちょう）先生

5 おばさんは、どうして初級（しょきゅう）だけ教（おし）えましたか。

1 基礎（きそ）がたいせつだから
2 文法（ぶんぽう）がたいせつだから
3 留学生（りゅうがくせい）がたいせつだから
4 相手（あいて）がたいせつだから

6 おばさんは、どうして「ていねいな言い方だけ使いなさい」と言ったのですか。

1 親（した）しい友だちに使うことばはあまりよくないことばだから
2 ていねいなことばはかんたんにおぼえられるから
3 ていねいなことばはだれに使ってもいいから
4 フランス語が下手（へた）な人が二つの言い方を使うとおかしいから

こんなことがありました。修学旅行で九州から東京に帰る新幹線の中でのことです。到着は午後６時すぎというので、４時ぐらいに全員にサンドイッチが配られました。みんな、あまりおなかがすいていないらしくて、食べる人はあまりいませんでした。わたしもおなかがすいていなかったので、食べないで持って帰ろうと思いました。

それから時間がすぎて、ごみを集めにきました。わたしはみんな、食べなかったサンドイッチは持って帰るだろうと思いました。けれどもそんなことをする人はほとんどいなくて、だいたいの人は一口も食べないで捨てたのです。それを見ていたわたしはむねがズキンズキンと痛くなりました。

泣きたくなるような気持ちでした。どうして持って帰らないのでしょう。わたしは食べ物を捨てる人たちにはらがたちました。この世の中に生きる人間なら、一つ一つものをたいせつにする心を持ってほしいと思います。

7 修学旅行(しゅうがくりょこう)の場所(ばしょ)はどこでしたか。

1 九州(きゅうしゅう)

2 東京(とうきょう)

3 京都(きょうと)

4 新潟(にいがた)

8 配(くば)られたサンドイッチはどうなりましたか。

1 だいたい食べないで持って帰りました。

2 ほとんど食べないで持って帰りました。

3 ほとんど捨てられました。

4 ほとんど食べてしまいました。

9 この文章(ぶんしょう)で言いたいことは何ですか。

1 ごみはじぶんで集(あつ)めたほうがいい。

2 サンドイッチを捨(す)てるのはよくないことだ。

3 人たちにはらをたてるのはよくないことだ。

4 もっとものをたいせつにしなければならない。

青森県のリンゴはとても有名です。今では青森県は日本で一番のリンゴをつくっていて、「リンゴ王国」という名前もつけられていますが、ここまでには多くの人の苦労と努力がありました。青森県にリンゴをはじめて紹介したのは、アメリカ人の宣教師ジョン・イングです。1874年、かれはクリスマスに教会へ来た人にリンゴをあげました。つぎの年の春、日本の国から青森県にリンゴの木が３本送られて、リンゴづくりが始まりました。リンゴの畑はどんどん増えて、20年後には1,000ヘクタールになりました。しかし、リンゴが増えると病気や虫の害も増えたのです。1903年にはモニリア病という病気が大発生し、多くの リンゴの木を切らなければなりませんでした。

そのとき、リンゴ農園のとのさきさんが、隣の県でナシにふくろをかぶせて病気から守っていることを聞いて、リンゴの実にも紙のふくろをかぶせてみました。すると、リンゴは病気から守られ、また太陽の光からも守られ、赤くておいしいリンゴができました。また、とのさきさんはおいしいリンゴをつくるために、いらない枝を切る技術も考えました。こうしてとのさきさんは「リンゴの父」と言われるようになりました。

10 「リンゴの木を切らなければなりませんでした」とありますが、どうしてですか。

1 日本の国が切るように言ったから
2 病気や虫の害が増えたから
3 リンゴの畑がどんどん増えたから
4 リンゴをつくる人が病気になったから

11 とのさきさんがしたことではないものはどれですか。

1 リンゴの実に紙のふくろをかぶせてみました。
2 おいしいリンゴをつくるために努力しました。
3 リンゴの病気をなおしました。
4 いらないリンゴの枝を切る技術を考えました。

12 紙のふくろをかぶせると、リンゴはどうなりますか。

1 病気になります。
2 虫の害が増えます。
3 小さくなります。
4 病気から守られます。

わたしは今年の９月、アメリカの大学に留学しに来ました。ここに来て、もう３か月になります。アメリカでは英語を使うので、ここに来る前に英語の勉強をたくさんして来ました。しかし、大学で使う英語はとても難しく、分からないことばばかりです。休みの日には、英語がよくできるオーストラリア人の友だちに、授業についていろいろ教えてもらっています。また、大学の図書館に行って、授業の予習もいっしょうけんめいしています。

授業が終わったら、いつも、韓国人の友だちや中国人の友だちと一緒に、大学の中にある食堂に行って、夕飯を食べます。野菜や果物などたくさん入っていて、とてもおいしいです。わたしのほかにも大勢の人が大学の食堂を利用しています。

先週、やっと大学の授業が終わって、冬休みになりました。わたしの家族がわたしに会いに、明日、アメリカに来るので、家族みんなでスキーをしに行きます。それから、バスに乗って海にも行く予定です。海に着いたら、海岸を歩いたり、砂遊びもしたいです。わたしがアメリカに留学しに来てから初めての家族旅行なので、とても楽しみです。

13 この人に授業について教えている人は、どこの国の人ですか。

1 アメリカ
2 オーストラリア
3 韓国
4 中国

14 この人は、休みの日には、何をしますか。

1 英語が上手な友だちと遊びます。
2 図書館で勉強をします。
3 大学の食堂で夕飯を食べます。
4 家族に会いに国へ帰ります。

15 家族旅行で、する予定のないものはどれですか。

1 バスに乗って海へ行きます。
2 みんなでスキーをします。
3 山に登(のぼ)ります。
4 海岸(かいがん)を歩きます。

3 もんだい 6 정보 검색

| 문제 유형&경향 분석 |

もんだい 6는 정보 검색 문제이다. 안내나 통지 등의 400자 정도의 정보를 다룬 지문에서 자신에게 필요한 정보를 찾아낼 수 있는지를 묻는 문제이다. 문제 수는 N4 독해 전체 여덟 문제 중 두 문제이고 지문의 수는 하나이다.
정보를 주는 문장의 경우, 처음부터 끝까지 꼼꼼히 읽고 이해하는 것이 아니라 읽는 목적에 따라 필요한 부분만을 찾아서 읽으면 된다. 문제 역시 질문이 먼저 나오고 그 뒤에 지문이 온다. 따라서 먼저 문제지의 질문과 선택지를 읽고 필요한 정보가 무엇인지 파악하는 것이 중요하다.

문제 유형 예시

もんだい 6　右のページのお知らせを見て、下の質問に答えてください。答えは、1・2・3・4から、いちばんいいものを一つえらんでください。

34 ハメスさんとマリアさんは、「春を楽しもう」に行きたいと思っています。4月に行われるもので、お店の中で音楽を聞きながら、お昼に食事ができるものがいいです。ハメスさんたちが選(えら)べるのは、どれですか。

1　②

2　③

3　⑤

4　⑥

35 ジーナさんは、「春を楽しもう」に行こうと思っています。土曜日に行きたいですが、集まる時間が13時より早いものには行けません。料金は1,000円以下がいいです。ジーナさんが選(えら)べるのは、どれですか。

1　②と③

2　②と③と④

3　②と③と⑤

4　③と⑤

문제 유형 예시

青野市ニュース

「春を楽しもう」

青野市では、毎月、食事会や音楽会などを開いています。

３月と４月の予定

名前（料金）	月・日	場所・時間	集まる時間
① 食事会（500円） 青野市の有名な料理を一緒に作って、食べます。	3/5 （日）	花村小学校 11時～14時	11時
② 音楽会（800円） お茶とお菓子を楽しみながら、音楽を聞きます。	3/11 （土）	さくら寺 14時～16時	13時50分
③ 音楽会（950円） ピアノやバイオリンのコンサートです。	4/8 （土）	市民体育館 17時～19時	16時50分
④ バス旅行（800円） バスで東川海岸に行って、海を見ながらお弁当を食べます。	4/15 （土）	東川海岸 8時～14時	市民体育館に 8時
⑤ お祭り（お金はかかりません） 毎年行われているお祭りです。歌や踊りを楽しみましょう。	4/23 （日）	東公園 17時～21時	17時より後の 好きなとき
⑥ 音楽会（1,200円） レストランで食事をしながら、ピアノを楽しみましょう。	4/29 （土）	レストラン 「黒川」 12時～14時	11時50分

青野市「春を楽しもう」係　電話：(0410) 28-1002　Eメール：tanoshimo@aono.jp

실전 감각 익히기 | 정보 검색

れいだい　右のページの「食品コーナー」を見て、質問に答えてください。
答えは１・２・３・４から、いちばんいいものを一つえらんでください。

1　３０代の夫婦が食事をしにきました。和食も食べたいですが、洋食も食べたいです。どこのお店に行けばいいですか。

1　和食・さくら
2　イタリアンズ レストラン
3　伝統中華料理店
4　ザ・ビュッフェ

2　子どものいる家族が２組います。おとなが４人、子どもが３人です。インスタント食品は好きではありません。みんなでいちばん安いねだんで食べられるお店は、どこですか。

1　和食・さくら
2　イタリアンズ レストラン
3　伝統中華料理店
4　ザ・ビュッフェ

食品コーナー

店名	お店の説明	代表メニュー
和食・さくら	和食店です。 おとなに大人気のお店です。 お店のおすすめはシェフじまんの トンカツです。 ぜひ、おめしあがりください。	トンカツ　1,300円 てんぷら　1,500円 ざるそば　1,100円 お子様セット　1,000円
イタリアンズ レストラン	洋食店です。 スパゲッティやリゾットがあります。 おとなから子どもまで、 みんなに大人気のお店です！	スパゲッティ　1,200円 ピザ　2,500円 リゾット　1,450円 お子様セット　700円 スペシャルお子様セット　1,000円
伝統中華 料理店	中華料理店です。 中国から来たシェフの料理を 味わうことができます。 おすすめはエビチリです！	マーボーどうふ　1,300円 エビチリ　1,800円 フカヒレ　3,800円 ※ 当店はお子様セットは ございません。
ハッピーバーガー	アメリカンスタイルの ハンバーガーショップです。 ハンバーガーはもちろん、 ホットドッグも人気があります。	ハンバーガー　450円 ホットドッグ　400円 ポテト　300円 1,500円のセットメニューが あります！（おとな４人分） お子様セットは500円です。
ザ・ビュッフェ	和食から洋食まで、何でもある ワールドビュッフェです。 何を食べようかなやんでいる あなたにぴったりのお店です！	おとな　3,000円 子ども　1,500円 ６歳以下は500円です。

해석 및 해설

해석

식품 코너

가게 이름	가게 설명	대표 메뉴
일식·사쿠라	일식점입니다. 성인에게 인기가 많은 가게입니다. 가게의 추천은 요리사가 제일 잘하는 돈가스입니다. 꼭 드셔 주세요.	돈가스 1,300엔 튀김 1,500엔 메밀국수 1,100엔 어린이 세트 1,000엔
이탈리안즈 레스토랑	양식점입니다. 스파게티나 리소토가 있습니다. 성인부터 아이까지 모두에게 인기가 많은 가게입니다!	스파게티 1,200엔 피자 2,500엔 리소토 1,450엔 어린이 세트 700엔 스페셜 어린이 세트 1,000엔
전통 중화요리점	중화요리점입니다. 중국에서 온 요리사의 요리를 맛보실 수 있습니다. 추천 메뉴는 칠리새우입니다!	마파두부 1,300엔 칠리새우 1,800엔 상어지느러미 3,800엔 ※ 당점은 어린이 세트는 없습니다.
해피 버거	아메리칸 스타일의 햄버거 가게입니다. 햄버거는 물론 핫도그도 인기가 있습니다.	햄버거 450엔 핫도그 400엔 감자튀김 300엔 1,500엔의 세트 메뉴가 있습니다! (성인 4인분) 어린이 세트는 500엔입니다.
더 뷔페	일식부터 양식까지, 뭐든지 있는 월드뷔페입니다. 무엇을 먹을지 고민하고 있는 당신에게 딱 맞는 가게입니다!	어른 3,000엔 어린이 1,500엔 6세 이하는 500엔입니다.

1 **30대 부부가 식사를 하러 왔습니다. 일식도 먹고 싶지만 양식도 먹고 싶습니다. 어느 가게에 가면 됩니까?**

1 일식·사쿠라
2 이탈리안즈 레스토랑
3 전통 중화요리점
4 더 뷔페

2 **아이가 있는 가족이 2팀 있습니다. 성인이 4명, 아이가 3명입니다. 인스턴트 식품은 좋아하지 않습니다. 모두 함께 가장 저렴한 가격으로 먹을 수 있는 가게는 어디입니까?**

1 일식·사쿠라
2 이탈리안즈 레스토랑
3 전통 중화요리점
4 더 뷔페

해설

〈질문 1〉은 질문은 '일식과 양식 둘 다 먹고 싶어 하는 30대 부부가 식사하러 왔는데, 어느 가게를 가면 좋은지'를 묻고 있다. 식품 코너의 표에서 일식과 양식 둘 다 하는 가게를 찾으면 되는데, 더 뷔페가 일식에서 양식까지 뭐든지 있는 월드뷔페라고 했으므로, 선택지 4번이 정답이다.

〈질문 2〉는 계산이 필요한 문제이다. 질문은 '아이가 있는 가족이 두 팀이 있고, 구성원은 성인 4명과 어린이 3명인데, 모두 함께 가장 싼 가격으로 먹을 수 있는 가게가 어디인지'를 묻고 있다. 단, 인스턴트 식품을 좋아하지 않는다는 조건이 있다. 선택지 1번 '일식·사쿠라'에서 7명이 가장 싸게 먹을 수 있는 것은 성인은 모두 1,100엔짜리 메밀국수를, 아이는 1,000엔짜리 어린이 세트를 먹으면 된다. 가격은 7,400엔으로, 어른 4,400엔(1,100엔×4명)과 아이 3,000엔(1,000엔×3명)을 합한 금액이다. 선택지 2번 '이탈리안즈 레스토랑'에서는 성인은 모두 1,200엔짜리 스파게티를, 아이는 700엔짜리 어린이 세트를 먹으면 가격은 6,900엔이 된다. 선택지 3번 '전통 중화요리점'에서는 어린이 세트는 없으므로 모두 1,300엔짜리 마파두부를 먹으면 9,100엔이 된다. 선택지 4번 '더 뷔페'는 기본 가격이 비싸므로 계산을 하지 않고도 답에서 제외시킬 수 있다. 따라서 정답은 선택지 2번 '이탈리안즈 레스토랑'이다.

memo

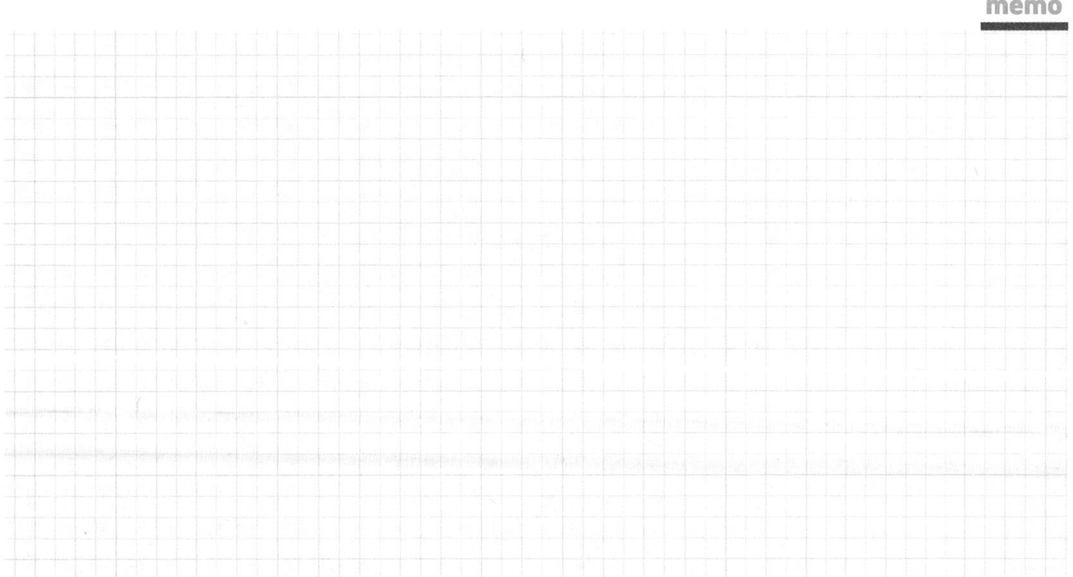

실전 연습하기 | 내용 이해 - 정보 검색 / 10

もんだい６　右のページの「東京１泊2日旅(4月)」を見て、質問に答えてください。
答えは１・２・３・４から、いちばんいいものを一つえらんでください。

1 父と母と小学生の娘の３人かぞくが、１泊２日の旅行をします。ホテルより旅館に泊まりたいです。３人でいちばん安く行ける日はいつですか。

1　４月10日～11日
2　４月12日～13日
3　４月20日～21日
4　４月23日～24日

2 仲良しの大学生４人組が遊びに行く計画を立てています。東京ディズニーランドはかならず行きたいです。４人でいちばん安く行ける日はいつですか。

1　４月７日～８日
2　４月10日～11日
3　４月27日～28日
4　４月29日～30日

東京１泊２日の旅（４月）

日にち	コース	泊まる場所	料金
４月３日～４日	東京タワー、六本木 新宿、上野公園	ホテル （あさひ）	おとな　13,000円 子ども　8,000円
４月７日～８日	東京タワー、上野公園 お台場、東京ディズニーランド	ホテル （いずみ）	おとな　16,000円 子ども　13,000円
４月１０日～１１日	六本木、秋葉原 東京ディズニーランド、新宿	旅館 （みやかわ）	おとな　17,000円 子ども　12,000円
４月１２日～１３日	六本木、お台場 銀座、上野公園	旅館 （はなぞの）	おとな　14,000円 子ども　9,000円
４月１５日～１６日	お台場、東京タワー 恵比寿、秋葉原	ホテル （あさひ）	おとな　17,000円 子ども　13,000円
４月１８日～１９日	お台場、上野公園 新宿、銀座	ホテル （いずみ）	おとな　15,000円 子ども　10,000円
４月２０日～２１日	銀座、上野公園 六本木、お台場	旅館 （みやかわ）	おとな　14,000円 子ども　8,000円
４月２３日～２４日	銀座、新宿 東京タワー、恵比寿	旅館 （はなぞの）	おとな　16,000円 子ども　9,000円
４月２７日～２８日	東京ディズニーランド 六本木、秋葉原、銀座	ホテル （あさひ）	おとな　20,000円 子ども　14,000円
４月２９日～３０日	東京ディズニーランド、 恵比寿、上野公園、新宿	ホテル （いずみ）	おとな　17,000円 子ども　13,000円

もんだい6　右のページの「時間割(じかんわり)」を見て、質問に答えてください。
答えは1・2・3・4から、いちばんいいものを一つえらんでください。

3 明日は数学(すうがく)の宿題(しゅくだい)があります。あと、運動着(うんどうぎ)もひつようです。4時には終(お)わります。明日は何曜日ですか。

1　月曜日
2　火曜日
3　木曜日
4　金曜日

4 今日はわたしが好きな英語(えいご)の授業(じゅぎょう)がありますが、2番目(ばんめ)におそく終(お)わります。今日は何曜日ですか。

1　月曜日
2　水曜日
3　木曜日
4　金曜日

時間割（じかんわり）

		月	火	水	木	金
1	8:50～9:40	科学（かがく）	数学（すうがく）	社会（しゃかい）	数学（すうがく）	国語（こくご）
2	9:50～10:40	国語（こくご）	音楽（おんがく）	漢文（かんぶん）	体育（たいいく）	社会（しゃかい）
3	10:50～11:40	音楽（おんがく）	社会（しゃかい）	英語（えいご）	国語（こくご）	科学（かがく）
4	11:50～12:40	英語（えいご）	体育（たいいく）	数学（すうがく）	古文（こぶん）	科学（かがく）
5	13:50～14:40	技術（ぎじゅつ）	家庭科（かていか）	道徳（どうとく）	音楽（おんがく）	英語（えいご）
6	14:50～15:40	技術（ぎじゅつ）	家庭科（かていか）		音楽（おんがく）	数学（すうがく）
7	15:50～16:40	ホームルーム			ホームルーム	

もんだい６　右のページの「犬を探(さが)すお知らせ」を見て、質問に答えてください。答えは１・２・３・４から、いちばんいいものを一つえらんでください。

5 犬を探(さが)すお知らせを作ったのはいつですか。

1 2021年5月9日
2 2021年5月11日
3 2021年5月17日
4 2021年5月19日

6 本文の中で、正しくないものはどれですか。

1 犬の名前(なまえ)はこたろうです。
2 この犬はプードルです。
3 この犬は新宿区(しんじゅくく)でいなくなりました。
4 白い首輪(くびわ)をしている犬です。

2021年５月17日（月）

犬を探（さが）しています！

2021年５月11日（火）14時30分頃（ごろ）
新宿区（しんじゅくく）で行方不明（ゆくえふめい）になりました。

名前（なまえ）：こたろう
犬種（けんしゅ）：チワワ
性別（せいべつ）：オス
年齢（ねんれい）：９さい
特徴（とくちょう）：茶色（ちゃいろ）、白の首輪（くびわ）、耳は立っている

見つけたら連絡（れんらく）ください！
090−333−3333

もんだい6　右のページの「国内線」を見て、質問に答えてください。
答えは1・2・3・4から、いちばんいいものを一つえらんでください。

7 午前最後の飛行機で、東京に行きたいです。どのクラスが残っていますか。

1　エコノミークラス
2　ビジネスクラス
3　ファーストクラス
4　ぜんぶ残っています

8 今日の午後いちばん最初の飛行機を予約したいです。いちばんやすいのでお願いします。いくらですか。

1　20,700円
2　22,700円
3　25,700円
4　チケットが残っていません

国内線（2021年6月29日）

出発	到着	エコノミークラス	ビジネスクラス	ファーストクラス
06：35 大阪／関西	07：40 東京／羽田	○ 20,700円	—	○ 25,700円
07：35 大阪／関西	08：45 東京／羽田	○ 20,700円	○ 22,700円	—
08：45 大阪／関西	09：55 東京／羽田	—	○ 22,700円	—
09：50 大阪／関西	10：55 東京／羽田	○ 20,700円	○ 22,700円	○ 25,700円
10：05 大阪／関西	11：15 東京／羽田	○ 20,700円	○ 22,700円	○ 25,700円
11：05 大阪／関西	12：10 東京／羽田	—	—	○ 25,700円
12：10 大阪／関西	13：20 東京／羽田	—	○ 22,700円	—
13：15 大阪／関西	14：20 東京／羽田	○ 20,700円	○ 22,700円	○ 25,700円
14：20 大阪／関西	15：25 東京／羽田	○ 20,700円	—	○ 25,700円
15：40 大阪／関西	16：45 東京／羽田	—	○ 22,700円	○ 25,700円

もんだい 6　右のページの「7月のこどもひろば（スケジュール）」を見て、質問に答えてください。答えは1・2・3・4から、いちばんいいものを一つえらんでください。

9　ダンス教室に申し込みたい人は、何時に電話で申し込めばいいですか。

1　13:00～15:00

2　14:15～15:15

3　10:00～10:45

4　13:00～18:00

10　7月の受付できる最後の日は、何曜日ですか。

1　日曜日

2　月曜日

3　火曜日

4　水曜日

7月のこどもひろば（スケジュール）

教室名	定員（人数）	日にち	持ち物
料理教室 13:00~15:00 甘いチョコレートケーキを作ろう！	８人	第１月曜日（7/5） 第３月曜日（7/19）	エプロン テキストの紙
ダンス教室 14:15~15:15 みんなで楽しく踊るよ！	10人	第２水曜日（7/7） 第４水曜日（7/21）	タオル 水、またはお茶
たいそう教室 10:00~10:45 ボールを使った運動やストレッチをするよ！	10人	第２金曜日（7/9） 第４金曜日（7/23）	タオル 水、またはお茶

◎ 申し込みは毎月20日まで受け付けています。

◎ 申し込みは、こどもひろば事務所にて、または電話受付13時～18時まで。

こどもひろば事務所

電話　012−345−6764

2교시 끝내기

청해

N4

제5장

청해 공략편

01 청해 요령 알아두기
02 문제 유형 공략하기

01 청해 요령 알아두기

1 문제 유형별 청해 포인트

N4 청해에는 과제 이해, 포인트 이해, 발화 표현, 즉시 응답 총 네 가지 문제 유형이 출제된다. 시험 내용은 기본적인 일본어를 이해할 수 있는지를 묻기 때문에 일상적인 장면에서 다소 느린 속도의 회화라면 충분히 이해할 수 있어야 한다.

❶ 과제 이해

어떤 장면에서 과제 해결에 필요한 구체적인 정보를 듣고 다음에 무엇을 하는 것이 적절한 행동인가를 묻는 문제이다. 지시나 조언을 하고 있는 회화를 듣고, 그것을 받아들인 다음의 행동으로 어울리는 것을 고른다. 선택지는 문자나 그림으로 제시된다. 텍스트가 나오기 전에 질문이 제시되므로 텍스트를 듣기 전에 문제를 해결할 대상이 누구인지, 질문의 내용이 무엇인지 파악한 다음 주의해서 듣는다.

❷ 포인트 이해

청자가 화자의 말에서 자신이 알고 싶은 것과 흥미가 있는 것으로 내용의 포인트를 좁혀서 들을 수 있는지를 묻는 문제이다. 따라서 문제의 텍스트를 듣기 전에 상황 설명과 질문을 들려주고, 또한 문제용지에 인쇄되어 있는 선택지를 읽을 시간을 준다. 질문은 주로 화자의 심정이나 사건의 이유 등을 이해할 수 있는지를 묻는다.

❸ 발화 표현

상황을 설명하는 음성을 듣고 그림을 보면서 장면이나 상황에 어울리는 말인지 즉시 판단할 수 있는지를 묻는다. 인사·의뢰·허가 요구 등에서 자주 사용되는 표현을 주로 다룬다.

❹ 즉시 응답

상대방의 말에 어떤 응답을 하는 것이 어울리는지 즉시 판단할 수 있는지를 묻는다. A와 B의 응답 형식으로, 짧은 말을 듣고 바로 대답을 찾는 문제이기 때문에 정답을 생각할 시간이 부족할 수 있으니 주의한다.

2 한국인이 틀리기 쉬운 음

각 나라말의 음가(音価 : 낱자가 가지고 있는 소리)가 서로 다르듯, 우리말과 일본어의 음가 또한 다르다. 그런데 우리말의 음가로 일본어의 음가를 파악하려고 하다 보면 청해에서 오류가 생기기 쉽다. 일본어능력시험 청해에서 꼭 알아 두어야 할 일본어 발음의 기초를 정리하고, 일본어를 청취할 때 우리나라 사람들이 잘못 알아듣기 쉬운 음(音)을, 우리말 발음과 일본어 발음을 비교해 그 차이점을 분석해 봄으로써 능률적인 청해 학습이 가능하도록 하였다. 또한 MP3파일을 활용한 듣기 연습을 통해 실전에도 대비할 수 있도록 하였다.

❶ 청음(清音)과 탁음(濁音)

일본어는 청음과 탁음의 대립으로 구별된다. 이때 청음과 탁음이란, 음성학적으로 무성음(無声音)과 유성음(有声音), 즉 '성대의 울림 없이 내는 소리(무성음)'와 '성대를 울려 내는 소리(유성음)'를 말한다. 이에 비해, 우리말은 무기음(無気音)과 유기음(有気音: 'k·t·p' 따위의 파열음이 다음 음에 옮을 때 터져 나오는 소리)의 대립으로 구분된다. 즉, 성대가 울리느냐 울리지 않느냐의 문제가 아니라 강하게 내뿜어 파열시키는 숨을 동반하느냐 하지 않느냐의 차이로 구분되는 것이다. 따라서 한국인은 유성음과 무성음의 구분에 상대적으로 취약하기 때문에 청음과 탁음을 구별하기가 어렵다. 예를 들어 *げた*(나막신)를 *けだ*로 잘못 듣는 경우가 많다.

げた [geta] → けだ [keda]

분석 ❶ 첫소리의 무성음화 : [g] → [k]

우리말에서는 콧소리(鼻音: ㄴ, ㅁ, ㅇ) 외에는 유성음이 첫소리에 오지 않기 때문에 *げた*[geta]의 첫소리인 유성음 [g]를 무성음 [k]로 잘못 듣게 된다.

분석 ❷ 가운뎃소리의 유성음화 : [t] → [d]

우리말의 무성음은 유성음과 유성음 사이에 오면 자동적으로 유성음화하므로 무성음 [t]를 유성음 [d]로 잘못 듣게 된다.

듣기 연습 듣기-01

❶ いき (息 : 숨) いぎ (意義 : 의의)

❷ たいがく (退学 : 퇴학) だいがく (大学 : 대학)

❸ 井戸(いど)に 糸(いと)を 落(お)とした。(우물에 실을 떨어뜨렸다.)

❹ 天気(てんき)が 悪(わる)いので 電気(でんき)を つけた。(날이 흐려서 불을 켰다.)

❷ 장음(長音)과 단음(短音)

장음이란 연속되는 두 개의 모음을 따로따로 발음하지 않고 길게 늘여서 발음하는 것으로, 1拍(拍은 일본어를 발음할 때 글자 하나하나에 주어지는 일정한 시간적 단위)의 길이를 갖는다. 장음과 단음의 차이를 비교해 보면 다음과 같다.

단음(短音)	くつ(靴 : 2拍)	せき(席 : 2拍)	ほし(星 : 2拍)
장음(長音)	くつう(苦痛 : 3拍)	せいき(世紀 : 3拍)	ほうし(奉仕 : 3拍)

우리나라 사람들이 장음 구별에 서툰 이유는 다음과 같다.

첫째, 일본어에서는 장음을 독립된 길이를 가진 단위로 인식하나, 우리말에서 장음은 의미의 구별을 도와줄 뿐 독립된 길이를 갖지 않는다.

둘째, 우리말에서는 첫음절에서만 장음 현상이 나타나는 것을 원칙으로 하기 때문에 2음절 이하에 나타나는 장음의 구별이 어렵다.

셋째, 우리말은 표기법상에서도 장음을 따로 표기하지 않아(とうきょう를 '도쿄'로, おおさか를 '오사카'로 표기) 장·단음의 구별이 어렵다.

듣기 연습 듣기-02

❶ います (居ます : 있습니다) いいます (言います : 말합니다)

❷ ちず (地図 : 지도) チーズ (cheese : 치즈)

❸ ビル (building : 빌딩) ビール (beer : 맥주)

❹ あの 映画(えいが)には いい 絵(え)が 出(で)て くる。(저 영화에는 좋은 그림이 나온다.)

❺ ここに 来(き)て、おじさんと おじいさんに 聞(き)いて ください。
(이리로 와서 삼촌과 할아버지께 물어보세요.)

❸ 촉음(促音)

일명「つまる音(おん)」이라고도 하는 촉음에는 다음과 같은 특징이 있다.

① 작은 っ 또는 ッ로 표기된다.

② カ행, サ행, タ행, パ행 앞에만 온다.

③ 뒤에 오는 음(カ행, サ행, タ행, パ행)에 따라 [k·s·t·p]로 발음된다.

④ 1拍의 길이로 발음된다.

⑤ 첫소리에 오지 않는다.

★ 촉음의 유무에 따라 뜻이 달라지는 문장 예

□ 知(し)っているの？(알고 있니?)	しているの？(하고 있니?)
□ 行(い)ってください。(가 주십시오.)	いてください。(있어 주십시오.)
□ 切(き)ってください。(잘라 주십시오.)	来(き)てください。(와 주십시오.)

이것은 촉음의 발음이 カ행, サ행, タ행, パ행의 발음에 동화되기 때문에 우리말의 된소리(ㄲ, ㅆ, ㅉ, ㅃ)와 비슷하게 인식되나, 우리말에서는 된소리를 한 음절로 인정하지 않으므로 촉음이 있는 것을 없는 것으로, 또는 촉음이 없는 것을 있는 것으로 잘못 듣게 되어 일어나는 현상이다.

촉음을 구분할 때는 다음 사항을 기억해 두자.

① 탁음 앞에서는 촉음 현상이 일어나지 않으므로 청음과 탁음의 구별을 정확하게 한다.

② 5단 동사는 활용할 때,「～た, ～て, ～たり」앞에서 촉음 현상을 일으키므로 활용하는 동사의 종류를 확인한다.

③ 2자 이상의 한자어에서, 첫 번째 한자의 마지막 음이 く, ち, つ이면 뒤에 이어지는 カ행, サ행, タ행, パ행 앞에서 촉음으로 바뀐다.

□ **学校 : がく＋こう → がっこう**

□ **一回 : いち＋かい → いっかい**

□ **実際 : じつ＋さい → じっさい**

듣기 연습

듣기-03

❶ いっこ (一個 : 한 개)

❷ ざっし (雑誌 : 잡지)

❸ がっこう (学校 : 학교)

❹ 郵便局(ゆうびんきょく)で きってを 一枚(いちまい) かった。(우체국에서 우표를 한 장 샀다.)

❺ コップに 水(みず)が いっぱい ある。(컵에 물이 가득 있다.)

❹ 요음(拗音)

우리말의 이중모음 'ㅑ, ㅠ, ㅛ'와 비슷한 일본어의 요음을 구분하는 일은 어렵지 않을 것이라고 생각할 수도 있지만, 청해 시험에서 결정적인 실수는 이 요음에서 나온다.

★ 요음을 직음으로 잘못 듣는 예

□ わたしの　しゅみ(趣味)は　読書(どくしょ)です → わたしの　しみは (내 취미는 독서입니다)

□ お母(かあ)さんが　作(つく)った　りょうり(料理)は　おいしい → 作(つく)った　りおり (어머니가 만든 요리는 맛있다)

이것은 しゅ, じゅ가 し, じ에 가깝게 발음되어 생기는 문제인데, 흔히 말하는 사람이 원인을 제공하는 경우가 많다. 일본인은 しゅ, じゅ로 발음한다고 생각하지만, 실제로는 し, じ에 가깝게 발음하기 때문에 생기는 문제이다. 이런 현상은 しゅ, じゅ가 단음일 때 많이 발생한다. 즉, 장음일 때는 발음하는 시간이 길어 요음을 정확하게 발음할 수 있지만, 단음일 때는 시간적으로 여유가 없기 때문에 생기는 현상인 듯하다.

★ 직음을 요음으로 잘못 듣는 예

□ みち(道)を　歩(ある)きながら (길을 걸으며) → みちょう　歩(ある)きながら

□ ごじぶん(御自分)で　き(来)て (직접 와서) → ごじゅうぶんで　きて

이것은 듣는 사람이 연속되는 모음을 다음과 같이 이중모음으로 잘못 듣기 때문에 발생한다.

[イ+ア] → [ヤ]

[イ+ウ] → [ユ]

[イ+オ] → [ヨ]

따라서 요음 듣기의 어려움을 극복하려면 다음과 같은 점에 주의하면 된다.

①「し, じ」라고 들려도「しゅ, じゅ」가 아닌지 의심해 본다(거의 한자어).

②「i+あ → や」,「i+う → ゆ」,「i+お(を) → よ」로 들리므로 조심한다.

③ 대화 중에서「~を」가 있어야 될 곳에「ヨ, ヨー」로 들리는 경우에는「i+を」가 아닌지 의심해 본다.

듣기 연습 ♫ 듣기-04

❶ きゅうこう (急行 : 급행)　　くうこう (空港 : 공항)

❷ しゃいん (社員 : 사원)　　サイン (sign : 신호)

❸ ちゅうしん (中心 : 중심)　　つうしん (通信 : 통신)

❹ ぎゅうにゅうは　ひゃくえんです。(우유는 100엔입니다.)

❺ 韓国(かんこく)と　ちゅうごくとの　きょりは　遠(とお)い。(한국과 중국과의 거리는 멀다.)

5 연속되는 모음

조사 を 앞에 장모음 お가 올 때는, [o] 음이 3박자에 걸쳐 이어지게 되어 미처 다 듣지 못하는 경우가 있다.

듣기 연습 듣기-05

❶ 先生(せんせい)から　しどうを　うけた。(선생님으로부터 지도를 받았다.)

❷ テレビを　見(み)ながら　ぶどうを　食(た)べた。(텔레비전을 보면서 포도를 먹었다.)

6 기타

청해 문제에 쓰이는 문장은 주로 회화체이다. 따라서 회화체만이 갖는 문제의 속성을 알아 두는 것 또한 시험에서 좋은 점수를 얻는 수단이 될 수 있다. 여기서는 회화체에 많이 쓰이는 기본 표현과 축약 표현을 익혀 둠으로써, 청해 문제에 더욱 쉽게 대처할 수 있도록 하였다.

청해의 기본 표현 듣기-06

＊～ことに　なって　います ~하기로 되어 있습니다 〈예정〉

次(つぎ)の　日(ひ)の　午前中(ごぜんちゅう)は　工場(こうじょう)を　見(み)に　いく　ことに　なって　います。

(다음 날 오전 중에는 공장을 보러 가기로 되어 있습니다.)

＊～て　いて　ください ~하고 있어 주십시오

ここで　しばらく　待(ま)って　いて　ください。(여기서 잠시 기다리고 있어 주세요.)

＊～て　いって　ください ~하고 가 주십시오

荷物(にもつ)は　そこに　置(お)かないで、持(も)って　いって　ください。

(짐은 거기에 두지 말고 가져가 주십시오.)

＊～て　おいて　ください ~해 놓아 주십시오

ドアは　開(あ)けた　ままに　して　おいて　ください。(문은 연 채로 두세요.)

＊～て　きて　ください ~하고 와 주십시오

すみませんが、切手(きって)を　買(か)って　きて　ください。(미안하지만 우표를 사다 주십시오.)

＊～て　ください ~해 주십시오

部屋(へや)を　つかいおわった　あとは、そうじして　ください。

(방을 다 쓰고 난 다음에는 청소해 주십시오.)

＊～ても　けっこうです ~해도 괜찮습니다
ホテルに　帰(かえ)っても　けっこうです。(호텔에 돌아가도 괜찮습니다.)

＊～で　いいですか ~으로 좋습니까[괜찮습니까]?
この　白(しろ)い　花(はな)で　いいですか。(이 흰꽃이면 됩니까?)

＊～って ~라고 한다 〈~って 言って います의 압축된 표현〉
ことしは　不景気(ふけいき)に　なるんだって。(올해는 불경기일 거래.)

＊～って　言(い)って　います ~라고 합니다
先生(せんせい)が　日本(にほん)で　買(か)ったって　言(い)って　いました。(선생님이 일본에서 샀다고 했습니다.)

＊～と　言(い)って　いました ~라고 했습니다
田中(たなか)さんは　きょう　来(こ)ないと　言(い)って　いましたよ。
(다나카 씨는 오늘 안 온다고 했습니다.)

＊～と　いいなあ ~하면 좋겠네
早(はや)く　試験(しけん)が　終(お)わると　いいなあ。(빨리 시험이 끝났으면 좋겠네.)

＊～に　行(い)きませんか ~하러 가지 않겠습니까?
今晩(こんばん)、映画(えいが)に　行(い)きませんか。(오늘 밤 영화 보러 가지 않겠습니까?)

＊～に　よろしく ~에게 안부 전해 주세요
本田(ほんだ)さんに　よろしく。(혼다 씨에게 안부 전해 주세요.)

＊～じゃ　ない(か) ~하지 않니?
その　ボタン、押(お)したら　つくんじゃ　ない？(그 버튼 누르면 켜지지 않니?)

＊～なくちゃ ~해야지
田中(たなか)さんに　お礼(れい)を　言(い)わなくちゃ。(다나카 씨에게 고맙다는 인사를 해야지.)

＊～のだ［のです］／～(な)んだ［(な)んです］ ~인 것이다[입니다]
きょうは　手紙(てがみ)を　書(か)いたのです。(오늘은 편지를 썼습니다.)
あしたは　母(はは)の　誕生日(たんじょうび)なのです。(내일은 어머니 생신입니다.)
この　へんは　いつも　静(しず)かなんです。(이 근방은 언제나 조용합니다.)

강조 또는 설명하는 기분을 나타낼 때 쓰는 표현. 회화체에서 ～のだ［のです］의 ～の는 ～ん으로 바뀌는 예가 많다. 동사, 형용사에 접속할 때는 ～のだ［のです］이나 명사, 형용동사 등에 접속할 때는 ～なのだ［なのです］가 된다.

＊ **～かしら** ～을까, ～일까, ～일지 몰라 〈여성어로 자기의 의문이나 상대에게 질문하는 뜻을 나타냄〉

この　本（ほん）、　あなたのじゃ　ないかしら。(이 책 당신 것 아닌가요?)

＊ **～かな** ～까 〈자기 자신에게 묻는 기분을 나타냄〉

今日（きょう）の　試合（しあい）は　どっちが　勝（か）ったかな。(오늘 시합은 어느 쪽이 이겼을까?)

＊ **～ね** ～겠지, ～이지, ～군요 〈～ねえ로도 씀〉

① 다짐하는 기분을 나타냄

もう　これからは　しないね。(이제 앞으로는 안 하겠지.)

② 상대방에게 동의를 구하여 대답을 바라는 기분을 나타냄

これは　君（きみ）の　本（ほん）だね。(이건 자네 책이지.)

③ 가벼운 감탄·감동의 기분을 나타냄

やあ、ずいぶん　きれいな　へやだね(え)。(야, 꽤 깨끗한 방이군요.)

＊ **～のに** ～인데, ～텐데, ～련만 〈불만·원망·따지는 기분을 나타냄〉

もう　少（すこ）し　早（はや）く　起（お）きれば、電車（でんしゃ）に　間（ま）に合（あ）ったのに。

(좀 더 일찍 일어났으면 전철 시간에 맞출 수 있었는데.)

＊ **～わよ** ～요 〈여성어로 상대방에게 자기의 기분을 강하게 말할 때 사용함〉

今度（こんど）の　旅行（りょこう）には、わたしも　行（い）くわよ。(이번 여행에는 나도 가요.)

～て　いる → ～てる처럼 い가 탈락하는 축약 표현

듣기-07

＊ **～て　いる → ～てる**

わたしには　愛（あい）してる　人（ひと）が　います。(나에게는 사랑하는 사람이 있습니다.)

＊ **～て　いない → ～てない**

あの　映画（えいが）は　見（み）てないので、内容（ないよう）が　分（わ）からない。(그 영화는 보지 않아서 내용을 모른다.)

＊ **～て　います → ～てます**

あの　人（ひと）たち、さるに　食（た）べ物（もの）を　やってますよ。

(저 사람들, 원숭이에게 먹을 것을 주고 있어요.)

＊ **～て　いた → ～てた**

かばんの　中（なか）に　お金（かね）とか、入（はい）ってたんですか。(가방 속에 돈 같은 것이 들어 있었습니까?)

＊ **～て　いました → ～てました**

あっ、すみません。すっかり　忘（わす）れてました。(아, 미안합니다. 까맣게 잊고 있었습니다.)

＊～て　いて → ～てて

ここで　しばらく　待(ま)ってて　ください。(여기서 잠시 기다리고 있어 주십시오.)

～て　おく → ～とく처럼 축약되는 표현

듣기-08

＊～て　おく → ～とく

そんなに　大切(たいせつ)な　物(もの)を　こんな　所(ところ)に　置(お)いとくなよ。

(그렇게 중요한 것을 이런 곳에 놓아 두지 마라.)

＊～で　おく → ～どく

朝(あさ)、起(お)きたら　ふとんを　たたんどいて　ください。

(아침에 일어나면 이불을 개어 놔 주십시오.)

＊～て　おいで → ～といで

冷蔵庫(れいぞうこ)に　すいかが　あるから　持(も)っといで。(냉장고에 수박이 있으니까 가져 와.)

～て しまう → ～ちゃう / ～ては → ～ちゃ로 축약되는 표현

듣기-09

＊～て　しまう → ～ちゃう

彼(かれ)は　わたしを　置(お)いて　アメリカに　行(い)っちゃった。(그는 나를 두고 미국으로 가 버렸다.)

＊～で　しまう → ～じゃう

あの　人(ひと)が　死(し)んじゃうなんて、信(しん)じられないわ。(그 사람이 죽고 말다니, 믿을 수 없어.)

＊～ては → ～ちゃ

みんな　忙(いそが)しいから　今日(きょう)は　来(き)ちゃ　だめだよ。(모두 바쁘니까 오늘은 오면 안 돼요.)

＊～では → ～じゃ

姉(あね)は　音楽(おんがく)じゃなくて　絵(え)を　習(なら)って　いるんだ。(누나는 음악이 아니라 그림을 배우고 있어.)

02 문제 유형 공략하기

もんだい 1 과제 이해

| 문제 유형&경향 분석 |

もんだい 1는 과제 이해 문제로, 결론이 있는 텍스트(대화)를 듣고, 문제 해결에 필요한 구체적인 정보를 찾아서 다음에 어떻게 행동할 것인지를 묻는다. 문제는 선택지만 나오는 문제, 그림만 나오는 문제, 그림과 선택지가 나오는 문제로 나뉘고 모두 여덟 문제가 출제된다.
문제의 흐름은 먼저 상황을 설명하는 문장과 질문이 나오고, 대화로 구성된 텍스트가 나온 뒤 질문이 한 번 더 나온다. 질문은 보통 "여성(남성)은 이제부터 무엇을 합니까?" 등의 형태로 제시된다.
텍스트가 나오기 전에 질문이 제시되므로, 텍스트를 듣기 전에 문제를 해결할 대상이 누구인지, 그리고 질문의 내용이 무엇을 하라는 것인지에 주의해서 듣는다.

문제 유형 예시

もんだい 1

もんだい１では、まず　しつもんを　聞いて　ください。それから　話を　聞いて、もんだいようしの　１から４の　中から、いちばん　いい　ものを　一つ　えらんで　ください。

1ばん

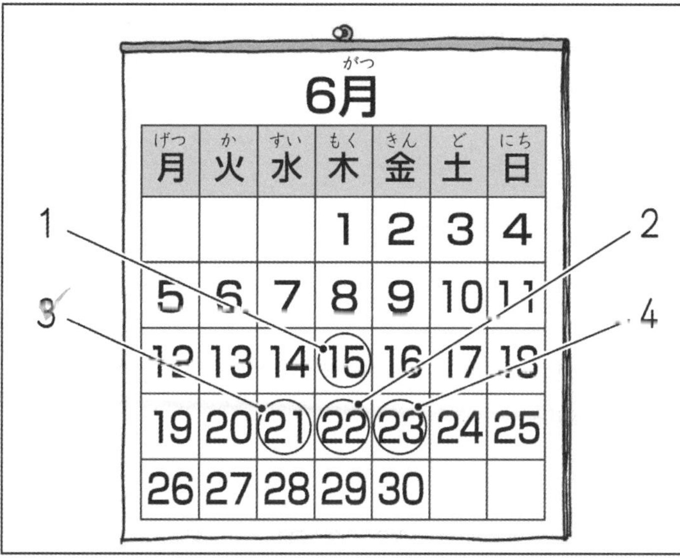

실전 감각 익히기 과제 이해

듣기1-00

れいだい　まず　しつもんを　聞(き)いて　ください。それから　話(はなし)を　聞(き)いて、もんだいようしの　１から４の　中(なか)から、いちばん　いい　ものを　一(ひと)つえらんで　ください。

れい

1　ハワイ

2　モルディブ

3　バリ島(とう)

4　フランス

스크립트 및 해설

스크립트 & 해석

F：女性・女の子　M：男性・男の子

男の人と女の人が話しています。2人は新婚旅行にどこに行きますか。 M: 新婚旅行、どこに行きたい？ F: そうねー。私はやっぱりハワイとかバリ島のような、南の国がいいわ。 M: いいね！モルディブとかもあるよ。 F: 加藤君はどこに行きたいの？ M: 僕はフランスとかイギリスがいいけど、君に合わせて南の国に行くことにするよ。 F: ありがとう。なら、さっき私が言った中で、どこがいい？ M: ハワイじゃなかったらどこでも！バリ島はどう？ F: ええ、じゃあ、そうしましょう。	**남자와 여자가 이야기하고 있습니다. 두 사람은 신혼여행을 어디로 갑니까?** 남 : 신혼여행, 어디로 가고 싶어? 여 : 글쎄. 나는 역시 하와이라든가 발리섬 같은 남쪽 나라가 좋아. 남 : 좋네! 몰디브 같은 곳도 있어. 여 : 가토는 어디로 가고 싶어? 남 : 나는 프랑스라든가 영국이 좋은데, 너에게 맞춰 남쪽 나라에 가는 것으로 할게. 여 : 고마워. 그럼, 조금 전 내가 말한 것 중에서 어디가 좋아? 남 : 하와이가 아니라면 어디든! 발리섬은 어때? 여 : 좋아, 그럼 그렇게 하자.

2人は新婚旅行にどこに行きますか。

1 ハワイ
2 モルディブ
3 バリ島
4 フランス

두 사람은 신혼여행을 어디로 갑니까?

1 하와이
2 몰디브
3 발리섬
4 프랑스

해설

질문은 '두 사람이 신혼여행으로 어디를 가는지'를 묻고 있다. 여자는 신혼여행을 어디로 가고 싶냐는 남자의 질문에 남쪽에 있는 하와이나 발리와 같은 섬이 좋다고 했다. 남자는 자신은 프랑스나 영국에 가고 싶지만, 여자의 의견에 따라 남쪽 나라로 가자고 한다. 그리고 하와이만 아니라면 어디라도 좋다고 말한 뒤 발리섬은 어떠냐고 덧붙였다. 여자도 이에 동의했으므로 선택지 3번 '발리섬'이 정답이다. 선택지 1번 '하와이'는 여자가 가고 싶어 하는 곳 중에 하나이지만, 최종적으로는 발리섬을 선택했으므로 틀리다. 선택지 2번 '몰디브'는 남자가 남쪽에는 몰디브도 있다고 한 말이므로 틀리다. 선택지 4번 '프랑스'는 남자가 신혼여행으로 가고 싶어 하는 곳이지 가기로 결정한 곳은 아니므로 틀리다.

실전 연습하기 | 과제 이해 | 듣기1-01~15 / 15

もんだい 1

もんだい１では、まず　しつもんを　聞いて　ください。それから　話を　聞いて、もんだいようしの　１から４の　中から、いちばん　いい　ものを　一つ　えらんで　ください。

1ばん

1　パイロット

2　お医者さん

3　学校の　先生

4　幼稚園の　先生

2ばん

3ばん

1

2

3

4

4ばん

1 運動会(うんどうかい)の　準備(じゅんび)を　する

2 体育着(たいいくぎ)に　着替(きが)える

3 授業(じゅぎょう)を　受(う)ける

4 授業(じゅぎょう)が　ないので　家(いえ)に　帰(かえ)る

5ばん

1

2

3

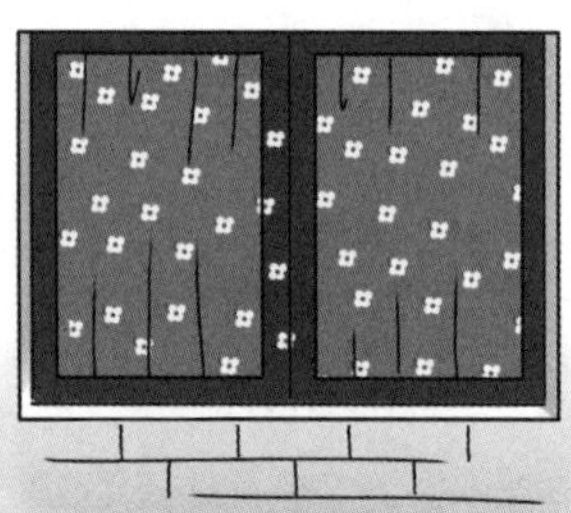

4

6ばん

1　1階（かい）

2　2階（かい）

3　3階（がい）

4　4階（かい）

7ばん

1 スポーツ部（ぶ）

2 バスケットボール部（ぶ）

3 バドミントン部（ぶ）

4 合唱部（がっしょうぶ）

8ばん

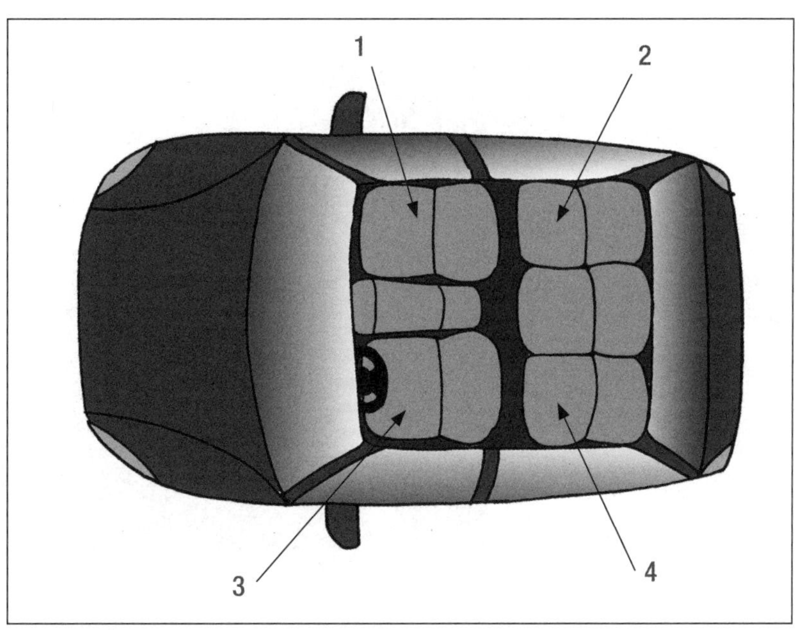

9ばん

1 お弁当(べんとう)

2 ゼリー

3 家(いえ)の ご飯(はん)

4 ヨーグルト

10ばん

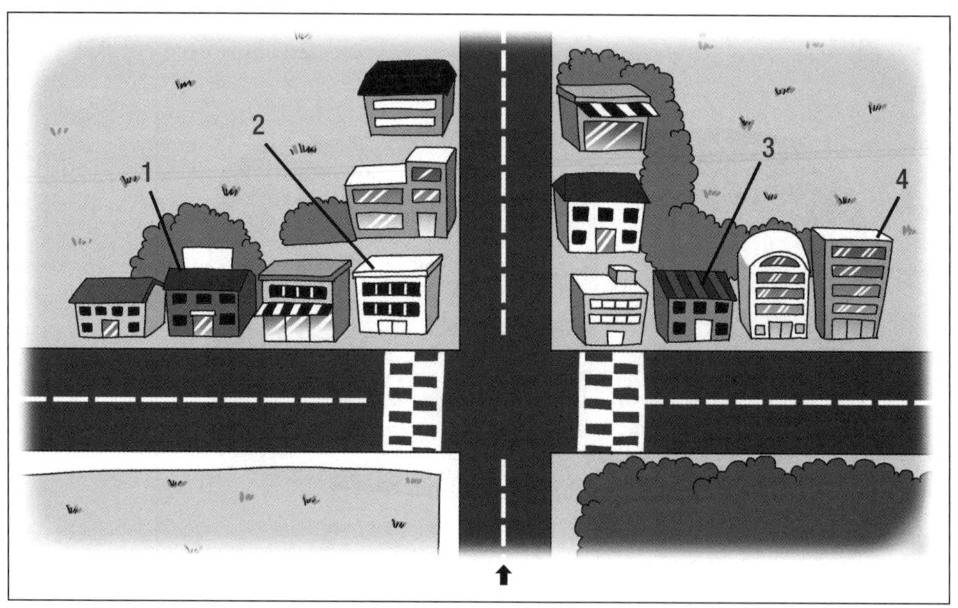

11ばん

12ばん

1 空港（くうこう）

2 韓国（かんこく）

3 ソウル

4 歯医者（はいしゃ）

13ばん

1　ラブコメディー

2　アクション

3　４Dの　アニメーション

4　ホラー

14ばん

1　Ａ１窓口(まどぐち)

2　Ａ２窓口(まどぐち)

3　Ａ３窓口(まどぐち)

4　Ａ４窓口(まどぐち)

15ばん

1　12時(じ)20分(ぷん)

2　12時(じ)30分(ぷん)

3　12時(じ)40分(ぷん)

4　12時(じ)50分(ぷん)

2 もんだい 2 포인트 이해

| 문제 유형&경향 분석 |

もんだい 2는 포인트 이해 문제로, 결론이 있는 텍스트(대화)를 듣고, 사전에 제시되는 질문에 입각해서 포인트를 파악할 수 있는지를 묻는 문제이다. 문제지에는 선택지만 나오고, 일곱 문제가 출제된다. 문제의 흐름은 먼저 상황을 설명하는 문장과 질문이 나온다. 그리고 선택지를 읽을 수 있도록 몇 초 정도 시간을 주고 텍스트가 나온 뒤 질문이 한 번 더 나온다. 텍스트가 나오기 전에 질문이 제시되므로, 질문의 형태가 어떤 것인지 파악해 두는 것이 중요하다. 그리고 질문을 듣고 선택지를 보면서 미리 정답을 예측하기보다 질문에서 요구하는 것이 무엇인지에 집중해서 주의를 기울이는 것이 효과적이다.

문제 유형 예시

もんだい 2

もんだい 2では、まず　しつもんを　聞いて　ください。そのあと、もんだいようしを　見て　ください。読む　時間が　あります。それから　話を　聞いて、もんだいようしの　1から4の　中から、いちばん　いい　ものを　一つ　えらんで　ください。

1ばん

1 うみの　ちかくで　しょくじした
2 山に　のぼった
3 うみで　およいだ
4 かいがんを　さんぽした

실전 감각 익히기 포인트 이해

듣기2-00

れいだい　まず　しつもんを　聞いて　ください。そのあと、もんだいようしを　見て　ください。読む　時間が　あります。それから　話を　聞いて、もんだいようしの　1から4の　中から、いちばん　いい　ものを　一つ　えらんでください。

れい

1　風邪を　ひいたから

2　しんせきの　おそう式に　行ったから

3　友だちと　遊ぶ　約束を　して　いたから

4　授業の　ノートを　とれなかったから

스크립트 및 해설

스크립트 & 해석

F：女性・女の子　M：男性・男の子

男の子と女の子が話しています。ゆきちゃんはどうして学校を休みましたか。

M: ゆきちゃん、今日休みだね。風邪でもひいたのかな？

F: あ、なんかね、しんせきのおそう式に行ったんだって。

M: そうだったんだ。じゃあ今日、遊べないね。

F: そうだね。遊ぶ約束してたのにね。まあ、週末にも遊ぶことにしてたからいいけど。

M: 授業に出れなかった分のノート、とってあげよう。

남자아이와 여자아이가 이야기하고 있습니다. 유키는 왜 학교를 쉬었습니까?

남 : 유키, 오늘 쉬네. 감기라도 걸린 걸까?

여 : 아, 뭔가 말야, 친척의 장례식에 갔다고 했어.

남 : 그랬구나. 그럼 오늘 놀 수 없네.

여 : 그러네. 놀기로 약속했었는데. 뭐, 주말에도 놀기로 했으니까 상관없지만.

남 : 수업에 나올 수 없었던 분량의 노트, 가져다 주자.

ゆきちゃんはどうして学校を休みましたか。

1 風邪を ひいたから
2 しんせきの おそう式に 行ったから
3 友だちと 遊ぶ 約束を して いたから
4 授業の ノートを とれなかったから

유키는 왜 학교를 쉬었습니까?

1 감기에 걸렸기 때문에
2 친척의 장례식에 갔기 때문에
3 친구와 놀 약속을 했었기 때문에
4 수업 노트를 필기할 수 없었기 때문에

해설

질문은 '유키가 학교를 쉰 이유'를 묻고 있다. 남자아이와 여자아이가 학교에 오지 않은 유키에 대해서 이야기하고 있다. 선택지 1번은 '감기에 걸렸기 때문에'라고 했는데, 여자아이는 유키가 친척의 장례식에 갔다고 했으므로 틀리다. 선택지 2번은 '친척의 장례식에 갔기 때문에'라고 했으므로 정답이 된다. 선택지 3번은 '친구와 놀 약속을 했기 때문에'라고 했는데, 친구와 놀기로 약속은 했지만, 약속 때문에 학교를 쉰 것이 아니라 친척의 장례식에 가서 쉬었기 때문에 틀리다. 선택지 4번은 '수업 노트를 필기할 수 없었기 때문에'라고 했는데, 학교를 쉬었기 때문에 노트를 필기할 수 없는 것이지, 필기할 수 없어서 학교를 쉰 것은 아니므로 틀리다.

정답 ❷

실전 연습하기 | 포인트 이해 | 듣기2-01~15 / 15

もんだい 2

もんだい２では、まず　しつもんを　聞いて　ください。そのあと、もんだいようしを見て　ください。読む　時間が　あります。それから　話を　聞いて、もんだいようしの１から４の　中から、いちばん　いい　ものを　一つ　えらんで　ください。

1ばん

1　風邪を　ひいたから
2　お酒を　飲みすぎたから
3　薬を　飲んだから
4　休めなかったから

2ばん

1　サッカー
2　バラエティー番組
3　お笑い番組
4　何も　見ない

3ばん

1 部屋が　せまいから

2 部屋が　ひろいから

3 建物が　ふるいから

4 日差しが　わるいから

4ばん

1 カラーリングを　するため

2 パーマを　するため

3 髪の毛を　切るため

4 トリートメントを　するため

5ばん

1 部屋を　片付けないから

2 言い訳を　したから

3 部活の　試合が　あるから

4 塾に　行かないから

6ばん

1　かぎを　忘(わす)れたから

2　かさを　忘(わす)れたから

3　書類(しょるい)を　忘(わす)れたから

4　バスに　乗(の)れなかったから

7ばん

1　4時半(じはん)

2　5時(じ)

3　5時半(じはん)

4　6時(じ)

8ばん

1　ドラマを　見(み)たから

2　論文(ろんぶん)を　書(か)いて　いたから

3　映画(えいが)を　見(み)て　いたから

4　カラオケに　行(い)って　いたから

9ばん

1 色(いろ)が　きれいだったから

2 デザインが　よかったから

3 半額(はんがく)セールだったから

4 素材(そざい)が　よかったから

10ばん

1 明日(あす)の　朝(あさ)

2 明日(あす)の　昼過(ひるす)ぎ

3 明日(あす)の　夕方(ゆうがた)

4 明日(あす)の　9時頃(じごろ)

11ばん

1 風邪(かぜ)で　会社(かいしゃ)を　休(やす)んだから

2 いつもより　仕事(しごと)が　増(ふ)えたから

3 家事(かじ)を　ぜんぶ　したから

4 会議(かいぎ)が　たくさん　あったから

12ばん

1　友だちと　遊ぶため

2　デパートの　セールに　行くため

3　急に　仕事が　入ったため

4　学校の　集まりが　あったため

13ばん

1　5時半

2　6時半

3　7時半

4　8時半

14ばん

1　男の人が　早く　片付けなかったから

2　男の人が　早く　帰って　こなかったから

3　男の人が　連絡を　しなかったから

4　男の人の　ケータイが　切れて　いたから

15ばん

1　1階

2　2階

3　3階

4　4階

3 もんだい 3 발화 표현

| 문제 유형&경향 분석 |

もんだい 3은 발화 표현 문제로, 삽화를 보면서 상황 설명문을 듣고 적절한 발화를 선택할 수 있는지를 묻은 문제이다. 다섯 문제가 출제된다.
문제의 흐름은 먼저, 삽화를 보면서 상황 설명문과 질문문 「何と言いますか(뭐라고 말합니까?)」가 나오는 것을 듣는다. 그리고 응답으로 세 개의 음성이 제시된다. 삽화 속에 화살표로 가리키고 있는 인물이 이 다음에 무엇이라고 말하는지 가장 적절한 발화를 선택하면 된다.

문제 유형 예시

もんだい 3

もんだい 3では、えを 見(み)ながら しつもんを 聞(き)いて ください。
➡（やじるし）の 人(ひと)は 何(なん)と 言(い)いますか。1から3の 中(なか)から、いちばん いい ものを 一(ひと)つ えらんで ください。

1ばん

실전 감각 익히기 | 발화 표현

듣기3-00

れいだい　えを　見(み)ながら　しつもんを　聞(き)いて　ください。
➡（やじるし）の　人(ひと)は　何(なん)と　言(い)いますか。１から３の　中(なか)から　いちばん　いい　ものを　一(ひと)つ　えらんで　ください。

れい

스크립트 및 해설

스크립트 & 해석

F：女性・女の子　M：男性・男の子

お見舞(みま)いに行(い)って帰(かえ)ります。何(なん)と言(い)いますか。	병문안을 하고 돌아갑니다. 뭐라고 말합니까?
1 おつかれ様(さま)です。	1 수고하셨습니다.
2 おじゃまします。	2 실례합니다.
3 お大事(だいじ)に。	3 몸조리 잘하세요.

해설

병문안을 하러 갔다가 돌아가면서 환자에게 하는 말이므로 안부 인사말을 찾아야 한다. 따라서 선택지 3번 '몸조리 잘하세요'가 정답이다.

정답 ❸

실전 연습하기 | 발화 표현 | 듣기3-01~15 / 15

もんだい 3

もんだい３では、えを　見ながら　しつもんを　聞いて　ください。➡（やじるし）の人は　何と　言いますか。１から３の　中から　いちばん　いい　ものを　一つ　えらんで　ください。

1ばん

2ばん

3ばん

4ばん

5ばん

6ばん

7ばん

8ばん

9ばん

10ばん

11ばん

12ばん

13ばん

１４ばん

１５ばん

4 もんだい 4 즉시 응답

| 문제 유형&경향 분석 |

もんだい 4은 즉시 응답 문제로, 짧은 질문 등의 문장을 듣고 적절한 응답을 찾는 문제이다. 처음 말한 사람에 대하여 어떤 말로 대답하는 것이 좋은지 빨리 판단할 수 있는지를 묻는 문제이다. 문제지에는 선택지가 제시되지 않으며 아홉 문제가 출제된다.
문제의 흐름은 질문 등의 짧은 문장이 나오고 그 문장에 대한 응답으로 세 개의 음성이 제시된다.
A와 B의 응답 형식으로, 내용은 부모와 자식, 부부, 직장 상사와 부하, 친구 등의 사이에서 주고받는 대화이고, 네 개의 청해 문제 형식 가운데 과제 이해와 함께 문제 수가 가장 많다.
짧은 문장을 듣고 바로 대답을 찾는 문제이기 때문에 정답을 생각할 시간이 부족하다. 따라서 정답이 애매한 경우에는 직감으로 정답을 선택해서 다음 문제에 집중할 수 있도록 한다. 그렇지 않으면 그 문제 때문에 다른 문제까지 놓칠 가능성이 많다.

문제 유형 예시

もんだい 4

もんだい 4では、えなどが　ありません。まず　ぶんを　聞(き)いて　ください。それから、そのへんじを　聞(き)いて、1から3の　中(なか)から、いちばん　いい　ものを　一(ひと)つ　えらんで　ください。

― メモ ―

실전 감각 익히기 | 즉시 응답

듣기4-00

れいだい　えなどが　ありません。まず　文を　聞いて　ください。
それから、その　へんじを　聞いて、1から3の　中から、いちばん　いい　ものを　一つ　えらんで　ください。

－メモ－

스크립트 및 해설

스크립트 & 해석

F：女性・女の子　M：男性・男の子

れい 1	예 1
M: コンビニに行くんですが、何か買いますか。 F: 1 私はアイスクリームを買います。 2 じゃあ、コーヒーをお願いします。 3 それはいいですね。	남 : 편의점에 가는데, 뭔가 살까요? 여 : 1 나는 아이스크림을 삽니다. 2 그럼 커피를 부탁합니다. 3 그거 좋네요.
れい 2	**예 2**
M: 暑いですね。エアコンでもつけましょうか。 F: 1 はい、お願いします。 2 寒くしてください。 3 いいエアコンですね。	남 : 덥네요. 에어컨이라도 틀까요? 여 : 1 네, 부탁합니다. 2 춥게 해 주세요. 3 좋은 에어컨이군요.

해설

〈예 1〉에서는 남자가 편의점에 가는데, 여자에게 사다 줄 것이 있는지를 묻고 있으므로, 커피를 사다 달라고 부탁한 선택지 2번이 정답이 된다. 선택지 1번은 자신이 직접 아이스크림을 산다는 것을 의미하므로 틀리다. 선택지 3번은 '무엇을 사 드릴까요?'라는 남자의 질문에 맞지 않으므로 틀리다.

〈예 2〉에서는 날씨가 더워서 남자가 에어컨을 틀어도 되는지 여자에게 묻고 있으므로 선택지 1번 '네, 부탁합니다'가 정답이 된다. 선택지 2번 '춥게 해 주세요'는 에어컨을 틀어도 되는지에 대한 대답으로는 어울리지 않고, 선택지 3번 '좋은 에어컨이군요'는 에어컨 모양이나 상태를 보고 말하는 것이므로 상황에 맞지 않다.

정답 예 1 – ❷, 예 2 – ❶

もんだい 4

もんだい４では、えなどが　ありません。まず　文(ぶん)を　聞(き)いて　ください。それから、その　へんじを　聞(き)いて、１から３の　中(なか)から、いちばん　いい　ものを　一(ひと)つ　えらんで　ください。

ーメモー

JLPT
일본어능력시험

한권으로 끝내기

이치우, 이한나 공저

N4

스피드 체크북

문자·어휘·문법

다락원

JLPT

일본어능력시험

한권으로 끝내기

이치우, 이한나 공저

스피드 체크북

N4

다락원

언어지식 문자 · 어휘 직전 체크!

언어지식 문법 직전 체크!

언어지식

문자·어휘 직전 체크!

1. 한자읽기 기출어휘
2. 한자표기 기출어휘
3. 문맥규정 기출어휘
4. 유의표현 기출어휘
5. 용법 기출어휘

N4

1 한자읽기 기출어휘

あ

□ 青い　あおい　파랗다
□ 間　あいだ　사이, 동안
□ 赤い　あかい　빨갛다
□ 明るい　あかるい　밝다
□ 秋　あき　가을
□ 開ける　あける　열다
□ 味　あじ　맛
□ 頭　あたま　머리
□ 暑い　あつい　덥다
□ 暑さ　あつさ　더위
□ 集まる　あつまる　모이다
□ 姉　あね　언니, 누나
□ 洗う　あらう　씻다
□ 歩く　あるく　걷다
□ 安心　あんしん　안심
□ 以外　いがい　이외
□ 池　いけ　연못
□ 意見　いけん　의견
□ 石　いし　돌
□ 医者　いしゃ　의사
□ 以上　いじょう　이상
□ 急ぐ　いそぐ　서두르다
□ 一度　いちど　한 번
□ 一週間　いっしゅうかん　일주일간
□ 糸　いと　실
□ 以内　いない　이내
□ 妹　いもうと　여동생
□ 入口　いりぐち　입구
□ 色　いろ　색
□ 動きだす　うごきだす　움직이기 시작하다
□ 動く　うごく　움직이다
□ 歌　うた　노래
□ 歌う　うたう　노래를 부르다
□ 写す　うつす　베끼다, 찍다
□ 海　うみ　바다
□ 売る　うる　팔다
□ 売れる　うれる　팔리다, 팔 수 있다
□ 運転　うんてん　운전
□ 運動　うんどう　운동
□ 映画　えいが　영화
□ 営業　えいぎょう　영업
□ 英語　えいご　영어
□ 駅　えき　역
□ 駅員　えきいん　역무원
□ お医者さん　おいしゃさん　의사 선생님
□ 多い　おおい　많다
□ 起きる　おきる　일어나다
□ 屋上　おくじょう　옥상
□ 送る　おくる　보내다
□ 行う　おこなう　행하다
□ お正月　おしょうがつ　양력설
□ 押す　おす　누르다, 밀다
□ 弟　おとうと　남동생
□ お兄さん　おにいさん　오빠, 형

□ お姉さん おねえさん 언니, 누나
□ 重い おもい 무겁다
□ 思い出す おもいだす 생각해내다
□ 親指 おやゆび 엄지 손가락
□ 泳ぐ およぐ 헤엄치다
□ 終わる おわる 끝나다
□ 音楽 おんがく 음악

か

□ 顔 かお 얼굴
□ 会社 かいしゃ 회사
□ 会場 かいじょう 회장
□ 会話 かいわ 회화
□ 返す かえす 반환하다
□ 帰る かえる 돌아가다
□ 火事 かじ 화재
□ 貸す かす 빌려주다
□ 風 かぜ 바람
□ 数える かぞえる 세다
□ 家族 かぞく 가족
□ 方 かた 분
□ 紙 かみ 종이
□ 通う かよう 다니다
□ 体 からだ 몸
□ 軽い かるい 가볍다
□ 代わり かわり 대신
□ 考える かんがえる 생각하다
□ 北区 きたく 기타구(지명)
□ 切手 きって 우표
□ 気分 きぶん 기분
□ 決まる きまる 결정되다
□ 着物 きもの 옷, 일본 옷
□ 急行 きゅうこう 급행
□ 急に きゅうに 급히, 갑자기
□ 教室 きょうしつ 교실
□ 去年 きょねん 작년
□ 銀色 ぎんいろ 은색
□ 銀行 ぎんこう 은행
□ 近所 きんじょ 근처
□ 区 く 구
□ 空港 くうこう 공항
□ 薬 くすり 약
□ 首 くび 목
□ 雲 くも 구름
□ 暗い くらい 어둡다
□ 黒い くろい 검다
□ 計画 けいかく 계획
□ 経験 けいけん 경험
□ 県 けん 현(일본 행정구역)
□ 研究 けんきゅう 연구
□ 公園 こうえん 공원
□ 工事 こうじ 공사
□ 工場 こうじょう 공장
□ 声 こえ (목)소리
□ 氷 こおり 얼음
□ 心 こころ 마음
□ 答える こたえる 대답하다
□ 今度 こんど 이번, 다음

さ

□ 最近 さいきん 최근
□ 最後 さいご 최후, 마지막

□ 魚 さかな 물고기, 생선
□ 寒い さむい 춥다
□ 皿 さら 접시
□ 産業 さんぎょう 산업
□ 試合 しあい 시합
□ 仕事 しごと 일, 직업
□ 時代 じだい 시대
□ 質問 しつもん 질문
□ 自転車 じてんしゃ 자전거
□ 品物 しなもの 물건
□ 死ぬ しぬ 죽다
□ 自分 じぶん 자기, 자신
□ 市民 しみん 시민
□ 閉める しめる 닫다
□ 社会 しゃかい 사회
□ 写真 しゃしん 사진
□ 写真家 しゃしんか 사진가
□ 社長 しゃちょう 사장
□ 住所 じゅうしょ 주소
□ 十分 じゅうぶん 충분히
□ 主人 しゅじん 남편, 주인
□ 出発 しゅっぱつ 출발
□ 小説 しょうせつ 소설
□ 食事 しょくじ 식사
□ 食堂 しょくどう 식당
□ 食料品 しょくりょうひん 식료품
□ 女性 じょせい 여성
□ 知る しる 알다
□ 白い しろい 하얗다, 희다
□ 人口 じんこう 인구
□ 親切だ しんせつだ 친절하다
□ 新聞社 しんぶんしゃ 신문사

□ 水道 すいどう 수도
□ 好きだ すきだ 좋아하다
□ 少し すこし 조금
□ 進む すすむ 나아가다, 진행되다
□ 住む すむ 살다
□ 生産 せいさん 생산
□ 西洋 せいよう 서양
□ 世界 せかい 세계
□ 説明 せつめい 설명
□ 世話 せわ 도와줌, 보살핌
□ 祖母 そぼ 조모, 할머니
□ 空 そら 하늘

た

□ 楽しい たのしい 즐겁다
□ 大使 たいし 대사
□ 大使館 たいしかん 대사관
□ 大切だ たいせつだ 중요하다
□ 台所 だいどころ 부엌
□ 台風 たいふう 태풍
□ 建物 たてもの 건물
□ 足りない たりない 모자르다, 부족하다
□ 足りる たりる 충분하다
□ 近い ちかい 가깝다
□ 地下鉄 ちかてつ 지하철
□ 力 ちから 힘
□ 地図 ちず 지도
□ 茶色 ちゃいろ 갈색
□ 注意 ちゅうい 주의
□ 中止 ちゅうし 중지
□ 地理 ちり 지리

□ 使う つかう 사용하다
□ 着く つく 도착하다
□ 机 つくえ 책상
□ 都合 つごう 사정, 형편
□ 強い つよい 강하다
□ 手紙 てがみ 편지
□ 出口 でぐち 출구
□ 店員 てんいん 점원
□ 電話代 でんわだい 전화 요금
□ 動物 どうぶつ 동물
□ 遠い とおい 멀다
□ 遠く とおく 멀리
□ 通る とおる 지나다
□ 都会 とかい 도시
□ 特に とくに 특히
□ 特別だ とくべつだ 특별하다
□ 図書館 としょかん 도서관
□ 特急 とっきゅう 특급
□ 止まる とまる 멈추다
□ 鳥 とり 새

な

□ 夏 なつ 여름
□ 習う ならう 배우다
□ 何度も なんども 몇 번이고
□ 何枚 なんまい 몇 매, 몇 장
□ 西 にし 서쪽
□ 二台 にだい 두 대
□ 眠い ねむい 졸리다
□ 眠る ねむる 자다

は

□ 運ぶ はこぶ 운반하다, 옮기다
□ 始める はじめる 시작하다
□ 場所 ばしょ 장소
□ 走る はしる 달리다
□ 働く はたらく 일하다
□ 発音 はつおん 발음
□ 花 はな 꽃
□ 母親 ははおや 모친, 어머니
□ 早く はやく 일찍, 빨리
□ 春 はる 봄
□ 反対 はんたい 반대
□ 光 ひかり 빛
□ 光る ひかる 빛나다
□ 引く ひく 당기다
□ 低い ひくい 낮다
□ 病院 びょういん 병원
□ 昼 ひる 낮
□ 広い ひろい 넓다
□ 服 ふく 옷
□ 太い ふとい 굵다
□ 船 ふね 배
□ 不便だ ふべんだ 불편하다
□ 冬 ふゆ 겨울
□ 古い ふるい 오래되다, 낡다
□ 文 ぶん 문장
□ 文学 ぶんがく 문학
□ 部屋 へや 방
□ 勉強 べんきょう 공부
□ 便利だ べんりだ 편리하다

ま

□ 毎朝	まいあさ	매일 아침
□ 町	まち	도시, 마을, 시내
□ 待つ	まつ	기다리다
□ 間に合う	まにあう	시간에 맞추다
□ 短い	みじかい	짧다
□ 店	みせ	가게
□ 港	みなと	항구
□ 村	むら	마을
□ 目	め	눈
□ 持てる	もてる	들 수 있다
□ 森	もり	숲
□ 門	もん	문

や

□ 野菜	やさい	채소
□ 安い	やすい	싸다, 저렴하다
□ 夕方	ゆうがた	저녁때
□ 夕飯	ゆうはん	저녁밥
□ 有名だ	ゆうめいだ	유명하다
□ 用意	ようい	준비
□ 用事	ようじ	볼일, 용무
□ 洋服	ようふく	양복, 옷
□ 予習	よしゅう	예습
□ 予定	よてい	예정
□ 夜	よる	밤
□ 弱い	よわい	약하다

ら

□ 来週	らいしゅう	다음 주
□ 利用	りよう	이용
□ 料理	りょうり	요리
□ 旅行	りょこう	여행

わ

□ 別れる	わかれる	헤어지다
□ 悪い	わるい	나쁘다

2 한자표기 기출어휘

あ

- □ あう 会う 만나다
- □ あおい 青い 파랗다
- □ あかい 赤い 빨갛다
- □ あかるい 明るい 밝다
- □ あき 秋 가을
- □ あく 開く 열리다
- □ あく 空く 비다
- □ あける 開ける 열다
- □ あさ 朝 아침
- □ あし 足 발
- □ あたらしい 新しい 새롭다
- □ あつい 暑い 덥다
- □ あつまる 集まる 모이다
- □ あに 兄 형, 오빠
- □ あね 姉 언니, 누나
- □ あらう 洗う 씻다
- □ あるく 歩く 걷다
- □ あんしん 安心 안심
- □ いう 言う 말하다
- □ いがく 医学 의학
- □ いきかた 行き方 가는 방법
- □ いけ 池 연못
- □ いけん 意見 의견
- □ いしゃ 医者 의사
- □ いじょう 以上 이상
- □ いそぐ 急ぐ 서두르다
- □ いぬ 犬 개
- □ いみ 意味 의미, 뜻
- □ いもうと 妹 여동생
- □ いりぐち 入り口 입구
- □ いろ 色 색
- □ うごく 動く 움직이다
- □ うた 歌 노래
- □ うつす 写す 베끼다, (사진을) 찍다
- □ うまれる 生まれる 태어나다
- □ うみ 海 바다
- □ うる 売る 팔다
- □ うんてん 運転 운전
- □ うんどう 運動 운동
- □ えいが 映画 영화
- □ えいがかん 映画館 영화관
- □ えいぎょう 営業 영업
- □ えいご 英語 영어
- □ えき 駅 역
- □ おおい 多い 많다
- □ おきる 起きる 일어나다
- □ おくじょう 屋上 옥상
- □ おくる 送る 보내다
- □ おしえる 教える 가르치다
- □ おちゃ お茶 차
- □ おと 音 소리
- □ おとうと 弟 남동생
- □ おなじだ 同じだ 같다
- □ おねえさん お姉さん 언니, 누나, 누님

□ おもい 重い 무겁다
□ おもいだす 思い出す 생각해 내다
□ おもう 思う 생각하다
□ おわる 終わる 끝나다
□ おんがく 音楽 음악

か

□ かう 買う 사다
□ かえり 帰り 귀갓길
□ かえる 帰る 돌아가다
□ かお 顔 얼굴
□ かきかた 書き方 쓰는 법
□ かす 貸す 빌려주다
□ かぜ 風 바람
□ かぞく 家族 가족
□ かみ 紙 종이
□ かりる 借りる 빌리다
□ かるい 軽い 가볍다
□ かわり 代わり 대신
□ かんがえかた 考え方 사고방식
□ かんがえる 考える 생각하다
□ かんじ 漢字 한자
□ きこく 帰国 귀국
□ きまる 決まる 결정되다
□ きゅうこう 急行 급행
□ きゅうに 急に 갑자기
□ ぎゅうにく 牛肉 소고기
□ きょうしつ 教室 교실
□ きょねん 去年 작년
□ ぎんこう 銀行 은행
□ くすり 薬 약
□ くらい 暗い 어둡다
□ くる 来る 오다
□ くろい 黒い 검다
□ けいかく 計画 계획
□ けいけん 経験 경험
□ けさ 今朝 오늘 아침
□ げつようび 月曜日 월요일
□ けんきゅう 研究 연구
□ けんきゅうかい 研究会 연구회
□ こうぎょう 工業 공업
□ こうじょう 工場 공장
□ こうちょう 校長 교장(선생님)
□ こうつう 交通 교통
□ こえ 声 (목)소리
□ こおり 氷 얼음
□ こたえる 答える 대답하다
□ ことり 小鳥 작은 새

さ

□ さくぶん 作文 작문
□ さむい 寒い 춥다
□ しあい 試合 시합
□ しごと 仕事 일
□ じしょ 辞書 사전
□ しつもん 質問 질문
□ じてんしゃ 自転車 자전거
□ じどうしゃ 自動車 자동차
□ しなもの 品物 물건
□ しぬ 死ぬ 죽다
□ しみん 市民 시민
□ しめる 閉める 닫다

□ しゃしん 写真 사진
□ じゅうしょ 住所 주소
□ じゅうぶん 十分 충분히
□ じゅぎょう 授業 수업
□ しゅっせき 出席 출석
□ しゅっぱつ 出発 출발
□ しょくどう 食堂 식당
□ しょくりょうひん 食料品 식료품
□ じょせい 女性 여성
□ しらべる 調べる 조사하다
□ しる 知る 알다
□ しろい 白い 하얗다, 희다
□ しんせつだ 親切だ 친절하다
□ すきだ 好きだ 좋아하다
□ すすむ 進む 나아가다
□ すむ 住む 살다
□ せかい 世界 세계
□ せき 席 자리
□ せつめい 説明 설명
□ せわ 世話 도와줌, 보살핌
□ せんしゅう 先週 지난주

た

□ たいしかん 大使館 대사관
□ だいじだ 大事だ 소중하다, 중요하다
□ だいどころ 台所 부엌
□ たいふう 台風 태풍
□ ただしい 正しい 바르다, 옳다
□ たつ 立つ 서다
□ たてる 建てる 세우다
□ たりる 足りる 충분하다
□ ちかい 近い 가깝다
□ ちかく 近く 근처
□ ちから 力 힘
□ ちず 地図 지도
□ ちゅうい 注意 주의
□ つかう 使う 사용하다
□ つく 着く 도착하다
□ つくる 作る 만들다
□ でる 出る 나가다
□ てんいん 店員 점원
□ ～ど ～度 ~번
□ とおい 遠い 멀다
□ とおく 遠く 멀리
□ とおり 通り 길
□ とくべつだ 特別だ 특별하다
□ とけい 時計 시계
□ とじる 閉じる 닫다
□ どようび 土曜日 토요일
□ とり 鳥 새

な

□ なつ 夏 여름
□ ならう 習う 배우다
□ にっき 日記 일기
□ にもつ 荷物 짐
□ ねむい 眠い 졸리다
□ のむ 飲む 마시다
□ のれる 乗れる 탈 수 있다

は

□ ばいてん 売店 매점

□ はこぶ 運ぶ 운반하다, 옮기다
□ はじまる 始まる 시작되다
□ はじめる 始める 시작하다
□ ばしょ 場所 장소
□ はしる 走る 달리다
□ はたらく 働く 일하다
□ はつおん 発音 발음
□ はな 花 꽃
□ はなし 話 이야기
□ はやく 早く 일찍, 빨리
□ はやし 林 숲
□ はる 春 봄
□ ひかり 光 빛
□ ひく 引く 끌다, 찾다
□ びょういん 病院 병원
□ ひらく 開く 열리다
□ ひるごはん 昼ご飯 점심밥
□ ひるごろ 昼ごろ 정오 무렵
□ ひるやすみ 昼休み 점심시간
□ ひろい 広い 넓다
□ ひろば 広場 광장
□ ふく 服 옷
□ ふね 船 배
□ ふゆ 冬 겨울
□ ふるい 古い 오래되다, 낡다
□ ぶん 文 문장
□ へや 部屋 방
□ べんきょう 勉強 공부
□ べんり 便利 편리함
□ ほんや 本屋 서점
□ まいあさ 毎朝 매일 아침

ま

□ まち 町 시내, 도시
□ まつ 待つ 기다리다
□ まにあう 間に合う 시간에 맞추다
□ もつ 持つ 들다, 지니다
□ もり 森 숲
□ もんだい 問題 문제

や

□ やく 役 역할, 구실
□ やさい 野菜 채소
□ やまみち 山道 산길
□ ゆうがた 夕方 저녁때
□ ゆうはん 夕飯 저녁밥
□ ゆうめいだ 有名だ 유명하다
□ ゆき 雪 눈
□ ようじ 用事 볼일, 용무
□ ようふく 洋服 양복, 옷
□ よてい 予定 예정
□ よる 夜 밤
□ よわい 弱い 약하다

ら

□ りょうり 料理 요리
□ りょかん 旅館 여관
□ りょこう 旅行 여행

わ

□ わかれる 別れる 헤어지다
□ わたくし 私 저

3 문맥규정 기출어휘

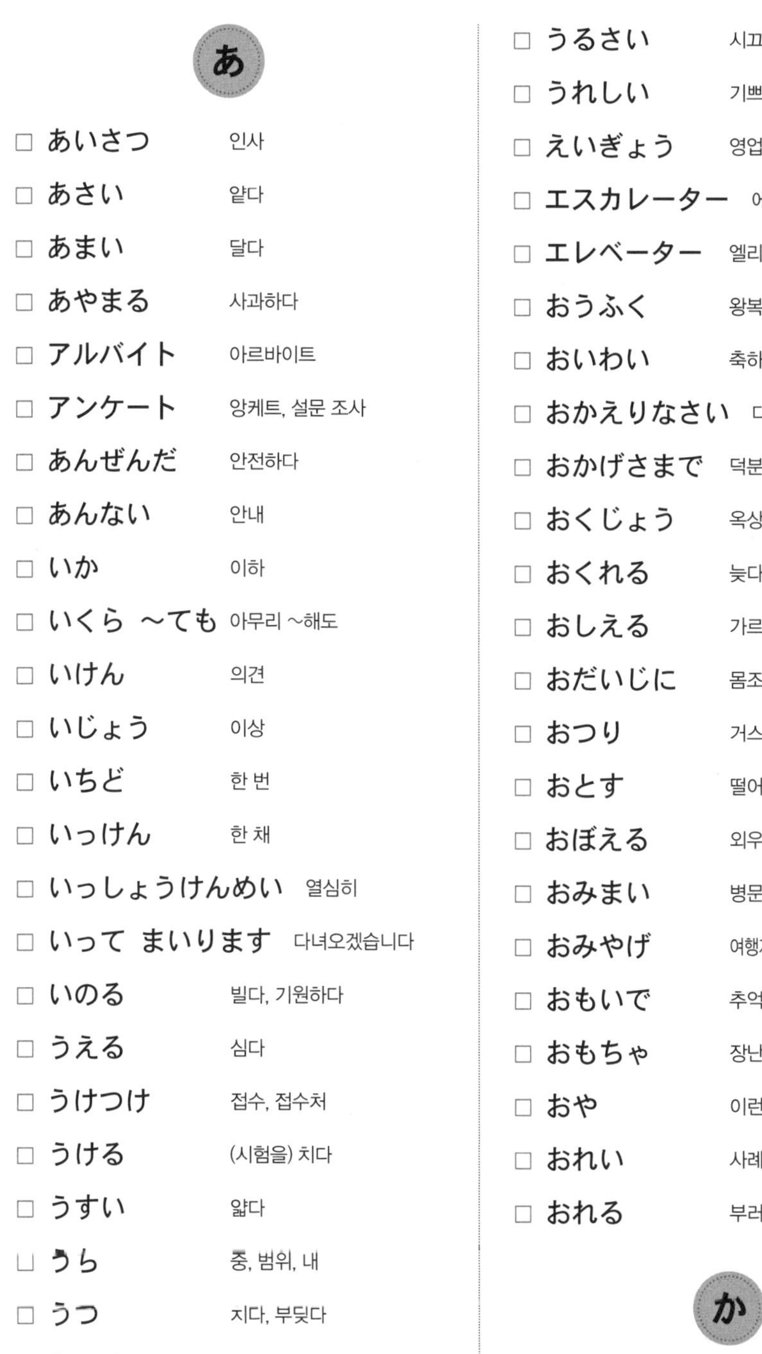

あ

□ あいさつ　인사
□ あさい　얕다
□ あまい　달다
□ あやまる　사과하다
□ アルバイト　아르바이트
□ アンケート　앙케트, 설문 조사
□ あんぜんだ　안전하다
□ あんない　안내
□ いか　이하
□ いくら ～ても　아무리 ~해도
□ いけん　의견
□ いじょう　이상
□ いちど　한 번
□ いっけん　한 채
□ いっしょうけんめい　열심히
□ いって まいります　다녀오겠습니다
□ いのる　빌다, 기원하다
□ うえる　심다
□ うけつけ　접수, 접수처
□ うける　(시험을) 치다
□ うすい　얇다
□ うら　중, 범위, 내
□ うつ　지다, 부딪다
□ うつる　찍히다
□ うで　팔
□ うむ　낳다
□ うるさい　시끄럽다
□ うれしい　기쁘다
□ えいぎょう　영업
□ エスカレーター　에스컬레이터
□ エレベーター　엘리베이터
□ おうふく　왕복
□ おいわい　축하 선물
□ おかえりなさい　다녀오셨어요
□ おかげさまで　덕분에요
□ おくじょう　옥상
□ おくれる　늦다
□ おしえる　가르치다
□ おだいじに　몸조리 잘하세요
□ おつり　거스름돈
□ おとす　떨어뜨리다
□ おぼえる　외우다, 기억하다
□ おみまい　병문안
□ おみやげ　여행지에서 사 온 선물
□ おもいで　추억
□ おもちゃ　장난감
□ おや　이런, 아니
□ おれい　사례, 감사 인사
□ おれる　부러지다

か

□ かいじょう　회장
□ かがみ　거울
□ かける　걸다

□ かざる 장식하다
□ ガソリンスタンド 주유소
□ かたい 딱딱하다
□ かたち 형태, 모양
□ かたづける 정리하다
□ カッター 커터칼
□ かなしい 슬프다
□ かならず 반드시
□ かべ 벽
□ かまいません 상관없습니다
□ かむ 씹다
□ かよう 다니다
□ かりる 빌리다
□ かわく 마르다
□ かんけい 관계
□ かんごふ 간호사
□ きかい 기회
□ きけんだ 위험하다
□ ぎじゅつ 기술
□ きせつ 계절
□ きそく 규칙
□ きびしい 엄하다, 엄격하다
□ きぶん 기분
□ きゅうこう 급행
□ きょうそう 경쟁
□ きょうみ 흥미
□ ぐあい 상태
□ くださる 주시다
□ くらべる 비교하다
□ けいけん 경험
□ ゲーム 게임
□ けっか 결과
□ けっこうだ 괜찮다
□ けんか 싸움
□ こうがい 교외
□ こえ (목)소리
□ こころ 마음
□ こしょう 고장
□ こしょうする 고장 나다
□ こまかい 잘다
□ こむ 붐비다
□ こられる 올 수 있다
□ こわい 무섭다

さ

□ さか 언덕
□ さがす 찾다
□ さかんだ 성행하다, 번창하다
□ さす (우산을) 쓰다
□ さそう 권하다
□ さっき 조금 전
□ さびしい 쓸쓸하다
□ さわる 만지다
□ サンダル 샌들
□ ざんねんだ 유감이다, 아쉽다
□ しかられる 야단을 맞다
□ したい 하고 싶다
□ しっぱい 실패
□ しつれいだ 무례하다
□ しばらく 잠시
□ じゃま 방해
□ じゃまに なる 방해가 되다
□ しゅうかん 습관

□ じゆうに　자유롭게
□ じゅうぶんだ　충분하다
□ しゅっせき　출석, 참석
□ じゅんび　준비
□ しょうかい　소개
□ しょうたい　초대
□ しょうらい　장래, 미래
□ しらべる　조사하다
□ しんぱい　걱정
□ しんぱいだ　걱정스럽다
□ スイッチ　스위치
□ すぎる　지나다, 통과하다
□ すすむ　앞으로 나아가다
□ すっかり　죄다, 모두
□ ずっと　쭉, 줄곧
□ すてる　버리다
□ すべる　미끄러지다
□ すみ　구석
□ ～せい　～제
□ せいさん　생산
□ せつめい　설명
□ ぜひ　꼭
□ せわ　도와줌, 보살핌
□ センチ　센티미터
□ そうだんする　상담하다, 의논하다
□ そだてる　키우다
□ それに　게다가
□ それほどでも ない　그렇지도 않다
□ そろそろ　슬슬

た

□ だいじだ　소중하다, 중요하다
□ だいじょうぶだ　괜찮다
□ たかい　비싸다
□ だから　그러니까, 그래서
□ たしかだ　분명하다
□ たす　더하다
□ だす　내다, 제출하다
□ たのむ　부탁하다
□ たまに　이따금
□ たりない　모자르다, 부족하다
□ だんぼう　난방
□ ちいさい　작다
□ チェック　체크
□ ちから　힘
□ チケット　티켓
□ ちこく　지각
□ チャンス　찬스, 기회
□ ちゅうい　주의
□ ちゅうし　중지
□ ちょきん　저금
□ つたえる　전하다
□ つつむ　싸다, 포장하다
□ ていねいだ　정중하다
□ てつだう　돕다
□ とうとう　드디어
□ とくに　특히
□ とどく　도달하다, 도착하다
□ とまる　멈추다, 멎다, 묵다
□ とめる　멈추다, 세우다
□ とりかえる　바꾸다

□ どんどん 부쩍, 자꾸

な

□ なおす 고치다
□ なおる 회복되다, 복구되다
□ ならう 배우다
□ なる 울리다
□ なるべく 가급적, 되도록
□ なれる 익숙해지다
□ におい 냄새
□ にがい 쓰다
□ にけん 두 채
□ にだい 두 대
□ にる 닮다
□ にんき 인기
□ ぬぐ 벗다
□ ねだん 가격
□ ねっしんだ 열심이다
□ ねぼう 늦잠
□ ねむい 졸리다
□ のこる 남다
□ のど 목, 목구멍
□ のりかえる 갈아타다, 환승하다

は

□ パートタイム 파트타임
□ はきやすい 신기 편하다
□ はこぶ 운반하다, 옮기다
□ はさみ 가위
□ はずかしい 부끄럽다
□ パソコン 퍼스널 컴퓨터
□ はたち 스무 살
□ はたらく 일하다
□ はっきり 똑똑히, 명확히
□ はらう 지불하다
□ はる 붙이다
□ バレーボール 배구
□ ばんぐみ 프로그램
□ はんたいする 반대하다
□ ひえる 차가워지다, 식다
□ ひきだし 서랍
□ ひっこし 이사
□ ひつようだ 필요하다
□ ビル 빌딩
□ ひろう 줍다
□ ふかい 깊다
□ ふまれる 밟히다
□ ぼうえき 무역
□ ポスター 포스터
□ ほうそう 방송
□ ホテル 호텔
□ ほんやく 번역

ま

□ まける 지다
□ まじめだ 착실하다, 성실하다
□ または 또는
□ まっすぐ 똑바로, 곧장
□ みつかる 발견되다
□ むかえる 맞이하다
□ メートル 미터
□ めずらしい 희귀하다

- □ もらう 받다

- □ やくそく 약속
- □ やくに たつ 도움이 되다
- □ やすい 싸다, 저렴하다
- □ やちん 집세
- □ やっと 겨우
- □ やっぱり 역시
- □ やむ 그치다, 멎다
- □ やめる 끊다, 그만두다
- □ やわらかい 부드럽다
- □ ゆっくり 천천히
- □ ゆめ 꿈
- □ ゆれる 흔들리다
- □ ようい 준비
- □ よく 곧잘, 자주
- □ よしゅう 예습
- □ よやく 예약
- □ よる 들르다
- □ よろこぶ 기뻐하다, 즐거워하다

ら

- □ らいしゅう 다음 주
- □ りゆう 이유
- □ りよう 이용
- □ ルール 룰, 규칙
- □ るす 집을 비움, 부재중
- □ れいぼう 냉방
- □ レジ 금전 출납계, 레지스터
- □ レポート 리포트
- □ れんしゅう 연습
- □ レンジ (전자)레인지
- □ れんらく 연락

- □ わく 끓다
- □ わすれる 잊다, 두고 오다
- □ わるい 나쁘다
- □ われる 깨지다

4 유의표현 기출어휘

あ

□ あいさつした 인사했다

≒「おはようございます」と 言(い)った '안녕하세요'라고 말했다

≒「こんにちは」と 言(い)った '안녕하세요'라고 말했다

□ A「あした しょくじに 行(い)きませんか」 A "내일 식사하러 가지 않겠습니까?"

B「あしたは ちょっと」 B "내일은 좀"

≒ B「あしたは だめです」 B "내일은 안됩니다"

□ あしたは さむく なるでしょう 내일은 추워지겠습니다

≒ あしたは ひえる そうです 내일은 쌀쌀해진다고 합니다

□ あの たてものには いつも けいかんが います 저 건물에는 항상 경찰관이 있습니다

≒ あの たてものは こうばんです 저 건물은 파출소입니다

□ あの みせは おきゃくが あまり いません 저 가게는 손님이 별로 없습니다

≒ あの みせは すいて います 저 가게는 비어 있습니다

□ あぶないです 위험합니다 ≒ きけんです 위험합니다

□ 雨(あめ)が ざあざあ 降(ふ)って います 비가 억수로 내리고 있습니다

≒ 雨(あめ)が つよく 降(ふ)って います 비가 세차게 내리고 있습니다

□ あやまった 사과했다 ≒「ごめんなさい」と 言(い)った '미안합니다'라고 말했다

□ アルバイトの けいけんが あります 아르바이트 경험이 있습니다

≒ アルバイトを しました 아르바이트를 했습니다

□ アルバイトを します 아르바이트를 합니다 ≒ はたらきます 일합니다

□ あんぜんです 안전합니다 ≒ あぶなく ありません 위험하지 않습니다

□ いえが かわりました 집이 바뀌었습니다 ≒ ひっこしました 이사했습니다

□ 意見(いけん)が いいと 思(おも)います 의견이 좋다고 생각합니다

≒ 意見(いけん)に さんせいします 의견에 찬성합니다

≒ いい おもいだと 思(おも)います 좋은 생각이라고 생각합니다

□ いしゃと かんごふ いがいは 入(はい)らないで ください
의사와 간호사 이외는 들어가지 마세요

≒ いしゃと かんごふは 入(はい)っても いいです 의사와 간호사는 들어가도 됩니다

□ 「いただきます」と 言いました '잘 먹겠습니다'라고 말했습니다

≒ いまから ごはんを 食べます 지금부터 밥을 먹습니다

□ いります 필요합니다 ≒ ひつようです 필요합니다

□ 1ばんの へや、または 2ばんの へやに 1번 방, 또는 2번 방에

≒ 1ばんの へやか 2ばんの へやに 1번 방이나 2번 방에

□ いっしゅうかんおきに はいしゃに かよって います
일주일 걸러 치과에 다니고 있습니다

≒ こんしゅう はいしゃに 行きます。つぎは さらいしゅう 行きます
이번 주 치과에 갑니다. 다음은 다다음 주에 갑니다

□ いっしょうけんめい この こうぎを 聞いて います
열심히 이 강의를 듣고 있습니다

≒ ねっしんに この こうぎを 聞いて います 열심히 이 강의를 듣고 있습니다

□ いっしょうけんめいに べんきょうを して います 열심히 공부를 하고 있습니다

≒ まじめに べんきょうを して います 성실하게 공부를 하고 있습니다

□ いろいろな ことを うかがいました 여러 가지를 여쭈었습니다

≒ いろいろな ことを 聞きました 여러 가지를 물었습니다

□ うけつけで「お名前と ごじゅうしょを 書いて ください」と 言われました
접수처에서 '성함과 주소를 써 주세요'라는 말을 들었습니다

≒ うけつけで 名前と 住んで いる ところを 書きました
접수처에서 이름과 사는 곳을 적었습니다

□ うしろ 뒤 ≒ うら 뒤

□ うそでした 거짓말이었습니다

≒ ほんとうじゃ ありませんでした 사실이 아니었습니다

□ うちに いません 집에 없습니다 ≒ るすです 부재중입니다

□ うつくしい 아름답다 ≒ きれいだ 예쁘다

□ うるさく しないで ください 시끄럽게 하지 마세요

≒ さわがないで ください 떠들지 마세요

□ うまいです 잘합니다 ≒ じょうずです 잘합니다

□ うれしそう 기뻐 보이는 ≒ よろこんで 기뻐하고

□ うんどうが 好きです 운동을 좋아합니다

≒ スポーツが 好きです 스포츠를 좋아합니다

□ えいがに さそいました 영화를 보러 가자고 권했습니다

≒ えいがを 見に いきませんかと 言いました 영화를 보러 가지 않겠냐고 말했습니다

□ えいがを 見(み)に いくのは むりです 영화를 보러 가는 것은 무리입니다

≒ えいがを 見(み)に いけません 영화를 보러 갈 수 없습니다

□ Ａさんの かわりに Ｂさんが 来(き)ました A씨 대신에 B씨가 왔습니다

≒ Ｂさんは 来(き)ましたが、Ａさんは 来(き)ませんでした
B씨는 왔지만 A씨는 오지 않았습니다

□ Ａさんの おじょうさん A씨의 따님 ≒ Ａさんの むすめさん A씨의 따님

□ Ａさんは たいいんしたそうです A씨는 퇴원했다고 합니다

≒ Ａさんは びょうきが なおって、びょういんから うちへ もどった そうです A씨는 병이 나아서 병원에서 집으로 돌아왔다고 합니다

□ Ａさんは 小(ちい)さい じが 見(み)えない ようすです
A씨는 작은 글씨가 보이지 않는 모양입니다

≒ Ａさんは めがねを わすれて しまいました
A씨는 안경을 잊고 가져오지 않았습니다

□ Ａさんは 日本(にほん)の しょうせつを けんきゅうして います
A씨는 일본 소설을 연구하고 있습니다

≒ Ａさんの せんもんは 日本(にほん)の ぶんがくです A씨의 전문은 일본 문학입니다

□ Ａさんは ひっこしが しゅみだそうです A씨는 이사가 취미라고 합니다

≒ Ａさんは いろいろな ところに 住(す)むのが 好(す)きです
A씨는 다양한 곳에 사는 것을 좋아합니다

□ Ａさんは Ｂさんと けっこんしました A씨는 B씨와 결혼했습니다

≒ Ａさんは Ｂさんの おくさんに なりました A씨는 B씨의 부인이 되었습니다

□ Ａさんは Ｂさんに「ひさしぶりですね」と 言(い)いました
A씨는 B씨에게 '오랜만이네요'라고 말했습니다

≒ Ａさんは Ｂさんに きょねん 会(あ)いました A씨는 B씨를 작년에 만났습니다

□ Ａさんは Ｂさんに「よく いらっしゃいました」と 言(い)いました
A씨는 B씨에게 '잘 오셨습니다'라고 말했습니다

≒ Ｂさんは Ａさんを たずねました B씨는 A씨를 방문했습니다

□ えの てんらんかいに 行(い)きます 그림 전시회에 갑니다

≒ えを 見(み)に いきます 그림을 보러 갑니다

□ 多(おお)く なる 많아지다 ≒ ふえる 늘어나다

□ おかしは ひとつも のこって いません 과자는 하나도 남아 있지 않습니다

≒ おかしは ぜんぶ 食(た)べて しまいました 과자는 전부 먹어 버렸습니다

□ 起(お)きるのが おそく なって しまいました 일어나는 것이 늦어지고 말았습니다

≒ ねぼうしました 늦잠 잤습니다

□ おきゃくさんが 多(おお)いです 손님이 많습니다 ≒ こんで います 붐빕니다

□ おきゃくさんが　すくないです 손님이 적습니다 ≒ すいて　います 비어 있습니다

□ おじいさんも おばあさんも 元気(げんき)だそうです
할아버지도 할머니도 건강하다고 합니다

≒「そふも そぼも 元気(げんき)です」と 言(い)いました
'할아버지도 할머니도 건강합니다'라고 말했습니다

□ おてがみを はいけんしました 편지를 삼가 봤습니다

≒ おてがみを 読(よ)みました 편지를 읽었습니다

□ おとうさんに おこられた 아버지에게 야단을 맞았다

≒ おとうさんに しかられた 아버지에게 혼났다

□ おとした 떨어뜨렸다 ≒ なくした 잃어버렸다

□ おどって います 춤을 추고 있습니다 ≒ ダンスを して います 댄스를 하고 있습니다

□ おどろきました 놀랐습니다 ≒ びっくりしました 놀랐습니다

□ おねがいしました 부탁했습니다 ≒ たのみました 부탁했습니다

□ およぐのが 好(す)きです 헤엄치는 것을 좋아합니다

≒ すいえいが 好(す)きです 수영을 좋아합니다

□ おみせを はじめた りゆう 가게를 시작한 이유

≒ なぜ おみせを はじめたか 왜 가게를 시작했는지

□ おれいを 言(い)う 감사 인사를 하다

≒「ありがとう」と 言(い)う '고맙다'라고 말하다

□ 外国(がいこく)から しなものを かったり、外国(がいこく)へ しなものを うったり します
외국에서 물건을 사거나 외국에 물건을 팔거나 합니다

≒ 外国(がいこく)と ぼうえきを します 외국과 무역을 합니다

□ かいものに ふべんです 쇼핑하기에 불편합니다

≒ みせが あまり ありません 가게가 별로 없습니다

□ 帰(かえ)りに 友(とも)だちの うちに よって、話(はなし)を しました
귀갓길에 친구 집에 들러 이야기를 했습니다

≒ うちへ 帰(かえ)る まえに、友(とも)だちの うちで 話(はなし)を しました
집에 돌아가기 전에 친구 집에서 이야기를 했습니다

□ かぐ 가구 ≒ テーブルや ベッド 탁자나 침대

□ がくせいが きょうしつに のこって います 학생이 교실에 남아 있습니다

≒ きょうしつには、がくせいが まだ います 교실에는 학생이 아직 있습니다

□ かならず 来(く)ると 思(おも)う 반드시 올 거라고 생각한다 ≒ きっと 来(く)る 꼭 올 것이다

□ かばんを ぬすまれました 가방을 도둑맞았습니다

≒ かばんを とられました 가방을 빼앗겼습니다

≒ かばんを とって いきました 가방을 빼앗아 갔습니다

□ かみを 切(き)って きました 머리를 자르고 왔습니다

≒ かみを 切(き)って もらいに 行(い)きました 머리를 자르러 갔습니다

≒ かみのけを 切(き)りに 行(い)きました 머리카락을 자르러 갔다

≒ びよういんに 行(い)きました 미용실에 갔습니다

≒ とこやへ 行(い)きました 이발소에 갔습니다

□ きく 묻다 ≒ たずねる 묻다

□ きこくする 귀국하다 ≒ 国(くに)へ 帰(かえ)る 고국에 돌아가다

□ きそく 규칙 ≒ ルール 규칙

□ きたない 더럽다 ≒ よごれて いる 더러워진 상태이다

□ きのう コンサートに 行(い)きました 어제 콘서트에 갔습니다

≒ きのう おんがくを 聞(き)きに 行(い)きました 어제 음악을 들으러 갔습니다

□ きのうは 風(かぜ)も つよかったし、雨(あめ)も たくさん 降(ふ)りました
어제는 바람도 강했고 비도 많이 내렸습니다

≒ きのうは ひどい 天気(てんき)でした 어제는 지독한 날씨였습니다

□ きびしい じだいは もう すぎました 혹독한 시대는 이미 지났습니다

≒ たいへんな じだいでした 힘든 시대였습니다

□ きゃくが 少(すく)ない 손님이 적다 ≒ すいて いる 비어 있다.

□ きゃくが たくさん いる 손님이 많이 있다 ≒ こんで いる 붐빈다

□ きょういくを うけられる 人(ひと)は 多(おお)く なかった 교육을 받을 수 있는 사람은 많지 않았다

≒ 多(おお)くの 人(ひと)が がっこうへ 行(い)けなかった 많은 사람이 학교에 갈 수 없었다

□ きょう しけんに まにあいませんでした 오늘 시험 시간에 맞추지 못했습니다

≒ きょう しけんに おくれました 오늘 시험에 늦었습니다

□ 禁煙(きんえん)です 금연입니다 ≒ たばこを すっては いけません 담배를 피우면 안 됩니다

□ きんじょに 住(す)んで います 근처에 살고 있습니다

≒ ちかくに 住(す)んで います 가까이 살고 있습니다

□ きんじょの こうえん 근처 공원 ≒ ちかくの こうえん 가까운 공원

□ ぐあいは よく なりましたか 몸 상태는 좋아졌나요

≒ 元気(げんき)に なりましたか 건강해졌나요

□ くうこう 공항

≒ ひこうきに のる ところ 비행기를 타는 곳

≒ ひこうきに のったり おりたり する ところ 비행기를 타거나 내리거나 하는 곳

□ 車(くるま)の こうじょう 자동차 공장

≒ 車(くるま)を つくる ところ 자동차를 만드는 곳

□ 車(くるま)の しゅうりを して います 자동차 수리를 하고 있습니다

≒ 車(くるま)を なおして います 자동차를 고치고 있습니다

□ 車(くるま)の うんてんの しかたが わかりません 자동차 운전하는 법을 모릅니다

≒ どうやって 車(くるま)を うんてんするか わかりません
어떻게 자동차를 운전하는지 모릅니다

□ けしきの いい ところで おべんとうを 食(た)べた
경치 좋은 곳에서 도시락을 먹었다

≒ きれいな 山(やま)や もりが 見(み)える こうえんで 食(た)べた
예쁜 산과 숲이 보이는 공원에서 먹었다

□ こうぎに しゅっせきします 강의에 출석합니다

≒ 大学(だいがく)で せんせいの 話(はなし)を 聞(き)きます 대학에서 선생님 이야기를 듣습니다

□ こうじょう 공장 ≒ ものを つくる ところ 물건을 만드는 곳

□ こうつうが べんりだ 교통이 편리하다

≒ バスや ちかてつが たくさん はしって いる 버스나 지하철이 많이 달린다

□ ここは すべりやすいので 気(き)を つけて ください
여기는 미끄러지기 쉬우니까 조심하세요

≒ ここは あるきにくいです 여기는 걷기 어렵습니다

□ 5時(じ)に 来(く)るのは むりだ 다섯 시에 오는 것은 무리다

≒ 5時(じ)に 来(こ)られない 다섯 시에 올 수 없다

□ こしょうしました 고장 났습니다

≒ こわれて います 고장 났습니다

□ この いぬは おとなしい 이 개는 얌전하다

≒ この いぬは しずかだ 이 개는 조용하다

□ この もんだいは まちがえやすい 이 문제는 틀리기 쉽다

≒ この もんだいは まちがえる 人(ひと)が 多(おお)い 이 문제는 틀리는 사람이 많다

□ この きかいは 子(こ)どもには ふくざつすぎます
이 기계는 어린이에게는 너무 복잡합니다

≒ この きかいは むずかしくて 子(こ)どもには つかえません
이 기계는 어려워서 어린이는 사용할 수 없습니다

□ この 車(くるま)は にほんせいです 이 자동차는 일본제입니다

≒ この 車(くるま)は にほんで つくられました 이 자동차는 일본에서 만들어졌습니다

□ この つくえは ひきだしが 小(ちい)さいので つかいにくいです
이 책상은 서랍이 작아서 사용하기 어렵습니다

≒ この つくえは ふべんです 이 책상은 불편합니다

□ この へやには 20人(にん) いじょう いると 思(おも)います
이 방에는 스무 명 이상 있다고 생각합니다

≒ この へやに いるのは 20人(にん)より 多(おお)いと 思(おも)います
이 방에 있는 사람은 스무 명보다 많다고 생각합니다

□ ごはんを 食(た)べましょう 밥을 먹읍시다

≒ しょくじに しましょう 식사하도록 합시다

□ こまかく 잘게 ≒ ちいさく 작게

□ これからの けいかくを 話(はな)す 앞으로의 계획을 이야기하다

≒ しょうらいの けいかくを 話(はな)す 장래의 계획을 이야기하다

□ これは たいへん めずらしい しなものです 이것은 매우 신기한 물건입니다

≒ これは あまり 見(み)ない しなものです 이것은 별로 보지 못하는 물건입니다

□ こわれやすいです 고장 나기 쉽습니다 ≒ よく こしょうします 자주 고장 납니다

さ

□ さいきん いそがしくて うんどうできません 요즘 바빠서 운동할 수 없습니다

≒ さいきん いそがしくて スポーツして いません 요즘 바빠서 운동하고 있지 않습니다

□ さいしょに 水(みず)を 入(い)れて ください 처음에 물을 넣어 주세요

≒ はじめに 水(みず)を 入(い)れて ください 먼저 물을 넣어 주세요

□ さいごに 帰(かえ)りました 마지막으로 집에 갔습니다

≒ みんなが 帰(かえ)った あとで 帰(かえ)りました 모두 돌아간 후에 집에 갔습니다

□ サインを して ください 사인을 해 주세요

≒ 名前(なまえ)を 書(か)いて ください 이름을 써 주세요

□ さかなと たまご いがいは 食(た)べられます 생선과 달걀 이외는 먹을 수 있습니다

≒ さかなも たまごも 食(た)べません 생선도 달걀도 먹지 않습니다

□ サッカー が さかんに なりました 축구가 성행해졌습니다

≒ サッカーを する 人(ひと)が ふえました 축구를 하는 사람이 늘었습니다

□ 時間(じかん)に おくれた 시간에 늦었다

≒ 時間(じかん)に まにあわなかった 시간에 맞추지 못했다

□ しごとを しながら 일을 하면서 ≒ しごとを やめないで 일을 그만두지 않고

□ じしょを ひいて ください 사전을 찾아 주세요

≒ じしょで しらべて ください 사전으로 조사해 주세요

□ しゃちょうの かわりに 田中(たなか)さんが パーティーに 出(で)ました
사장님 대신에 다나카 씨가 파티에 나왔습니다

≒ しゃちょうは パーティーに 出(で)ませんでした 사장님은 파티에 나오지 않았습니다

□ じゅうしょ 주소 ≒ 住(す)んで いる ばしょ 살고 있는 곳

□ じゅぎょうに おくれる 수업에 늦다

≒ じゅぎょうが はじまってから 来(く)る 수업이 시작되고 나서 오다

□ じゅぎょうの まえに べんきょうしました 수업 전에 공부했습니다

≒ よしゅうしました 예습했습니다

□ しゅくだいは かんたんだった 숙제는 간단했다

≒ しゅくだいは やさしかった 숙제는 쉬웠다

□ しゅくだいは だいたい すみました 숙제는 대략 끝났습니다

≒ しゅくだいは ほとんど すみました 숙제는 거의 끝났습니다

□ しゅみは なんですか 취미는 무엇입니까?

≒ どんな ことを するのが 好(す)きですか 어떤 것을 하는 것을 좋아합니까?

□ じゅんびします 준비합니다 ≒ よういします 준비합니다

□ しょくじが すんだら 話(はなし)を しましょう 식사가 끝나면 이야기를 합시다

≒ しょくじの あとで 話(はなし)を しましょう 식사 후에 이야기를 합시다

□ しょくりょうひんの うりばで かいものを しました
식료품 매장에서 쇼핑을 했습니다

≒ にくや くだものを 買(か)いました 고기랑 과일을 샀습니다

□ じろうは あかんぼうです 지로는 갓난아이입니다

≒ じろうは 生(う)まれて 3か月(げつ)です 지로는 태어난지 3개월입니다

□ じを ていねいに 書(か)きなさい 글씨를 정성껏 쓰시오

≒ じを きれいに 書(か)きなさい 글씨를 예쁘게 쓰시오

□ じんこうが ふえました 인구가 늘었습니다

≒ 人(ひと)が たくさん 住(す)む ように なりました 사람이 많이 살게 되었습니다

□ スーツケース 슈트 케이스

≒ りょこうを する ときに つかう もの 여행을 할 때 사용하는 것

□ すいて いる でんしゃ 비어 있는 전철

≒ のって いる 人(ひと)が すくない でんしゃ 타고 있는 사람이 적은 전철

□ すずきさん、ちょっと やせましたね 스즈키 씨, 살이 좀 빠졌네요

≒ すずきさんは ちょっと ほそく なりました 스즈키 씨는 좀 날씬해졌습니다

□ ずっと そとに いたので、からだが ひえて しまいました
쭉 밖에 있었기 때문에 몸이 차가워졌습니다

≒ そとは さむかったです 밖은 추웠습니다

□ 先生(せんせい)の おたくに うかがいます 선생님 댁을 찾아뵙겠습니다

≒ 先生(せんせい)の おたくに まいります 선생님 댁에 가겠습니다

□ 先生(せんせい)は クラスに 来(こ)なかった わけを 聞(き)きました
선생님은 수업에 오지 않은 이유를 물었습니다

≒ 先生(せんせい)は どうして クラスに 来(こ)なかったのか たずねました
선생님은 왜 수업에 오지 않았는지 물었습니다

□ 先生(せんせい)に「この あいだの テストは よく できましたね」と 言(い)われました
선생님에게 '요전의 테스트는 참 잘했어요'라는 말을 들었습니다

≒ 先生(せんせい)に ほめられました 선생님에게 칭찬받았습니다

□ その ニュースを 聞(き)いて びっくりしました 그 뉴스를 듣고 깜짝 놀랐습니다

≒ その ニュースを 聞(き)いて おどろきました 그 뉴스를 듣고 놀랐습니다

□ たいいんしました 퇴원했습니다.

≒ びょうきが なおりました 병이 나았습니다

≒ びょういんから 帰(かえ)って きました 병원에서 돌아왔습니다

□ 大事(だいじ)だ 중요하다 ≒ 大切(たいせつ)だ 소중하다

□ たまに うんどうします 이따금 운동합니다

≒ うんどうは ほとんど して いません 운동은 거의 하지 않고 있습니다

□ たまに としょかんを りようします 이따금 도서관을 이용합니다

≒ あまり としょかんを りようしません 별로 도서관을 이용하지 않습니다

□ ダンスを　おそわりました 춤을 배웠습니다 ≒ ダンスを　ならいました 춤을 배웠습니다

□ ちこくしないで　ください 지각하지 마세요

≒ はじまる　じかんに　おくれないで　ください 시작하는 시간에 늦지 마세요

□ ちちに　おこられる 아빠가 화를 내다

≒ ちちに　しかられる 아빠에게 혼이 나다

□ ちちも　ははも　元気(げんき)です 아버지도 어머니도 건강합니다

≒ りょうしんは　元気(げんき)です 부모님은 건강합니다

□ ちゅうしゃじょう 주차장 ≒ じどうしゃを　とめる　ところ 자동차를 세우는 곳

□ つかう 사용하다 ≒ りようする 이용하다

□ つたえて　ください 전해 주세요 ≒ れんらくして　ください 연락해 주세요

□ つめたく　して　飲(の)んで　ください 차게 해서 드세요

≒ ひやして　飲(の)んで　ください 식혀서 드세요

□ 出(で)かけて　いる 외출하였다 ≒ るすだ 부재중이다

□ できるだけ　来(き)て　ください 가능한 한 와 주세요

≒ なるべく　来(き)て　ください 되도록 와 주세요

□ でんしゃは　こんで　います 전철은 붐빕니다

≒ でんしゃには　人(ひと)が　たくさん　います 전철에는 사람이 많이 있습니다

□ どうぞ　えんりょなく　めしあがって　ください 부디 사양하지 말고 드세요

≒ どうぞ　たくさん　めしあがって　ください 부디 많이 드세요

□ どうぶつを　いじめては　いけません 동물을 괴롭혀서는 안 됩니다

≒ どうぶつを　大切(たいせつ)に　して　ください 동물을 소중히 해 주세요

□ どくしんです 독신입니다

≒ ≒ けっこんして　います 결혼하지 않았습니다

□ としょかんへ　行(い)った　わけを　たずねました 도서관에 간 이유를 물었습니다

≒ なぜ　としょかんへ　行(い)ったか　たずねました 왜 도서관에 갔는지 물었습니다

□ 友(とも)だちを　むかえに　くうこうに　行(い)きました 친구를 마중하러 공항에 갔습니다

≒ くうこうで　友(とも)だちに　会(あ)いました 공항에서 친구를 만났습니다

□ 友(とも)だちに　たんじょうびの　プレゼントを　あげる　つもりです
친구에게 생일 선물을 줄 생각입니다

≒ 友(とも)だちに　おくりものを　する　つもりです 친구에게 선물을 할 생각입니다

□ どんな　ことを　いやがりますか 어떤 것을 싫어합니까?

≒ どんな　ことが　きらいですか 어떤 것을 싫어합니까?

な

□ なにか 飲みたいです 무언가 마시고 싶습니다

≒ のどが かわいて います 목이 마릅니다

□ なにが ひつようですか 무엇이 필요합니까? ≒ なにが いりますか 무엇이 필요합니까?

□ 「なにを めしあがりますか」と 聞きました '무엇을 드시겠어요?'라고 물었습니다

≒ なにを 食べるか 聞きました 무엇을 먹을지 물었습니다

□ なんでも おっしゃって ください 뭐든지 말씀해 주세요

≒ なんでも 言って ください 뭐든지 말해 주세요.

□ にこにこして いました 싱글벙글하고 있었습니다

≒ わらって いました 웃고 있었습니다

□ 日本語は ほとんど わすれて しまいました 일본어는 거의 잊어버렸습니다

≒ 日本語は すこししか おぼえて いません 일본어는 조금밖에 기억하고 있지 않습니다

□ 日本語を べんきょうする つもり 일본어를 공부할 생각

≒ 日本語の べんきょうを する よてい 일본어 공부를 할 예정

□ のりものが 大好きだ 탈것을 매우 좋아한다

≒ ひこうきや ふねが 大好きだ 비행기나 배를 매우 좋아한다

は

□ はこびましょう 옮깁시다 ≒ わたしましょう 건넵시다

□ はこんで 옮기고 ≒ もって いて 가지고 가고

□ はじめに これを やって ください 먼저 이것을 해 주세요

≒ まず これを やって ください 우선 이것을 해 주세요

□ 日が くれた 날이 저물었다

≒ 空が くらく なった 하늘이 어두워졌다

□ ひさしぶりに 山田さんに 会いました 오랜만에 야마다 씨를 만났습니다

≒ 何年も 山田さんに 会って いませんでした
몇 년이나 야마다 씨를 만나지 못했습니다

□ びじゅつかん 미술관

≒ すばらしい えを 見せる ところ 멋진 그림을 보여주는 곳

≒ えを 見る ところ 그림을 보는 곳

□ ひっこします 이사합니다 ≒ 新(あたら)しい 家(いえ)に 住(す)みます 새 집에 삽니다

□ ひとりで ぜんぶ 食(た)べられません 혼자서 전부 먹을 수 없습니다

≒ ひとりで ぜんぶ 食(た)べるのは むりです 혼자서 전부 먹는 것은 무리입니다

□ ひみつです 비밀입니다

≒ この 話(はな)は だれにも 言(い)わないで ください 이 이야기는 아무에게도 말하지 마세요

□ びょういんで さわいでは いけません 병원에서 떠들어서는 안 됩니다

≒ びょういんで うるさく しては いけません 병원에서 시끄럽게 해서는 안 됩니다

□ へやの でんきを つけました 방의 불을 켰습니다

≒ へやを あかるく しました 방을 밝게 했습니다

□ ほかの 国(くに)から 買(か)って いる 다른 나라에서 산다

≒ ゆにゅうする 수입하다

□ ほかの 人(ひと)の 意見(いけん)を 聞(き)いて みましょう 다른 사람의 의견을 들어 봅시다

≒ ほかの 人(ひと)が 何(なに)を かんがえて いるか 聞(き)いて みましょう
다른 사람이 무엇을 생각하고 있는지 들어 봅시다

ま

□ 毎日(まいにち) かみを あらいます 매일 머리를 감습니다.

≒ 毎日(まいにち) あたまを あらいます 매일 머리를 감습니다.

□ みなと 항구

≒ ふねに のったり おりたり する ところ 배를 타거나 내리거나 하는 곳

□ むすめが 大学生(だいがくせい)に なりました 딸이 대학생이 되었습니다

≒ むすめの にゅうがくしきが ありました 딸 입학식이 있었습니다

□ もういちど チェックして ください 다시 한 번 체크해 주세요

≒ もういちど しらべて ください 다시 한 번 점검해 주세요

□ もうすぐ 日(ひ)が くれます 이제 곧 날이 저뭅니다

≒ もうすぐ よるに なります 이제 곧 밤이 됩니다

□ やまもとさんを たずねた 야마모토 씨를 방문했다

≒ やまもとさんの いえに 行(い)った 야마모토 씨의 집에 갔다

□ やわらかいですね 부드럽네요 ≒ かたくないですね 딱딱하지 않네요

□ ゆうべの コンサートは すばらしかったです 어젯밤 콘서트는 훌륭했습니다

≒ ゆうべは とても うつくしい おんがくを 聞(き)きました
어젯밤에는 매우 아름다운 음악을 들었습니다

□ ゆうべ なくなったそうです 어젯밤에 돌아가셨다고 합니다

≒ ゆうべ しんだそうです 어젯밤에 죽었다고 합니다

□ ゆうべ 友(とも)だちから 電話(でんわ)が ありました 어젯밤 친구에게 전화가 왔습니다

≒ ゆうべ 友(とも)だちは わたしに 電話(でんわ)を かけました
어젯밤 친구는 나에게 전화를 걸었습니다

□ りゅうがくの けいけんが あります 유학 경험이 있습니다

≒ りゅうがくを した ことが あります 유학을 한 적이 있습니다

□ りょうしんに しょうらいの ことを 話(はな)しました
부모님께 장래에 대해 이야기했습니다

≒ りょうしんに これから なにを するか 話(はな)しました
부모님께 앞으로 무엇을 할지 이야기했습니다

□ わたしは Aさんに 「おだいじに」と 言(い)いました
나는 A씨에게 '몸조리 잘하세요'라고 말했습니다

≒ Aさんは いま びょうきです A씨는 지금 아픕니다

□ わたしは おもい びょうきを して りょうしんに しんぱいを かけました
나는 중병에 걸려 부모님에게 걱정을 끼쳤습니다

≒ わたしが びょうきに なったので りょうしんは しんぱいしました
내가 병에 걸렸기 때문에 부모님은 걱정했습니다

□ わたしの 大学(だいがく)の せんぱいです
내 대학교 선배입니다

≒ わたしが にゅうがくする まえに おなじ 大学(だいがく)に にゅうがくしました
내가 입학하기 전에 같은 대학교에 입학했습니다

5 용법 기출어휘

あ

□ あさい 얕다
□ あやまる 사과하다
□ あんぜん 안전
□ あんない 안내
□ いくら ～ても 아무리 ～해도
□ いけん 의견
□ いそぐ 서두르다
□ いたす 하다(する의 겸양어)
□ いただく 받다
□ うまい 솜씨가 뛰어나다, 맛있다
□ おおい 많다
□ おおぜい 많은 사람
□ おかげさまで 덕분에요
□ おと 소리
□ おどろく 놀라다
□ おみまい 병문안
□ おもいで 추억
□ おれい 사례, 감사 인사

か

□ かざる 장식하다
□ かしこまりました 알겠습니다
□ かたづける 정리하다
□ かまいません 상관없습니다
□ かわく 마르다
□ きかい 기회
□ きびしい 엄하다
□ きんじょ 근처
□ けいかく 계획
□ けが 상처
□ けしき 경치
□ けっか 결과
□ げんいん 원인
□ けんがく 견학
□ げんき 건강함
□ こうじ 공사
□ こしょう 고장
□ こむ 붐비다
□ こわれる 망가지다

さ

□ さいきん 최근
□ さしあげる 드리다
□ さびしい 쓸쓸하다
□ さむい 춥다
□ しかる 야단치다
□ したく 준비, 채비
□ しっかり 견실함, 야무짐, 확실히
□ しめる 닫다
□ じゅんび 준비
□ しょうかい 소개
□ じんこう 인구
□ しんせつ 친절함
□ しんぱい 걱정
□ すてる 버리다
□ すると 그러자

- □ せいさん 생산
- □ ぜひ 꼭
- □ せまい 좁다
- □ せわ 보살핌, 돌봄
- □ せんたく 세탁, 빨래
- □ そうだん 의논, 상담
- □ そだてる 키우다, 기르다

た

- □ たいてい 대부분, 대개, 대체로
- □ たおれる 쓰러지다
- □ たす 더하다
- □ だめ 안 됨, 불가능함
- □ ちこく 지각
- □ ちゅうし 중지
- □ つごう 사정, 형편
- □ つごうが わるい 형편이 좋지 않다
- □ つつむ 싸다, 포장하다
- □ ていねい 공손함, 정중함
- □ てきとう 적당함
- □ とうとう 드디어
- □ とちゅう 도중
- □ どんどん 점차, 계속

な

- □ にあう 어울리다
- □ にがい 쓰다
- □ にげる 도망가다, 달아나다
- □ にる 닮다
- □ にんき 인기
- □ ねつ 열
- □ ねっしん 열심임
- □ ねる 자다

は

- □ はずかしい 부끄럽다
- □ はっきり 분명히
- □ ひっこす 이사하다
- □ ふとる 살찌다
- □ ふべん 불편함
- □ プレゼント 선물
- □ へんじ 대답, 답장

ま

- □ まじめ 진지함, 성실함
- □ むかえる 마중하다
- □ むしあつい 무덥다

や

- □ やくそく 약속
- □ ゆしゅつ 수출
- □ ゆっくり 천천히
- □ よやく 예약
- □ よろこぶ 기뻐하다

ら

- □ るす 집을 비움, 부재중
- □ れんらく 연락

わ

- □ わかす 끓이다

언어지식

문법 직전 체크!

1. 접속사·부사
2. 조사
3. 필수문법

N4

1 접속사·부사

접속사

- □ けれど(も) 그렇지만, 하지만
- □ こうして 이렇게, 이와 같이
- □ しかし 그러나, 하지만
- □ じゃ(あ) 그럼
- □ すると 그러자, 그러면
- □ そうして 그리고, 그러고 나서
- □ そこで 그래서
- □ そして 그리고
- □ それから 그리고, 그러고 나서
- □ それで 그래서
- □ それでは 그럼
- □ それとも 그렇지 않으면
- □ それなら 그렇다면
- □ それに 게다가
- □ だから・ですから 그래서
- □ だが 하지만
- □ たとえば 예를 들면
- □ でも 그래도, 하지만
- □ では 그럼
- □ なぜなら 왜냐하면
- □ または 또는, 혹은

부사

- □ いっしょうけんめい 열심히
- □ 必(かなら)ず 꼭, 반드시
- □ きっと 꼭, 분명
- □ けっして 결코
- □ しっかり 꽉, 단단히
- □ ずいぶん 상당히, 꽤
- □ すっかり 죄다, 완전히
- □ ずっと 쭉
- □ ぜひ 꼭
- □ ぜんぜん 전혀
- □ そろそろ 슬슬
- □ だいたい 대개, 대체로
- □ どうぞ 부디, 아무쪼록, ~하세요
- □ どうも 참으로, 좋아요, 고마워요
- □ とくに 특히
- □ なかなか 좀처럼(부정), 상당히(긍정)
- □ なるほど 과연
- □ なにも 아무것도
- □ なんでも 무엇이든
- □ はっきり 분명하게
- □ 早(はや)く 일찍
- □ ひじょうに 상당히, 매우
- □ ほとんど 거의
- □ ほんとうに 정말로
- □ まさか 설마
- □ まず 먼저
- □ また 또

- □ まだ　아직
- □ まっすぐ　곧바로, 쭉
- □ もう　이미, 벌써
- □ もうすぐ　이제 곧
- □ もし　만약
- □ もっと　좀 더
- □ もっとも　가장
- □ やっと　겨우, 가까스로
- □ やはり / やっぱり　역시
- □ ゆっくり　천천히
- □ よく　자주, 종종

2 조사

001 **～か** ～인가, ～인지
～か～ないか ～할지 ～하지 않을지

パーティーは　何時(なんじ)に　始(はじ)まるか　知(し)って　いますか。
파티는 몇 시에 시작되는지 알고 있습니까?

家(いえ)を　出(で)るか　出(で)ないかという　ときに　雨(あめ)が　降(ふ)り出(だ)した。
집을 나설까 말까 하고 있을 때 비가 내리기 시작했다.

002 **～が** ～이(가)

友(とも)だちが　日本(にほん)の　おもちゃを　おくって　くれた。
친구가 일본 장난감을 보내 주었다.

003 **～から** ～기 때문에, ～으로, ～로부터

だいぶ　つかれたから、ちょっと　休(やす)みましょう。
몹시 피곤하니까 잠시 쉽시다.

バターや　チーズは　牛乳(ぎゅうにゅう)から　作(つく)ります。
버터랑 치즈는 우유로 만듭니다.

校長先生(こうちょうせんせい)から　学生(がくせい)に　本(ほん)と　ノートが　わたされました。
교장 선생님으로부터 학생에게 책과 노트가 전달되었습니다.

004 **～ぐらい** ～정도, ～쯤

日本語(にほんご)の　本(ほん)を　50さつぐらい　持(も)って　います。
일본어 책을 50권 정도 갖고 있습니다.

005 **～けれど(も)・けど** ～하지만, ～할 텐데

前(まえ)に　読(よ)んだ　ことは　あるけれど　よく　覚(おぼ)えて　いませんね。
전에 읽은 적은 있지만 잘 기억이 안 나는군요.

006 ～しか ～뿐

今(いま) 持(も)って いる おかねは 千円(せんえん)くらいしか ない。
지금 갖고 있는 돈은 천 엔 정도밖에 없다.

007 ～だけ ～만

やさしい ことばだけ 覚(おぼ)えました。
쉬운 단어만 외웠습니다.

008 ～で ～으로, ～때문에

じしんで 建物(たてもの)が たおれました。
지진 때문에 건물이 무너졌습니다.

日本語(にほんご)が わからないので 英語(えいご)で 話(はな)しました。
일본어를 모르기 때문에 영어로 말했습니다.

009 ～でも ～(이)라도

つかれたから、コーヒーでも 飲(の)みましょう。
피곤하니까 커피라도 마십시다.

010 ～と ～와/과
～と・～って ～라고
～という・～っていう ～라고 말하다, ～라는

あそこに 「入(い)り口(ぐち)」と 書(か)いて あります。
저기에 '입구'라고 적혀 있습니다.

011 ～とか ～이나, ～든지

病気(びょうき)の おみまいには くだものとか お花(はな)とかが いいです。
병문안을 갈 때는 과일이나 꽃이 좋습니다.

012 **～な** ～지 마라

そんな　きたない　くつ下(した)、はくなよ。
그런 더러운 양말 신지 마라.

013 **～に** ～에, ～에게

わたしは　子(こ)どもの　ころ、よく　母(はは)に　おこられました。
나는 어렸을 적 종종 어머니에게 야단맞았습니다.

014 **～の** ～것, 거야?

山田(やまだ)さんが　歌(うた)って　いるのが　聞(き)こえます。
야마다 씨가 노래를 부르고 있는 것이 들립니다.

どうして　きのうは　かいしゃを　休(やす)んだの？
어제는 왜 회사를 쉰 거야?

015 **～ので** ～이므로

その　公園(こうえん)は　しずかで　きれいなので、よく　さんぽに　行(い)きます。
그 공원은 조용하고 깨끗하기 때문에 자주 산책하러 갑니다.

016 **～のに** ～인데도, ～하는 데

かれは　子(こ)どもなのに　タバコを　すって　いる。
그는 어린이인데도 담배를 피우고 있다.

この　はしを　つくるのに　４年(ねん)　かかりました。
이 다리를 만드는 데 4년 걸렸습니다.

017 **～は** ～은/는

わたしは　おさけは　飲(の)みません。
나는 술은 안 마십니다.

018 **～ばかり** ～만, ～뿐

お父(とう)さんは　はたらいてばかりで、むすこと　あそぶ　時間(じかん)が　ない。
아버지는 일만 해서 아들과 놀 시간이 없다.

019 ～までに ~까지(는)

あした は　あさ　9時(じ)までに　わたしの　ところに　来(き)て　ください。
내일은 아침 아홉 시까지 나한테 와 주세요.

020 ～も ~도, ~(이)나
～も ～も ~도 ~도

駅(えき)から　学校(がっこう)まで　あるいて　20分(ぷん)も　かかります。
역에서 학교까지 걸어서 20분이나 걸립니다.

わたしの　父(ちち)は　英語(えいご)も　日本語(にほんご)も　話(はな)せます。
우리 아빠는 영어도 일본어도 할 줄 압니다.

021 ～を ~을/를

けさ、電車(でんしゃ)の　中(なか)で　足(あし)を　ふまれました。
오늘 아침 전철 안에서 발을 밟혔습니다.

3 필수문법

022 ～あいだ(間) ～하는 동안에, 사이에

じゅぎょうの　間(あいだ)は　しずかに　して　ください。
수업 동안에는 조용히 해 주세요.

023 いくら ～ても 아무리 ～해도

あの　人(ひと)の　話(はなし)は　いくら　聞(き)いても　わかりません。
저 사람의 이야기는 아무리 들어도 모르겠습니다.

024 ～(よ)う ～하겠다, ～하자, ～할게
～(よ)うか ～할까

わたしが　やろう。
내가 할게.

お茶(ちゃ)を　入(い)れようか。
차를 끓일까?

025 ～(よ)うと 思(おも)う ～하려고 생각하다

毎日(まいにち)　少(すこ)しずつ　勉強(べんきょう)しようと　思(おも)って　います。
매일 조금씩 공부하려고 생각하고 있습니다.

026 ～(よ)うと する ～하려고 하다

出(で)かけようと　した　とき、電話(でんわ)が　かかって　きました。
외출하려고 했을 때 전화가 걸려 왔습니다.

027 お～ください ～해 주세요

この　紙(かみ)に　住所(じゅうしょ)と　お名前(なまえ)を　お書(か)きください。
이 종이에 주소와 성함을 적어 주세요.

028 お～する ～하다

この　品物(しなもの)は、きれいな　かみで　おつつみします。
이 상품은 예쁜 종이로 포장해 드리겠습니다.

029 お～に なる ～하시다

社長(しゃちょう)は、いま　新聞(しんぶん)を　お読(よ)みに　なって　います。
사장님은 지금 신문을 읽고 계십니다.

030 ～おわる 다 ～하다

晩(ばん)ご飯(はん)を　食(た)べおわってから、みんなで　ゲームを　した。
저녁밥을 다 먹고 나서 모두 함께 게임을 했다.

031 ～が する ～이 나다, ～이 든다

げんかんで　「ごめんください」と　いう　声(こえ)が　しました。
현관에서 '실례합니다'라는 소리가 났습니다.

032 ～かた ～하는 방법

この　字(じ)の　読(よ)み方(かた)を　教(おし)えて　ください。
이 글자의 읽는 법을 가르쳐 주세요.

033 ～がって いる ～워하고 있다

走(はし)った　あとで、子(こ)どもたちが　つめたい　水(みず)を　ほしがっている。
달린 뒤에 아이들이 차가운 물을 마시고 싶어하고 있다.

034 ～か どうか ～인지 아닌지 , ～할지 어떨지

むすめが　この　プレゼントを　よろこぶか　どうか　わかりません。
딸이 이 선물을 기뻐할지 어떨지 모르겠습니다.

035 ～かも しれない ～지도 모른다

先生(せんせい)に　いくら　たのんでも　だめかも　しれません。
선생님에게 아무리 부탁해도 안 될지도 모릅니다.

036 ～く する／～に する ～하게 하다

へやを　明(あか)るく　しました。
방을 밝게 했습니다.

公園(こうえん)を　きれいに　しました。
공원을 깨끗하게 했습니다.

037 ～く なる／～に なる ～해지다

へやが　明(あか)るく　なりました。
방이 밝아졌습니다.

公園(こうえん)が　きれいに　なりました。
공원이 깨끗해졌습니다.

038 ～こと ～일, ～것

私(わたし)が　ここに　いる　ことを　だれから　聞(き)きましたか。
내가 여기에 있는 것을 누구에게 들었습니까?

039 ～ことが ある ～할 때가 있다

ときどき　学校(がっこう)を　休(やす)む　ことが　あります。
가끔 학교를 쉴 때가 있습니다.

040 ～ことが できる ～할 수(가) 있다

あなたは　日本語(にほんご)で　手紙(てがみ)を　書(か)く　ことが　できますか。
당신은 일본어로 편지를 쓸 수 있습니까?

041 ～ことに する ～하기로 하다

わたしは　毎日(まいにち)　ジョギングを　する　ことに　しました。
나는 매일 조깅을 하기로 했습니다.

042 ～ことに なる / ～ことに なって いる ～하게 되다/～하기로 되어 있다

わたしは 来年(らいねん)、日本(にほん)へ 行(い)く ことに なりました。
나는 내년에 일본에 가게 되었습니다.

この 学校(がっこう)では 2か月(げつ)に いちど 試験(しけん)を する ことに なって います。 이 학교에서는 두 달에 한 번 시험을 치게 되어 있습니다.

043 ～さ ～함

この いけは、ふかさが 2メートルぐらい ありそうです。
이 연못은 깊이가 2미터 정도 되는 것 같습니다.

044 ～し ～하고, ～하니까

ばらの 花(はな)は 色(いろ)も きれいだし、においも いいです。
장미꽃은 색깔도 예쁘고 향기도 좋습니다.

あたまが いたいし、ねつが あるから、きょうは 休(やす)みます。
머리가 아프고 열이 있으니 오늘은 쉬겠습니다.

045 ～すぎる 너무 ～하다

この かばんは 大(おお)きすぎて ふべんです。
이 가방은 너무 커서 불편합니다.

046 ～ずに・～ないで ～하지 않고, ～하지 말고

兄(あに)は かばんも 持(も)たずに 家(いえ)を 出(で)ました。
형은 가방도 안 들고 집을 나갔습니다.

わたしは けさ ご飯(はん)を 食(た)べないで 来(き)ました。
나는 오늘 아침에 밥을 먹지 않고 왔습니다.

047 ～(さ)せて ください ～하게 해 주세요

ねつが あるので、きょうは 体育(たいいく)の じゅぎょうを 休(やす)ませて ください。
열이 있으니 오늘은 체육 수업을 쉬게 해 주세요.

048 ～(さ)せられる 억지로 ～하다

かのじょは　子(こ)どもの　ころ、お母(かあ)さんに　いろいろな　野菜(やさい)を　食(た)べさせられました。
어렸을 적에 어머니는 그녀에게 억지로 여러 채소를 먹였습니다.

049 ～(さ)せる ～하게 하다

かれは　子(こ)どもに　くつを　はかせた。
그는 아이에게 신발을 신게 했다.

050 ～そうだ ～한 듯하다, ～라고 한다

鈴木(すずき)さんは　ビールを　おいしそうに　飲(の)んで　いる。
스즈키 씨는 맥주를 맛있어 보이게 마시고 있습니다.

ニュースに　よると、きのう　神戸(こうべ)で　じしんが　あったそうです。
뉴스에 따르면 어제 고베에서 지진이 있었다고 합니다.

051 ～たい／たがる ～하고 싶다/～하고 싶어하다

わたしは　先生(せんせい)に　なりたいです。
나는 선생님이 되고 싶습니다.

あんな　あつい　所(ところ)へは　だれも　行(い)きたがらないだろう。
저런 더운 곳에는 아무도 가고 싶어하지 않을 것이다.

052 ～た　ことが　ある ～한 적이 있다

わたしは　ひこうきに　乗(の)った　ことが　あります。
나는 비행기를 탄 적이 있습니다.

053 ～だす ～하기 시작하다

寝(ね)て　いた　赤(あか)ちゃんが　急(きゅう)に　泣(な)きだした。
자고 있던 갓난아이가 갑자기 울기 시작했다.

054 ～た　ところだ 막 ～한 참이다

かいぎは　今(いま)　終(お)わった　ところです。
회의는 지금 막 끝난 참입니다.

055 ～たまま ～한 채로

かれは　めがねを　かけたまま　寝(ね)て　いる。
그는 안경을 쓴 채로 자고 있다.

056 ～ため（に） ～하기 위해서, ～때문에

大学(だいがく)に　入(はい)るために　いっしょうけんめい　勉強(べんきょう)して　います。
그는 대학에 들어가기 위해서 열심히 공부하고 있습니다.

病気(びょうき)の　ため、たばこを　やめます。
병 때문에 담배를 끊습니다.

057 ～たら ～하면, ～하니까, ～하였더니

山田(やまだ)さんに　道(みち)を　聞(き)いたら、しんせつに　ちずを　かいて　くれました。
야마다 씨에게 길을 물었더니 친절하게 지도를 그려 주었습니다.

東京(とうきょう)に　着(つ)いたら、電話(でんわ)を　して　ください。
도쿄에 도착하면 전화를 해 주세요.

058 ～だろう ～일 것이다

あしたは　たぶん　いい　天気(てんき)だろう。
내일은 아마 날씨가 좋을 것이다.

059 ～ちゃ ～해서는
～なくちゃ・なきゃ ～하지 않으면

ここで　たばこを　すっちゃ　だめだよ。
여기서 담배를 피워서는 안 돼.

できるか　どうかは　やって　みなきゃ　わからない。
할 수 있을지 없을지는 해 보지 않으면 모른다.

060 ～ちゅう・じゅう（中） ～하는 중, ～내내

イさんは　いま　べんきょうちゅうです。
이 씨는 지금 공부 중입니다.

061 ～つづける 계속 ～하다

２時間(じかん)も　歩(ある)きつづけたので、たいへん　つかれました。
두 시간이나 계속 걸었기 때문에 몹시 지쳤습니다.

062 ～つもりだ ～할 생각이다

あしたは　どこへも　行(い)かない　つもりです。
내일은 아무데도 가지 않을 생각입니다.

063 ～て・で ～하고, ～해서

あさ　起(お)きて　しんぶんを　読(よ)みます。
아침에 일어나서 신문을 읽습니다.

064 ～て　あげる ～해 주다, ～해 드리다

わたしは　友(とも)だちに　写真(しゃしん)を　おくって　あげた。
나는 친구에게 사진을 보내 주었다.

065 ～て　いく ～해 가다, ～해 나가다

山田(やまだ)さんは　こうばんまで　走(はし)って　いきました。
야마다 씨는 파출소까지 달려 갔습니다.

けっこんしてからも　仕事(しごと)は　つづけて　いく　つもりです。
결혼하고 나서도 일은 계속해 나갈 생각입니다.

066 ～て　いただく ～해 받다

わたしは　高校(こうこう)の　とき、田中先生(たなかせんせい)に　英語(えいご)を　教(おし)えて　いただきました。
나는 고등학교 때 다나카 선생님께 영어를 배웠습니다.

067 ～て　いる ～하고 있다, ～되어 있다
～て　ある ～해져 있다

まどが　しまって　います。
창문이 닫혀 있습니다.

テーブルの　うえに　スプーンと　はしが　ならべて　あります。
탁자 위에 숟가락과 젓가락이 가지런히 놓여져 있습니다.

068 ～て　いる　ところだ ～하고 있는 중이다

わたしは　今(いま)　れきしの　本(ほん)を　読(よ)んで　いる　ところです。
나는 지금 역사책을 읽고 있는 중입니다.

069 ～て おく ～해 놓다, ～해 두다

この　ことばは　だいじですから、よく　覚えて　おいて　ください。
이 말은 중요하니까 잘 기억해 두세요.

テープは　あとで　使いますから、ここに　ならべて　おいて　ください。
테이프는 나중에 사용할 테니까 여기에 진열해 놓아 주세요.

070 ～てから ～하고 나서
～た あとで ～한 후에
～まえ（前）に ～하기 전에

ご飯を　食べてから　おふろに　入ります。
밥을 먹고 나서 목욕을 합니다.

ご飯を　食べた　あとで　おふろに　入ります。
밥을 먹고 난 후에 목욕을 합니다.

おふろに　入る　前に　ご飯を　食べます。
목욕을 하기 전에 밥을 먹습니다.

071 ～て くださる ～해 주시다
～て くださいませんか ～해 주시지 않겠습니까?

きのうは　山田さんが　東京を　あんないして　くださいました。
어제는 야마다 씨가 도쿄를 안내해 주셨습니다.

美術館へ　行く　道を　教えて　くださいませんか。
미술관에 가는 길을 가르쳐 주시지 않겠습니까?

072 ～て くる ～하고 오다, ～해지다

ちょっと　手紙を　出して　きます。
잠시 편지를 부치고 오겠습니다.

あたらしい　家に　だんだん　なれて　きました。
새 집에 점점 익숙해졌습니다.

073 ～て くれる ～해 주다

わたしが　東京に　行った　とき、山田さんが　あんないして　くれた。
내가 도쿄에 갔을 때, 야마다 씨가 안내해 주었다.

074 ～て しまう ~해 버리다, ~하고 말다

ゆうべ　おそく　ねたから、けさは　あさねぼうを　して　しまいました。
어젯밤 늦게 잤기 때문에 오늘 아침에는 늦잠을 자고 말았습니다.

075 ～ては いけない ~해서는 안 된다

ここは　きけんだから、ここで　およいでは　いけません。
이곳은 위험하니까 여기에서 수영하면 안 됩니다.

076 ～て みる (시험 삼아) ~해 보다

ほかの　人(ひと)の　いけんを　聞(き)いて　みましょう。
다른 사람의 의견을 들어 봅시다.

077 ～ても ~하더라도

何度(なんど)　しっぱいしても、やめずに　がんばります。
몇 번 실패하더라도 그만두지 않고 열심히 하겠습니다.

078 ～ても いい ~해도 좋다

試験(しけん)が　終(お)わった　人(ひと)は　帰(かえ)っても　いいです。
시험이 끝난 사람은 돌아가도 됩니다.

079 ～ても かまわない ~해도 상관없다(괜찮다)

ここでは　なにを　話(はな)しても　かまいません。
여기서는 무슨 얘기를 해도 상관없습니다.

080 ～て もらう ~해 받다

父(ちち)に　おもちゃを　なおして　もらった。
＝父(ちち)が　おもちゃを　なおして　くれた。
아버지가 장난감을 고쳐 주셨다.

081 ～て やる ~해 주다

子(こ)どもを　どうぶつえんへ　連(つ)れて　いって　やった。
아이를 동물원에 데려가 주었다.

082 **～と** ～하면, ～하니까

この　道(みち)を　まっすぐ　行(い)くと、右(みぎ)がわに　ほんやが　あります。
이 길을 곧장 가면 오른쪽에 서점이 있습니다.

083 **～と　～と　どちら** ～와 ～중 어느 쪽

コーラと　ジュースと　どちらが　好(す)きですか。
콜라와 주스 중 어느 쪽을 좋아합니까?

084 **～とき** ～때

ちちは　本(ほん)を　読(よ)む　とき　いつも　めがねを　かけます。
아빠는 책을 읽을 때 항상 안경을 씁니다.

085 **～ところだ** ～하려는 참이다

今(いま)から、図書館(としょかん)へ　本(ほん)を　かえしに　行(い)く　ところです。
지금부터 도서관에 책을 반납하러 가려는 참입니다.

086 **～とちゅう(途中)で** ～도중에

学校(がっこう)に　来(く)る　とちゅうで　さいふを　忘(わす)れたのに　気(き)づいた。
학교에 오는 도중에 지갑을 두고 온 것을 깨달았다.

087 **どんなに　～ても** 아무리 ～해도

どんなに　練習(れんしゅう)しても、ピアノが　うまく　なりません。
아무리 연습해도 피아노가 능숙해지지 않습니다.

088 **～なくては　いけない / ～なければ　ならない**

～지 않으면 안 된다, ～해야 한다

こたえは　かならず　ボールペンで　書(か)かなくては　いけません。
답은 반드시 볼펜으로 쓰지 않으면 안 됩니다

3時(じ)までに、会社(かいしゃ)に　もどらなければ　ならない。
세 시까지 회사에 돌아가야 한다.

089 ～なくても いい ～하지 않아도 좋다

わからなければ 書かなくても いいです。
모르면 쓰지 않아도 됩니다.

090 ～なくても かまわない ～하지 않아도 상관없다

飲めないのなら、むりに 飲まなくても かまいません。
마실 수 없으면 억지로 마시지 않아도 상관없습니다.

091 ～なさい ～하라

ごはんを 食べた あとで この くすりを 飲みなさい。
밥을 먹은 후에 이 약을 먹어라.

092 ～なら ～라면, ～한다면, ～하려거든

タクシーなら、ここから 15分ぐらいで 行けると 思います。
택시라면 여기서 15분 정도면 갈 수 있을 거라고 생각합니다.

雨が 降りそうだから、出かけるなら かさを 持って 行った 方が いいよ。 비가 올 것 같으니까 외출하려거든 우산을 가져가는 게 좋아.

093 ～にくい ～하기 어렵다

この つくえは、ひきだしが 小さいので つかいにくいです。
이 책상은 서랍이 작기 때문에 사용하기 어렵습니다.

094 ～に する ～로 (정)하다

プレゼントは ネクタイに しましょう。
선물은 넥타이로 합시다.

095 ～に ついて ～에 관해서

新聞は その 地震に ついて 長い 記事を 載せた。
신문은 그 지진에 관해 긴 기사를 실었다.

池田さんは 鳥に ついての 講演を しました。
이케다 씨는 새에 관한 강연을 했습니다.

096 ～に よって ～에 의해서, ～에 따라서

この 橋(はし)は 外国人(がいこくじん)に よって つくられました。
이 다리는 외국인에 의해 만들어졌습니다.

天気予報(てんきよほう)に よると 今日(きょう)は 雷雨(らいう)が あるそうだ。
일기예보에 의하면 오늘은 뇌우가 있다고 한다.

097 ～のだ ～인 것이다

電車(でんしゃ)の じこが あったんです。それで、おくれて しまいました。
전철 사고가 있었습니다. 그래서 늦고 말았습니다.

098 ～ば ～하면

この くすりを 飲(の)めば すぐ なおりますよ。
이 약을 먹으면 바로 나을 겁니다.

099 ～はじめる ～하기 시작하다

妹(いもうと)は 料理(りょうり)に きょうみを 持(も)ちはじめました。
여동생은 요리에 흥미를 가지기 시작했습니다.

100 ～はずが ない ～할 리가 없다

子(こ)どもが そんな 重(おも)い 物(もの)が 持(も)てる はずが ありません。
어린이가 그렇게 무거운 것을 들 수 있을 리가 없습니다.

101 ～はずだ ～할 것이다, ～일 터이다

ここに くつが あるから、山田(やまだ)さんは まだ 学校(がっこう)に いる はずです。
여기에 신발이 있으니까, 야마다 씨는 아직 학교에 있을 것입니다.

102 ～は ～より ～은 ～보다

この 町(まち)の じんこうは きょねんより 多(おお)く なりました。
이 도시의 인구는 작년보다 많아졌습니다.

103 ～ほうが いい ～하는 것이 낫다

今日(きょう)は 早(はや)く うちへ 帰(かえ)った ほうが いいですよ。
오늘은 일찍 집에 돌아가는 것이 좋아요.

104 ~ほど ~ない ~만큼 ~하지 않다

弟(おとうと)は、わたしほど　走(はし)るのが　はやく　ない。
남동생은 나만큼 달리는 것이 빠르지 않다.

105 ~みたいに (마치) ~처럼
~みたいだ ~ 같다

高木(たかぎ)さんは　まるで　コンピューターみたいに　計算(けいさん)が　速(はや)い。
다카기 씨는 마치 컴퓨터처럼 계산이 빠르다.

あの　人形(にんぎょう)は　まるで　生(い)きて　いるみたいだ。
저 인형은 마치 살아 있는 것 같다.

106 ~やすい ~하기 쉽다, ~하기 편하다

これは　かるくて　はきやすい　くつです。
이것은 가볍고 신기 편한 신발입니다.

107 ~ようだ ~인 것 같다

風(かぜ)が　つめたいです。今日(きょう)は　きのうより　さむいようです。
바람이 찹니다. 오늘은 어제보다 추운 것 같습니다.

108 ~よう(に) ~하도록
~ように いう ~하도록 말하다

お父(とう)さんの　びょうきが　早(はや)く　よく　なります　ように。
아버님의 병이 빨리 쾌차하시기를.

山田(やまだ)さんに　すぐ　本(ほん)を　かえす　ように　言(い)って　ください。
야마다 씨에게 바로 책을 돌려 달라고 말해 주세요.

109 ~ように する ~하도록 하다
~ように なる ~하게끔 되다

あしたは　ねぼうしない　ように　します。
내일은 늦잠 안 자도록 할게요.

さいきん　運転(うんてん)できる　ように　なりました。
최근에 운전할 수 있게 되었습니다.

110 ～より ～ほう(が) ～보다 ～쪽(이)

あの　店(みせ)より　この　店の　ほうが　いいです。
저 가게보다 이 가게 쪽이(가게가) 좋아요.

111 ～らしい ～인 것 같다

あしたは　雪(ゆき)が　降(ふ)るらしいです。
내일은 눈이 내릴 것 같습니다.

112 ～(ら)れる ～되다, ～함을 당하다

この　ざっしは　毎月(まいつき)　はっこうされて　います。
이 잡지는 매달 발행되고 있습니다.

113 ～(ら)れる ～할 수 있다(가능동사)

きのうは　よく　ねむれましたか。
어제는 잘 잤습니까?

あまり　お金(かね)が　ないので、きょうは　買(か)えません。
돈이 별로 없기 때문에 오늘은 살 수 없습니다.

114 명령형 ～해라

早(はや)く　起(お)きろ。会社(かいしゃ)に　おくれるよ。
빨리 일어나. 회사에 늦겠어.

115 지시어 및 연체사

こ	そ	あ	ど
この 이	その 그	あの 저	どの 어느
こんな 이런	そんな 그런	あんな 저런	どんな 어떤
こう 이렇게	そう 그렇게	ああ 저렇게	どう 어떻게
こちら・こっち 이쪽	そちら・そっち 그쪽	あちら・あっち 저쪽	どちら・どっち 어느 쪽

116 い형용사의 음편

ありがとうございます。고맙습니다.

おめでとうございます。축하합니다.

117 인사말

인사말	뜻
いって（い）らっしゃい	다녀오십시오
いって まいります	다녀오겠습니다
おかえりなさい	잘 다녀오셨습니까?
おかげさまで	덕분에
おだいじに	몸조리 잘 하세요
おまたせしました	오래 기다리셨습니다
おめでとうございます	축하합니다
かしこまりました	분부대로 하겠습니다
それは いけませんね	그거 안됐군요
ただいま	다녀왔습니다
よく、いらっしゃいました	잘 오셨습니다

118 경어

분류	어휘	뜻
존경어	いらっしゃる	가시다·오시다·계시다
존경어	～ていらっしゃる	~하고 계시다
존경어	おいでになる	가시다·오시다·계시다
존경어	おっしゃる	말씀하시다
존경어	ごぞんじですか	알고 계십니까?
존경어	ごらんになる	보시다
존경어	なさる	하시다
존경어	～なさる	~하시다
존경어	みえる	오시다
존경어	めしあがる	드시다
겸양어	いたす	하다
겸양어	～いたす	~하다
겸양어	うかがう	여쭙다·방문하다
겸양어	おる	있다
겸양어	～ておる	~하고 있다
겸양어	はいけんする	(삼가) 보다
겸양어	まいる	가다·오다
겸양어	もうす	말하다
겸양어	もうしあげる	말씀드리다
정중어	ございます	있습니다

JLPT
일본어능력시험
한권으로 끝내기
N4

최신 개정판
2023년 7월·12월 기출문제 분석 및 반영

JLPT 일본어능력시험

한권으로 끝내기

이치우, 이한나 공저

QR코드를 스캔하시면 MP3 파일 및 관련자료를 다운로드 하실 수 있습니다

N4

해석 및 해설집

다락원

한권으로 끝내기

이치우, 이한나 공저

해석 및 해설집

N4

다락원

1교시

제1장 문자·어휘 기출 공략편

문제1 한자읽기

**문제 1 (　　) 의 단어는 히라가나로 어떻게 씁니까?
1·2·3·4 중에서 가장 적당한 것을 하나 고르세요.**

1 기출어휘 확인문제 한자읽기 ▶p.18

1 다나카 씨의 누나는 의학을 공부하고 있다.
2 비싸게 샀으므로 그렇게 싸게 팔 수 없습니다.
3 내일 몇 시라면 사정이 괜찮으신가요?
4 수업 중 무척 졸렸다.
5 지금 내가 인사한 여성은 엄마의 친구입니다.
6 호텔은 역에 가깝습니다.
7 문을 당겨서 열었습니다.
8 미국인에게 영어를 배우고 있습니다.
9 자전거를 타고 쇼핑을 갔습니다.
10 6만 엔 이상은 낼 수 없습니다.

2 기출어휘 확인문제 한자읽기 ▶p.19

1 여기에 주소와 이름을 써 주세요.
2 그 가게는 열 시부터 일곱 시까지 영업합니다.
3 역무원은 근무 중에 마스크를 착용하고 있었다.
4 그 비행기는 한 시간 늦게 출발했다.
5 중학생 때에 사 준 책상을 지금도 사용하고 있습니다.
6 손가락으로 10까지 세 주세요.
7 이곳 얼음은 스케이트가 가능할 만큼 두껍지는 않습니다.
8 대학 이전이 결정되었다.
9 은색 별로 크리스마스 트리를 장식했습니다.
10 서쪽 하늘에 검은 구름이 나왔습니다.

3 기출어휘 확인문제 한자읽기 ▶p.20

1 그 의자를 앞으로 밀었다.
2 아이가 안심하고 놀 수 있는 공원을 원한다.
3 맥주는 열 병이나 있으면 충분할 거예요.
4 나는 이 주변 지리에 밝습니다.
5 선물을 종이로 포장했습니다.
6 여동생은 엄마와 얼굴이 닮았습니다.
7 이 근처에는 버스가 달리지 않습니다.
8 이시하라 씨는 공장에서 일하고 있습니다.
9 추운 날에는 따뜻한 요리를 먹고 싶습니다.
10 아들은 빨간 옷을 입고 있다.

4 기출어휘 확인문제 한자읽기 ▶p.21

1 얼굴을 씻고 나서 이를 닦습니다.
2 무거운 짐을 2층으로 옮겼습니다.
3 내가 하는 말을 마지막까지 들어 주세요.
4 직접 차를 운전해서 홋카이도를 여행할 계획입니다.
5 봉투에 84엔짜리 우표를 붙여서 보내 주세요.
6 급행을 타면 저녁에는 도쿄에 도착합니다.
7 이 주변에 식료품을 파는 가게는 없습니까?
8 그 시합은 토요일 오후로 예정되어 있다.
9 밤하늘에 별이 빛나고 있습니다.
10 접시는 몇 장 필요합니까?

5 기출어휘 확인문제 한자읽기 ▶p.22

1 아무리 생각해도 답을 모르겠다.
2 오후 아홉 시에는 도착할 것이라고 여동생에게 전화가 왔다.
3 이 레스토랑은 맛도 없고 가격도 비싸네요.
4 방금 전 도카이 지방에 약한 지진이 있었습니다.
5 나는 운동을 별로 안 좋아합니다.
6 이번에는 실패하지 않으려고 열심히 했습니다.
7 실은 가장 약한 곳에서 끊을 수 있습니다.
8 우리 언니는 대학원에서 법률을 연구하고 있습니다.
9 목이 아플 때는 이 약을 드세요.
10 나는 통근에 버스를 이용합니다.

6 기출어휘 확인문제 한자읽기 ▶p.23

1 인터넷은 세계를 작은 것으로 바꾸었다.
2 어제 파티는 친구가 많이 모여서 무척 즐거웠다.
3 이것은 선생님에게 빌린 특별한 책입니다.
4 전철이 지나가면 이 집은 흔들립니다.
5 오른손 엄지손가락으로 버튼을 눌렀다.
6 방 안은 어두워서 아무것도 보이지 않았습니다.
7 그러면 우리는 공항에서 만납시다.
8 나는 생선과 달걀 이외에는 먹을 수 있습니다.
9 다음 주 토요일이라면 사정이 괜찮아요.
10 작년 봄 졸업식이 끝나고 나서 일본에 왔습니다.

7 기출어휘 확인문제 한자읽기 ▶p.29

1 하와이 바다는 파랗고 예쁩니다.
2 아이들은 공원에서 놀고 있습니다.
3 시골 생활은 차가 없으면 불편합니다.
4 이 문제에 대해 스즈키 씨의 의견을 들려 주세요.
5 다친 사람은 병원으로 옮겨졌다.
6 일을 서둘러 해 주세요.
7 야마모토 씨는 노래를 못합니다.
8 음악 교실은 어디인가요?
9 손수건은 어디에서 팔고 있습니까?
10 어제 도서관에서 책을 빌렸습니다.

8 기출어휘 확인문제 한자읽기 ▶p.30

1 시험은 도내 다섯 개 회장에서 행해집니다.
2 그 일은 다시 한 번 생각해 봅시다.
3 실례지만 저를 찍어 주지 않겠습니까?
4 이것은 무슨 약입니까?
5 하늘이 갑자기 어두워졌습니다.
6 교과서 12페이지를 펼쳐 주세요.
7 나는 일을 찾고 있습니다.
8 오후에 의사에게 갑니다.
9 주차할 자리가 없습니다.
10 이런 추위는 지금까지 경험한 적이 없습니다.

9 기출어휘 확인문제 한자읽기 ▶p.31

1 이 돌은 무거워서 옮길 수 없습니다.
2 머리가 아프면 이 약을 드세요.
3 매일 아침 집 주변을 뜁니다.
4 먼 곳까지 걸어서 다리가 아픕니다.
5 아이는 물고기가 헤엄치고 있는 것을 보고 있습니다.
6 이 문제에 답할 수 있는 사람은 손을 들어 주세요.
7 연습하면 누구든 자전거를 탈 수 있습니다.
8 일주일 후에 돌려줄 테니까 3만 엔 빌려주지 않을래?
9 교토에는 오후 아홉 시쯤 도착합니다.
10 여행 계획을 세우는 것이 즐겁습니다.

10 기출어휘 확인문제 한자읽기 ▶p.32

1 도시 생활은 편리하지만 사람이나 자동차가 많아서 싫어한다.
2 이 소설은 읽었습니까?
3 그 검은 카메라로 찍어 주세요.
4 아이는 얼음 위에서 미끄러져 굴렀습니다.
5 사고가 어떻게 해서 일어났는지 경찰에게 설명했다.
6 아빠가 부엌에서 아침밥 준비를 하고 있습니다.
7 5월에는 기분 좋은 바람이 붑니다.
8 해안에는 예쁜 돌이 많습니다.
9 자주 혼자 여행을 갑니다.
10 이 수트케이스는 가벼우니 제가 들고 가겠습니다.

11 기출어휘 확인문제 한자읽기 ▶p.33

1 어젯밤 스즈키 씨가 놀러 왔습니다.
2 방 안에는 사람이 많이 있어서 움직일 수 없었다.
3 그 가게는 저렴하고 점원도 친절합니다.
4 그는 덩치는 크지만 힘은 세지 않습니다.
5 토할 것 같아지면 운동을 중지해 주세요.
6 상처는 목 이외에는 없습니다.
7 수업 중에 화장을 하다가 선생님에게 주의를 받았다.
8 밝은 음악을 들으면 기분도 밝아진다.
9 이 마을 인구는 작년보다 줄었습니다.
10 높은 산은 무리지만 낮은 산이라면 오를 수 있다.

12 기출어휘 확인문제 한자읽기 ▶p.34

1 그는 공원에서 친구를 기다리고 있습니다.
2 세계 여러 식당을 가 보고 싶습니다.
3 나는 오래된 우표를 모읍니다.
4 바다에서 강한 바람이 불어 왔습니다.
5 여기는 겨울에도 따뜻합니다.
6 일이 끝나면 맥주를 마시러 갑시다.
7 네 대신 내가 갈게요.
8 일본어로 편지를 쓰는 것은 어렵습니다.
9 학생들은 선생님 주변에 모였다.
10 일본의 오래된 건물에 대해 연구를 시작했습니다.

13 기출어휘 확인문제 한자읽기

▶p.35

1 수업 후 학생들에게 질문을 받았다.
2 저 건물은 무언가요?
3 학교에서는 놀기만 하고 전혀 공부하지 않았습니다.
4 이 셔츠는 내 몸에 맞지 않습니다.
5 지금부터라도 여섯 시 전철 시간에 맞을까요?
6 나는 매일 지하철로 대학을 다니고 있습니다.
7 옆 방에서 사람 목소리가 들립니다.
8 아이의 시합은 꼭 보고 싶습니다.
9 일요일은 가족끼리 노래방에 갑니다.
10 여동생은 외국에 가고 싶어합니다.

14 기출어휘 확인문제 한자읽기

▶p.36

1 내가 아이를 돌볼 테니 안심하세요.
2 어젯밤 우리집 근처에서 화재가 났습니다.
3 여름은 네 시에는 동녘 하늘이 밝아집니다.
4 산업은 지리와 깊은 관계가 있다.
5 이 벌레는 빛 쪽으로 갑니다.
6 그는 유명한 선생님이지만 수업은 그다지 재미있지 않다.
7 이번 시합은 꼭 이기고 싶습니다.
8 일본어는 잘 알지만 프랑스어는 모른다.
9 거센 바람에 나무가 흔들리고 있습니다.
10 서둘러 돌아가지 않으면 안 됩니다.

15 기출어휘 확인문제 한자읽기

▶p.37

1 저 두 사람은 즐거운 듯 대화를 하고 있습니다.
2 매일 아침 샤워를 하고 나서 식사를 합니다.
3 야마다 씨는 병원에서 약을 받아 집에 돌아왔다.
4 하야시 선생님은 세계 지리에 대해 연구하고 있습니다.
5 오늘은 근처 공원에서 여름을 즐길 예정입니다.
6 그는 서둘러 양복을 입었습니다.
7 발음하기 어려운 이름이네요.
8 다나카 씨의 전문은 일본 문학입니다.
9 오전 아홉 시부터 오후 여섯 시까지 일합니다.
10 대학을 졸업하고 사회로 나왔다.

16 기출어휘 확인문제 한자읽기

▶p.38

1 친절한 택시 운전기사가 분실물을 집까지 가져다 주었다.
2 자료를 메일로 보내 주세요.
3 반년에 한 번 그녀는 나가노에 있는 부모님을 만나러 갑니다.
4 토요일도 일요일도 날씨가 나빠서 아무 데도 못 갔다.
5 맛이 싱거워서 소금을 더했습니다.
6 나는 여름보다 가을을 좋아합니다.
7 매일 일기를 써 주세요.
8 머리가 아파서 기분이 안 좋습니다(토할 것 같습니다).
9 그는 항구에서 일하고 있습니다.
10 이 연못 주변에는 예쁜 색 꽃이 많습니다.

17 기출어휘 확인문제 한자읽기

▶p.39

1 빨리 돌려 주세요.
2 숲속을 걷는 것을 좋아합니다.
3 저녁에 길에서 그녀를 만났습니다.
4 영어를 할 수 있으면 전세계 어디를 가도 난처하지 않습니다.
5 그 가게에서는 다양한 물건을 팝니다.
6 어디에서 택시를 탈 수 있습니까?
7 할머니는 개와 새를 좋아했습니다.
8 찾아뵙는 것은 언제가 사정이 좋으신가요?
9 이 마을은 최근 인구가 늘었습니다.
10 자동차를 사기 위해 은행에서 300만 엔을 빌렸다.

18 기출어휘 확인문제 한자읽기

▶p.44

1 고바야시 씨는 운전을 잘합니다.
2 딸은 은행에 저금했습니다.
3 근처에 커다란 슈퍼가 생겼습니다.
4 빨간 넥타이를 맸습니다.
5 여기에서 사진을 찍읍시다.
6 엄마는 병원에 입원했습니다.
7 특별히 신고할 것은 있습니까?
8 학교 도서관에서 책을 빌렸습니다.
9 나는 매일 아침 일곱 시에 일어납니다.
10 죽었다고 생각한 벌레가 갑자기 움직이기 시작했습니다.

19 기출어휘 확인문제 한자읽기

▶p.45

1 올해는 매일 일기를 쓰자.
2 여권을 잃어버리지 않게 주의해 주세요.
3 저녁식사 시간이에요.
4 운동은 몸에 좋습니다.
5 나는 버스를 타고 학교에 다니고 있습니다.
6 다음 주부터 새로운 교실에서 공부합니다.
7 대학에 간 딸에게 매월 10만엔씩 보내고 있습니다.
8 3년 전 이 회사에 들어왔습니다.
9 어제 도서관에서 책을 두 권 빌렸다.
10 가구에는 특별한 나무가 사용되었습니다.

20 기출어휘 확인문제 **한자읽기** ▶p.46

1 아빠가 밥을 준비해 주었습니다.
2 남동생과 함께 슈퍼에 쌀을 사러 갑니다.
3 시간이 부족했기 때문에 식당에는 안 갔습니다.
4 우리 고등학교는 지도에 나와 있습니다.
5 엄마는 부엌에서 요리를 하고 있습니다.
6 친구와 함께 사진가의 전시회를 보았습니다.
7 세계에서 가장 높은 산은 무엇인지 아나요?
8 미국 회사에 주문했던 물건이 도착했다.
9 비가 내릴 것 같은 날씨이니 서둘러 돌아갑시다.
10 여기에 자신의 이름을 써 주세요.

21 기출어휘 확인문제 **한자읽기** ▶p.47

1 약속에 늦지 않는 것은 무척 중요합니다.
2 그녀는 식사 후 항상 커피를 마신다.
3 태풍 10호가 발생하였습니다 .
4 친구는 은행 옆에 살고 있습니다.
5 서쪽 하늘이 빨개졌습니다.
6 다음에 축구 시합을 보러 갑시다.
7 우리집 텔레비전은 낡았기 때문에 자주 고장납니다.
8 열두 시부터 한 시까지의 사이는 점심시간입니다.
9 선생님의 휴대전화는 몇 번이나 망가졌다고 합니다.
10 어느 것이 당신이 쓰는 자전거인가요?

22 기출어휘 확인문제 **한자읽기** ▶p.48

1 짐이 예정보다 하루 빨리 도착했습니다.
2 일본인의 눈 색은 갈색이 많습니다.
3 남동생이 사과를 다섯 개나 먹었습니다.
4 이 마을은 공장이 많아서 공기가 더럽습니다.
5 올해 가을부터 이 대학에서 일하고 있습니다.
6 무척 간단한 요리이니 3분이면 됩니다.
7 이 가게 주인은 누구인가요?
8 추우니까 창문을 닫아 주세요.
9 이 공장에서는 특별한 기계를 만들고 있습니다.
10 야마다 씨는 일본 소설을 연구하고 있습니다.

23 기출어휘 확인문제 **한자읽기** ▶p.49

1 다나카 씨의 아버지는 회사 사장입니다.
2 그는 시험을 위해서 공부 계획을 세웠다.
3 점심은 회사 근처 식당에서 먹습니다.
4 이 아파트 부엌은 넓네요.
5 나이를 먹어도 건강하면 일하려고 합니다.
6 야마다 군은 학교까지 쭉 뛰어 갔습니다.
7 이 주스는 채소 맛이 납니다.
8 비 오는 날에는 언니가 역까지 마중하러 와 주었다.
9 여기에 이름과 주소를 써 주세요.
10 내 할머니는 자동차 운전을 할 수 없습니다.

24 기출어휘 확인문제 **한자읽기** ▶p.50

1 기분이 나쁘면(속이 안 좋으면) 병원에 가는 편이 좋아요.
2 친구과 함께 사진을 찍었습니다.
3 그는 지금 프랑스로 여행을 떠났습니다.
4 이 방은 밝고 넓어서 일을 하기 좋습니다.
5 밤에 어두운 길을 혼자 걷는 것은 무섭습니다.
6 길 양쪽에 멋진 건물이 늘어서 있습니다.
7 뛰어 가면 출발 시간에 충분히 맞을 거예요.
8 이 병원 의사 선생님은 아주 친절합니다.
9 조금 더 낮은 의자를 빌려주세요.
10 불을 보면 어렸을 적의 화재를 떠올린다.

25 기출어휘 확인문제 **한자읽기** ▶p.51

1 오늘은 하늘이 아주 예쁩니다.
2 나는 오후 은행에 갈 예정입니다.
3 옥상 수영장으로 가는 길을 알려 주세요.
4 이 슈퍼에서는 생선이 저렴합니다.
5 배운 것을 금방 잊어 버립니다.
6 대사의 자동차는 학교 앞에 세워져 있습니다.
7 그는 빌린 것을 좀처럼 돌려주지 않는다.
8 나는 자주 영화를 보러 갑니다.
9 가까운 공원에서 운동을 합니다.
10 그는 소년 시절을 시골에서 보냈습니다.

문제2 **한자표기**

문제 2 ( ) 의 단어는 어떻게 씁니까? 1·2·3·4 중에서 가장 적당한 것을 하나 고르세요.

26 기출어휘 확인문제 **한자표기** ▶p.56

1 흰 종이와 연필을 가지고 오세요.
2 그 창문을 닫아 주세요.
3 감기에 걸리지 않게 소심하세요.
4 기숙사 식당에서 밥을 먹습니다.
5 아이 두 명은 손을 잡고 숲 속으로 나아갔다.
6 내일 밤에 가족과 외출합니다.
7 비가 내려서 하늘은 어두웠다.
8 그녀는 방문해 온 사람은 누구든 친절하게 맞이한다.
9 오늘 본 영화에 대해 일기에 썼습니다.
10 새 단어는 목소리를 내어 읽으면 외우기 쉽습니다.

27 기출어휘 확인문제 한자표기 ▶p.57

1 그 빌딩은 45층짜리 건물이 될 계획입니다.
2 매년 여름에 캠프를 합니다.
3 유리컵에 얼음을 네 개 넣었습니다.
4 내일 한국으로 귀국합니다.
5 그 호텔 공사는 10월에 끝날 예정입니다.
6 그 미술관은 교통편이 나쁩니다.
7 질문이 있으면 손을 들어 주세요.
8 저 가게 요리는 맛있습니다.
9 그 단어 발음을 인터넷에서 조사했다.
10 저 슈퍼는 식료품이 싸다.

28 기출어휘 확인문제 한자표기 ▶p.58

1 이 컴퓨터 사용법을 설명하겠습니다.
2 여기에서 병원까지는 멀다.
3 옥상에서 후지산이 보입니다.
4 새가 나무에 머물러 있습니다.
5 나는 농업 경험이 거의 없습니다.
6 할아버지는 입원시킬 필요가 있습니다.
7 내일 모레 출발하기로 했습니다.
8 눈을 감고 음악을 듣고 있습니다.
9 겨울이 되면 스키나 스케이트를 할 수 있습니다.
10 아이들은 텔레비전을 좋아한다.

29 기출어휘 확인문제 한자표기 ▶p.59

1 내일은 내게 특별한 날입니다.
2 선생님에게 모든 것을 이야기하니 마음이 가벼워졌다.
3 아빠는 정원에서 채소를 가꾸고 있습니다.
4 이 기계는 24시간 작동합니다.
5 내일은 M고교와 농구 시합이 있습니다.
6 빨간 토마토가 맛있어 보입니다.
7 야마다 씨는 영어 발음이 좋습니다.
8 형에게 자동차 운전을 배우고 있습니다.
9 누나가 (내게) 빨간 우산을 빌려 주었습니다.
10 시트가 까매졌으니까 갈읍시다.

30 기출어휘 확인문제 한자표기 ▶p.60

1 저 레스토랑은 영업을 그만두었다고 합니다.
2 내일 오전 아홉 시에 역에 모여 주세요.
3 내일 언니가 빌려준 옷을 입고 외출할 겁니다.
4 우리는 바다가 보이는 여관에 묵었습니다.
5 야마다 씨는 숲 속에서 길을 헤맸습니다.
6 술을 마시고 자동차를 운전하면 안 됩니다.
7 그 절은 지금으로부터 천 년도 더 전에 세워졌다.
8 의사에게 담배를 끊으라는 말을 들었습니다.
9 직접 재배한 채소를 팔았습니다.
10 아침에 먹는 것이 늦었기 때문에 점심밥은 필요없습니다.

31 기출어휘 확인문제 한자표기 ▶p.65

1 나는 오사카에 있는 친구에게 선물을 보냈다.
2 그녀는 학교에서 일본어를 가르치고 있습니다.
3 저 점원은 매우 친절합니다.
4 나는 부모님과 함께 살고 있습니다.
5 여름방학에는 반드시 시골에 돌아갑니다.
6 이 연구는 무척 좋다고 생각합니다.
7 나는 자전거를 탈 줄 압니다.
8 저 파란 문 가게에서 꽃을 팝니다.
9 밖은 추우니까 코트를 입고 가세요.
10 그녀는 아무것도 생각하지 않고 회사를 그만두어 버렸다.

32 기출어휘 확인문제 한자표기 ▶p.66

1 토요일에 일이 있으면 두 배로 지칩니다.
2 아빠 대신 제가 왔습니다.
3 내일 아침 여섯 시에 광장에 모여 주세요.
4 의자를 끌어 주지 않으면 뒷사람이 지나갈 수 없습니다.
5 내 질문에 답해 주세요.
6 교장 선생님의 이야기는 깁니다.
7 여동생과 함께 바다까지 뛰어 갔습니다.
8 더운 날 연못에 물고기가 죽어 있었습니다.
9 아빠는 가족을 무척 소중하게 여깁니다.
10 여동생은 학교 근처에 삽니다.

33 기출어휘 확인문제 한자표기 ▶p.67

1 비가 내리고 있으니 우산을 빌려주세요.
2 쇼핑에 자동차를 쓰는 경우는 그다지 없습니다.
3 연못을 만들 수 있을 만큼 큰 정원을 갖고 싶습니다.
4 교실에서 일본의 유명한 노래를 불렀습니다.
5 남동생은 채소를 요리하여 저녁밥을 만들었습니다.
6 백화점에서 새 구두를 살 생각입니다.
7 그 문은 잡아당기면 열립니다.
8 자전거로 숲 속을 지났습니다.
9 형은 공장에 자전거를 타고 다닙니다.
10 얼굴은 한 명씩 모두 다릅니다.

34 기출어휘 확인문제 한자표기

▶ p.68

1 저 가게에서 파는 소고기는 비쌉니다.
2 그들은 콘서트가 시작되는 것을 기다리고 있었습니다.
3 이시하라 씨는 노래를 잘합니다.
4 우리 부장님은 다른 사람에게 일을 잘 시킵니다.
5 어느 마을에도 영화관은 있습니다.
6 최근에는 병원에서 죽는 사람이 많습니다.
7 나는 그렇게 멀리까지는 갈 수 없습니다.
8 볼일이 있어서 여행을 갈 수 없습니다.
9 1톤은 1000킬로그램과 같은 무게입니다.
10 어젯밤 식당에서 친구와 만났습니다.

35 기출어휘 확인문제 한자표기

▶ p.69

1 바다에서 따뜻한 바람이 불어 옵니다.
2 빌린 돈을 약속대로 돌려주었습니다.
3 텔레비전 소리가 들립니다.
4 그녀는 작은 새를 키우고 있다.
5 그 마을을 지도에서 찾았지만 좀처럼 찾을 수 없었다.
6 점심시간에 마을에 가서 책을 샀습니다.
7 이 방에는 스무 명 이상 있다고 생각합니다.
8 배가 아플 때는 이 약이 좋아요.
9 그가 오지 않으면 회의를 하는 의미가 없습니다.
10 그 볼일이 끝나면 부엌에 와 주세요.

36 기출어휘 확인문제 한자표기

▶ p.70

1 어제부터 레스토랑에서 아르바이트를 시작했습니다.
2 저녁이 되었으니 전깃불을 켜 주세요.
3 점심시간에 시내에 가서 사진을 찍었습니다.
4 여름 방학에는 오키나와를 여행할 예정입니다.
5 선생님이 올 때까지 교실에서 조용히 기다립시다.
6 그들은 하루에 두 번밖에 식사를 하지 않습니다.
7 아빠는 고등학교에서 영어를 가르치고 있습니다.
8 옷을 입지 않고 밖에 나가면 안 됩니다.
9 지금 자동차 운전을 막 배우기 시작했습니다.
10 멀리 파란 빛이 보였습니다.

37 기출어휘 확인문제 한자표기

▶ p.71

1 회사 옥상에서 시내 경치가 잘 보입니다.
2 개가 발로 문을 열었습니다.
3 일본어 주소 쓰는 법을 알려 주세요.
4 여러분, 식당에 모여 주세요.
5 여름 방학이 끝나면 학교가 바빠집니다.
6 이 산에는 가을에 잎이 빨개지는 나무가 많습니다.
7 시계가 고장 났기 때문에 구입한 가게에서 고쳤습니다.
8 야마다 씨는 지난주 백화점에서 시계를 샀다고 말했습니다.
9 바람이 멎고 구름 사이로 달이 보였습니다.
10 그 영화를 볼 수 있었던 것은 지난주까지였습니다.

38 기출어휘 확인문제 한자표기

▶ p.72

1 이 오래된 절은 500년 전에 세워졌습니다.
2 태풍이 오니까 서둘러 집에 갑시다.
3 회의실은 무척 어둡습니다.
4 남동생은 할아버지가 만든 회사에서 일하고 있습니다.
5 배가 부르니 졸려 왔다.
6 그 문제를 30분이나 생각했지만 답을 내지 못했다.
7 오늘 밤에는 눈이 내릴 것 같습니다.
8 식사 전에는 손을 씻으세요.
9 일본은 한국이나 중국에서 채소를 수입합니다.
10 컴퓨터는 바르게 사용하지 않으면 작동하지 않습니다.

39 기출어휘 확인문제 한자표기

▶ p.73

1 주소가 바뀐 경우에는 알려 주세요.
2 벽이 어두워서 밝은 그림을 장식했습니다.
3 나는 무언가 쓸 것이 없는지 서랍을 찾아보았다.
4 욕조에 들어가 몸을 씻었다.
5 10km를 세 시간 동안 걸었다.
6 의사의 의견을 들었습니다.
7 오늘은 영어 수업이 없습니다.
8 내 자동차는 은색입니다.
9 아르바이트 경험은 있습니까?
10 언니는 고양이에 대한 연구를 합니다.

40 기출어휘 확인문제 한자표기

▶ p.74

1 이 주변은 특히 교통(통행)이 빈번합니다.
2 올해 겨울에는 눈이 적게 내렸습니다.
3 나는 기타를 배우고 싶습니다.
4 지하철은 만원이어서 앉을 자리가 없었다.
5 어제 서점에서 잡지를 샀습니다.
6 그 소프트웨어를 사용해 보니 무척 편리했다.
7 그 방은 입구는 좁지만 안은 넓다.
8 나는 매일 아침 산책을 합니다.
9 저기요, 요리가 아직 안 왔는데요.
10 오늘 아침 신문에서 그 사건을 알았다.

41 기출어휘 확인문제 한자표기 ▶ p.79

1 역 서쪽 광장에 모여 주세요.
2 오늘 배가 항구에 돌아왔습니다.
3 모리 씨의 누나는 의학을 공부하고 있습니다.
4 홋카이도의 겨울은 빨라서 11월에는 눈이 내리기 시작한다.
5 그 꽃병은 중요하므로 조심해서 옮겨 주세요.
6 역 매점에서 신문을 샀습니다.
7 여동생은 카메라를 갖고 싶어합니다.
8 그렇게 멀지 않으니까 걸어 갑시다.
9 스즈키 씨는 공장에서 일하고 있습니다.
10 이 짐은 무거워서 혼자 들 수 없습니다.

42 기출어휘 확인문제 한자표기 ▶ p.80

1 저 일본어 책은 빨리 돌려주세요.
2 어릴 적의 일을 떠올려서 작문을 써 주세요.
3 겨울이 끝나고 많은 새가 북쪽으로 돌아갔습니다.
4 시계를 만드는 회사에서 일하고 있습니다.
5 일본의 6월은 다른 달에 비해 비 오는 날이 많다.
6 봄에는 예쁜 색 꽃이 많이 핍니다.
7 틀린 글자를 빨간 잉크로 고쳤습니다.
8 열이 내렸으니 내일은 일어나서 일을 할 수 있을 것이다.
9 바이올린으로 맞는 음을 내는 것은 어렵습니다.
10 그쪽에 돈이 도착하면 연락을 주세요.

43 기출어휘 확인문제 한자표기 ▶ p.81

1 은행은 아침 아홉 시부터 오후 세 시까지 열려 있습니다.
2 그 일은 여덟 시에 시작합니다.
3 저 가게에서는 케이크를 저렴하게 팔고 있습니다.
4 여동생은 밝은 색 옷을 입고 싶어합니다.
5 무거운 짐을 들고 계단을 오르는 것은 힘듭니다.
6 강아지를 돌봐달라고 여자친구에게 부탁했습니다.
7 오늘 새 가방을 살 생각입니다.
8 죽은 아빠를 한 번 더 만나고 싶습니다.
9 서랍 안을 정리하고 있자니 낡은 편지가 나왔다.
10 일본에서 가장 유명한 산은 후지산입니다.

44 기출어휘 확인문제 한자표기 ▶ p.82

1 더 천천히 말해 주세요.
2 이 까만 가방은 무거워서 혼자서 들 수 없습니다.
3 여름 방학의 추억을 작문에 썼습니다.
4 언젠가 전세계를 여행해 보고 싶다.
5 회의에는 서른 명 정도 참석했습니다.
6 교통 사고 때문에 다친 남성이 병원으로 옮겨졌다.
7 작년 양력설에 엄마에게 옷과 편지를 보냈습니다.
8 아침 다섯 시부터 여섯 시까지가 내 공부 시간입니다.
9 형은 일본 공업에 대해 잘 압니다.
10 아침 일찍 산책하는 것을 좋아합니다.

45 기출어휘 확인문제 한자표기 ▶ p.83

1 월요일 아침에는 평소보다 빨리 일어납니다.
2 다음 역에서 내려서 버스로 갈아타세요.
3 누나가 내게 어울리는 스웨터를 골라 주었습니다.
4 저녁에 송아지가 태어났습니다.
5 수업이 시작되는 종이 울리고 있습니다.
6 재미있는 영화라고 들었기 때문에 꼭 보고 싶습니다.
7 그와 나는 고등학교는 같았지만 대학은 다르다.
8 콘서트는 일곱 시부터라서 지금 집을 나가면 충분히 시간에 맞을 겁니다.
9 이 길을 똑바로 가면 공원이 있습니다.
10 야마시타 씨와 점심 무렵 역에서 헤어졌습니다.

46 기출어휘 확인문제 한자표기 ▶ p.84

1 서두르지 않으면 회의 시간에 맞출 수 없다.
2 이 식사는 두 사람에게는 충분합니다.
3 이 방은 밝고 넓습니다.
4 꼭 시간을 만들어 놀러 와 주세요.
5 시합은 태풍 때문에 중지되었습니다.
6 그녀는 이 병원에서 의사로서 일하고 있습니다.
7 밤이 되고 갑자기 추워졌습니다.
8 나는 전부터 사장님을 알고 있었습니다.
9 여섯 시에 일어나 커피를 마시고 나서 공부했습니다.
10 어제 배운 단어의 의미가 생각나지 않는다.

문제3 문맥규정

문제 3 ( ) 에 무엇을 넣습니까? 1·2·3·4 중에서 가장 적당한 것을 하나 고르세요.

47 기출어휘 확인문제 문맥규정 ▶ p.90

1 그 문제에 관해 모든 사람의 의견을 들었습니다.
2 스마트폰은 필요해질 때에 사 줄게요.
3 우표를 붙이는 것을 잊고 편지를 보내 버렸다.
4 색종이를 가위나 커터칼로 자르면 깔끔하게 못 자르는 일은 없습니까?
5 이 강은 무척 깊기 때문에 위험합니다.
6 늘 가방 안에 얇은 책을 두세 권 넣어 놓습니다.
7 그 새 레스토랑은 다음 주부터 영업을 시작합니다.
8 이 길을 똑바로 나아가면 왼쪽에 은행이 있습니다.

9 어제 우리집 개가 새끼를 네 마리 낳았습니다.
10 시험 결과는 그다지 좋지 않았습니다.

48 기출어휘 확인문제 **문맥규정**

▶ p.91

1 그 소년은 받은 세뱃돈을 전부 은행에 저금했습니다.
2 우리 팀은 5점 차로 졌다.
3 냉장고 상태가 나빠서 슬슬 다시 사야 합니다.
4 대학에 가고 싶다면 열심히 공부하지 않으면 안 됩니다.
5 매일 아침 산책을 하는 것이 엄마의 습관입니다.
6 장난감을 사 준다고 말하니 아들은 기뻐서 쇼핑에 따라왔다.
7 학생은 누구든 이 컴퓨터를 이용할 수 있습니다.
8 나는 친구에게 나카무라 씨의 가족과 함께 스키를 가지 않겠냐는 초대를 받았다.
9 이 근처에서 어딘가 괜찮은 레스토랑을 소개해 주지 않겠습니까?
10 아빠는 내게 장래 꿈에 대해 물었습니다.

49 기출어휘 확인문제 **문맥규정**

▶ p.92

1 그 일은 꼭 제게 시켜 주세요.
2 나는 오늘 다섯 시에 친구와 만날 약속이 있습니다.
3 소중히 여겼던 책을 잃어 버렸습니다.
4 나는 수영을 별로 못하기 때문에 늘 수영장의 얕은 쪽에서 헤엄칩니다.
5 선생님의 결혼식에 초대를 받았습니다.
6 중요한 서류는 안전한 곳에 보관합니다.
7 내가 일본에 갔을 때 야마다 씨가 안내해 주었다.
8 방 냉방을 켜서 시원하게 만듭니다.
9 이 교실에는 즐거운 추억이 많이 있습니다.
10 형과 키를 비교했습니다.

50 기출어휘 확인문제 **문맥규정**

▶ p.93

1 그녀는 아까부터 계속 울고 있는데 이유를 모르겠다.
2 오늘 아침 우에노 씨는 늦잠을 자서 회사에 늦었습니다.
3 이 돌은 단단해서 좀처럼 깨지지 않는다.
4 스즈키 씨에게 하와이 여행 기념선물로 티셔츠를 받았다.
5 나는 미국에서 5년 동안 일본어를 가르친 경험이 있습니다.
6 레스토랑 계산대에서 5000엔 지불했습니다.
7 이 컴퓨터는 어딘가 고장 난 상태입니까?
8 내가 떨어뜨린 콘택트렌즈를 그곳에 있던 점원이 찾아 주었습니다.
9 이 양파는 잘게 썰어 주세요.
10 밤늦게까지 깨 있었기 때문에 오늘 아침은 졸립다.

51 기출어휘 확인문제 **문맥규정**

▶ p.94

1 외국어 책을 일본어로 번역했습니다.
2 저 사람은 늘 공손한 말을 사용합니다.
3 우리는 축제가 열린 공원을 깨끗하게 정리하였습니다.
4 이 커피는 너무 써서 못 마십니다.
5 새 일에 점점 익숙해졌습니다.
6 저 사람이 친절하게 대해 주었기 때문에 감사 인사를 했습니다.
7 저녁에는 무서운 꿈을 꾸어서 잘 못 잤습니다.
8 깬 컵을 빨리 정리해 주세요.
9 아빠는 대지진이 일어나지 않을까 걱정하고 있습니다.
10 쓰레기를 버리기 전에 분리해야 합니다.

52 기출어휘 확인문제 **문맥규정**

▶ p.95

1 점원은 내게 스마트폰 사용법을 설명했습니다.
2 내 키는 1미터 80센티미터입니다.
3 다카하시 씨는 아기를 키우느라 매일 바쁩니다.
4 어젯밤에는 메일을 체크하는 것을 잊어 버렸습니다.
5 오늘 전철이 늦어서 수업에 10분 지각했습니다.
6 자동차를 운전할 때에는 아무리 조심해도 지나치지 않는다.
7 아들은 친구의 집에 가서 묵고 올 거라고 말했습니다.
8 구입한 시계가 불량품이었기 때문에 이튿날 교환 받았다.
9 수리 공장에 가니 우리집 자동차는 벌써 수리되어 있었다.
10 이 세제는 의류에 묻은 싫은 냄새를 지워 줍니다.

53 기출어휘 확인문제 **문맥규정**

▶ p.96

1 이 가게에서는 이 케이크가 가장 인기가 있습니다.
2 다음 역에서 쾌속 전철로 갈아타면 다카오 역에 빨리 도착할 수 있습니다.
3 야마다 씨는 테이프를 가위로 싹둑 반으로 잘랐습니다.
4 사토 씨를 얼핏 봤을 뿐인데 확실히 병이라는 것을 알았다.
5 고바야시 씨는 10년 동안에 여섯 번 이사를 했다고 합니다.
6 그 가게에 가면 일상생활에 필요한 것은 모두 갖췄습니다.
7 저녁에 남동생은 꽃병을 떨어뜨려서 깨고 말았습니다.
8 즐거웠던 여름 방학이 내일로 드디어 끝납니다.
9 누나는 지금 부재중입니다.
10 나는 외출하니까 빨래를 부탁할게요.

54 기출어휘 확인문제 **문맥규정**

▶ p.101

1 야마다 씨는 주 2회 가정교사 아르바이트를 하고 있습니다.
2 충분히 조심했지만 계획은 들통 나고 말았다.
3 일본에서는 먹을거리나 집 가격이 비싸서 생활이 어렵습니다.
4 제가 도착한 것을 아버지에게 전해 주세요.
5 혼다 씨가 파티에 올 수 없었던 것은 정말 아쉽습니다.
6 우치다 씨는 사소한 일로 친구와 싸웠습니다.
7 손님이 일곱 명이라면 컵이 하나 모자란다.
8 아이들은 해안의 쓰레기를 주워서 깨끗하게 했습니다.
9 인터넷에서 비행기 시간을 찾아보았다.
10 고바야시 씨는 매월 3만 엔씩 저금합니다.

55 기출어휘 확인문제 문맥규정 ▶p.102

1 그는 옆집 피아노 소리가 **시끄럽다**고 투덜투덜 말했습니다.
2 그 나무는 바위처럼 **단단해서** 깎을 수 없었습니다.
3 그녀는 목이 **말라서** 그 이상 걸을 수 없었습니다.
4 결석한 진짜 **이유**는 무엇입니까?
5 유치원에 아이를 차로 **데리러** 갈 시간입니다.
6 이 메모는 **작은** 글자로 쓰여 있기 때문에 읽기 어려웠습니다.
7 다음 주 토요일에 친구를 집에 **초대**해서 파티를 하기로 했습니다.
8 우리집에서는 식사 중에도 텔레비전을 보는 **습관**이 들어 있습니다.
9 저녁밥 **준비**가 있어서 이제 돌아가겠습니다.
10 야마시타 씨는 성공할 때까지 몇 번이나 **실패**를 거듭했습니다.

56 기출어휘 확인문제 문맥규정 ▶p.103

1 오늘 아침 영화 **티켓**을 두 장 샀습니다.
2 세계에서 가장 **깊은** 바다는 어디입니까?
3 이 주변은 **안전**해서 살기 좋습니다.
4 어려운 문제였지만 답을 **간신히** 알았습니다.
5 나는 일본 영화에 **관심**이 있습니다.
6 추워졌기 때문에 슬슬 **난방**이 필요합니다.
7 아들이 **장난감**을 망가뜨렸습니다.
8 사고로 머리를 **부딪쳤기** 때문에 병원으로 옮겨졌다.
9 그 드라마는 매주 일요일에 **방송**되고 있습니다.
10 어제 새 **컴퓨터**를 한 대 샀습니다.

57 기출어휘 확인문제 문맥규정 ▶p.104

1 4에 5를 **더하면** 9가 됩니다.
2 일본 문학에 대해 **보고서**를 썼습니다.
3 이 도서관은 오후 아홉 시까지 **이용**할 수 있습니다.
4 이 나라에서는 자동차 **생산**이 늘고 있습니다.
5 나는 친구에게 여행 **기념** **선물**을 받았다.
6 나는 **부드러운** 빵을 좋아합니다.
7 도쿄 **교외**에 작은 집을 샀습니다.
8 무거운 피아노를 옮겨서 **팔**이 아팠다.
9 600엔짜리 물건을 사고 1000엔을 내면 **잔돈**은 400엔입니다.
10 한달 30,000엔 **이하**의 방을 빌리고 싶습니다.

58 기출어휘 확인문제 문맥규정 ▶p.105

1 테니스 시합은 비 때문에 **중지**합니다.
2 아들은 밖에서 노는 것보다 혼자 **게임**을 하는 것을 좋아합니다.
3 혹시 캐나다에 갈 **기회**가 있다면 꼭 가세요.
4 정치는 국민 생활에 깊은 **관계**를 갖고 있다.
5 빌딩 **옥상**에 나오면 후지산이 보이는 경우가 있습니다.
6 태풍 때문에 커다란 나뭇가지가 **부러져** 버렸다.
7 **이런**, 이상하네. 컴퓨터가 작동을 안 해.
8 친구가 일기를 봐서 무척 **부끄러웠다**.
9 마당에 예쁜 꽃을 **심읍시다**.
10 자동차가 천천히 언덕을 올라왔습니다.

59 기출어휘 확인문제 문맥규정 ▶p.106

1 **아까** 전화가 왔었어요.
2 **슬슬** 식사 준비가 다 될 참이에요.
3 아이 사진을 책상 위에 **장식했습니다**.
4 사용하던 컴퓨터가 망가져 버렸습니다. **고쳤더니** 돈이 꽤 들었습니다.
5 집을 나올 때는 '**다녀오겠습니다**'라고 말합니다.
6 책상 **서랍**에 중요한 것을 넣어 둡니다.
7 이 시험에서 80점 **이상** 받으면 졸업할 수 있습니다.
8 쉬는 사람은 전화로 내게 **연락**해 주세요.
9 새 사전을 사용해 봤지만 그다지 **도움이 되지 않았다**.
10 좋은 **기술**을 가진 사람은 어디를 가도 일자리가 있습니다.

60 기출어휘 확인문제 문맥규정 ▶p.107

1 텔레비전 **프로그램** 중에서 무엇을 가장 좋아합니까?
2 **기회**가 있어서 그 모임에 참석할 수 있었습니다.
3 아파트 열쇠는 어제 **분명히** 여기에 있었습니다.
4 내일은 테스트가 있으니 **가능한 한** 빨리 오세요.
5 야마다 씨의 자동차는 일본**제**입니다.
6 외출하기 전에 잠깐 **거울**을 보고 머리카락을 정돈합니다.
7 일에 관한 것은 부모님과 **상의하여** 정합니다.
8 회의는 예정보다 30분 **늦게** 시작했습니다.
9 오늘은 비가 오고 **게다가** 바람도 세다.
10 A "지금 창문을 열어도 되나요?"
B "네, **상관없어요**."

61 기출어휘 확인문제 문맥규정 ▶p.108

1 감기에 걸렸기 때문에 **목**이 아픕니다.
2 선생님 지금 리포트를 **제출해도** 되나요?
3 집에 좀 **들렀다** 가지 않겠습니까?
4 방 **벽**에는 여러 가지 그림과 달력이 걸려 있습니다.
5 여섯 시에 만날 **약속**을 했는데 그녀는 오지 않았습니다.
6 **아무리** 늦어도 야마다 씨는 일곱 시에는 도착할 거야.
7 그는 슈퍼에서 **파트타임** 일을 하고 있습니다.
8 당신은 영어 **또는** 일본어를 할 줄 압니까?
9 내일 시험이 있습니다. **그래서** 오늘은 놀지 않고 공부합니다.
10 손님이 오시므로 **무례한** 일을 하지 않게 조심해 주세요.

62 기출어휘 확인문제 문맥규정

▶p.109

1 배가 불러서 졸려졌습니다.
2 커피에 설탕을 넣지 않으면 씁니다.
3 이 분을 직원실로 안내해 주세요.
4 손으로 물건을 만지지 마세요.
5 전력을 다하지 못한 학생이 있던 것을 아쉽게 생각합니다.
6 당신은 자신의 장래에 대해 더욱 진지하게 생각해야 합니다.
7 아들이 입시 전 중요한 때이므로 우리집은 여행을 가지 않기로 했다.
8 나카무라 씨는 너무 일을 많이 해서 결국 병에 걸리고 말았습니다.
9 저 사람은 자주 늦잠을 자서 학교에 늦습니다
10 이 향수는 비누 같은 냄새가 납니다.

63 기출어휘 확인문제 문맥규정

▶p.110

1 그 회사는 여러 나라와 식료품 무역을 하고 있습니다.
2 컴퓨터에 대해서 모른다는 사람은 점점 드물어지고 있습니다.
3 비행기 예약을 하지 못했기 때문에 신칸센을 이용했습니다.
4 그 여관에 도착했을 때 이미 목욕 준비가 되어 있었습니다.
5 네가 열심히 그렇게 말한다면 하룻밤 동안 잘 생각해 볼게.
6 그 아이는 게임소프트를 훔치려고 하는 것을 들켰다.
7 일이 끝났을 때 데이터를 백업하는 것을 사내에서 규칙으로 삼았다.
8 그 주유소에서는 아르바이트 학생을 찾고 있습니다.
9 네가 혼자서 거기에 가는 것은 위험하다.
10 야마모토 씨는 가게 앞에 차를 세웠다.

64 기출어휘 확인문제 문맥규정

▶p.114

1 조금 더 설탕을 넣어서 달게 해 주세요.
2 수업이 끝나고 나서 다같이 노래 연습을 합니다.
3 이번 달 전기요금은 아직 내지 않았습니다.
4 몸에 좋지 않아서 술도 담배도 끊었습니다.
5 영어 예습을 하고 나서 저녁밥을 먹었습니다.
6 방 벽에 예쁜 그림이 걸려 있습니다.
7 더욱 성실하게 공부하는 편이 좋아요.
8 우리 아빠와 엄마는 몹시 엄합니다.
9 오늘 아침부터 몸 상태가 나쁩니다.
10 비가 드디어 멎었습니다.

65 기출어휘 확인문제 문맥규정

▶p.115

1 이 시계는 물에 젖어도 괜찮습니다.
2 야마다 씨의 취미는 배구를 하는 것입니다.
3 나는 쓰고 있던 모자를 벗고 인사를 했습니다.
4 주유소에서 오토바이에 기름을 넣었습니다.
5 올해 대학에 입학할 수 있었기 때문에 무척 기뻤습니다.
6 형은 아빠와 얼굴이 무척 닮았습니다.
7 맛있었기 때문에 몽땅 먹어 버렸습니다.
8 그는 어제 S대학 입학시험을 보았다.
9 미치코 씨는 검은 샌들을 신고 있습니다.
10 미국에 있는 친구에게 메일을 받았다.

66 기출어휘 확인문제 문맥규정

▶p.116

1 길에서 지갑을 주웠기 때문에 파출소에 가져다 주었습니다.
2 나는 과일은 무엇이든 좋아하지만 특히 사과를 아주 좋아합니다.
3 이 샌들은 저 샌들보다 신기 편합니다.
4 그 선생님은 무척 무섭습니다.
5 A "언니의 병은 괜찮아졌나요?"
B "네, 덕분에요."
6 대학에서 일본어를 배웠는데 벌써 잊어 버렸습니다.
7 저 집에는 어린 아이가 많이 있습니다.
8 엄마의 병이 낫기를 기도하고 있습니다.
9 야마다 씨는 아르바이트를 하면서 학교에 다니고 있습니다.
10 공항에서 여기까지 전철로 한 시간이면 올 수 있습니다.

67 기출어휘 확인문제 문맥규정

▶p.117

1 뜨거운 물이 끓었기 때문에 차를 마십시다.
2 어두워졌으니 슬슬 돌아갑시다.
3 야마다 선생님은 지금 어느 호텔에 머물고 있습니까?
4 일본에서는 야구가 흥합니다.
5 아빠는 외국에 가면 항상 기념품을 사옵니다.
6 나는 일본에 오고 나서 쭉 이 아파트에 살고 있습니다.
7 '안녕하세요' 하고 다나카 선생님에게 인사했습니다.
8 이 학교 규칙에 따르면 학생은 여섯 시 지나고 나서 학교에 있으면 안 됩니다.
9 친구가 입원했기 때문에 병문안을 갔습니다.
10 이케다 씨는 주에 이틀 수영을 배우고 있습니다.

68 기출어휘 확인문제 문맥규정

▶p.118

1 A "커피 한 잔 더 어떠신가요?"
B "아니요, 이제 괜찮습니다."
2 버스 안에서 지갑을 잃어버렸습니다.
3 어느 컴퓨터가 가장 가격이 저렴합니까?
4 시간이 있을 때 한번 놀러 오세요.
5 새로 들어온 사원에게 일 하는 방법을 가르쳤다.
6 우리집 강아지는 모르는 사람을 보면 꼭 짖습니다.
7 스즈키 씨가 다른 동네로 이사한다고 들어서 무척 슬펐다.
8 이 문제에 대해서는 잠시 상황을 봅시다.
9 저 사람은 아직 일에 익숙하지 않기 때문에 작업이 늦는다.
10 좋은 경치이니 천천히 운전해 갑시다.

문제4 유의표현

**문제 4 ______의 문장과 거의 같은 의미의 문장이 있습니다.
1·2·3·4에서 가장 적당한 것을 하나 고르세요.**

69 기출어휘 확인문제 유의표현
▶p.124

1 비가 억수로 내리고 있습니다.
1 비가 하루 종일 내리고 있습니다.
2 비가 이따금 내리고 있습니다.
3 비가 약하게 내리고 있습니다.
4 비가 세차게 내리고 있습니다.

2 공항은 여기에서 조금 멉니다.
1 비행기를 타는 곳은 여기에서 조금 멉니다.
2 멋진 그림을 보여주는 곳은 여기에서 조금 멉니다.
3 강의를 듣는 곳은 여기에서 조금 멉니다.
4 배를 타는 곳은 여기에서 조금 멉니다.

3 요즘 바빠서 운동할 수 없습니다.
1 요즘 바빠서 아르바이트를 하고 있지 않습니다.
2 요즘 바빠서 스포츠를 하고 있지 않습니다.
3 요즘 바빠서 연락을 하고 있지 않습니다.
4 요즘 바빠서 보살피고 있지 않습니다.

4 이시하라 씨에게 부탁했습니다.
1 이시하라 씨에게 알렸습니다.
2 이시하라 씨에게 돌려주었습니다.
3 이시하라 씨에게 부탁했습니다.
4 이시하라 씨에게 전했습니다.

5 그 이야기는 거짓말이었습니다.
1 그 이야기는 중요했습니다.
2 그 이야기는 진실이었습니다.
3 그 이야기는 중요하지 않았습니다.
4 그 이야기는 진실이 아니었습니다.

70 기출어휘 확인문제 유의표현
▶p.125

1 그 가게에서 가구를 샀습니다.
1 그 가게에서 엽서와 우표를 샀습니다.
2 그 가게에서 바나나와 사과를 샀습니다.
3 그 가게에서 파와 당근을 샀습니다.
4 그 가게에서 탁자와 침대를 샀습니다.

2 야마다 씨는 다나카 씨에게 춤을 배웠습니다.
1 야마다 씨는 다나카 씨에게 춤을 보였습니다.
2 야마다 씨는 다나카 씨에게 춤을 배웠습니다.
3 다나카 씨는 야마다 씨에게 춤을 배웠습니다.
4 다나카 씨는 야마다 씨에게 춤을 보였습니다.

3 제3과를 수업 전에 공부했습니다.
1 제3과를 수업 전에 예약했습니다.
2 제3과를 수업 전에 준비했습니다.
3 제3과를 수업 전에 예습했습니다.
4 제3과를 수업 전에 예정했습니다.

4 여기는 자동차를 만드는 곳입니다.
1 여기는 자동차 주차장입니다.
2 여기는 자동차 공장입니다.
3 여기는 자동차 입구입니다.
4 여기는 자동차 출구입니다.

5 그 나라는 쌀을 다른 나라에서 삽니다.
1 그 나라는 쌀을 수입합니다.
2 그 나라는 쌀을 수출합니다.
3 그 나라는 쌀을 주문합니다.
4 그 나라는 살을 생산합니다.

71 기출어휘 확인문제 유의표현
▶p.126

1 이 양파는 잘게 썰어 주세요.
1 이 양파는 작게 썰어 주세요.
2 이 양파는 길게 썰어 주세요.
3 이 양파는 두껍게 썰어 주세요.
4 이 양파는 크게 썰어 주세요.

2 나는 수영장에서 헤엄치는 것을 좋아합니다.
1 나는 운동을 좋아합니다.
2 나는 산책을 좋아합니다.
3 나는 견학을 좋아합니다.
4 나는 수영을 좋아합니다.

3 어두운 길을 혼자 걷는 것은 위험합니다.
1 어두운 길을 혼자 걷는 것은 반대입니다.
2 어두운 길을 혼자 걷는 것은 반대가 아닙니다.
3 어두운 길을 혼자 걷는 것은 위험합니다.
4 어두운 길을 혼자 걷는 것은 위험하지 않습니다.

4 다나카 씨는 이 계획에 찬성입니까?
1 다나카 씨는 이 계획은 빨리 끝난다고 생각합니까?
2 다나카 씨는 이 계획은 늦게 끝난다고 생각합니까?
3 다나카 씨는 이 계획은 좋다고 생각합니까?
4 다나카 씨는 이 계획은 나쁘다고 생각합니까?

5 그 회의에 지각하지 마세요.
1 그 회의가 끝나는 시간에 늦지 마세요.
2 그 회의가 시작하는 시간에 늦지 마세요.
3 그 회의가 계속되는 시간에 늦지 마세요.
4 그 회의가 모이는 시간에 늦지 마세요.

72 기출어휘 확인문제 유의표현
▶p.127

1 장래 계획을 다같이 이야기했습니다.
1 마지막 계획을 다같이 이야기했습니다.
2 지금까지의 계획을 다같이 이야기했습니다.
3 최초의 계획을 다같이 이야기했습니다.
4 앞으로의 계획을 다같이 이야기했습니다.

2 스즈키 씨가 그린 그림은 아름답습니다.
1 스즈키 씨가 그린 그림은 예쁩니다.
2 스즈키 씨가 그린 그림은 예쁘지 않습니다.
3 스즈키 씨가 그린 그림은 싫습니다.
4 스즈키 씨가 그린 그림은 싫지 않습니다.

3 **살기 위해서는 물이 필요합니다.**
1 살기 위해서는 물이 시작됩니다.
2 살기 위해서는 물이 바뀝니다.
3 살기 위해서는 물이 필요합니다.
4 살기 위해서는 물이 난처합니다.

4 **나는 다나카 씨에게 감사 인사를 했습니다.**
1 나는 다나카 씨에게 '실례합니다'라고 말했습니다.
2 나는 다나카 씨에게 '고맙습니다'라고 말했습니다.
3 나는 다나카 씨에게 '오래 기다리셨습니다'라고 말했습니다.
4 나는 다나카 씨에게 '축하합니다'라고 말했습니다.

5 **아이는 엄마에게 혼이 났습니다.**
1 아이는 엄마에게 칭찬을 받았습니다.
2 아이는 엄마에게 비웃음을 샀습니다.
3 아이는 엄마에게 키워졌습니다.
4 아이는 엄마에게 야단을 맞았습니다.

73 기출어휘 확인문제 유의표현 ▶p.128

1 **자동차가 너무 많이 달리고 있어서 놀랐습니다.**
1 자동차가 너무 많이 달리고 있어서 화가 났습니다.
2 자동차가 너무 많이 달리고 있어서 놀랐습니다.
3 자동차가 너무 많이 달리고 있어서 난처했습니다.
4 자동차가 너무 많이 달리고 있어서 울었습니다.

2 **몸을 소중히 해 주세요.**
1 몸을 멋지게 해 주세요.
2 몸을 소중히 해 주세요.
3 몸을 튼튼하게 해 주세요.
4 몸을 오래되게 해 주세요.

3 **야마다 씨의 주소를 알려 주세요.**
1 야마다 씨가 가르치고 있는 장소를 알려 주세요.
2 야마다 씨가 말하고 있는 장소를 알려 주세요.
3 야마다 씨가 살고 있는 장소를 알려 주세요.
4 야마다 씨가 일하고 있는 장소를 알려 주세요.

4 **어젯밤 지갑을 떨어뜨렸습니다.**
1 어젯밤 지갑을 빌렸습니다.
2 어젯밤 지갑을 주웠습니다.
3 어젯밤 지갑을 샀습니다.
4 어젯밤 지갑을 잃어버렸습니다.

5 **이 주변에 까마귀가 늘었습니다.**
1 이 주변에 까마귀가 많아졌습니다.
2 이 주변에 까마귀가 줄었습니다.
3 이 주변에 까마귀가 커졌습니다.
4 이 주변에 까마귀가 작아졌습니다.

74 기출어휘 확인문제 유의표현 ▶p.135

1 **나는 과장님에게 인사했습니다.**
1 나는 과장님에게 '얼마입니까?'라고 말했습니다.
2 나는 과장님에게 '안녕하세요'라고 말했습니다.
3 나는 과장님에게 '앉으세요'라고 말했습니다.
4 나는 과장님에게 '한잔 더 어떻습니까?'라고 말했습니다.

2 **손가락이 잉크 때문에 더러워져 있습니다.**
1 손가락이 잉크 때문에 빨갛습니다.
2 손가락이 잉크 때문에 깨끗합니다.
3 손가락이 잉크 때문에 더럽습니다.
4 손가락이 잉크 때문에 위험합니다.

3 **엄마는 부재중입니다.**
1 엄마는 바쁩니다.
2 엄마는 자고 있습니다.
3 엄마는 집에 있습니다.
4 엄마는 외출했습니다.

4 **스즈키 씨는 지난달 귀국했습니다.**
1 스즈키 씨는 지난달 고국에 돌아왔습니다.
2 스즈키 씨는 지난달 집에 돌아왔습니다.
3 스즈키 씨는 지난달 외국에 갔습니다.
4 스즈키 씨는 지난달 여행을 갔습니다.

5 **아침 버스는 붐빕니다.**
1 아침 버스는 금방 옵니다.
2 아침 버스는 좀처럼 오지 않습니다.
3 아침 버스에는 사람이 별로 없습니다.
4 아침 버스에는 사람이 많이 있습니다.

75 기출어휘 확인문제 유의표현 ▶p.136

1 **내일 여섯 시에 오는 것은 무리입니다.**
1 내일 여섯 시에 오게 합니다.
2 내일 여섯 시에 오기로 합니다.
3 내일 여섯 시에 올 수 없습니다.
4 내일 여섯 시에 와야 합니다.

2 **야마다 씨는 반드시 온다고 생각합니다.**
1 야마다 씨는 꼭 옵니다.
2 야마다 씨는 이따금 옵니다.
3 야마다 씨는 똑바로 옵니다.
4 야마다 씨는 천천히 옵니다.

3 **나는 스즈키 씨에게 사과했습니다.**
1 나는 스즈키 씨에게 '덕분에'라고 말했습니다.
2 나는 스즈키 씨에게 '그건 안되겠어요'라고 말했습니다.
3 나는 스즈키 씨에게 '축하합니다'라고 말했습니다.
4 나는 스즈키 씨에게 '미안합니다'라고 말했습니다.

4 **이 레스토랑은 항상 비어 있습니다.**
1 이 레스토랑은 늘 가격이 비쌉니다.
2 이 레스토랑은 늘 손님이 적습니다.
3 이 레스토랑은 항상 음식이 맛있습니다.
4 이 레스토랑은 늘 점원이 친절합니다.

5 **슬슬 식사를 합시다.**
1 슬슬 목욕합시다.
2 슬슬 밥을 먹읍시다.
3 슬슬 실례합시다.
4 슬슬 잡시다.

76 기출어휘 확인문제 **유의표현**

▶p.137

1 **날이 저물었습니다.**
1 하늘이 갰습니다.
2 하늘이 흐렸습니다.
3 하늘이 어두워졌습니다.
4 하늘이 빨개졌습니다.

2 **옛날에는 교육을 받을 수 있는 사람은 많지 않았습니다.**
1 옛날에는 많은 사람이 학교에 갈 수 없었습니다.
2 옛날에는 많은 사람이 회사에 갈 수 없었습니다.
3 옛날에는 많은 사람이 축하를 받을 수 없었습니다.
4 옛날에는 많은 사람이 병문안을 받을 수 없었습니다.

3 **어제 숙제는 간단했습니다.**
1 어제 숙제는 복잡했습니다.
2 어제 숙제는 힘들었습니다.
3 어제 숙제는 쉬웠습니다.
4 어제 숙제는 어려웠습니다.

4 **지하철 안에서 소란을 피우지 마세요.**
1 지하철 안에서 더럽히지 마세요.
2 지하철 안에서 시끄럽게 하지 마세요.
3 지하철 안에서 담배를 피우지 마세요.
4 지하철 안에서 음식을 먹지 마세요.

5 **이 글자는 틀리기 쉽다.**
1 이 글자는 틀리는 사람이 조금밖에 없다.
2 이 글자는 틀리는 사람이 전혀 없다.
3 이 글자는 틀리는 사람이 적다.
4 이 글자는 틀리는 사람이 많다.

77 기출어휘 확인문제 **유의표현**

▶p.138

1 **먼저 이 일을 해 주세요.**
1 가급적 이 일을 해 주세요.
2 처음에 이 일을 해 주세요.
3 확실히 이 일을 해 주세요.
4 열심히 이 일을 해 주세요.

2 **이 계단은 미끄러지기 쉬우므로 조심하세요.**
1 이 계단은 흔들기 어렵습니다.
2 이 계단은 보이기 어렵습니다.
3 이 계단은 걷기 어렵습니다.
4 이 계단은 들리기 어렵습니다.

3 **형은 다음 주에 퇴원합니다.**
1 형은 다음 주에 외국에 갑니다.
2 형은 다음 주에 외국에서 돌아옵니다.
3 형은 다음 주에 병원에 갑니다.
4 형은 다음 주에 병원에서 돌아옵니다.

4 **내일 선생님 댁에 찾아뵙겠습니다.**
1 내일 선생님 댁에 오십니다.
2 내일 선생님 댁에 오십니다.
3 내일 선생님 댁에 돌아옵니다.
4 내일 선생님 댁에 찾아뵙겠습니다.

5 **수요일부터 강의에 참석합니다.**
1 수요일부터 대학에서 선생님 이야기를 듣습니다.
2 수요일부터 대학에서 선생님과 회의를 합니다.
3 수요일부터 회사에서 사장님과 회의를 합니다.
4 수요일부터 회사에서 사장님 이야기를 듣습니다.

78 기출어휘 확인문제 **유의표현**

▶p.139

1 **저 기계를 만지면 위험합니다.**
1 저 기계를 만지면 귀엽습니다.
2 저 기계를 만지면 건강합니다.
3 저 기계를 만지면 엄합니다.
4 저 기계를 만지면 위험합니다.

2 **다나카 씨는 수업에 늦었습니다.**
1 다나카 씨는 수업이 시작하기 전에 왔습니다.
2 다나카 씨는 수업이 끝난 후에 왔습니다.
3 다나카 씨는 수업이 시작하고 나서 왔습니다.
4 다나카 씨는 수업이 끝나고 나서 왔습니다.

3 **개를 괴롭히면 안 됩니다.**
1 개를 소중히 여겨 주세요.
2 개를 건강하게 해 주세요.
3 개를 튼튼하게 해 주세요.
4 개를 예쁘게 해 주세요.

4 **딸은 피아노를 잘 칩니다.**
1 딸은 피아노를 싫어합니다.
2 딸은 피아노를 못 칩니다.
3 딸은 피아노를 좋아합니다.
4 딸은 피아노를 잘 칩니다.

5 **그 가게는 비어 있습니다.**
1 그 가게는 손님이 많습니다.
2 그 가게는 손님이 적습니다.
3 그 가게는 손님이 많이 있습니다.
4 그 가게에는 물건이 많이 있습니다.

79 기출어휘 확인문제 **유의표현**

▶p.140

1 **아들을 마중하러 공항에 갔습니다.**
1 공항에서 아들을 보냈습니다.
2 공항에서 아들을 만났습니다.
3 공항에서 아들과 놀았습니다.
4 공항에서 아들과 헤어졌습니다.

2 **야마다 씨는 열심히 공부했습니다.**
1 야마다 씨는 확실히 공부했습니다.
2 야마다 씨는 적당히 공부했습니다.
3 야마다 씨는 열심히 공부했습니다.
4 야마다 씨는 천천히 공부했습니다.

3 **아들 입학식이 있었습니다.**
1 아들이 결혼했습니다.
2 아들이 졸업했습니다.
3 아들이 대학생이 되었습니다.
4 아들이 사회인이 되었습니다.

4 이 방에는 사장님과 부장님 이외에는 들어오지 마세요.
1 이 방에는 누가 들어와도 괜찮습니다.
2 이 방에는 아무도 들어오면 안 됩니다.
3 이 방에 사장님과 부장님은 들어오면 안 됩니다.
4 이 방에 사장님과 부장님은 들어와도 됩니다.

5 남동생은 스포츠를 좋아합니다.
1 남동생은 운동을 좋아합니다.
2 남동생은 쇼핑을 좋아합니다.
3 남동생은 탈것을 좋아합니다.
4 남동생은 공부를 좋아합니다.

80 기출어휘 확인문제 유의표현

▶ p.141

1 이 주변은 교통이 편리합니다.
1 이 주변은 슈퍼나 백화점이 많이 있습니다.
2 이 주변은 역 옆에 많은 아파트가 있습니다.
3 이 주변은 버스나 지하철이 많이 달립니다.
4 이 주변은 많은 나라의 사람이 생활합니다.

2 친구는 파티에 오지 않은 이유를 물었습니다.
1 친구는 파티에 언제 오지 않았는지 물었습니다.
2 친구는 파티에 누가 오지 않았는지 물었습니다.
3 친구는 파티에 어느 정도 오지 않았는지 물었습니다.
4 친구는 파티에 왜 오지 않았는지 물었습니다.

3 오늘 아침에는 늦잠을 잤습니다.
1 오늘 아침에는 일어나는 것이 늦어졌습니다.
2 오늘 아침에는 자는 것이 늦어졌습니다.
3 오늘 아침에는 일찍 잤습니다.
4 오늘 아침에는 일찍 일어났습니다.

4 여동생은 탈것을 무척 좋아합니다.
1 여동생은 과자나 케이크를 무척 좋아합니다.
2 여동생은 딸기나 복숭아를 무척 좋아합니다.
3 여동생은 비행기나 배를 무척 좋아합니다.
4 여동생은 우유나 주스를 무척 좋아합니다.

5 나는 유학 경험이 있습니다.
1 나는 유학을 하고 싶습니다.
2 나는 유학을 한 적이 있습니다.
3 나는 유학을 할 생각입니다.
4 나는 유학을 하게 되었습니다.

81 기출어휘 확인문제 유의표현

▶ p.151

1 나는 야마다 씨에게 '몸조리 잘해'라고 말했습니다.
1 야마다 씨는 이제 학교에 갑니다.
2 야마다 씨는 내일 결혼합니다.
3 야마다 씨는 오늘 스무살이 됩니다.
4 야마다 씨는 지금 아픕니다.

2 이 장소는 안전합니다.
1 이 장소는 안내가 필요없습니다.
2 이 장소는 위험이 많습니다.
3 이 장소는 위험하지 않습니다.
4 이 장소는 안심할 수 없습니다.

3 나는 소고기와 돼지고기 이외에는 먹을 수 있습니다.
1 나는 소고기와 돼지고기밖에 안 먹습니다.
2 나는 소고기도 돼지고기도 안 먹습니다.
3 나는 소고기도 돼지고기도 먹습니다.
4 나는 소고기나 돼지고기 등을 먹습니다.

4 어제 그림 전시회에 갔습니다.
1 어제 그림을 보러 갔습니다.
2 어제 그림을 배우러 갔습니다.
3 어제 그림을 고치러 갔습니다.
4 어제 그림을 그리러 갔습니다.

5 나는 어제 파티 시간을 맞추지 못했습니다.
1 나는 어제 파티가 잘 되지 않았습니다.
2 나는 어제 파티가 없었습니다.
3 나는 어제 파티에 늦었습니다.
4 나는 어제 파티에 빠졌습니다.

82 기출어휘 확인문제 유의표현

▶ p.152

1 남동생은 착실하게 공부하고 있습니다.
1 남동생은 안전하게 공부하고 있습니다.
2 남동생은 열심히 공부하고 있습니다.
3 남동생은 건강하게 공부하고 있습니다.
4 남동생은 떠들썩하게 공부하고 있습니다.

2 이 컴퓨터는 자주 고장납니다.
1 이 컴퓨터는 고장나기 쉽습니다.
2 이 컴퓨터는 깨끗하게 보이지 않습니다.
3 이 컴퓨터는 안전하지 않습니다.
4 이 컴퓨터는 확실합니다.

3 텔레비전에서 뉴스를 보고 놀랐습니다.
1 텔레비전에서 뉴스를 보고 기뻤습니다.
2 텔레비전에서 뉴스를 보고 놀랐습니다.
3 텔레비전에서 뉴스를 보고 떠올렸습니다.
4 텔레비전에서 뉴스를 보고 알았습니다.

4 케이크는 하나도 남아 있지 않습니다.
1 케이크는 조금밖에 없습니다.
2 케이크는 전부 놓여 있습니다.
3 케이크는 조금만 놓여 있습니다.
4 케이크는 전부 먹어 버렸습니다.

5 저기는 주차장입니다.
1 저기는 차를 사는 곳입니다.
2 저기는 차를 파는 곳입니다.
3 저기는 차를 세우는 곳입니다.
4 저기는 차를 수리하는 곳입니다.

83 기출어휘 확인문제 유의표현

▶ p.153

1 야마다 씨의 취미는 무엇입니까?
1 야마다 씨는 어떤 일을 하고 있습니까?
2 야마다 씨는 어떤 곳에 살고 있습니까?
3 야마다 씨는 어떤 것을 하는 것을 좋아합니까?
4 야마다 씨는 어떤 선물을 받았습니까?

2 **내일은 쌀쌀해진다고 합니다.**
1 내일은 맑겠습니다.
2 내일은 흐리겠습니다.
3 내일은 추워지겠습니다.
4 내일은 더워지겠습니다.

3 **한 주 걸러 병원에 다니고 있습니다.**
1 이번 주 병원에 갑니다. 다음에는 다음 주에 갑니다.
2 이번 주 병원에 갑니다. 다음에는 다음다음 주에 갑니다.
3 이번 주는 매일 병원에 갑니다.
4 일주일에 한 번 병원에 갑니다.

4 **내일 결혼식에는 되도록 참석해 주세요.**
1 내일 결혼식에는 반드시 참석해 주세요.
2 내일 결혼식에는 역시 참석해 주세요.
3 내일 결혼식에는 꼭 참석해 주세요.
4 내일 결혼식에는 가능한 한 참석해 주세요.

5 **어젯밤 선생님에게 전화가 왔습니다.**
1 어젯밤 선생님은 내게 전화를 걸었습니다.
2 어젯밤 나는 선생님에게 전화를 걸었습니다.
3 어젯밤 선생님은 내게 전화를 빌렸습니다.
4 어젯밤 나는 선생님께 전화를 빌렸습니다.

84 기출어휘 확인문제 **유의표현**

▶p.154

1 **일이 끝나면 이야기를 합시다.**
1 일을 하면서 이야기를 합시다.
2 일 후에 이야기를 합시다.
3 일 전에 이야기를 합시다.
4 일하지 말고 이야기를 합시다.

2 **형은 지금 부재중입니다.**
1 형은 지금 집에 없습니다.
2 형은 지금 자고 있습니다.
3 형은 지금 바쁩니다.
4 형은 지금 방에 없습니다.

3 **나는 어제 이사했습니다.**
1 나는 어제 집이 바뀌었습니다.
2 나는 어제 일이 바뀌었습니다.
3 나는 어제 학교가 바뀌었습니다.
4 나는 어제 회사가 바뀌었습니다.

4 **나는 이따금 오토바이를 이용합니다.**
1 나는 매일 오토바이를 이용합니다.
2 나는 결코 오토바이를 이용하지 않습니다.
3 나는 그다지 오토바이를 이용하지 않습니다.
4 나는 항상 오토바이를 이용합니다.

5 **여동생은 이미 퇴원했습니다.**
1 여동생은 이미 학교를 그만두었습니다.
2 여동생은 이미 대학에 들어갔습니다.
3 여동생은 이미 스무살이 되었습니다.
4 여동생은 이미 병이 나았습니다.

85 기출어휘 확인문제 **유의표현**

▶p.155

1 **일은 거의 끝났습니다.**
1 일은 전부 끝났습니다.
2 일은 거의 끝났습니다.
3 일은 점점 끝났습니다.
4 일은 분명히 끝났습니다.

2 **이것을 전부 먹는 것은 무리입니다.**
1 이것을 전부 먹고 싶습니다.
2 이것을 전부 먹으면 안 됩니다.
3 이것은 전부 먹을 생각입니다.
4 이것은 전부 먹을 수 없습니다.

3 **편지를 삼가 보았습니다.**
1 편지를 읽었습니다.
2 편지를 썼습니다.
3 편지를 보냈습니다.
4 편지를 보여주었습니다.

4 **음료수는 차게 해 두세요.**
1 음료수는 뜨겁게 해 두세요.
2 음료수는 따뜻하게 해 두세요.
3 음료수는 차갑게 해 두세요.
4 음료수는 시원하게 해 두세요.

5 **여동생은 매일 머리카락을 씻습니다.**
1 여동생은 매일 머리를 씻습니다.
2 여동생은 매일 등을 씻습니다.
3 여동생은 매일 얼굴을 씻습니다.
4 여동생은 매일 배를 씻습니다.

문제5 **용법**

문제5 다음 어휘의 사용법으로 가장 적당한 것을 1·2·3·4에서 하나 고르세요.

86 기출어휘 확인문제 **용법**

▶p.160

1 **たおれる 쓰러지다**
3 거센 바람 때문에 나무가 몇 그루인가 쓰러졌습니다.

2 **しんぱい 걱정**
4 엄마의 몸이 걱정입니다.

3 **こしょう 고장**
2 버스가 고장 나서 움직이지 않게 되었습니다.

4 **せまい 좁다**
1 그 가게는 입구가 무척 좁습니다.

5 **そうだん 상담, 의논**
4 여동생과 의논하여 엄마에게 줄 선물을 골랐다.

87 기출어휘 확인문제 **용법**

▶ p.161

1 そだてる **키우다**
1 소중히 **키우던** 꽃이 피었습니다.

2 せんたく **세탁**
2 오늘 아침 셔츠를 세 장 **세탁**했습니다.

3 おみまい **병문안**
3 어제 선생님 **병문안**으로 병원에 갔습니다.

4 ていねい **친절함, 정중함**
4 역으로 가는 길을 묻자 그 사람은 **친절하**게 가르쳐 주었다.

5 とうとう **드디어, 마침내**
3 드디어 비가 내렸습니다.

88 기출어휘 확인문제 **용법**

▶ p.162

1 おもいで **추억**
4 런던은 우리 두 사람에게는 **추억**이 많은 곳입니다.

2 ねっしん **열심임**
3 학생은 **열심**히 회화 연습을 했습니다.

3 こわれる **망가지다**
2 컴퓨터가 **망가져서** 중요한 데이터가 지워져 버렸다.

4 いそぐ **서두르다**
1 별로 **서두르고** 있지 않으니 천천히 해 주세요.

5 とちゅう **도중**
2 회사에 가는 **도중** 이 편지를 부쳐 주세요.

89 기출어휘 확인문제 **용법**

▶ p.163

1 にあう **어울리다**
4 그 스웨터는 딸에게 잘 **어울립니다**.

2 あさい **얕다**
3 이 강은 무척 **얕기** 때문에 걸어서 건널 수 있습니다.

3 ふとる **살이 찌다**
1 최근 조금 **살이 쪘습니다**.

4 つごう **사정, 형편**
3 다음 주 토요일이라면 **사정**이 좋습니다.

5 ぜひ **꼭**
2 내일 파티에는 **꼭** 오세요.

90 기출어휘 확인문제 **용법**

▶ p.164

1 ゆしゅつ **수출**
1 일본은 많은 나라에 자동차를 **수출**하고 있습니다.

2 こうじ **공사**
3 저 다리는 지금 **공사** 중이어서 지나갈 수 없습니다.

3 しょうかい
1 야마다 씨는 선생님 **소개**로 입사했습니다.

4 じんこう
4 도쿄는 세계에서 가장 **인구**가 많은 도시 중 하나입니다.

5 せいさん
2 그 공장에서는 컴퓨터 **생산**을 중지했습니다.

91 기출어휘 확인문제 **용법**

▶ p.165

1 つつむ **포장하다**
4 선물은 예쁜 종이로 **포장해** 놓았습니다.

2 かざる **장식하다, 꾸미다**
1 야마다 씨는 예쁜 꽃으로 방을 **꾸몄습니다**.

3 かわく **마르다**
3 한 시간 걸어왔기 때문에 목이 **마릅니다**.

4 まじめ **진지함, 성실함**
4 요즘 다나카 씨는 **성실하**게 일하고 있습니다.

5 よやく **예약**
2 콘서트 표를 두 장 **예약**했습니다.

92 기출어휘 확인문제 **용법**

▶ p.169

1 プレゼント
2 아내 생일에 반지를 **선물**했다.

2 すてる **버리다**
2 여기에 필요없는 것을 **버려** 주세요.

3 きびしい **엄격하다**
4 부장님은 **엄격한** 사람입니다.

4 せわ **보살핌**
1 부재 중일 때는 아이를 잘 **보살펴** 주시기를 부탁드릴게요.

5 ねつ **열**
3 **열**이 나면 이 약을 드세요.

93 기출어휘 확인문제 **용법**

▶ p.170

1 にる **닮다**
2 언니는 말투가 엄마를 많이 **닮았다**.

2 けっか **결과**
1 그 사고 **결과** 그는 귀가 들리지 않게 되었다.

3 しめる **닫다**
4 창문을 **닫아** 주세요.

4 つごうが 悪い **사정이 나쁘다**
1 선생님은 갑자기 **사정이 여의치 않아져서** 파티에는 올 수 없다고 한다.

5 おおぜい
3 그 가게에는 **많은 사람**이 줄을 서 있습니다.

94 기출어휘 확인문제 **용법**

▶ p.171

1 すると
3 버튼을 눌렀습니다. **그러자** 문이 열렸습니다.

2 たいてい
1 토요일에는 **대개** 테니스를 칩니다.

3 いけん
2 모든 사람 앞에서 내 의견을 말했습니다.
4 こしょう
1 내 컴퓨터는 고장났습니다.
5 しかる
4 '더욱 성실하게 하세요' 하고 야단을 맞았습니다.

95 기출어휘 확인문제 용법 ▶p.172

1 どんどん 점차, 계속
3 그 제품은 계속 팔리고 있습니다.
2 かたづける 정리하다
2 매일 방을 정리하세요.
3 したく 준비
1 저녁식사 준비는 이미 되어 있습니다.
4 さびしい 쓸쓸하다
3 나는 가끔 사람이 없는 쓸쓸한 길을 걷습니다.
5 さむい 춥다
4 이번 겨울은 춥네요.

96 기출어휘 확인문제 용법 ▶p.173

1 あやまる 사과하다
4 그는 '미안합니다' 하고 사과했습니다.
2 ゆっくり 천천히, 느긋하게
3 시골 버스는 천천히 달립니다.
3 しっかり 견실함, 야무짐
2 저 사람은 야무진 사람입니다.
4 おどろく 놀라다
1 현관에 커다란 개가 있었기 때문에 놀라고 말았습니다.
5 おれい 사례, 감사 인사
2 선물을 받았기 때문에 감사 인사를 했습니다.

97 기출어휘 확인문제 용법 ▶p.174

1 いただく 받다
1 교장 선생님에게 책을 받았습니다.
2 むかえる 마중하다
3 부모님을 마중하러 공항에 갔습니다.
3 はずかしい 부끄럽다
4 쉬운 문제를 틀려서 부끄럽습니다.
4 あんぜん 안전함
1 이 아파트는 지진에도 안전합니다.
5 じゅんび 준비
3 회의 준비가 다 되었습니다.

98 기출어휘 확인문제 용법 ▶p.175

1 うまい 잘하다
2 나는 수영을 잘하지 않습니다.
2 おかげさまで 덕분에
1 A "잘 지냈습니까?"
B "네, 덕분에."
3 よろこぶ 기뻐하다
4 아이는 장난감을 받고 무척 기뻐했습니다.
4 いくら 아무리
1 아무리 설명해도 이해해 주지 않습니다.
5 いたす 하다
3 호텔 예약은 제가 하겠습니다.

99 기출어휘 확인문제 용법 ▶p.176

1 かしこまりました 알겠습니다
1 A '죄송하지만 그건 거기에 놓아 주세요.'
B '네, 알겠습니다.'
2 おもいで 추억
3 이 여행은 좋은 추억이 됩니다.
3 ちゅうし 중지
4 시합은 비 때문에 중지되었습니다.
4 だめ 안됨
2 오늘 저녁은 안됩니다. 약속이 있어요.
5 るす 부재중, 집을 비움
1 친구 집에 갔더니 집에 없었습니다.

100 기출어휘 확인문제 용법 ▶p.177

1 よやく 예약
2 다함께 식사를 할 것이기 때문에 레스토랑을 예약했습니다.
2 まじめ 진지함, 성실함
3 아이들은 진지하게 선생님 말을 듣고 있습니다.
3 とうとう 드디어, 마침내
1 드디어 시험날이 왔습니다.
4 そうだん 상담, 의논
1 직장 문제로 부모님에게 의논하였습니다.
5 げんいん 원인
4 경찰은 사고 원인을 조사하고 있습니다.

101 기출어휘 확인문제 용법 ▶p.178

1 わかす 끓이다
2 먼저 냄비에 뜨거운 물을 끓이고 그 다음에 고기를 넣습니다.
2 ふべん 불편함
3 그 학교는 역에서 멀기 때문에 불편합니다.
3 にげる 도망치다
1 질문에서 도망치지 말고 대답해 주세요.
4 へんじ 답변
2 스즈키 씨에게 메일을 보냈지만 아직 답변이 없습니다.
5 げんき 건강함
4 이틀 쉬었더니 건강해졌습니다.

문자·어휘 예상 공략편

문제1 한자읽기

문제 1 (　　) 의 단어는 히라가나로 어떻게 씁니까? 1·2·3·4 중에서 가장 적당한 것을 하나 고르세요.

1 예상어휘 확인문제 한자읽기 ▶ p.200

1 오늘밤은 별이 무척 예쁩니다.
2 이 비행기는 오늘밤 방콕을 떠나 내일 도착합니다.
3 화재 원인은 무엇이 가장 많습니까?
4 날이 맑아서 산책하러 가고 싶은 기분입니다.
5 밖에 나갈 때는 모자를 쓰세요.
6 그 약 덕분에 통증이 사라졌다.
7 너라면 이 꽃병에 가격을 얼마 붙일 거니?
8 그 전화는 무척 색다른 모양이었습니다.
9 스테이크는 너무 딱딱해서 다 씹을 수 없었다.
10 도쿄 생활은 어떻습니까?

2 예상어휘 확인문제 한자읽기 ▶ p.201

1 우리 할아버지는 내년에 일흔 살이 됩니다.
2 형은 대학원에서 경어 연구회에 들어갔습니다.
3 가장 친한 친구가 졸업 기념으로 이 시계를 주었다.
4 매일 아침 여덟 시까지 사무실에 갑니다.
5 너한테만 특별히 알려줄게.
6 남동생은 동물원에서 일합니다.
7 신정부는 고작 2년만에 경제를 안정시켰습니다.
8 나는 보통 열한 시에는 자려고 하고 있습니다.
9 인터넷에서 영어의 정확한 발음을 듣습니다.
10 나뭇가지를 꺾으면 안 됩니다.

3 예상어휘 확인문제 한자읽기 ▶ p.202

1 밤하늘에 별이 반짝이고 있습니다.
2 갑자기 비가 내리기 시작했습니다.
3 딸은 대학교에서 미국 문학을 배우고 있습니다.
4 문은 조용히 닫아 주세요.
5 아빠는 나 혼자서 하는 여행을 찬성해 주지 않을 것이다.
6 나는 매운 것은 못 먹습니다.
7 경찰관이 교차로에서 교통 정리를 하고 있었습니다.
8 예습을 하지 않고 수업에 나와도 그저 시간 낭비일 뿐입니다.
9 작년 겨울은 따뜻했지만 올해는 무척 춥다.
10 학교에서 인플루엔자 예방주사를 맞았습니다.

4 예상어휘 확인문제 한자읽기 ▶ p.203

1 새처럼 하늘을 날아 멀리 가고 싶다.
2 일요일에 회사 문은 닫혀 있습니다.
3 예정보다 30분 빨리 도착하였습니다.
4 그 건에 관한 자료가 부족합니다.
5 택시 운전기사를 해서 좋았던 점을 알려 주세요.
6 요즘 일에 쫓겨 자유로운 시간이 없다.
7 감기에 걸리지 않게 따뜻한 차림을 하세요.
8 여기서는 2월에 눈이 많이 내립니다.
9 시험 도중 지우개가 없는 것을 알아차렸습니다.
10 나는 12월이 가장 바빠요.

5 예상어휘 확인문제 한자읽기 ▶ p.204

1 의뢰한 것과 달라서 물건을 가게에 돌려주었습니다.
2 화요일 아침은 평소보다 일찍 일어납니다.
3 가방에 넣어 들고 옮기기 편리한 크기입니다.
4 학교에서 집에 오면 항상 아빠 일을 도왔습니다.
5 다나카 선생님은 소설 읽는 법을 가르쳐 주셨습니다.
6 고기를 두껍게 잘라 주세요.
7 나는 뉴욕에 있는 아빠에게 국제전화를 했습니다.
8 우리집 주변에는 서점이 하나도 없기 때문에 늘 인터넷을 이용한다.
9 경관은 두 사람 한 조로 거리를 순찰합니다.
10 나는 아침에 일어나면 먼저 맨처음 우유를 마십니다.

6 예상어휘 확인문제 한자읽기 ▶ p.205

1 이 씨는 일본 정치를 연구하고 있습니다.
2 나는 매일 아침 연못 주변을 산책합니다.
3 나는 장래에 기자가 되고 싶습니다.
4 부장님은 내일 미국에 갈 예정입니다.
5 숲 속에 집을 짓고 혼자 사는 것이 꿈입니다.
6 그녀의 관심은 록에서 재즈로 옮겨갔다.
7 고등학교를 졸업한 것은 언제인가요?
8 거리를 걷고 있는데 모르는 사람이 버스 정류장에 가는 길을 물었다.
9 열 나는 거 같은데. 무리하지 말고 의사한테 가는 게 어때?
10 야마모토 씨는 간호사를 목표로 공부하고 있습니다.

7 예상어휘 확인문제 한자읽기 ▶ p.206

1 우리는 음악에 맞추어 춤추었습니다.
2 이곳은 더우니까 어딘가 시원한 곳을 찾읍시다.
3 여기에 주차하면 안 됩니다.
4 시골 부모님에게 편지를 부쳤습니다.
5 곤란한 일이 있으면 언제든 전화하세요.
6 이 가게는 수입식료품을 전문으로 취급하고 있습니다.
7 전철 자리가 비어 있지 않았기 때문에 서서 책을 읽었습니다.
8 그 해안에는 커다란 볼링장이 있었습니다.
9 인터넷은 없으면 안 되는 커뮤니케이션 도구이다.
10 멀리 섬이 보였습니다.

문제2 한자표기

문제 2 (　　) 의 단어는 어떻게 씁니까? 1·2·3·4 중에서 가장 적당한 것을 하나 고르세요.

8 예상어휘 확인문제 한자표기 ▶ p.207

1 나는 뜨거운 차를 좋아합니다.
2 일본어 공부를 계속하고 있습니다.
3 다리가 좋지 않으니 의사를 불러 주세요.
4 어릴 적의 일을 떠올려서 작문을 써 주세요.
5 고등학교 때 배웠던 선생님에게 메일이 왔습니다.
6 내일 아침 일곱 시에 광장에 모이세요.
7 나는 아빠와는 생각이 다릅니다.
8 오늘 아침부터 눈이 내립니다.
9 강아지가 달려 왔다.
10 여동생이 전화로 아빠가 입원했다고 알려 주었다.

9 예상어휘 확인문제 한자표기 ▶ p.208

1 실험은 계획대로 진행되고 있습니다.
2 너희가 마음이 따뜻한 사람이 되길 바란다.
3 음악을 들으면서 공부했습니다.
4 나는 초등학교 때부터 작문을 잘했습니다.
5 옷이 더러워서 빨았습니다.
6 형의 손가락은 두껍고 단단합니다.
7 우리는 그 기계를 충분히 이용했습니다.
8 저는 스즈키라고 합니다. 부디 잘 부탁드립니다.
9 역 매점에서 신문을 샀습니다.
10 나는 형제가 두 명 있습니다.

10 예상어휘 확인문제 한자표기 ▶ p.209

1 외운 단어가 시험 때 떠오르지 않는다.
2 한번 외국에서 살아 보고 싶습니다.
3 야마다 씨를 만나면 반드시 과자 이야기가 나옵니다.
4 집을 나오고 나서야 지갑을 깜박한 것을 알아챘습니다.
5 야마다 선생님은 지금 연구실에 계십니다.
6 밝은 음악을 들으면 기분도 밝아집니다.
7 이 단어는 어떤 의미일까.
8 좋은 자리를 잡을 수 있게 빨리 나갑시다.
9 집 뒷쪽에 숲이 있습니다.
10 케이크에는 설탕을 많이 사용합니다.

11 예상어휘 확인문제 한자표기 ▶ p.210

1 겨울 방학이 끝나면 학교가 바빠집니다.
2 어제 송아지가 태어났습니다.
3 이 시합 끝까지 보고 갈 생각입니까?
4 책상 위에 발을 올리면 안 됩니다.
5 내가 일어났을 때는 언니는 이미 외출한 상태였습니다.
6 옆 사람이 (내게) 바지가 더러워져 있다고 알려 주었다.
7 산에 오를 때는 반드시 물을 가지고 갑시다.
8 이것은 집을 짓는 데에 쓰는 도구입니다.
9 영어로 리포트를 쓰는 것은 어렵습니다.
10 지금쯤 전철은 비어 있는 자리가 많습니다.

12 예상어휘 확인문제 한자표기 ▶ p.211

1 저녁식사 후에 친구와 산책했습니다.
2 그 전철은 시간대로 도착했습니다.
3 생일 선물로 딸이 넥타이를 사 주었습니다.
4 가족은 이번 사건의 두 사람을 알고 안심했습니다.
5 은행은 이 길을 쭉 가면 오른쪽에 있습니다.
6 아침에 밥을 제대로 먹지 않으면 몸에 나쁩니다.
7 그것은 얇은 종이로 포장했습니다.
8 점점 따뜻해졌습니다.
9 수요일이라면 시간을 만들 수 있어요.
10 구름이 없으니 오늘은 맑을 거라고 생각해요.

문제3 문맥규정

문제 3 (　　) 에 무엇을 넣습니까? 1·2·3·4 중에서 가장 적당한 것을 하나 고르세요.

13 예상어휘 확인문제 문맥규정 ▶ p.212

1 다음 주의 다음은 다음다음 주입니다.
2 정말 네가 좋아. 거짓말이 아니야.
3 이 꽃은 별과 같은 모양입니다.
4 아빠 생일 선물로 넥타이를 주었습니다.
5 누나는 간호사가 되어 병원에서 일하고 있습니다.

6 마당에서 방 안으로 시원한 바람이 들어옵니다.
7 A "짐을 들어 주셔서 감사합니다."
B "뭘요."
8 나는 달달한 과자는 그다지 좋아하지 않습니다.
9 아무리 많이 먹어도 금방 배가 꺼집니다.
10 영수증을 보면 무엇을 샀는지 알 수 있습니다.

14 예상어휘 확인문제 문맥규정 ▶p.213

1 소금을 넣어야 하는데 실수로 설탕을 넣어 버렸다.
2 이렇게 서비스가 형편없는 호텔은 처음입니다.
3 잘 들리지 않으니 가급적 큰 소리로 말해 주세요.
4 A "대단히 죄송하지만 내일 한 시 약속을 두 시로 바꿔 주실 수 있나요?"
B "네, 괜찮아요."
5 더우면 스웨터를 벗고 얇은 셔츠로 갈아입으면 어때요?
6 우리 학교에서는 스포츠가 유행입니다.
7 야마모토 씨는 도둑에게 소중한 반지를 도둑맞았습니다.
8 내 여동생은 사쿠라 호텔 접수처에서 일하고 있습니다.
9 이런 많은 요리를 혼자 먹는 것은 무리입니다.
10 할머니는 손주에게 거짓말을 하면 안 된다고 다정하게 알려 주었다.

15 예상어휘 확인문제 문맥규정 ▶p.214

1 마침 사고 싶었던 색 스웨터가 팔려 버렸습니다.
2 A "이쪽에 커피를 준비해 두었으니 부디 사양 말고."
B "고마워."
3 모인 사람에 비해 의자 수가 모자랍니다.
4 내일 배울 한자를 예습해 두세요.
5 그 드레스에는 백만 엔 가격이 붙어 있었다.
6 요즘 바빠서 좀처럼 영화도 보러 못 갑니다.
7 가급적 어려운 단어를 사용하지 말고 이야기합시다.
8 오늘은 선생님이 옵니다. 무례한 일을 하지 않게 조심하세요.
9 우리는 학생이라서 아직 결혼은 생각하고 있지 않습니다.
10 새 컴퓨터를 두 대 샀습니다.

16 예상어휘 확인문제 문맥규정 ▶p.215

1 밤에는 늦어도 열한 시까지 자기로 정했습니다.
2 늦은 시간에 돌아올 때는 뒤쪽에서 집으로 들어옵니다.
3 수영장보다 바다에서 헤엄치는 편을 좋아합니다.
4 요즘 너무 바빠서 운동은 하고 있지 않습니다.
5 그 여자아이에게 울고 있는 이유를 물었습니다.
6 한 달에 한 번 가족 다 함께 레스토랑에서 식사를 하는 것이 즐거움입니다.
7 이것은 더러워져 있으니 깨끗한 것과 바꿔 주세요.
8 이 신문은 아직 안 읽었으니 버리지 마.
9 가게 앞에 많은 사람이 줄 서 있네요. 무엇을 팔고 있는 걸까요?
10 대학을 졸업해도 일본어 공부를 계속할 생각입니다.

17 예상어휘 확인문제 문맥규정 ▶p.216

1 저 사람은 생활이 곤란한데도 일하려고 하지 않습니다.
2 학생 때는 도쿄 할머니 집에서 대학에 다녔습니다.
3 A "이야기할 수 있어서 기뻤습니다."
B "저야말로."
4 시민 센터에서는 일주일에 한 번 법률 상담을 하고 있습니다.
5 A "밥 한 그릇 더 어떠세요?"
B "이미 충분히 먹었습니다."
6 더우면 겉옷을 벗으세요.
7 다카하시 씨는 슬슬 자동차 속도를 올렸습니다.
8 A "이번 토요일에 교토에 가요."
B "기대되겠어요."
9 전기는 눈에 보이지 않지만 생활에 필요한 중요한 일을 합니다.

18 예상어휘 확인문제 문맥규정 ▶p.217

1 대학 선배가 이 회사에 근무하고 있습니다.
2 그 가게는 오전 열 시에 오픈합니다.
3 A "죄송해요. 제 탓이에요."
B "신경 쓰지 마세요."
4 A "문 열쇠는 걸었습니까?"
B "네, 확실히 걸었어요."
5 그 사람은 계단에서 굴러서 다쳤습니다.
6 냉장고에 넣지 않으면 여름철에는 우유는 금방 시큼해져 버린다.
7 독특한 이름이네요. 한번 외우면 안 잊겠어요.
8 당신의 어려운 입장은 잘 알고 있습니다.
9 이런 멋진 것을 받다니 정말 감사드려요.
10 파티가 곧 시작되니까 여러분 모여 주세요.

19 예상어휘 확인문제 문맥규정 ▶p.218

1 A "언젠가 희귀한 카메라를 보여 줬지."
B "응, 그건 재작년 여름이었어."
2 죄송합니다. 발을 밟아 버렸습니다.
3 오늘 아침 깜빡하고 가방을 지하철에 놓고 왔습니다.
4 커튼을 쳐서 방을 어둡게 만들었습니다.
5 고바야시 씨의 취미는 농구를 하는 것입니다.
6 수업이 시작되는 벨이 울리고 있습니다.
7 야마모토 씨가 왜 갑자기 회사를 그만뒀는지 확실하지 않습니다.
8 그녀는 오늘은 오지 않는다고 말했는데 역시 오지 않았습니다.
9 다 같이 생각하면 좋은 아이디어가 나올지도 몰라요.
10 그 주의 일이 정리되었기 때문에 주말에는 물론 즐기기로 했습니다.

문제4 유의표현

문제 4　_____ 의 문장과 거의 같은 의미의 문장이 있습니다. 1·2·3·4에서 가장 적당한 것을 하나 고르세요.

20 예상어휘 확인문제 유의표현 ▶p.219

1 나는 그다지 편지를 부치지 않습니다.
1 나는 매일 편지를 부칩니다.
2 나는 이따금 편지를 부칩니다.
3 나는 언제나 편지를 부칩니다.
4 나는 결코 편지를 부치지 않습니다.

2 일본에는 지금까지 세 번 갔습니다.
1 일본에는 세 번 가지 않으면 안 됩니다.
2 일본에는 세 번 갔는지 어떤지 모르겠습니다.
3 일본에는 세 번 갈 생각입니다.
4 일본에는 세 번 간 적이 있습니다.

3 친구는 내 편지를 읽었습니다.
1 친구는 내 편지를 읽었습니다.
2 나는 친구의 편지를 읽었습니다.
3 나는 친구에게 편지를 읽어 주었습니다.
4 나는 친구 편지를 읽었습니다.

4 회의실은 늘 깨끗하게 해 둡시다.
1 회의실은 늘 청소해 둡시다.
2 회의실은 늘 준비해 둡시다.
3 회의실은 늘 세탁해 둡시다.
4 회의실은 늘 돌봐 둡시다.

5 야마다 씨는 작은 글자가 보이지 않는 듯합니다.
1 야마다 씨는 사전을 잃어버렸습니다.
2 야마다 씨는 전등을 잃어버렸습니다.
3 야마다 씨는 안경을 잃어버렸습니다.
4 야마다 씨는 거울을 잃어버렸습니다.

21 예상어휘 확인문제 유의표현 ▶p.220

1 어젯밤의 콘서트는 훌륭했습니다.
1 어젯밤에는 매우 멋진 교회를 보았습니다.
2 어젯밤에는 매우 즐거운 영화를 보았습니다.
3 어젯밤에는 매우 아름다운 음악을 들었습니다.
4 어젯밤에는 매우 재미있는 방송을 들었습니다.

2 여동생이 갖고 싶다고 해서 사 왔습니다.
1 여동생이 울고 있어서 사 왔습니다.
2 여동생이 기다리고 있어서 사 왔습니다.
3 여동생이 가지고 있어서 사 왔습니다.
4 여동생이 갖고 싶어 해서 사 왔습니다.

3 TV를 보고 싶은 사람은 봐도 됩니다.
1 TV를 봐도 상관없습니다.
2 TV를 보지 않으면 안 됩니다.
3 TV를 보지 않아도 상관없습니다.
4 TV를 보지 않으면 안 됩니다.

4 부장님 대신 제가 회의에 나왔습니다.
1 부장님은 회의에 나왔습니다.
2 부장님은 회의에 나오지 않았습니다.
3 부장님도 나도 회의에 나왔습니다.
4 부장님도 나도 회의에 나오지 않았습니다.

5 도둑에게 돈과 반지를 도둑맞았습니다.
1 도둑이 돈과 반지를 주워 주었습니다.
2 도둑이 돈과 반지를 가지고 갔습니다.
3 도둑이 돈과 반지를 받아 주었습니다.
4 도둑이 돈과 반지를 바꾸어 갔습니다.

22 예상어휘 확인문제 유의표현 ▶p.221

1 영어는 거의 잊어버렸습니다.
1 영어는 전부 잊어버렸습니다.
2 영어는 아무것도 기억하고 있지 않습니다.
3 영어는 완전히 잊어버렸습니다.
4 영어는 조금밖에 기억하고 있지 않습니다.

2 오늘 아침 오사카에서 지진이 있었습니다.
1 어제 아침 오사카에서 지진이 있었습니다.
2 오늘 아침 오사카에서 지진이 있었습니다.
3 어젯밤 오사카에서 지진이 있었습니다.
4 어젯밤 오사카에서 지진이 있었습니다.

3 이름을 정성스럽게 써 주세요.
1 이름을 예쁘게 써 주세요.
2 이름을 한가운데에 써 주세요.
3 이름을 크게 써 주세요.
4 이름을 서둘러 써 주세요.

4 선생님이 그렇게 말씀하셨습니까?
1 선생님이 그렇게 말하게 했습니까?
2 선생님이 그렇게 말씀을 주셨습니까?
3 선생님이 그렇게 말씀하셨습니까?
4 선생님이 그렇게 말하였습니까?

5 일요일은 학교에 가지 않아도 됩니다.
1 일요일은 학교에 가는 편이 좋습니다.
2 일요일은 학교에 가지 않아도 상관없습니다.
3 일요일은 학교에 가지 않으면 안 됩니다.
4 일요일은 학교에 가도 괜찮습니다.

23 예상어휘 확인문제 유의표현 ▶p.222

1 이 소설은 재미있습니다.
1 이 소설은 어렵지 않습니다.
2 이 소설은 싸지 않습니다.
3 이 소설은 지루하지 않습니다.
4 이 소설은 쉽지 않습니다.

2 밥을 먹습니다. 그러고 나서 산책을 합니다.
1 산책을 하기 전에 밥을 먹습니다.
2 산책을 하고 나서 밥을 먹습니다.
3 밥을 먹으면서 산책을 합니다.
4 밥을 먹기 전에 산책을 합니다.

3 하나코는 갓난아기입니다.
1 하나코는 올해 대학을 졸업합니다.
2 하나코는 올해 중학교에 들어갑니다.
3 하나코는 태어난지 3개월입니다.
4 하나코는 내년에 초등학교에 들어갑니다.

4 다나카 씨는 감기입니다. 그래서 오지 않을 겁니다.
1 다나카 씨는 감기라서 학교에 있을 겁니다.
2 다나카 씨는 감기에 걸린 적이 없습니다.
3 다나카 씨는 감기에 걸렸는지도 모릅니다.
4 다나카 씨는 감기라서 오지 않을 겁니다.

5 오랜만에 다나카 씨를 만났습니다.
1 몇 시간인가 다나카 씨를 만나지 않았습니다.
2 몇 년이나 다나카 씨를 만나지 않았습니다.
3 때때로 다나카 씨를 만나고 있었습니다.
4 자주 다나카 씨를 만나고 있었습니다.

24 예상어휘 확인문제 **유의표현** ▶p.223

1 숙제가 있는 것을 스즈키 씨에게 전해 주세요.
1 숙제가 있는 것을 스즈키 씨에게 약속해 주세요.
2 숙제가 있는 것을 스즈키 씨에게 방송해 주세요.
3 숙제가 있는 것을 스즈키 씨에게 연락해 주세요.
4 숙제가 있는 것을 스즈키 씨에게 반대해 주세요.

2 친구에게 입학 선물을 줄 생각입니다.
1 친구에게 감사 인사를 할 생각입니다.
2 친구에게 선물을 줄 생각입니다.
3 친구에게 선물을 팔 생각입니다.
4 친구에게 여행 선물을 살 생각입니다.

3 저 사람은 우리 아버지의 남동생입니다.
1 내 오빠입니다.
2 내 고모입니다.
3 내 언니입니다.
4 내 삼촌입니다.

4 여기는 멋진 그림을 보여주는 곳입니다.
1 여기는 미술관입니다.
2 여기는 동물원입니다.
3 여기는 대사관입니다.
4 여기는 도서관입니다.

5 스즈키 씨는 이사가 취미라고 합니다.
1 스즈키 씨는 다양한 곳에 외출하는 것을 좋아합니다.
2 스즈키 씨는 다양한 곳에 집이 있습니다.
3 스즈키 씨는 다양한 곳에 갔던 적이 있습니다.
4 스즈키 씨는 다양한 곳에서 사는 것을 좋아합니다.

25 예상어휘 확인문제 **유의표현** ▶p.224

1 다나카 씨는 선생님에게 미움을 받고 있습니다.
1 선생님은 다나카 씨를 싫어합니다.
2 다나카 씨는 선생님을 싫어합니다.
3 선생님은 다나카 씨를 좋아합니다.
4 다나카 씨는 선생님을 좋아합니다.

2 A "내일 영화 보러 가지 않겠습니까?"
B "내일은 좀."
1 내일은 갈 수 있어요.
2 내일은 상관없습니다
3 내일은 괜찮습니다.
4 내일은 안 됩니다.

3 우리 형은 대학을 다니고 있습니다.
1 형은 대학을 졸업하였습니다.
2 형은 대학에 아직 가고 있습니다.
3 형은 대학에 간 적이 없습니다.
4 형의 대학 수업은 이미 끝났습니다.

4 일본어를 가르친 경험이 없습니다.
1 일본어를 가르친 적이 없습니다.
2 일본어를 가르칠 일이 없습니다.
3 일본어를 가르치는 편이 좋습니다.
4 일본어를 가르칠 수 없습니다.

5 나는 엄마 때문에 하루 종일 일했습니다.
1 엄마는 나 때문에 하루 종일 쉬었습니다.
2 나는 엄마를 하루 종일 일하게 하였습니다.
3 엄마는 나를 하루 종일 일하게 하였습니다.
4 나는 엄마를 하루 종일 쉬게 하였습니다.

문제5 **용법**

문제 5 다음 어휘의 사용법으로 가장 적당한 것을 1·2·3·4 에서 하나 고르세요.

26 예상어휘 확인문제 **용법** ▶p.225

1 なかなか 상당히, 좀처럼
3 이 책은 상당히 재미있습니다.

2 ニュース 뉴스
1 사고 뉴스를 오늘 아침 신문으로 알았습니다.

3 しゅみ 취미
2 나는 취미로 액세서리를 만들고 있습니다.

4 すくない 적다
4 이 레스토랑은 요리 수는 적지만 뭐든 다 맛있다.

5 やさしい 쉽다
3 이 책은 쉬운 말로 쓰여 있습니다.

27 예상어휘 확인문제 **용법** ▶p.226

1 うける (시험을) 보다
3 올해 시험을 볼 생각입니다.

2 にがて 서툼
1 어릴 때부터 많은 사람 앞에서 이야기하는 것이 서툴렀습니다.

3 まず 먼저
4 먼저 당신부터 읽어 주세요.

4 つめたい 차다
2 무언가 찬 것을 마십시다.

5 わたる 건너다
2 한자는 옛날에 중국에서 일본으로 건너온 것입니다.

28 예상어휘 확인문제 용법 ▶ p.227

1 ふくざつ 복잡함
1 저 기계는 복잡합니다.
2 いったい 도대체
1 도대체 누가 그런 소문을 퍼뜨린 것인가.
3 ただいま 다녀왔습니다
3 A "다녀왔습니다."
B "잘 다녀왔니, 다로, 학교는 어땠어?"
4 ひらく 열다
2 월요일부터 전시회를 엽니다.
5 まんなか 한가운데
4 강 한가운데에 작은 섬이 두 개 있습니다.

29 예상어휘 확인문제 용법 ▶ p.228

1 あせ 땀
2 매운 것을 먹으면 땀이 납니다.
2 じょうぶ 튼튼함
1 옛날에는 튼튼했지만 완전히 약해졌다.
3 あげる 올리다
3 오래 걸은 후에는 누워서 다리를 올리면 피로가 풀립니다.
4 だいたい 대개
3 일요일 오후에는 대개 피아노 연습을 하면서 보냅니다.
5 あつい 뜨겁다
4 뜨거운 커피를 한 잔 마시면 몸이 따뜻해져요.

30 예상어휘 확인문제 용법 ▶ p.229

1 あまり 그다지, 별로
2 이건 그다지 맛있지 않네요.
2 しまる 닫히다
4 근처 서점이 닫혀 있어서 옆 동네 서점에 갔습니다.
3 じょうず 잘함
4 저 부인은 요리를 잘합니다.
4 わかい 젊다
1 다시 한 번 젊어지고 싶다.
5 きれい 예쁨
3 저 사람은 예쁜 드레스를 입고 있습니다.

제3장 문법 공략편

1 접속사·부사 확인문제 ▶ p.240

문제 1 (　　) 에 무엇을 넣습니까? 1·2·3·4 중에서 가장 적당한 것을 하나 고르세요.

1 내일은 불꽃놀이입니다. 그래서 여동생은 날씨만 신경 쓰고 있습니다.
2 나는 먼저 슈퍼에 가고, 이어서 서점에 갔습니다.
3 어제 운동회는 연기가 되었습니다. 왜냐하면 아침부터 비가 내렸기 때문입니다.
4 A "간장을 집어 주세요."
B "네, 여기요."
5 이 집에는 아무것도 먹을 게 없습니다.
6 A "오늘 저녁에 찾아뵈어도 될까요?"
B "꼭 오세요."
7 A "출발 준비는 벌써 다 되었습니까?"
B "언제든 나갈 수 있어요."
8 카펫을 깨끗하게 만드는 가장 좋은 방법은 무엇입니까?
9 A "여섯 시부터 파티가 있으니까 슬슬 나갈까요?"
B "그러네요."
10 야마다 선생님은 휴가입니다. 그래서 오늘은 수학 수업은 없습니다.
11 오전 일곱 시 신오사카 행 노조미 호에 간신히 시간이 맞았습니다.
12 여러분, 곧 콘서트가 시작되니 회장으로 들어오세요.
13 바람이 강했고 게다가 비도 내리고 있었습니다.
14 아이 "아빠, 나 계속 엄마 도와주고 있었어."
아빠 "참 착한 아이네."
15 A "커피 드세요."
B "아, 고마워요."
16 하나코를 데이트에 초대하는 중이지만 좀처럼 그러자고 말해 주지 않는다.
17 A "술은 무엇이 좋나요?"
B "와인이라면 뭐든 좋아요."
18 나는 케이크와 쿠키, 그리고 아이스크림도 먹었습니다.
19 A "클래식 음악은 좋아합니까?
B "특별히 좋아하지는 않습니다."
20 유원지에 가고 싶지만 돈이 없다. 또 놀러갈 여유도 없다.
21 다나카 씨는 여기저기 나라, 예를 들어 미국, 중국, 프랑스 등에서 생활했다.

22 어르신에게 좌석을 양보했습니다. **그러자** 무척 기뻐해 주셨습니다.

23 A "저 사람의 연설을 어떻게 생각했나요?"
B "**전혀** 이해할 수 없었습니다."

24 매화는 이미 피었다. **하지만** 벚꽃은 아직 피지 않았다.

25 피아노 연습을 너무 **열심히** 하는 바람에 치과 예약을 잊어 버렸습니다.

26 우리는 예정보다 한 시간 **빨리** 역에 도착했습니다.

27 선생님, 저는 이 약을 먹으면 **꼭** 잠이 옵니다.

28 수업은 더욱 **열심히** 들어 주세요.

29 도서관에서 조사하든지 **또는** 인터넷을 사용해서 조사하자.

30 어릴 적에는 **자주** 가족끼리 여행을 갔습니다.

31 A "내 목소리가 들립니까?"
B "**확실히** 들려요."

32 디지털 카메라를 사려고 했다가 **역시** 그만두기로 했다.

33 A "이 밴드는 해체한다더라."
B "**설마!**"

34 A "잠깐만 기다려 주세요. 금방 갈 테니까."
B "**천천히** 오세요."

35 (패스트푸드점에서)
점원 "여기서 드십니까? **아니면** 가지고 가십니까?"

36 손님 "이 스웨터를 더 작은 것과 바꾸고 싶은데요."
점원 "네, 알겠습니다."

37 이 길을 100미터 정도 **쭉** 가면 오른쪽에 우체국이 있습니다.

2 조사 확인문제 001~021

▶ p.262

문제 1 (　　　) 에 무엇을 넣습니까? 1·2·3·4 중에서 가장 적당한 것을 하나 고르세요.

1 내일은 갈 수 있지만 오늘은 무리입니다.

2 태풍 **때문에** 뜰의 나무가 쓰러지고 말았습니다.

3 그 선물은 누구**한테** 받았습니까?

4 어떤 사람**이든** 할 수 있습니다. 간단하거든요.

5 다나카 씨가 노래 부르고 있는 것**이** 들립니다.

6 어젯밤에는 엽서를 스무 장**이나** 써서 피곤했습니다.

7 약속이 있던 **것을** 완전히 잊고 있었다.

8 서두르고 있**으니** 금방 돌아갈 겁니다.

9 A "전부 외워야 합니까?"
B "아니요, 1번과 4번**만** 외우세요."

10 이 주변은 겨울**에도** 따뜻한 곳입니다.

11 나는 지금 사전**거를** 갖고 싶습니다.

12 돌아가신 할아버지에 관한 일**만** 생각납니다.

13 일본의 술은 쌀**로** 만들어집니다.

14 여동생이 (내) 카메라**를** 망가뜨려서 정말 속상하다.

15 서랍에는 필름**이라든가** 사진**이라든가**가 들어 있습니다.

16 야마다 씨에게서 병문안 선물로 꽃을 받았습니다.

17 새로운 사전을 사지 말고 내 것을 쓰면 좋았을 **텐데**.

18 나는 못하니까 딸**에게** 시켜 봅시다.

19 길에서 돈을 주웠기 **때문에** 파출소에 신고했습니다.

20 상당히 **피곤하니까** 잠깐 쉽시다.

21 저 사람의 이야기는 알고 있는 것**뿐**이라서 재미없었습니다.

22 아빠는 나를 차에 태워 역까지 데려다 주었다.

23 엄마는 감기에 걸려서 열이 있는**데도** 일을 쉬려고 하지 않습니다.

문제 2 ＿★＿에 들어가는 것은 어느 것입니까? 1·2·3·4 중에서 가장 적당한 것을 하나 고르세요.

24 사고로 **전철이 움직이지 않았기 때문에 나는** 오늘 아침 수업에 늦었습니다. (3142)

25 이 책은 다음 주 **수요일까지 반드시 돌려** 주세요. (1342)

26 옆 교실**에서 노래가 들리니까** 창문을 닫아 주세요. (3124)

27 나는 바빠**졌기 때문에 외국에 가는 것**을 그만두었습니다. (2134)

28 수업은 **몇 시부터 시작되는지** 가르쳐 주세요. (3124)

문제 3 [29] 에서 [33] 에 무엇을 넣습니까? 글의 의미를 생각하여 1·2·3·4 중에서 가장 적당한 것을 하나 고르세요.

내가 태어난 곳은 인구가 적은 작고 한적한 마을입니다. 마을에는 일할 곳이 없기 때문에, 젊은 사람들은 고등학교를 졸업하면 대개 도쿄나 오사카 등으로 일하러 갑니다.

이 마을은 눈이 많기로 유명한 곳입니다. 해마다 겨울이 되면 많은 사람이 스키를 타러 오기 때문에 마을은 제법 떠들썩해집니다. 그렇지만 마을 사람들에게 가장 즐거운 때는 젊은 사람들이 돌아오는 새해 첫날입니다.

3 조사 확인문제 001~021

▶ p.268

문제 1 (　　　) 에 무엇을 넣습니까? 1·2·3·4 중에서 가장 적당한 것을 하나 고르세요.

1 매일 아침 여덟 시 반**까지** 교실에 들어갑니다.

2 해마다 두 번 **정도** 해외여행을 하고 있습니다.

3 나는 타인을 울리는 일은 하고 싶지 않다.

4 아름다운 음악**이** 들립니다.

5 술을 마시면 절대로 운전은 하지 **마라**.

6 선생님이 어디에 계신**지** 모릅니다.

7 봉투**에** 우표를 붙여서 보내 주십시오.

8 엄마는 항상 **건강하셔서** 아프거나 하지 않습니다.

9 역에서 여기까지 버스로 10분**이면** 올 수 있습니다.

10 A "방 안에 **누군가** 있습니까?"
B "아니요, 아무도 없습니다."

11 더욱 쇼핑**이** 편리한 곳으로 이사합시다.

12 어제 만화를 스무 권**이나** 읽었습니다.

13 내일은 아침 아홉 시**까지** 제 쪽으로 와 주십시오.

14 다나카 씨는 오늘 **아픈**데도 회사에 갔습니다.

15 이 책에는 모르는 것만 쓰여 있습니다.
16 엄마는 아들에게 방 청소를 돕게 했습니다.
17 내가 만든 노래를 들어 주세요.
18 매년 교통사고로 많은 사람이 죽습니다.
19 오늘 밤은 다카하시 씨와 데이트합니다.
20 스즈키 씨는 누구와도 친구가 될 수 있습니다.
21 그 일은 아직 야마다 선생님에게밖에 말하지 않았어.
22 지금 믿길 바라는지 믿길 바라지 않는지 그것만 말해 주세요.

문제 2 ___★___에 들어가는 것은 어느 것입니까? 1・2・3・4 중에서 가장 적당한 것을 하나 고르세요.

23 어제는 아빠의 생일이었기 때문에 축하선물로 구두를 드렸습니다. (2134)
24 그 모퉁이를 오른쪽으로 돌면 우체국이 있습니다. (3412)
25 이것은 작아서 들고 다니는 데 편리한 노트북입니다. (1342)
26 언제든 당신의 형편이 좋을 때로 괜찮습니다. (1423)
27 나는 케이크라든지 초콜릿 같은 단 것은 그다지 좋아하지 않습니다. (1432)

문제 3 [28] 에서 [31] 에 무엇을 넣습니까? 글의 의미를 생각하여 1・2・3・4 중에서 가장 적당한 것을 하나 고르세요.

스미스 씨는 미국인 유학생입니다. 재작년 4월에 일본에 왔습니다. 스미스 씨의 전공은 경제학이었지만, 현재는 대학원에서 일본 문학을 연구하고 있습니다. 미국에 있을 때부터 일본 문학에 흥미가 있어 일본에서 공부하고 싶었습니다. 스미스 씨는 미국에서 7년 동안이나 일본어를 공부했습니다. 작년부터 대학원 친구와 함께 일본 소설을 읽고 있습니다. 내년 3월까지 일본에 있을 예정인데, 미국에 돌아가면 일본어를 가르치고 싶다고 생각하고 있습니다.

4 필수문법 확인문제 022~037

▶ p.282

문제 1 (　　　) 에 무엇을 넣습니까? 1・2・3・4 중에서 가장 적당한 것을 하나 고르세요.

1 당신이 아무리 기다려도 하나코 씨는 오지 않을 것입니다.
2 A "이 회의실을 쓰게 해 주시지 않겠습니까?"
B "네, 쓰십시오."
3 야마다 씨는 안색이 창백하다. 아플지도 모른다.
4 나는 기회가 있으면 교토에 가려고 생각하고 있습니다.
5 목욕을 하려고 했을 때 친구가 전화를 걸어 왔습니다.
6 이 주스는 토마토 맛이 납니다.
7 지금부터 영화가 시작되겠으니 아무쪼록 끝까지 즐겨 주십시오.
8 나를 자라게 해 주신 엄마와 아빠에게 감사하고 있습니다.
9 아무리 많이 먹어도 금세 배가 고파지고 맙니다.
10 그 짐은 제가 들어 드리겠습니다.
11 버스를 내리려고 했을 때 넘어져서 다쳤습니다.
12 다나카 씨는 내년에 결혼할지도 모릅니다.
13 딸은 밥을 다 먹자마자 바로 공부를 시작했습니다.
14 오늘은 이 책을 읽으려고 생각하고 있습니다.
15 A "나는 젓가락 사용법은 전혀 모릅니다."
B "젓가락 사용법이라면 제가 가르쳐 드리겠습니다."
16 이 요리의 만드는 법을 가르쳐 주십시오.
17 그는 벌써 귀국했는지 어떤지 알고 있습니까?
18 보행자의 방해가 되니까 출입구에 물건을 두면 안 됩니다.
19 형은 밝은 색 옷을 갖고 싶어합니다.
20 이 사과는 맛있을지 어떨지 먹어 봅시다.
21 요즘 젊은 사람은 인사하는 법도 모릅니다.
22 A "그 잡지, 다 읽었으면 빌려 주시겠습니까?"
B "네, 좋습니다."
23 사장님은 벌써 귀가하셨습니다.

문제 2 ___★___에 들어가는 것은 어느 것입니까? 1・2・3・4 중에서 가장 적당한 것을 하나 고르세요.

24 친구는 스스로 펜을 가져 오지 않고 항상 내 것을 쓰려고 합니다. (2134)
25 고향에 돌아가시면 부모님께 안부 전해 주세요. (3142)
26 아무리 돈을 내도 이 물건을 살 수는 없습니다. (1324)
27 회의에 참석하는지 아닌지 알려 주세요. (1243)
28 하늘이 꽤 어두워졌으니 비가 내릴지도 모릅니다. (4123)

문제 3 [29] 에서 [33] 에 무엇을 넣습니까? 글의 의미를 생각하여 1・2・3・4 중에서 가장 적당한 것을 하나 고르세요.

아래 글은 야마시타 씨의 작문입니다.

야마시타 다로

여러분 안녕하세요. 저는 야마시타 다로라고 합니다.

저는 어릴적부터 그림을 그리는 것을 무척 좋아했습니다. 칠판 글씨를 베끼는 척하면서 노트에 연필로 그림만 그리고 있었기 때문에, 선생님에게 자주 주의를 받았습니다. '선생님 이야기를 들어라' 라고.

그 무렵 그리고 있었던 것은 창문 밖의 풍경이었기도 하고 선생님이나 친구의 얼굴이었기도 했습니다. 중학교 무렵까지는 화가가 되고 싶다고 생각했습니다. 화가가 되는 것은 어렵다는 것을 알고 있었기 때문에 (화가가) 될 수 없으면 취미로 그림을 계속해 가려고 생각하고 있었습니다.

고등학생이 되고 나서 글씨를 쓰는 것에도 흥미를 가지게 되었습니다. 붓이나 펜으로 쓰는 글씨, 손이나 브러시로 쓰는 글씨 등 여러 가지 쓰는 법을 시험하면서 놀고 있었습니다.

5 필수문법 확인문제 038~049 ▶ p.295

문제 1 (　　) 에 무엇을 넣습니까? 1·2·3·4 중에서 가장 적당한 것을 하나 고르세요.

1 어제 야마다 씨가 입원한 것을 들었습니까?
2 이번 주 토요일에 파티를 하게 되었습니다.
3 그 컴퓨터의 가벼움에 놀랐다.
4 날씨가 좋은 날은 옥상에서 먼 산이 보일 때가 있습니다.
5 도서관에서 일본 역사를 조사할 수 있습니다.
6 이 가게는 맛도 나쁘고 값도 비싸군요.
7 이번 겨울 방학에는 미국에 가기로 했습니다.
8 오늘 수업이 있는 것을 몰랐습니다.
9 야마다 씨는 공부도 잘하고 운동도 잘합니다.
10 다음 달부터 우체국에서 일하게 되었습니다.
11 오늘 공부는 이걸로 그만하기로 합시다.
12 얼굴은 떠올라도 이름이 떠오르지 않을 때가 종종 있습니다.
13 내 방의 넓이는 이 방과 대체로 같습니다.
14 어릴 때 나는 빨래를 싫어했지만 어머니 때문에 자주 가족의 빨래를 해야만 했습니다.
15 모리 씨는 쇼핑을 지나치게 해서 돈이 없어졌다.
16 즐거운 음악을 아기에게 많이 들려줍니다.
17 나는 오늘 아침밥을 먹지 않고 학교에 왔습니다.
18 나는 감기에 걸리고 말았습니다. 내일 학교를 쉬게 해 주세요.
19 이 문제는 너무 어려워서 대답할 수 없습니다.
20 다나카 씨는 병세가 몹시 위중했으므로 의사에 의해 바로 입원해야만 했습니다.
21 선생님은 아픈 학생을 집으로 가게 했습니다.
22 이 일은 하야시 씨에게는 알리지 말아 둡시다.

문제 2 ＿★＿에 들어가는 것은 어느 것입니까? 1·2·3·4 중에서 가장 적당한 것을 하나 고르세요.

23 놀면서 한자를 익힐 수 있는 소프트웨어가 있습니다. (2413)
24 도서관에서는 책을 빌려주는데 일주일 이내에 반납하게 되어 있습니다. (1423)
25 내 아파트는 역과 가깝고 쇼핑에도 편리한 곳에 있습니다. (3214)
26 A "여름에는 넥타이를 하지 않기로 하면 좋겠어요." (1342)
B "그거 좋네요. 일본 여름은 너무 더우니까요."
27 야마다 씨는 재미있는 말을 해서 자주 다른 사람들을 웃게 한다. (4132)

문제 3 [28] 에서 [32] 에 무엇을 넣습니까? 글의 의미를 생각하여 1·2·3·4 중에서 가장 적당한 것을 하나 고르세요.

아래 글은 유학생의 작문입니다.

일본어 공부

구엔 반 춘

나는 여섯 달 전 일본에 왔습니다. 일본에 왔을 때 나는 일본어를 '고마워'와 '안녕'밖에 몰랐습니다. 일본어를 익히기 위하여 나는 매일 직장에서 쓰는 어휘나 일상생활 어휘를 다섯 개씩 외우기로 했습니다. 모르는 말은 선배에게 물어보기도 하고 스마트폰으로 찾아보기도 합니다.

쉬는 날에는 일본어 교실에 다닙니다. 봉사활동을 하는 선생님들이 매우 친절하고 재미있습니다. 회화 연습을 많이 하기도 하고 모르는 것을 질문하기도 합니다. 일본에 있는 동안 일본어를 더욱 공부하여 일본어를 잘하게 되고 싶습니다.

6 필수문법 확인문제 050~063 ▶ p.309

문제 1 (　　) 에 무엇을 넣습니까? 1·2·3·4 중에서 가장 적당한 것을 하나 고르세요.

1 탁자 위에 맛있어 보이는 사과가 있습니다.
2 일본 음악은 아직 들은 적이 없습니다.
3 쇼핑을 하고 있으니 갑자기 비가 내리기 시작했습니다.
4 지금 막 차를 끓인 참입니다.
5 만약 단어 뜻을 모르겠으면 사전을 찾아 주세요.
6 야마다 씨, 항상 책을 읽고 있는데 뭔가 시험을 보기 위해 공부하고 있는 겁니까?
7 어젯밤 창문을 연 채로 자고 말았습니다.
8 지금까지 다섯 번 이사한 적이 있습니다.
9 친구의 이야기로는 새 카메라는 아주 좋다고 합니다.
10 A "그 잡지 빌려도 될까요?"
B "그러세요. 전 지금 마침 다 읽은 참이니까요."
11 사고가 났기 때문에 길이 막히고 있습니다.
12 회의 시간에 늦어질 것 같은데, 괜찮겠습니까?
13 현관 벨이 울렸는데 이 시간에 누구일까?
14 고향에 돌아가면 집을 지을 생각입니다.
15 엽서를 스무 장이나 계속 써서 손이 지쳤습니다.
16 야마다 씨, 오늘은 졸려 보이는데, 무슨 일 있었어요?
17 여동생은 집에 도착하자 갑자기 울기 시작했다.
18 선배에 따르면 작년 시험은 쉬웠다고 합니다.
19 목욕물이 뜨거우면 찬물을 넣어 주십시오.
20 이 나라에서는 신발을 신은 채 방에 들어가면 안 됩니다.
21 아마 내일도 바람이 강하겠지.
22 아직 청소가 끝나지 않았으니 방에 들어가면 안 돼.
23 나는 회사를 그만두면 시골에 살고 싶습니다.

문제 2 ＿★＿에 들어가는 것은 어느 것입니까? 1·2·3·4 중에서 가장 적당한 것을 하나 고르세요.

24 죽었다고 생각하고 있던 벌레가 갑자기 움직이기 시작했다. (2341)

25 순경에게 길을 물으니 친절하게 가르쳐 주었습니다. (4132)
26 그는 대학에 들어가기 위해 열심히 공부하고 있습니다. (1342)
27 에어컨을 켠 채로 자면 감기 걸려요. (3124)
28 나는 장래에 경찰관이 될 생각입니다. (1432)

문제 3 29 에서 33 에 무엇을 넣습니까? 글의 의미를 생각하여 1·2·3·4 중에서 가장 적당한 것을 하나 고르세요.

아래 글은 유학생의 작문입니다.

장점과 단점

리 메이린

내 장점은 곤경에 처한 사람에게 친절한 점입니다. 일본에 왔을 때 나는 일본어를 몰라서 무척 곤란했습니다. 학교 선배나 선생님들에게 도움을 많이 받았습니다. 곤경에 처한 사람을 보면 그 때의 일을 떠올리며 도와주고 싶어집니다. 요전에는 무거운 짐을 들고 계단을 오르는 할머니의 짐을 들어 드렸습니다. 할머니는 무척 기뻐했습니다.

내 단점은 물건을 자주 깜박하는 것입니다. 종종 학교 숙제를 잊어서 선생님에게 혼이 납니다. 버스나 전철 안에 우산을 두고 내립니다. 지금까지 비싼 것은 그다지 잃어버린 적이 없지만 앞으로 조심하고 싶습니다.

7 필수문법 확인문제 064~076 ▶ p.324

문제 1 ( ) 에 무엇을 넣습니까? 1·2·3·4 중에서 가장 적당한 것을 하나 고르세요.

1 집까지 데리러 가 줄 테니 걱정할 필요 없어요.
2 A "야마다 씨, 도서관에서 빌린 책은 벌써 반납했습니까?"
B "아니요, 지금 읽고 있는 중입니다."
3 컵은 나중에 쓸 테니, 여기 가지런히 놓아 주십시오.
4 A "눈 밑에 다크서클이 있는데?"
B "월드컵 보느라 쭉 깨 있었어."
5 앞으로도 소설을 많이 읽어 가려고 생각하고 있습니다.
6 비가 내려서 강물이 불어나기 시작했습니다.
7 컵에 물이 담겨 있습니다.
8 나는 시험 전날에 배운 부분을 복습해 둡니다.
9 다른 사람의 일기를 읽어서는 안 됩니다.
10 이 작문은 야마다 선생님이 고쳐 주신 것입니다.
11 이 스웨터를 사 준 것은 작은딸입니다.
12 자동차가 고장 나서 움직이지 않게 되어 버렸습니다.
13 A "사진을 찍어도 됩니까?"
B "아니요, 여기서는 찍으면 안 됩니다."
14 케이크를 좀 먹어 보았더니 아주 맛있었습니다.
15 오늘은 추워서 감기에 걸려 버릴 것 같습니다.
16 A "아직 안 자?"
B "이 닦고 나서 잘 거예요."
17 말한 후에 말하지 않으면 좋았겠다고 생각해도 늦다.
18 회사를 그만두기 전에 끝내고 싶은 일이 있습니다.
19 일손을 빌려 주시면 무척 감사하겠습니다.

문제 2 ★ 에 들어가는 것은 어느 것입니까? 1·2·3·4 중에서 가장 적당한 것을 하나 고르세요.

20 앞으로 점점 추워질 테니 감기에 걸리지 않게 조심하세요. (2341)
21 나는 지금 외출할 준비를 하고 있는 중입니다. (1432)
22 이 일에 대해서는 야마다 씨에게 물으면 가르쳐 줄 거라고 생각합니다. (3214)
23 저 강은 위험하니까 저기에서 수영해서는 안 됩니다. (4321)
24 제가 만든 이 요리를 먹어 보세요. (3214)

문제 3 25 에서 28 에 무엇을 넣습니까? 글의 의미를 생각하여 1·2·3·4 중에서 가장 적당한 것을 하나 고르세요.

아래 글은 유학생의 작문입니다.

한국 드라마

김민수

나는 한국 드라마를 무척 좋아합니다. 일본에 오기 전부터 한국에서 엄마와 매일 봤습니다. 일본에 오고 나서는 일본 드라마도 보고 있지만 그래도 한국 드라마를 더 봅니다.

요즘은 일본 친구도 한국 드라마를 보기 시작했습니다. 그래서 나는 친구에게 내가 보고 재미있었던 한국 드라마를 알려 주었습니다. 친구는 드라마에 나오는 대사나 노래에도 관심이 있는 것 같습니다.

8 필수문법 확인문제 077~090 ▶ p.338

문제 1 ( ) 에 무엇을 넣습니까? 1·2·3·4 중에서 가장 적당한 것을 하나 고르세요.

1 야마다 씨는 아파도 회사를 쉬지 않았습니다.
2 이 버튼을 누르면 문이 열립니다.
3 오후 회의에는 나가지 않아도 상관없습니까?
4 A "선생님, 이것을 써도 상관없습니까?"
B " 네, 써도 됩니다."
5 이 구두는 이미 낡아서 더러워져도 상관없습니다.
6 전파사에서 내 드라이어를 고쳐 주었다.
7 A "전화번호는 쓰지 않아도 됩니까?"
B "아니요, 부탁합니다."
8 얼핏 보면 쉬워 보이지만 사실은 어렵다.
9 부모님이 건강하면 좋을 텐데.
10 내일은 테니스 시합입니다. 만약 비가 와도 시합을 합니다. 분발해 주십시오.
11 피아노와 바이올린 중 어느 쪽이 쉽습니까?
12 지금부터 빵을 구울 참입니다.

13 아무리 서둘러도 버스 시간에는 맞추지 못합니다.
14 A "쓰레기날은 금요일입니다. 그 이외의 날에는 내놓지 마세요."
B "네, 쓰레기는 금요일에 내놓아야 하는군요."
15 수학은 내가 가르쳐 줄게.
16 A "여기서 축구를 해도 됩니까?"
B "네, 상관없어요."
17 쇼핑을 가는 도중에 지갑을 깜빡한 것을 알아챘습니다.
18 모르는 것이 있을 때에는 선생님이 가르쳐 줍니다.
19 이 급커브에서는 언제 사고가 나도 이상하지 않다.
20 이 약을 먹으면 열이 내려갈 것입니다.
21 모르면 딱히 쓰지 않아도 됩니다.
22 아무리 공부해도 좀처럼 가타카나를 외울 수 없다.
23 일이 바쁘면 내일은 도우러 오지 않아도 괜찮다는 말을 들었습니다.

문제 2 ___★___에 들어가는 것은 어느 것입니까? 1·2·3·4 중에서 가장 적당한 것을 하나 고르세요.

24 나는 어떤 일이 있어도 당신을 잊지 않겠습니다. (3214)
25 텔레비전과 냉장고는 무거워서 집까지 배달하여 받기로 했다. (1432)
26 그 모퉁이를 오른쪽으로 돌면 파출소가 있습니다. (2143)
27 이제 선생님께 전화를 걸려는 참입니다. (4213)
28 내일은 교과서를 가져오지 않아도 좋습니다. (1324)

문제 3 [29] 에서 [33] 에 무엇을 넣습니까? 글의 의미를 생각하여 1·2·3·4 중에서 가장 적당한 것을 하나 고르세요.

아래 글은 '가족'에 관한 작문입니다.

'토토로'

이한나

우리 집에는 '토토로'라는 이름의 고양이가 있습니다. 세 달 전 엄마가 주워 왔습니다. 토토로가 우리 가족이 되고 나서 처음에는 무척 낯을 가렸지만 지금은 애교쟁이 막내입니다.

나는 형제가 없기 때문에 토토로가 가족이 되어 주어 무척 기쁩니다. 내가 학교에 갈 때나 학교에서 돌아올 때 토토로는 항상 현관까지 나옵니다. 토토로는 우리 소중한 가족의 일원입니다.

9 필수문법 확인문제 091~105

▶ p.352

문제 1 (　　) 에 무엇을 넣습니까? 1·2·3·4 중에서 가장 적당한 것을 하나 고르세요.

1 앞으로 어떻게 할지 천천히 생각하세요.
2 야마다 씨가 가면 나도 가겠습니다.
3 내일 시간이 있으면 파티에 안 갈래요?
4 이 검은 우산은 무거워서 쓰기 어렵습니다.
5 피곤하니 오늘은 이제 여기서 끝내기로 하자.
6 A "무슨 일이에요?"
B "실은 아이가 아파요."
7 내일은 바빠서 안 되지만 내일이 아니라면 언제든 좋습니다.
8 어제 약속했으니 야마다 씨는 올 것입니다.
9 A "그의 이야기를 들으면 제대로 알고 있는 것 같은데 어떠려나."
B "모르는 거 아니야?"
10 착한 다나카 씨가 이런 심한 짓을 할 리가 없다.
11 다카기 씨는 오늘 외출한다고 했으니 집에 없을 것입니다.
12 어젯밤 여덟 시 즈음부터 비가 내리기 시작했습니다.
13 돈을 빌릴 때는 충분히 생각하는 편이 좋다.
14 올해는 작년만큼 춥지 않습니다.
15 내 차는 야마다 씨 차보다 비싸지 않다.
16 이번 계획에 대해서 아는 사람은 스즈키 씨뿐입니다.
17 신형 인플루엔자에 대한 대응은 나라에 따라 다릅니다.
18 그는 스페인에 간 적이 있는 것처럼 이야기하니까 진짜 그런 줄 알았다.
19 오늘 밤은 약을 먹고 빨리 자는 편이 좋아요.

문제 2 ___★___에 들어가는 것은 어느 것입니까? 1·2·3·4 중에서 가장 적당한 것을 하나 고르세요.

20 버스라면 이곳에서 30분 정도면 갈 수 있다고 생각합니다. (4312)
21 요리사는 손님의 주문을 받고 요리를 만들기 시작했습니다. (3421)
22 그는 머리가 좋아서 그 해답은 바로 알 것입니다. (4231)
23 이 마을의 인구는 작년보다 많아졌습니다. (1342)
24 그런 위험한 곳에는 그다지 가지 않는 편이 좋아요. (2143)

문제 3 [25] 에서 [29] 에 무엇을 넣습니까? 글의 의미를 생각하여 1·2·3·4 중에서 가장 적당한 것을 하나 고르세요.

아래 글은 유학생의 작문입니다.

리 리

야마다 씨, 하야시 군과 함께 아키하바라에 있는 가전제품점에 갔습니다. 저는 텔레비전을 사고, 야마다 씨는 작은 카메라와 전지를, 하야시 군은 스테레오(오디오)를 샀습니다. 텔레비전과 스테레오는 무겁기 때문에 집까지 배달하여 받기로 했습니다.

다음 날, 제가 집에서 기다리고 있으니 가전제품점에서 스테레오가 왔습니다. 가게 직원이 실수한 것입니다. 텔레비전은 하야시 군한테 가고 말았습니다. 그곳에서 저희 집에 오기까지 3일을 더 기다리지 않으면 안 됩니다. 가전제품점은 사과했습니다.

10 필수문법 확인문제 106~118

▶ p.369

문제 1 (　　　) 에 무엇을 넣습니까? 1·2·3·4 중에서 가장 적당한 것을 하나 고르세요.

1 엄마는 나이를 먹고 감기에 잘 걸리게 되었습니다.
2 혼자서 시험을 보라는 말을 선생님에게 들었습니다.
3 이 도시는 밤에도 낮처럼 밝네요.
4 딸은 혼자서 신발을 신을 수 있게 되었습니다.
5 나는 주위 사람들에게 비웃음을 당해서 몹시 창피했습니다.
6 어딘가 외출한 듯 열쇠가 걸려 있습니다.
7 잘못 걸려온 전화에 잠을 깨서 그 뒤 좀처럼 잘 수 없었다.
8 야마다 씨는 어제 미국에 간 것 같습니다.
9 나는 2년 전에는 전혀 영어를 할 수 없었지만 선생님 덕분에 꽤 말할 수 있게 되었습니다.
10 사장님은 몇 시에 귀가하셨습니까?
11 계단이 젖어 있습니다. 미끄러지기 쉬우니까 주의하십시오.
12 그런 꿈 같은 이야기는 거짓말이라고 생각합니다.
13 나중에 전화를 걸라고 말해 주세요.
14 A "감기는 나았습니까?"
B "네, 덕분에."
15 방문을 열어서 누구든 들어올 수 있게 했습니다.
16 당신은 젓가락을 쓸 수 있습니까?
17 빨리 일어나. 학교에 늦어.
18 길이 막혀서 자동차로 가는 것보다 걸어서 가는 편이 빠를 지도 모릅니다.
19 어제 약속 시간에 늦어 다들 화를 냈습니다.
20 '이케(연못)'라는 한자는 어떻게 씁니까?
21 저 분을 아십니까?
22 A "잘 오셨습니다. 어서 들어오세요."
B "실례합니다."
23 A "미안합니다. 조금 열이 있고 머리가 아파서 먼저 돌아가겠습니다."
B "그렇습니까? 몸조심하세요."

문제 2 __★__ 에 들어가는 것은 어느 것입니까? 1·2·3·4 중에서 가장 적당한 것을 하나 고르세요.

24 저 사람은 일본인처럼 능숙하게 일본어를 말합니다. (2314)
25 앞으로는 외국 물건이 더 들어오는 것 같아요. (4321)
26 비에 맞아서 완전히 젖어 버렸습니다. (1423)
27 아이가 자랐기 때문에 드디어 아내와 둘이서 여행할 수 있게 되었습니다. (1234)
28 이 문제는 너무 어려워서 어떻게 생각해도 모르겠습니다. (1423)

문제 3 [29] 에서 [33] 에 무엇을 넣습니까? 글의 의미를 생각하여 1·2·3·4 중에서 가장 적당한 것을 하나 고르세요.

제 취미는 우표를 모으는 것입니다. 아직 제가 중학생일 때 외국에 있는 삼촌에게 받은 편지에 희귀한 우표가 많았기 때문에, 우표를 모으는 것이 좋아졌습니다.

저는 일본의 희귀한 우표보다도 외국 우표를 좋아하지만, 아직 일본 우표에 비하면 외국 우표가 적습니다.

오빠도 요즈음 우표를 모으고 있는데, '일본 우표보다 외국 우표를 많이 갖고 있다' 고 말하고 있습니다. 오빠는 지금 외국 고등학생과 친구가 되어 있으니, 머지 않아 외국 우표가 저보다 많아지겠지요.

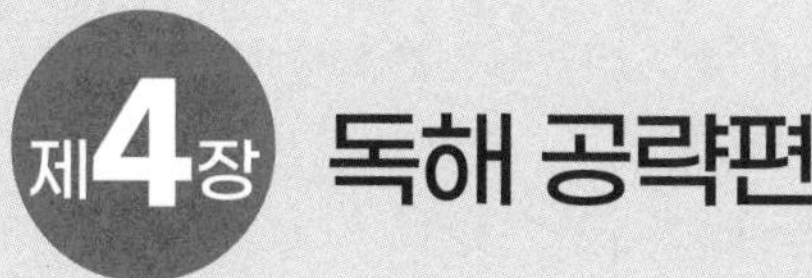

단문	1 ①	2 ④	3 ①	4 ②	5 ④	6 ③	7 ②	8 ③	9 ②	10 ①
	11 ③	12 ③	13 ②	14 ④	15 ④	16 ①	17 ③			
중문	1 ①	2 ③	3 ②	4 ④	5 ①	6 ③	7 ①	8 ③	9 ④	10 ②
	11 ③	12 ④	13 ②	14 ②	15 ③					
정보 검색	1 ③	2 ①	3 ②	4 ④	5 ③	6 ②	7 ③	8 ②	9 ④	10 ③

문제4 내용 이해 - 단문

▶ p.381

문제 4 다음 글을 읽고 질문에 답하세요. 답은 1·2·3·4에서 가장 적당한 것을 하나 고르세요.

단문 1

해석 나는 간호사가 되고 나서 기숙사 생활을 시작하였습니다. 좀 낡았지만 병원에서 가까웠기 때문에 선택했습니다. 처음에는 혼자 불안하기도 했지만 지금은 동기나 친구가 근처에 있기 때문에 즐겁게 지내고 있습니다. 또한 기숙사 가까이 큰 온천이 있어서 요즘은 휴일이 되면 온천에 가는 것이 즐거움이 되었습니다.

단어 **看護師**(かんごし) 간호사 | **寮**(りょう) 기숙사 | **生活**(せいかつ) 생활 | **古**(ふる)**い** 낡다, 오래되다 | **病院**(びょういん) 병원 | **近**(ちか)**い** 가깝다 | **選**(えら)**ぶ** 고르다, 선택하다 | **ひとり** 혼자 | **不安**(ふあん) 불안 | **今**(いま) 지금 | **同期**(どうき) 동기 | **友人**(ゆうじん) 친구 | **楽**(たの)**しい** 즐겁다 | **過**(す)**ごす** 지내다 | **大**(おお)**きな** 커다란, 큰 | **温泉**(おんせん) 온천 | **最近**(さいきん) 최근, 요즘 | **休**(やす)**みの日**(ひ) 휴일 | **楽**(たの)**しみ** 즐거움, 기대

1 **이 사람은 왜 기숙사 생활을 시작했습니까?**

1 병원이 가까워서
2 건물은 낡아도 저렴해서
3 동기나 친구가 근처에 있을 수 있어서
4 기숙사 근처에 큰 온천이 있어서

해설 '나'가 왜 기숙사 생활을 시작했는지 묻는 문제이다. 지문을 살펴 보면 건물은 낡았지만 병원이 가까워서 선택하였다고 했으므로 정답은 1번이다.

단문 2

해석 다음 주에 빵 공장 견학을 갑니다. 오전 아홉 시에 이곳을 출발합니다. 도시락은 공장 직원이 준비해 줄 겁니다. 함께 식당에서 먹을 것입니다. 음료수는 각자 가져가 주세요. 공장에서는 사진은 찍을 수 없으므로 카메라를 가져가서는 안 됩니다. 아, 그리고 우산을 잊지 마세요. 버스에서 내려서 조금 걷습니다. 비가 내릴지도 모르니까요.

단어 **来週**(らいしゅう) 내주, 다음 주 | **パン** 빵 | **工場**(こうじょう) 공장 | **見学**(けんがく)**に行**(い)**く** 견학을 가다 | **午前**(ごぜん) 오전 | **出発**(しゅっぱつ)**する** 출발하다 | **お弁当**(べんとう) 도시락 | **じぶんで** 각자, 스스로 | **持**(も)**っていく** 가져가다 | **予定**(よてい) 예정 | **用意**(ようい)**する** 준비하다 | **～てくれる** (주로 남이 나에게) ~해 주다 | **いっしょに** 함께, 같이 | **食堂**(しょくどう) 식당 | **飲**(の)**み物**(もの) 마실 것, 음료수 | **写真**(しゃしん) 사진 | **とる** (사진을) 찍다 | **カメラ** 카메라 | **～てはいけない** ~해서는 안 된다 |

それから 그러고 나서, 그리고 | **かさ** 우산 | **わすれる** 잊다 | **～ないでください** ～하지 말아 주세요 | **バスをおりる** 버스를 내리다 | **～てから** ～하고 나서 | **少(すこ)し** 조금 | **歩(ある)く** 걷다 | **雨(あめ)がふる** 비가 내리다 | **～かもしれない** ～일지도 모른다 | **～なければならない** ～하지 않으면 안 된다, ～해야 한다

2 빵 공장 견학을 갈 때, 무엇을 가지고 가야 합니까?

1 도시락과 카메라
2 도시락과 음료수
3 우산과 카메라
4 우산과 음료수

해설 질문은 빵 공장 견학을 갈 때 가져가야 할 것이 무엇인지를 묻고 있다. 지문에서 도시락은 공장 직원이 준비해 준다고 했다. 단, 음료수는 각자 가져가야 한다고 했다. 그리고 사진을 찍을 수 없으므로 카메라를 가져가서는 안 된다고 했고, 버스에서 내려서 공장까지 걸어가는 동안 비가 올지도 모르니까 우산을 잊지 말라고 했다. 따라서 빵 공장 견학을 갈 때 가져가야 할 것은 선택지 4번 '우산과 음료수'이다.

단문 3

해석 이 항공사는 국제선 비즈니스 클래스로 7일 전까지 왕복 티켓을 사면 요금을 35% 할인해 주는 서비스를 시작합니다. 이처럼 할인 서비스를 하는 것은 국내 항공사로서는 처음입니다. 다른 항공사도 마찬가지로 할인을 시작할 예정입니다.

단어 **航空会社(こうくうがいしゃ)** 항공회사, 항공사 | **国際線(こくさいせん)** 국제선 | **ビジネスクラス** 비즈니스 클래스 | **～までに** ～까지 | **往復(おうふく)きっぷ** 왕복 티켓 | **買(か)う** 사다 | **料金(りょうきん)** 요금 | **～パーセント** ～퍼센트 | **安(やす)くする** 싸게 하다, 할인하다 | **サービス** 서비스 | **始(はじ)める** 시작하다 | **割引(わりびき)** 할인 | **おこなう** 행하다 | **国内(こくない)** 국내 | **～としては** ～로서는 | **はじめて** 처음 | **ほかの** 다른 | **同様(どうよう)** 같음, 같은 모양 | **ハワイ** 하와이

3 하와이를 5월 20일에 가고 싶습니다. 5월 10일에 왕복 20만 엔 짜리 티켓을 비즈니스 클래스로 사고 싶습니다. 얼마입니까?

1 130,000엔
2 140,000엔
3 150,000엔
4 160,000엔

해설 하와이로 가는 티켓 가격을 묻고 있다. 즉 5월 20일에 가는 하와이 왕복 20만 엔의 티켓을 5월 10일에 비즈니스 클래스로 사고 싶은데, 얼마인지를 묻고 있다. 지문에서는 국제선 비즈니스 클래스를 7일 전까지 왕복 티켓으로 사면 요금의 35%를 할인해 준다고 했다. 그런데 하와이 왕복 20만 엔의 티켓을 10일 전에 사는 것이므로, 35% 할인 서비스를 받을 수 있으므로, 7만 엔의 할인을 받을 수 있다. 따라서 가격은 13만 엔(20만 엔–7만 엔)이 되므로 선택지 1번이 정답이다.

단문 4

해석 찬 버블티는 여름에 마시면 아주 맛있는데 저는 겨울에도 찬 버블티를 마십니다. 따뜻한 버블티도 있지만 저는 찬 것을 좋아합니다. 하지만 겨울에는 춥기 때문에 밖에서는 그다지 마시지 않습니다. 버블티를 사와서 따뜻한 제 방에서 마시는 것이 요즘의 제 즐거움입니다.

단어 **冷(つめ)たい** 차다 | **タピオカミルクティー** 버블티 | **夏(なつ)** 여름 | **飲(の)む** 마시다 | **とても** 무척, 아주 | **おいしい** 맛있다 | **冬(ふゆ)** 겨울 | **～ほうが** ～쪽이 | **外(そと)** 밖 | **あまり** 그다지, 별로 | **買(か)う** 사다 | **～てくる** ～하고 오다 | **自分(じぶん)** 자신 | **楽(たの)しみ** 즐거움

4 요즘의 제 즐거움은 무엇입니까?

1 자신의 방에서 따뜻한 버블티를 마시는 것
2 자신의 방에서 차가운 버블티를 마시는 것

3 밖에서 따뜻한 버블티를 마시는 것
4 밖에서 차가운 버블티를 마시는 것

해설 따뜻한 버블티보다 찬 버블티를 좋아하는데 겨울에는 춥기 때문에 밖에서 잘 마시지 않는다고 했다. 찬 버블티를 사 와서 따뜻한 방 안에서 마시는 것이 즐거움이라고 했으므로 정답은 2번이다.

단문 5

해석 내일은 다 같이 자동차 공장에 견학을 갑니다. 버스는 한 시에 학교를 출발하니까 그때까지 점심밥을 먹고 모여 주세요. 버스 안에서는 음식물을 먹으면 안 됩니다. 공장에서 먹을 시간도 없습니다. 배가 고플 테니 반드시 먹고 와 주세요.

단어 **みんなで** 다 같이 | **自動車**(じどうしゃ) 자동차 | **工場**(こうじょう) 공장 | **見学**(けんがく) 견학 | **バス** 버스 | **学校**(がっこう) 학교 | **ひるごはん** 점심밥 | **集**(あつ)**まる** 모이다 | **～中**(なか)**では** ～안에서는 | **食**(た)**べ物**(もの) 음식물, 먹을 것 | **時間**(じかん)**もない** 시간도 없다 | **おなかがすく** 배가 고프다 | **かならず** 반드시 | **～てくる** ～하고 오다 | **いつ** 언제 | **着**(つ)**く** 도착하다 | **～ながら** ～하면서 | **のる** 타다

5 **내일 점심밥은 언제 먹습니까?**
1 공장에 도착하고 나서 먹습니다.
2 공장을 견학하면서 먹습니다.
3 버스에 타고 나서 먹습니다.
4 버스를 타기 전에 먹습니다.

해설 질문은 내일 언제 점심을 먹는지를 묻고 있다. 지문에서는 내일 자동차 공장에 견학을 가는데, 버스는 한 시에 학교를 출발하고 그때까지 점심을 먹고 모여 달라고 했다. 그리고 버스 안에서는 음식물을 먹을 수 없다고 했으므로 버스를 타기 전에 점심을 먹어야 한다는 것을 알 수 있다. 따라서 정답은 선택지 4번 '버스를 타기 전에 먹습니다'이다.

단문 6

해석 스미스 씨는 좋은 시계를 사고 싶어서 어디서 사면 좋을지 다나카 씨에게 상담을 했습니다. 다나카 씨는 좋은 가게를 야마시타 씨에게 소개 받은 적이 있기 때문에 그곳에 데려가 주겠다고 했습니다. 스미스 씨는 시험이 끝나면 시간이 생기기 때문에 일요일에 둘이 함께 사러 가기로 했습니다.

단어 **いい** 좋다 | **時計**(とけい) 시계 | **～たい** ～하고 싶다 | **～と思**(おも)**う** ～라고 생각하다 | **～たら** ～하면 | **～か** ～인지 | **相談**(そうだん)**する** 상담하다, 의논하다 | **店**(みせ) 가게 | **教**(おし)**える** 가르치다 | **～てもらう** ～해 받다 | **～たことがある** ～한 적이 있다 | **つれる** 데려가다 | **～てあげる** (내가 남에게) ～해 주다 | **～と言**(い)**う** ～라고 말하다 | **試験**(しけん) 시험 | **終**(お)**わる** 끝나다 | **ひまになる** 시간이 생기다, 한가해지다 | **二人**(ふたり)**で** 둘이 함께 | **日曜日**(にちようび) 일요일 | **～に行**(い)**く** ～하러 가다 | **～ことにする** ～하기로 하다 | **時計屋**(とけいや) 시계방 | **～について** ～에 대해서

6 **글의 내용과 맞는 것은 무엇입니까?**
1 스미스 씨는 시험이 끝났기 때문에 시간이 생겼습니다.
2 스미스 씨는 다나카 씨가 시계방에 데려가 주었습니다.
3 다나카 씨는 시계에 대해서 스미스 씨에게 상담을 해 주었습니다.
4 다나카 씨는 야마시타 씨에게 좋은 시계방을 가르쳐 준 적이 있습니다.

해설 글 전체의 내용을 파악하는 문제이다. 선택지 1번은 '스미스 씨는 시험이 끝났기 때문에 시간이 생겼습니다'라고 했는데, 스미스 씨는 시험이 끝나면 시간이 생기지만 아직 시험이 끝나지 않았으므로 틀리다. 선택지 2번은 '스미스 씨는 다나카 씨가 시계방에 데려가 주었습니다'라고 했는데, 이것 역시 아직 실행되지 않았으므로 틀리다. 선택지 3번은 '다나카 씨는 시계에 대해서 스미스 씨에게 상담을 받았습니다'라고 했는데, 지문에서는 스미스 씨가 좋은 시계를 어디에서 사면 좋은지 다나카 씨에게 상담을 했다고 했으므로 정답이 된다. 선택지 4번은 '다나카 씨는 야마시타 씨에게 좋은 시계방을 가르쳐 준 적이 있습니다'라고 했는데, 지문에서는 야마시타 씨가 다나카 씨에게 좋은 가게를 가르쳐 주었다고 했으므로 틀리다.

단문 7

해석 우리 마을에는 커다란 항구가 있습니다. 예전에는 생선이 맛있기로 무척 유명했지만, 최근에는 옆에 자동차 공장이 생겼기 때문에 생선보다 자동차가 유명한 항구가 되었습니다. 그러나 이 마을에서 더 많이 알려져 있는 것은 소고기입니다. 맥주를 먹이기 때문에 부드럽고 맛있는 고기가 됩니다. 가격은 비싸지만 멀리서 많은 사람들이 사러 옵니다.

단어 **町**(まち) 동네, 마을 | **~には** ~에는 | **大**(おお)**きい** 크다 | **みなと** 항구 | **むかし** 옛날 | **さかな** 생선, 물고기 | **おいしい** 맛있다 | **たいへん** 무척, 대단히 | **有名**(ゆうめい)**だ** 유명하다 | **最近**(さいきん) 최근, 요즘 | **そば** 옆 | **できる** 생기다 | **~ため** ~때문에 | **~より~ほうが** ~보다 ~쪽이 | **車**(くるま) 차, 자동차 | **~になる** ~이 되다 | **もっと** 더, 더욱 | **知**(し)**られる** 알려지다 | **ぎゅうにく** 소고기 | **ビール** 맥주 | **飲**(の)**ませる** 먹이다, 마시게 하다 | **やわらかい** 부드럽다 | **肉**(にく) 고기 | **ねだん** 값, 가격 | **高**(たか)**い** 비싸다 | **遠**(とお)**く** 먼 곳 | **たくさん** 많음 | **~にくる** ~하러 오다

7 이 사람의 마을에서 가장 유명한 것은 무엇입니까?

1 맥주
2 소고기
3 생선
4 자동차 공장

해설 마을에서 가장 유명한 것이 무엇인지를 묻고 있다. 지문 내용을 살펴보면, 옛날에는 생선이 무척 유명했고, 최근에는 자동차 공장이 생겨서 생선보다 자동차가 더 유명하다고 했다. 하지만 가장 많이 알려져 있는 것은 소고기라고 했으므로 선택지 2번 '소고기'가 정답이다.

단문 8

해석 그럼 내일 시험에 대해서 설명하겠습니다. 시험은 열 시 반부터 열두 시까지입니다. 늦었을 경우 20분까지는 괜찮지만 그것보다 뒤는 (늦으면) 교실에 들어올 수 없으므로 주의해 주세요. 시험이 빨리 끝난 사람은 시작하고 30분 동안은 교실에서 나갈 수 없지만 그 뒤라면 언제 나가도 상관없습니다.

단어 **それでは** 그럼, 그렇다면 | **説明**(せつめい)**する** 설명하다 | **~時半**(じはん) ~시 반 | **おくれる** 늦다 | **場合**(ばあい) 경우 | **だいじょうぶだ** 괜찮다 | **それより** 그것보다 | **教室**(きょうしつ) 교실 | **入**(はい)**る** 들어가다 | **~ことができる** ~할 수 있다 | **注意**(ちゅうい)**する** 주의하다 | **早**(はや)**く** 일찍, 빨리 | **はじめ** 처음, 최초 | **出**(で)**る** 나가다 | **そのあと** 그 후 | **~なら** ~라면 | **かまう** 상관하다 | **~てもいい** ~해도 좋다 | **何時**(なんじ) 몇 시

8 교실에서 나가도 괜찮은 시간은 몇 시부터입니까?

1 열 시 반부터
2 열 시 50분부터
3 열한 시부터
4 열한 시 반부터

해설 질문은 교실에서 몇 시부터 나가도 되는지 묻고 있다. 지문에서 시험은 열 시 반부터 열두 시까지라고 했고, 시험이 빨리 끝난 사람은 처음 30분은 교실에서 나올 수 없지만, 그 후라면 언제 나와도 상관없다고 했다. 즉 열한 시까지는 교실에서 나올 수 없지만 그 이후는 나올 수 있다는 말이므로 선택지 3번 '열한 시부터'가 정답이다.

단문 9

해석 여름휴가 때 하와이에 가기 때문에 호텔을 몇 군데 알아봤습니다. 레인보우 호텔은 바다가 가깝고 큰 수영장이 있습니다. 선라이즈 호텔은 수영장은 작지만 다양한 레스토랑이 있습니다. 그린 호텔은 시내 안에 있어서 이동하기 편리합니다. 스타 호텔은 유명한 레스토랑과 쇼핑몰이 있는 호텔입니다. 큰 수영장이 있는 레인보우 호텔로 하고 싶었지만 비싸서 선라이즈 호텔로 결정했습니다. 스타 호텔은 쇼핑하러 가 보려고 합니다.

단어 **夏休(なつやす)み** 여름휴가, 여름 방학 | **ハワイ** 하와이 | **ホテル** 호텔 | **いくつか** 몇 군데 | **しらべる** 조사하다, 찾다 | **海(うみ)** 바다 | **大(おお)きな** 커다란, 큰 | **プール** 수영장 | **小(ちい)さい** 작다 | **いろいろな** 다양한 | **まち** 거리, 시내, 마을 | **中(なか)** 안 | **移動(いどう)** 이동 | **便利(べんり)** 편리 | **有名(ゆうめい)だ** 유명하다 | **ショッピングモール** 쇼핑몰 | **高(たか)い** 비싸다 | **決(き)める** 정하다 | **買(か)い物(もの)** 쇼핑

9 이 사람은 어느 호텔로 골랐습니까?

1 레인보우 호텔
2 선라이즈 호텔
3 그린 호텔
4 스타 호텔

해설 어느 호텔을 선택했는지 묻고 있다. 큰 수영장이 있는 레인보우 호텔로 하고 싶었지만 가격이 비싸서 선라이즈 호텔로 결정했다고 했으므로 정답은 선택지 2번 '선라이즈 호텔'이다. 스타 호텔은 쇼핑을 하러 가겠다고 했으므로 답이 아니다.

단문 10

해석 나와 언니는 간식을 사러 편의점에 갔습니다. 둘이 합쳐서 1000엔 가지고 있었습니다. 110엔짜리 빵 두 개와 120엔짜리 오렌지 주스, 250엔짜리 초콜릿 프라페, 320엔짜리 치즈 케이크를 두 개 골랐습니다. 그러자 돈이 모자라게 되었습니다. 그래서 치즈 케이크를 하나 사서 반씩 먹기로 했습니다.

단어 **姉(あね)** 언니 | **おやつ** 간식 | **買(か)う** 사다 | **コンビニ** 편의점 | **二人(ふたり)** 두 사람 | **合(あ)わせる** 합치다 | **持(も)つ** 가지다 | **パン** 빵 | **二(ふた)つ** 두 개 | **オレンジジュース** 오렌지 주스 | **チョコレートフラッペ** 초콜릿 프라페 | **チーズケーキ** 치즈케이크 | **選(えら)ぶ** 고르다, 선택하다 | **一(ひと)つ** 한 개, 하나 | **半分(はんぶん)** 반 | **食(た)べる** 먹다

10 남은 돈은 얼마입니까?

1 90엔
2 100엔
3 190엔
4 200엔

해설 1000엔을 가지고 있는데 간식을 다 사면 얼마가 남는지 묻는 문제이다. 110엔짜리 빵 두 개, 120엔짜리 오렌지 주스, 250엔짜리 초콜릿 프라페, 320엔짜리 치즈 케이크를 두 개 골랐는데 돈이 모자라서 치즈 케이크는 하나로 줄였다. 1000에서 (110*2)+120+250+320를 빼면 정답은 선택지 1번 90엔이다.

단문 11

해석 야마시타 씨는 미도리 유치원에서 일합니다. 아이들과 놀기도 하고 아이들이 즐길 수 있는 놀이를 생각하기도 합니다. 그리고 아이들이 집에 간 후에는 유치원에서 피아노 연습을 하기도 하고 교실 안을 청소하기도 합니다.

단어 **幼稚園(ようちえん)** 유치원 | **働(はたら)く** 일하다 | **子(こ)ども** 어린이, 아이 | **遊(あそ)ぶ** 놀다 | **楽(たの)しむ** 즐기다 | **考(かんが)える** 생각하다 | **帰(かえ)る** (집에) 돌아오다 | **ピアノ** 피아노 | **練習(れんしゅう)** 연습 | **教室(きょうしつ)** 교실 | **中(なか)** 안 | **掃除(そうじ)** 청소 | **通(かよ)う** 다니다

11 야마시타 씨의 일이 아닌 것은 어느 것입니까?

1 유치원에 오는 아이들과 놉니다.
2 여러 가지 놀이를 생각하기도 합니다.
3 피아노 교실에 다닙니다.
4 유치원 안을 청소합니다.

해설 야마시타 씨가 유치원에서 하는 일이 무엇인지 묻고 있다. 아이들과 놀기도 하고 놀이를 생각하기도 하며 아이들이 집에 간 후에는 유치 교실 안을 청소한다고 했다. 유치원에서 피아노를 연습하지만 피아노 교실에 다닌다는 이야기는 없으므로 정답은 3번이다.

단문 12

해석

나는 매일 자전거로 대학교에 갑니다. 집에서 학교까지 자전거로 20분 정도입니다. 가끔 버스로 갑니다. 버스가 빠르지만 비쌉니다. 어제 대학교에서 자전거가 고장 나서 걸어서 집에 와야 했습니다. 비도 내리고 있었기 때문에 힘들었습니다. 친구에게 우산을 빌렸습니다.

단어 **毎日**(まいにち) 매일 | **自転車**(じてんしゃ) 자전거 | **~で** ~으로(수단) | **大学**(だいがく) 대학교 | **家**(いえ) 집 | **~ぐらい** ~정도 | **ときどき** 가끔, 때때로 | **バス** 버스 | **ほう** 쪽, 편 | **はやい** 빠르다, 이르다 | **こわれる** 부서지다, 고장 나다 | **あるく** 걷다 | **帰**(かえ)**る** 돌아가다, 돌아오다 | **~なければならない** ~하지 않으면 안 된다, ~해야 한다 | **たいへんだ** 힘들다, 큰일이다 | **かさ** 우산

12 **이 사람은 왜 어제 걸어서 집에 왔습니까?**

1 버스가 없었기 때문에
2 비가 내렸기 때문에
3 **자전거가 고장 났기 때문에**
4 친구한테 우산을 빌렸기 때문에

해설 질문은 어제 이 사람이 걸어서 집에 온 이유를 묻고 있다. 지문의 세 번째 줄에 대학교에서 자전거가 고장 나는 바람에 걸어서 집에 와야 했다는 내용이 있으므로 선택지 3번이 정답이다.

단문 13

해석

나는 유학생 기숙사에 살고 있습니다. 내 방은 5층에 있습니다. 방은 좁지만 깨끗합니다. 방에는 침대랑 책상이랑 책장 등이 있지만 텔레비전은 없습니다. 방에는 텔레비전을 둘 곳이 없습니다. 그래서 텔레비전을 보고 싶을 때는 1층 식당에 갑니다.

단어 **りゅうがくせい** 유학생 | **りょう** 기숙사 | **住**(す)**む** 살다 | **部屋**(へや) 방 | **~かい** ~층 | **せまい** 좁다 | **きれいだ** 깨끗하다, 예쁘다 | **ベッド** 침대 | **~や** ~이랑 | **つくえ** 책상 | **本**(ほん)**だな** 책장 | **~など** ~등, ~따위 | **テレビ** 텔레비전 | **おく** 놓다, 두다 | **ところ** 곳, 장소 | **それで** 그래서 | **~とき** ~때 | **しょくどう** 식당 | **きらいだ** 싫어하다

13 **이 사람의 방에 텔레비전이 없는 것은 왜입니까?**

1 텔레비전을 보지 않아서
2 **방이 좁아서**
3 텔레비전을 싫어해서
4 방이 5층에 있어서

해설 질문은 이 사람의 방에 텔레비전이 없는 이유를 묻고 있다. 이 사람은 자신의 방을 좁지만 깨끗하다고 설명하면서 텔레비전은 없다고 했다. 그리고 그 이유가 텔레비전을 둘 곳이 없기 때문이라고 했으므로 선택지 2번 '방이 좁아서'가 정답이다.

단문 14

해석

저는 시내 회사에서 일하고 있습니다. 언제나 버스로 회사에 갑니다. 집에서 회사까지 버스로 20분 정도 걸립니다. 가끔 회사까지 자전거로 갈 때도 있습니다. 자전거라면 30분 걸립니다. 보통 때는 자전거보다 버스로 가는 편이 빠릅니다. 어제는 버스로 갔지만 길이 막혀서 평소보다 15분이나 더 걸렸습니다.

단어 **町**(まち) 마을, 시내 | **会社**(かいしゃ) 회사 | **はたらく** 일하다 | **いつも** 언제나, 항상 | **かかる** (시간 등이) 걸리다 | **ときどき** 가끔, 때때로 | **~こともある** ~할 때도 있다 | **ふつう** 보통 | **~より~ほう** ~보다 ~쪽 | **はやい** 빠르다, 이르다 | **みち** 길 | **こむ** (길이) 붐비다 | **ながい** 길다 | **何分**(なんぷん) 몇 분

14 어제 이 사람은 회사에 갈 때 몇 분 걸렸습니까?

1 15분
2 20분
3 30분
4 35분

해설 질문은 어제 이 사람이 회사에 갈 때 걸린 시간을 묻고 있다. 이 사람은 보통 버스로 회사에 가는데, 가끔 자전거를 타고 가는 경우가 있다고 했다. 그리고 버스는 20분 걸리고, 자전거는 30분 걸린다고 했다. 어제는 버스로 회사에 갔지만, 길이 막혀서 15분 더 걸렸다고 했으므로, 집에서 회사까지 가는 데 걸린 시간은 35분(20분+15분)이 된다. 따라서 선택지 4번이 정답이다.

단문 15

해석

고이케 선생님 책상 위에 요시다 선생님이 쓴 메모가 있습니다.

고이케 선생님
라면 공장 오카자키 씨에게서 전화가 왔습니다.
다음 달 공장을 견학할 수 있는 것은 매주 월요일과 매주 목요일 오후 한 시부터 혹은 오후 세 시부터라고 합니다.
견학할 날짜와 시간이 정해지면 전화해 달라고 말했습니다.
그러고 나서 몇 명이 올지도 알려 달라고 했습니다.
잘 부탁합니다.

요시다

단어 **机**(つくえ) 책상 | **メモ** 메모 | **ラーメン** 라면 | **工場**(こうじょう) 공장 | **電話**(でんわ) 전화 | **見学**(けんがく) 견학 | **毎週**(まいしゅう) 매주 | **月曜日**(げつようび) 월요일 | **木曜日**(もくようび) 목요일 | **午後**(ごご) 오후 | **日**(ひ)**にち** 날짜 | **時間**(じかん) 시간 | **決**(き)**まる** 정해지다 | **教**(おし)**える** 알려주다, 가르치다 | **数**(かず) 수

15 이 메모를 읽고 고이케 선생님은 오카자키 씨에게 무엇을 알려야 합니까?

1 견학을 갈 사람 수만
2 견할을 갈 사람 수와 날짜
3 견학을 갈 사람 수와 시간
4 견학을 갈 사람 수와 날짜와 시간

해설 질문은 메모를 본 고이케 선생님이 오카자키 씨에게 무엇을 알려야 하는지에 대해서 묻고 있다. 견학할 날짜와 시간이 정해지면 전화해 달라고 했으며, 몇 명이 올지도 알려 달라고 했으므로 답은 선택지 4번이다.

독해 공략편

단문 16

해석

저는 우체국에서 일하고 있습니다. 차를 타고 짐을 옮기거나 편지나 엽서를 전달합니다. 12월은 크리스마스 카드를 보내는 사람이나 1월 1일 새해 엽서(연하장)을 보내는 사람이 많기 때문에 평소보다 바쁩니다. 아직 춥지만 열심히 하겠습니다.

단어 **郵便局**(ゆうびんきょく) 우체국 | **はたらく** 일하다 | **車**(くるま) 자동차 | **乗**(の)**る** 타다 | **荷物**(にもつ) 짐 | **運**(はこ)**ぶ** 옮기다 | **手紙**(てがみ) 편지 | **葉書**(はがき) 엽서 | **届**(とど)**ける** 닿게 하다, 보내다 | **クリスマスカード** 크리스마스 카드 | **送**(おく)**る** 보내다 | **お正月**(しょうがつ) 새해 첫날, 양력설

16 글의 내용과 맞는 것은 무엇입니까?

1 저는 자동차로 짐을 옮깁니다.
2 1월은 평소보다 바쁩니다.
3 크리스마스 카드를 12월에 씁니다.
4 새해 엽서는 12월 1일에 보냅니다.

해설 질문은 이 글의 내용과 맞는 것이 무엇인지 묻고 있다. 새해 엽서는 1월 1일에 보내고 평소보다 바쁜 건 12월이라고 했으므로 정답은 선택지 1번이다.

단문 17

해석

도서관 입구에 이러한 알림문이 붙어 있습니다.

도서관 알림

- 도서관이 열려 있는 시간은 오전 일곱 시부터 오후 여덟 시입니다. 이 이외의 시간에는 안에 들어올 수 없습니다.
- 도서관 안에서는 큰소리로 이야기를 하지 마세요.
- 도서관 안에서는 음식을 먹지 마세요.
- 책을 읽으면 원래 있던 장소에 놔 주세요.
- 이번 달부터 도서관 닫는 시간이 오후 아홉 시에서 오후 여덟 시로 변경되었습니다. 주의해 주세요

단어 **図書館**(としょかん) 도서관 | **お知**(し)**らせ** 공지, 알림 | **開**(あ)**く** 열다 | **時間**(じかん) 시간 | **大**(おお)**きな** 커다란, 큰 | **声**(こえ) 소리 | **話**(はなし) 이야기 | **食**(た)**べ物**(もの) 음식, 음식물 | **本**(ほん) 책 | **読**(よ)**む** 읽다 | **もと** 원래 | **場所**(ばしょ) 장소 | **今月**(こんげつ) 이번 달 | **閉**(し)**まる** 닫다 | **変**(か)**わる** 바뀌다, 변경되다 | **注意**(ちゅうい) 주의

17 이 알림문을 보고 도서관에 대해 맞는 것은 무엇입니까?

1 오후 아홉 시에 도서관은 닫습니다.
2 도서관은 몇 시에 가도 열려 있습니다.
3 도서관 안에서는 큰소리로 이야기하면 안 됩니다.
4 책을 읽고 나서 탁자 위에 놓습니다.

해설 알림문을 보고 맞는 것을 고르는 문제이다. 도서관은 여덟 시에 닫으며, 오전 일곱 시부터 오후 여덟 시까지를 제외한 시간에는 닫혀 있다. 또한 책을 읽은 후에는 원래 있던 장소에 되돌려놔야 하므로 4번도 답이 될 수 없다. 따라서 정답은 선택지 3번이다.

문제5 내용 이해 - 중문

▶ p.394

문제 5 다음 글을 읽고 질문에 답하세요. 답은 1·2·3·4에서 가장 적당한 것을 하나 고르세요.

중문 1

해석

저는 어머니 배 속에 있을 때부터 초등학교에 다녔습니다. 어머니는 제가 태어나기 조금 전까지 초등학교 선생님을 하고 계셨습니다. 저는 어머니의 배 속에서 기운 찬 초등학생의 목소리를 듣기도 하고 함께 공부하기도 했습니다. 그래서 저는 태어나기 전부터 초등학교를 정말 좋아했습니다. 저도 어른이 되면 선생님이 되겠다고 결심했습니다.

저는 현재 6학년입니다. 제가 선생님이 되면 숙제는 절대로 내지 않을 겁니다. 숙제를 내지 않는 이유는 공부는 학교에서 하면 되기 때문입니다. 그 대신에 수업은 학생이 '휴~' 하고 한숨 소리를 낼 정도로 열심히 할 것입니다.

또 하나는 학생들과 함께 놀 수 있는 선생님입니다. 쉬는 시간은 운동장에 나가서 학생들과 함께 놀겠습니다. 저는 피아노를 잘 치기 때문에 즐거운 노래를 학생들에게 가르치고 저도 함께 노래를 부르겠습니다.

어디에 있어도 '선생님!' 하고 학생들이 모여드는 밝은 선생님이 되는 것이 제 꿈입니다.

단어 **母**(はは) 어머니 | **おなかの中**(なか) 배 속 | **時**(とき) 때 | **小学校**(しょうがっこう) 초등학교 | **通**(かよ)**う** 다니다 | **生**(う)**まれる** 태어나다 | **ちょっと前**(まえ) 조금 전 | **先生**(せんせい) 선생님 | **元気**(げんき)**だ** 건강하다, 기운 차다 | **小学生**(しょうがくせい) 초등학생 | **声**(こえ) (목)소리 | **聞**(き)**く** 듣다, 묻다 | **~たり~たりする** ~하거나 ~하거나 하다 | **勉強**(べんきょう) 공부 | **だから** 그래서 | **大好**(だいす)**きだ** 매우 좋아하다 | **大**(おお)**きい** 크다 | **なる** 되다 | **決**(き)**める** 정하다 | **そして** 그리고 | **げんざい** 현재 | **~年生**(ねんせい) ~학년 | **宿題**(しゅくだい) 숙제 | **ぜったいに** 절대로 | **出**(だ)**す** 내다 | **理由**(りゆう) 이유 | **~ばいい** ~하면 좋다 | **かわり** 대신 | **授業**(じゅぎょう) 수업 | **生徒**(せいと) 학생 | **フー** 한숨을 지을 때 내는 소리, 휴우 | **~という** ~라고 하다 | **いっしょうけんめい** 열심히 | **やる** 하다 | **もう一**(ひと)**つ** 또 하나 | **遊**(あそ)**ぶ** 놀다 | **休**(やす)**み時間**(じかん) 쉬는 시간 | **運動場**(うんどうじょう) 운동장 | **ピアノ** 피아노 | **得意**(とくい)**だ** 잘하다, 자신 있다 | **楽**(たの)**しい** 즐겁다 | **歌**(うた) 노래 | **教**(おし)**える** 가르치다 | **歌**(うた)**う** 노래를 부르다 | **明**(あか)**るい** 밝다 | **ゆめ** 꿈 | **子**(こ)**ども** 아이, 자식 | **中学校**(ちゅうがっこう) 중학교 | **高校**(こうこう) 고등학교 | **上手**(じょうず)**だ** 잘하다, 능숙하다 | **サッカー** 축구 | **ピンポン** 탁구 | **ギター** 기타 | **~中**(ちゅう) ~하는 중 | **きびしい** 엄하다 | **おもしろい** 재미있다 | **あまり~ない** 그다지(별로) ~하지 않다 | **たくさん** 많이

1 이 사람의 어머니는 언제까지 무엇을 하고 있었습니까?

1 아이가 태어나기 조금 전까지 초등학교 선생님
2 아이가 태어나기 조금 전까지 중학교 선생님
3 아이가 초등학교 6학년이 되기 전까지 고등학교 선생님
4 아이가 초등학교 6학년이 되기 전까지 대학교 선생님

2 이 사람은 무엇을 잘합니까?

1 축구
2 탁구
3 피아노
4 기타

3 이 사람은 어떤 선생님이 되고 싶다고 말하고 있습니까?

1 수업 중 학생에게 즐거운 노래를 가르치고 자신도 함께 부르는 선생님
2 수업은 엄격하지만 쉬는 시간에는 학생들과 함께 노는 선생님
3 재미있는 수업을 하고 숙제는 별로 내지 않는 선생님
4 재미있는 수업을 하고 숙제도 많이 내는 선생님

해설 〈질문 1〉은 '이 사람의 어머니가 언제까지 무엇을 했는지'를 묻고 있다. 첫 번째 단락을 보면 이 사람의 어머니는 이 사람이 태어나기 조금 전까지 초등학교 선생님이었다고 했다. 따라서 선택지 1번 '아이가 태어나기 조금 전까지 초등학교 선생님'이 정답이다.

〈질문 2〉는 '이 사람이 잘하는 것이 무엇인지'를 묻고 있다. 지문의 세 번째 단락을 보면, 되고 싶은 선생님의 모습을 말하면서 자신이 피아노를 잘 치기 때문에 즐거운 노래를 학생에게 가르치고 자신도 함께 부르고 싶다고 했다. 따라서 정답은 선택지 3번이 된다.

〈질문 3〉은 '이 사람이 되고 싶은 선생님은 어떤 선생님인지'를 묻고 있다. 지문의 두 번째 단락과 네 번째 단락에 걸쳐서 자신이 되고 싶은 선생님에 대해서 말하고 있는데, 숙제를 절대 내지 않지만 수업은 학생이 한숨 소리를 낼 정도로 열심히 할 것이라고 했고 쉬는 시간에는 운동장에 나가서 학생들과 함께 놀고 즐거운 노래도 같이 부를 것이라고 했다. 따라서 이것과 관련이 있는 선택지 2번 '수업은 엄격하지만 쉬는 시간에는 학생들과 함께 노는 선생님'이 정답이다.

중문 2

해석

저는 프랑스에 유학하고 있는 동안 프랑스인 집에서 하숙하고 있었습니다. 그 집 아주머니는 예전에 여학교의 교장 선생님을 했던 분이었습니다.

가끔 아주머니는 저에게 프랑스어를 가르쳐 주었는데 언제나 가르치는 것은 중학교 수준의 쉬운 프랑스어였습니다. 저는 쉬운 문법이 지루해져서 조금 어려운 것을 공부하려고 했습니다. 그렇지만 아주머니는 '기초가 중요해요'라며 몇 번이나 초급 교과서를 반복해서 공부를 시켰습니다.

프랑스어에는 정중한 말투인 '당신'과 학생이나 친한 사람들 사이에서 쓰는 '너'라는 두 가지 말투가 있습니다. 상대를 보고 이 두 가지를 쓰는데, 아주머니는 '정중한 말투만 쓰세요'라고 저에게 말했습니다. 당신은 프랑스어가 서투르기 때문에 프랑스인처럼 쓸 수 없다, 정중한 말이라면 어떤 경우에라도 사용할 수 있다는 것이 아주머니의 생각이었습니다.

단어 **フランス** 프랑스 | **留学**(りゅうがく)**する** 유학하다 | **あいだ** 사이, 동안 | **フランス人**(じん) 프랑스인 | **下宿**(げしゅく)**する** 하숙하다 | **おばさん** 아주머니 | **むかし** 옛날 | **女子校**(じょしこう) 여학교 | **校長**(こうちょう) 교장 | **ときどき** 가끔, 때때로 | **フランス語**(ご) 프랑스어 | **~てくれる** (남이 나에게) ~해 주다 | **~ぐらい** ~정도 | **やさしい** 쉽다 | **文法**(ぶんぽう) 문법 | **つまらない** 재미없다, 시시하다 | **少**(すこ)**し** 조금 | **むずかしい** 어렵다 | **覚**(おぼ)**える** 배우다, 익히다 | **~ようとする** ~하려고 하다 | **けれども** 그러나, 하지만 | **基礎**(きそ) 기초 | **たいせつだ** 중요하다 | **何度**(なんど)**も** 몇 번이나 | **初級**(しょきゅう) 초급 | **教科書**(きょうかしょ) 교과서 | **くりかえす** 반복하다 | **ていねいだ** 정중하다, 공손하다 | **言**(い)**い方**(かた) 말투 | **あなた** 당신 | **親**(した)**しい** 친하다 | **人**(ひと)**たち** 사람들 | **使**(つか)**う** 사용하다 | **きみ** 너 | **相手**(あいて) 상대방 | **~だけ** ~만 | **~なさい** ~하세요 | **下手**(へた)**だ** 서투르다 | **~のように** ~와 같이 | **ことば** 말, 언어 | **~なら** ~라면 | **場合**(ばあい) 경우 | **考**(かんが)**え方**(かた) 사고방식, 생각 | **会社**(かいしゃ) 회사 | **社長**(しゃちょう) 사장 | **生活指導**(せいかつしどう) 생활 지도 | **留学生**(りゅうがくせい) 유학생 | **住**(す)**む** 살다 | **りょう** 기숙사 | **よい** 좋다 | **かんたんに** 간단하게 | **だれに** 누구에게 | **~てもいい** ~해도 좋다 | **おかしい** 이상하다

4 아주머니는 옛날에 무엇을 하고 있었습니까?

1 회사 사장님
2 생활 지도 선생님
3 프랑스어 선생님
4 학교의 교장 선생님

5 아주머니는 왜 초급만 가르쳤습니까?

1 기초가 중요하니까
2 문법이 중요하니까
3 유학생이 중요하니까
4 상대가 중요하니까

6 아주머니는 왜 「정중한 말투만 쓰세요」라고 말했습니까?

1 친한 친구들에게 쓰는 말은 별로 좋지 않은 말이니까
2 정중한 말은 간단히 배울 수 있으니까
3 정중한 말은 누구에게 써도 괜찮으니까
4 프랑스어를 잘 못하는 사람이 두 가지 말투를 쓰면 이상하니까

해설 〈질문 4〉는 '아주머니가 옛날에 무엇을 하셨는지'에 대해서 묻고 있다. 첫 번째 단락에서 프랑스에 유학하고 있을 때 프랑스인 집에서 하숙을 했고, 그 집 아주머니가 예전에 여학교의 교장 선생님을 했다고 했다. 따라서 선택지 4번 '학교의 교장 선생님'이 정답이다.

〈질문 5〉는 '아주머니가 초급 프랑스어만을 가르친 이유'를 묻고 있다. 지문의 두 번째 단락 마지막 부분에서 아주머니가 중학교 정도의 쉬운 프랑스어를 가르친 이유를 '기초가 중요하다'라고 한 말에서 찾을 수 있다. 따라서 선택지 1번 '기초가 중요하니까'가 정답이다.

〈질문 6〉은 아주머니가 '정중한 말투만 쓰라고 한 이유'를 묻고 있다. 밑줄 친 부분의 앞뒤 문맥을 살펴보면, 아주머니는 당신과 너에 대한 말투에 대해 예를 들면서, 정중한 말이라면 어떤 경우라도 사용할 수 있다고 생각하셨다고 했다. 따라서 이것과 관련된 선택지 3번 '정중한 말은 누구에게 써도 괜찮으니까'가 정답이다.

중문 3

해석

이런 일이 있었습니다. 수학여행으로 규슈에서 도쿄에 돌아오는 신칸센 안에서 있었던 일입니다. 도착은 오후 여섯 시 이후였기 때문에 네 시 무렵 전원에게 샌드위치가 나눠졌습니다. 모두 그다지 배가 고프지 않은 듯, 먹는 사람은 별로 없었습니다. 저도 배가 고프지 않아 먹지 않고 집에 가져가려고 했습니다.

그리고 시간이 지나서 쓰레기를 수거하러 왔습니다. 나는 모두 먹지 않은 샌드위치를 가지고 갈 거라고 생각했습니다. 그러나 그런 사람은 거의 없고 대부분의 사람들은 한입도 먹지 않고 버렸습니다. 그것을 보고 있던 저는 가슴이 따끔따끔 아파왔습니다.

울고 싶어지는 기분이었습니다. 왜 가지고 돌아가지 않는 걸까요? 저는 먹을 것을 버리는 사람들에게 화가 났습니다. 이 세상에 살고 있는 인간이라면 하나하나 사물을 소중하게 여기는 마음을 가졌으면 좋겠습니다.

단어 **こんな** 이런 | **こと** 일, 것 | **修学旅行**(しゅうがくりょこう) 수학여행 | **九州**(きゅうしゅう) 규슈 | **帰**(かえ)**る** 돌아오다, 돌아가다 | **新幹線**(しんかんせん) 신칸센 | **到着**(とうちゃく) 도착 | **午後**(ごご) 오후 | **~すぎ** ~지나감 | **全員**(ぜんいん) 전원 | **サンドイッチ** 샌드위치 | **配**(くば)**る** 나누어 주다 | **みんな** 모두 | **おなかがすく** 배가 고프다 | **~らしい** ~인 것 같다, ~인 듯하다 | **~ないで** ~하지 않고, ~하지 말고 | **持**(も)**つ** 가지다, 들다 | **時間**(じかん)**がすぎる** 시간이 지나다 | **ごみ** 쓰레기 | **集**(あつ)**める** 모으다 | **~だろう** ~일 것이다 | **そんな** 그런 | **ほとんど** 거의 | **だいたい** 대개, 대다수 | **一口**(ひとくち) 한입 | **捨**(す)**てる** 버리다 | **むね** 가슴 | **ズキンズキン** 욱신욱신 | **痛**(いた)**い** 아프다 | **泣**(な)**く** 울다 | **気持**(きも)**ち** 마음, 기분 | **食**(た)**べ物**(もの) 음식물, 먹을 것 | **はらがたつ** 화가 나다 | **世**(よ)**の中**(なか) 세상 | **生**(い)**きる** 살다 | **人間**(にんげん) 인간, 사람 | **もの** 사물, 물건 | **たいせつにする** 소중히 하다 | **心**(こころ) 마음 | **~てほしい** ~하기 바라다 | **京都**(きょうと) 교토 | **新潟**(にいがた) 니가타 | **きれいに** 깨끗이 | **じぶんで** 스스로 | **~たほうがいい** ~하는 편이 좋다 | **よくない** 좋지 않다 | **はらをたてる** 화를 내다 | **もっと** 좀 더, 더욱

7 수학여행 장소는 어디였습니까?

1 **규슈**
2 도쿄
3 교토
4 니가타

8 나눠 준 샌드위치는 어떻게 되었습니까?

1 대부분 먹지 않고 가져갔습니다.
2 거의 먹지 않고 가져갔습니다.
3 **거의 버려졌습니다.**
4 거의 다 먹었습니다.

9 이 글에서 말하고 싶은 것은 무엇입니까?

1 쓰레기는 스스로 모으는 것이 좋다.
2 샌드위치를 버리는 것은 좋지 않은 일이다.
3 사람들에게 화를 내는 것은 좋지 않은 일이다.
4 **좀 더 사물을 소중히 여겨야 한다.**

해설 **〈질문 7〉**은 '수학여행 장소가 어디였는지'를 묻고 있다. 지문의 첫 번째 단락에서 수학여행으로 규슈에서 도쿄로 돌아오는 신칸센 안에서 있었던 일이라고 했다. 즉 수학여행을 규슈로 갔다가 신칸센을 타고 도쿄로 돌아오는 중의 일이므로 선택지 1번 '규슈'가 정답이다.

〈질문 8〉은 '전원에게 나눠 준 샌드위치가 어떻게 되었는지'를 묻고 있다. 지문의 첫 번째 단락과 두 번째 단락에 걸쳐서 나눠 준 샌드위치에 대해서 말하고 있다. 모두 그다지 배가 고프지 않은 듯 먹는 사람이 별로 없었고, 본인도 배가 고프지 않아 가져가려고 생각했는데, 쓰레기를 수거하러 왔을 때 보니 샌드위치를 가져가려는 사람은 거의 없고 대부분 한입도 먹지 않고 버려서 가슴이 아팠다고 했다. 따라서 이것과 관련된 선택지 3번 '거의 버려졌습니다'가 정답이다.

〈질문 9〉는 '이 글을 통해 저자가 말하고 싶은 것이 무엇인지'를 묻고 있다. 저자는 마지막 단락에서 샌드위치가 버려지는 것을 보고 울고 싶어지는 기분이었다고 하며 먹을 것을 버리는 사람들에게 화가 났다고 했다. 그리고 이 세상에 살고 있는 인간이라면 사물 하나하나, 즉 모든 것을 소중히 여기는 마음을 가졌으면 좋겠다고 했다. 이것과 관련이 있는 선택지 4번 '좀 더 사물을 소중히 여겨야 한다'가 정답이다.

중문 4

해석

아오모리현의 사과는 아주 유명합니다. 지금은 아오모리현은 일본 최고의 사과를 생산하고 있으며, '사과 왕국'이라는 이름도 붙여져 있습니다만, 이렇게 되기까지는 많은 사람들 고생과 노력이 있었습니다. 아오모리현에 사과를 처음으로 소개한 것은 미국인 선교사 존 잉그(John Ing)입니다. 1874년, 그는 크리스마스에 교회에 온 사람에게 사과를 주었습니다. 다음 해 봄, 일본 정부가 아오모리현에 사과나무 세 그루를 보냈고 사과 재배가 시작되었습니다. 사과 밭은 점점 늘어나 20년 후에는 1,000헥타르가 되었습니다. 그러나 사과가 늘어나자 병충해도 늘어났습니다. 1903년에는 모닐리아병이라는 병이 크게 발생하여 많은 사과나무를 잘라야 했습니다.

그때 사과 농원의 도노사키 씨가 이웃 현에서 배에 봉투를 씌워서 병으로부터 (피해를 입지 않게) 보호하고 있다는 것을 듣고, 사과 열매에도 종이 봉투를 씌워 보았습니다. 그러자 사과는 병뿐만 아니라 태양의 빛으로부터도 보호할 수 있게 되어, 빨갛고 맛있는 사과가 열리게 되었습니다. 또한 도노사키 씨는 맛있는 사과를 만들기 위해 필요 없는 가지를 자르는 기술도 생각했습니다. 이렇게 해서 도노사키 씨는 '사과의 아버지'라고 불리게 되었습니다.

단어 **青森県**(あおもりけん) 아오모리현 | **リンゴ** 사과 | **有名**(ゆうめい)**だ** 유명하다 | **一番**(いちばん) 가장, 제일 | **つくる** 만들다, 재배하다 | **王国**(おうこく) 왕국 | **名前**(なまえ) 이름 | **つける** 붙이다, 이름짓다 | **多**(おお)**く** 많음 | **苦労**(くろう) 노고, 고생 | **努力**(どりょく) 노력 | **はじめて** 처음 | **紹介**(しょうかい)**する** 소개하다 | **アメリカ人**(じん) 미국인 | **宣教師**(せんきょうし) 선교사 | **クリスマス** 크리스마스 | **教会**(きょうかい) 교회 | **あげる** 주다 | **次**(つぎ) 다음 | **年**(とし) 해, 년 | **春**(はる) 봄 | **国**(くに) 정부, 나라 | **木**(き) 나무 | **~本**(ほん) ~그루 | **送**(おく)**る** 보내다 | **~づくり** ~만들기 | **始**(はじ)**まる** 시작되다 | **畑**(はたけ) 밭 | **どんどん** 점점 | **増**(ふ)**える** 늘어나다 | **ヘクタール** 헥타르 | **病気**(びょうき) 병 | **虫**(むし) 벌레 | **害**(がい) 해 | **モニリア病**(びょう) 모닐리아병 | **大発生**(だいはっせい)**する** 크게 발생하다 | **切**(き)**る** 자르다 | **~なければならない** ~하지 않으면 안 된다 | **農園**(のうえん) 농원 | **隣**(となり) 이웃, 옆 | **県**(けん) 현 | **ナシ** 배 | **ふくろ** 봉투, 봉지 | **かぶせる** 덮다, 씌우다 | **守**(まも)**る** 지키다, 보호하다 | **実**(み) 열매 | **紙**(かみ) 종이 | **~てみる** ~해 보다 | **すると** 그렇게 하자, 그러자 | **太陽**(たいよう) 태양 | **光**(ひかり) 빛 | **赤**(あか)**い** 붉다, 빨갛다 | **おいしい** 맛있다 | **できる** (농작물이) 나다 | **~ために** ~하기 위해 | **いる** 필요하다 | **枝**(えだ) 가지 | **技術**(ぎじゅつ) 기술 | **~と言**(い)**われる** ~라고 불리다 | **病気**(びょうき)**になる** 병에 걸리다 | **なおす** 고치다, 치료하다 | **小**(ちい)**さい** 작다

10 **「사과나무를 잘라야 했습니다」라고 했는데, 왜입니까?**

1 일본 정부가 자르라고 말했기 때문에
2 병충해가 늘었기 때문에
3 사과 밭이 점점 늘어났기 때문에
4 사과를 재배하는 사람이 병에 걸렸기 때문에

11 **도노사키 씨가 한 일이 아닌 것은 무엇입니까?**

1 사과 열매에 종이 봉투를 씌워 보았습니다.
2 맛있는 사과를 만들기 위해 노력했습니다.
3 사과의 병을 치료했습니다.
4 필요 없는 사과의 가지를 자르는 기술을 생각했습니다.

12 **종이 봉투를 씌우면 사과는 어떻게 됩니까?**

1 병에 걸립니다.
2 병충해가 늘어납니다.
3 작아집니다.
4 병으로부터 보호됩니다.

해설 〈질문 10〉은 '사과나무를 잘라야 했던 이유'를 묻고 있다. 밑줄 친 부분의 앞 부분에 사과가 늘어나자 병충해도 늘어났고, 1903년에는 모닐리아병이라는 병이 크게 발생해서 많은 사과나무를 잘라야 했다고 했다. 따라서 선택지 2번 '병충해가 늘었기 때문에'가 정답이다.

〈질문 11〉은 사과의 아버지인 '도노사키 씨가 한 일이 아닌 것이 무엇인지'를 묻고 있다. 지문의 두 번째 단락에서 도노사키 씨는 이웃 현에서 배에 봉투를 씌워서 병으로부터 보호하는 것을 보고 사과 열매에도 종이 봉투를 씌워 병뿐만 아니라 햇빛으로부터도 보호해서 빨갛고 맛있는 사과를 재배했고, 맛있는 사과를 재배하기 위해 필요 없는 가지를 자르는 기술도 생각했다고 기술되어 있다. 선택지 1번, 2번, 4번은 모두 도노사키 씨가 한 일과 관련이 있지만 선택지 3번 '사과의 병을 치료했습니다'는 도노사키 씨가 한 일이 아니므로 정답이다.

〈질문 12〉는 '종이 봉투를 씌웠을 때 사과는 어떻게 되었는지'를 묻고 있다. 앞에서도 말했 듯이 도노사키 씨가 사과 열매에 종이 봉투를 씌워서 병뿐만 아니라 햇빛으로부터도 보호했다고 했으므로 선택지 4번 '병으로부터 보호하게 되었습니다'가 정답이다.

중문 5

해석

저는 올해 9월 미국 대학교에 유학하러 왔습니다. 이곳에 온지 벌써 세 달이 되었습니다. 미국에서는 영어를 사용하기 때문에 이곳에 오기 전에 영어 공부를 많이 하고 왔습니다 그러나 대학교에서 사용하는 영어는 몹시 어려워서 모르는 어휘뿐입니다. 쉬는 날에는 영어를 잘하는 오스트레일리아 친구에게 수업에 대해 여러 가지 배웁니다. 또한 대학 도서관에 가서 수업 예습도 열심히 하고 있습니다.

수업이 끝나면 늘 한국인 친구나 중국인 친구와 함께 대학교 안에 있는 식당에 가서 저녁밥을 먹습니다. 채소나 과일 등이 많이 들어 있어서 무척 맛있습니다. 저 외에도 많은 사람이 대학 식당을 이용하고 있습니다.

지난 주에 간신히 대학 수업이 끝나고 겨울방학이 되었습니다. 저희 가족이 저를 만나러 내일 미국에 오기 때문에 가족 다같이 스키를 타러 갑니다. 그러고 나서 버스를 타고 바다에도 갈 예정입니다. 바다에 도착하면 해변을 걷거나 모래놀이를 하고 싶습니다. 제가 미국으로 유학하러 오고 나서 첫 가족여행이기 때문에 매우 기대가 됩니다.

단어 **大学**(だいがく) 대학교 | **使**(つか)**う** 사용하다 | **難**(むずか)**しい** 어렵다 | **分**(わ)**かる** 알다, 이해하다 | **休**(やす)**みの日**(ひ) 쉬는 날 | **オーストラリア** 오스트레일리아 | **友**(とも)**だち** 친구 | **いろいろ** 여러 가지 | **教**(おし)**える** 가르치다 | **図書館**(としょかん) 도서관 | **授業**(じゅぎょう) 수업 | **予習**(よしゅう) 예습 | **いっしょうけんめい** 열심히 | **終**(お)**わる** 끝나다 | **いつも** 언제나 | **一緒**(いっしょ)**に** 함께 | **食堂**(しょくどう) 식당 | **夕飯**(ゆうはん) 저녁식사 | **野菜**(やさい) 채소 | **果物**(くだもの) 과일 | **入**(はい)**る** 들어가다 | **おいしい** 맛있다 | **大勢**(おおぜい) 많은 사람 | **利用**(りよう) 이용 | **先週**(せんしゅう) 지난 주 | **やっと** 간신히, 겨우 | **終**(お)**わる** 끝나다 | **冬休**(ふゆやす)**み** 겨울방학 | **家族**(かぞく) 가족 | **会**(あ)**う** 만나다 | **バス** 버스 | **乗**(の)**る** 타다 | **海**(うみ) 바다 | **予定**(よてい) 예정 | **着**(つ)**く** 도착하다 | **海岸**(かいがん) 해안 | **歩**(ある)**く** 걷다 | **砂遊**(すなあそ)**び** 모래 장난, 모래놀이 | **初**(はじ)**めて** 처음 | **家族旅行**(かぞくりょこう) 가족 여행 | **山**(やま) 산 | **登**(のぼ)**る** 오르다

13 이 사람에게 수업에 대해 가르치는 사람은 어느 나라 사람입니까?

1 미국
2 오스트레일리아
3 한국
4 중국

14 이 사람은 쉬는 날에는 무엇을 합니까?

1 영어가 능숙한 친구와 놉니다.
2 도서관에서 공부를 합니다.
3 대학 식당에서 저녁밥을 먹습니다.
4 가족을 만나러 고향에 돌아갑니다.

15 가족여행 중에 할 예정이 아닌 것은 무엇입니까?

1 버스를 타고 바다에 갑니다.
2 다같이 스키를 탑니다.
3 산을 오릅니다.
4 해변을 걷습니다.

해설 〈질문 13〉은 이 사람에게 수업에 대해 가르쳐주는 사람이 누구인지 묻고 있다. 대학교에서 사용하는 영어는 몹시 어려워서 모르는 어휘뿐이지만 영어를 잘하는 오스트레일리아 친구가 수업에 대해서 가르쳐준다고 했으므로 정답은 2번이다.

〈질문 14〉는 쉬는 날에 무엇을 하는지 묻고 있다. 쉬는 날에는 오스트레일리아 친구가 수업에 대해서 가르쳐주거나 대학교 도서관에서 예습을 한다고 했으므로 정답은 선택지 2번이다.

〈질문 15〉는 가족여행 중에 할 예정이 아닌 것에 대해 묻고 있다. 스키를 타러 갔다가 버스를 타고 바다에 갈 예정이다. 바다에 가면 해변을 걷거나 모래놀이를 하고 싶다고 덧붙였는데 산을 오른다는 이야기는 언급하지 않았으므로 정답은 선택지 3번이다.

문제6 정보 검색

▶ p.410

정보 검색 1

문제 6 오른쪽 페이지의 '도쿄 1박 2일 여행(4월)'을 보고, 질문에 답하세요. 정답은 1·2·3·4에서 가장 적당한 것을 하나 고르세요.

해석

도쿄 1박 2일 여행 (4월)

날짜	코스	묵는 장소	요금
4월 3일~4일	도쿄 타워, 롯폰기, 신주쿠, 우에노 공원	호텔 (아사히)	성인 13,000엔 어린이 8,000엔
4월 7일~8일	도쿄 타워, 우에노 공원, 오다이바, 도쿄 디즈니랜드	호텔 (이즈미)	성인 16,000엔 어린이 13,000엔
4월 10일~11일	롯폰기, 아키하바라 도쿄 디즈니랜드, 신주쿠	여관 (미야카와)	성인 17,000엔 어린이 12,000엔
4월 12일~13일	롯폰기, 오다이바, 긴자, 우에노 공원	여관 (하나조노)	성인 14,000엔 어린이 9,000엔
4월 15일~16일	오다이바, 도쿄 타워, 에비스, 아키하바라	호텔 (아사히)	성인 17,000엔 어린이 13,000엔
4월 18일~19일	오다이바, 우에노 공원, 신주쿠, 긴자	호텔 (이즈미)	성인 15,000엔 어린이 10,000엔
4월 20일~21일	긴자, 우에노 공원, 롯폰기, 오다이바	여관 (미야카와)	성인 14,000엔 어린이 8,000엔
4월 23일~24일	긴자, 신주쿠, 도쿄 타워, 에비스	여관 (하나조노)	성인 16,000엔 어린이 9,000엔
4월 27일~28일	도쿄 디즈니랜드, 롯폰기, 아키하바라, 긴자	호텔 (아사히)	성인 20,000엔 어린이 14,000엔
4월 29일~30일	도쿄 디즈니랜드, 에비스, 우에노 공원, 신주쿠	호텔 (이즈미)	성인 17,000엔 어린이 13,000엔

단어 1泊2日(いっぱくふつか) 1박 2일 | **旅**(たび) 여행 | **小学生**(しょうがくせい) 초등학생 | **娘**(むすめ) 딸 | **かぞく** 가족 | **旅行**(りょこう) 여행 | **ホテル** 호텔 | **～より** ~보다 | **旅館**(りょかん) 여관 | **泊**(と)**まる** 묵다, 숙박하다 | **安**(やす)**い** (값이) 싸다 | **日**(ひ) 날, 일 | **仲良**(なかよ)**し** 사이가 좋음, 사이가 좋은 친구 | **大学生**(だいがくせい) 대학생 | **～組**(くみ) ~조, 모임 | **遊**(あそ)**ぶ** 놀다 | **計画**(けいかく)**を立**(た)**てる** 계획을 세우다 | **東京**(とうきょう)**ディズニーランド** 도쿄 디즈니랜드 | **かならず** 반드시, 꼭 | **日**(ひ)**にち** 날, 날짜 | **コース** 코스 | **場所**(ばしょ) 장소 | **料金**(りょうきん) 요금 | **東京**(とうきょう)**タワー** 도쿄 타워 | **六本木**(ろっぽんぎ) 롯폰기 | **新宿**(しんじゅく) 신주쿠 | **上野公園**(うえのこうえん) 우에노 공원 | **おとな** 어른, 성인 | **子**(こ)**ども** 어린이, 아이 | **お台場**(だいば) 오다이바 | **秋葉原**(あきはばら) 아키하바라 | **銀座**(ぎんざ) 긴자 | **恵比寿**(えびす) 에비스

1 **아버지와 어머니와 초등학생인 딸, 세 식구가 1박 2일로 여행을 합니다. 호텔보다 여관에 묵고 싶습니다. 세 명이 가장 저렴하게 갈 수 있는 날은 어느 날입니까?**

1 4월 10일~11일
2 4월 12일~13일
3 4월 20일~21일
4 4월 23일~24일

2 **사이 좋은 친구 대학생 네 명이 놀러 갈 계획을 세우고 있습니다. 도쿄 디즈니랜드는 반드시 가고 싶습니다. 네 명이 가장 저렴하게 갈 수 있는 날은 언제입니까?**

1 4월 7일~8일
2 4월 10일~11일
3 4월 27일~28일
4 4월 29일~30일

해설 〈질문 1〉은 '부모와 초등학생인 딸의 세 식구가 1박 2일로 여관에 묵을 경우 가장 싸게 갈 수 있는 날이 언제인지'를 묻고 있다. 먼저 묵는 곳이 여관인 날을 찾아 보면 미야카와에 묵는 4월 10일~11일과 20일~21일, 하나조노에 묵는 4월 12일~13일과 23일~24일이 있다. 각 날짜별로 요금을 계산하면 4월 10일~11일은 46,000엔(부모 34,000엔+딸 12,000엔), 4월 12일~13일은 37,000엔(부모 28,000엔+딸 9,000엔), 4월 20일~21일은 36,000엔(부모 28,000엔+딸 8,000엔), 4월 23일~24일은 41,000엔(부모 32,000엔+딸 9,000엔)으로, 4월 20일~21일이 가장 싸다는 것을 알 수 있다. 따라서 정답은 선택지 3번이다.

〈질문 2〉는 '대학생 네 명이 도쿄 디즈니랜드를 포함한 코스 중에 가장 싸게 갈 수 있는 날이 언제인지'를 묻고 있다. 먼저, 코스에 도쿄 디즈니랜드가 들어가 있는 날짜를 찾아 보면 4월 7일~8일, 10일~11일, 27일~28일, 29일~30일이 있다. 대학생은 성인이므로 성인 네 명의 요금이 가장 싼 날을 찾으면 된다. 4월 7일~8일은 64,000엔(16,000엔×4명), 10일~11일은 68,000엔(17,000엔×4명), 27일~28일은 80,000엔(20,000엔×4명), 29일~30일은 68,000엔(17,000엔×4명)이므로, 4월 7일~8일이 64,000엔으로 가장 싸다는 것을 알 수 있다. 따라서 정답은 선택지 1번이다.

정보 검색 2

문제 6 오른쪽 페이지의 '시간표'를 보고, 질문에 답하세요. 정답은 1・2・3・4에서 가장 적당한 것을 하나 고르세요.

해석

시간표

		월	화	수	목	금
1	8:50~9:40	과학	수학	사회	수학	국어
2	9:50~10:40	국어	음악	한문	체육	사회
3	10:50~11:40	음악	사회	영어	국어	과학
4	11:50~12:40	영어	체육	수학	고문	과학
5	13:50~14:40	기술	가정과	도덕	음악	영어
6	14:50~15:40	기술	가정과		음악	수학
7	15:50~16:40	홈룸			홈룸	

단어 **時間割**(じかんわり) 시간표 | **数学**(すうがく) 수학 | **宿題**(しゅくだい) 숙제 | **あと** (시기적으로) 나중, 다음 | **運動着**(うんどうぎ) 운동복, 체육복 | **ひつようだ** 필요하다 | **終**(お)**わる** 끝나다 | **何曜日**(なんようび) 무슨 요일 | **月曜日**(げつようび) 월요일 | **火曜日**(かようび) 화요일 | **木曜日**(もくようび) 목요일 | **金曜日**(きんようび) 금요일 | **好**(す)**きだ** 좋아하다 | **英語**(えいご) 영어 | **授業**(じゅぎょう) 수업 | **2番目**(にばんめ) 두 번째 | **おそく** 늦게 | **水曜日**(すいようび) 수요일 | **科学**(かがく) 과학 | **社会**(しゃかい) 사회 | **国語**(こくご) 국어 | **音楽**(おんがく) 음악 | **漢文**(かんぶん) 한문 | **体育**(たいいく) 체육 | **古文**(こぶん) 고문 | **技術**(ぎじゅつ) 기술 | **家庭科**(かていか) 가정과 | **道徳**(どうとく) 도덕 | **ホームルーム** 홈룸(생활 지도를 위해 개설된 고등학생의 특별활동)

3 내일은 수학 숙제가 있습니다. 그리고 운동복도 필요합니다. 네 시에는 끝납니다. 내일은 무슨 요일입니까?

1 월요일　2 **화요일**
3 목요일　4 금요일

4 오늘은 내가 좋아하는 영어 수업이 있는데 두 번째로 늦게 끝납니다. 오늘은 무슨 요일입니까?

1 월요일　2 수요일
3 목요일　4 **금요일**

해설 〈질문 3〉은 '내일이 무슨 요일인지'를 묻고 있다. 조건으로 내일은 수학 숙제가 있고, 운동복도 필요하며, 네 시에 끝난다고 했다. 이 조건에 맞는 요일을 찾으면 된다. 수학 숙제가 있다고 했으므로 수학 과목이 있는 날은 화요일~금요일이고, 운동복이 필요하다고 했으므로 체육 과목이 있는 날을 찾으면 화요일과 목요일이다. 마지막으로 네 시에 끝난다고 했으므로 6교시까지 있는 화요일이 내일의 요일인 셈이다. 따라서 정답은 선택지 2번이다.

〈질문 4〉는 '오늘이 무슨 요일인지'를 묻고 있다. 조건으로 좋아하는 영어 수업이 있고, 두 번째로 늦게 끝난다고 했다. 영어 과목이 있는 날은 월요일, 수요일, 금요일이고 두 번째로 늦게 끝난다고 했으므로 6교시까지 있는 금요일이 오늘이다. 따라서 정답은 선택지 4번이 다.

정보 검색 3

문제 6 오른쪽 페이지의 '개를 찾는 알림문'을 보고, 질문에 답하세요. 정답은 1·2·3·4에서 가장 적당한 것을 하나 고르세요.

해석

2021년 5월 17일 (월)

개를 찾고 있습니다!

2021년 5월 11일 (화) 14시 30분 즈음 신주쿠구에서 행방불명이 되었습니다.

이름: 고타로
견종: 치와와
성별: 수컷
연령: 아홉 살
특징: 갈색, 하얀 목걸이, 귀는 서 있음

발견하면 연락 주세요!
090-333-3333

단어 **犬**(いぬ) 개 | **探**(さが)**す** 찾다 | **お知**(し)**らせ** 알림, 공지 | **作**(つく)**る** 만들다 | **名前**(なまえ) 이름 | **プードル** 푸들 | **白**(しろ)**い** 하얗다 | **首輪**(くびわ) 목걸이 | **頃**(ごろ) 즈음 | **行方不明**(ゆくえふめい) 행방불명 | **犬種**(けんしゅ) 견종 | **性別**(せいべつ) 성별 | **オス** 수컷 | **年齢**(ねんれい) 연령, 나이 | **特徴**(とくちょう) 특징 | **茶色**(ちゃいろ) 갈색 | **白**(しろ) 하얀색 | **耳**(みみ) 귀 | **立**(た)**つ** 서다| **見**(み)**つける** 발견하다 | **連絡**(れんらく) 연락

5 개를 찾는 알림문을 만든 것은 언제입니까?

1 2021년 5월 9일
2 2021년 5월 11일
3 2021년 5월 17일
4 2021년 5월 19일

6 본문 중 맞지 않는 것은 어느 것입니까?

1 개의 이름은 고타로입니다.
2 이 개는 푸들입니다.
3 이 개는 신주쿠구에서 없어졌습니다.
4 하얀 목걸이를 하고 있는 개입니다.

해설 〈질문 5〉는 '개를 찾는 알림문을 만든 것은 언제인지'를 묻고 있다. 전단지 왼쪽 상단에 '2021년 5월 17일 (월)'이라고 적혀 있으므로 이 전단지를 만든 것은 선택지 3번이다. 개를 잃어버린 날짜인 5월 11일과 헷갈리지 않게 주의한다.

〈질문 6〉은 본문과 선택지 중 맞지 않는 것을 고르는 문제이다. 개의 이름은 고타로이고 하얀 목걸이를 하고 있으며 신주쿠에서 없어졌다고 적혀 있으며 견종은 '치와와'이므로 정답은 견종이 푸들이라고 한 2번이다.

정보 검색 4

문제 6 오른쪽 페이지의 '국내선'을 보고 질문에 답하세요. 답은 1·2·3·4에서 가장 적당한 것을 하나 고르세요.

해석

국내선 (2021년 6월 29일)

출발	도착	이코노미 클래스	비즈니스 클래스	퍼스트 클래스
06:35 오사카/간사이	07:40 도쿄/하네다	○ 20,700엔	—	○ 25,700엔
07:35 오사카/간사이	08:45 도쿄/하네다	○ 20,700엔	○ 22,700엔	—
08:45 오사카/간사이	09:55 도쿄/하네다	—	○ 22,700엔	—
09:50 오사카/간사이	10:55 도쿄/하네다	○ 20,700엔	○ 22,700엔	○ 25,700엔
10:05 오사카/간사이	11:15 도쿄/하네다	○ 20,700엔	○ 22,700엔	○ 25,700엔
11:05 오사카/간사이	12:10 도쿄/하네다	—	—	○ 25,700엔
12:10 오사카/간사이	13:20 도쿄/하네다	—	○ 22,700엔	—
13:15 오사카/간사이	14:20 도쿄/하네다	○ 20,700엔	○ 22,700엔	○ 25,700엔
14:20 오사카/간사이	15:25 도쿄/하네다	○ 20,700엔	—	○ 25,700엔
15:40 오사카/간사이	16:45 도쿄/하네다	—	○ 22,700엔	○ 25,700엔

단어 **国内線**(こくないせん) 국내선 | **午前**(ごぜん) 오전 | **最後**(さいご) 최후, 마지막 | **クラス** 클래스 | **残**(のこ)**る** 남다 | **いちばん** 가장 | **最初**(さいしょ) 최초 | **予約**(よやく) 예약 | **やすい** 저렴하다 | **チケット** 티켓 | **出発**(しゅっぱつ) 출발 | **到着**(とうちゃく) 도착 | **エコノミークラス** 이코노미 클래스 | **ビジネスクラス** 비즈니스 클래스 | **ファーストクラス** 퍼스트 클래스

7 오전 마지막 비행기로 도쿄에 가고 싶습니다. 어떤 클래스가 남아 있습니까?

1 이코노미 클래스
2 비즈니스 클래스
3 퍼스트 클래스
4 전부 남아 있습니다.

8 오늘 오후 가장 빠른 비행기를 예약하고 싶습니다. 가장 싼 것으로 부탁합니다. 얼마입니까?

1 20,700엔
2 22,700엔
3 25,700엔
4 티켓이 남아 있지 않습니다.

해설 〈질문 7〉은 '오전 마지막 비행기로 도쿄에 가고 싶은데, 남아 있는 클래스가 무엇인지'를 묻고 있다. 먼저 오전의 가장 마지막 비행기를 찾아야 하므로, 12시 이전의 비행기가 어떤 것이 있는지를 살펴봐야 한다. 11시 5분에 오사카/간사이 출발이 오전 마지막 비행기이므로, 이 비행기의 좌석을 살펴보면 퍼스트 클래스가 남아 있다는 것을 알 수 있다. 따라서 선택지 3번이 정답이다.
〈질문 8〉은 '오늘 오후 가장 빠른 비행기를 예약하고 싶은데, 가장 싼 것은 얼마인지'를 묻고 있다. 먼저, 오후 가장 빠른 비행기를 찾으면 12시 10분에 오사카/간사이를 출발하는 비행기가 가장 빠르고, 그 비행기에서는 비즈니스 클래스밖에 남아 있지 않다. 이 좌석의 가격은 22,700엔이므로 선택지 2번이 정답이다.

문제 6 오른쪽 페이지의 '7월의 어린이 광장(스케줄)'을 보고, 질문에 답하세요. 답은 1·2·3·4에서 가장 적당한 것을 하나 고르세요.

해석

7월의 어린이 광장(스케줄)

교실 명	정원(인수)	날짜	준비물
요리 교실 13:00 ~ 15:00 달콤한 초콜릿 케이크를 만들자!	8명	첫 번째 월요일(7/5) 세 번째 월요일(7/19)	앞치마 교재 종이
댄스 교실 14:15~15:15 다같이 즐겁게 춤추자!	10명	두 번째 수요일(7/7) 네 번째 수요일(7/21)	수건, 물 또는 차
체조 교실 10:00~10:45 공을 이용한 운동이나 스트레칭을 하자!	10명	두 번째 금요일(7/9) 네 번째 금요일(7/23)	수건, 물 또는 차

※ 신청은 매월 20일까지 받습니다.
※ 신청은 어린이 광장 사무실, 또는 전화 접수 13시~18시까지

어린이 광장 사무실 전화 : 012-345-6764

단어 **こども** 어린이 | **ひろば** 광장 | **教室**(きょうしつ) 교실 | **定員**(ていいん) 정원 | **人数**(にんずう) 인수 | **日**(ひ)**にち** 날짜 | **持**(も)**ち物**(もの) 준비물 | **料理**(りょうり) 요리 | **月曜日**(げつようび) 월요일 | **エプロン** 앞치마 | **テキスト** 교재 | **ダンス** 춤 | **楽**(たの)**しい** 즐겁다 | **踊**(おど)**る** 춤을 추다 | **水曜日**(すいようび) 수요일 | **タオル** 수건 | **水**(みず) 물 | **または** 또는 | **お茶**(ちゃ) 차 | **たいそう** 체조 | **ボール** 공 | **運動**(うんどう) 운동 | **ストレッチ** 스트레칭 | **金曜日**(きんようび) 금요일 | **申**(もう)**し込**(こ)**み** 신청 | **毎月**(まいげつ) 매월 | **受**(う)**け付**(つ)**ける** 접수하다 | **事務所**(じむしょ) 사무실 | **電話**(でんわ) 전화

9 댄스 교실에 신청하고 싶은 사람은 몇 시에 전화로 신청하면 됩니까?

1 10:00~15:00
2 11:00~16:00
3 12:00~17:00
4 13:00~18:00

10 7월의 접수가 가능한 마지막 날은 무슨 요일입니까?

1 일요일
2 월요일
3 화요일
4 수요일

해설 **〈질문 9〉**은 댄스 교실에 신청하고 싶은 사람은 몇 시에 전화로 신청할 수 있는지 묻고 있다. 접수 신청은 13:00부터 18:00까지라고 했으므로 정답은 선택지 4번이다.

〈질문 10〉은 7월의 접수가 가능한 날은 무슨 요일까지냐고 물었다. 접수는 매월 20일까지 가능하며 7월 19일이 월요일이므로 7월 20일은 화요일임을 알 수 있다. 정답은 선택지 3번이다.

2교시

청해 공략편

문제 1	1 ②	2 ①	3 ③	4 ②	5 ①	6 ③	7 ③	8 ③	9 ②	10 ①
	11 ③	12 ①	13 ③	14 ③	15 ①					
문제 2	1 ②	2 ②	3 ①	4 ③	5 ①	6 ③	7 ④	8 ②	9 ③	10 ②
	11 ②	12 ①	13 ④	14 ③	15 ①					
문제 3	1 ②	2 ①	3 ②	4 ③	5 ②	6 ③	7 ②	8 ②	9 ②	10 ③
	11 ①	12 ②	13 ③	14 ①	15 ②					
문제 4	1 ③	2 ②	3 ③	4 ③	5 ②	6 ②	7 ①	8 ②	9 ③	10 ②
	11 ③	12 ①	13 ①	14 ②	15 ③					

문제1 과제 이해

▶ p.436

もんだい１では、まず質問を聞いてください。それから話を聞いて、問題用紙の１から４の中から、いちばんいいものを一つえらんでください。

１ばん

男の子と女の子が話しています。女の子の将来の夢は何ですか。

F：そうし君の将来の夢って、なあに？
M：僕はねー、大きくなったらパイロットになりたいな。ゆうかちゃんは？
F：私はお医者さん。
M：かっこいいね。でもゆうかちゃんは、学校の先生になっても似合うかも。
F：そう？ 前は幼稚園の先生になりたかったの。

女の子の将来の夢は何ですか。

1 パイロット
2 お医者さん
3 学校の先生
4 幼稚園の先生

문제 1에는 먼저 질문을 들으세요. 그리고 이야기를 듣고 문제 용지의 1에서 4 중에서 맞는 답을 하나 고르세요.

1번

남자아이와 여자아이가 이야기하고 있습니다. 여자아이의 장래 꿈은 무엇입니까?

F : 소시의 장래 꿈은 뭐야?
M : 난 말야, 어른이 되면 파일럿이 되고 싶어. 유카는?
F : 나는 의사 선생님.
M : 멋지다. 그런데 유카는 학교 선생님이 돼도 어울릴지 몰라.
F : 그래? 전에는 유치원 선생님이 되고 싶었어.

여자아이의 장래 꿈은 무엇입니까?

1 파일럿
2 의사 선생님
3 학교 선생님
4 유치원 선생님

해설

여자아이 유카의 장래 꿈이 무엇인지 묻고 있다. 남자아이 소시는 파일럿이 되고 싶다고 했고, 유카는 의사 선생님이 되는 것이라고 했다. 따라서 정답은 선택지 2번 '의사 선생님'이 된다. 선택지 3번은 소시가 유카에게 잘 어울리겠다고 말한 것이고, 선택지 4번은 유카의 과거의 꿈이므로 틀리다. 정답 ❷

2ばん

男の人と女の人が話しています。男の人の車はどれですか。

F：佐々木さんはどこに車をとめているんですか。

M：ここの駐車場です。

F：あ、ここですか。佐々木さんの車はどれですか。

M：左側にある、黒い車です。

F：２つありますが、どっちの方ですか。

M：隅の方にある車です。
　あ！ あの車、カッコいい！

F：右側の真ん中の？

M：ええ、僕もいつかスポーツカーがほしいです。

男の人の車はどれですか。

2번

남성과 여성이 이야기하고 있습니다. 남성의 차는 어느 것입니까?

F : 사사키 씨는 어디에 차를 주차했어요?

M : 여기 주차장입니다.

F : 아, 여기인가요? 사사키 씨의 차는 어떤 거예요?

M : 왼쪽에 있는 검은색 차입니다.

F : 두 대 있는데, 어느 쪽인가요?

M : 구석에 있는 차입니다. 앗! 저 차 멋지다!

F : 오른쪽 한가운데요?

M : 네, 저도 언젠가 스포츠카를 갖고 싶어요.

남성의 차는 어느 것입니까?

해설

주차되어 있는 차 중에서 남성의 차를 고르는 묻는 문제이다. 남성은 왼쪽에 있는 검은색 차가 자신의 차라고 했고, 여성이 검은색 차가 2대라고 하자 남성은 구석에 있는 차라고 대답했다. 따라서 선택지 1번이 정답이 된다. 정답 ❶

3ばん

男の人と女の人が公園で話しています。男の人が撮った写真はどれですか。

M：あそこの木のとなりのベンチにすわって。

F：うん。ここでいいの？

M：う～ん。やっぱり木のとなりに立ったほうがいいかも。

F：こう？

M：うん、いいね。ベンチにぼうしを置いて、はい笑ってー！

男の人が撮った写真はどれですか。

3번

남성과 여성이 공원에서 이야기를 하고 있습니다. 남성이 찍은 사진은 어느 것입니까?

M : 저기 나무 옆 벤치에 앉아 봐.

F : 응. 여기면 될까?

M : 음. 역시 나무 옆에 서는 게 낫겠어.

F : 이렇게?

M : 응, 좋아. 벤치에 모자를 놓고, 자, 웃어!

남성이 찍은 사진은 무엇입니까?

해설

남성이 찍은 사진을 찾는 문제이다. 남성이 사진을 찍기 위해 여성에게 포즈에 대해서 말하고 있다. 남성은 여성에게 나무 옆에 서서 벤치에 모자를 놓고 웃으라고 했으므로, 선택지 3번이 정답이 된다. 정답 ❸

4ばん

先生が生徒たちに話しています。生徒たちは給食を食べてからすぐ、何をしなければなりませんか。

M：今日は、あさって行われる運動会の準備をします。なので授業は午前中だけします。午前の授業を受けてから給食を食べて、そのあと体育着に着替えてください。荷物を運んだりするので、制服ではなく、体育着で運動会の準備をします。午後の授業はありません。

生徒たちは給食を食べてからすぐ、何をしなければなりませんか。

1　運動会の準備をする

4번

선생님이 학생들에게 이야기하고 있습니다. 학생들은 급식을 먹고 나서 바로 무엇을 해야 합니까?

M : 오늘은 모레 열릴 운동회 준비를 하겠습니다. 따라서 수업은 오전만 하겠습니다. 오전 수업을 받고 나서 급식을 먹고, 그 뒤 체육복으로 갈아입어 주세요. 짐을 옮기거나 해야 하므로 교복이 아니라 체육복을 입고 운동회 준비를 하겠습니다. 오후 수업은 없습니다.

학생들은 급식을 먹고 나서 바로 무엇을 해야 합니까?

1　운동회 준비를 한다

2　체육복으로 갈아입는다

3　수업을 받는다

4　수업이 없기 때문에 집에 돌아간다

2　体育着に着替える
3　授業を受ける
4　授業がないので家に帰る

해설

급식을 먹고 난 학생이 바로 무엇을 해야 하는지를 묻고 있다. 선생님은 학생들에게 운동회 준비에 대해서 말하면서 급식을 먹고 바로 체육복으로 갈아입으라고 말하고 있다. 따라서 선택지 2번 '체육복으로 갈아입는다'가 정답이 된다. 정답 ❷

5ばん

男の人と女の人が話しています。窓はどうなりますか。

M: あ、天気よくなってきましたね。
F : ほんとだ。窓を少し開けましょうか。
M: 全部開けたらどうですか。
F : そうですね。でもちょっとまぶしいので、カーテンは半分にしますね。

窓はどうなりますか。

5번

남성과 여성이 이야기하고 있습니다. 창문은 어떻게 됩니까?

M : 아, 날씨가 좋아졌군요.
F : 정말이네. 창문을 조금 열까요?
M : 전부 열면 어떨까요?
F : 그렇네요. 그런데 좀 눈이 부시니까 커튼은 반 정도 칠게요.

창문은 어떻게 됩니까?

해설

창문의 상태를 묻고 있다. 남성이 날씨가 좋아졌다고 하자 여성은 창문을 조금 열자고 한다. 남성은 창문을 전부 열자고 제안하고, 이에 대해 여성은 눈이 부시다며 커튼은 반 정도 치자고 했으므로 선택지 1번이 정답이다. 정답 ❶

6ばん

もうすぐ結婚する男の人と女の人が話しています。２人はどの部屋に決めますか。

M: このマンションは人気があって、部屋がもう４つしか残ってないんだって。
F : そうなんだ。私、２階がいい！
M: ２階か。道路に近いから、ちょっとうるさいかも。一番上の４階は？
F : 夏になったら暑そうだからちょっと…。
M: １階は外から見えるから嫌だし、３階しかないな。
F : そうね、そうしましょう。

２人はどの部屋に決めますか。

1　１階
2　２階
3　３階
4　４階

6번

이제 곧 결혼할 남성과 여성이 이야기하고 있습니다. 두 사람은 어느 방으로 결정합니까?

M : 이 맨션은 인기가 있어서 이제 방이 네 개밖에 안 남았대.
F : 그렇구나. 난 2층이 좋아!
M : 2층이라. 도로에 가까워서 좀 시끄러울지도 몰라. 제일 위의 4층은?
F : 여름이 되면 더울 것 같아서 좀…….
M : 1층은 밖에서 보이는 게 싫고 3층밖에 없겠네.
F : 그래, 그렇게 하자.

두 사람은 어느 방으로 결정합니까?

1　1층
2　2층
3　3층
4　4층

해설

결혼을 앞둔 두 사람이 방을 고르고 있다. 여성은 2층이 좋다고 말하지만, 남성은 도로와 가까워서 시끄럽다며 4층을 권한다. 하지만 여성이 여름에 더울 것 같아서 싫다고 한다. 그러자 남성은 1층은 밖에서 보여서 싫으니까 3층으로 하자고 하고 여성도 이에 동의한다. 따라서 선택지 3번 '3층'이 정답이다. 정답 ❸

7ばん

先生と生徒が話しています。生徒は何の部活に入りますか。

F：山田君。入りたい部活、考えてみた？

M：バスケットボール部とバドミントン部と、悩んでるんです。

F：スポーツね。山田君は歌がうまいんだから、合唱部も合うかもよ？

M：合唱部に入ろうと思ったんですけど、スポーツの方がしたくて。

F：ならバドミントンにしたら？ バスケットボール部は、ちょっとハードだから。

M：そうですよね。なら、そうします。

生徒は何の部活に入りますか。

1 スポーツ部
2 バスケットボール部
3 バドミントン部
4 合唱部

7번

선생님과 학생이 이야기하고 있습니다. 학생은 어떤 특별활동부에 들어갑니까?

F : 야마다. 들어가고 싶은 특별활동부 생각해 봤어?

M : 농구부와 배드민턴부 중에서 고민하고 있어요.

F : 스포츠라. 야마다는 노래를 잘하니까 합창부도 어울릴지도 모르겠는데?

M : 합창부에 들어갈까 했는데, 스포츠 쪽을 하고 싶어서요.

F : 그럼 배드민턴으로 하는 게 어때? 농구부는 좀 힘드니까.

M : 그렇군요. 그럼 그렇게 할게요.

학생은 어떤 특별활동부에 들어갑니까?

1 스포츠부
2 농구부
3 배드민턴부
4 합창부

해설

학생이 선생님과 어떤 특별활동부에 들어갈 것인지에 대해서 상담하고 있다. 학생이 농구부와 배드민턴부 중에서 고민하고 있다고 하자 선생님은 합창부가 어울릴 수도 있다고 추천한다. 하지만, 학생이 스포츠 쪽으로 하고 싶다고 하자 선생님은 농구부는 좀 힘드니까 배드민턴부로 하라고 다시 추천한다. 학생도 좋다고 했으므로, 선택지 3번 '배드민턴부'가 정답이 된다. 정답 ❸

8ばん

男の人と女の人が話しています。男の人はどこに座りますか。

M：さあ、そろそろまた出発しますか。

F：高橋さん、運転代わりましょうか。

M：ありがとう。でもまだ大丈夫です。

F：じゃあ、さっきは運転席のうしろに座ってたので、今度は運転席のとなりに座りますね。

M：はい。

男の人はどこに座りますか。

8번

남성과 여성이 이야기하고 있습니다. 남성은 어디에 앉습니까?

M : 자, 슬슬 또 출발할까요?

F : 다카하시 씨. 운전 바꿀까요?

M : 고마워요. 하지만 아직 괜찮아요.

F : 그러면 아까는 운전석 뒤에 앉았으니까 이번에는 운전석 옆에 앉을게요.

M : 네.

남성은 어디에 앉습니까?

해설

남성이 출발하자고 하자 여성이 운전을 바꾸겠냐고 물었으므로 남성이 운전대를 잡고 있었음을 알 수 있다. 남성은 괜찮다고 대답했으므로 정답은 선택지 3번이다. 정답 ❸

9ばん

姉と妹が話しています。妹は何を食べることにしますか。

F1：お姉ちゃん、おなか空いたー。

F2：あ、いつの間にかもう真っ暗だね！

F1：家に行く前に、お弁当が食べたいな。

F2：うん。でも家に帰ってご飯食べるから、ダメ。
その代わり、簡単に食べられる物を買おう。

F1：分かった。

9번

언니와 여동생이 이야기하고 있습니다. 여동생은 무엇을 먹기로 합니까?

F1 : 언니, 배고파.

F2 : 아, 어느샌가 벌써 깜깜해졌네!

F1 : 집에 가기 전에 도시락을 먹고 싶어.

F2 : 음. 그런데 집에 가서 밥 먹을 거니까 안 돼.
그 대신에 간단히 먹을 수 있는 걸 사자.

F1 : 알았어.

F2：ゼリーかヨーグルトでいい？

F1：うん、じゃあゼリーにする。

妹は何を食べることにしますか。

1　お弁当

2　ゼリー

3　家のご飯

4　ヨーグルト

F2 : 젤리나 요구르트면 돼?

F1 : 음, 그럼 젤리로 할래.

여동생은 무엇을 먹기로 합니까?

1　도시락

2　젤리

3　집 밥

4　요구르트

해설

여동생이 먹기로 한 것이 무엇인지를 묻고 있다. 여동생이 배고프다며 집에 가기 전에 도시락을 먹고 싶다고 하자, 언니가 집에서 밥을 먹어야 하니까 간단히 먹을거리를 사자고 했다. 그리고 젤리와 요구르트를 제안했고, 여동생은 젤리를 먹겠다고 말했다. 따라서 선택지 2번 '젤리'가 정답이 된다. 정답 ❷

10ばん

男の人と女の人が話しています。郵便局はどこですか。

F：すいません。この近くに、郵便局はありますか。

M：ありますよ。あそこの交差点、見えますか。

F：はい、見えます。

M：あの交差点を左に曲がって行くと、三つ目の建物が郵便局です。

F：あ、どうもありがとうございます。

郵便局はどこですか。

10번

남성과 여성이 이야기하고 있습니다. 우체국은 어디입니까?

F : 실례합니다. 이 근처에 우체국이 있나요?

M : 있어요. 저기 교차로 보이시나요?

F : 네, 보여요.

M : 저 교차로를 왼쪽으로 돌아서 가면 세 번째 건물이 우체국입니다.

F : 아, 대단히 감사합니다.

우체국은 어디입니까?

해설

우체국이 어디에 있는지를 찾는 문제이다. 여성은 남성에게 우체국이 이 근처에 있는지를 묻고, 남성은 앞에 보이는 교차로에서 왼쪽으로 돌아가서 3번째 건물이 우체국이라고 말하고 있다. 따라서 선택지 1번이 정답이 된다. 정답 ❶

11ばん

男の人と女の人が話しています。男の人はバラを何本、買いましたか。

M：すみません。このバラ、いくらですか。

F：このバラは1本で300円です。こっちの小さなバラは1本で200円です。

M：じゃあ、大きいバラを3本、小さいバラを4本、お願いします。

F：はい、わかりました。全部で1,700円になります。

男の人はバラを何本、買いましたか。

11번

남성과 여성이 이야기하고 있습니다. 남성은 장미를 몇 송이 샀습니까?

M : 실례합니다. 이 장미 얼마입니까?

F : 이 장미는 한 송이에 300엔이에요. 이 작은 장미는 한 송이에 200엔이고요.

M : 그러면 큰 장미를 세 송이, 작은 장미를 네 송이 부탁합니다.

F : 네, 알겠습니다. 전부 1700엔입니다.

남성은 장미를 몇 송이 샀습니까?

해설

남성이 장미를 몇 송이 샀는지 묻는 문제이다. 남성은 큰 장미를 세 송이, 작은 장미를 네 송이 달라고 했으므로 선택지 3번이 정답이 된다. 정답 ❸

12ばん

男の人と女の人が話しています。女の人はどこに行きますか。

M: こんにちは。どこかお出かけですか。

F : はい。成田空港に行くところです。

M: だれかのお迎えですか。

F : はい、今日妹が韓国のソウルから帰ってきます。

M: それはよかったですね。私は今から歯医者さんに行きます。

F : そうなんですか。気をつけて行ってきてください。

女の人はどこに行きますか。

1 空港
2 韓国
3 ソウル
4 歯医者

12번

남성과 여성이 이야기하고 있습니다. 여성은 어디에 갑니까?

M : 안녕하세요. 어딘가 외출하세요?

F : 네. 나리타 공항에 가는 중이에요.

M : 누군가 마중 나가나요?

F : 네. 오늘 여동생이 한국 서울에서 돌아오거든요.

M : 그건 잘되었네요. 저는 이제 치과의사한테 갑니다.

F : 그런가요? 조심해서 다녀오세요.

여성은 어디에 갑니까?

1 공항
2 한국
3 서울
4 치과의사

해설

여성이 지금 외출하는 곳이 어딘지 묻고 있다. 여동생이 한국 서울에서 돌아와서 나리타 공항으로 마중을 나간다고 했으므로 정답은 선택지 1번이다. 남성의 행선지인 치과의사를 고르지 않도록 주의한다. 정답 ❶

13ばん

男の人と女の人が話しています。男の人はどんな映画を見に行きたいと言っていますか。

M: 最近、映画全然見てないな。

F : あら、私は昨日、友だちとラブコメディーの映画を見にいったわ。

M: いいね。僕はアクション映画が好きだけど、今は４Ｄのアニメの映画が見たいんだよね。

F : そっか。でも夏なんだから、ホラーもいいかも。

M: まあね。

男の人はどんな映画を見に行きたいと言っていますか。

1 ラブコメディー
2 アクション
3 ４Ｄのアニメーション
4 ホラー

13번

남성과 여성이 이야기하고 있습니다. 남성은 어떤 영화를 보러 가고 싶다고 말하고 있습니까?

M : 최근에 영화를 전혀 안 봤네.

F : 어머, 나는 어제 친구랑 로맨틱 코미디 영화 보러 갔었어.

M : 좋겠다. 나는 액션 영화를 좋아하는데, 지금은 4D 애니메이션이 보고 싶어.

F : 그렇구나. 하지만 여름이니까 공포 영화도 괜찮을지도 몰라.

M : 뭐 그럴지도.

남성은 어떤 영화를 보러 가고 싶다고 말하고 있습니까?

1 로맨틱 코미디
2 액션
3 4D 애니메이션
4 공포

해설

남성이 보러 가고 싶어 하는 영화가 어떤 것인지를 묻고 있다. 남성은 액션 영화를 좋아하지만, 지금은 4D 애니메이션이 보고 싶다고 한다. 따라서 선택지 3번 '4D 애니메이션'이 정답이 된다. 여성이 여름에는 공포 영화가 좋을지도 모른다고 추천했지만, 남성은 애매하게 맞장구 치고 있으므로 본인이 보고 싶어 하는 영화가 아니라는 것을 알 수 있다. 정답 ❸

14ばん

男の人と女の人が話しています。男の人は何番窓口に行けばいいですか。

M: あの、住所変更の手続きをしたいんですが。

F : はい。それでしたら、この用紙にお名前と前の住所、新しい住所、電話番号を書いてください。214番でお呼びしますので、番号が呼ばれたらA3窓口に行ってください。

M: ありがとうございます。

男の人は何番窓口に行けばいいですか。

1　A1窓口
2　A2窓口
3　A3窓口
4　A4窓口

14번

남성과 여성이 이야기하고 있습니다. 남성은 몇 번 창구로 가면 됩니까?

M : 저, 주소 변경 수속을 하고 싶은데요.

F : 네. 그렇다면 이 용지에 이름과 전 주소, 새 주소, 전화번호를 써 주세요. 214번으로 부를 테니까 번호를 부르면 A3창구로 가세요.

M : 고맙습니다.

남성은 몇 번 창구로 가면 됩니까?

1　A1 창구
2　A2 창구
3　A3 창구
4　A4 창구

해설

남성이 주소 변경 수속을 하고 싶다고 하자 여성이 용지를 주며 이름, 전 주소, 새 주소, 전화번호를 써달라고 했다. 그런 후 214번을 부르면 A3창구로 와달라고 했으므로 정답은 선택지 3번이다.

정답 ❸

15ばん

空港で女の人と男の人が話しています。男の人は何時から飛行機に乗れますか。

M: こんにちは。チェックインしたいのですが。

F : 航空券とパスポートを見せていただけますか。

M: はい、どうぞ。

F : 12時50分発シアトル行きですね。お預けになるお手荷物はございますか。

M: はい。スーツケースをひとつお願いします。

F : かしこまりました。シアトル行きA123便は17ゲートから出発します。搭乗開始は12時20分からとなりますが、12時40分には締め切りとなりますのでご注意ください。それでは良いご旅行を。

男の人は何時から飛行機に乗れますか。

1　12時20分
2　12時30分
3　12時40分
4　12時50分

15번

공항에서 여성과 남성이 이야기하고 있습니다. 남성은 몇 시부터 비행기에 탈 수 있습니까?

남: 안녕하세요. 체크인하고 싶은데요.

여: 항공권과 여권을 보여 주시겠습니까?

남: 네, 여기 있습니다.

여: 12시 50분 시애틀행이시네요. 맡기실 짐은 있으십니까?

남: 네. 수트케이스 하나 부탁합니다.

여: 알겠습니다. 시애틀행 A123편은 17게이트에서 출발합니다. 탑승 시작은 12시 20분부터인데 12시 40분에는 마감되므로 주의해 주십시오. 그럼 즐거운 여행 하시기를 바랍니다.

남성은 몇 시부터 비행기를 탈 수 있습니까?

1　12시 20분
2　12시 30분
3　12시 40분
4　12시 50분

해설

비행기에 탑승할 수 있는 시간을 묻고 있다. 비행기 출발 시간은 12시 50분, 탑승 시작은 12시 20분, 탑승 마감은 12시 40분이라고 설명하고 있으므로 정답은 1번이다.

정답 ❶

문제2 포인트 이해

▶ p.446

もんだい２では、まず質問を聞いてください。そのあと、問題用紙を見てください。読む時間があります。それから話を聞いて、問題用紙の１から４の中から、いちばんいいものを一つえらんでください。

1 ばん

男の人と女の人が話しています。女の人はどうして頭が痛いのですか。

M: 佐藤さん。具合悪そうだけど、大丈夫？
F : ちょっと頭が痛いの。
M: え？ 風邪ひいたんじゃない？
F : ううん。昨日ちょっと飲みすぎちゃったみたい。
M: あ、二日酔いね。薬は飲んだの？
F : 今から飲むところ。
M: 早く飲んで、休んだほうがいいよ。

女の人はどうして頭が痛いのですか。

1 風邪をひいたから
2 お酒を飲みすぎたから
3 薬を飲んだから
4 休めなかったから

2 ばん

男の人と女の人が電話で話しています。男の人は何の番組を見ようとしていますか。

F : 今、何してる？
M: テレビ見ようと思ってたところ。
F : あ、今日サッカーするよね。
M: うん、でも僕はバラエティー番組を見るつもり。
F : そうか。私はお笑い番組でも見ようかな？
M: お笑い番組も、おもしろいよね。
F : うんうん。早く家に帰って見なきゃ。

男の人は何の番組を見ようとしていますか。

1 サッカー
2 バラエティー番組
3 お笑い番組
4 何も見ない

문제 2에서는 먼저 질문을 들으세요. 그다음 문제용지를 보세요. 읽는 시간이 있습니다. 그리고 이야기를 듣고 문제용지의 1에서 4 중에서 맞는 답을 하나 고르세요.

1번

남성과 여성이 이야기하고 있습니다. 여성은 왜 머리가 아픕니까?

M : 사토 씨. 어디 안 좋아 보이는데, 괜찮아?
F : 머리가 좀 아파.
M : 저런, 감기 걸린 거 아냐?
F : 아냐. 어제 술을 좀 많이 마신 것 같아.
M : 아, 숙취구나. 약은 먹었어?
F : 지금 먹으려고.
M : 빨리 먹고 쉬는 게 좋겠어.

여성은 왜 머리가 아픕니까?

1 감기에 걸렸기 때문에
2 술을 많이 마셨기 때문에
3 약을 먹었기 때문에
4 쉴 수 없었기 때문에

해설

여성의 머리가 아픈 이유를 묻고 있다. 감기에 걸린 것이 아니냐며 걱정하는 남성에게, 여성은 감기에 걸린 것이 아니라 어제 술을 많이 마셔서 머리가 아픈 것 같다고 말하고 있으므로, 선택지 2번이 정답이다. 정답 ❷

2번

남성과 여성이 전화로 이야기하고 있습니다. 남성은 무슨 프로그램을 보려고 하고 있습니까?

F : 지금, 뭐해?
M : TV 볼까 생각하고 있었어.
F : 아, 오늘 축구 하지.
M : 응. 그런데 난 버라이어티 쇼 프로를 볼 생각이야.
F : 그렇구나. 나는 코미디 프로라도 볼까?
M : 코미디 프로도 재미있지.
F : 맞아. 빨리 집에 가서 봐야지.

남성은 무슨 프로그램을 보려고 하고 있습니까?

1 축구
2 버라이어티 쇼 프로그램
3 코미디 프로그램
4 아무것도 보지 않는다

해설

남성이 보려고 하는 TV 프로그램을 묻고 있다. 지금 뭐하냐는 여성의 전화에 남성은 TV를 보려 한다고 했다. 여성이 오늘 TV에서 축구를 한다고 했지만, 남성은 버라이어티 쇼 프로그램을 보려고 한다고 했다. 따라서 선택지 2번이 정답이다. 정답 ❷

3ばん

男の人と女の人が話しています。男の人はどうして引っ越しをしますか。

F：明日、引っ越しするんだよね？ 手伝ってあげる。

M：ほんと？ ありがとう。

F：部屋がせまくて引っ越すんだよね？
　今度の家はどう？

M：うん。今度の家は建物が古いんだけど、部屋が広いんだ。

F：広いならいいじゃない。

M：うん。それに日差しがいいのも、気に入ってるんだ。

男の人はどうして引っ越しをしますか。

1　部屋がせまいから
2　部屋が広いから
3　建物が古いから
4　日差しが悪いから

3번

남성과 여성이 이야기하고 있습니다. 남성은 왜 이사를 합니까?

F : 내일 이사하지? 도와줄게.

M : 정말? 고마워.

F : 방이 좁아서 이사하는 거지? 이번 집은 어때?

M : 응. 이번 집은 건물이 낡았지만 방이 넓어.

F : 넓으면 좋잖아.

M : 응. 게다가 햇볕이 잘 드는 것도 마음에 들어.

남성은 왜 이사를 합니까?

1　방이 좁아서
2　방이 넓어서
3　건물이 오래 되어서
4　햇볕이 잘 안 들어서

해설

남성이 이사를 하는 이유를 묻고 있다. 여성이 내일 이사하는 남성에게 방이 좁아서 이사를 하는 거냐고 묻자 남성은 그렇다고 대답했다. 그리고 새로운 집은 낡았지만, 방이 넓고 햇볕이 잘 들어와서 마음에 든다고 말하고 있다. 따라서 선택지 1번 '방이 좁아서'가 정답이다. 정답 ❶

4ばん

男の人と女の人が話しています。女の人はどうして美容室に行きますか。

F：今日ね、髪型を変えに美容室に行こうと思って。

M：そうなんだ。何するの？ カラーリング？ それともパーマ？

F：お金がなくて、ちょっとだけ切るつもり。

M：もうすぐ春だし、パーマしたらよく似合いそう！

F：そう？ ありがとう。今度、そうするね。

女の人はどうして美容室に行きますか。

1　カラーリングをするため
2　パーマをするため
3　髪の毛を切るため
4　トリートメントをするため

4번

남성과 여성이 이야기하고 있습니다. 여성은 왜 미용실에 갑니까?

F : 오늘 머리 모양을 바꾸러 미용실에 가려고 해.

M : 그렇구나. 뭘 하려고? 염색? 아니면 파마?

F : 돈이 없어서 조금만 자를 생각이야.

M : 이제 곧 봄인데, 파마하면 잘 어울릴 것 같아!

F : 그래? 고마워. 다음에 그렇게 할게.

여성은 왜 미용실에 갑니까?

1　염색을 하기 위해
2　파마를 하기 위해
3　머리를 자르기 위해
4　트리트먼트를 하기 위해

해설

여성이 미용실에 가는 이유를 묻고 있다. 미용실에 가는 여성에게, 남성은 염색을 할 것인지 파마를 할 것인지를 묻고 여성은 돈이 없어서 머리를 조금만 자르려 한다고 말하고 있다. 따라서 선택지 3번 '머리를 자르기 위해'가 정답이 된다. 남성이 여성에게 파마를 하면 잘 어울릴 것이라고 말했지만, 여성은 다음에 하겠다고 말했으므로 정답이 되지 않는다. 정답 ❸

5ばん

お母さんが息子を叱っています。お母さんはどうして息子を叱っていますか。

F：けんた！ お部屋をきれいに片付けなさい！

M: あとでやるよ。

F：この前もそう言って、やらなかったじゃない。

M: この前は部活の練習試合があって、疲れててできなかったんだ。

F：それは言い訳よ。今日はちゃんとやってよね。

M: はいはい。

F：あと、塾にもちゃんと行くのよ。

お母さんはどうして息子を叱っていますか。

1 部屋を片付けないから
2 言い訳をしたから
3 部活の試合があるから
4 塾に行かないから

5번

어머니가 아들을 혼내고 있습니다. 어머니는 왜 아들을 야단칩니까?

F : 겐타! 방을 깨끗하게 정리해!

M : 이따가 할게요.

F : 요전에도 그렇게 말하고 안 했잖아.

M : 요전엔 특별활동부의 연습 시합이 있어서 피곤해서 못했다구요.

F : 그건 변명이야. 오늘은 제대로 하렴.

M : 네네.

F : 그리고 학원에도 꼭 가.

어머니는 왜 아들을 야단칩니까?

1 방을 치우지 않기 때문에
2 변명을 했기 때문에
3 특별활동부의 시합이 있기 때문에
4 학원에 가지 않기 때문에

해설

어머니가 아들을 혼내는 이유를 묻고 있다. 어머니는 아들에게 방을 깨끗이 치우라고 하고 아들은 이따가 하겠다고 한다. 어머니는 요전에도 그렇게 말하고 하지 않았다고 말하고 있으므로, 선택지 1번 '방을 치우지 않기 때문에'가 정답이 된다. 정답 ❶

6ばん

男の人と女の人が話しています。女の人はどうして家に戻ってきましたか。

M: あれ、どうしたの？

F：ちょっと忘れ物。

M: かぎなら無くても、僕、ずっと家にいるよ。

F：ううん、かぎはちゃんとあるんだけど、書類を置いて行っちゃって。

M: あ、そうだったんだ。

F：早く行かないと、バスに乗れないから、行くね！

M: うん、いってらっしゃい。

女の人はどうして家に戻ってきましたか。

1 かぎを忘れたから
2 かさを忘れたから
3 書類を忘れたから
4 バスに乗れなかったから

6번

남성과 여성이 이야기하고 있습니다. 여성은 왜 집에 되돌아왔습니까?

M : 어, 무슨 일이야?

F : 뭘 좀 잊어버리고 가서.

M : 열쇠라면 없어도 되잖아. 나 계속 집에 있을 건데.

F : 아니, 열쇠는 확실히 있는데, 서류를 두고 갔어.

M : 아, 그랬구나.

F : 빨리 가지 않으면 버스 못 탈 수도 있으니까, 갈게!

M : 응. 다녀와.

여성은 왜 집에 되돌아왔습니까?

1 열쇠를 잊어버려서
2 우산을 잊어버려서
3 서류를 잊어버려서
4 버스를 타지 못해서

해설

여성이 집에 되돌아온 이유를 묻고 있다. 나갔다가 다시 돌아온 여성에게 남성은 왜 돌아왔는지 묻고, 여성은 뭘 좀 잊고 두고 간 것이 있다고 했다. 남성은 여성이 열쇠를 두고 갔다고 생각해서 자신이 집에 있을 테니까 두고 가도 되었다고 하자, 여성은 서류를 두고 가서 가지러 왔다고 말하고 있다. 따라서 선택지 3번 '서류를 잊어버려서'가 정답이 된다. 정답 ❸

7ばん

留守番電話のメッセージを聞いています。北村さんは何時頃に会おうと言っていますか。

M: あの、僕、北村です。今日の5時半に、鈴木さんと3人で会う約束のことですが、鈴木さんがちょっと遅れそうなので、僕が代わりに連絡します。鈴木さんが4時に病院に行くと言っていたので、約束の時間を30分遅らせて会いましょう。では、あとで。

北村さんは何時頃に会おうと言っていますか。

1　4時半
2　5時
3　5時半
4　6時

7번

자동응답기 메시지를 듣고 있습니다. 기타무라 씨는 몇 시쯤에 만나자고 말하고 있습니까?

M : 저, 저 기타무라입니다. 오늘 다섯 시 반에 스즈키 씨와 세 명이서 만나기로 한 약속 말인데요, 스즈키 씨가 조금 늦을 것 같아 제가 대신 연락합니다. 스즈키 씨가 네 시에 병원에 간다고 했으니 약속 시간을 30분 정도 늦춰서 만나죠. 그럼, 이따 뵙겠습니다.

기타무라 씨는 몇 시쯤에 만나자고 말하고 있습니까?

1　네 시 반
2　다섯 시
3　다섯 시 반
4　여섯 시

해설

기타무라 씨가 몇 시쯤에 만나자고 하는지를 묻고 있다. 기타무라 씨는 자동응답기에 스즈키 씨와 세 명이 다섯 시 반에 만나기로 했는데, 스즈키 씨가 조금 늦을 것 같다고 말하면서, 마지막에 약속 시간보다 30분 늦게 만나자고 메시지를 남겼다. 원래 약속 시간이 다섯 시 반이므로 30분 늦은 여섯 시가 정답이 된다. 따라서 선택지 4번이 정답이다. 정답 ❹

8ばん

男の人と女の人が教室で話しています。女の人が眠たいのはなぜですか。

M: 眠たそうだね。寝不足？
F : うん。実は昨日、夜更かししちゃって。
M: おもしろいドラマでもしてたの？
F : ううん、論文が終わらなくって。
M: 大変だね。息抜きに、明日映画でも見ない？
F : そうね、たまには休むのも大切よね。
M: 映画見てから、ぱあっとカラオケにも行こうよ。

女の人が眠たいのはなぜですか。

1　ドラマを見たから
2　論文を書いていたから
3　映画を見ていたから
4　カラオケに行っていたから

8번

남성과 여성이 교실에서 얘기하고 있습니다. 여성이 졸린 것은 왜입니까?

M : 졸려 보이네. 수면 부족?
F : 응. 실은 어제 밤을 샜거든.
M : 재미있는 드라마라도 했어?
F : 아니, 논문이 안 끝나서.
M : 힘들겠네. 기분 전환 삼아 내일 영화라도 보지 않을래?
F : 그래, 가끔은 쉬는 것도 중요하지.
M : 영화 보고 나서 신나게 노래방에도 가자.

여성이 졸린 것은 왜입니까?

1　드라마를 봤기 때문에
2　논문을 썼기 때문에
3　영화를 봤기 때문에
4　노래방에 갔기 때문에

해설

여성이 졸리다고 한 이유를 묻고 있다. 남성은 졸려 하는 여성에게 수면 부족이냐고 묻고 여성은 어제 밤을 샜다고 했다. 남성이 재미있는 드라마라도 봤냐고 묻자 여성은 논문이 끝나지 않아서 밤을 샜다고 했다. 따라서 선택지 2번 '논문을 썼기 때문에'가 정답이 된다. 정답 ❷

9ばん

女の人2人が話しています。女の人はどうして赤いコートを買いましたか。

F1：その赤いコート、すてき！ 色もきれいだし、デザインもいいじゃない？

F2：でしょ？ 昨日、半額セールだったから買ったの。

F1：あ、だから買ったの？

F2：うん。今日もまだしてると思う。

F1：じゃあ、わたしもちょっと見にいこうかしら。

F2：いいわね。素材のいい物もあったわよ。

女の人はどうして赤いコートを買いましたか。

1 色がきれいだったから
2 デザインがよかったから
3 半額セールだったから
4 素材がよかったから

9번

여성 두 명이 이야기하고 있습니다. 여성은 왜 빨간 코트를 샀습니까?

F1 : 그 빨간 코트, 멋지다! 색깔도 예쁘고 디자인도 좋네.

F2 : 그렇지? 어제 반값 세일해서 샀어.

F1 : 아, 그래서 산 거야?

F2 : 응. 오늘도 아직 하고 있을 거야.

F1 : 그럼 나도 잠시 보러 갈까?

F2 : 좋지. 소재가 좋은 것도 있었어.

여성은 왜 빨간 코트를 샀습니까?

1 색깔이 예뻤기 때문에
2 디자인이 좋았기 때문에
3 반값 세일이었기 때문에
4 소재가 좋았기 때문에

해설

여성이 빨간 코트를 산 이유를 묻고 있다. 빨간 코트를 입은 여성에게 빨간 코트가 색도 이쁘고 디자인도 좋다고 말하자 어제 반값 세일을 해서 샀다고 말하고 있다. 따라서 선택지 3번 '반값 세일이었기 때문에'가 정답이다. 정답 ❸

10ばん

男の人が天気予報を聞いています。いつから晴れになると言っていますか。

F：午後9時、気象庁発表の天気予報をお知らせいたします。北上中の梅雨前線は、明日の朝に関東地方を離れ、昼過ぎには晴れることでしょう。そのため、明日から急に暑くなりますので、日射病にならないよう、気をつけましょう。

いつから晴れになると言っていますか。

1 明日の朝
2 明日の昼過ぎ
3 明日の夕方
4 明日の9時頃

10번

남성이 일기예보를 듣고 있습니다. 언제부터 맑아진다고 말하고 있습니까?

F : 오후 아홉 시, 기상청이 발표한 일기예보를 알려 드리겠습니다. 북상 중인 장마전선은 내일 아침에 간토 지방을 벗어나 정오가 지나면 맑아질 것입니다. 이에 따라 내일부터 갑자기 더워지기 때문에 일사병에 걸리지 않도록 조심해 주십시오.

언제부터 맑아진다고 말하고 있습니까?

1 내일 아침
2 내일 정오 지나서
3 내일 저녁때
4 내일 아홉 시쯤

해설

일기예보에서 언제부터 맑아진다고 했는지를 묻고 있다. 기상청은 북상 중인 장마전선이 내일 아침에는 간토 지방을 벗어나 정오가 지나서는 맑아질 것이라고 했다. 따라서 선택지 2번 '내일 정오 지나서'가 정답이 된다. 정답 ❷

11ばん

男の人と女の人が話しています。女の人はどうして忙しかったですか。

M：お帰り。今日は昨日よりも遅かったね。

F：ただいま。今日は石田さんが風邪で会社休んだから、その分、仕事がいつもより多くなって忙しかったの。

M：大変だったね。お疲れさま。疲れてると思って、夜ご飯作っておいたよ。それに、家事も全部しておいたよ。

11번

남성과 여성이 이야기하고 있습니다. 여성은 왜 바빴습니까?

M : 어서 와. 오늘은 어제보다도 늦었네.

F : 다녀왔어. 오늘은 이시다 씨가 감기로 회사 쉬는 바람에 그만큼 일이 평소보다 많아져서 바빴어.

M : 힘들었겠군. 수고했어. 피곤할 거라고 생각해서 저녁밥도 만들어 놨어. 게다가 집안일도 전부 해 뒀지.

F : 정말? 고마워. 내일도 아침부터 회의라든가 이것저것 있어서 바쁠 거 같아. 도움이 된다.

F：ほんとに？ ありがとう。明日も朝から会議とか、いろいろあって忙しくなりそう…。助かるわ。

女の人はどうして忙しかったですか。

1 風邪で会社を休んだから
2 いつもより仕事が増えたから
3 家事を全部したから
4 会議がたくさんあったから

12ばん

お母さんと娘が話しています。娘は今日、どうして外出をしましたか。

F1：ママ、今日友だちと遊んだときに聞いたんだけど、明日からデパートのセールがあるんだって。

F2：そうなの？残念だけど、明日は急に仕事が入っちゃって。だからあさってに行きましょう。

F1：うん。でも、ママ、あさっては学校の集まりがあるんじゃなかった？

F2：あ、そうだった！じゃあ、しあさってにしましょう。

娘は今日、どうして外出をしましたか。

1 友だちと遊ぶため
2 デパートのセールに行くため
3 急に仕事が入ったため
4 学校の集まりがあったため

13ばん

男の人と女の人が話しています。2人は何時の映画を見ますか。

F：これから映画見にいかない？

M：うん、いいよ。でもお腹が空いたから先にご飯しにいかない？

F：あ、もう5時半か！そうだね。じゃあ、映画は8時半のにする？

M：もっと早く見たいな。7時半のない？

F：う～ん、ない。6時半のならあるんだけど。

M：ちょっと時間ぎりぎりだから、8時半のでいいか。

F：うん。じゃあ、予約するね。

2人は何時の映画を見ますか。

1 5時半
2 6時半
3 7時半
4 8時半

여성은 왜 바빴습니까?

1 감기로 회사를 쉬었기 때문에
2 평소보다 일이 늘었기 때문에
3 집안일을 전부 했기 때문에
4 회의가 많이 있었기 때문에

해설

이시다 씨가 감기 때문에 회사를 쉬는 바람에 그만큼 일이 평소보다 많아졌다고 했으므로 정답은 2번이다. 정답 ❷

12번

엄마와 딸이 이야기하고 있습니다. 딸은 오늘 왜 외출을 했습니까?

F1：엄마, 오늘 친구랑 놀 때 들었는데 내일부터 백화점 세일이 있대.

F2：그래? 안타깝게도 내일은 급하게 일이 생겨서. 그러니까 내일모레에 가자.

F1：응, 하지만 엄마 내일 모레에는 학교 모임 있지 않았어?

F2：아, 맞다! 그러면 글피로 하자.

딸은 오늘 왜 외출을 했습니까?

1 친구와 놀기 위해서
2 백화점 세일을 가기 위해서
3 급하게 일이 들어와서
4 학교 모임이 있었기 때문에

해설

백화점 세일에 대한 이야기를 들은 것이 오늘 친구와 놀 때라고 했으므로 정답은 1번이다. 급하게 일이 생긴 것은 엄마의 내일 일정이며 학교 모임은 엄마의 내일 모레 일정이다. 정답 ❶

13번

남성과 여성이 이야기하고 있습니다. 두 사람은 몇 시 영화를 봅니까?

F：이제 영화 보러 가지 않을래?

M：응, 좋아. 하지만 배가 고프니까 먼저 밥 먹으러 가지 않을래?

F：아, 벌써 다섯 시 반이야! 그렇네. 그럼 영화는 여덟 시 반 걸로 할까?

M：더 빨리 보고 싶은데. 일곱 시 반 것은 없어?

F：응, 없어. 여섯 시 반 거라면 있지만.

M：좀 시간 아슬아슬할 테니까 여덟 시 반 걸로 할까.

F：응, 그럼 예약할게.

두 사람은 몇 시 영화를 봅니까?

1 다섯 시 반
2 여섯 시 반
3 일곱 시 반
4 여덟 시 반

해설

여섯 시 반 영화는 시간이 아슬아슬하며 일곱 시 반에는 볼 영화가 없다고 했으므로 정답은 4번이다. 정답 ❹

14ばん

男の人と女の人が話しています。女の人はどうして怒っていますか。

F：ちょっと。ご飯全部食べたんなら、早く片付けて！
M：分かった。でもなんでそんなに怒ってるの？
F：遅くなるときは連絡してっていつも言ってるじゃない。
M：ごめん。ケータイが切れちゃってて。
F：それならそうと、帰ってきてすぐ言えばよかったじゃない。

女の人はどうして怒っていますか。

1　男の人が早く片付けなかったから。
2　男の人が早く帰ってこなかったから
3　男の人が連絡をしなかったから
4　男の人のケータイが切れていたから

14번

남성과 여성이 이야기하고 있습니다. 여성은 왜 화가 났습니까?

F : 좀! 밥 다 먹었으면 얼른 정리해!
M : 알겠어. 그런데 왜 그렇게 화를 내는 거야?
F : 늦을 땐 연락하라고 늘 말했잖아.
M : 미안. 휴대전화가 꺼져 버렸어.
F : 그러면 그렇다고 돌아와서 바로 말했으면 좋았잖아.

여성은 왜 화가 났습니까?

1　남성이 빨리 정리를 하지 않았기 때문에
2　남성이 빨리 돌아오지 않았기 때문에
3　남성이 연락을 하지 않았기 때문에
4　남성의 휴대전화가 꺼져 있었기 때문에

해설

남성이 여성에게 왜 화가 났느냐고 묻자 늦을 땐 연락하라고 했잖아라고 대답한다. 따라서 여성이 화가 난 이유는 늦어서라기보다는 남성이 연락을 하지 않았기 때문임을 알 수 있다. 정답은 3번이다. 정답 ❸

15ばん

デパートのインフォメーションカウンターで女の人と男の人が話しています。男の人は何階に行きますか。

M：あのー、お財布を買いたいのですが。
F：はい、お財布ですね。レディースのでしたら２階と３階にございます。メンズのは１階と４階にございます。
M：自分のを買いたいので…
F：１階はヤング向けのフロアになっております。
M：そうですか。じゃあ行ってみます。ありがとうございます。

男の人は何階に行きますか。

1　１階
2　２階
3　３階
4　４階

15번

백화점 안내데스크에서 여성과 남성이 이야기하고 있습니다. 남성은 몇 층에 갑니까?

남 : 저, 지갑을 사고 싶은데요.
여 : 네, 지갑 말씀이시로군요. 여성용은 2층과 3층에 있습니다. 남성용은 1층과 4층에 있습니다.
남 : 제 것을 사고 싶어서….
여 : 1층은 젊은 분들을 위한 층입니다.
남 : 그런가요? 그러면 가 보겠습니다. 고맙습니다.

남성은 몇 층에 갑니까?

1　1층
2　2층
3　3층
4　4층

해설

남성이 몇 층으로 갈지 묻고 있다. 남성용을 위한 지갑은 1층과 4층에 있고, 남성이 자기 것을 사고 싶다고 말하자 젊은 분들을 위한 지갑은 1층에 있다고 답했으므로 남성은 1층에 갈 것을 알 수 있다. 따라서 정답은 1번이다. 정답 ❶

문제3 발화 표현

▶ p.454

もんだい３では、えを見ながら質問を聞いてください。➡（やじるし）の人は何と言いますか。１から３の中からいちばんいいものを一つえらんでください。

문제3에서는 그림을 보면서 질문을 들으세요. ➡ (화살표)한 사람은 뭐라고 말합니까? 1에서 3 중에서 가장 적당한 것을 하나 고르세요.

1ばん

ピンク色の財布を買いたいです。何と言いますか。

1　ピンクの財布を買ってください。
2　ピンクの財布をください。
3　ピンクの財布を取ってください。

1번

핑크색 지갑을 사고 싶습니다. 뭐라고 말합니까?

1　핑크 지갑을 사 주세요.
2　핑크 지갑을 주세요.
3　핑크 지갑을 집어 주세요.

해설

여기서는 손님이 직원에게 핑크색 지갑을 사려고 하는 상황이다. 따라서 손님이 직원에게 하는 말을 찾아야 하므로 선택지 2번 '핑크 지갑을 주세요'가 정답이 된다.

정답 ❷

2ばん

玄関のベルが鳴りました。何と言いますか。

1　どなた様ですか。
2　何でですか。
3　だれをお探しですか。

2번

현관 벨이 울렸습니다. 뭐라고 말합니까?

1　누구세요?
2　왜죠?
3　누구를 찾으시나요?

해설

여기에서는 현관문 벨이 울렸을 때 처음에 해야 하는 말을 찾아야 한다. 따라서 선택지 1번 '누구세요'가 정답이 된다. 선택지 2번과 선택지 3번은 '누구세요' 다음에 하는 말이므로 틀리다.

정답 ❶

3ばん

けいたいが壊れました。何と言いますか。

1　けいたいがほしかったのです。
2　けいたいが壊れてしまったのですが。
3　けいたいが壊れてしまいそうです。

3번

휴대전화가 고장 났습니다. 뭐라고 말합니까?

1　휴대전화가 갖고 싶었어요.
2　휴대전화가 고장 나 버렸는데요.
3　휴대전화가 고장 나 버릴 것 같아요.

해설

휴대전화가 고장 나서 A/S센터에 가서 상담원에게 하는 말을 찾아야 한다. 먼저 상담원에게 휴대전화의 상태를 알리는 것이 중요하므로, 선택지 2번 '휴대전화가 고장 나 버렸는데요'가 정답이다.

정답 ❷

4ばん

学校のパソコンが壊れています。何と言いますか。

1　パソコンを新しいのに変えたいです。
2　どうしてパソコンがつきませんでしたか。
3　このパソコン、壊れているようです。

4번

학교의 컴퓨터가 고장 나 있습니다. 뭐라고 말합니까?

1　컴퓨터를 새로운 것으로 교체하고 싶어요.
2　왜 컴퓨터가 켜지지 않았나요?
3　이 컴퓨터 고장 나 있는 것 같아요.

해설

컴퓨터 수업 중에 자신의 컴퓨터가 고장 난 상태인 것을 발견하고 선생님께 말하는 상황이므로, 선택지 3번 '이 컴퓨터 고장 나 있는 것 같아요'가 정답이 된다.

정답 ❸

5ばん

デパートにお客様がいらっしゃいます。何と言いますか。

1　おつかれさまです。
2　いらっしゃいませ。
3　お世話になっております。

5번

백화점에 손님이 오십니다. 뭐라고 말합니까?

1　수고하십니다.
2　어서 오세요.
3　신세 지고 있습니다.

해설

여기서는 백화점에 손님이 왔을 때 점원이 하는 말을 찾아야 한다. 따라서 선택지 2번 '어서 오세요'가 정답이다. 정답 ❷

6ばん

男の人がトイレを探しています。何と言いますか。

1　どこのトイレですか。
2　トイレを探していますか。
3　トイレはどこですか。

6번

남성이 화장실을 찾고 있습니다. 뭐라고 말합니까?

1　어디 화장실입니까?
2　화장실을 찾고 있습니까?
3　화장실은 어디입니까?

해설

여기서는 남성이 안내 직원에게 화장실 위치를 물어보는 상황이다. 따라서 선택지 3번 '화장실은 어디입니까?'가 정답이 된다. 선택지 1번은 말이 되지 않고, 선택지 2번은 안내 직원이 물어보는 말이므로 틀리다. 정답 ❸

7ばん

図書館に行って本を借ります。何と言いますか。

1　この本、いくらですか。
2　この本をお願いします。
3　この本を借りました。

7번

도서관에 가서 책을 빌립니다. 뭐라고 말합니까?

1　이 책 얼마입니까?
2　이 책을 부탁합니다.
3　이 책을 빌렸습니다.

해설

여기서는 도서관에서 책을 빌릴 때 하는 말을 찾아야 한다. 포인트는 「お願いします(부탁합니다)」가 빌리고 싶다는 말도 된다는 것이다. 따라서 선택지 2번 '이 책을 부탁합니다'가 정답이 된다. 선택지 1번은 책의 가격을 물을 때 사용하는 표현이고, 선택지 3번은 상대방이 어떤 책을 빌렸는지를 물었을 때 할 수 있는 표현이므로 틀리다. 정답 ❷

8ばん

冷たいジュースを飲んでいます。何と言いますか。

1　思ったよりも冷たそうです。
2　冷たくておいしいです。
3　冷たい飲み物は、結構です。

8번

차가운 주스를 마시고 있습니다. 뭐라고 말합니까?

1　생각보다도 차가워 보입니다.
2　차갑고 맛있어요.
3　차가운 음료는 됐어요.

해설

여기서는 주스를 마시고 난 다음에 하는 말을 찾아야 한다. 따라서 선택지 2번 '차갑고 맛있어요'가 정답이 된다. 선택지 1번은 마시기 전에 할 수 있는 말이고, 선택지 3번은 「結構です(괜찮습니다)」가 거절을 의미하므로 틀리다. 정답 ❷

9ばん

お客様が食事をして帰ります。何と言いますか。

1　よろしくお願いします。
2　ありがとうございました。
3　ごちそうさまです。

9번

손님이 식사를 하고 돌아갑니다. 뭐라고 말합니까?

1　잘 부탁합니다.
2　감사합니다.
3　잘 먹었습니다.

해설

여기서는 손님이 식사를 하고 식당을 나갈 때 점원이 손님에게 하는 인사말을 찾는 것이 중요하다. 선택지 2번 '감사합니다'가 정답이다. 선택지 1번은 상황에 맞지 않는 표현이고, 선택지 3번은 손님이 하는 말이므로 틀리다.

정답 ❷

10ばん

約束に遅れました。何と言いますか。

1 遅れて来ましたね。
2 ごめんください。
3 遅れてすみません。

10번

약속에 늦었습니다. 뭐라고 말합니까?

1 늦게 왔군요.
2 실례합니다.
3 늦어서 죄송합니다.

해설

약속에 늦은 사람이 기다린 사람에게 하는 사과 표현을 찾는 것이 포인트다. 따라서 선택지 3번 '늦어서 죄송합니다'가 정답이 된다. 선택지 1번은 기다린 사람이 하는 말이고, 선택지 2번의 「ごめんください」는 다른 집을 방문할 때 쓰는 말이다.

정답 ❸

11ばん

友だちの本を借りたいです。何と言いますか。

1 その本、貸してもらえる?
2 その本、ちょっと取って。
3 その本、借りたんだ。

11번

친구의 책을 빌리고 싶습니다. 뭐라고 말합니까?

1 그 책 빌릴 수 있을까?
2 그 책 좀 집어 줘.
3 그 책 빌린 거야.

해설

상대방에게 무언가를 빌리고 싶을 때 쓰는 표현을 찾아야 한다. 따라서 선택지 1번이 정답이 된다. 선택지 2번은 상대방에게 가까이 있는 물건을 집어달라고 할 때 쓰는 표현이며 선택지 3번은 빌렸다고 설명하고 있다.

정답 ❶

12ばん

夜、近所の人に会いました。何と言いますか。

1 こんにちは。
2 こんばんは。
3 おやすみなさい。

12번

밤에 근처에 사는 사람을 만났습니다. 뭐라고 말합니까?

1 안녕하세요. (낮인사)
2 안녕하세요. (밤인사))
3 안녕히 주무세요.

해설

밤에 사람을 만났을 때 쓰는 표현을 찾는다. 따라서 선택지 2번이 정답이다. 선택지 1번은 낮에 만났을 때, 선택지 3번은 밤에 헤어질 때 쓰는 표현이다.

정답 ❷

13ばん

暑いです。何と言いますか。

1 エアコンはどうですか。
2 エアコンは必要ですか。
3 エアコンつけてもいいですか。

13번

덥습니다. 뭐라고 말합니까?

1 에어컨은 어떻습니까?
2 에어컨은 필요합니까?
3 에어컨을 켜도 될까요?

해설

더울 때 에어컨 앞에서 할 수 있는 표현을 찾는 문제이다. 따라서 에어컨을 켜도 되냐고 묻고 있는 선택지 3번이 정답이다. 선택지 1번은 에어컨의 상태를 묻고 있고 선택지 2번은 에어컨이 필요하냐고 묻고 있다.

정답 ❸

14ばん

先輩に今、相談したいです。何と言いますか。

1 先輩、今いいですか。
2 先輩、これでもいいですか。
3 先輩、あとでちょっといいですか。

14번

선배에게 지금 상담을 하고 싶습니다. 뭐라고 말합니까?

1 선배, 지금 괜찮습니까?
2 선배, 이걸로도 괜찮습니까?
3 선배, 이따가 좀 괜찮습니까?

해설

선배에게 지금 당장 상담하고 싶다고 말했으므로 지금 괜찮냐고 양해를 구하고 있는 1번이 정답이다. 정답 ❶

15ばん

30代の男の人が、家に帰ります。会社にいる人たちに何と言いますか。

1 しつれいしました。
2 おつかれさまでした。
3 お待たせしました。

15번

30대 남성이 집에 돌아갑니다. 회사에 있는 사람들에게 뭐라고 말합니까?

1 실례했습니다.
2 수고하셨습니다.
3 오래 기다리셨습니다.

해설

30대 남성이 업무를 마치고 집에 돌아가려고 하는 장면이다. 회사에 남아 있는 사람들에게 뭐라고 말하는지 묻고 있으므로 정답은 선택지 2번이다. 선택지 1번은 남의 집에 방문했다가 돌아가려고 할 쓰는 표현이고, 선택지 3번은 상대방을 오랫동안 기다리게 했을 때 사용하는 표현이다. 정답 ❷

문제4 즉시 응답

▶ p.464

もんだい４では、えなどがありません。まず文を聞いてください。それから、その返事を聞いて、１から３の中から、いちばんいいものを一つえらんでください。

문제 4에서는 그림 등이 없습니다. 먼저 문장을 들으세요. 그리고 그에 대한 응답을 듣고 1에서 3 중에서 맞는 답을 하나 고르세요.

1ばん

F：週末に映画でも見に行きませんか。

M：1 とても楽しみです。
　 2 おもしろい映画ですね。
　 3 あ、いいですね。

1번

F：주말에 영화라도 보러 가지 않겠어요?

M：1 굉장히 기대가 됩니다.
　 2 재미있는 영화군요.
　 3 아, 좋아요.

해설

여성이 남성에게 주말에 영화를 보러 가자고 제안하고 있으므로, 남성은 제안에 응하던지 거절하던지 해야 한다. 따라서 그 제안에 응한 선택지 3번 '아, 좋아요'가 정답이 된다. 정답 ❸

2ばん

F：このジュース、飲んでもいいですか。

M：1 飲み物はあっちにあります。
　 2 ええ、どうぞ。
　 3 とてもおいしいです。

2번

F：이 주스, 마셔도 되나요?

M：1 음료수는 저쪽에 있습니다.
　 2 네, 드세요.
　 3 굉장히 맛있습니다.

해설

여성이 주스를 마셔도 되는지 남성에게 묻고 있다. 따라서 마셔도 된다고 한 선택지 2번 '네, 드세요'가 정답이 된다. 선택지 1번은 주스의 위치를 알려 주는 말이고, 선택지 3번은 주스를 먹고 난 후에 할 수 있는 말이다. 정답 ❷

3ばん

M: 今日の日本の天気はどうですか。

F : 1 くもりは好きではありません。
2 私は晴れの日が好きです。
3 何だか雨が降りそうです。

3번

M : 오늘 일본의 날씨는 어떻습니까?

F : 1 흐린 날씨는 좋아하지 않습니다.
2 나는 맑은 날을 좋아합니다.
3 왠지 비가 내릴 것 같습니다.

해설

남성이 일본의 날씨를 묻고 있으므로, '왠지 비가 내릴 것 같다'고 한 선택지 3번이 정답이다. 선택지 1번과 선택지 2번은 날씨에 대한 자신의 생각을 말하고 있으므로 틀리다. 정답 ❸

4ばん

F : 季節の中で、どの季節が一番好きですか。

M: 1 秋になるともみじがきれいです。
2 春に花見をすることができます。
3 夏休みのある夏です。

4번

F : 계절 중에서 어느 계절을 가장 좋아합니까?

M : 1 가을이 되면 단풍이 예쁩니다.
2 봄에 꽃구경을 할 수 있습니다.
3 여름 방학이 있는 여름입니다.

해설

여성이 남성에게 가장 좋아하는 계절이 뭐냐고 묻고 있으므로, 좋아하는 계절을 말한 선택지 3번 '여름 방학이 있는 여름입니다'가 정답이다. 선택지 1번은 가을이 되었을 때의 상황을, 선택지 2번은 봄에 할 수 있는 것을 말하고 있으므로 틀리다. 정답 ❸

5ばん

M: その小説、おもしろいですか。

F : 1 おもしろそうなストーリーです。
2 おもしろいですが、漢字がちょっと難しいです。
3 おもしろいドラマが見たいです。

5번

M : 그 소설, 재미있나요?

F : 1 재미있을 것 같은 스토리입니다.
2 재미있지만 한자가 조금 어렵습니다.
3 재미있는 드라마를 보고 싶습니다.

해설

남성이 여성에게 소설에 대해 어떻게 느끼고 있는지를 묻고 있으므로, 선택지 2번 '재미있지만 한자가 조금 어렵습니다'가 정답이 된다. 선택지 1번은 읽기 전에 하는 말이고, 선택지 3번은 상황에 맞지 않는 말이다 정답 ❷

6ばん

F1 : その財布、どこで買ったんですか。

F2 : 1 原宿にいいお店がたくさんあります。
2 新宿のデパートでです。
3 スーパーで買い物をするつもりです。

6번

F1 : 그 지갑, 어디에서 샀습니까?

F2 : 1 하라주쿠에 좋은 가게가 많이 있습니다.
2 신주쿠의 백화점에서요.
3 슈퍼에서 쇼핑을 할 생각입니다.

해설

지갑을 어디에서 샀는가에 대한 응답이므로, 구입한 곳을 말한 선택지 2번 '신주쿠의 백화점에서요'가 정답이 된다. 선택지 1번은 지갑을 산 곳이 아니라 가게에 대한 대답이고, 선택지 3번은 상황에 맞지 않는 말이므로 틀리다. 정답 ❷

7ばん

F : どの車に乗ればいいですか。

M: 1 あそこにある赤い車です。
2 ここにいい車がたくさんあります。
3 そこにある黒い車がいいです。

7번

F : 어느 차에 타면 됩니까?

M : 1 저기에 있는 빨간 차입니다.
2 여기에 좋은 차가 많이 있습니다.
3 저기 있는 검은 차가 좋습니다.

해설

여성이 남성에게 어떤 차를 타면 되는지를 묻고 있으므로, 탈 차를 알려 준 선택지 1번 '저기에 있는 빨간 차입니다'가 정답이 된다. 선택지 2번은 상황에 맞지 않는 말이고, 선택지 3번은 어떤 차가 좋은가에 대한 대답이므로 틀리다. 정답 ❶

8ばん

F：テスト勉強、たくさんしたの？

M：1 ぜんぜん難しいよ。

2 まあまあね。

3 ちょっと頭が痛いなあ。

8번

F：시험 공부 많이 했어?

M：1 너무 어려워.

2 그럭저럭.

3 조금 머리가 아프네.

해설

여성이 남성에게 시험 공부를 많이 했는지를 묻고 있으므로, 선택지 2번 '그럭저럭'이 정답이 된다. 여기서는 「まあまあ」의 의미를 파악하는 것이 중요하다. 선택지 1번은 시험 공부에 대한 말이고, 선택지 3번은 상황에 맞지 않는 대답이므로 틀리다. 정답 ❷

9ばん

M：スカイツリーに行ったことがありますか。

F：1 スカイツリーは行ってみるべき所です。

2 この前、スカイツリーがテレビに出てました。

3 幼い時に一度だけ行きました。

9번

M：스카이트리에 가 본 적이 있습니까?

F：1 스카이트리는 꼭 가 봐야 할 곳입니다.

2 요전에 스카이트리가 TV에 나왔습니다.

3 어릴 때 딱 한 번 갔었습니다.

해설

남성이 여성에게 스카이트리를 가 본 적이 있는지를 묻고 있으므로, 선택지 3번 '어릴 때 딱 한 번 갔었습니다'가 정답이 된다. 선택지 1번은 스카이트리를 추천하는 말이고, 선택지 2번은 스카이트리를 TV에서 봤다고 한 것이므로 틀리다. 정답 ❸

10ばん

F：このバス、新宿駅まで行きますか。

M：1 いいえ。このバスは乗れません。

2 いいえ。新宿ならうしろのに乗ってください。

3 はい。ここは渋谷のバス停ですよ。

10번

F：이 버스, 신주쿠역까지 가나요?

M：1 아니요. 이 버스는 탈 수 없습니다.

2 아니요. 신주쿠라면 뒤차를 타세요.

3 네. 여기는 시부야의 버스 정류장이에요.

해설

여성이 이 버스가 신주쿠역까지 가는지 노선을 남성에게 묻고 있으므로, 선택지 2번 '아니요, 신주쿠라면 뒤에 있는 것을 타세요'가 정답이 된다. 선택지 1번은 버스를 탈 수 있느냐는 질문에 대한 대답이므로 틀리고, 선택지 3번은 어느 정류장인지를 알려주는 대답이므로 틀리다.

정답 ❷

11ばん

M：毎日、運動していますか。

F：1 はい、きらいではありません。

2 はい、もうしました。

3 いいえ、たまにしています。

11번

M：매일 운동하고 있습니까?

F：1 네, 싫어하지 않습니다.

2 네, 이미 했습니다.

3 아니요, 가끔씩 하고 있습니다.

해설

남성이 여성에게 매일 운동을 하고 있느냐고 묻고 있으므로 선택지 3번 '아니요, 가끔씩 하고 있습니다.'가 정답이다. 선택지 1번은 운동을 좋아하냐는 질문에 대한 대답이므로 틀리고, 선택지 2번은 운동을 했느냐에 대한 대답이므로 틀리다. 정답 ❸

12ばん

M: 今日はどこに行ってきたんですか。

F : 1 駅前の本屋に行ってきました。
　2 仕事が多かったので、大変でした。
　3 図書館はお休みでした。

12번

M : 오늘은 어디에 다녀왔습니까?

F : 1 역 앞에 있는 서점에 다녀왔습니다.
　2 일이 많았기 때문에 힘들었습니다.
　3 도서관은 휴관이었습니다.

해설

남성이 여성에게 오늘은 어디에 다녀왔는지 묻고 있다. 따라서 역 앞에 있는 서점에 다녀왔다고 대답한 선택지 1번이 정답이다. 선택지 2번은 오늘 하루는 어땠냐는 질문에 대한 대답이므로 틀리고, 선택지 3번은 도서관에 대한 대답이므로 정답이 아니다. 정답 ❶

13ばん

F : そのペン、取ってくれませんか。

M : 1 この黒いペンですか。
　2 ペン、ありがとうございます。
　3 どこにありましたか。

13번

F : 그 펜 집어 주겠어요?

M : 1 이 검은 펜 말입니까?
　2 펜, 고맙습니다.
　3 어디에 있었습니까?

해설

여성이 남성에게 펜을 집어 달라고 부탁하고 있다. 따라서 정답은 이 검은 펜이냐고 묻는 선택지 1번이다. 선택지 2번은 여성이 남성에게 펜을 주었을 때 할 수 있는 대답이므로 틀리고 선택지 3번은 찾고 있던 것을 상대방이 찾아주었을 때 할 수 있는 말이므로 정답이 아니다.

정답 ❶

14ばん

F : 明日、時間のあるときに電話をしてください。

M : 1 明日はずっと家にいます。
　2 はい、そうします。
　3 電話、待っています。

14번

F : 내일 시간 있을 때 전화해 주세요.

M : 1 내일은 쭉 집에 있습니다.
　2 네, 그렇게 하겠습니다.
　3 전화 기다리고 있습니다.

해설

여성이 남성에게 시간이 있을 때 전화해 달라고 말하고 있다. 따라서 그렇게 하겠다고 한 선택지 2번이 정답이다. 선택지 1번은 내일 어디에 있느냐는 질문에 대한 대답이므로 틀리고, 선택지 3번은 남성이 전화를 기다리겠다고 말하고 있으므로 정답이 아니다. 정답 ❷

15ばん

F : 夏休みには、何をしますか。

M : 1 昨日は学校でした。
　2 どこにもありません。
　3 海へ行きます。

15번

F : 여름 휴가에는 무엇을 하나요?

M : 1 어제는 학교였습니다.
　2 아무 데도 없습니다.
　3 바다에 갑니다.

해설

여성이 남성에게 여름 휴가에 무엇을 하냐고 묻고 있다. 따라서 바다에 가겠다고 한 선택지 3번이 정답이다. 정답 ❸

にほんごのうりょくしけん　かいとうようし

N4 제2회 실전모의테스트

ちょうかい

じゅけんばんごう Examinee Registration Number	

なまえ Name	

〈ちゅうい Notes〉

1. くろい えんぴつ（HB、No.2）で かいて ください。（ペンや ボールペンでは かかないで ください。）
Use a black medium soft (HB or No.2) pencil. (Do not use any kind of pen.)
2. かきなおす ときは、けしゴムで きれいに けして ください。
Erase any unintended marks completely.
3. きたなく したり、おったり しないで ください。
Do not soil or bend this sheet.
4. マークれい Marking examples

よい れい Correct Example	わるい れい Incorrect Examples
●	⊗ ◯ ◯ ⦶ ◯ ◯ ◯

もんだい 1				
れい	①	②	③	●
1	①	②	③	④
2	①	②	③	④
3	①	②	③	④
4	①	②	③	④
5	①	②	③	④
6	①	②	③	④
7	①	②	③	④
8	①	②	③	④

もんだい 2				
れい	①	②	●	④
1	①	②	③	④
2	①	②	③	④
3	①	②	③	④
4	①	②	③	④
5	①	②	③	④
6	①	②	③	④
7	①	②	③	④

もんだい 3			
れい	①	②	●
1	①	②	③
2	①	②	③
3	①	②	③
4	①	②	③
5	①	②	③

もんだい 4			
れい	①	②	●
1	①	②	③
2	①	②	③
3	①	②	③
4	①	②	③
5	①	②	③
6	①	②	③
7	①	②	③
8	①	②	③

にほんごのうりょくしけん　かいとうようし

N4 제2회 실전모의테스트

げんごちしき（ぶんぽう）・どっかい

じゅけんばんごう Examinee Registration Number	

なまえ Name	

〈ちゅうい Notes〉

1. くろい えんぴつ（HB、No.2）で かいて ください。（ペンや ボールペンでは かかないで ください。）
Use a black medium soft (HB or No.2) pencil.
(Do not use any kind of pen.)
2. かきなおす ときは、けしゴムで きれいに けして ください。
Erase any unintended marks completely.
3. きたなく したり、おったり しないで ください。
Do not soil or bend this sheet.
4. マークれい Marking examples

よい れい Correct Example	わるい れい Incorrect Examples
●	⊘ ○ ○ ⦶ ⊜ ◐ ●

もんだい 1				
1	①	②	③	④
2	①	②	③	④
3	①	②	③	④
4	①	②	③	④
5	①	②	③	④
6	①	②	③	④
7	①	②	③	④
8	①	②	③	④
9	①	②	③	④
10	①	②	③	④
11	①	②	③	④
12	①	②	③	④
13	①	②	③	④
もんだい 2				
14	①	②	③	④
15	①	②	③	④
16	①	②	③	④
17	①	②	③	④

もんだい 3				
18	①	②	③	④
19	①	②	③	④
20	①	②	③	④
21	①	②	③	④
もんだい 4				
22	①	②	③	④
23	①	②	③	④
24	①	②	③	④
もんだい 5				
25	①	②	③	④
26	①	②	③	④
27	①	②	③	④
もんだい 6				
28	①	②	③	④
29	①	②	③	④

にほんごのうりょくしけん　かいとうようし

N4 제2회 실전모의테스트

げんごちしき（もじ・ごい）

じゅけんばんごう Examinee Registration Number	

なまえ Name	

〈ちゅうい Notes〉

1. くろい えんぴつ（HB、No2）で かいて ください。（ペンや ボールペンでは かかないで ください。）
   Use a black medium soft (HB or No.2) pencil.
   (Do not use any kind of pen.)
2. かきなおす ときは、けしゴムで きれいに けして ください。
   Erase any unintended marks completely.
3. きたなく したり、おったり しないで ください。
   Do not soil or bend this sheet.
4. マークれい Marking examples

よい れい Correct Example	わるい れい Incorrect Examples
●	⊘◯◎⦾⊖◐●

もんだい 1				
1	①	②	③	④
2	①	②	③	④
3	①	②	③	④
4	①	②	③	④
5	①	②	③	④
6	①	②	③	④
7	①	②	③	④
もんだい 2				
8	①	②	③	④
9	①	②	③	④
10	①	②	③	④
11	①	②	③	④
12	①	②	③	④

もんだい 3				
13	①	②	③	④
14	①	②	③	④
15	①	②	③	④
16	①	②	③	④
17	①	②	③	④
18	①	②	③	④
19	①	②	③	④
20	①	②	③	④
もんだい 4				
21	①	②	③	④
22	①	②	③	④
23	①	②	③	④
24	①	②	③	④
もんだい 5				
25	①	②	③	④
26	①	②	③	④
27	①	②	③	④
28	①	②	③	④

にほんごのうりょくしけん　かいとうようし

N4 제1회 실전모의테스트

ちょうかい

じゅけんばんごう Examinee Registration Number	

なまえ Name	

〈ちゅうい Notes〉

1. くろい えんぴつ（HB、No.2）で かいて ください。（ペンや ボールペンでは かかないで ください。）
Use a black medium soft (HB or No.2) pencil. (Do not use any kind of pen.)
2. かきなおす ときは、けしゴムで きれいに けして ください。
Erase any unintended marks completely.
3. きたなく したり、おったり しないで ください。
Do not soil or bend this sheet.
4. マークれい Marking examples

よい れい Correct Example	わるい れい Incorrect Examples
●	⊗○⊖◎⊜◐●

もんだい 1				
れい	①	②	③	●
1	①	②	③	④
2	①	②	③	④
3	①	②	③	④
4	①	②	③	④
5	①	②	③	④
6	①	②	③	④
7	①	②	③	④
8	①	②	③	④

もんだい 2				
れい	①	②	●	④
1	①	②	③	④
2	①	②	③	④
3	①	②	③	④
4	①	②	③	④
5	①	②	③	④
6	①	②	③	④
7	①	②	③	④

もんだい 3			
れい	①	②	●
1	①	②	③
2	①	②	③
3	①	②	③
4	①	②	③
5	①	②	③

もんだい 4			
れい	①	②	●
1	①	②	③
2	①	②	③
3	①	②	③
4	①	②	③
5	①	②	③
6	①	②	③
7	①	②	③
8	①	②	③

にほんごのうりょくしけん　かいとうようし

N4 제1회 실전모의테스트

げんごちしき（ぶんぽう）・どっかい

じゅけんばんごう Examinee Registration Number	

なまえ Name	

〈ちゅうい Notes〉
1. くろい えんぴつ（HB、No.2）で かいて ください。（ペンや ボールペンでは かかないで ください。）
Use a black medium soft (HB or No.2) pencil. (Do not use any kind of pen.)
2. かきなおす ときは、けしゴムで きれいに けして ください。
Erase any unintended marks completely.
3. きたなく したり、おったり しないで ください。
Do not soil or bend this sheet.
4. マークれい Marking examples

よい れい Correct Example	わるい れい Incorrect Examples
●	⊘ ◯ ◯ ◯ ⊖ ◯ ●

もんだい 1				
1	①	②	③	④
2	①	②	③	④
3	①	②	③	④
4	①	②	③	④
5	①	②	③	④
6	①	②	③	④
7	①	②	③	④
8	①	②	③	④
9	①	②	③	④
10	①	②	③	④
11	①	②	③	④
12	①	②	③	④
13	①	②	③	④
もんだい 2				
14	①	②	③	④
15	①	②	③	④
16	①	②	③	④
17	①	②	③	④

もんだい 3				
18	①	②	③	④
19	①	②	③	④
20	①	②	③	④
21	①	②	③	④
もんだい 4				
22	①	②	③	④
23	①	②	③	④
24	①	②	③	④
もんだい 5				
25	①	②	③	④
26	①	②	③	④
27	①	②	③	④
もんだい 6				
28	①	②	③	④
29	①	②	③	④

최신 개정판
2023년 7월·12월 기출문제 분석 및 반영

JLPT 일본어능력시험

한권으로 끝내기

이치우, 이한나 공저

QR코드를 스캔하시면
MP3 파일 및 관련자료를
다운로드 하실 수 있습니다

N4

실전모의테스트 문제집

다락원

JLPT
일본어능력시험

한권으로 끝내기

이치우, 이한나 공저

실전모의테스트 문제집

N4

다락원

목차

* '정답 및 해석' 뒤에 실린 실전모의테스트 해답용지를 잘라서 활용하세요.

JLPT
실전모의테스트

N4

제1회

제1회 실전모의테스트 채점표

자신의 실력이 어느 정도인지 확인할 수 있도록 임의적으로 만든 채점표입니다.
실제 시험은 상대 평가 방식이므로 약간의 오차가 발생할 수 있습니다.

언어지식 (문자·어휘·문법)·독해

		배점	만점	제1회	
				정답 문항 수	점수
문자·어휘	문제 1	1점×7문항	7		
	문제 2	1점×5문항	5		
	문제 3	1점×8문항	8		
	문제 4	1점×4문항	4		
	문제 5	1점×4문항	4		
문법	문제 1	1점×13문항	13		
	문제 2	1점×4문항	4		
	문제 3	1점×4문항	4		
독해	문제 4	6점×3문항	18		
	문제 5	6점×3문항	18		
	문제 6	6점×2문항	12		
합계			97점		

* 점수 계산법 : 언어지식·독해 [   ]점÷97×120 = [   ]점

청해

		배점	만점	제1회	
				정답 문항 수	점수
청해	문제 1	2점×8문항	16		
	문제 2	2점×7문항	14		
	문제 3	2점×5문항	10		
	문제 4	2점×8문항	16		
합계			56점		

* 점수 계산법 : 청해 [   ]점÷56×60 = [   ]점

N4

げんごちしき（もじ・ごい）

（25ふん）

ちゅうい
Notes

1　しけんが　はじまるまで、この　もんだいようしを　あけないで　ください。
Do not open this question booklet until the test begins.

2　この　もんだいようしを　もって　かえる　ことは　できません。
Do not take this question booklet with you after the test.

3　じゅけんばんごうと　なまえを　したの　らんに、じゅけんひょうと　おなじように　かいて　ください。
Write your examinee registration number and name clearly in each box below as written on your test voucher.

4　この　もんだいようしは　ぜんぶで　9ページ　あります。
This question booklet has 9 pages.

5　もんだいには　かいとうばんごうの 1 、 2 、 3 …が　あります。かいとうは、かいとうようしに　ある　おなじ　ばんごうの　ところに　マークして　ください。
One of the row numbers 1 , 2 , 3 … is given for each question. Mark your answer in the same row of the answer sheet.

じゅけんばんごう　Examinee Registration Number	

なまえ　Name	

もんだい1　＿＿＿＿の　ことばは　ひらがなで　どう　かきますか。1・2・3・4から　いちばん　いい　ものを　ひとつ　えらんで　ください。

（例）わたしの　せんもんは　文学です。

1 ぶんがく　　2 かがく　　3 いがく　　4 すうがく

（かいとうようし）

（例）	● ② ③ ④

1　住所が　かわったら　しらせて　ください。

1 じゅしょ　　2 じゅうしょ　　3 じょしょ　　4 じょしょう

2　かのじょは　手に　ハンカチを　持って　いる。

1 はって　　2 まって　　3 とって　　4 もって

3　みなさん、えんりょなく　意見を　のべて　ください。

1 しけん　　2 しげん　　3 いけん　　4 いげん

4　かれは　さいふの　なかの　おかねを　数えた。

1 おぼえた　　2 かぞえた　　3 あたえた　　4 もらえた

5　この　フェリーは　あと　30ぷんしたら　出発します。

1 しゅっぱつ　　2 しゅはつ　　3 でぱつ　　4 ではつ

6　母は　急(きゅう)な　用事で　でかけた。

1 ようこと　　2 ようごと　　3 ようし　　4 ようじ

7　かれは　きょうしとしての　経験が　あさい。

1 けいけん　　2 けいげん　　3 きょうけん　　4 きょうげん

もんだい2　＿＿＿＿の　ことばは　どう　かきますか。１・２・３・４から　いちばん　いい　ものを　ひとつ　えらんで　ください。

（例）ふねで　にもつを　おくります。

1 近ります　　2 逆ります　　3 辺ります　　4 送ります

（かいとうようし）

（例）	①　②　③　●

8　みずうみの　こおりが　とけはじめた。

1 水　　2 氷　　3 雲　　4 雪

9　ここは　こうつうの　便（びん）が　いい。

1 交通　　2 交痛　　3 工通　　4 工痛

10　わたしは　読んで　いた　ほんを　とじた。

1 聞じた　　2 問じた　　3 開じた　　4 閉じた

11　この　かばんは　かるいです。

1 強い　　2 軽い　　3 細かい　　4 弱い

12　わたしは　日本文学を　けんきゅうして　います。

1 研教　　2 研求　　3 研究　　4 研級

もんだい3 （　　）に　なにを　いれますか。1・2・3・4から　いちばん　いい　ものを　ひとつ　えらんで　ください。

（例）スーパーで　もらった　（　　）を　見ると、何を　買ったか　わかります。

1 レジ　　2 レシート　　3 おつり　　4 さいふ

（かいとうようし）

（例）	① ● ③ ④

---

13 この　本は　女性に　とても　（　　）が　あります。

1 せつめい　　2 けっか　　3 けいけん　　4 にんき

14 この　なべは　シチューを　つくるには　（　　）すぎます。

1 あさ　　2 かた　　3 おそ　　4 はや

15 この　バラは　いい　（　　）が　します。

1 におい　　2 たたみ　　3 おと　　4 おみまい

16 かれは　父親から　もらった　時計を　とても　（　　）に　して　いる。

1 ひつよう　　2 だいじ　　3 ねっしん　　4 じゅうぶん

17 答案用紙は　提出する　まえに　かならず　もういちど　（　　）しなさい。

1 スイッチ　　2 チャンス　　3 チェック　　4 テキスト

18 わたしは　もっと　きゅうりょうの　いい　仕事を　（　　　）いる。

1 かえして　　2 なおして　　3 さがして　　4 もどして

19 ＡＴＭが　（　　　）して　いて　お金が　おろせない。

1 したく　　2 こしょう　　3 りよう　　4 せいかつ

20 かのじょの　びょうきが　（　　　）までに　ながい　じかんが　かかった。

1 なおる　　2 かえる　　3 さがる　　4 あつまる

もんだい４　＿＿＿の　ぶんと　だいたい　おなじ　いみの　ぶんが　あります。
１・２・３・４から　いちばん　いい　ものを　ひとつ　えらんで　ください。

（例）でんしゃの　中で　さわがないで　ください。

1 でんしゃの　中で　ものを　たべないで　ください。
2 でんしゃの　中で　うるさく　しないで　ください。
3 でんしゃの　中で　たばこを　すわないで　ください。
4 でんしゃの　中で　きたなく　しないで　ください。

（かいとうようし）

（例）	① ● ③ ④

---

21 コンビニで　アルバイトを　して　います。

1 コンビニで　かって　います。
2 コンビニで　ざっしを　読んで　います。
3 コンビニで　はたらいて　います。
4 コンビニで　コーヒーを　飲んで　います。

22 その　うわさは　うそです。

1 その　うわさは　たいせつです。
2 その　うわさは　ほんとうです。
3 その　うわさは　たいせつじゃ　ないです。
4 その　うわさは　ほんとうじゃ　ないです。

23 わたしは　池田（いけだ）さんの　意見に　さんせいします。

1 わたしは　池田（いけだ）さんの　意見が　いいと　おもいます。

2 わたしは　池田（いけだ）さんの　意見が　わるいと　おもいます。

3 わたしは　池田（いけだ）さんの　意見が　よわいと　おもいます。

4 わたしは　池田（いけだ）さんの　意見が　うるさいと　おもいます。

24 さいふを　どこかで　おとしました。

1 さいふを　どこかで　ひろいました。

2 さいふを　どこかで　しらべました。

3 さいふを　どこかで　もらいました。

4 さいふを　どこかで　なくしました。

もんだい5　つぎの　ことばの　つかいかたで　いちばん　いい　ものを　1・2・3・4から　ひとつ　えらんで　ください。

（例）すてる

1 へやを　ぜんぶ　すてて　ください。

2 ひどい　ことを　するのは　すてて　ください。

3 ここに　いらない　ものを　すてて　ください。

4 学校の　本を　かばんに　すてて　ください。

（かいとうようし）	（例）	①　②　●　④

25　さいきん

1 ひこうきからの　つうしんは　それが　さいきんでした。

2 さいきん　ひとりで　かいがいりょこうを　する　人が　ふえて　います。

3 あしたは　この　なつ　さいきんの　あつさに　なるでしょう。

4 わたしが　ひこうきで　りょこうを　したのは　それが　さいきんでした。

26　ぜひ

1 いちばん　ぜひ　かれに　会ったのは　いつですか。

2 こんど　ぜひ　うちへ　あそびに　きて　ください。

3 彼女は　ぜひ　ちゅうしょくを　食べに　でかけました。

4 この　本は　1日に　5、6ページ　読むのが　ぜひです。

27 とちゅう

1 こんな　てんきの　いい　日は　いえの　<u>とちゅう</u>に　いたく　ありません。

2 <u>とちゅう</u>の　こどもは　そとで　あそぶ　ことが　すくなく　なりました。

3 はなしの　<u>とちゅう</u>で　でんわが　かかって　きました。

4 そういう　ことは　<u>とちゅう</u>が　来れば　しぜんに　わかる　ように　なります。

28 にあう

1 やまださんは　しろい　ふくが　よく　<u>にあいます</u>。

2 この　かびんは　<u>にあいやすい</u>から　ちゅういして　ください。

3 この　ドレスは　ながすぎるので　<u>にあって</u>　ほしいのです。

4 レストランは　そこの　かどを　みぎに　まがれば　すぐに　<u>にあいます</u>よ。

N4

言語知識（文法）・読解

（55ふん）

注意
Notes

1 試験が始まるまで、この問題用紙をあけないでください。
Do not open this question booklet until the test begins.

2 この問題用紙を持ってかえることはできません。
Do not take this question booklet with you after the test.

3 受験番号となまえをしたの欄に、受験票とおなじようにかいてください。
Write your examinee registration number and name clearly in each box below as written on your test voucher.

4 この問題用紙は、全部で１４ページあります。
This question booklet has 14 pages.

5 問題には解答番号の 1 、 2 、 3 …があります。
解答は、解答用紙にあるおなじ番号のところにマークしてください。
One of the row numbers 1, 2, 3 … is given for each question. Mark your answer in the same row of the answer sheet.

受験番号 Examinee Registration Number	

なまえ Name	

もんだい1　（　　）に　何を　入れますか。1・2・3・4から　いちばん　いい　ものを　一つ　えらんで　ください。

（例）わたしは　毎朝（まいあさ）　しんぶん（　　）　読みます。

1 が　　2 の　　3 を　　4 で

（かいとうようし）

（例）	①　②　●　④

1　わたしは　兄（　　）　おなじ　学校に　通（かよ）って　います。

1 で　　2 へ　　3 を　　4 と

2　父が　よく　りょうり（　　）　つかうのは　うすい　あじの　しょうゆなのです。

1 も　　2 に　　3 と　　4 の

3　試合（しあい）は　雨（あめ）（　　）　ちゅうしに　なりました。

1 が　　2 で　　3 を　　4 へ

4　（車の中で）

A「あ、海が　見えますよ。」

B「きれいですね。これから　行く　ホテルの　部屋（　　）　見えるそうですよ。」

1 からも　　2 からに　　3 までと　　4 までに

5 A「もう　風邪(かぜ)は　治(なお)りましたか。」
B「はい、風邪(かぜ)は　(　　　)　治(なお)りました。」

1 なるほど　　2 だんだん　　3 すっかり　　4 もうすぐ

6 初(はじ)めて　この　スマートフォンを　(　　　)　とき、とても　軽(かる)かったので　びっくりしました。

1 持(も)つ　　2 持(も)った　　3 持(も)つの　　4 持(も)ったの

7 A「太郎(たろう)の　やつ、いつも　ちこくばかりして　いて、しょうがない　やつだ。」
B「まあ、そう　(　　　)よ。あいつにも　いい　ところが　あるんだから。」

1 言うな　　2 言いな　　3 言うの　　4 言ったの

8 A「池田(いけだ)さんが　けっこんするんだって。」
B「わたしも　(　　　)　話、聞(き)いたよ。」

1 そんなに　　2 そこ　　3 それなら　　4 その

9 A「留守中(るすちゅう)、にもつを　(　　　)　ありがとうございました。」
B「どういたしまして。はい、どうぞ。」

1 預(あず)かったか　どうか　　2 預(あず)かったから
3 預(あず)かって　くださって　　4 預(あず)かったので

10 子「お母さん、テレビゲームを　しても　いい？」
母「がっこうの　しゅくだいを　（　　）　あとでね。」

1 する　　2 して　いる　　3 した　　4 して　いた

11 A「あしたの　れんしゅうの　こと（　　）、おなかが　いたいから　ぬけても　いい？」
B「うん、いいよ。」

1 だもの　　2 だけど　　3 なので　　4 なのに

12 A「きょう、どちらの　チームが　勝(か)つのでしょうか。」
B「Sチームも　Mチームも　みな　強(つよ)いですから、だれが　（　　）のです。」

1 勝(か)っては　いる　　2 勝(か)ったかも　しれない
3 勝(か)っても　いない　　4 勝(か)っても　おかしく　ない

13 A「店(みせ)を　手伝(てつだ)って　くれる　ひとを　さがして　いるんですが。」
B「（　　）　いい　人を　知って　います。」

1 たとえば　　2 それなら　　3 なぜなら　　4 それとも

もんだい2 ＿★＿ に 入る ものは どれですか。1・2・3・4から
いちばん いい ものを 一つ えらんで ください。

（問題例）

つくえの ＿＿ ＿＿ ＿★＿ ＿＿ あります。

1 が　　2 に　　3 上　　4 ペン

（答え方）

1 正しい 文を 作ります。

つくえの ＿＿ ＿＿ ＿★＿ ＿＿ あります。
3 上　2 に　4 ペン　1 が

2 ＿★＿ に 入る 番号を 黒く 塗ります。

（解答用紙）

（例）	① ② ③ ●

---

14 先生「ろうかが ぬれて います。ろうかを ＿＿ ＿＿ ＿★＿ ＿＿ 気を つけて ください。」

1 すべらない　　2 歩く　　3 ように　　4 ときは

15 歩いて 家から 学校まで 30分 ＿＿ ＿＿ ＿★＿ ＿＿ かかります。

1 10分　　2 自転車　　3 なら　　4 かかりますが

16 わたしは　学校の　＿＿＿ ＿＿＿ ＿★＿ ＿＿＿　手伝(てつだ)って　もらいます。

1 答えが　　2 宿題(しゅくだい)で　　3 姉に　　4 分からないとき

17 A「正(ただ)しい　食生活(しょくせいかつ)を　して　いますか。」
B「そうとは　言えません。＿＿＿ ＿★＿ ＿＿＿ ＿＿＿　ですね。」

1 難(むずか)しい　　2 バランスの

3 する　ことは　　4 よい　食生活(しょくせいかつ)を

もんだい３　[18]　から　[21]　に　何を　入れますか。文章の　意味を　考えて、１・２・３・４から　いちばん　いい　ものを　一つ　えらんで　ください。

下の　文章は、留学生の　作文です。

じしんの　ための　くんれん

イ　ハンナ

わたしは　ことし　日本へ　りゅうがくに　きました。[18]　日、じゅぎょうして　いる　とき、じしんが　きました。その　とき、はじめての　けいけんで　びっくりしました。先生の　話　[19]　日本は　じしんが　おおいくにだそうです。また、日本では　しょうがくせいから　かいしゃいんまで年に　すうかい　じしんの　ための　くんれんを　すると　いう　話も　してくださいました。くんれんの　ないようは　まどを　あけて　つくえの　したに　はいって、じぶんの　からだを　まもります。[20]　しばらく　まったら、おちついて　たてものの　そとに　でます。この　とき、「おさない・はしらない・しゃべらない」と　いう　やくそくが　あります。ひとを　おしたり、はしったり、おおきい　こえで　はなしたり　すると、あんぜんに　にげる　ことが　[21]　そうです。

18

1 この	2 ある
3 そんな	4 あんなに

19

1 までは	2 とは
3 には	4 では

20

1 そして	2 でも
3 たとえば	4 ですから

21

1 ありますからだ	2 ありませんからだ
3 できないからだ	4 できるからだ

もんだい４　つぎの（1）から（3）の文章を読んで、質問に答えてください。答えは、１・２・３・４から、いちばんいいものを一つえらんでください。

（1）

このお知らせが、学校の教室にあります。

忘れものです。

忘れた人は、職員室へ取りにきてください。

・帽子（校庭に落ちていました。）
・２年生の国語の教科書（２－１の教室にありました。）

10月11日から16日までは、テスト期間中ですから、職員室には入れません。教室で担任の先生に言ってください。

22 試験中に忘れ物を取りにいきたい人は、どうすればいいですか。

1 職員室に取りにいきます。
2 教室で担任の先生に話します。
3 試験が終わってから忘れ物を取りにいきます。
4 ２－１の教室に忘れ物を取りにいきます。

（2）

これは、田中さんからメアリーさんに届いたメールです。

メアリーさん

あさって（14日）の約束ですが、急に会社に行かなければならなくなりました。すみませんが、約束を明日の午後に変えられませんか。

午後なら何時でも大丈夫です。

このメールを読んだら、お返事ください。

田中

23 メアリーさんは、田中さんに何を知らせなければなりませんか。

1 約束を明日に変えられるかどうか

2 約束をあさってに変えられるかどうか

3 午前と午後、どちらがいいのか

4 メールを読んだかどうか

（3）

昨日、初めて黒いスマホを買いました。お店の人が「最初は白や金色のが人気でしたが、白はすぐに汚れるし、金色のは色がうすくなるから、最近は黒いのが人気なんですよ。」と教えてくれました。わたしは色がかっこいいから買ったので、理由を聞いておもしろいなと思いました。

24 「わたし」はどうして黒いスマホを買いましたか。

1 黒いスマホは汚れにくいから

2 黒いスマホが人気だとお店の人に聞いたから

3 黒いスマホは色がうすくなる心配がないから

4 黒いスマホの色がかっこいいと思ったから

もんだい５　つぎの文章を読んで、質問に答えてください。答えは１・２・３・４から、いちばんいいものを一つえらんでください。

昨日の夜、家族みんなでＳＮＳについて話し合い、家族ルールを作りました。

学校で教わったＳＮＳの基本ルールは、１日２時間まで利用することと、夜22時まで利用できることです。

このルールに合わせて、我が家のルールも入れました。

それは、食事中は使わないこと、勉強中は使わないこと、ＳＮＳで知り合った人と外で会ったりしないことです。

また、この５つのルールを守れなかった時の約束もみんなで決めました。

両親はどっちも仕事をしていて、わたしもアルバイトをしています。わたしはバツとしてお金を払うことができますが、中学生の妹はまだ ① 難しいです。なので、ルールを守れなかった場合は、わたしたちは一回につき三千円を支払い、妹はお風呂場の掃除をすることになりました。

それからもう一つは、ルールを守れなかった日の次の日はＳＮＳを利用しない約束になりました。

25 ルールを守れなかった日の次の日はＳＮＳが使えないという決まりは、だれが決めましたか。

1 この人(ひと)

2 この人(ひと)の妹(いもうと)

3 この人(ひと)の両親(りょうしん)

4 家族(かぞく)みんな

26 この人が学校で習(なら)ってきたルールはなんですか。

1 １日２時間まで使えて、夜22時まで利用できる。

2 １日２時間以上使えて、夜22時まで利用できる。

3 １日２時間まで使えて、夜22時から利用できる。

4 １日２時間以上使えて、夜22時から利用できる。

27 ① <u>難しい</u> のは、どうしてですか。

1 まだ高校生だから

2 アルバイトができる年ではないから

3 お風呂場(ふろば)の掃除(そうじ)がきらいだから

4 罰金(ばっきん)を払うことに反対しているから

もんだい６　右のポスター「はじめてのスマホ教室」を見て、質問に答えてください。答えは１・２・３・４からいちばんいいものを一つえらんでください。

28　カメラの使い方を学(まな)びたいです。何の部を予約(よやく)すればいいですか。

1　１部を予約(よやく)します。

2　２部を予約(よやく)します。

3　３部を予約(よやく)します。

4　どの部でも学(まな)べます。

29　10月14日の午前だけ時間があります。何を予約(よやく)しますか。

1　電源(でんげん)の入れ方

2　カメラの使い方

3　インターネットの使い方

4　予約(よやく)の仕方(しかた)

＊はじめての スマホ 教室＊

スマホの使い方を分かりやすく丁寧にご説明いたします。

対象　スマホがはじめての方・スマホをご利用したい方

日時　10月13日（土）・10月14日（日）

場所　スマホセンター　1階

時間　1部　10:30～11:30
　　2部　13:00～14:00
　　3部　15:00～16:00

内容　1部　電源の入れ方
　　2部　カメラの使い方
　　3部　インターネットの使い方

各部定員　10名

ご予約はお電話でお願いいたいます。

012－345－6789

N4

聴解

(35ふん)

注　意
Notes

1　試験が始まるまで、この問題用紙を開けないでください。
Do not open this question booklet until the test begins.

2　この問題用紙を持って帰ることはできません。
Do not take this question booklet with you after the test.

3　受験番号と名前を下の欄に、受験票と同じように書いてください。
Write your examinee registration number and name clearly in each box below as written on your test voucher.

4　この問題用紙は、全部で１５ページあります。
This question booklet has 15 pages.

5　この問題用紙にメモをとってもいいです。
You may make notes in this question booklet.

受験番号　Examinee Registration Number	

なまえ　Name	

もんだい１

もんだい１では、まず　しつもんを　聞いて　ください。それから　話を聞いて、もんだいようしの　１から４の　中から、いちばん　いい　ものを一つ　えらんで　ください。

れい

1　ぎゅうにゅう１本だけ

2　ぎゅうにゅう１本と　チーズ

3　ぎゅうにゅう２本だけ

4　ぎゅうにゅう２本と　チーズ

1ばん

1 自転車(じてんしゃ)

2 電車(でんしゃ)

3 バス

4 車(くるま)

2ばん

1 中央線(ちゅうおうせん)に　乗(の)って　新宿駅(しんじゅくえき)に　行(い)きます。

2 中央線(ちゅうおうせん)に　乗(の)って　東京駅(とうきょうえき)に　行(い)きます。

3 山手線(やまのてせん)に　乗(の)って　新宿駅(しんじゅくえき)に　行(い)きます。

4 山手線(やまのてせん)に　乗(の)って　東京駅(とうきょうえき)に　行(い)きます。

3ばん

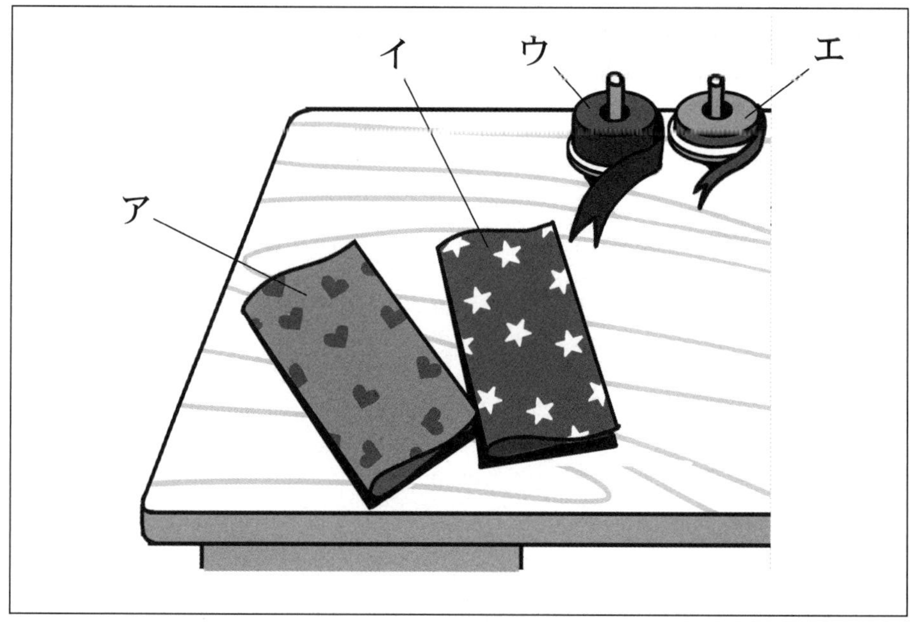

1　ア　ウ

2　ア　エ

3　イ　ウ

4　イ　エ

4ばん

1　2枚(まい)

2　3枚(まい)

3　4枚(まい)

4　5枚(まい)

5 ばん

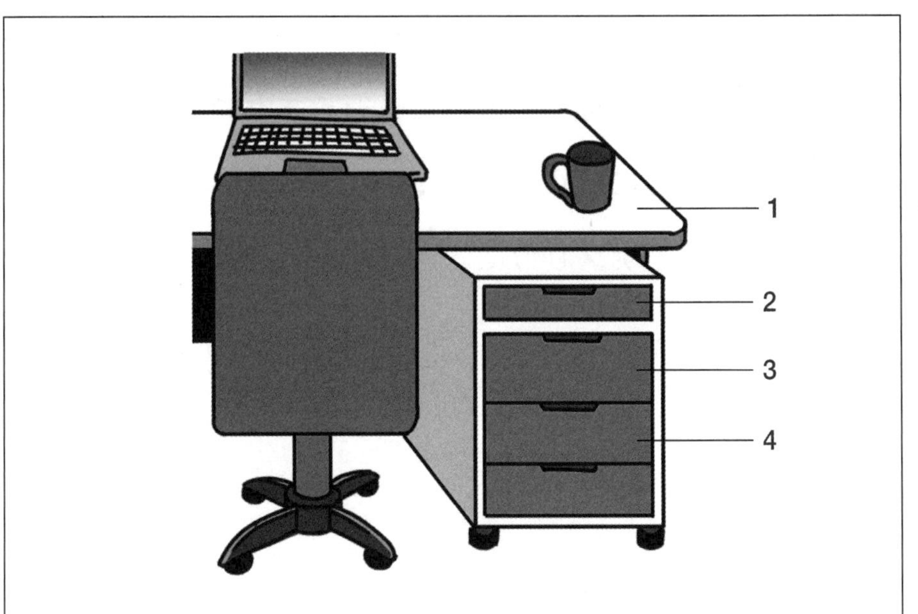

6 ばん

1　3,000円(えん)

2　5,000円(えん)

3　7,000円(えん)

4　10,000円(えん)

7ばん

1 家族と　いっしょに　過ごしました。

2 友だちと　日本料理の　お店に　行きました。

3 日本の　友だちに　新宿を　案内しました。

4 家族の　いる　アメリカに　遊びに　行きました。

8ばん

1 そうじを　します

2 カバンに　入れます

3 ろうかに　出します

4 そのままに　します

もんだい 2

もんだい２では、まず　しつもんを　聞いて　ください。その　あと、もんだいようしを　見て　ください。読む　時間が　あります。それから　話を　聞いて、もんだいようしの　１から４の　中から、いちばん　いい　ものを　一つ　えらんで　ください。

れい

1　へやが　せまいから

2　ばしょが　ふべんだから

3　たてものが　古いから

4　ともだちが　できないから

1ばん

1 りょうしん

2 おとうと

3 いもうと

4 おとうとと　いもうと

2ばん

1 カラオケに　行（い）った。

2 どうきゅうせいの　お店（みせ）に　行（い）った。

3 お酒（さけ）を　飲（の）んだ。

4 仕事（しごと）を　した。

3 ばん

1 牛乳（ぎゅうにゅう）

2 チーズ

3 プリン

4 アイスクリーム

4 ばん

1 ろうか

2 教室（きょうしつ）

3 屋上（おくじょう）

4 図書室（としょしつ）

5ばん

1　1時(じ)から　2時(じ)まで

2　2時(じ)から　3時(じ)まで

3　3時(じ)から　4時(じ)まで

4　4時(じ)から　5時(じ)まで

6ばん

1　部屋(へや)が　広(いろ)いから

2　建物(たてもの)が　新(あたら)しいから

3　駅(えき)から　近(ちか)いから

4　商店街(しょうてんがい)が　あるから

7ばん

1　旅行(りょこう)に　行(い)きたいから

2　デパートが　好(す)きだから

3　日本(にほん)で　働(はたら)いて　みたいから

4　日本語(にほんご)の　べんきょうが　したいから

もんだい３

もんだい３では、えを　見ながら　しつもんを　聞いて　ください。
➡（やじるし）の　人は　何と　言いますか。１から３の　中から、いちばん　いい　ものを　一つ　えらんで　ください。

れい

1 ばん

2 ばん

3ばん

4ばん

5 ばん

もんだい４

もんだい４では、えなどが　ありません。まず、ぶんを　聞いて　ください。それから、そのへんじを　聞いて、１から３の　中から、いちばん　いい　ものを　一つ　えらんで　ください。

ーメモー

JLPT
실전모의테스트

N4

제2회

제2회 실전모의테스트 채점표

자신의 실력이 어느 정도인지 확인할 수 있도록 임의적으로 만든 채점표입니다.
실제 시험은 상대 평가 방식이므로 약간의 오차가 발생할 수 있습니다.

언어지식 (문자·어휘·문법)·독해

		배점	만점	제2회	
				정답 문항 수	점수
문자·어휘	문제 1	1점×7문항	7		
	문제 2	1점×5문항	5		
	문제 3	1점×8문항	8		
	문제 4	1점×4문항	4		
	문제 5	1점×4문항	4		
문법	문제 1	1점×13문항	13		
	문제 2	1점×4문항	4		
	문제 3	1점×4문항	4		
독해	문제 4	6점×3문항	18		
	문제 5	6점×3문항	18		
	문제 6	6점×2문항	12		
합계			97점		

* 점수 계산법 : 언어지식·독해 [ ]점÷97×120 = [ ]점

청해

		배점	만점	제2회	
				정답 문항 수	점수
청해	문제 1	2점×8문항	16		
	문제 2	2점×7문항	14		
	문제 3	2점×5문항	10		
	문제 4	2점×8문항	16		
합계			56점		

* 점수 계산법 : 청해 [ ]점÷56×60 = [ ]점

N4

げんごちしき（もじ・ごい）

（25ふん）

ちゅうい
Notes

1　しけんが　はじまるまで、この　もんだいようしを　あけないで　ください。
Do not open this question booklet until the test begins.

2　この　もんだいようしを　もって　かえる　ことは　できません。
Do not take this question booklet with you after the test.

3　じゅけんばんごうと　なまえを　したの　らんに、じゅけんひょうと　おなじように　かいて　ください。
Write your examinee registration number and name clearly in each box below as written on your test voucher.

4　この　もんだいようしは　ぜんぶで　9ページ　あります。
This question booklet has 9 pages.

5　もんだいには　かいとうばんごうの [1]、[2]、[3] …が　あります。かいとうは、かいとうようしに　ある　おなじ　ばんごうの　ところに　マークして　ください。
One of the row numbers [1], [2], [3] … is given for each question. Mark your answer in the same row of the answer sheet.

じゅけんばんごう　Examinee Registration Number	

なまえ　Name	

もんだい1　＿＿＿＿の　ことばは　ひらがなで　どう　かきますか。1・2・3・4から　いちばん　いい　ものを　ひとつ　えらんで　ください。

（例）わたしの　せんもんは　文学です。

1 ぶんがく　　2 かがく　　3 いがく　　4 すうがく

（かいとうようし）

（例）	● ② ③ ④

---

1 おもちゃは　かならず　もとの　ばしょに　戻してね。

1 はなして　　2 さがして　　3 もどして　　4 かえして

2 だれの　小説が　すきですか。

1 しょぜつ　　2 しょうぜつ　　3 しょせつ　　4 しょうせつ

3 父は　きのう　日本から　帰国した。

1 ぎごく　　2 ぎぐに　　3 きこく　　4 きくに

4 かのじょは　赤い　服を　着て　いました。

1 あかい　　2 あおい　　3 くろい　　4 しろい

5　わたしたちは　試合に　かちました。

1 じあい　　2 しあい　　3 しこう　　4 しごう

6　これは　にがい　味が　します。

1 はし　　2 あじ　　3 には　　4 かべ

7　かれは　その　重い　ドアを　押して　あけた。

1 おして　　2 かして　　3 けして　　4 だして

もんだい2 ＿＿＿＿の　ことばは　どう　かきますか。1・2・3・4から
いちばん　いい　ものを　ひとつ　えらんで　ください。

（例）ふねで　にもつを　おくります。

1 近ります　　2 逆ります　　3 辺ります　　4 送ります

（かいとうようし）

（例）	① ② ③ ●

---

8 海外りょこうを　した　ことが　ありますか。

1 施行　　2 族行　　3 旅行　　4 旋行

9 どこに　ひるごはんを　食べに　いきましょうか。

1 昼ご飯　　2 昼ご飲　　3 宜ご飯　　4 宜ご飲

10 えいぎょう時間中に　ごれんらく　ください。

1 字業　　2 栄業　　3 労業　　4 営業

11 その　ことばを　じしょで　しらべた。

1 準べた　　2 集べた　　3 説べた　　4 調べた

12 おくじょうには　プールが　あります。

1 館所　　2 屋上　　3 屋所　　4 館上

もんだい3　(　　　)に　なにを　いれますか。1・2・3・4から　いちばん　いい　ものを　ひとつ　えらんで　ください。

(例(れい)) スーパーで　もらった　(　　　)を　見ると、何を　買ったか　わかります。

1 レジ　　2 レシート　　3 おつり　　4 さいふ

(かいとうようし)　| (例(れい)) | ①　●　③　④ |

13　お会計(かいけい)は　(　　　)で　おねがいします。

1 スイッチ　　2 レシート　　3 チャンス　　4 レジ

14　かのじょは　外国人(がいこくじん)に　日本語を　おしえた　(　　　)が　ある。

1 しつれい　　2 えんりょ　　3 けいけん　　4 しんぱい

15　この　へやは　(　　　)が　ききすぎて　います。

1 あいさつ　　2 れいぼう　　3 へんじ　　4 そうだん

16　かれが　ちこくするのは　(　　　)　ことでは　ない。

1 おとなしい　　2 うつくしい　　3 こまかい　　4 めずらしい

17　たいせつな　しょるいは　(　　　)　ばしょに　しまって　おきなさい。

1 しんせつな　　2 じゆうな　　3 あんぜんな　　4 けっこうな

18　3回も　電車(でんしゃ)を　（　　　）のは　めんどうです。

1 のりかえる　　2 かたづける　　3 つかまえる　　4 とりかえる

19　かのじょは　しごとと　プライベートを　（　　　）　わけて　いる。

1 びっくり　　2 はっきり　　3 やっぱり　　4 すっかり

20　わたしは　セントラルホテルに　シングルの　へやを　（　　　）　した。

1 うんどう　　2 しょうたい　　3 きそく　　4 よやく

もんだい４　＿＿＿の　ぶんと　だいたい　おなじ　いみの　ぶんが　あります。１・２・３・４から　いちばん　いい　ものを　ひとつ　えらんで　ください。

（例）でんしゃの　中で　さわがないで　ください。
1 でんしゃの　中で　ものを　たべないで　ください。
2 でんしゃの　中で　うるさく　しないで　ください。
3 でんしゃの　中で　たばこを　すわないで　ください。
4 でんしゃの　中で　きたなく　しないで　ください。

（かいとうようし）

（例）	①　●　③　④

---

21 あした　えいがに　さそいました。
1 あした　えいがを　見に　いけませんと　言いました。
2 あした　えいがを　見に　いきませんかと　言いました。
3 あした　えいがを　見ては　いけないと　言いました。
4 あした　えいがを　見ても　いいですかと　言いました。

22 わたしたちは　しょうらいに　ついて　話し合った。
1 わたしたちは　じゅぎょうの　ことに　ついて　話し合った。
2 わたしたちは　しゅうかんの　ことに　ついて　話し合った。
3 わたしたちは　これからの　ことに　ついて　話し合った。
4 わたしたちは　これまでの　ことに　ついて　話し合った。

23 <u>きょうは　こんで　います。</u>

1 きょうは　おきゃくさんが　多いです。

2 きょうは　おきゃくさんが　すぐに　来ます。

3 きょうは　おきゃくさんが　あまり　いません。

4 きょうは　おきゃくさんが　少ないです。

24 <u>うそを　ついた　ため、先生に　しかられました。</u>

1 うそを　ついた　ため、先生に　おこられました。

2 うそを　ついた　ため、先生に　ほめられました。

3 うそを　ついた　ため、先生に　わらわれました。

4 うそを　ついた　ため、先生に　そだてられました。

もんだい5　つぎの　ことばの　つかいかたで　いちばん　いい　ものを　1・2・3・4から　ひとつ　えらんで　ください。

（例）すてる

1 へやを　ぜんぶ　すてて　ください。

2 ひどい　ことを　するのは　すてて　ください。

3 ここに　いらない　ものを　すてて　ください。

4 学校の　本を　かばんに　すてて　ください。

（かいとうようし）

（例）	①　②　●　④

25　けが

1 きょうは　あまり　けがが　よく　ありません。

2 けがを　くんで　こうぎを　きくのは　しつれいな　かんじが　します。

3 いしゃに　ひだりての　けがを　みて　もらいました。

4 かれは　ろんぶんを　書こうと　して　けがに　ぶつかりました。

26　つごう

1 ビルの　おくじょうから　見る　夜の　つごうは　とても　きれいです。

2 きょうは　つごうが　わるいので　また　こんど　来て　ください。

3 こんどの　しゃいんりょこうは　いい　つごうに　なりました。

4 すわって　いる　ひとの　頭が　つごうで　前が　見えませんでした。

27 まじめ

1 知って　いる　人に　会って　あいさつを　しないのは　まじめです。

2 かのじょは　じぶんの　いけんが　とおらず　まじめそうでした。

3 わたしたちの　あの　しゃしん、いまも　まじめに　して　いるんですよ。

4 かれは　わたしの　しつもんに　まじめに　こたえようと　しませんでした。

28 おみまい

1 友だちの　おみまいに　びょういんへ　行きます。

2 おじに　おみまいを　出して　もらって　大学に　行きました。

3 かのじょは　バリりょこうの　おみまいに　スカーフを　買いました。

4 きむらさんは　せわに　なった　ひとたちに　おみまいを　言いました。

N4

言語知識（文法）・読解

（55ふん）

注意
Notes

1 試験が始まるまで、この問題用紙をあけないでください。
Do not open this question booklet until the test begins.

2 この問題用紙を持ってかえることはできません。
Do not take this question booklet with you after the test.

3 受験番号となまえをしたの欄に、受験票とおなじようにかいてください。
Write your examinee registration number and name clearly in each box below as written on your test voucher.

4 この問題用紙は、全部で１４ページあります。
This question booklet has 14 pages.

5 問題には解答番号の1、2、3 …があります。
解答は、解答用紙にあるおなじ番号のところにマークしてください。
One of the row numbers 1, 2, 3 … is given for each question. Mark your answer in the same row of the answer sheet.

受験番号 Examinee Registration Number	

なまえ Name	

もんだい1　（　　）に　何を　入れますか。1・2・3・4から　いちばん　いい　ものを　一つ　えらんで　ください。

（例）わたしは　毎朝　しんぶん（　　）　読みます。

1 が　　2 の　　3 を　　4 で

（かいとうようし）　| （例） | ①　②　●　④ |

1　わたしは　母（　　）　よろこばせたくて　いっしょうけんめい　べんきょうした。

1 が　　2 を　　3 で　　4 に

2　きょう　友だち（　　）　夏休みの　旅行に　ついて　そうだん　した。

1 で　　2 か　　3 と　　4 を

3　お話の　（　　）　しつれいですが、部長に　急ぎの　電話が　入って　います。

1 とちゅう　　2 なか　　3 ついで　　4 うち

4　A「ドアに　かぎが　かかってるよ。」
B「おかしいな、つい　さっきまで　あいてた（　　）。」

1 では　　2 しか　　3 のに　　4 だけ

5 A「暗(くら)く　なって　きたわね。」
B「そうだね、（　　　）　行こうか。」

1 もし　　2 ぜひ　　3 そろそろ　　4 もっとも

6 A「誕生日(たんじょうび)　おめでとう。これ、どうぞ。」
B「プレゼント　ありがとう。大切に　（　　　）よ。」

1 ある　　2 なる　　3 いる　　4 する

7 わたしは　友だち（　　　）　その　ことを　聞いて　知って
いました。

1 から　　2 ので　　3 には　　4 では

8 A「あした　いっしょに　デパートに　行きませんか。」
B「（　　　）、ごめんなさい。あしたは　用事(ようじ)が　あるんです。」

1 行きたいから　　2 行きたいけれど
3 行きたくて　　4 行きたいし

9 課長(かちょう)「M銀行(ぎんこう)の　山田(やまだ)さんに　連絡(れんらく)しましたか。」
社員(しゃいん)「あ、これから　（　　　）。」

1 する　ところです　　2 した　ところです
3 して　いる　ところです　　4 して　いた　ところです

10 A「すみません。鈴木(すずき)クリニックに　行きたいんですが。」
B「鈴木(すずき)クリニック（　　　）　あそこの　白い　建物(たてもの)ですよ。」

1 まで　　2 では　　3 なら　　4 にも

11 一発(いっぱつ)で　合格(ごうかく)するなんて　すごい。（　　　）　勉強(べんきょう)したの？

1 どこでも　　2 どの　　3 どういう　　4 どうやって

12 A「うちに　電子(でんし)レンジが　ふたつ　あるので、ひとつ　あげるよ。」
B「ありがとう。ちょうど　新(あたら)しい　電子(でんし)レンジを　（　　　）だ。」

1 買おうと　思って　いた　ところ

2 買って　あるだろうと　思う　ところ

3 買ったと　思った　ところ

4 買うだろうと　思った　ところ

13 学生「先生、この　言葉(ことば)は　（　　　）　意味(いみ)ですか。」
先生「『頭(あたま)』という　意味(いみ)だ。」

1 どう　　2 どういう　　3 どうやって　　4 どのぐらい

もんだい2　＿★＿　に　入る　ものは　どれですか。1・2・3・4から
いちばん　いい　ものを　一つ　えらんで　ください。

（問題例）

つくえの　＿＿＿　＿＿＿　＿★＿　＿＿＿　あります。

1 が　　2 に　　3 上　　4 ペン

（答え方）

1. 正しい　文を　作ります。

つくえの　＿＿＿　＿＿＿　＿★＿　＿＿＿　あります。
3 上　2 に　4 ペン　1 が

2. ＿★＿に　入る　番号を　黒く　塗ります。

（解答用紙）

（例）	①　②　③　●

---

14 わたしは　料理が　下手だから　自分で　つくる　＿＿＿　＿＿＿　＿★＿　＿＿＿　の　ほうが　多いです。

1 より　　2 こと　　3 食べる　　4 レストランで

15 石原「山本さん、この　仕事が　できますか。」
山本「そうですねえ。わたし　＿＿＿　＿＿＿　＿★＿　＿＿＿　わかりませんが、やって　みます。」

1 できるか　どうか　　2 に

3 と　　4 やって　みない

16 A「食事の　準備、手伝おうか。」

B「そう？ じゃ、_____ _____ __★__ _____？」

1 おいて　くれる　　2 テーブルに　出して

3 ビールと　えだまめを　　4 れいぞうこに　入って　いる

17 A「あなたが　海外旅行に　_____ _____ __★__ _____　めんどうを　だれが　見て　くれたの？」

B「友だちが　めんどうを　見て　くれたよ。」

1 ネコの　　2 行って　いる　　3 飼って　いる　　4 あいだ

もんだい３　**18**　から　**21**　に　何を　入れますか。文章の　意味を　考えて、１・２・３・４から　いちばん　いい　ものを　一つ　えらんで　ください。

下の　文章は　「生命」に　ついて　石原さんが　書いた　作文です。

ミイ

石原太郎

ミイが　死んで　しまった。ミイは　生まれる　前から　家で　**18**　ネコで、ぼくの　お姉さんの　ような　存在だった。

ミイが　死んだのは、じゅみょうだったからと　じゅう医の　先生は　言った。ミイは　年を　とるに　つれて、ねむって　ばかりに　なったけれど、ミイが　いなく　なるなんて　信じる　ことが　できなかった。**19**　ミイは　死んで　しまって、ぼくの　ひざの　上から　その　ぬくもりは　消えて　しまった。

ミイは　具合が　悪く　なって　動物病院に　入院して　いたけれど、命の　終わりが　近づいて　きて、家に　帰って　くる　ことに　なった。家に　着いた　とき、ミイは　うれしい　ときに　よく　そうして　いた　ように、小さな　声で　「ミャア」と　ないた。

ミイは　ぼくたち家族　**20**　囲まれて、最期の　時を　むかえた。ミイは　おとなしい　ネコだった。死ぬ　ときも　ないたり　あばれたり　しなかった。

ミイが　死んだ　悲しみで　ぼくの　心には　ぽっかり　あなが　あいた　ようだった。その　あなは　まだ　うまって　いない。この　あなは、**21**　うめられない　ものなんだろうと　思う。

18

1 かわれて　いた　　2 かわれて　おく

3 かわせて　いる　　4 かわせて　おいた

19

1 それに　　2 だから

3 たとえば　　4 でも

20

1 が　　2 に

3 の　　4 を

21

1 ミイじゃ　ないと　　2 ミイだけじゃ　なく

3 ミイという　ネコが　　4 ミイばかりでは

もんだい４　つぎの（1）から（3）の文章を読んで、質問に答えてください。答えは、１・２・３・４から、いちばんいいものを一つえらんでください。

（1）

新井先生の机の上に、このメモと教科書が置いてあります。

新井先生 先生、昨日は本を３冊貸してくださり、ありがとうございました。 読み終わった教科書１冊を先にお返しします。 あとの２冊は、来週お返しします。 山田

22 山田さんは、来週、何をすると言っていますか。

1 先生に本を２冊借ります。

2 先生に本を２冊返します。

3 先生に本を３冊借ります。

4 先生に本を３冊返します。

（2）

みなさん、お疲れさまでした。今日のれんしゅうはこれで終わりです。今からおふろに順番に入ってください。そのあとに７時からホールで夜ごはんを食べます。あしたは朝ごはんを食べてから、９時から12時までれんしゅうします。午前中は、おふろには入れないので注意してください。れんしゅうが終わってからおふろに入ってください。

23 あしたはどの順番で何をしますか。

1 おふろ→朝ごはん→れんしゅう

2 おふろ→れんしゅう→朝ごはん

3 朝ごはん→おふろ→れんしゅう

4 朝ごはん→れんしゅう→おふろ

（3）

わたし は新宿(しんじゅく)にある会社ではたらいています。うちの近くの駅から会社まで10分かかります。とても近いので、たまに会社まで自転車で行くこともあります。自転車だと20分くらいかかります。雨の日はバスを使っています。バスていのすぐ近くに会社があるので便利です。ですが、時間は30分かかります。ちょうど昨日、雨が降っていたのでバスで会社に行きました。

24 この人は昨日、会社にどう行きましたか。

1 歩いて

2 電車で

3 バスで

4 自転車で

もんだい５　つぎの文章を読んで、質問に答えてください。答えは１・２・３・４から、いちばんいいものを一つえらんでください。

昨日、ぼくのおうちにおばあちゃんからの宅配便が届きました。

宅配便の中にはおばあちゃんからのお手紙、お姉ちゃんの入学祝いのプレゼント、家族みんなのセーターが入っていました。

ぼくのお姉ちゃんはこの春、大学生になりました。ぼくとは５つ離れていますが仲良し姉弟(注)です。

お姉ちゃんは、ずっとほしがっていたバッグをプレゼントしてもらって、すごく喜びました。

ぼくは高校生になったら野球のバットをプレゼントしてもらいたいです。

ぼくの家族は全員で五人いるので、みんなのセーターを作るのにおばあちゃんは大変だったと思います。

お父さんとお母さんとお姉ちゃんとぼく、それからぼくの３つ下の弟とみんなでおばあちゃんにありがとうの手紙を書きました。

家族みんなで書いた手紙と、おばあちゃんの好きなお花を贈ることにしました。明日おばあちゃんちに届くので、おばあちゃんも喜んでくれたらうれしいです。

（注）姉弟：姉と弟

25 この人はお姉さんといくつ歳が違いますか。

1 3つ

2 4つ

3 5つ

4 6つ

26 この人の弟はどこに通(かよ)っていますか。

1 小学校

2 中学校

3 高校

4 大学

27 この人の両親(りょうしん)は、おばあちゃんから何をもらいましたか。

1 バッグ

2 バット

3 セーター

4 お花

もんだい6　右のポスターを見て、質問に答えてください。答えは1・2・3・4からいちばんいいものを一つえらんでください。

28 パソコン教室に通っています。初級は終わって中級になりました。何曜日に習いますか。

1 火曜日

2 水曜日

3 金曜日

4 土曜日

29 夜にバイトをしているので、昼にパソコン教室に通いたいです。上級者です。何時の教室に通えますか。

1 10:00～12:00

2 12:00～13:30

3 13:30～15:30

4 17:00～19:30

パソコン教室
受講生 募集中

一人ひとりに合わせて基本から丁寧にご指導いたします。
初心者から上級者までの方まで、どなたでもお気軽にお問い合わせください。

◉ 練習日時

初心者	火曜日・金曜日	10:00～12:00 13:30～15:30
中級者	水曜日	10:00～12:00 17:00～19:30
上級者	土曜日	13:30～15:30 17:00～19:30

◉ 場所

マルチメディア室

お問い合わせ
受付電話 080−456−7890

N4

聴解

（35ふん）

注　意
Notes

1 試験が始まるまで、この問題用紙を開けないでください。
Do not open this question booklet until the test begins.

2 この問題用紙を持って帰ることはできません。
Do not take this question booklet with you after the test.

3 受験番号と名前を下の欄に、受験票と同じように書いてください。
Write your examinee registration number and name clearly in each box below as written on your test voucher.

4 この問題用紙は、全部で１５ページあります。
This question booklet has 15 pages.

5 この問題用紙にメモをとってもいいです。
You may make notes in this question booklet.

受験番号 Examinee Registration Number	

なまえ Name	

もんだい１

もんだい１では、まず　しつもんを　聞いて　ください。それから　話を聞いて、もんだいようしの　１から４の　中から、いちばん　いい　ものを一つ　えらんで　ください。

れい

1　ぎゅうにゅう１本だけ

2　ぎゅうにゅう１本と　チーズ

3　ぎゅうにゅう２本だけ

4　ぎゅうにゅう２本と　チーズ

1 ばん

1 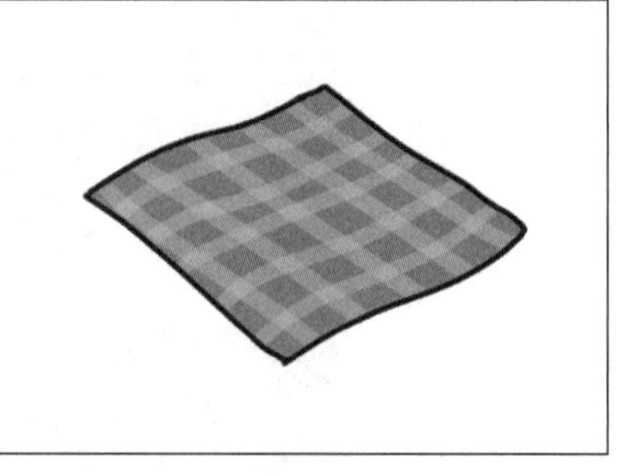

2 

3

4 

2 ばん

1　9時(じ)に　学校(がっこう)で

2　9時(じ)に　公園(こうえん)の　前(まえ)で

3　9時(じ)30分(ぷん)に　学校(がっこう)で

4　9時30分に　公園(こうえん)の　前(まえ)で

3ばん

1

2

3

4

4ばん

1　かぜの　くすりを　飲(の)む。

2　ねつの　くすりを　飲(の)む。

3　ごはんを　食(た)べる。

4　アイスは　食(た)べては　いけない。

5 ばん

1　ねぼうしたから

2　お財布(さいふ)を　探(さが)してたから

3　宅配(たくはい)の人(ひと)が　来(き)たから

4　映画(えいが)を　見たから

6 ばん

1　5,000円(えん)

2　6,500円(えん)

3　15,000円(えん)

4　19,500円(えん)

7ばん

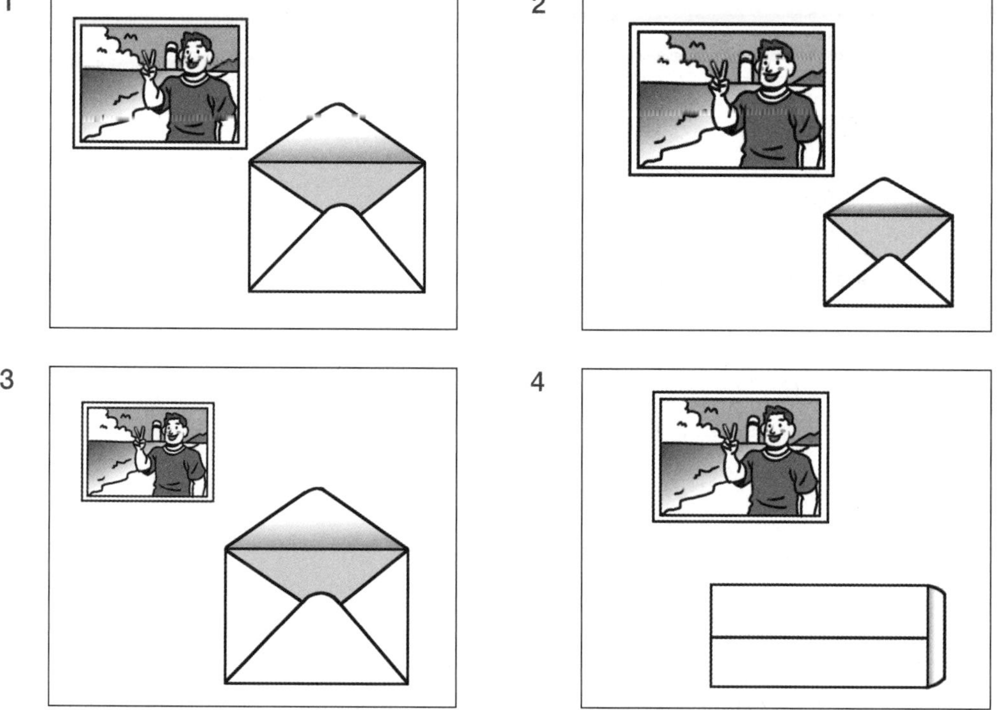

8ばん

1　午後(ごご)1時(じ)

2　午後(ごご)3時(じ)

3　午後(ごご)5時(じ)

4　午後(ごご)7時(じ)

もんだい 2

もんだい 2 では、まず　しつもんを　聞いて　ください。その　あと、もんだいようしを　見て　ください。読む　時間が　あります。それから　話を　聞いて、もんだいようしの　1 から 4 の　中から、いちばん　いい　ものを　一つ　えらんで　ください。

れい

1　へやが　せまいから

2　ばしょが　ふべんだから

3　たてものが　古いから

4　ともだちが　できないから

1ばん

1　１時(じ)４５分(ふん)から　２時(じ)まで

2　１時(じ)４５分(ふん)から　２時(じ)１５分(ふん)まで

3　２時(じ)から　２時(じ)１５分(ふん)まで

4　２時(じ)から　２時(じ)３０分(ぷん)まで

2ばん

1　かさを　買(か)いに　行(い)きます。

2　急(いそ)いで　帰(かえ)ります。

3　テストべんきょうを　します。

4　コピーしに　行(い)きます。

3ばん

1　11時
2　11時　半
3　11時　45分
4　12時

4ばん

1　午後7時　窓側の　席
2　午後7時　テーブル席
3　午後7時30分　窓側の　席
4　午後7時30分　テーブル席

5ばん

1 パスタ、ミニサラダ、ハンバーガー

2 パスタ、ミニサラダ、ピザ

3 ハンバーガー、ピザ、ミニサラダ

4 ハンバーガー、ピザ、パスタ

6ばん

1 月曜日（げつようび）

2 火曜日（かようび）

3 水曜日（すいようび）

4 木曜日（もくようび）

7ばん

1　熱(あつ)い　コーヒーに　さとうを　入(い)れて　飲(の)みます。

2　冷(つめ)たい　コーヒーに　さとうを　入(い)れて　飲(の)みます。

3　熱(あつ)い　コーヒーに　ミルクを　入(い)れて　飲(の)みます。

4　冷(つめ)たい　コーヒーに　ミルクを　入(い)れて　飲(の)みます。

もんだい
問題 3

問題3では、えを見ながら質問を聞いてください。それから、正しい答えを1から3の中から一つえらんでください。

れい

1ばん

2ばん

3 ばん

4 ばん

5ばん

もんだい４

もんだい４では、えなどが　ありません。まず、ぶんを　聞いて　ください。それから、そのへんじを　聞いて、１から３の　中から、いちばん　いい　ものを　一つ　えらんで　ください。

ーメモー

JLPT N4
제1회 실전모의테스트 | 정답 및 해석 |

1교시 언어지식(문자 · 어휘)

문제 1 1 ② 2 ④ 3 ③ 4 ② 5 ① 6 ④ 7 ①
문제 2 8 ② 9 ① 10 ④ 11 ② 12 ③
문제 3 13 ④ 14 ① 15 ① 16 ② 17 ③ 18 ③ 19 ② 20 ①
문제 4 21 ③ 22 ④ 23 ① 24 ④
문제 5 25 ② 26 ② 27 ③ 28 ①

1교시 언어지식(문법) · 독해

문제 1 1 ④ 2 ② 3 ② 4 ① 5 ③ 6 ② 7 ① 8 ④ 9 ③ 10 ③
11 ② 12 ④ 13 ②
문제 2 14 ① (2413) 15 ③ (4231) 16 ④ (2143) 17 ④ (2431)
문제 3 18 ② 19 ④ 20 ① 21 ③
문제 4 22 ② 23 ① 24 ④
문제 5 25 ④ 26 ① 27 ②
문제 6 28 ② 29 ①

2교시 청해

문제 1 예 ④ 1 ③ 2 ② 3 ④ 4 ③ 5 ③ 6 ④ 7 ① 8 ③
문제 2 예 ③ 1 ② 2 ① 3 ① 4 ④ 5 ③ 6 ③ 7 ④
문제 3 예 ③ 1 ② 2 ① 3 ① 4 ② 5 ③
문제 4 예 ③ 1 ② 2 ① 3 ① 4 ② 5 ③ 6 ① 7 ③ 8 ②

1교시 언어지식(문자·어휘)

문제 1 ______의 어휘는 히라가나로 어떻게 씁니까? 1·2·3·4에서 가장 적당한 것을 하나 고르세요.

1 주소가 바뀌었으면 알려 주세요.
2 그녀는 손에 손수건을 들고 있다.
3 여러분, 사양 말고 의견을 말해 주세요.
4 그는 지갑 안의 돈을 셌다.
5 이 페리는 앞으로 30분 있으면 출발합니다.
6 엄마는 급한 볼일로 외출했다.
7 그는 교사로서의 경험이 적다.

문제 2 ______의 어휘는 어떻게 씁니까? 1·2·3·4에서 가장 적당한 것을 하나 고르세요.

8 호수 얼음이 녹기 시작했다.
9 이곳은 교통 편이 좋다.
10 나는 읽고 있던 책을 덮었다.
11 이 가방은 가볍습니다.
12 나는 일본 문학을 연구하고 있습니다.

문제 3 ( ) 에 무엇을 넣습니까? 1·2·3·4에서 가장 적당한 것을 하나 고르세요.

13 이 책은 여성에게 무척 인기가 있습니다.
14 이 냄비는 스튜를 만들기에는 너무 얕습니다.
15 이 장미는 좋은 냄새가 납니다.
16 그는 아빠에게 받은 시계를 무척 소중하게 여기고 있다.
17 답안 용지는 제출하기 전에 반드시 한 번 더 체크하세요.
18 나는 급료가 더 좋은 일자리를 찾고 있다.
19 ATM이 고장 나서 돈을 찾을 수 없다.
20 그녀의 병이 낫기까지 오랜 시간이 걸렸다.

문제 4 ______의 문장과 거의 같은 의미의 문장이 있습니다. 1·2·3·4에서 가장 적당한 것을 하나 고르세요.

21 편의점에서 아르바이트를 하고 있습니다.
1 편의점에서 사고 있습니다.
2 편의점에서 잡지를 읽고 있습니다.
3 편의점에서 일하고 있습니다.
4 편의점에서 커피를 마시고 있습니다.

22 그 소문은 거짓말입니다.
1 그 소문은 중요합니다.
2 그 소문은 사실입니다.
3 그 소문은 중요하지 않습니다.
4 그 소문은 사실이 아닙니다.

23 나는 이케다 씨의 의견에 찬성합니다.
1 나는 이케다 씨의 의견이 좋다고 생각합니다.
2 나는 이케다 씨의 의견이 나쁘다고 생각합니다.
3 나는 이케다 씨의 의견이 약하다고 생각합니다.
4 나는 이케다 씨의 의견이 시끄럽다고 생각합니다.

24 지갑을 어딘가에서 떨어뜨렸습니다.
1 지갑을 어딘가에서 주웠습니다.
2 지갑을 어딘가에서 조사했습니다.
3 지갑을 어딘가에서 받았습니다.
4 지갑을 어딘가에서 잃어버렸습니다.

문제 5 다음 어휘의 사용법으로 가장 적당한 것을 1·2·3·4에서 하나 고르세요.

25 さいきん 최근
❷ 최근 혼자 해외여행을 하는 사람이 늘었습니다.

26 ぜひ 꼭
❷ 다음에 꼭 우리집에 놀러 오세요.

27 とちゅう 도중
❸ 이야기 도중에 전화가 걸려 왔습니다.

28 にあう 어울리다
❶ 야마다 씨는 하얀 옷이 잘 어울립니다.

1교시 언어지식(문법)·독해

문제 1 ( )에 무엇을 넣습니까? 1·2·3·4에서 가장 적당한 것을 하나 고르세요.

1 나는 형과 같은 학교에 다니고 있습니다.

2 아빠가 자주 요리에 쓰는 것은 싱거운 맛의 간장입니다.

3 시합은 비 때문에 중지되었습니다.

4 (차 안에서)
A "아, 바다가 보여요."
B "예쁘네요. 이제부터 갈 호텔 방에서도 보인대요."

5 A "이제 감기는 나았나요?"
B "네, 감기는 완전히 나았습니다."

6 처음 이 스마트폰을 들었을 때 너무 가벼워서 놀랐습니다.

7 A "다로 녀석, 항상 지각이나 하고, 어쩔 수 없는 녀석이라니까."
B "그렇게 말하지 마. 그 녀석에게도 좋은 점이 있으니까."

8 A "이케다 씨가 결혼한대."
B "나도 그 얘기 들었어."

9 A "부재 중에 짐을 맡아 주셔서 감사했습니다."
B "뭘요. 자, 여기 있어요."

10 아들 "엄마, 텔레비전 게임 해도 돼?"
엄마 "학교 숙제를 한 후에."

11 A "내일 연습 말인데 배가 아파서 빠져도 될까?"
B "응, 괜찮아."

12 A "오늘 어느 팀이 이길까요?"
B "S팀도 M팀도 다 강해서 누가 이겨도 이상하지 않네요."

13 A "가게를 도와 줄 사람을 찾고 있는데."
B "그거라면 괜찮은 사람을 알고 있어요."

문제 2 ___★___에 들어갈 것은 어느 것입니까? 1·2·3·4에서 가장 적당한 것을 하나 고르세요.

14 선생님 "복도가 젖어 있습니다. 복도를 걸을 때는 미끄러지지 않게 조심하세요. (2413)

15 걸어서 집에서 학교까지 30분 걸리는데 자전거라면 10분 걸립니다. (4231)

16 나는 학교 숙제에서 답을 모를 때 누나에게 도움을 받습니다. (2143)

17 A "올바른 식생활을 하고 있나요?"
B "그렇다고는 말할 수 없어요. 균형 좋은 식생활을 하는 것은 어려워요." (2431)

문제 3 18 부터 21 에 무엇을 넣습니까? 글의 의미를 생각하여 1·2·3·4에서 가장 적당한 것을 하나 고르세요.

아래 글은 유학생의 작문입니다.

지진을 위한 훈련

이한나

나는 올해 일본에 유학을 왔습니다. 어느 날, 수업하고 있을 때 지진이 났습니다. 그때 처음 경험한 것이라서 깜짝 놀랐습니다. 선생님에 말에 따르면 일본은 지진이 많은 나라라고 합니다. 또한 일본에서는 초등학생부터 회사원까지 1년에 여러 차례씩 지진을 위한 훈련을 한다는 이야기도 해 주셨습니다. 훈련 내용은 창문을 열고 책상 밑으로 들어가 자신의 몸을 지키는 것입니다. 그리고 잠시 기다렸다가 침착하게 건물 밖으로 나옵니다. 이때 '밀지 않기, 뛰지 않기, 떠들지 않기'라는 약속이 있습니다. 사람을 밀거나, 뛰거나, 큰 소리로 이야기하면 안전하게 도망칠 수 없기 때문이라고 합니다.

문제 4 다음 (1)부터 (3)까지 글을 읽고 질문에 답하세요. 답은 1·2·3·4에서 가장 적당한 것을 하나 고르세요.

해석

(1) 이 안내문이 학교 교실에 있습니다.

분실물입니다.

잃어버린 사람은 직원실로 가지러 오세요.

· 모자(교정에 떨어져 있었습니다.)
· 2학년 국어 교과서(2-1 교실에 있었습니다.)

10월 11일부터 16일까지는 시험 기간중이므로 직원실에는 들어갈 수 없습니다.
교실에서 담임 선생님에게 말해 주세요.

단어 **お知(し)らせ** 알림, 안내 | **学校**(がっこう) 학교 | **教室**(きょうしつ) 교실 | **忘(わす)れもの** 분실물 | **忘(わす)れる** 잃어버리다 | **人**(ひと) 사람 | **職員室**(しょくいんしつ) 직원실 | **取(と)る** 가지다 | **帽子**(ぼうし) 모자 | **校庭**(こうてい) 교정 | **落(お)ちる** 떨어지다 | **2年生**(にねんせい) 2학년 | **国語**(こくご) 국어 | **教科書**(きょうかしょ) 교과서 | **テスト** 테스트, 시험 | **期間**(きかん) 기간 | **入(はい)る** 들어오다 | **担任**(たんにん) 담임 | **終(お)わる** 끝나다

22 시험 중에 분실물을 가지러 가고 싶은 사람은 어떻게 하면 됩니까?

1 직원실에 가지러 갑니다.
2 교실에서 담임 선생님에게 이야기합니다.
3 시험이 끝나고 나서 분실물을 가지러 갑니다.
4 2-1 교실에 분실물을 가지러 갑니다.

해석

(2) 이것은 다나카 씨로부터 메리 씨에게 온 메일입니다.

메리 씨
내일 모레(14일) 약속 말인데 갑자기 회사에 가게 됐어요.
미안하지만 약속을 내일 오후로 바꿀 수 없나요?
오후라면 몇 시라도 괜찮아요.
이 메일을 보면 답장 주세요.

다나카

단어 **届(とど)く** 도착하다 | **メール** 메일, 문자 | **あさって** 내일 모레 | **約束(やくそく)** 약속 | **急(きゅう)に** 갑자기 | **会社(かいしゃ)** 회사 | **行(い)く** 가다 | **明日(あした)** 내일 | **午後(ごご)** 오후 | **変(か)える** 바꾸다 | **何時(なんじ)** 몇 시 | **大丈夫(だいじょうぶ)だ** 괜찮다 | **読(よ)む** 읽다 | **返事(へんじ)** 답장

23 메리 씨는 다나카 씨에게 무엇을 알려야 합니까?

1 약속을 내일로 바꿀 수 있는지 여부
2 약속을 내일 모레로 바꿀 수 있는지 여부
3 오전과 오후 언제가 좋은지
4 메일을 읽었는지 여부

해석

(3) 어제 처음으로 검은색 스마트폰을 샀습니다. 가게 직원이 '처음에는 하얀색이나 금색이 인기였는데 하얀색은 금방 때가 타고 금색은 색깔이 바래니까 요즘은 검은색이 인기예요.'라고 알려 주었습니다. 나는 색깔이 멋져서 샀기 때문에 이유를 듣고 재미있다고 생각했습니다.

단어 **初(はじ)めて** 처음으로 | **黒(くろ)い** 검다 | **スマホ** 스마트폰 | **買(か)う** 사다 | **お店(みせ)** 가게 | **最初(さいしょ)** 처음, 최초 | **白(しろ)** 하얀색 | **汚(よご)れる** 더러워지다 | **金色(きんいろ)** 금색 | **色(いろ)** 색, 색깔 | **うすい** 연하다 | **最近(さいきん)** 최근 | **人気(にんき)** 인기 | **教(おし)える** 가르치다 | **かっこいい** 멋지다 | **理由(りゆう)** 이유 | **おもしろい** 재미있다 | **思(おも)う** 생각하다

24 '나'는 왜 검은색 스마트폰을 샀습니까?

1 검은색 스마트폰은 때가 잘 안 타서
2 검은색 스마트폰이 인기라고 점원에게 들어서
3 검은색 스마트폰은 색이 바랠 염려가 없어서
4 검은색 스마트폰 색이 멋지다고 생각해서

문제5 **다음 글을 읽고 질문에 답하세요. 답은 1・2・3・4 중에서 가장 적당한 것을 하나 고르세요.**

해석

어젯밤 가족 다 같이 SNS에 대해 토론하고 가족 규칙을 만들었습니다.
학교에서 배운 SNS의 기본 규칙은 하루 두 시간까지 이용하는 것과 밤 열 시까지 이용할 수 있는 것입니다.
이 규칙에 맞추어 우리집 규칙도 넣었습니다.
그것은 식사 중에는 사용하지 않는 것, 공부 중에는 사용하지 않는 것, SNS에서 알게 된 사람과 밖에서 만나지 않는 것입니다.
또한 이 다섯 개 규칙을 지킬 수 없는 때의 약속도 다 함께 정했습니다.
부모님은 둘 다 일을 하고 있고, 나도 아르바이트를 하고 있습니다. 나는 벌로 돈을 낼 수 있지만, 중학생인 여동생은 아직 어렵습니다. 그래서 규칙을 지키지 못했을 경우에는 우리는 1회당 3천 엔을 내고, 여동생은 욕실 청소를 하기로 했습니다.
그리고 또 하나는 규칙을 지킬 수 없었던 날의 이튿날은 SNS를 이용하지 않기로 약속했습니다.

단어 **夜**(よる) 밤 | **家族**(かぞく) 가족 | **話**(はな)**し合**(あ)**う** 이야기하다, 논의하다 | **ルール** 규칙 | **作**(つく)**る** 만들다 | **教**(おそ)**わる** 배우다 | **基本**(きほん) 기본 | **利用**(りよう) 이용 | **合**(あ)**わせる** 맞추다 | **我**(わ)**が家**(や) 우리집 | **入**(い)**れる** 넣다 | **食事中**(しょくじちゅう) 식사 중 | **使**(つか)**う** 사용하다 | **勉強中**(べんきょうちゅう) 공부 중 | **知**(し)**り合**(あ)**う** 알다 | **外**(そと) 밖 | **守**(まも)**る** 지키다 | **決**(き)**める** 정하다 | **両親**(りょうしん) 부모 | **仕事**(しごと) 일 | **アルバイト** 아르바이트 | **バツ** 벌 | **お金**(かね) 돈 | **払**(はら)**う** 지불하다 | **中学生**(ちゅうがくせい) 중학생 | **妹**(いもうと) 여동생 | **難**(むずか)**しい** 어렵다 | **場合**(ばあい) 경우 | **一回**(いっかい) 1회 | **支払**(しはら)**う** 지불하다, 내다 | **お風呂場**(ふろば) 욕실 | **掃除**(そうじ) 청소 | **次**(つぎ) 다음

25 **규칙을 지킬 수 없었던 날의 이튿날은 SNS를 이용하지 않는다는 규칙은 누가 정했습니까?**

1 이 사람
2 이 사람의 여동생
3 이 사람의 부모님
4 가족 다 함께

26 **이 사람이 학교에서 배웠던 규칙은 무엇입니까?**

1 하루 두 시간까지 사용할 수 있고, 밤 열 시까지 이용할 수 있다.
2 하루 두 시간 이상 사용할 수 있고 밤 열 시까지 이용할 수 있다.
3 하루 두 시간까지 사용할 수 있고 밤 열 시부터 이용할 수 있다.
4 하루 두 시간 이상 사용할 수 있고 밤 열 시부터 이용할 수 있다.

27 **① 어려운 것은 왜입니까?**

1 아직 고등학생이어서
2 아르바이트를 할 수 있는 나이가 아니어서
3 욕실 청소를 싫어해서
4 벌금을 지불하는 것에 반대하고 있어서

문제6 **오른쪽 포스터 '처음 만나는 스마트폰 교실'을 보고 질문에 답하세요. 답은 1・2・3・4 중에서 가장 적당한 것을 하나 고르세요.**

해석

＊처음 만나는 스마트폰 교실＊

스마트폰 사용법을 이해하게 쉽게 친절하게 설명해 드립니다.

대상 스마트폰이 처음인 분, 스마트폰을 이용하고 싶은 분
일시 10월 13일(토)・10월 14일(일)
장소 스마트폰 센터 1층
시간 1부 10:30~11:30
2부 13:00~14:00
3부 15:00~16:00
내용 1부 전원 넣는 법
2부 카메라 사용법
3부 인터넷 사용법
각 부 정원 10명

예약은 전화로 부탁드립니다.
012-345-6789

단어 **はじめて** 처음 | **教室**(きょうしつ) 교실 | **使**(つか)**い方**(かた) 사용법 | **分**(わ)**かりやすい** 이해하기 쉽다 | **丁寧**(ていねい)**だ** 정중하다, 친절하다 | **説明**(せつめい) 설명 | **対象**(たいしょう) 대상 | **利用**(りよう) 이용 | **日時**(にちじ) 일시 | **場所**(ばしょ) 장소 | **時間**(じかん) 시간 | **～部**(ぶ) ～부 | **電源**(でんげん) 전원 | **入**(い)**れ方**(かた) 넣는 법 | **カメラ** 카메라 | **インターネット** 인터넷 | **各部**(かくぶ) 각 부 | **定員**(ていいん) 정원 | **予約**(よやく) 예약 | **電話**(でんわ) 전화 | **学**(まな)**ぶ** 배우다 | **仕方**(しかた) 하는 법

28 **카메라 사용법을 배우고 싶습니다. 몇 부를 예약하면 됩니까?**

1 1부를 예약합니다.
2 2부를 예약합니다.
3 3부를 예약합니다.
4 어떤 부에서도 배울 수 있습니다.

29 **10월 14일 오전에만 시간이 있습니다. 무엇을 예약합니까?**

1 전원 넣는 법
2 카메라 사용법
3 인터넷 사용법
4 예약 방법

2교시　　청해

日本語能力試験　聴解　Ｎ４

これからＮ４の聴解試験をはじめます。問題用紙にメモをとってもいいです。問題用紙を開けてください。問題用紙のページがないときは手をあげてください。問題がよく見えないときも手をあげてください。いつでもいいです。

もんだい１

もんだい１では、まず質問を聞いてください。それから話を聞いて、問題用紙の１から４の中から、一番いいものを一つえらんでください。
では、練習しましょう。

れい

男の人が女の人に電話をしています。男の人は、何を買って帰りますか。

M: これから帰るけど、何か買って帰ろうか。
F : あ、ありがとう。えっとね、牛乳。それから。
M: ちょっと待って、牛乳は１本でいいの？
F : えっと、２本お願い。それから、チーズ。
M: あれ、チーズはまだたくさんあったよね。
F : ごめん、今日のお昼に全部食べたの。
M: 分かった。じゃ、買って帰るね。

男の人は、何を買って帰りますか。

1 ぎゅうにゅう１本だけ
2 ぎゅうにゅう１本とチーズ
3 ぎゅうにゅう２本だけ
4 ぎゅうにゅう２本とチーズ

一番いいものは４ばんです。解答用紙のもんだい１のれいのところを見てください。一番いいものは４ばんですから、答えはこのように書きます。
では、はじめます。

일본어능력시험 청해 N4

이제부터 N4 청해 시험을 시작하겠습니다. 문제용지에 메모를 해도 됩니다. 문제용지를 펼쳐 주세요. 문제용지의 페이지가 없을 때는 손을 들어 주세요. 문제가 잘 보이지 않을 때도 손을 들어 주세요. 언제든지 괜찮습니다.

문제1

문제1에서는 먼저 질문을 들으세요. 그리고 이야기를 듣고, 문제용지의 1에서 4 중에서 가장 적당한 답을 하나 고르세요. 그럼 연습합시다.

예

남성이 여성에게 전화를 하고 있습니다. 남성은 무엇을 사서 돌아갑니까?

M : 이제 집에 갈 건데 뭔가 사서 갈까?
F : 아, 고마워. 음, 우유. 그리고….
M : 잠깐 기다려, 우유는 한 병이면 충분해?
F : 음, 두 병 부탁할게. 그리고 치즈.
M : 어, 치즈는 아직 많이 있었잖아.
F : 미안, 오늘 점심에 전부 먹었어.
M : 알겠어. 그럼 사 가지고 갈게.

남성은 무엇을 사서 돌아갑니까?

1 우유 한 병만
2 우유 한 병과 치즈
3 우유 두 병만
4 우유 두 병과 치즈

가장 적당한 것은 4번입니다. 해답용지의 문제1의 예 부분을 보세요. 가장 적당한 것은 4번이므로 답은 이렇게 씁니다. 그럼 시작하겠습니다.

1ばん

女の人と男の人が話しています。女の人は何で図書館へ行きますか。

M: もう１時だけど、今日は図書館に行かないの？

F: もうすぐ行くよー！ 今日は雨だし、バスに乗って行こうと思って。

M: そっか。いつも自転車だもんね。

F: うん。あの図書館、近くに電車ないし。私、車ないから。

M: 早く運転免許取って、車買いたいね。

F: そうだねー！

女の人は何で図書館へ行きますか。

1 自転車
2 電車
3 バス
4 車

1번

여성과 남성이 이야기하고 있습니다. 여성은 무엇을 타고 도서관에 갑니까?

M : 벌써 한 신데 오늘은 도서관에 안 가?

F : 곧 갈 거야. 오늘은 비도 오고 버스 타고 가려고.

M : 그렇군. 늘 자전거 타고 다녔는데 말이야.

F : 응. 그 도서관 근처에 전철 없어서. 나는 자동차 없으니까.

M : 빨리 운전 면허 따서 자동차 사고 싶다.

F : 맞아.

여성은 무엇을 타고 도서관에 갑니까?

1 자전거
2 전철
3 버스
4 자동차

2ばん

女の人と男の人が話しています。男の人は、何線に乗って、どこに行きますか。

M: あの、すみません。東京駅に行くには何線に乗ればいいですか。

F: 新宿からだと中央線と山手線に乗れば東京駅に行けますよ。えーっと、山手線の方が中央線より時間がかかるので、お急ぎなら中央線に乗ってください。

M: あ、はい。中央線はどこにありますか。

F: この階段をおりたら、あります。

M: 分かりました。ありがとうございました。

男の人は、何線に乗って、どこに行きますか。

1 中央線に乗って新宿駅に行きます。
2 中央線に乗って東京駅に行きます。
3 山手線に乗って新宿駅に行きます。
4 山手線に乗って東京駅に行きます。

2번

여성과 남성이 이야기하고 있습니다. 남성은 무슨 선을 타고 어디에 갑니까?

M : 저, 실례합니다. 도쿄 역에 가려면 무슨 선을 타면 됩니까?

F : 신주쿠에서라면 주오선과 야마노테선을 타면 도쿄역에 갈 수 있어요. 음, 야마노테선이 주오선보다 시간이 걸리니까 급하시면 주오선을 타세요.

M : 아, 네. 주오선은 어디에 있나요?

F : 이 계단을 내려가면 있어요.

M : 알겠습니다. 감사합니다.

남성은 무슨 선을 타고 어디에 갑니까?

1 주오선을 타고 신주쿠역에 갑니다.
2 주오선을 타고 도쿄역에 갑니다.
3 야마노테선을 타고 신주쿠역에 갑니다.
4 야마노테선을 타고 도쿄역에 갑니다.

3ばん

本屋でお店の人と男の人が話しています。お店の人は何を使って本を包みますか。

M: この本、プレゼントなのできれいに包んでくれませんか。

F : かしこまりました。包む紙の柄はハートと星がございます。どちらがいいでしょうか。

M: そうですね。星にします。

F : リボンも太いのと細いのがございますが。

M: 細いのでお願いします。

F : かしこまりました。では、少しお待ちください。

お店の人は何を使って本を包みますか。

3번

서점에서 점원과 남성이 이야기하고 있습니다. 점원은 무엇으로 책을 포장합니까?

M : 이 책 선물이라서 예쁘게 포장해 주시지 않겠습니까?

F : 알겠습니다. 포장용 종이의 무늬는 하트와 별이 있습니다. 어느 쪽이 좋으신가요?

M : 음, 별로 하겠습니다.

F : 리본도 두꺼운 것과 얇은 것이 있습니다.

M : 얇은 것으로 부탁합니다.

F : 알겠습니다. 그러면 조금만 기다려 주세요.

점원은 무엇으로 책을 포장합니까?

4ばん

女の人と男の人が話しています。女の人は、映画のチケットを何枚予約しますか。

M: 来週の映画なんだけど、急にバイトが入っちゃって行けなくなっちゃった。ごめん。

F : え、残念。じゃあ今度別の映画を二人で観に行こう！

M: うん、いいよ。来週のは僕の分は抜いて予約してね。

F : 分かった。もともと５人だったから、４人分ね。

M: よろしくー！

女の人は、映画のチケットを何枚予約しますか。

1　2枚
2　3枚
3　4枚
4　5枚

4번

여성과 남성이 이야기하고 있습니다. 여성은 영화 티켓을 몇 장 예약합니까?

M : 다음 주 영화 말인데 갑자기 아르바이트가 생겨서 못 가게 됐어. 미안.

F : 아, 아쉽네. 그러면 다음에 다른 영화를 둘이 보러 가자.

M : 응, 좋아. 다음 주 건 내 건 빼고 예약해.

F : 알겠어. 원래 다섯 명이었으니까 네 명이네.

M : 부탁해!

여성은 영화 티켓을 몇 장 예약합니까?

1　두 장
2　세 장
3　네 장
4　다섯 장

5ばん

会社で女の人と男の人が話しています。男の人の資料はどこにありますか。

M: もしもし、森さん。悪いんだけど、会議で使う資料を急いで会議室に持ってきてもらえるかな。

F : はい、分かりました。机の上にありますか。

M: たぶん僕の机の引き出しに入っていると思うんだけど。一番上の引き出し。

F : 一番上の引き出しですね。

M: あ、ごめん。二番目の引き出しだった。

F : 分かりました。すぐに持っていきますね。

男の人の資料はどこにありますか。

5번

회사에서 여성과 남성이 이야기하고 있습니다. 남성의 자료는 어디에 있습니까?

M : 여보세요, 모리 씨. 미안한데 회의에서 쓸 자료를 서둘러 회의실로 가져다 줄 수 있을까?

F : 네, 알겠습니다. 책상 위에 있나요?

M : 아마 내 책상 서랍에 들어 있을 건데. 맨 첫 번째 서랍.

F : 첫 번째 서랍 말씀이시죠?

M : 아, 미안. 두 번째 서랍이었다.

F : 알겠습니다. 금방 가지고 갈게요.

남성의 자료는 어디에 있습니까?

6ばん

ホテルで女の人二人が話しています。女の人はいくら借りますか。

F1: ねえ、さおり。ここってクレジットカード使えたっけ?

F2: あ、どうだろう？ 小さいホテルだし使えないかも。何で？

F1: 現金が足りなくなってきちゃって…

F2: それなら貸すよー！余裕をもって持ってきたから。

F1: ほんとー？ 助かるー！ ありがとう。明日ATMかコンビニがあったらお金下してちゃんと返すね！

F2: 一万円でいい？

F1: うん！五千円でも大丈夫！

F2: 一万円か、三千円のおつりしかないんだよね。

F1: あ、じゃあ一万円でお願い。

F2: 分かったー。はい！

女の人はいくら借りますか。

1 三千円
2 五千円
3 七千円
4 一万円

6번

호텔에서 여성 두 사람이 이야기하고 있습니다. 여성은 얼마 빌립니까?

F1: 저기, 사오리. 여기 신용카드 사용할 수 있었던가?

F2: 아, 어떠려나. 작은 호텔이라서 사용하지 못할 수도. 왜?

F1: 현금이 부족해져서.

F2: 그거라면 빌려줄게. 여유 있게 가지고 왔으니까.

F1: 정말? 살았다. 고마워! 내일 ATM이나 편의점이 있으면 돈 뽑아서 돌려줄게.

F2: 만 엔이면 될까?

F1: 응! 5천 엔이어도 괜찮아.

F2: 만 엔 아니면 삼천 엔 잔돈밖에 없어.

F1: 그러면 만 엔 부탁해.

F2: 알겠어. 여기!

여성은 얼마 빌립니까?

1 삼천 엔
2 오천 엔
3 칠천 엔
4 만 엔

7ばん

日本語学校のクラスで女の学生が話しています。女の学生は冬休みに何をしましたか。

F：冬休みにアメリカから私の家族が日本に遊びにきました。私も私の家族も日本料理が大好きです。家族が遊びにきてから、日本料理のおいしいお店に行ったり、お家で一緒に日本料理を作ったりしました。それから、新宿を案内しました。とても楽しかったです。

女の学生は冬休みに何をしましたか。

1 家族と一緒に過ごしました。
2 友だちと日本料理のお店に行きました。
3 日本の友だちに新宿を案内しました。
4 家族のいるアメリカに遊びに行きました。

7번

일본어 학교 수업에서 여학생이 이야기하고 있습니다. 여학생은 겨울 방학에 무엇을 했습니까?

F : 겨울 방학에는 미국에서 우리 가족이 일본에 놀러 왔습니다. 저도 우리 가족도 일본 요리를 무척 좋아합니다. 가족이 놀러 오고 나서 일본 요리가 맛있는 가게에 가기도 하고 집에서 함께 일본 요리를 만들기도 했습니다. 그러고 나서 신주쿠를 안내했습니다. 무척 즐거웠습니다.

여학생은 겨울 방학에 무엇을 했습니까?

1 가족과 함께 보냈습니다.
2 친구와 일본 요리 식당에 갔습니다.
3 일본 친구에게 신주쿠를 안내했습니다.
4 가족이 있는 미국에 놀러 갔습니다.

8ばん

学校で先生が学生に話しています。机はどうしますか。

F：今日は教室の床を掃除します。机の中の物は全部カバンに入れてください。机とイスはろうかに出します。ロッカーの物はそのままでいいです。

机はどうしますか。

1 そうじをします
2 カバンに入れます
3 ろうかに出します
4 そのままにします

8번

학교에서 선생님이 학생에게 이야기하고 있습니다. 책상은 어떻게 합니까?

F：오늘은 교실 바닥을 청소할 겁니다. 책상 안의 물건은 전부 가방에 넣어 주세요. 책상과 의자는 복도에 내놓습니다. 사물함 물건은 그대로 괜찮습니다.

책상은 어떻게 합니까?

1 청소를 합니다
2 가방에 넣습니다
3 복도에 내놓습니다
4 그대로 둡니다.

もんだい２

もんだい２では、まず質問を聞いてください。そのあと、問題用紙を見てください。読む時間があります。それから話を聞いて、問題用紙の１から４の中から、一番いいものを一つえらんでください。

では、練習しましょう。

문제2

문제 2에서는 먼저 질문을 들으세요. 그다음 문제용지를 보세요. 읽는 시간이 있습니다. 그리고 이야기를 듣고 문제용지의 1에서 4 중에서 맞는 답을 하나 고르세요.

그럼, 연습합시다.

れい

女の人と男の人が話しています。女の人は、どうして引っ越しをしましたか。

F：来週の日曜日、引っ越しを手伝ってくれない？

M：いいけど、また引っ越すんだね。部屋が狭いの？

F：ううん。部屋の大きさも場所も問題ないんだけど、建物が古くて嫌なんだ。最近、近所の人と友だちになったから、残念なんだけど。

M：そうなんだ。

女の人は、どうして引っ越しをしますか。

1 へやがせまいから
2 ばしょがふべんだから
3 たてものが古いから
4 ともだちができないから

一番いいものは３ばんです。解答用紙のもんだい２のれいのところを見てください。一番いいものは３ばんですから、答えはこのように書きます。

では、はじめます。

예

여성과 남성이 이야기하고 있습니다. 여성은 왜 이사를 합니까?

F：다음 주 일요일, 이사를 도와주지 않을래?

M：괜찮은데, 또 이사야? 방이 좁았어?

F：아니. 방 크기도 장소도 문제 없었는데 건물이 오래되어서 싫었어. 최근 이웃과 친구가 되서 아쉽지만.

M：그렇구나.

여성은 왜 이사를 합니까?

1 방이 좁아서
2 장소가 불편해서
3 건물이 낡아서
4 친구가 생기지 않아서

가장 적당한 것은 3번입니다. 해답용지의 문제2의 예 부분을 보세요. 가장 적당한 것은 3번이므로 답은 이렇게 씁니다.

그럼 시작하겠습니다.

1ばん

先生と男の学生が話しています。男の学生は、だれと住んでいますか。

F：木村さん、新しい生活はどうですか。

M：はい、毎日楽しく過ごしています。

F：ご両親と離れて暮らすのは初めてでしたよね？ 寂しくないですか。

M：そうですね。でも、いつでも来れる距離だし、弟と一緒に住んでいるので大丈夫です。

F：あ、弟さんがいらっしゃるんですね。何人兄弟ですか。

M：三人兄弟です。弟の下に妹がいます。妹は両親と住んでいます。

男の学生は、だれと住んでいますか。

1 りょうしん
2 おとうと
3 いもうと
4 おとうとといもうと

1번

선생님과 남학생이 이야기하고 있습니다. 남학생은 누구와 삽니까?

F：기무라 씨, 새로운 생활은 어때요?

M：네, 매일 즐겁게 지내고 있어요.

F：부모님과 떨어져서 사는 것은 처음이지요? 외롭지 않나요?

M：그러게요. 하지만 언제든 올 수 있는 거리이고 남동생과 함께 살아서 괜찮아요.

F：, 남동생이 있군요. 형제가 몇이에요?

M：삼형제예요. 남동생 밑으로 여동생이 있습니다. 여동생은 부모님과 살아요.

남학생은 누구와 삽니까?

1 부모님
2 남동생
3 여동생
4 남동생과 여동생

2ばん

女の人と男の人が話しています。女の人は昨日友だちと何をしたと言っていますか。

M：昨日は何したんですか。

F：昨日は友だちとカラオケに行ってたくさん歌ってきました。それから、夜は一人で中学の時のお友だちがしているレストランに行ってオムライスを食べました。

M：同級生のお店に行ってきたんですね。

F：はい、久しぶりに会えてうれしかったです。一緒にお酒も飲みたかったのですが、仕事している時間だったので残念です。

女の人は昨日友だちと何をしたと言っていますか。

1 カラオケに行った。
2 どうきゅうせいのお店に行った。
3 お酒を飲んだ。
4 仕事をした。

2번

여성과 남성이 이야기하고 있습니다. 여성은 어제 친구와 무엇을 했다고 말합니까?

M：어제는 뭘 했어요?

F：어제는 친구와 노래방에 가서 실컷 노래를 부르고 왔어요. 그리고 나서 밤에는 혼자 중학교 때 친구가 하는 레스토랑에 가서 오므라이스를 먹었어요.

M：동급생 가게에 갔다 왔군요.

F：네, 오랜만에 만나서 기뻤어요. 함께 술이라도 마시고 싶었지만 일을 하는 시간이어서 아쉬웠어요.

여성은 어제 친구와 무엇을 했다고 말합니까?

1 노래방에 갔다.
2 동급생의 가게에 갔다.
3 술을 마셨다.
4 일을 했다.

3ばん

教室で先生が学生に話しています。学生は明日、何の工場に行きますか。

M: 明日は牛乳工場に見学に行きます。牛乳が有名なのでみなさんも知っていると思いますが、工場ではチーズやプリン、アイスクリームも作っています。明日は牛乳はもちろんのこと、アイスクリームも食べてみることができるそうです。お楽しみに！

学生は明日、何の工場に行きますか。

1 牛乳
2 チーズ
3 プリン
4 アイスクリーム

3번

교실에서 선생님이 학생에게 이야기하고 있습니다. 학생은 내일 무슨 공장에 갑니까?

M : 내일은 우유 공장에 견학하러 갑니다. 우유가 유명해서 여러분도 알고 있겠지만 공장에서는 치즈나 푸딩, 아이스크림도 만듭니다. 내일은 우유는 물론 아이스크림도 먹어 볼 수 있다고 합니다. 기대해 봅시다.

학생은 내일 무슨 공장에 갑니까?

1 우유
2 치즈
3 푸딩
4 아이스크림

4ばん

男の学生と女の学生が学校の廊下で話しています。女の学生は、どこで鈴木くんにチョコを渡しますか。

F : ねえ、これ、鈴木くんに渡してくれない？
M: え、チョコを？ 自分で渡したほうがいいよ。バレンタインなんだし。
F : そうなんだけど、教室だと恥ずかしくって。
M: 鈴木ならいつもお昼食べてから屋上に行ってるから、その時に渡せば？
F : 屋上にも人多いんじゃない？
M: そうかな。じゃあ帰りに図書室に呼んであげるよ。
F : 分かった。ありがとう。

女の学生は、どこで鈴木くんにチョコを渡しますか。

1 廊下
2 教室
3 屋上
4 図書室

4번

남학생과 여학생이 학교 복도에서 이야기하고 있습니다. 여학생은 어디에서 스즈키 군에게 초콜릿을 줍니까?

F : 저기, 이거 스즈키에게 전해 주지 않을래?
M : 음, 초콜릿을? 직접 전하는 편이 좋아. 밸런타인이잖아.
F : 그렇긴 한데 교실에선 부끄러워서.
M : 스즈키라면 늘 밥 먹고 나서 옥상에 가 있으니까 그때 주면?
F : 옥상에도 사람 많지 않아?
M : 그런가. 그러면 하굣길에 도서실로 불러 줄게.
F : 알겠어. 고마워.

여학생은 어디에서 스즈키에게 초콜릿을 줍니까?

1 복도
2 교실
3 옥상
4 도서실

5ばん

スーパーでお店の人とお客さんが話しています。白菜は何時にタイムセールしますか。

F : すみません、今日の白菜のセールは何時からですか。
M: 白菜は午後3時から4時の間です。
F : まだまだ時間がありますね。
M: 今でしたら卵がタイムセール中です。

5번

슈퍼에서 점원과 손님이 이야기하고 있습니다. 배추는 몇 시에 타임세일합니까?

F : 저기요, 오늘 배추 세일은 몇 시부터입니까?
M : 배추는 오후 세 시부터 네 시까지입니다.
F : 아직 시간이 있네요.
M : 지금이라면 달걀이 타임 세일중입니다.
F : 한 시부터 두 시까지입니까?

F：1時から2時までですか。

M: はい。その次に2時から3時まではブロッコリーがタイムセールですよ。

F：分かりました。ありがとうございます。

白菜は何時にタイムセールしますか。

1　1時から2時まで
2　2時から3時まで
3　3時から4時まで
4　4時から5時まで

M：네, 그 다음 두 시부터 세 시까지는 브로콜리가 타임세일이에요.

F：알겠습니다. 고맙습니다.

배추는 몇 시에 타임세일합니까?

1　한 시부터 두 시까지
2　두 시부터 세 시까지
3　세 시부터 네 시까지
4　네 시부터 다섯 시까지

6ばん

女の人と男の人が話しています。男の人は、どうしてこの家に引っ越しましたか。

F：引っ越し、おめでとう。今度のお家はどう？

M: ありがとう。部屋は前の家よりもちょっと狭くなるんだけど、建物は新しくしてね。なによりも、駅から近いからこの家に引っ越しを決めたんだ。

F：駅から近いといろいろと便利だもんね。

M: うん、それに商店街も近くにあるんだよ。

F：それ、最高じゃん。

男の人は、どうしてこの家に引っ越しましたか。

1　部屋が広いから
2　建物が新しいから
3　駅から近いから
4　商店街があるから

6번

여성과 남성이 이야기하고 있습니다. 남성은 왜 이 집으로 이사했습니까?

F：이사 축하해. 이번 집은 어때?

M：고마워. 방은 전에 살던 집보다도 조금 좁아졌지만 건물은 새거라서. 무엇보다도 역에서 가까워서 이 집에 이사오기로 정한 거였어.

F：역에서 가까우면 여러모로 편리하니까.

M：응, 게다가 상가도 근처에 있어.

F：아주 좋네.

남성은 왜 이 집으로 이사했습니까?

1　방이 넓어서
2　건물이 새거라서
3　역에서 가까워서
4　상점가가 있어서

7ばん

大学で男の学生と女の留学生が話しています。女の留学生はどうしてアルバイトをしますか。

M: もうすぐ夏休みですね。どこかへ旅行に行きますか。

F：いいえ、夏休みはデパートでアルバイトをするんです。

M: アルバイトですか。いい経験になりますね。

F：はい。日本語の勉強になると思ったので。日本で働いたことがないので少し不安ですが、頑張ります。

女の留学生はどうしてアルバイトをしますか。

1　旅行に行きたいから
2　デパートが好きだから
3　日本で働いてみたいから
4　日本語の勉強がしたいから

7번

대학에서 남학생과 여성 유학생이 이야기하고 있습니다. 여성 유학생은 왜 아르바이트를 합니까?

M：곧 여름 방학이네요. 어딘가 여행을 가나요?

F：아니요, 여름 방학에는 백화점에서 아르바이트를 할 거예요.

M：아르바이트요? 좋은 경험이 되겠어요.

F：네. 일본어 공부가 될 거라고 생각했어요. 일본에서 일한 적이 없어서 조금 불안하지만 열심히 할 거에요.

여성 유학생은 왜 아르바이트를 합니까?

1　여행을 하고 싶어서
2　백화점을 좋아해서
3　일본에서 일해 보고 싶어서
4　일본어 공부를 하고 싶어서

もんだい３

もんだい３では、えを見ながら質問を聞いてください。➡(やじるし)の人は何と言いますか。１から３の中から、一番いいものを一つえらんでください。
では、練習しましょう。

れい

お見舞いに行って帰ります。何と言いますか。

M: 1 おつかれさまです。
2 おじゃまします。
3 お大事に。

一番いいものは３ばんです。解答用紙の問題３のれいのところを見てください。一番いいものは３ばんですから、答えはこのように書きます。
では、はじめます。

１ばん

カフェでお店の人を呼びます。何と言いますか。

F : 1 おつかれさまでした。
2 すみません。
3 しつれいします。

２ばん

沖縄のお土産を買いました。友だちにあげます。何と言いますか。

M: 1 はい、これ、沖縄のお土産。
2 お土産、ありがとう。
3 お土産買ってくるね。

３ばん

明日、二人でドライブに行きたいです。何と言いますか。

M: 1 明日、ドライブに行きませんか。
2 明日、ドライブに行きたいそうですね。
3 明日、ドライブに誘いましょう。

４ばん

会社の上司に今、相談したいです。何と言いますか。

M: 1 あの、今でしょうか。
2 今、よろしいでしょうか。
3 相談してみましょうか。

문제3

문제3에서는 그림을 보면서 질문을 들으세요. ➡(화살표)한 사람은 뭐라고 말합니까? 1에서 3 중에서 가장 적당한 것을 하나 고르세요.
그럼 연습합시다.

예

병문안을 하고 돌아갑니다. 뭐라고 말합니까?

M : 1 수고하셨습니다.
2 실례합니다.
3 몸조리 잘하세요.

가장 적당한 것은 3번입니다. 해답용지의 문제3의 예 부분을 보세요. 가장 적당한 것은 3번이므로 답은 이렇게 씁니다.
그럼 시작하겠습니다.

1번

카페에서 직원을 부릅니다. 뭐라고 말합니까?

F : 1 수고하셨습니다.
2 저기요.
3 실례하겠습니다.

2번

오키나와 기념품을 샀습니다. 친구에게 줍니다. 뭐라고 말합니까?

M : 1 자, 여기 오키나와 기념품.
2 선물 고마워.
3 기념품 사올게.

3번

내일 두 사람이서 드라이브를 가고 싶습니다. 뭐라고 말합니까?

M : 1 내일 드라이브 가지 않을래요?
2 내일 드라이브를 가고 싶어 한다고 했어요.
3 내일 드라이브에 초대합시다.

4번

회사 상사에게 지금 상담하고 싶습니다. 뭐라고 말합니까?

M : 1 저, 지금일까요?
2 지금 괜찮으신가요?
3 상담해 볼까요?

5ばん

エレベーターの前です。ほかの人が乗ってから乗ります。何と言いますか。

F：1 あとでお願いします。
2 ありがとうございます。
3 お先にどうぞ。

5번

엘리베이터 앞입니다. 다른 사람이 타고 나서 탑니다. 뭐라고 말합니까?

F：1 나중에 부탁드려요.
2 고맙습니다.
3 먼저 타세요.

もんだい4

もんだい4では、えなどがありません。まず文を聞いてください。それから、その返事を聞いて、1から3の中から、一番いいものを一つえらんでください。
では、練習しましょう。

문제4

문제4에서는 그림 등이 없습니다. 먼저 문장을 들어 주세요. 그리고 그 응답을 듣고 1에서 3 중에서 가장 적당한 것을 하나 골라 주세요.
그럼 연습합시다.

れい

M：ジュース買いに行きますけど、何か買ってきましょうか。
F：1 え、いいですよ。
2 そうですか。おいしそうですね。
3 あ、コーヒー、お願いします。

一番いいものは3ばんです。解答用紙のもんだい4のれいのところを見てください。一番いいものは3ばんですから、答えはこのように書きます。
では、はじめます。

예

M：주스 사러 갈 건데 뭔가 사올까요?
F：1 네, 괜찮아요.
2 그런가요? 맛있어 보이네요.
3 아, 커피 부탁합니다.

가장 적당한 것은 3번입니다. 해답용지의 문제4의 예 부분을 보세요. 가장 적당한 것은 3번이므로 답은 이렇게 씁니다.
그럼 시작하겠습니다.

1ばん

F：どこに行くんですか。
M：1 お昼休みにカフェへ行きました。
2 ちょっと郵便局まで行ってきます。
3 行ってらっしゃい。

1번

F：어디에 갑니까?
M：1 점심시간에 카페에 갔습니다.
2 잠깐 우체국까지 다녀올게요.
3 다녀오세요.

2ばん

M：どうして昨日、学校を休んだんですか。
F：1 風邪をひいてしまいました。
2 ゆっくり休んだほうがいいですね。
3 休みの日は家にいました。

2번

M：왜 어제 학교를 쉬었습니까?
F：1 감기에 걸렸어요.
2 천천히 쉬는 편이 좋겠어요.
3 쉬는 날에는 집에 있었습니다.

3ばん

M：メアリーさんは、日本語が話せますか。
F：1 少しならできます。
2 分かりました。
3 毎日、英語の勉強をします。

3번

M：메리 씨는 일본어를 말할 수 있습니까?
F：1 조금이라면 가능합니다.
2 알겠어요.
3 매일 영어 공부를 합니다.

4ばん

F：ここにあった会議の資料、知らない？

M：1 じゃ、ここに置いておきます。
2 え、ないんですか。
3 いえ、どういたしまして。

5ばん

M：お昼食べてから何するの？

F：1 おいしいね。
2 一緒に行こう。
3 友だちと遊ぶよ。

6ばん

F：雪はまだ降っていますか。

M：1 まだ降っています。
2 やっと雨がやみました。
3 雪の日はきらいです。

7ばん

M：ここは写真を撮ってはいけません。

F：1 遅れてしまって、すみません。
2 ありがとうございます。
3 ごめんなさい。すぐ消します。

8ばん

M：コンビニに行きますけど、何か買ってきましょうか。

F：1 コーヒーにはいつも砂糖を入れます。
2 チョコレートをお願いできますか。
3 今日は忙しくて何も飲めませんでした。

4번

F：여기 있던 회의 자료 몰라?

M：1 그럼 여기에 놔두겠습니다.
2 음, 없습니까?
3 아뇨, 뭘요.

5번

M：점심 먹고 나서 뭐 할 거야?

F：1 맛있네.
2 함께 가자.
3 친구랑 놀 거야.

6번

F：눈은 아직 내리고 있나요?

M：1 아직 내리고 있어요.
2 드디어 비가 멎었어요.
3 눈 오는 날은 싫어해요.

7번

M：여기는 사진을 찍으면 안 돼요.

F：1 늦어서 죄송합니다.
2 고맙습니다.
3 죄송합니다. 바로 지울게요.

8번

M：편의점에 갈 건데 뭔가 사올까요?

F：1 커피에는 항상 설탕을 넣습니다.
2 초콜릿 부탁해도 될까요?
3 오늘은 바빠서 아무것도 마실 수 없었습니다.

JLPT N4
제2회 실전모의테스트 | 정답 및 해석 |

1교시 언어지식(문자・어휘)

문제 1　1 ③　2 ④　3 ③　4 ①　5 ②　6 ②　7 ①
문제 2　8 ③　9 ①　10 ④　11 ④　12 ②
문제 3　13 ④　14 ③　15 ②　16 ④　17 ③　18 ①　19 ②　20 ④
문제 4　21 ②　22 ③　23 ①　24 ①
문제 5　25 ③　26 ②　27 ④　28 ①

1교시 언어지식(문법)・독해

문제 1　1 ②　2 ③　3 ①　4 ③　5 ③　6 ④　7 ①　8 ②　9 ①　10 ③
　　　　11 ④　12 ①　13 ②
문제 2　14 ③ (1432)　15 ④ (2143)　16 ② (4321)　17 ③ (2431)
문제 3　18 ①　19 ④　20 ②　21 ①
문제 4　22 ②　23 ④　24 ③
문제 5　25 ③　26 ①　27 ③
문제 6　28 ②　29 ③

2교시 청해

문제 1　예 ④　1 ②　2 ④　3 ④　4 ②　5 ②　6 ③　7 ①　8 ③
문제 2　예 ③　1 ④　2 ④　3 ②　4 ③　5 ④　6 ②　7 ④
문제 3　예 ③　1 ②　2 ①　3 ①　4 ②　5 ③
문제 4　예 ③　1 ①　2 ③　3 ②　4 ②　5 ③　6 ②　7 ③　8 ①

1교시 언어지식(문자·어휘)

문제 1 ______의 어휘는 히라가나로 어떻게 씁니까? 1·2·3·4에서 가장 적당한 것을 하나 고르세요.

1 장난감은 반드시 원래 장소에 돌려놔.
2 누구 소설을 좋아합니까?
3 아빠는 어제 일본에서 귀국했다.
4 그녀는 빨간 옷을 입고 있었습니다.
5 우리는 시합에 이겼습니다.
6 이것은 쓴 맛이 납니다.
7 그는 그 무거운 문을 밀어서 열었다.

문제 2 ______의 어휘는 어떻게 씁니까? 1·2·3·4에서 가장 적당한 것을 하나 고르세요.

8 해외 여행을 한 적이 있습니까?
9 어디로 점심밥을 먹으러 갈까요?
10 영업시간 중에 연락 주세요.
11 그 단어를 사전에서 조사했다.
12 옥상에는 수영장이 있습니다.

문제 3 (　　)에 무엇을 넣습니까? 1·2·3·4에서 가장 적당한 것을 하나 고르세요.

13 계산은 계산대에서 해 주세요.
14 그녀는 외국인에게 일본어를 가르친 경험이 있다.
15 이 방은 냉방이 너무 잘 듭니다.
16 그가 지각하는 것은 드문 일이 아니다.
17 소중한 서류는 안전한 곳에 넣어 두세요.
18 세 번이나 전철을 갈아타는 것은 귀찮습니다.
19 그녀는 일과 사생활을 확실하게 나눈다.
20 나는 센트럴호텔에 싱글룸을 예약했다.

문제 4 ______의 문장과 대체로 같은 의미의 문장이 있습니다. 1·2·3·4에서 가장 적당한 것을 하나 고르세요.

21 내일 영화에 초대했습니다.
1 내일 영화를 보러 갈 수 없다고 말했습니다.
2 내일 영화를 보러 가지 않겠냐고 말했습니다.
3 내일 영화를 보면 안 된다고 말했습니다.
4 내일 영화를 봐도 되냐고 말했습니다.

22 우리는 미래에 대해 이야기를 나누었다.
1 우리는 수업에 대해 이야기를 나누었다.
2 우리는 습관에 대해 이야기를 나누었다.
3 우리는 앞으로에 대해 이야기를 나누었다.
4 우리는 지금까지에 대해 이야기를 나누었다.

23 오늘은 붐빕니다.
1 오늘은 손님이 많습니다.
2 오늘은 손님이 금방 올 겁니다.
3 오늘은 손님이 별로 없습니다.
4 오늘은 손님이 적습니다.

24 거짓말을 했기 때문에 선생님에게 혼났습니다.
1 거짓말을 했기 때문에 선생님에게 혼났습니다.
2 거짓말을 했기 때문에 선생님에게 칭찬 받았습니다.
3 거짓말을 했기 때문에 선생님에게 비웃음을 샀습니다.
4 거짓말을 했기 때문에 선생님에게 키워졌습니다.

문제 5 다음 어휘의 사용법으로 가장 적당한 것을 1·2·3·4에서 하나 고르세요.

25 **けが 상처**
❸ 의사가 왼손 상처를 봐주었습니다.

26 **つごう 상황**
❷ 오늘은 상황이 여의치 않으므로 다음에 또 와 주세요.

27 **まじめ 성실함**
❹ 그는 내 질문에 성실하게 대답하려고 하지 않았습니다.

28 **おみまい 병문안**
❶ 친구 병문안으로 병원에 갈 겁니다.

1교시 언어지식(문법)·독해

문제 1 (　　)에 무엇을 넣습니까? 1·2·3·4에서 가장 적당한 것을 하나 고르세요.

1 나는 엄마를 기쁘게 해 드리고 싶어서 열심히 공부했다.

2 오늘 친구와 여름 방학 여행에 대해 의논했다.

3 이야기 도중에 실례이지만 부장님께 급한 전화가 와 있습니다.

4 A "문이 잠겨 있어."
B "이상하네. 방금 전까지 열려 있었는데."

5 A "어두워졌네."
B "그러게. 슬슬 갈까?"

6 A "생일 축하해. 이거 받아."
B "선물 고마워. 소중히 할게."

7 나는 친구에게 그것을 들어 알고 있었습니다.

8 A "내일 함께 백화점에 가지 않을래요?"
B "가고 싶지만 미안해요. 내일은 볼일이 있어요."

9 과장 "M은행의 야마다 씨에게 연락했어요?"
사원 "아, 이제 하려던 참이에요."

10 A "실례합니다. 스즈키 클리닉에 가고 싶은데요."
B "스즈키 클리닉이라면 저기 하얀 건물이에요."

11 한방에 합격하다니 대단해. 어떻게 공부했어?

12 A "우리집 전자레인지가 두 개 있는데 하나 줄게."
B "고마워. 마침 새 전자레인지를 사려던 참이야."

13 학생 "선생님, 이 단어는 무슨 의미인가요?"
선생 "'머리'라는 뜻이야."

문제 2 ___★___에 들어갈 것은 어느 것입니까? 1·2·3·4에서 가장 적당한 것을 하나 고르세요.

14 나는 요리가 서툴기 때문에 직접 만들기보다 레스토랑에서 먹는 편이 많습니다. (1432)

15 이시하라 "야마모토 씨, 이 일을 할 줄 압니까?"
야마모토 "글쎄요. 제가 할 수 있을지 어떨지는 해 보지 않으면 모르겠지만 해 볼게요." (2143)

16 A "식사 준비 도울까?"
B "그래? 그러면 냉장고에 들어 있는 맥주와 풋콩을 탁자에 꺼내놔 줄래?" (4321)

17 A "네가 해외여행을 가 있는 동안 키우는 고양이는 누가 보살펴 줘어?"
B "친구가 보살펴 줘어." (2431)

문제 3 [18] 부터 [21] 에 무엇을 넣습니까? 글의 의미를 생각하여 1·2·3·4에서 가장 적당한 것을 하나 고르세요.

아래 글은 '생명'에 대해 이시하라 씨가 쓴 작문입니다.

미이

이시하라 다로

미이가 죽어 버렸다. 미이는 태어나기 전부터 집에서 키우던 고양이로 내 누나 같은 존재였다.

미이가 죽은 것은 수명이었기 때문이라고 수의사 선생님은 말했다. 미이는 나이를 먹으면서 잠만 자게 되었지만 미이가 없어지는 것은 믿을 수 없었다. 그러나 미이가 죽어 버리고 내 무릎 위에서 그 온기는 사라져 버렸다.

미이는 상태가 나빠져서 동물병원에 입원했지만 생명의 끝이 다가와서 집에 돌아오게 되었다. 집에 도착했을 때 미이는 기쁠 때 자주 그랬던 것처럼 작은 목소리로 '냐옹' 하고 울었다.

미이는 우리 가족에게 둘러싸여 마지막 때를 맞이했다. 미이는 얌전한 고양이었다. 죽을 때도 울거나 소란을 피우지 않았다.

미이가 죽은 슬픔으로 내 마음에도 구멍이 뻥 뚫린 것 같았다. 그 구멍은 아직 채워지지 않았다. 그 구멍은 미이가 아니면 채워지지 않을 것이라고 생각한다.

문제 4 다음 (1)부터 (3)까지 글을 읽고 질문에 답해 주세요. 답은 1·2·3·4에서 가장 적당한 것을 하나 고르세요.

해석

(1) 아라이 선생님의 책상 위에 이 메모와 교과서가 놓여 있습니다.

아라이 선생님
선생님, 이전에는 책을 세 권 빌려주셔서 감사했습니다.
다 읽은 교과서 한 권을 먼저 돌려드립니다.
나머지 두 권은 다음 주에 돌려드리겠습니다.

야마다

단어 **机**(つくえ) 책상 | **メモ** 메모 | **教科書**(きょうかしょ) 교과서 | **置**(お)**く** 놓다, 두다 | **本**(ほん) 책 | **3冊**(さつ) 세 권 | **読**(よ)**み終**(お)**わる** 다 읽다 | **先**(さき)**に** 먼저, 우선 | **返**(かえ)**す** 돌려주다 | **来週**(らいしゅう) 다음 주 | **借**(か)**りる** 빌리다

22 야마다 씨는 다음 주에 무엇을 하겠다고 말하고 있습니까?

1 선생님에게 책을 두 권 빌립니다.
2 선생님에게 책을 두 권 돌려줍니다.
3 선생님에게 책을 세 권 빌립니다.
4 선생님에게 책을 세 권 돌려줍니다.

해석

(2) 여러분, 수고하셨습니다. 오늘 연습은 이걸로 끝입니다. 이제 욕실에 순서대로 들어가 주세요. 그 후에 일곱 시부터 홀에서 저녁밥을 먹습니다. 내일은 아침식사를 하고 나서 아홉 시부터 열두 시까지 연습합니다. 오전 중에는 욕실에 들어갈 수 없으므로 주의해 주세요. 연습이 끝나고 나서 욕실에 들어가 주세요.

단어 **れんしゅう** 연습 | **おふろ** 욕실 | **順番**(じゅんばん)**に** 순서대로 | **ホール** 홀 | **夜**(よる)**ごはん** 저녁밥 | **朝**(あさ)**ごはん** 아침밥 | **午前**(ごぜん) 오전 | **注意**(ちゅうい) 주의

23 내일은 어느 순서로 무엇을 합니까?

1 목욕 → 아침식사 → 연습
2 목욕 → 연습 → 아침식사
3 아침식사 → 목욕 → 연습
4 아침식사 → 연습 → 목욕

해석

(3) 나는 신주쿠에 있는 회사에서 일하고 있습니다. 집 근처 역에서 회사까지 10분 걸립니다. 무척 가까워서 이따금 회사까지 자전거로 갈 때도 있습니다. 자전거를 타면 20분 정도 걸립니다. 비가 오는 날에는 버스를 이용합니다. 버스 정류장 바로 근처에 회사가 있어서 편리합니다. 하지만 시간은 30분 걸립니다. 마침 어제 비가 내려서 버스로 회사에 갔습니다.

단어 **会社**(かいしゃ) 회사 | **はたらく** 일하다 | **近**(ちか)**い** 가깝다 | **駅**(えき) 역 | **かかる** 걸리다 | **自転車**(じてんしゃ) 자전거 | **雨**(あめ)**の日**(ひ) 비 오는 날 | **使**(つか)**う** 이용하다 | **バスてい** 버스 정류장 | **便利**(べんり)**だ** 편리하다 | **時間**(じかん) 시간 | **昨日**(きのう) 어제 | **降**(ふ)**る** 내리다

24 이 사람은 어제 회사에 어떻게 갔습니까?

1 걸어서
2 전철로
3 버스로
4 자전거로

문제5 **다음 글을 읽고 질문에 대답해 주세요. 답은 1・2・3・4 중에서 가장 적당한 것을 하나 고르세요.**

해석

어제 저희 집에 할머니가 보낸 택배가 왔습니다.
택배 안에는 할머니의 편지, 누나 입학 축하 선물, 가족 모두의 스웨터가 들어 있었습니다.
저희 누나는 올봄 대학생이 되었습니다. 저와는 다섯 살 차이지만 사이가 좋은 남매입니다.
누나는 계속 갖고 싶어 하던 가방을 선물로 받아서 무척 기뻐했습니다.
저는 고등학생이 되면 야구 배트를 선물 받고 싶습니다.
저희 가족은 전원 다섯 명이어서 모두의 스웨터를 만드려면 할머니는 힘들었겠다는 생각이 들었습니다.
아빠와 엄마와 누나와 저, 그리고 저보다 세 살 아래인 남동생과 다 함께 할머니에게 감사 편지를 썼습니다.
가족 다 같이 쓴 편지와 할머니가 좋아하는 꽃을 보내기로 했습니다. 내일 할머니 집에 도착하기 때문에 할머니도 기뻐해 주면 기쁠 겁니다.

단어 **ぼく** 나 | **うち** 집 | **おばあちゃん** 할머니 | **宅配便**(たくはいびん) 택배 | **届**(とど)**く** 도착하다 | **中**(なか) 안 | **手紙**(てがみ) 편지 | **おねえちゃん** 언니, 누나 | **入学祝**(にゅうがくいわ)**い** 입학 축하 | **プレゼント** 선물 | **セーター** 스웨터 | **入**(はい)**る** 들어가다 | **春**(はる) 봄 | **大学生**(だいがくせい) 대학생 | **離**(はな)**れる** 떨어지다 | **仲良**(なかよ)**し** 사이가 좋음 | **姉弟**(してい) 남매 | **ずっと** 쭉 | **欲**(ほ)**しがる** 갖고 싶어하다 | **バッグ** 가방 | **すごく** 굉장히 | **喜**(よろこ)**ぶ** 기뻐하다 | **高校生**(こうこうせい) 고등학생 | **野球**(やきゅう) 야구 | **バット** 배트 | **全員**(ぜんいん) 전원 | **作**(つく)**る** 만들다 | **大変**(たいへん)**だ** 힘들다 | **弟**(おとうと) 남동생 | **花**(はな) 꽃 | **贈**(おく)**る** 보내다 | **うれしい** 기쁘다 | **両親**(りょうしん) 부모님

25 이 사람은 누나와 몇 살 차이가 납니까?

1 세 살
2 네 살
3 다섯 살
4 여섯 살

26 이 사람의 남동생은 어디에 다니고 있습니까?

1 초등학교
2 중학교
3 고등학교
4 대학교

27 이 사람의 부모님은 할머니에게 무엇을 받았습니까?

1 가방
2 배트
3 스웨터
4 꽃

문제6 **오른쪽 포스터를 보고 질문에 대답하세요. 답은 1・2・3・4 중에서 가장 적당한 것을 하나 고르세요.**

해석

＊컴퓨터 교실 수강생 모집 중＊

한 명 한 명에 맞추어 기본부터 자세하게 지도합니다.
초심자부터 상급자까지 어느 분이든 가볍게 문의 주세요.

◉ 연습 일시

초심자	화요일·금요일	10:00~12:00 / 13:00~15:30
중급자	수요일	10:00~12:00 / 17:00~19:30
상급자	토요일	13:30~15:30 / 17:00~19:30

◉ 장소

멀티미디어실

문의
접수 전화 080-456-7890

단어 パソコン 퍼스널 컴퓨터 | **教室**(きょうしつ) 교실 | **受講生**(じゅこうせい) 수강생 | **募集**(ぼしゅう) 모집 | **一人**(ひとり)**ひとり** 한 명 한 명 | **丁寧**(ていねい)だ 정중하다, 친절하다 | **指導**(しどう) 지도 | **初心者**(しょしんしゃ) 초심자 | **上級者**(じょうきゅうしゃ) 상급자 | **気軽**(きがる)に 가볍게, 부담없이 | **問**(と)い**合**(あ)わせる 문의하다 | **練習**(れんしゅう) 연습 | **中級者**(ちゅうきゅうしゃ) 중급자 | **場所**(ばしょ) 장소 | **マルチメディア** 멀티미디어 | **受付**(うけつけ) 접수

28 컴퓨터 교실에 다니고 있습니다. 초급은 끝났고 중급이 되었습니다. 무슨 요일에 배웁니까?

1 화요일
2 수요일
3 금요일
4 토요일

29 밤에 아르바이트를 하고 있어서 낮에 컴퓨터 교실에 다니고 싶습니다. 상급자입니다. 몇 시 교실에 다닐 수 있습니까?

1 10:00~12:00
2 12:00~13:30
3 13:30~15:30
4 17:00~19:30

2교시 청해

日本語能力試験　聴解　N 4

これからＮ４の聴解試験をはじめます。問題用紙にメモをとってもいいです。問題用紙を開けてください。問題用紙のページがないときは手をあげてください。問題がよく見えないときも手をあげてください。いつでもいいです。

일본어능력시험 청해 N4

이제부터 N4 청해 시험을 시작하겠습니다. 메모를 해도 됩니다. 문제용지를 펼쳐 주세요. 문제용지의 페이지가 없을 때는 손을 들어 주세요. 문제가 잘 보이지 않을 때도 손을 들어주세요. 언제든지 괜찮습니다.

もんだい１

もんだい１では、まず質問を聞いてください。それから話を聞いて、問題用紙の１から４の中から、一番いいものを一つえらんでください。
では、練習しましょう。

문제1

문제1에서는 먼저 질문을 들으세요. 그리고 이야기를 듣고, 문제용지의 1에서 4 중에서 가장 적당한 것을 하나 고르세요.
그럼 연습합시다.

れい

男の人が女の人に電話をしています。男の人は、何を買って帰りますか。

M: これから帰るけど、何か買って帰ろうか。
F : あ、ありがとう。えっとね、牛乳。それから。
M: ちょっと待って、牛乳は１本でいいの？
F : えっと、２本お願い。それから、チーズ。
M: あれ、チーズはまだたくさんあったよね。
F : ごめん、今日のお昼に全部食べたの。
M: 分かった。じゃ、買って帰るね。

男の人は、何を買って帰りますか。

예

남성이 여성에게 전화를 하고 있습니다. 남성은 무엇을 사서 돌아갑니까?

M : 이제 집에 갈 건데 뭔가 사서 갈까?
F : 아, 고마워. 음, 우유. 그리고….
M : 잠깐 기다려, 우유는 한 병이면 충분해?
F : 음, 두 병 부탁할게. 그리고 치즈.
M : 어, 치즈는 아직 많이 있었잖아.
F : 미안, 오늘 점심에 전부 먹었어.
M : 알겠어. 그럼 사 가지고 갈게.

남성은 무엇을 사서 돌아갑니까?

1 우유 한 병만
2 우유 한 병과 치즈

1 ぎゅうにゅう１本だけ
2 ぎゅうにゅう１本とチーズ
3 ぎゅうにゅう２本だけ
4 ぎゅうにゅう２本とチーズ

一番いいものは４ばんです。解答用紙のもんだい１のれいのところを見てください。一番いいものは４ばんですから、答えはこのように書きます。では、はじめます。

3 우유 두 병만
4 우유 두 병과 치즈

가장 적당한 것은 4번입니다. 해답용지의 문제1의 예 부분을 보세요. 가장 적당한 것은 4번이므로 답은 이렇게 씁니다. 그럼 시작하겠습니다.

1ばん

女の人と男の人が話しています。女の人は、何を買いますか。

M: 来週は鈴木さんの誕生日ですね。もう何か買いました？
F : それが、まだなんです。何がいいのか分からなくて。
M: うーん、じゃあ、ハンカチとかはどうですか。
F : 私もハンカチにしようとしたんですが、加藤さんがハンカチを渡すそうなので。
M: なら、カップは？鈴木さん、よくコーヒー飲んでますから。
F : そうですね。カップにしようかな？ありがとうございます。
M: 週末に僕、新しいかばんを買いにいくんですが、一緒に買い物に行きませんか。
F : ええ、いいですよ。

女の人は、何を買いますか。

1번

여성과 남성이 이야기하고 있습니다. 여성은 무엇을 삽니까?

M : 다음 주는 스즈키 씨 생일이군요. 이미 뭔가 샀어요?
F : 그게 아직이에요. 뭐가 좋을지 몰라서.
M : 음, 그러면 손수건 같은 건 어때요?
F : 나도 손수건으로 하려고 했는데 가토 씨가 손수건을 준다고 해서.
M : 그러면 컵은? 스즈키 씨 커피 자주 마시니까.
F : 그러게요. 컵으로 할까. 고마워요.
M : 주말에 저 새 가방 사러 가는데 같이 쇼핑 안 갈래요?
F : 응, 좋아요.

여성은 무엇을 삽니까?

2ばん

教室で、先生が話しています。学生は明日、何時にどこで集まりますか。

M: みなさん、明日は卒業遠足ですね。先生は９時まで学校にいますが、みなさんは明日、９時30分に公園の前で集合です。学校ではないので間違えないでくださいね。また明日、元気に会いましょう。

学生は明日、何時にどこで集まりますか。

1 ９時に学校で
2 ９時に公園の前で
3 ９時30分に学校で
4 ９時30分に公園の前で

2번

교실에서 선생님이 이야기하고 있습니다. 학생은 내일 몇 시에 어디에서 모입니까?

M : 여러분, 내일은 졸업 소풍입니다. 선생님은 아홉 시까지 학교에 있겠지만 여러분은 내일 아홉 시 반에 공원 앞에서 모입니다. 학교가 아니니 잘못 오지 마세요. 그러면 내일 활기차게 만납시다.

학생은 내일 몇 시에 어디에서 모입니까?

1 아홉 시 학교에서
2 아홉 시 공원 앞에서
3 아홉 시 30분에 학교에서
4 아홉 시 30분에 공원 앞에서

3ばん

コンビニで女の店員と男の店員が話しています。女の店員はこれから何をしますか。

M: 山田さん。そろそろ終わりの時間だね。お店の前の掃除は終わってる？

F : はい、お昼ごろにお店の前とお店の中の掃除をしました。

M: じゃあもう帰っていいよ。

F : あの、ゴミ出しがまだなんです。あと、ジュースの在庫の確認がまだで。

M: ゴミ出しなら僕がしておくよ。早く在庫の確認してきな。

F : ほんとですか。ありがとうございます。

女の店員はこれから何をしますか。

3번

편의점에서 여성 점원과 남성 점원이 이야기하고 있습니다. 여성 점원은 이제부터 무엇을 합니까?

M : 야마다 씨, 슬슬 끝날 시간이네. 가게 앞 청소는 끝났어?

F : 네, 점심 무렵 가게 앞과 가게 안을 청소했어요.

M : 그럼 이제 돌아가도 괜찮아.

F : 저, 쓰레기 내놓는 게 아직이에요. 그리고 주스 재고 확인도 아직이고요.

M : 쓰레기는 내가 내놓을게. 빨리 재고 확인해 줘.

F : 정말이요? 감사합니다.

여성 점원은 이제부터 무엇을 합니까?

4ばん

病院で男の人と女の先生が話しています。熱が高い時はどうしますか。

M: 今日の朝からちょっと熱が出ていて、鼻水が止まらないんです。

F : そうですか。じゃあちょっと鼻を見せてください。風邪ですね。風邪の薬と熱を下げる薬を出しますね。熱が高い時は、がまんしないでこの熱の薬を飲んでください。ごはんは無理に食べなくても大丈夫ですが、アイスとか食べれたら食べてください。

熱が高い時はどうしますか。

1 かぜのくすりを飲む
2 ねつのくすりを飲む
3 ごはんを食べる
4 アイスは食べてはいけない

4번

병원에서 남성과 여선생님이 이야기하고 있습니다. 열이 높을 때는 어떻게 합니까?

M : 오늘 아침부터 열이 좀 나고 콧물이 멈추질 않아요.

F : 그런가요? 그러면 코를 좀 보여 주세요. 감기군요. 감기약과 열을 내리는 약을 드릴게요. 열이 높을 때는 참지 말고 이 열 내리는 약을 드세요. 밥은 무리하게 먹지 않아도 괜찮지만 얼음 같은 걸 먹을 수 있으면 드세요.

열이 높을 때는 어떻게 합니까?

1 감기약을 먹는다.
2 열을 내리는 약을 먹는다.
3 밥을 먹는다.
4 얼음은 먹으면 안 된다

5ばん

女の人と男の人が話しています。女の人はどうして約束の時間に遅れましたか。

M: 遅いよー。寝坊したの？

F : ごめーん！お財布が見つからなくて遅れちゃった。

M: うん、そっか。んで、お財布は見つかった？

F : うん、玄関の所にあった。宅配の人が来て、お金払う時に置いたみたい。遅れてごめんね。

5번

여성과 남성이 이야기하고 있습니다. 여성은 왜 약속 시간에 늦었습니까?

M : 늦었잖아. 늦잠 잤어?

F : 미안! 지갑이 안 보여서 늦어 버렸어.

M : 응, 그랬구나. 그래서 지갑은 찾았어?

F : 응. 현관에 있었어. 택배기사님이 와서 돈 낼 때 놔두었나 봐. 늦어서 미안해.

M : 응, 괜찮아. 빨리 영화 보러 가자.

M: うん、もう良いよ。早く映画見に行こう。

女の人はどうして約束の時間に遅れましたか。

1 ねぼうしたから
2 お財布を探してたから
3 宅配の人が来たから
4 映画を見たから

여성은 왜 약속 시간에 늦었습니까?

1 늦잠 잤기 때문에
2 지갑을 찾고 있었기 때문에
3 택배기사가 왔기 때문에
4 영화를 봤기 때문에

6ばん

男の人と女の人が電話で話しています。男の人はいくら支払いますか。

F : ザ東京ホテルでございます。
M: あ、あの、空室を確認したいのですが。
F : はい、いつのご宿泊でございますか。
M: 7月1日から3泊お願いしたいです。
F : 7月1日チェックイン、7月4日チェックアウトでございますね。
M: はい、そうです。料金はいくらになりますか。
F : 素泊まりでしたら一泊5,000円でございます。朝食付きでしたら一泊6,500円でございます。
M: じゃあ、素泊まりプランでお願いいたします。
F : かしこまりました。

男の人はいくら支払いますか。

1 5,000円
2 6,500円
3 15,000円
4 19,500円

6번

남성과 여성이 전화로 이야기하고 있습니다. 남성은 얼마 지불합니까?

F : 더 도쿄 호텔입니다.
M : 저, 저기 빈방을 확인하고 싶은데요.
F : 네, 언제 숙박이신가요?
M : 7월 1일부터 3박 부탁하고 싶습니다.
F : 7월 1일 체크인, 7월 4일 체크아웃이시군요.
M : 네, 그렇습니다. 요금은 얼마인가요?
F : 묵기만 하시는 거라면 1박 5000엔입니다. 조식 포함이라면 1박 6,500엔입니다.
M : 그러면 숙박만 하는 것으로 부탁합니다.
F : 알겠습니다.

남성은 얼마 지불합니까?

1 5,000엔
2 6,500엔
3 15,000엔
4 19,500엔

7ばん

郵便局で女の人と男の人が話しています。男の人はどの封筒を買いますか。

M: すみません。この写真を送りたいのですが、封筒はありますか。
F : はい、こちらからお好きなものを選んでご購入いただけます。
M: ありがとうございます。うーん、これは小さすぎるし、これは大きすぎるし、これは細すぎるし。あ、これがぴったりで良いかな。
F : そうですね。大丈夫だと思います。
M: これでください。

男の人はどの封筒を買いますか。

7번

우체국에서 여성과 남성이 이야기하고 있습니다. 남성은 어느 봉투를 삽니까?

M : 실례합니다. 이 사진을 보내고 싶은데 봉투는 있습니까?
F : 네, 이쪽에서 마음에 드시는 것을 골라 구입하실 수 있습니다.
M : 고맙습니다. 음, 이건 너무 작고 이건 너무 크고, 이건 너무 가느네요. 아, 이게 딱 맞아서 좋겠어요.
F : 그러네요. 괜찮다고 생각합니다.
M : 이걸로 주세요.

남성은 어느 봉투를 삽니까?

8ばん

女の人と男の人が話しています。女の人は何時にバイトが終わりますか。

M: 今日、映画館に行くんだけど、一緒にどう？
F : 今日？１時からバイトなんだけど。
M: バイト何時に終わる？夜の７時からだよ。
F : あ、なら行ける！バイトは５時に終わるの。
M: じゃあバイト終わったら、どっかで一緒にご飯食べてから行こうか。
F : そうしよー！楽しみー！

女の人は何時にバイトが終わりますか。

1 午後１時
2 午後３時
3 午後５時
4 午後７時

8번

여성과 남성이 이야기하고 있습니다. 여성은 몇 시에 아르바이트가 끝납니까?

M : 오늘 영화관에 갈 건데 함께 어때?
F : 오늘? 한 시부터 아르바이트인데.
M : 아르바이트 몇 시에 끝나? 저녁 일곱 시부터야.
F : 아, 그러면 갈 수 있어! 아르바이트는 다섯 시에 끝나.
M : 그러면 아르바이트 끝나면 어딘가에서 같이 밥 먹고 갈까?
F : 좋아. 기대된다.

여성은 몇 시에 아르바이트가 끝납니까?

1 오후 한 시
2 오후 세 시
3 오후 다섯 시
4 오후 일곱 시

もんだい２

もんだい２では、まず質問を聞いてください。そのあと、問題用紙を見てください。読む時間があります。それから話を聞いて、問題用紙の１から４の中から、一番いいものを一つえらんでください。
では、練習しましょう。

문제2

문제 2에서는 먼저 질문을 들으세요. 그다음 문제용지를 보세요. 읽는 시간이 있습니다. 그리고 이야기를 듣고 문제용지의 1에서 4 중에서 맞는 답을 하나 고르세요.

그럼, 연습합시다.

れい

女の人と男の人が話しています。女の人は、どうして引っ越しをしましたか。

F : 来週の日曜日、引っ越しを手伝ってくれない？
M: いいけど、また引っ越すんだね。部屋が狭いの？
F : ううん。部屋の大きさも場所も問題ないんだけど、建物が古くて嫌なんだ。最近、近所の人と友だちになったから、残念なんだけど。
M: そうなんだ。

女の人は、どうして引っ越しをしますか。

1 へやがせまいから
2 ばしょがふべんだから
3 たてものが古いから
4 ともだちができないから

예

여성과 남성이 이야기하고 있습니다. 여성은 왜 이사를 합니까?

F : 다음 주 일요일, 이사를 도와주지 않을래?
M : 괜찮은데, 또 이사야? 방이 좁았어?
F : 아니. 방 크기도 장소도 문제 없었는데 건물이 오래되어서 싫었어. 최근 이웃과 친구가 되서 아쉽지만.
M : 그렇구나.

여성은 왜 이사를 합니까?

1 방이 좁아서
2 장소가 불편해서
3 건물이 낡아서
4 친구가 생기지 않아서

一番いいものは3ばんです。解答用紙のもんだい2のれいのところを見てください。一番いいものは3ばんですから、答えはこのように書きます。では、はじめます。

가장 적당한 것은 3번입니다. 해답용지의 문제2의 예 부분을 보세요. 가장 적당한 것은 3번이므로 답은 이렇게 씁니다. 그럼 시작하겠습니다.

1ばん

お店の前で女の人と男の人が話しています。お肉が安いのは何時から何時までですか。

F：こんにちは。お肉のセールはもう始まりましたか。

M: いらっしゃい。今が1時45分だから、あと15分お待ちください。

F：間に合ってよかった。じゃあ待ってます。

M: よかったです。30分だけのセールですからね。

お肉が安いのは何時から何時までですか。

1 1時45分から2時まで
2 1時45分から2時15分まで
3 2時から2時15分まで
4 2時から2時30分まで

1번

가게 앞에서 여성과 남성이 이야기하고 있습니다. 고기가 저렴한 것은 몇 시부터 몇 시까지입니까?

F：안녕하세요. 고기 세일은 벌써 시작했습니까?

M：어서 오세요. 지금이 한 시 45분이니까, 앞으로 15분 기다려 주세요.

F：시간 맞춰 와서 잘되었네요. 그럼 기다릴게요.

M：다행입니다. 30분만 하는 세일이니까요.

고기가 저렴한 것은 몇 시부터 몇 시까지입니까?

1 한 시 45분부터 두 시까지
2 한 시 45분부터 두 시 15분까지
3 두 시부터 두 시 15분까지
4 두 시부터 두 시 30분까지

2ばん

女の人と男の人が図書館で話しています。男の人は今から何をしますか。

M: あ、雨降ってきた。

F：うそ、傘持ってきてない。傘買わないといけないかな。

M: このぐらいなら急いで帰れば大丈夫じゃない？

F：でも、もうちょっとテスト勉強したいんだよね。

M: そんなに降ってないんだし、勉強してたら雨やむかもね。

F：そうね。コピーしに行くんでしょ？ 早く行ってきたら？

M: あ、うん。

男の人は今から何をしますか。

1 かさを買いに行きます。
2 急いで帰ります。
3 テスト勉強をします。
4 コピーしに行きます。

2번

여성과 남성이 도서관에서 이야기하고 있습니다. 남성은 이제부터 무엇을 합니까?

M：아, 비 내리기 시작했다.

F：말도 안돼, 우산 안 가지고 왔는데. 우산 사야겠네.

M：이 정도라면 서둘러 돌아가면 괜찮지 않을까?

F：하지만 조금 더 시험 공부하고 싶어서.

M：그렇게 많이 안 내리니까 공부하고 있다 보면 비 멎을지도 몰라.

F：그럴지도. 복사하러 가는 거지? 얼른 다녀와.

M：아, 응

남성은 이제부터 무엇을 합니까?

1 우산을 가지러 갑니다.
2 서둘러 집에 갑니다.
3 시험 공부를 합니다.
4 복사를 하러 갑니다.

3ばん

女の人と男の人が話しています。二人は明日、何時に会いますか。

M: 明日のランチミーティング、何時からでしたっけ？

F : 明日のミーティングは12時からあります。レストランの予約は11時45分にしてあります。

M: ありがとうございます。山田さんは会社から直接向かいますか。

F : はい。11時30分には駅に着けるよう向かいます。

M: あ、じゃあ駅から一緒に行きましょう。

二人は明日、何時に会いますか。

1 11時
2 11時半
3 11時45分
4 12時

3번

여성과 남성이 이야기하고 있습니다. 두 사람은 몇 시에 만납니까?

M : 내일 점심 미팅 몇 시부터였죠?

F : 내일 미팅은 열 두시부터예요. 레스토랑 예약은 열한 시 45분에 해두었어요.

M : 고맙습니다. 야마다 씨는 회사에서 직접 가나요?

F : 네, 열한 시 30분에는 역에 도착할 수 있도록 갈 거예요.

M : 아, 그러면 역에서 함께 갑시다.

두 사람은 몇 시에 만납니까?

1 열한 시
2 열한 시 반
3 열한 시 45분
4 열두 시

4ばん

女の人と男の人が話しています。男の人が予約したのはどれですか。

F : レストラン「ラ・マーレ」でございます。

M: 今夜の午後7時にディナーの予約をしたいのですが。

F : 本日午後7時からは満席ですが、午後7時30分からでしたらご予約いただけます。

M: そうですか。では、7時30分からでお願いします。

F : 何名様でいらっしゃいますか。

M: 二人です。あの、窓側の席をお願いできますか。

F : 承知いたしました。

M: ありがとうございます。

男の人が予約したのはどれですか。

1 午後7時　窓側の席
2 午後7時　テーブル席
3 午後7時30分　窓側の席
4 午後7時30分　テーブル席

4번

여성과 남성이 이야기하고 있습니다. 남성이 예약한 것은 어느 것입니까?

F : 레스토랑 '라 마레'입니다.

M : 오늘 저녁 오후 일곱 시에 디너 예약을 하고 싶은데요.

F : 오늘 오후 일곱 시부터는 만석인데 오후 일곱 시 반부터라면 예약하실 수 있습니다.

M : 그런가요? 그러면 일곱 시 30분부터로 부탁합니다.

F : 몇 분이신가요?

M : 두 명입니다. 저, 창가석으로 부탁 드릴 수 있나요?

F : 그렇게 하겠습니다.

M : 감사합니다.

남성이 예약한 것은 무엇입니까?

1 오후 일곱 시 창가 자리
2 오후 일곱 시 테이블 자리
3 오후 일곱 시 30분 창가 자리
4 오후 일곱 시 30분 테이블 자리

5ばん

食堂で女の人と男の人が話しています。二人は何を注文しますか。

F : このパスタおいしそう！ 私はこのパスタとミニサラダにしようかな？あなたは？

M: 僕はハンバーガーにしようか、ピザにしようか悩んでる。どっちがおいしそう？

5번

식당에서 남성과 여성이 이야기하고 있습니다. 두 사람은 무엇을 주문합니까?

F : 이 파스타 맛있어 보여! 나는 이 파스타랑 미니샐러드로 할까? 당신은?

M : 난 햄버거로 할지 피자로 할지 고민하는 중. 어느 게 맛있어 보여?

F：うーん、どっちもおいしそうね。じゃあ私がサラダをやめるから、どっちも頼んだら？
M：二人で３つ食べれるかな？
F：私、ピザも食べたかったの。

二人は何を注文しますか。

1 パスタ、ミニサラダ、ハンバーガー
2 パスタ、ミニサラダ、ピザ
3 ハンバーガー、ピザ、ミニサラダ
4 ハンバーガー、ピザ、パスタ

F : 음, 다 맛있어 보이는데. 그러면 내가 샐러드를 포기할 테니까 다 주문하면?
M : 둘이서 세 개 먹을 수 있을까?
F : 나 피자도 먹고 싶었어.

두 사람은 무엇을 주문합니까?

1 파스타, 미니샐러드, 햄버거
2 파스타, 미니샐러드, 피자
3 햄버거, 피자, 미니샐러드
4 햄버거, 피자, 파스타

6ばん

会社で女の人と男の人が話しています。来月の会議は何曜日になりましたか。

F：来月の会議ですが、今月と同じように、毎週月曜日でよろしいですか。
M：そうだね。水曜日と木曜日はほかの会議があるから、月曜日か火曜日なら大丈夫だよ。
F：あ、火曜日でもよろしいですか。月曜日は色々と忙しくて。
M：うん、君に合わせるよ。
F：ありがとうございます。

来月の会議は何曜日になりましたか。

1 月曜日
2 火曜日
3 水曜日
4 木曜日

6번

회사에서 여성과 남성이 이야기하고 있습니다. 다음 달 회의는 무슨 요일이 되었습니까?

F : 다음 달 회의 말인데 이번 달과 마찬가지로 매주 월요일에 괜찮으신가요?
M : 음. 수요일과 목요일에는 다른 회의가 있으니까 월요일이나 화요일이라면 괜찮아.
F : 아, 화요일이어도 괜찮으신가요? 월요일은 여러모로 바빠서요.
M : 응, 자네에게 맞추지.
F : 감사합니다.

다음 달 회의는 무슨 요일이 되었습니까?

1 월요일
2 화요일
3 수요일
4 목요일

7ばん

女の人と男の人が話しています。女の人はコーヒーをどうやって飲みますか。

M：お飲み物は、何になさいますか。
F：えっと、コーヒーをお願いします。
M：熱いのと冷たいのとどちらになさいますか。
F：暑いので冷たいのでお願いします。
M：お砂糖やミルクはお付けしますか。
F：お砂糖はいらないです。ミルクだけお願いします。

女の人はコーヒーをどうやって飲みますか。

1 熱いコーヒーにさとうを入れて飲みます。
2 冷たいコーヒーにさとうを入れて飲みます。
3 熱いコーヒーにミルクを入れて飲みます。
4 冷たいコーヒーにミルクを入れて飲みます。

7번

여성과 남성이 이야기하고 있습니다. 여성은 커피를 어떻게 마십니까?

M : 음료는 무엇으로 하시겠습니까?
F : 음, 커피 부탁합니다.
M : 뜨거운 것과 차가운 것 중 어느 것으로 하시겠어요?
F : 더우니까 차가운 걸로 부탁합니다.
M : 설탕이나 우유는 넣으시겠어요?
F : 설탕은 필요없습니다. 우유만 부탁합니다.

여성은 커피를 어떻게 마십니까?

1 뜨거운 커피에 설탕을 넣어서 마십니다.
2 차가운 커피에 설탕을 넣어서 마십니다.
3 뜨거운 커피에 우유를 넣어서 마십니다.
4 차가운 커피에 우유를 넣어서 마십니다.

もんだい3

もんだい3では、えを見ながら質問を聞いてください。➡(やじるし)の人は何と言いますか。1から3の中から、一番いいものを一つえらんでください。
でな、練習しましょう。

れい

お見舞いに行って帰ります。何と言いますか。

M:1 おつかれさまです。
2 おじゃまします。
3 お大事に。

一番いいものは3ばんです。解答用紙の問題3のれいのところを見てください。一番いいものは3ばんですから、答えはこのように書きます。
では、はじめます。

1ばん

電話でレストランの予約をしたいです。何と言いますか。

M:1 もしもし、予約したらいいですよ。
2 もしもし、予約したいのですが。
3 もしもし、予約しましたか。

2ばん

友だちの消しゴムを借りたいです。何と言いますか。

M:1 消しゴム、貸してもらえる？
2 消しゴム、拾ってあげる。
3 消しゴム、使ってくれる？

3ばん

友だちのお家でご飯を食べます。食べる前に何と言いますか。

F:1 いただきます。
2 おいしいです。
3 ごちそうさまでした。

4ばん

会議が始まる時間が分かりません。何と言いますか。

M:1 会議、どこでしますか。
2 会議、何時からしますか。
3 会議、だれとしますか。

문제3

문제3에서는 그림을 보면서 질문을 들으세요. ➡(화살표)한 사람은 뭐라고 말합니까? 1에서 3 중에서 가장 적당한 것을 하나 고르세요.
그럼 연습합시다.

예

병문안을 하고 돌아갑니다. 뭐라고 말합니까?

M 1 수고하셨습니다.
2 실례합니다.
3 몸조리 잘하세요.

가장 적당한 것은 3번입니다. 해답용지의 문제3의 예 부분을 보세요. 가장 적당한 것은 3번이므로 답은 이렇게 씁니다.
그럼 시작하겠습니다.

1번

전화로 레스토랑 예약을 하고 싶습니다. 뭐라고 말합니까?

M 1 여보세요, 예약하면 좋아요.
2 여보세요, 예약하고 싶은데요.
3 여보세요, 예약했습니까?

2번

친구의 지우개를 빌리고 싶습니다. 뭐라고 말합니까?

M 1 지우개, 빌릴 수 있을까?
2 지우개, 주워 줄게.
3 지우개, 사용해 줄래?

3번

친구 집에서 밥을 먹습니다. 먹기 전에 뭐라고 말합니까?

F 1 잘 먹겠습니다.
2 맛있습니다.
3 잘 먹었습니다.

4번

회의가 시작되는 시간을 모릅니다. 뭐라고 말합니까?

M 1 회의, 어디에서 합니까?
2 회의, 몇 시부터 합니까?
3 회의, 누구와 합니까?

5ばん

友だちのお見舞いに行きました。友だちに何と言いますか。

F：1 これ、大事にしてね。
　2 早くお家に帰りたい。
　3 早く良くなるといいね。

もんだい 4

もんだい 4 では、えなどがありません。まず文を聞いてください。それから、その返事を聞いて、1 から 3 の中から、一番いいものを一つえらんでください。
では、練習しましょう。

れい

M：ジュース買いに行きますけど、何か買ってきましょうか。

F：1 え、いいですよ。
　2 そうですか。おいしそうですね。
　3 あ、コーヒー、お願いします。

一番いいものは 3 ばんです。解答用紙のもんだい 4 のれいのところを見てください。一番いいものは 3 ばんですから、答えはこのように書きます。
では、はじめます。

1 ばん

F：あなたのスマホ、どこにあるの？

M：1 テーブルの上にあるよ。
　2 3時だよ。
　3 あっちにいるよ。

2 ばん

F：ねえ、ユニバーサルスタジオジャパンに行ったことある？

M：1 行かなかったよ。
　2 一緒に行きたかった。
　3 うん、1回あるよ。

3 ばん

M：学校を休むときは、電話してください。

F：1 はい、あとで電話します。
　2 はい、分かりました。
　3 はい、電話しました。

5번

친구 병문안을 갔습니다. 친구에게 뭐라고 말합니까?

F　1　이거 소중히 여겨 줘.
　2　빨리 집에 가고 싶어.
　3　빨리 나으면 좋겠어.

문제 4

문제4에서는 그림 등이 없습니다. 먼저 문장을 들어 주세요. 그리고 그 응답을 듣고 1에서 3 중에서 가장 적당한 것을 하나 골라 주세요.
그럼 연습합시다.

예

M：주스 사러 갈 건데 뭔가 사올까요?

F：1　네, 괜찮아요.
　2　그런가요? 맛있어 보이네요.
　3　아, 커피 부탁합니다.

가장 적당한 것은 3번입니다. 해답용지의 문제4의 예 부분을 보세요. 가장 적당한 것은 3번이므로 답은 이렇게 씁니다.
그럼 시작하겠습니다.

1번

F：당신 스마트폰 어디에 있어?

M：1　탁자 위에 있어.
　2　세 시야.
　3　저기에 있어.(사람이나 동물)

2번

F：저기, 유니버셜스튜디오재팬에 간 적 있어?

M：1　안 갔어.
　2　함께 가고 싶었어.
　3　응, 한 번 있어.

3번

M：학교를 쉴 때는 전화해 주세요.

F：1　네, 이따가 전화하겠습니다.
　2　네, 알겠습니다.
　3　네, 전화했습니다.

4ばん

F：あの、あの本を取ってくれませんか。

M：1 いいえ、大丈夫です。
2 どの本ですか。
3 ありがとうございます。

4번

F：저기, 저 책을 꺼내 주지 않겠습니까?

M：1 아니요, 괜찮습니다.
2 어느 책이요?
3 고맙습니다.

5ばん

M：東京の天気はどう？

F：1 午後に会おうよ。
2 うん、いいよ。
3 雨が降りそう。

5번

M：도쿄 날씨는 어때?

F：1 오후에 만나자.
2 응, 좋아.
3 비가 내릴 것 같아.

6ばん

M：いつ宿題をするの？

F：1 私は国語が好きなの。
2 夕飯の前に。
3 うん、分かった。

6번

M：언제 숙제 할 건데?

F：1 난 국어를 좋아해.
2 저녁식사 전에.
3 응, 알겠어.

7ばん

F：君のお姉ちゃんもピアノ習ってるの？

M：1 ううん、まだ来てないよ。
2 ううん、それじゃないよ。
3 ううん、してないよ。

7번

F：네 누나도 피아노 배우고 있어?

M：1 아니, 아직 안 왔어.
2 아니, 그게 아니야.
3 아니, 안 하고 있어.

8ばん

F：お支払いは現金ですか。

M：1 カードで払います。
2 現金でもらいました。
3 全部で４千円です。

8번

F：지불은 현금입니까?

M：1 카드로 지불할게요.
2 현금으로 받았습니다.
3 전부 해서 4천 엔입니다.

にほんごのうりょくしけん　かいとうようし

N4 제1회 실전모의테스트

げんごちしき（もじ・ごい）

じゅけんばんごう Examinee Registration Number	

なまえ Name	

〈ちゅうい Notes〉
1. くろい えんぴつ（HB、No.2）で かいて ください。（ペンや ボールペンでは かかないで ください。）
Use a black medium soft (HB or No.2) pencil. (Do not use any kind of pen.)
2. かきなおす ときは、けしゴムで きれいに けして ください。
Erase any unintended marks completely.
3. きたなく したり、おったり しないで ください。
Do not soil or bend this sheet.
4. マークれい Marking examples

よい れい Correct Example	わるい れい Incorrect Examples
●	⊗ ○ ○ ◎ ⊘ ① ●

もんだい 1				
1	①	②	③	④
2	①	②	③	④
3	①	②	③	④
4	①	②	③	④
5	①	②	③	④
6	①	②	③	④
7	①	②	③	④
もんだい 2				
8	①	②	③	④
9	①	②	③	④
10	①	②	③	④
11	①	②	③	④
12	①	②	③	④

もんだい 3				
13	①	②	③	④
14	①	②	③	④
15	①	②	③	④
16	①	②	③	④
17	①	②	③	④
18	①	②	③	④
19	①	②	③	④
20	①	②	③	④
もんだい 4				
21	①	②	③	④
22	①	②	③	④
23	①	②	③	④
24	①	②	③	④
もんだい 5				
25	①	②	③	④
26	①	②	③	④
27	①	②	③	④
28	①	②	③	④